Hartwig Neumann · Festungsbaukunst und Festungsbautechnik

Architectura militaris

Herausgegeben von Hartwig Neumann

Bernard & Graefe Verlag

Hartwig Neumann

Festungsbaukunst und Festungsbautechnik

Deutsche Wehrbauarchitektur vom
XV. bis XX. Jahrhundert

Mit einer Bibliographie deutschsprachiger
Publikationen über Festungsforschung und
Festungsnutzung 1945–1987

Bernard & Graefe Verlag

Die Abbildung auf dem Schutzumschlag (Titelseite) zeigt aus Anlaß des 300. Geburtstages von Balthasar Neumann (1687–1753) eine aktuelle Aufnahme der Festung Marienberg über Würzburg. Vgl. dazu S. 117.

Legenden zu den Abbildungen auf der Rückseite des Schutzumschlages:

1 In konsequenter Ergänzung der 5 km langen Stadtmauer von Nürnberg entstand ab 1538 hinter der Burg ein System aus bastionierten und tenaillierten Festungswerken. Nach vorzüglicher Restaurierung werden sie als Naherholungsgebiet genutzt.
2 Die Portalarchitektur des äußeren Höchberger Tores der Festung Marienberg über Würzburg von 1708 wird durch die als Kanonenrohre ausgearbeiteten Stützen für den gebrochenen Giebel mit Kugelaufsätzen bestimmt.
3 Blick auf die Spitze der Zitadellenbastion Wilhelmus in Jülich nach Fertigstellung der neuen Revetierungsmauer. Die Zitadelle ist die älteste bastionierte Regularfestung neuitalienischer Manier im deutschsprachigen Raum.
4 Ingolstadt. Reduit Tilly im Brückenkopf als wichtigster Teil der klassizistischen Zirkularbefestigung von 1828–41. Blick auf die eben restaurierte Hoffront des Mittelturmes mit dem Hauptportal für das zukünftige waffentechnische Museum.
5 Kanoniere eines Festungsartilleriegeschützes in betonierter Kasematte unter Fels irgendwo im schweizerischen Alpenreduit.
6 Die Berliner Mauer von 1961 durchzieht heute in ihrer vierten modifizierten Form die Stadt. Sie ist Teil der 162 km langen linearen Befestigung in und um Berlin, deren bauliche und waffentechnische Einrichtungen in die eigene Richtung wirken.

Fotos: Hartwig Neumann; Armeefotodienst Bern (5).

2. Auflage 1994 (Sonderausgabe)

© Bernard & Graefe Verlag, Bonn 1988
Alle Rechte vorbehalten. Nachdruck und fotomechanische Wiedergabe, auch auszugsweise, nur mit Genehmigung des Verlages.
Herstellung: Walter Amann, München
Satz: MB Verlagsdruck, Schrobenhausen
Lithos: Repro GmbH, Ergolding/Landshut
Druck und Bindung: Cronion S. A., Barcelona
Printed in Spain

ISBN 3-7637-5929-8

Gewidmet allen passionierten Festungsforschern in West und Ost

Einteilung des Befestigungswesens. Kupferstich aus Nicolas de Fer (1646–1720): INTRODUCTION A LA FORTIFICATION, Paris 1691, Maße 27 x 17,6 cm. Das Blatt findet man auch im Werk des gleichen Autors: FORCES DE L'EUROPE, Paris 1695. Die gängige Einteilung der Festungen, ihre zeichnerische Darstellung und wichtigste Nomenklatur: Antike Befestigungen / Bastionärfestungen / Regularfestungen / Irregularfestungen / natürliche Lage und künstliches Festungsumfeld // Szenographie / Ichnographie / Ortographie (= Profile) //.

A: Parapet aus Erde oder Stein, B: Schützenauftritt, C–H: Niederwall, I: Kasematten in den Flanken, K–L: Geschützscharten, M: Kasernen, Magazine, N: Künette, O: Wallmauer, Eskarpe, P: Kontereskarpe, Q: Gedeckter Weg, R: Glacis, Esplanade, S: Gräben, T: Wallgang, V: innere Wallböschung, X: Palisaden.

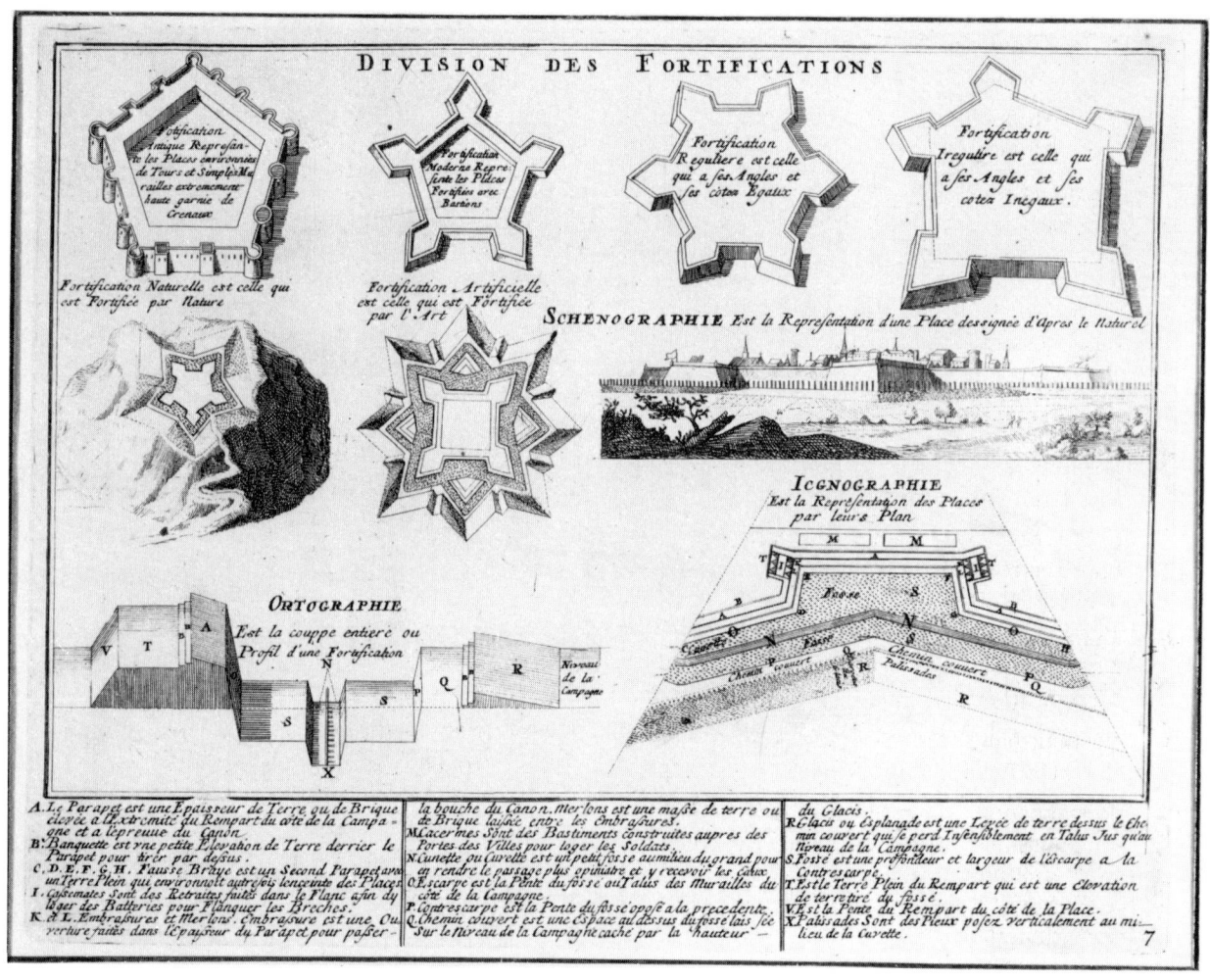

Inhalt

Einleitung	9	
I.	Festungsbaukunst und Festungsbautechnik	24
II.	Verzeichnis von Festungen und besonderen Einzelanlagen des XV.–XX. Jahrhunderts im heutigen und ehemals deutschsprachigen Gebiet	37
III.	Neuzeitliche Festungen – Ausgewählte Beispiele	41
IV.	Drei idealtypische Entwürfe von Karl Gruber zur mittelalterlichen, rondellierten und bastionierten Festungsstadt (Ausschnitte)	128
V.	Vom Rondell zum Bastionärsystem: Grundrißausbildung und Schußlinien	132
VI.	Architectura Militaris: Kunst und Wissenschaft	142
VII.	Baumeister und Ingenieur	146
VIII.	Einige wichtige Militärbaumeister in zeitgenössischen Bildnissen	156
IX.	Anmerkungen zur Traktatliteratur der Architectura militaris	162
X.	Zeichnungen, Pläne, Modelle	167
XI.	Manieren im neuzeitlichen Festungsbau	178
XII.	von Zastrowsche Festungsmodelle aus Weimar, Nr. 1–11	184
XIII.	Fünf württembergische Medaillen mit Fortifikationsmanieren von Georg Bernhard von Bilfinger	196
XIV.	Festungsbau 1. Hälfte XIX. Jahrhundert: Die neudeutsche Manier	200
XV.	Permanente Artilleriestellungen und Festungsbau: Beispiele des XV. bis XIX. Jahrhunderts	206
	1. Batterietürme, Basteien, Rondelle, Zirkularbauten	206
	2. Bastionen	232
XVI.	Festungsbau 2. Hälfte XIX. Jahrhundert: Beton und Eisen	244
XVII.	Festungsbau 1. Hälfte XX. Jahrhundert	250
	1. Allgemeine Situation	250
	2. Der Westwall (WW)	253
	3. Der Atlantikwall (AW)	260
XVIII.	Festungs- und Schutzbau nach dem II. Weltkrieg	269
	1. Allgemeine Situation	269
	2. Sonderfall: »Staatsgrenze West« und »Antifaschistischer Schutzwall« – Zonengrenze und Berliner Mauer	275
XIX.	Büchsenmeister und Feuerwaffen – Ein Blick auf die Artillerie	282
XX.	Militärbauten in den Festungen	302
XXI.	Festungen: Unterirdische Anlagen	312
XXII.	Festungsportale als Beispiele für »Schönbauarchitektur« im Festungsbau	315
XXIII.	Feldbefestigungen	325
XXIV.	Poliorketik und Kastrametation	332
XXV.	Entfestigung und Schleifung	340
XXVI.	Militärarchitektur und Denkmalpflege	345
	1. Allgemeines Problemfeld	345
	2. Festungsstädte – Das Beispiel Wolfenbüttel	355
	3. Weitere Beispiele	358
XXVII.	Festung und Festungsgrün: Flora und Fauna	368
XXVIII.	Fortifikatorische Motive auf Geldscheinen und Briefmarken / Notgeld und Medaillen aus Festungen und Belagerungszeiten / Briefverschlußmarken und Stempel der Fortifikationsdienststellen / Orden und Ehrenzeichen / Urkunden	377
XXIX.	Bemerkungen zur Festungsforschung	382

Bibliographischer Anhang: Festungsforschung und Festungsnutzung

Inhaltsverzeichnis	385
Vorbemerkungen	385

A. Deutschsprachige Publikationen 1945–1987 387
- 1.0 Allgemeine Publikationen (verfasseralphabetisch) 387
- 1.1 Faksimileausgaben / Reprints / Neudrucke (verfasseralphabetisch) 396
- 1.2 Atlantikwall (verfasseralphabetisch) 399
- 2.0 Bundesrepublik Deutschland (ortsalphabetisch, verfasseralphabetisch) 400
- 2.1 Westwall (verfasseralphabetisch) 421
- 3.0 DDR (ortsalphabetisch, verfasseralphabetisch) 423
- 3.1 »Antifaschistischer Schutzwall«: Berliner Mauer und innerdeutsche Grenzbefestigungen (verfasseralphabetisch) 424
- 4.0 Ehemalige preußische Provinzen außerhalb des Gebietes der Bundesrepublik Deutschland und der DDR, Danzig (ortsalphabetisch, verfasseralphabetisch) . 425
- 5.0 Länder in Europa (allgemeine Literatur, ortsalphabetisch, verfasseralphabetisch) .. 427
- 6.0 Außereuropäische Plätze: Afrika / Naher Osten, Amerika, Brasilien, China, Japan (länderalphabetisch, verfasseralphabetisch) 436

B. Auswahl wichtiger in- und ausländischer Publikationen zur Büchsenmeisterei und zum Artilleriewesen aus neuerer Zeit (verfasseralphabetisch) 437

C. Auswahl wichtiger ausländischer Publikationen zum Atlantikwall (verfasseralphabetisch) 439

Der Autor 440

Für die mit dem vorliegenden Buch begründete Reihe ARCHITECTURA MILITARIS wurde als Vignette (vgl. S. 2) ein Ausschnitt aus dem hier in toto abgebildeten Titelkupfer »I.v.meurs sculptor« (20 x 30,6 cm) des Traktates von Andreas Cellarius:

ARCHITECTVRA MILITARIS Oder Gründtliche Underweisung der heuttiges tages so wohl in Niederlandt als andern örttern gebräuchlichen Fortification oder Vestungsbau, Amsterdam 1645,

gewählt. Dieses Buch mit 364 Seiten, 87 Kupfer- und 13 Rechnungstafeln in 4° ist ein Standardwerk, welches sich in die vier Bücher Regularfestungen, Aufreißen und Abstecken, Irregularwerke und Praxi offensiva et defensiva gliedert. Der Autor hat sein Buch »aus den besten Authoribus zusammen getragen und in ein vollkommen werck gebracht«. Beiderseits des wie ein Schild gehaltenen »Fensters« stehen die allegorischen Figuren ARTE und MARTE mit ihren Attributen. Neben Werkzeug und Kriegszeug unten das Schema einer Belagerung gegen die Festung Maastricht, über allem in einem Fahnen- und Stangenwaffenbündel die beiden Allegorien den Siegerkranz spendende VICTORIA. Originale HAB: a) Ib 2°, 2, b) 5.1 Bell. 2°.

Einleitung

Die Begriffe »Festung«, »Befestigung«, »Veste« lassen sich über das Adjektiv »fest« in der Bedeutung von »stark, standhaft, fest« ableiten (mhd. »veste«, ahd. »festi«). Vom lateinischen Wort »fortis« im Sinne von »stark, kräftig, rüstig, tüchtig, dauerhaft und fest« leiten sich Begriffe wie »Fortification« und »Fort« ab. Man findet diese Wörter in fast allen europäischen Sprachen. »Die Eigenschaft der Festigkeit ... kann überhaupt nur in Erscheinung treten, wenn der Träger dieser Eigenschaften einer auf seine Schädigung gerichteten Handlung oder Einwirkung unterliegt«, so J. Schroeter in seiner »Technik des Kriegswesens« (Leipzig/Berlin 1913). Träger dieser besonderen Eigenschaft sind auch die Produkte der Architectura militaris, der Kriegsbaukunst. Festigkeit und damit gekoppelt Verteidigungsbereitschaft signalisieren die durch bestimmte bautechnische Systeme von Werken und Fronten gesicherten Wehr- und Schutzbauten, die sich die Menschen zu allen Zeiten errichteten, um in einer soliden Rundumverteidigung in permanenter Bauweise der ständigen Bedrohung von außen im wahrsten Sinne des Wortes gewappnet gegenüber zu stehen. Somit sind Befestigungsbauten Teile der Rüstung. Die besondere Schutzfunktion gegen äußere Bedrohung kennt die Architectura civilis, die Friedensbaukunst, mit ihren ganz anders gearteten Bauaufgaben nicht.

In allen Epochen der Menschheitsgeschichte hat es mehr oder weniger hochorganisierte Wehrbauarchitektur gegeben, die durch ihre baulich-konstruktive Ausrichtung passiven Schutz und meist auch aktive Abwehr ermöglichte. Die größte Zäsur in dieser langen Geschichte ist die Einführung der Pulverwaffen in die Söldnerhaufen und Armeen der Angreifer und bald auch in die der Verteidiger. Vor der Einführung beruhten die Wehr- und Schutzbauten im wesentlichen auf dem Einsatz und der Abwehr von mechanisch wirkendem Kriegsgerät und entsprechend ent-

Sterbende Krieger. Schlußsteine der Erdgeschoßfenster im Binnenhof des ehemaligen preußischen Zeughauses und späteren Artilleriemuseums in Berlin Unter den Linden von Andreas Schlüter (1659–1714). Reproduktion aus C. Gurlitt: Das Barock- und Rococo-Ornament Deutschlands, Berlin 1889, Tafel 68.

Ein originelles Beispiel, wie Forifikationsgedankengut in andere Kulturbereiche einfließt, ist das Buch »Warhaftige RELATION Oder Eigentlicher Bericht/Von der Hoch- und Weit-beruehmten Vestung der so genannten INCLINATION« von dem Architekten und Ingenieur Georg Andreas Böckler (Nürnberg 1679, vierte Auflage 1731). Wie groß der Anteil Böcklers am Inhalt ist, kann nicht gesagt werden. Dieser Traktat jedenfalls gehört zur Moral- und Erbauungsliteratur des 17. Jh. und nicht zur Architectura militaris. Der den Text illustrierende Kupferstich vom Format 31 x 40,5 cm zeigt die Belagerung einer Festungsanlage, die mit der allegorischen Metapher »Zu Neigung INCLINATION« bezeichnet ist. Dieser feste Mittelpunkt in Herzform wird von Bastionen und Kurtinen umgeben, die mit La Bonne Opinion, Amitio, Credit, Recognoisance, Estimé, Tendreße und Gute Meinung, Freundschaft, Guter Name usw. bezeichnet sind. Alle menschlichen Tugenden und Laster tauchen als Benennungen sinnbildlich in Angriff und Verteidigung auf. Das Blatt hat große Ähnlichkeiten mit einer Zeichnung »Verfahren, das befestigte Herz einer Dame trotz Gegenwehr anzugreifen und zu erobern« im Atlas des Prinzen Georg Wilhelm von Hessen-Darmstadt (1722–1782), die nur noch im Foto im Hessischen Staatsarchiv Darmstadt nachzuweisen ist. Foto HAB: Qu N 949.

Begeistert und voller Schwung ist diese volksnahe Schilderung von der Einweihung der Franzenfeste, heute Fortezza in der Provinz Bozen. Die Festung (1833–38) wurde nach dem österreichischen Kaiser Franz II. (1804–1835) benannt und ist in eindrucksvollen Bauten erhalten.

Text aus: Johann Gabriel Seidl: Wanderungen durch Tyrol und Steyermark, Bd. 1, Leipzig o. J., S. 124.

FRANCISCUS I. INCHOAVIT, ANNO 1833

FERDINANDUS I. PERFECIT, ANNO 1838

Torinschrift Unteres Werk

Erhebend mag der Anblick dieser Stelle am 18. August d. J. 1838 gewesen sein, wo der Kaiser auf seiner Krönungsreise gegen 10 Uhr Morgens hier eintraf, um die Einweihung und Taufe der Festungswerke in seiner Gegenwart vornehmen zu lassen. Donnernde Kanonen auf dem oberen Werke, schmucke Waffensäulen am Hauptthore des unteren, von flaggenden Fahnen überschattet, zierliche Tribunen für die Frauen aus der Umgegend und die natürlichen Felsenterrassen der heimatlichen Berge, von Tausenden schaulustiger Landleute besetzt; Militär mit klingendem Spiele, Landesschützen mit grüssenden Pannern dienten dem vielbelebten Bilde zur Staffage, in dessen Mittelpunkte, von Zelten für das Kaiserpaar und sein Gefolge umreiht, der Altar stand, vor welchem der Fürstbischof von Brixen die feierliche Taufe vornahm und den Segen über die Riesengeburt sprach, deren Name »Franzensfeste« von den Freudenschüssen der Feuerschlünde und dem weithinhallenden Jubel der Menge begrüßt wurde. Auf sammtenem Kissen wurden dem Kaiser die Schlüssel dargereicht, welcher sie dem Landeskommandanten übergab, und dann die einzelnen Räume eines Werkes in Augenschein nahm, welches die Kunst im Bunde mit der Natur geschaffen hat, um ein Landesherz voll Liebe mit einem undurchdringlichen Schilde zu decken.

»Goldenes Schloß« genanntes Gemälde von C. G. Jung (1875–1961) aus seinem Roten Buch von 1928. In diesem nicht zur Publikation vorgesehenen Buch gestaltete der berühmte Psychologe seine Seelenerlebnisse bewußt nach. Es gibt noch keinen Kommentar zu diesem Blatt, keinen Hinweis auf den Grund des Entstehens, keine Inhaltsanalyse. Das Blatt trägt nur den Vermerk: »1928. Als ich dieses Bild malte, welches das goldene wohlbewehrte Schloß zeigt, sandte mir [der Sinologe] Richard Wilhelm aus Frankfurt den chinesischen, tausend Jahre alten Text vom gelben Schloß, dem Keim des unsterblichen Körpers. Ecclesia catholica et protestantes et seclusi in secreto, aeon finitus.« C. G. Jung beschäftigte sich damals visionär mit der Sternform als Ausdruck des Mandalas.

Das Mandala wirkt für ihn als Ordnungsfunktion im seelischen Chaos, und es ist so nicht verwunderlich, daß er zu der symmetrischen Kombination von zirkularer Schloßbefestigung inmitten einer teilweise bastionierten, teilweise tenaillierten Festungsstadt greift.

Reproduktion aus C. G. Jung: Bild und Wort, 1977, mit frdl. Genehmigung der Niedieck Linder AG, Zürich, und Dr. L. Jung, Küsnacht.

> »Die Zuchthaus- oder Gefängniss-Strafe ist in einer Festung zu vollziehen, wenn das Gericht solches der Bildungsstufe oder den bürgerlichen Verhältnissen des Verurtheilten, sowie den besonderen Umständen der That oder derselben zu Grunde gelegenen Gesinnung angemessen findet und in dem Strafurtheile anordnet... Der Grund, Freiheitsstrafen auf Festungen zu vollziehen, besteht in der Schärfung, welche für einen Gebildeten in der Gemeinschaft mit gemeinen Verbrechern liegt. Es sollen deßhalb nicht blos die Standesverhältnisse des Bestraften, sondern auch die Bildung, welche er sich angeeignet hat, Berücksichtigung finden.«
>
> Art. 19 Strafgesetzbuch des Königreiches Bayern in der Fassung von 1861

wickelten Belagerungsstrategien und -taktiken, die ihre Vorbilder in der römischen Antike suchten. Mit den Pulverwaffen aber änderte sich die Dimensionierung bei Verwendung neuer Werkstoffe unter Ausbildung neuer Kampfesweisen im Festungs- und Belagerungskrieg. Die neuen Zerstörungskräfte, die bei der Benutzung von Explosivpulver frei wurden, erzwangen revolutionäre Neuerungen im Militärbauwesen. Diese Neuerungen wurden allerdings nicht spontan von heute auf morgen eingeführt, dazu war die Kommunikation zwischen den potentiellen Bauherren von Festungen, den regierenden Fürstenhäusern, Städten und dem burgenbesitzenden Adel und ihren Baumeistern noch viel zu langsam. Auch fehlten oft die notwendigen Geldmittel. Die Übergangszeit, auch Transitionszeit genannt, ist für den Zeitraum von ca. 1450 bis 1550 zu beobachten, wenn auch schon vereinzelte Anpassungsmaßnahmen baulicher Art an hochmittelalterlichen Wehrbauten früher nachzuweisen sind. Als Beispiel sei die Veste Kufstein genannt, die nach 1415 für einen kommenden Geschützkampf eingerichtet wurde. In den Wehrmauern der Burg Lichtenberg, Kreis Birkenfeld, brach man für die neuen Handfeuerwaffen Schießscharten vom Typus der Schlüssellochscharten ein. Dort sind sogar noch einige Querholzvorrichtungen in den Scharten zum Auflegen der Hakenbüchsen erhalten. Als eine Wendemarke zwischen den beiden Epochen wird immer wieder die Belagerung von Konstantinopel 1453 genannt, als die Türken die Mauern mit Kanonen schwerster Kaliber sturmreif schossen.

Belagerungen, Krieg um Festungen bedeuteten stets auch Leid und Tod. So stehen am Anfang meiner Betrachtungen über die Festungsbaukunst und Festungsbautechnik die Abbildungen von zwei der insgesamt 22 den Schlachtentod sterbenden Krieger aus der Hand des berühmten Barockarchitekten und -künstlers Andreas Schlüter (1659–1714). Er schuf diese Masken als Sinnbilder des Krieges schlechthin für die Schlußsteine der Erdgeschoßfenster im Binnenhof des Zeughauses Unter den Linden in Berlin. Verwundert darf man feststellen, daß vom Inneren des einst so stolz gefüllten Waffenspeichers, der stets auch museale Funktionen hatte, Kraft, Stärke, Mut und

Ingolstadt. Blick auf die Festungsfront der Stadtbefestigung mit den Kasematten Nr. 71/72 am heutigen Schwimmbad. Vorkriegsaufnahme: Stadtarchiv Ingolstadt.

Aachen. Temperabild, 55,5 x 34 cm, J. F. Jansen um 1796. Die Gesamtsicht von Burtscheid auf die Stadt Aachen zeigt, daß man die äußere mittelalterliche Umwallung über Jahrhunderte beibehalten hat, obwohl sie fortifikatorisch mit Beginn des 16. Jh. spätestens überholt war. Einzig vor dem Marschiertor liegt eine modernere Dreieckschanze, die mehr der Kontrolle der Torpassage diente und weniger gegen feindliche Artillerie schützte. Original: Museum f. Stadtgeschichte u. Kunstgewerbe Burg Frankenberg in Aachen. Foto: Stadtverwaltung Aachen, Hauptamt.

Widerstandskraft signalisiert wurden und Schlüter es durchsetzen konnte, von außen diese eindrucksvollen Kontrapunkte mit Verhängnis, Trauer und Tod zu setzen.

Militärarchitektur ist die Kunst der Verteidigung – nicht des Angriffs. Somit sind permanente Festungsbauten nicht-aggressive Bestandteile des jeweiligen Rüstungspotentials. Die Art und Weise, wie der freiwillige oder gezwungene Mensch sich, seine Gemeinschaft und seinen Besitz baulich dreidimensional zu schützen versuchte, ist stets auch als Kunst angesehen worden. Gerade die nachmittelalterliche, die frühneuzeitliche Architectura militaris blieb weiterhin die Ars magna. Wehrbau war also stets mehr als nur nüchterner Zweckbau. Der Militärbaumeister mußte als Inventor allerdings im Laufe der Zeiten mehr und mehr technische Grundbedingungen bei seinen Planungen berücksichtigen. An erster Stelle sind die artilleristisch-ballistischen Naturgesetze anzuführen, die anfangs nur empirisch ermittelt werden konnten. Die Geometrie als angewandte Mathematik feierte Triumphe im Festungsbau. Parallel zu diesen Entwicklungen verlief die Verwissenschaftlichung der Architectura militaris. Das Berufsbild des neuzeitlichen Architekten im Militärbauwesen spezialisierte sich immer mehr zum Militärbauingenieur.

Allerdings reicht die fortifikatorisch-technisch-mathematische Zweckrationalität auf der Basis um das Wissen der Zivilbaukunst nicht aus, um das Phänomen *Festung* in seiner ganzen Breite zu erklären. Entstehung und Weiterentwicklung des Festungsbauwesens sind stets mit dem soziokulturellen Stand der jeweiligen Gesellschaft verbunden. Es bestehen in allen Epochen bis in unsere Zeit hinein stärkste Interdependenzen.

Das vorliegende Buch beschäftigt sich mit den Problemen der Festungsbaukunst und -technik im deutschsprachigen Bereich. Dabei wird die Entwicklung über einen Zeitraum von 500 Jahren in einzelne Epochen zerlegt und behandelt. Das war nicht leicht bei der vorher ungeahnten Fülle an Quellenmaterial aller Art. Es existieren für den Festungsforscher zahlreiche Schrift- und Bildquellen in geordneter und ungeordneter Art im In- und Ausland. Es gibt museale Gegenstände verschiedenster Kategorien, hervorzuheben sind hier die Fortifikationsmodelle. Es gibt aber im deutschsprachigen Bereich heute noch immer trotz militärischer und zivilisatorischer Zerstörungen von sämtlichen Bautypen durch die Jahrhunderte eine erfreuliche Anzahl. Sie werden hier in einer Zusammenschau vorgestellt.

Meine Untersuchung beschränkt sich auf den deutschsprachigen Bereich. Mir sind dabei die Schwierigkeiten wohl bewußt. So sind auch die Festungen und die Literatur der deutschsprachigen Schweiz erfaßt, nicht aber die Festungen aus den anderssprachigen Bereichen der Schweiz. Sicher hat die Eidgenossenschaft weder im politischen noch im militärischen Bereich jemals an den Sprachgrenzen haltgemacht, und die schweizerische Militärgeschichte kann nur als Ganzes verstanden werden, so der Historische Dienst der Eidgenössischen Militärbibliothek Bern in einer »Vorkritik« zu meinem Buch. Irgendwo müssen aber Grenzen gezogen werden. Hätte ich die anderen schweizerischen Festungen ohne die französischen, spanischen und englischen behandeln dürfen? Es wäre eine Festungsgeschichte Europas entstanden, die nicht beabsichtigt war und ist. Es bedurfte der Abgrenzung im Sinne einer Beschränkung, obwohl die Architectura militaris hervorragende Beispiele für grenzüberschreitende Erfindungen gibt, und die wichtigsten Kriegsbaumeister international tätig waren.

Invention einer Fortifikation, »welche nach der wahren und rechten Krieges Experientz und denen vernünfftigen Raisons gruendlich eingerichtet« von Christian Neubauer, »Fuerstl. Braunschweig: Lueneburgisch Ingenieur und Major zu Fuß«, aus seinem Traktat, der Streitschrift: DISCOURSUS ET Vera architecturae militaris Praxis, Oder Gruendliche Beschreibung/und Nuetzlicher Unterricht..., Stargard in Pommern 1679, Figur 2, entnommen ist. Eine Festungsfront einer regelmäßig bastionierten Stadt mit radialer Straßenführung, deren Netz auf den Verlängerungen der Bastionskapitalen liegt, verbessert er durch vor den Bastionen liegende Verteidigungsabschnitte aus vollbestückten Außenwerken. Die Grundformen entwickelte er konsequent aus den Schußlinien. Der Angreifer wird so in den Kessel zwischen die Bastionen gezwungen, wo seine Niederlage durch das massive Feuer aus mehreren Feueretagen »vorprogrammiert« ist. Eine reale Ausführung dieser Neubauer'schen Manier ist mir nicht bekannt. Foto HAB: Ib 4°73.

> Ein Voestung ist ein Materialisches corpus auß Erden/ Stein/Holtz/vnd Wasser bestehend/so eintweder von Natur/ oder durch Kunst mit allerley gebraeuchlichen vnnd Nothwendigen Defensionswehren zu gemeiner Sicherheit der Innwohner wider allen eusserlichen Gewalt vnd Anfall versehen vnnd bevoestigt ist.
>
> Johann Faulhaber (1580–1635), Ingenieurs-Schul, Ulm 1634

> Die Fortification oder Architectura Militaris ist eine Kunst/welche lehret/wie man einen fuergegebenen Platz mit tuechtigen Wehren umbgeben und also verwahren sol/daß er wider alle eusserliche gewalt und Feindlichen anfall wenige macht erhalten und vertheidiget werden kan/ und wie man hinwiederumb einen solchen vesten Platz mit Vortheil attaquiren und einnehmen sol.
>
> Christoph Nottnagel, Manuale Fortificatorium, Wittenberg 1659

Plan de Thionville [Diedenhofen], Ausschnitt aus einer Federzeichnung von Georg Maximilian von Fürstenhoff, um 1750. Original: Staatsbibliothek Preuß. Kulturbesitz, Berlin X 22 608. Dieser Plan zeigt beispielhaft die Labyrinthik von neuzeitlichen Festungsanlagen. Das dargestellte Glacis schließt mit dem gedeckten Weg, darin Traversen, die äußere jüngste Verteidigungslinie, ein Graben mit detachierten Lünetten von 1705/28 folgt, ein weiteres Glacis mit gedecktem Weg und Traversen bildet einen neuen Ring, Kontergarden vor den Demilunes von 1610/43 folgen, erneut ein Graben, dann die Bastionsenceinte der Spanischen Zeit 1596–1608 und abschließend der innere Wall. Die 1673 entstandene feste Brücke verlangte einen Brückenkopf in Form eines Hornwerks, welches 1727 (hier nicht mehr dargestellt) zu einem Double-Couronnement erweitert wurde. Weitere Ausbaustufen um Diedenhofen erfolgten bis ins 20. Jahrhundert.

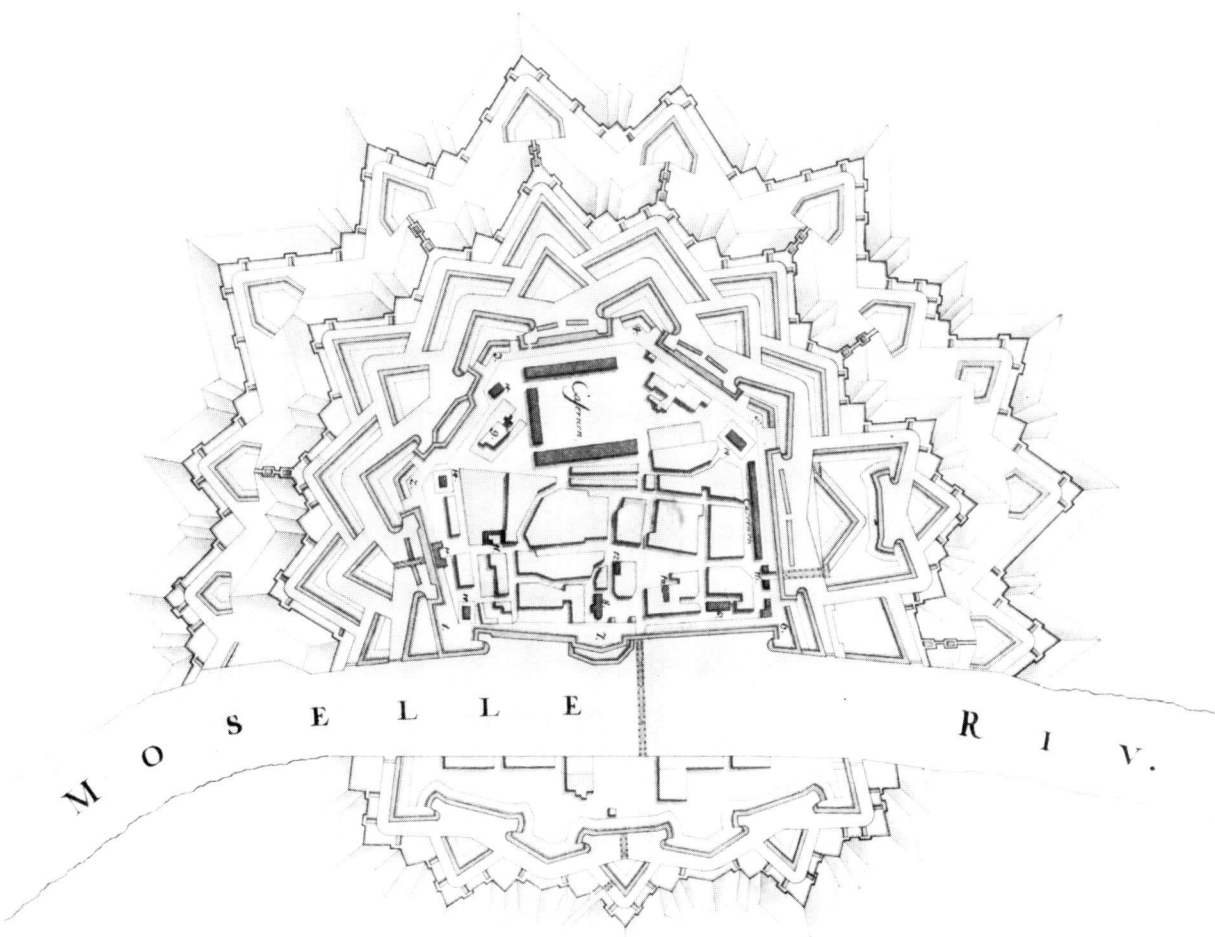

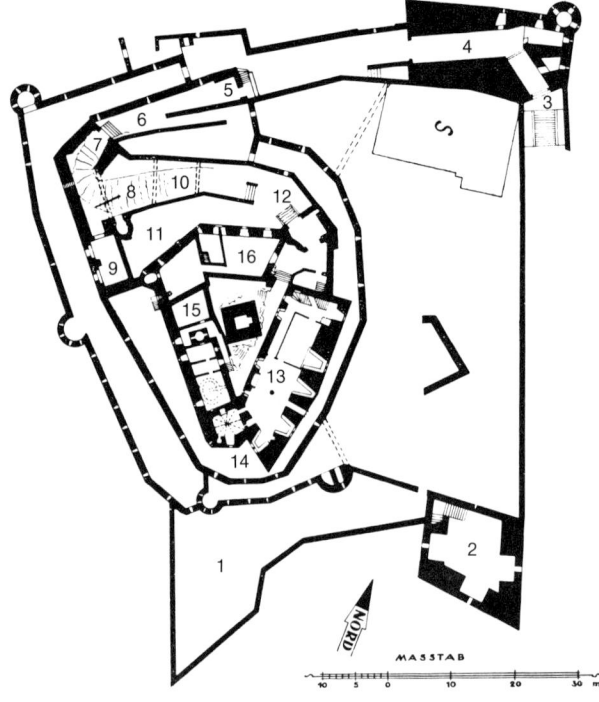

Marksburg über Braubach/Rhein. Der Sitz der Deutschen Burgenvereinigung e. V. mit einzigartiger burgenkundlicher Bibliothek, burgenkundlichem Archiv und einer musealen Sammlung von Waffen und Uniformen ist die einzige nicht zerstörte mittelalterliche Höhenburg am Rhein, die Marksburg. Trotz baulicher Ergänzungen besonders im 17. und 18. Jh. sind die klassischen Elemente einer Burg weitgehend erhalten und zu begehen. Der Bergfried ragt aus der Kernburg und dem sie umgebenden Zwingerkranz landschaftsbeherrschend empor. Obwohl der Burgencharakter vorherrscht, kann der aufmerksame Besucher doch im Scharfen Eck und im Pulvereck (Name!) dreieckförmige bastionsartige Wehrbauten für den Einsatz von Feuerwaffen aus dem 2. Viertel des 17. Jh. erkennen. Der nebenstehende Grundriß nach einer Bauaufnahme von Prof. Bodo Ebhardt aus dem Archiv der DBV ist zum Luftbild orientiert. Foto: Verlag Albert Nonn, Koblenz. Freigabe Minister für Wirtschaft und Verkehr, Mainz, Nr. 00561/CN 168.

1 Scharfes Eck, 2 Pulvereck, 3 Zugbrückentor, 4 Tunnelgang der Vorburg, 5 Fuchstor, 6 Innerer Zwinger, 7 Burgvogtturm, 8 Durchgang unter der Großen Batterie, 9 Burgschmiede, 10 Durchgang unter der Kleinen Batterie, 11 Batteriehof, 12 Eiserne Pforte, 13 Palas, 14 Kapellenturm, 15 Rheinbau, 16 Nordbau, S neue Burgschenke.

Burg Nideggen/Eifel. Diese Höhenburg in Spornlage über dem Rurtal war bis zur Zerstörung 1542 ständige Herrscherburg der Jülicher Grafen und Herzöge. Unter Herzog Wilhelm V. († 1592), während der Auseinandersetzungen um die Erbfolge in Geldern vernichtete die Artillerie Kaiser Karls V. († 1556) die Wehr- und Wohnbauten. Der kraftvolle Bergfried blieb erhalten, er wurde jüngst beim Ausbau zu einem Burgenmuseum mit neuem Dach versehen. Foto: Rhein. Landesmuseum, Bonn 1965. Freig. Reg. Präs. Düsseldorf Nr. 16/51/9771.

Festung Wülzburg und die Stadt Weissenburg in Bayern. Ausschnitt aus dem Kartenwerk: Brandenburg-Ansbachische Wildfuhr, Bd. II/2. Bl. XVII, Blattformat 75,5 x 53,5 cm. Original: Hohenlohe-Zentralarchiv Schloß Neuenstein. Aufnahme: Hauptstaatsarchiv Stuttgart. Das Kartenwerk besteht aus 54 Karten, die quadriert geordnet und in Einzelbände aufgeteilt sind. Die lavierte Federzeichnung stammt aus dem Besitz des Fürsten Friedrich Ludwig von Hohenlohe (1746–1818), der bis 1806 Gouverneur in Ansbach-Bayreuth war. Die mittelalterliche Stadtbefestigung mit ihrem ringförmigen Graben-Mauer-System und die bastionierte Artilleriefestung der frühen Neuzeit gehören zwei Wehrbauepochen *vor* bzw. *nach* Einführung der Feuerwaffen an. ▶

Soest. Ausschnitt aus einer Federzeichnung des Georg Maximilian von Fürstenhoff (1686–1753) aus der Zeit um 1740. Original und Foto: Staatsbibliothek Preußischer Kulturbesitz Berlin X 33819. Das spätgotische Walloval ist heute noch fast geschlossen erhalten. Der Plan zeigt diese aus grünen Sandsteinquadern in der Transitionszeit errichtete Mauer mit den zahlreichen im Halbrund vor die Wallinie tretenden Türmen in Armbrustschußweite und die Anpassung an ein Bastionärsystem durch inselartig vorgeschobene Ravelins mit gedecktem Weg und Glacisausbildung. Dadurch erhielt man eine Tiefe des Kampfraumes, die zur Abwehr einer Belagerungstruppe und zum effektiveren Einsatz von Verteidigungsgeschütz notwendig geworden war.

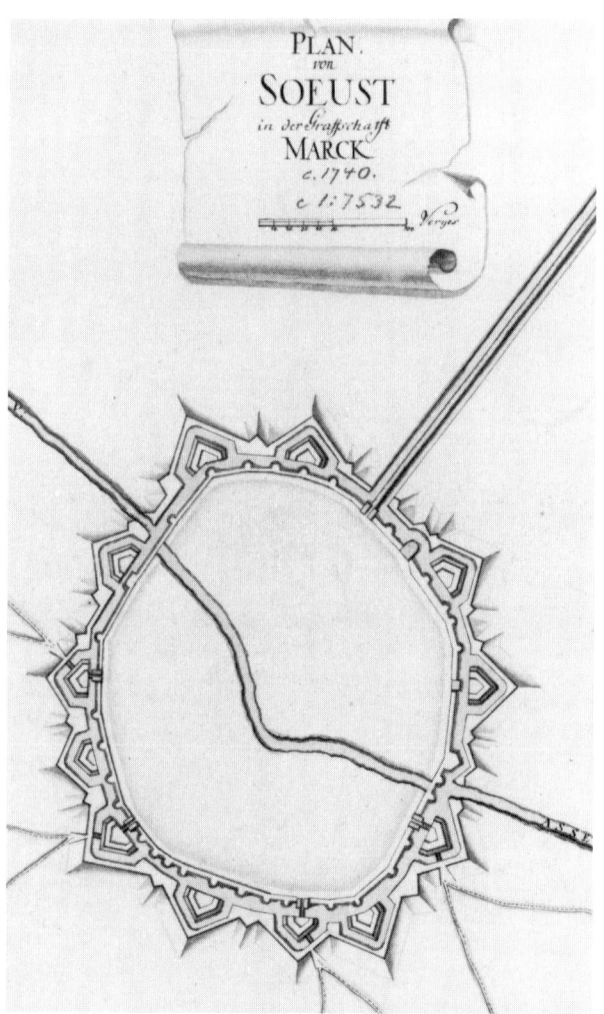

»Hat ... der Ertzbischof die statt Soest mit viel tausent Gewapffneten belaegert ... es seyen ins Bischoffs Laeger 80000. man gewesen. Er hat sie aber einen gantzen Mondt belaegert/vn mit Buechsen darwider zu donnern selten vnderlassen. Da aber diß die Buerger nicht fast schreckte/ließ er eine grosse anzahl Leitern machen/Vnd nam ihm fuer die stattmauer an vilen orten zu besteigen ... Dargegen worffen die Buerger Stein vnd Balcken herunter: aber die aller stärckste widerwehr/die sie hatten/war/daß sie hin vnd wider auff der Meuren etliche Pfannen setzten/fewr darunder legten/einen duennen brey mit sieden heissem Wasser machten/denselbigen in weite geschirr fasten/vnd also siedend auff die geharnischten/so auff den Leitern stunden/herab schuetteten ...«

Aus dem Bericht über die Belagerung von 1440 von Braun/Hogenberg 1582

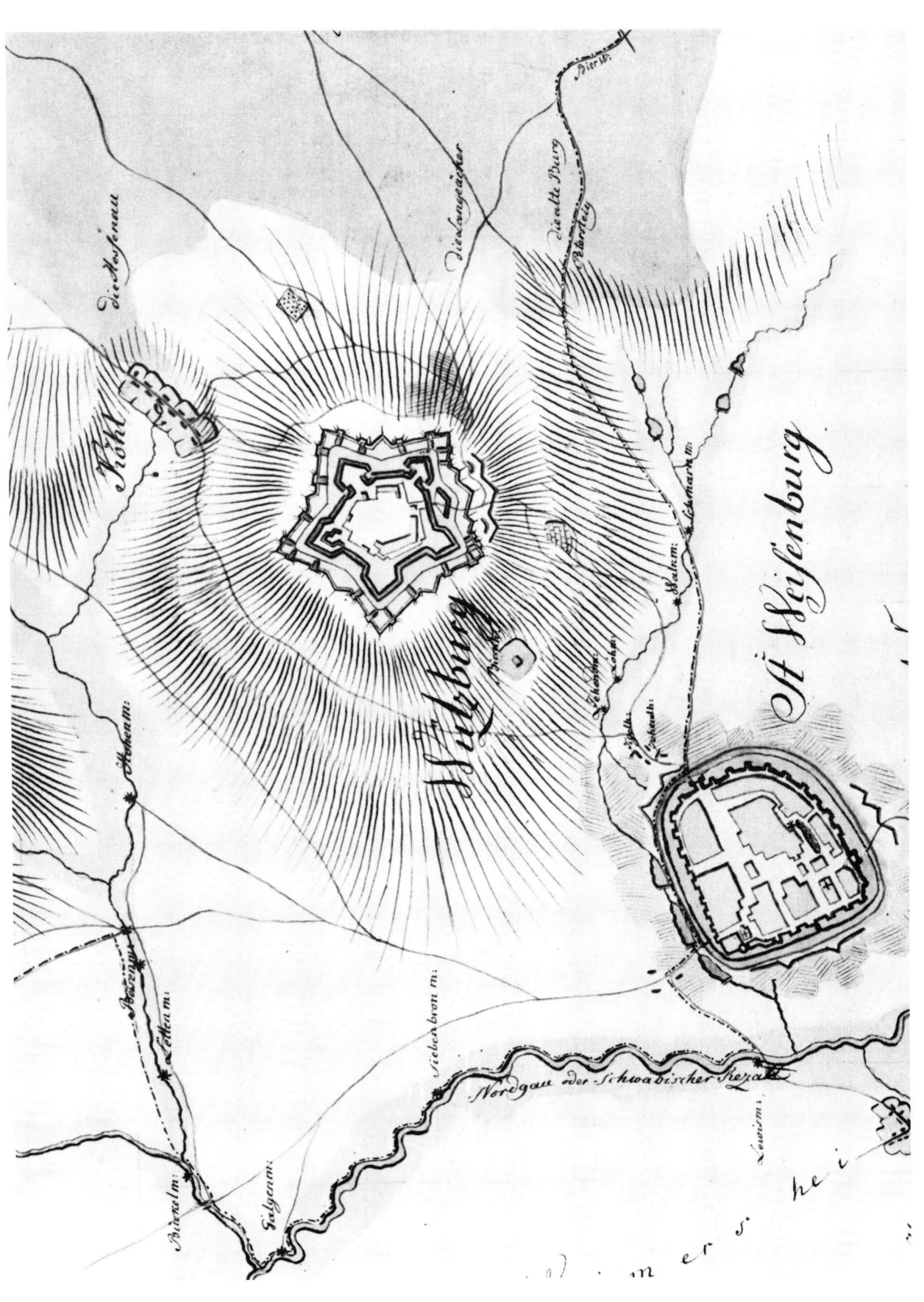

»*Auf der Bastei*«, Öl auf Leinwand, 49,5 x 21,5 cm, von Karl Spitzweg (1808–1885), Werkeverzeichnis 789, auch unter den Titeln »Friedenszeit« und »Gähnender Wachtposten« bekannt. Das Bild entstand gegen 1860 wahrscheinlich nach Skizzen von der Festung Rothenberg, die er zwei Jahre nach der Auflassung 1838 besuchte. Spitzweg hat eine ganze Reihe fast idyllischer Darstellungen des Soldaten- und Festungslebens hinterlassen. Der gähnende Kanonier auf diesem Bild wird zu »einer Art idyllischer Inkarnation des Pazifistischen« (Siegfried Wichmann). Original und Foto: Kunsthalle der Stadt Mannheim.

Ich bin mit meinem Buch nicht nur bestrebt, die wissenschaftliche Forschung unter bau-, kunst- und technikgeschichtlichen Aspekten zu ermuntern, mehr für die Architectura militaris der letzten 500 Jahre zu tun als bisher, sondern ich möchte ebenso neue Freunde für diese bedeutende Denkmalgattung gewinnen. Dem Laien soll das Buch zu Entdeckungen und eigenen Forschungen ermuntern. Vielleicht wählt der eine oder andere Leser bei der nächsten Urlaubsfahrt als Anlaufziel eine Festung? Der Erlebniswert kann sehr hoch sein.

Zahlreiche z. T. unveröffentlichte Pläne und Zeichnungen sowie ausgezeichnetes Fotomaterial, worunter den Luftbildern eine besondere Rolle zukommt, illustrieren den bewußt kurz gehaltenen Text. Dafür ist die Erläuterung der Abbildungen umfangreicher als üblich. Ich hoffe, daß der erstrebte Überblickcharakter deshalb nicht gestört wird. Ich stütze mich auf meine zahlreichen Reisen zu Festungsplätzen des In- und Auslandes, die ich seit zwei Jahrzehnten von Jülich als Festungsstadt aus unternehme. Ich stütze mich auf die Literatur, die mit 1500 Titeln seit 1945 dem Buch beigegeben werden konnte. Die Traktate habe ich überwiegend in meiner Studienbibliothek, der Herzog August Bibliothek (HAB) in Wolfenbüttel, eingesehen und darüber hinaus zahlreiche in- und ausländische Archive, Museen und Privatsammlungen besucht. Sehr ergiebig waren die zahlreichen Diskussionen und Korrespondenzen mit gleichgesinnten Festungsforschern unterschiedlichster Provenienz und mit Organisationen, die sich speziell dem Thema Festungsforschung und Festungsnutzung widmen.

Festungen bzw. ihre baulichen Relikte haben heute eine essentielle Bedeutung für die kulturelle Entwicklung einer Stadtgemeinschaft. Ihre Revitalisierung wird aus wissenschaftlichem, pädagogischem Interesse betrieben, aber auch aus Stadtplanungsgründen, zur Stadtentwicklung unter dem Aspekt der Schaffung von Erholungszonen. Sie gilt es in Zukunft mehr denn je zu bewahren, zu pflegen und zu nutzen als Zeugen der Vergangenheit in unserem heutigen Leben!

Jülich, im August 1987

Hartwig Neumann

Preußischer Festungsadler. Den Urmodel schuf Christian Daniel Rauch (1777–1857) um 1823. Abgüsse sind in sämtlichen preußischen Festungen des 19. Jh. nachweisbar. Hier der Torso aus Jülich. Komplettierte Abgüsse hat der Verfasser in die Zitadellen von Jülich und Spandau verbracht. Foto: Hartwig Neumann.

»Eine elementare politische Aufgabe wächst der Architektur dadurch zu, daß sie faktisch oder scheinbar die Sicherheit politischer Machtträger gewährleistet. Sobald Architektur nicht mehr nur gegen die Unbilden der Natur schützen, sondern Personen oder Institutionen nach innen oder nach außen sichern soll, ist sie von politischer Relevanz. Wehrkirchen, Burgen, Stadtmauern, Wachtürme, Graben, Wälle und Bunker, Geschlechtertürme, Sockelgeschosse mit Buckelquadern, Portale und Eisengitter, dies sind nur einige Stichworte für die vielfältigen Sicherheitsaufgaben, die durch Architektur wahrgenommen werden. Psychologische Abwehrstrategien und Einschüchterungen haben dabei immer eine Rolle gespielt.«

Martin Warnke, Politische Architektur in Europa, Köln 1984, S. 13

Festung Rosenberg über Kronach. Blick von Süden auf die Spitze der Bastion St. Philipp. Die dossierte Mauer aus mit breitem Saumschlag versehenen Rusitkaquadern wird durch ein Beobachtungshäuschen bekrönt. Foto: Hartwig Neumann.

Geschützrohre waren im handwerklichen Bereich des 16.–18. Jh. auch meist Bedeutungsträger und Repräsentationsobjekte. Als Beispiel sei das zur Verstärkung des Mündungskopfes benutzte Löwenhaupt von einer der vier Bronzekartaunen mit Kaliber 19 cm, gegossen 1599, aus dem Bayerischen Armeemuseum Ingolstadt abgebildet. Foto: Hartwig Neumann.

> Zur Vertheidigung der Festungen reichen Muth und Kunst jede für sich allein nicht aus, doch sie vermögen alles im Verein.
>
> Lazare Carnot (1753–1823): Von der Vertheidigung fester Plätze, Dresden 1816

Die Entwicklung der Befestigungswerke von Düsseldorf 1288–1801. Diese kartografische Methode der Synopse der verschiedenen baulichen Zustände des Siedlungsgebietes unter fortifikatorischen Aspekten über dem modernen Stadtplan eröffnet zahlreiche Aussagen für die wissenschaftliche Forschung, aber auch für die Pädagogik. Man erkennt das Wachstum der befestigten Stadt von ihren Anfängen bis zur Schleifung, ihre topographische und geographische Ausdehnung in bestimmten Epochen, den Wechsel und die gegenseitige Beeinflussung städtebaulicher wie fortifikatorischer Konzeptionen, die Anwendung unterschiedlicher Manieren, die Abhängigkeit von der Hydrotektonik, die Veränderungen auch der umgebenden Landschaft u. v. m. Eine solche Aufnahme ermöglicht Haus- und Grundstücksbesitzern sowie Planungs-, Bau- und Kulturämtern bei projektierten Baumaßnahmen die Vorausschau auf mögliche Fundstücke bzw. Bauhindernisse aus der Festungszeit. So etwa konnte für die Landeshauptstadt von NRW vor Beginn der Arbeiten festgestellt werden, wo z. B. die U-Bahntunnels mit oberirdisch verschwundenem Festungsmauerwerk »kollidieren«. Trotzdem aber wurde im Herbst 1985 ein Großteil der in der Innenstadt freigelegten Zitadelle des 16. Jh. vernichtet, zerstört unter anderem mit der Begründung, man habe nicht gewußt, was beim Ausschachten für eine in Auftrag gegebene Tiefgarage an Relikten und unter Schutz stehenden Bodendenkmälern angeschnitten würde. Zeichnung: Edmund Spohr, Düsseldorf 1971.

> Die Kriegsbauwissenschaft ist die Lehre von der Zurichtung der natürlichen Lage eines Ortes, um sich auf demselben Vorteile zu verschaffen.
>
> F. F. Nicolai, herzogl. württemberg. Oberst, 1775

> Die technische Einrichtung eines Geländes in einem Raum zum Kampfe in diesem Raum heißt Befestigung.
>
> Dipl.-Ing. General a. D. Max Stiotta, Befestigung, 1967.

I. Festungsbaukunst und Festungsbautechnik

> »Gott der unvergleichliche Baumeister / fand gut sein Werck zupraegen / neben der Nutzbarkeit / den Pracht / das Ansehen vnd die Anmuetigkeit.«

Diese Worte von Alexandre Christian Le Maître in seinem Buch: Das alte und das neue Troia oder Die immerdar verbesserte Bevestigungs-Kunst, o. O. 1684, kennzeichnen sehr treffend unser Doppelthema. Gott als Weltenbaumeister beurteilte nach getaner Arbeit sein Werk, seine Schöpfung, nach den Kriterien der Nutzbarkeit und Schönheit. Im übertragenen Sinne ist das Festungsbauwesen also nützlich. Dahinter steht die utilitaristische Auffassung von der Notwendigkeit des Festungsbaus. Diese Forderung erfüllte der Baumeister als *Ingenieur* und *Techniker*. Daneben steht die Forderung nach Pracht und Anmut eben dieser Bauten, der Wunsch nach Schönheit und Repräsentation. Diese Forderung erfüllte der Baumeister als *Künstler* und *Architekt*.

Im Militärbauwesen des 16. bis in die Mitte des 19. Jh. war der Militärbaumeister Architekt und Ingenieur in einer Person. Zweckmäßigkeit und Schönheit waren seit der Antike tradierte Bauideale, die es stets aufs neue zu erfüllen galt.

Die Architectura Militaris als Teil der Architectura Universalis neben der Architectura Civilis wurde während des gesamten Zeitraumes durchgängig als Ars Fortificatoria, als Kunst angesehen und hoch geachtet. Le Maître selbst benutzte diesen Terminus in seinem Titel. Aus unserer heutigen Sichtweise unterscheiden wir die Kunst von der Technik.

Homo homini lupus – Der Mensch ist seines Nächsten Wolf! Diese bittere Erkenntnis hatten schon die Menschen in der Urgesellschaft, als sie versuchten, sich, ihre Familien und ihre Beute vor dem Mitmenschen, dem Fremdling, zu schützen. Bedrohten von Anfang an die Naturkräfte den Menschen, so wurde es bald notwendig, mit dem drohenden Nächsten zu rechnen, ihn abzuhalten, abzuschrecken vor Übergriffen. Maßnahmen baulicher Art, individuell und bald gemeinschaftlich zur Existenzsicherung errichtet, mußten zwangsläufig getroffen werden. Man baute zuerst Hütten, bezog auch Höhlen, grenzte sich und sein Eigentum mit Zäunen und Palisaden ab, errichtete Pfahlbauten über Wasser, welches ein wirksames Annäherungshindernis war und blieb. Man hob Erde aus künstlichen Gräben und warf sie zum Wall auf, erfand Tore, schichtete Steinquader übereinander, mauerte schließlich – man errichtete Befestigungsanlagen um die eigene Siedlung. Die Entwicklung dieser Bauten von den vor- und frühgeschichtlichen Ringwällen, den klassischen Befestigungen der Germanen und Römer an Rhein und Limes über die frühmittelalterlichen Kunsthügelburgen bis zu den bald in Stein errichteten Burgen auf hohem Bergesrücken oder im Flachland als wasserumwehrte Niederungsburgen, Stadtumwallungen des hohen und späten Mittelalters – all die hier nur angedeuteten Schutzbauten waren auch Wehrbauten und oft zugleich Wohnbauten – es sind Befestigungsbauten aus der langen Zeit vor der Einführung des Pulvergeschützes. Die vermehrte und planmäßige Nutzung der Explosionspulvermischung als Treibladung für Geschosse in Angriffs- und Verteidigungswaffen erzwang eine bis dahin nicht gekannte neue Lehre in Strategie und Taktik, in Angriff und Verteidigung: Festungen wurden konstruiert und gebaut. In der Transitionszeit, also der Übergangszeit vom hochmittelalterlichen Wehrbau zum frühneuzeitlichen Festungsbau, lassen sich zahlreiche Einzelwerke, Behelfsbauten, Versuchsbauten in der Militärarchitektur des ausgehenden 15. und beginnenden 16. Jh. nachweisen. Diese Bauten sind bisher nicht erfaßt. Die wichtigsten werden in diesem Buch aber vorgestellt.

Zum Begriff *Festung* liegt keine abschließende wissenschaftliche Klärung oder gar Definition vor. Hier sollen darunter alle diejenigen Wehrbauten verstanden werden, deren Grundrisse und Profile, also die Ausdehnung in den drei Dimensionen, durch die als Geraden angenommenen Schußlinien primär des Defensionsgeschützes und für den Nahbereich auch von Handfeuerwaffen bestimmt werden. Eine Festung besteht aus einer Summe von einzelnen Festungswerken. Sie wird vorwiegend militärisch genutzt. Eine Festungsstadt hat neben dem fortifikatorisch-militärischen auch einen zivilen Bereich. Zur Architectura militaris sind weiter die Garnisonsbauten wie Kasernen, Wachtgebäude, Lazarette, Depots und Speicherbauten wie Pulvermagazine, Zeughäuser, Arsenale, militärische Kornspeicher, weiter militärische Manufakturen wie z. B. Gewehr- und Munitionsfabriken, Militärschulen und -akademien zu rechnen. Ergänzt werden diese Bauten durch den militärischen Straßen- und Dammbau, Brückenbau u. a. m.

Historisch gesichert ist, daß Feuerwaffen im Laufe des 15., besonders aber im 16. Jh. Kugeln verschossen. Zuerst waren es als Handfeuerwaffen ausgelegte Feuerrohre unterschiedlichster Kaliber. Diese wurden bald größer, so daß die Geräte auf Laden und Gestellen festgezurrt oder festgelegt werden mußten, um den enormen Rückstoß zu parieren. Die Entwicklung ging so weit, daß Rohre von riesigen Dimensionen gegossen oder geschmiedet wurden, die bald als Bombarden der Renaissance in die Geschichte der sich herausbildenden neuen Waffengattung Artillerie eingingen.

Die außerordentlich große Wirkung, welche das Geschützwesen in vielen Lebensbereichen des Menschen erzielte, zeigte sich in der Antwort der den Büchsenmeistern und späteren Artillerieoffizieren gegenüberstehenden Kriegsbaumeister. Festungsbau und Geschützbau waren jetzt einander eskalierende Techniken bzw. Künste (um bei der historischen Bezeichnung zu bleiben), die sich in direkter Abhängigkeit voneinander zu immer neuen Erfindungen bzw. Entwicklungen zwingen ließen. Jede Innovation auf der einen Seite zog eine entsprechende Antwort auf der anderen Seite nach sich, wobei sich allerdings das

Wilde Männer rätseln über einem Ausschnitt eines Festungsplanes, der von der allegorischen Figur der Stadtbaukunst vorgestellt wird. Ihre Attribute sind Gelenkemaßstab und Stechzirkel. Ausschnitt aus einem Zwischenkupfertitel Schoonbeck del et fec: 1693 zu Nicolaus de Fer (1646–1720): LES FORCES DE L'EUROPE. Foto: Hartwig Neumann.

Gleichgewicht der Kräfte meist zu Gunsten der Feuerwaffen verschob, da der permanente Wehrbau mit der Mobilität der Einführung artilleristischer und pyrotechnischer Neuerungen nicht unmittelbar Schritt halten konnte.

Die vermehrte Nutzung der Feuerwaffen, zu der schon früh die Mine und damit die unterirdische Kriegführung kam, erzwangen sowohl als Angriffs- als auch als Verteidigungswaffen bis dahin nicht gekannte Strategien und Taktiken in Angriff und Verteidigung fester Plätze.

> Eine Wissenschaft ist die Fortifikation ohne Zweifel, dieweil sie ire Fundament und alle Formal Vollkommenheit von den Mathematicis sientijs hat, welche wegen ihrer gewissen Beweisung bekandte Scientiae seyn. Vnd indeme die Fortifikation mit gewissen vnd determinirten Regulen das unzweiffelhaffte Ende, einen Situm zu fortificiren vnd zu verteidigen, proponiret, so ist sie auch eine Kunst. Vnd da sie darnach zum Acte practico schreitet, indeme sie vielerlei Beschwärungen der Materien findet, damit man wircket vnd bawet, wird sie eine Facultet...
>
> Buonaiuto Lorini (1540–1611), Fünff Bücher Von Vestung Bauwen, Frankfurt a. M. 1607

»Übersende auch noch ein projekt von der Wallmauer, auf die faßon kan es am besten gemacht werden, auf fortifications arth. Alle die Linien können bestrichen werden und durch flanquen beschossen werden, obschon vielerlei schießscharten zur Zier [!] eingezeichnet. Man braucht eben nicht postirte Canon zu haben, sondern diejenigen wo man hat setzt man in welche scharten man will ...«

Julius Ludwig Rothweil (ca. 1670/75–1749), Architekt und Ingenieuroffizier in Weilburg und Waldeck in einem Schreiben vom 12. 7. 1725

Mündung eines Bronzegeschützrohres in einer Scharte der hohen Batterie vor dem Bergfried von Burg Bentheim mit Blick auf die niedere Batterie mit dem Beobachtungstürmchen. Foto: Hartwig Neumann.

Veste Coburg. Spitze der Bastion Bunter Löwe, erbaut 1614 durch Gideon Bacher für Herzog Johann Casimir (1564–1633). Die Stelle unter dem Wachthäuschen eignete sich in wirkungsvoller Weise für repräsentative Wappensteine. Als Schildhalter fungieren hier zwei jeweils auf den Facen befindliche Fabeltiere vom Typus Greifen mit Löwenleib, Adlerkopf, gefiederten Flügeln, Krallen. Sie halten den unmittelbar auf der Spitze befindlichen Schild mit aufsteigendem Löwen. Foto: Hartwig Neumann.

> »Es soll auch ein zu Militärzwecken bestimmtes Bauwerk, insoferne sich dabei nur immer ein Styl ausdrücken läßt ... allemal jenen Baustyl beurkunden, welcher von den Kunstverständigen nicht allein als edel, sondern auch als der jeweiligen Geschmacks-Richtung entsprechend gehalten wird. Außerdem soll den Militärbauten aller Art vorzugsweise der Charakter des Ernstes, der Stärke und nach Umständen auch der Widerstandsfähigkeit gegen feindliche Unbilden verliehen werden ... Der Militärarchitekt kann sich vernunftsgemäß weder der edlen künstlerischen Behandlung, noch dem allgemein herrschenden Baustyl entziehen ... und daß Bauwerke, namentlich die sogenannten fortificatorischen ... zur landschaftlichen Decoration beitragen ...«
>
> Oberst Heinrich von Scholl: Über Baustyl, Wien 1864
> (Mitteilungen d. k. k. Genie Comité)

Befestigungen des Mittelalters wurden so technisch überholt, veralteten. Neue Dimensionierungen in Grund- und Aufriß für die Wehr- und Schutzbauten wurden gesucht und gefunden. Die Erkenntnisse der Ballistik, die Schußlinien, waren grundrißbestimmend.

Die Befestigungswerke als klassische Gründungselemente der Städte änderten sich total. Aus befestigten Städten wurden Festungsstädte. Die Stadtsilhouette entsteht neu. Zusammenfassend gilt für alle Festungsbauepochen der Neuzeit:

> Der jeweilige technische und physikalisch-chemische Stand der Feuerwaffen (der Stand des Schießens mit Kanonen, des Werfens mit Mörsern, des Sprengens mit Petarden und Minen) forderte seine adäquate baulich-architektonische Entsprechung.

Diese Regel hat bis in den Zweiten Weltkrieg hinein ihre Gültigkeit gezeigt. Seit Ende des Krieges aber ist dieses Gleichgewicht beinahe total zu Ungunsten von Festungsbauten verschoben, wenn man auch nicht auf Bunker, unterirdische Silos und Kommandostände und auf befestigte Grenzsicherungen verzichten will. Fortifizieren heißt also vorrangig befestigen mit und gegen Artillerie. Flankierendes und enfilierendes Feuer der eigenen Batterien führte zur Revolution in Grundriß und Profil und zur Inanspruchnahme immer größerer Landflächen.

Neu war die Möglichkeit, mit den Feuerwaffen auf der Angreiferseite aus großer Entfernung weit außerhalb der Reichweite der Armbrustverteidigung und der mechanischen Kriegsgeräte des Antwerks zu wirken, d. h. über den Bauhorizont aufgehendes Mauerwerk unter direkten Beschuß zu nehmen bzw. als Vorbereitung für den Sturm in Mauern Breschen zu legen. Burgenbesitzer und Stadtbürgertum fühlten sich nicht mehr sicher. Ihre über sehr lange Zeiträume erprobten und bewährten Wehr- und Schutzbauten waren plötzlich militärtechnisch wertlos. Die Burgen und Stadtbefestigungen des ausgehenden Mittelalters mit einer Vielzahl an Rund- und Ecktürmen, Wehrgängen, Torburgen, Erkern, Zinnen waren mit ihren hohen und schmalen Mauern dem Angriff nicht gewachsen. Vorbilder für eine neue Befestigungstechnik gab es nicht, auch nicht in der Antike, an die man sich in der Militärwissenschaft der Renaissance gern erinnerte. Diese bedeutende Zäsur in der Entwicklung von Befestigungen konnten die wirtschaftlich gut situierten Feudalherren und ein reiches Stadtbürgertum überbrücken. Nur sie waren in der wirtschaftlichen und politischen Machtposition, Bauaufträge in bisher ungeahnter Größenordnung zu vergeben.

Die Umstellung forderte größte ökonomische Anstrengungen. So erklärt sich, daß in der Folgezeit zahlreiche Burgen und Stadtvesten aufgelassen oder nur noch aus Traditions-, Rechtsgründen und als Statussymbole weiterhin unterhalten wurden. Es gab natürlich zahlreiche, heute so seltene Anlagen, die an die Feuerwaffen angepaßt wurden. Dieses Stadium des Suchens nach optimalen Bauformen des Verteidigungsraumes ist die Transitionszeit von ca. 1450 bis 1530.

Zahlreiche oft kuriose Lösungen wurden theoretisch erarbeitet und in die Praxis umgesetzt. Viele Entwürfe blieben Projekte. Der Wunsch des Verteidigers nach eigenem Verteidigungsgeschütz, welches man dem Angreifer entgegenstellen wollte, sollte die Festung überlegen und sturmfrei machen. Zur Aufstellung von Defensionsgeschütz aber war die schmale Ringmauer und der hohe Turm der Spätgotik räumlich wie statisch unzureichend. Unvollkommene Lösungen waren das Anschütten von Erdreich vor oder hinter der Mauer, das Remparieren. Die Schütten erbrachten zwar eine Wallverbreiterung, hatten aber viele Nachteile im Konstruktiven. Man trug Türme ab, verfüllte untere Stockwerke mit Erde, um so tiefgelegene der Feindsicht entzogene Geschützplattenformen zu erhalten. Der Rondell- und Basteibau wurde für einige Jahrzehnte typisch. Die Vor- und Nachteile werden unten in einem besonderen Kapitel behandelt.

Joseph Furttenbach (1591–1667), Architekt, Ingenieur, Feuerwerker, städtischer Beamter und berühmter Kunstsammler in Ulm, gab seinem Traktat »Mechanische Reiß Laden« von 1644 einen Kupferstich bei, der 14 personifizierte Künste bzw. Wissenschaften seiner Zeit mit ihren Attributen zeigt. Alle ordnen sich der hoch thronenden Mechanica unter. Mechanica ist die Allegorie der (damaligen) Technik schlechthin. Dargestellt sind als weibliche Allegorien Prospectiva / Navigatio / Astronomia / Geographia / Planimetria / Geometria / Arithmetica und als männliche Allegorien Architectura Navalis / Architectura Civilis (A) / Architectura Militaris (B) / Büchsenmeisterei (C) / Pyrotechnik (C) / Wasserleitungsbau / Grottenbau. Alle Figuren sind in antikisierten Kleidern dargestellt. Die weiblichen Disziplinen sind die theorieorientierten, also mathematischen Wissenschaften, die männlichen Disziplinen sind die praxisorientierten Zweige der noch jungen Ingenieurwissenschaft. Diese von Furttenbach so genannten Recreationen bilden den Kern des ingenieurtechnischen Gesamtwerkes. Er setzt die Architectura Militaris über die Architectura Civillis und darüber die beiden eigenständigen Aufgabenbereiche Büchsenmeisterkunst und die Feuerwerkerei, wobei in Theorie und Praxis stets Lust- von Kriegsfeuerwerk unterschieden wird.

Die hierarchisch unter die Mechanica gestuften vierzehn personifizierten Künste bzw. Wissenschaften nach Joseph Furttenbach (1591–1667) aus seinem berühmten Werk: Mechanische Reiß Laden / Das ist / Ein gar geschmeidige / bey sich verborgen tragende Laden…, Augspurg 1644. Foto HAB: 39.8 Geom. (2).

Die Lehrtafel APPARATUS BELLICUS aus der Zeit Maria Theresias ist ein weiteres aussagekräftiges Beispiel für eine allegorische Darstellung des Festungsbauwesens und seiner »Hilfswissenschaften« Artillerie und Meßtechnik. Der Zeichner gibt ein militärtechnisches Ensemble aus Waffen, Gerätschaften, Instrumenten, Planzeichnungen und Allegorien wieder, die den ganzen Umfang einer Ars Militaria verdeutlichen. Der Betrachter schaut durch einen mit Waffenarrangements geschmückten Portikus in eine Apsis mit Kuppelabschluß. Der Zugang ist versperrt durch Geschützrohre, Mörser, Bomben, Stangenkugel, Winde, Zug. Die den Rundbogen tragenden Pilaster sind verziert mit zu Paaren gekreuzten Handfeuerwaffen, einer Petarde und der Entwurfszeichnung eines Rohres sowie Trophäen. Die in klassischer Anordnung gehaltenen Trophäen aus Rüstungsteilen, Fahnen, Stangenwaffen, Schlaginstrumenten schmücken auch die Postamente im Umlauf der Apsis. Weihevoll hängt eine Beutefahne mit dem Halbmond in der Lichtkuppel. Ein rundbogiges Fenster gibt den Blick frei in die Tiefe der Landschaft, in der der Feldkampf durch lafettierte Mörser und Kanonenrohre, die Marine durch ein schwerbestücktes Segelschiff und das Festungs- und Belagerungswesen durch eine Bergfestung und ein Zeltlager symbolisiert werden. In der Apsisrundung hängen im Erdgeschoß entrollte Pläne mit wichtigsten Grundrißformen von Festungswerken. Der Plan rechts läßt sich eindeutig mit der Festungsstadt Maastricht identifizieren. Auf dem Tisch sind die für Artilleristen und Festungsbaumeister unentbehrlichen Instrumente aufgebaut. Man erkennt einen Besteckkasten mit Zirkeln, Parallellineal und Winkelmesser, daneben eine Kaliberzange, einen Pendelgeschützaufsatz zur Rohrelevation u. a. Auf der Erde stehen Pulverfässer; Brandkugeln liegen neben Ladegerät wie Schaufeln, Wischer und Keil. Um das zentral postierte Geschütz als Mittelpunkt des Bildinhaltes eine Gruppe von drei Allegorien, die in ein Gespräch vertieft sind. Die durch das Attribut der Mauerkrone als Allegorie der Architectura Civilis ausgewiesene Gestalt weist mit der rechten Hand auf die Wandtafeln, sie lehnt mit dem anderen Arm auf dem mit einem Festungsplan drapierten Geschützrohr. Eine zweite Allegorie der Architectura Militaris entnimmt mit dem Stechzirkel Maße aus einem am Boden liegenden Plan einer pentagonalen Festung, während der Kriegsgott Mars in antikisierter Kleidung mit seiner rechten Hand auf eine Lehrtafel weist, mit

APPARATUS BELLICUS, bemalter Karton aus der 99 Tafeln enthaltenden Lehrtafelsammlung Institutionis archiducalis Ferdinandaeae opus pictum, Wien 1769, von Philipp von Rottenberg (Text) und Charles Joseph Roetiers (1692–1779). Format 31,5 x 52 cm. Original: Österreichische Nationalbibliothek Wien, Cod. min. 33 a, Bd. II, Tab. 36.

der anderen Hand hält er eine Turnierlanze. Sein Fuß tritt auf einen mit einem Gorgonenhaupt geschmückten Schild...

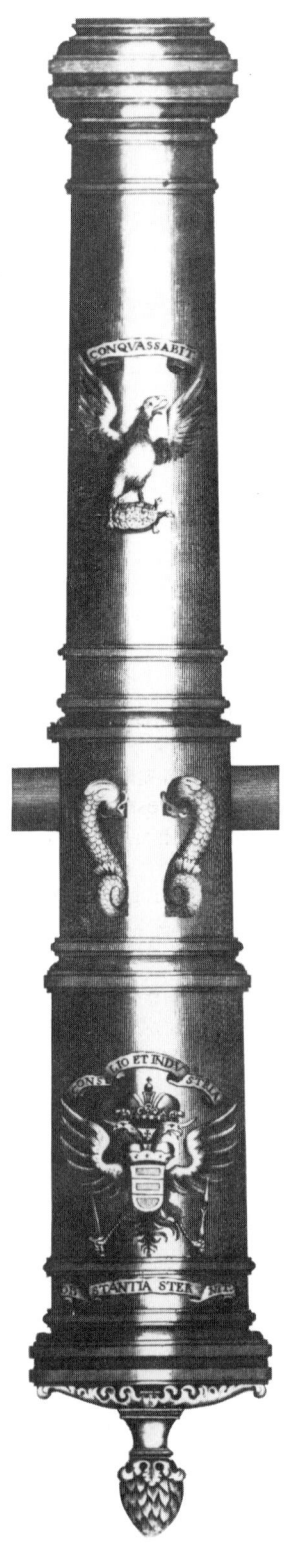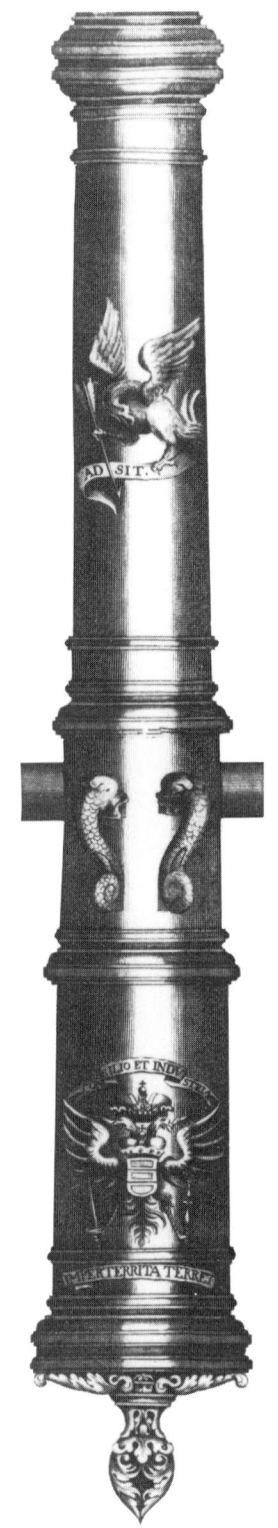

Drei barocke Bronzerohre (Kartaunen) »Ger: De Groos scv: Aucth: Michael Mieth« stammt aus Michael Mieth: Neuere Curiöse Geschuetz Beschreibung... Dresden/Leipzig 1705. Exemplar HAB: Ib 4°69.
◄

> »Es ist nicht ohne / daß die Kunst der Artigliaria im Kriegß-
> wesen nicht vor die geringste / besonders viel mehr vor die
> fuernembste zu-achten vnd zuschaetzen sey / angesehen
> heutiges tages keine Stadt oder Vestung gewonnen wird / es
> sey dann daß die Kunst der Artigliaria mit schiessen vnd Fe-
> wer außwerffen / dazu das ihrige thue.«
>
> Hans Guhle, Büchsenmeister und Feuerwerker, in seinem Traktat: BUCHSENMEISTEREY BUCH, Hamburg 1618, Dedikation.

Der Einsatz von Kapital, Arbeitskraft, Material und eine entsprechende Arbeitsorganisation komplizierten sich zusehens und verlangten nach einer Verwissenschaftlichung. Die ersten Theoretiker wie Praktiker im frühneuzeitlichen Festungsbau findet man in Italien. Albrecht Dürer legte als erster in deutscher Sprache einen Traktat vor. Er gestaltete Rondelle zu Basteien, den Vorläufern der Bastionen, als selbständige Abschnitte innerhalb einer planmäßigen Gesamtverteidigung. Diese zur Feldseite runden Batterietürme waren flache, durch dossierte Steinmauern abgeschlossene Baukörper vor der Hauptkampflinie. Über Bank und aus unter dem Bauhorizont liegenden Geschützkasematten war Grabenbestreichung aus mehreren Ebenen durch leichtes und schwereres Geschütz möglich. Dürer publizierte seine Gedanken 1527. Er skizzierte drei »Meynungen«, Basteien zu errichten und eine Zirkularfestung zu konstruieren. Er entwickelte Vorstellungen zur Befestigung eines Residenz- und Stadtschlosses und setzte sich mit der Remparierung älterer Stadtanlagen auseinander. Erstaunlich ist an Dürers Werk, daß es aus der Feder eines Künstlers ohne Kriegserfahrung stammt, der einzig auf seine Reiseerfahrungen in Italien zurückgreifen konnte. Seine ingeniösen Vorschläge, die z. T. im 18. und 19. Jahrhundert wieder aufgenommen wurden, waren für seine Zeit allein schon wegen der vorgeschlagenen Dimensionen her nicht realisierbar. An einigen wenigen Bauten kann man jedoch noch Dürersche Vorstellungen nachvollziehen, so am Munot über Schaffhausen, den Basteien vom Sparrenberg über Bielefeld und den Zirkularbefestigungen von Michelstetten und Pöggstall.

Im Mittelalter gaben die Baumeister ihre Kenntnisse und Fertigkeiten an ihre Gesellen meist mündlich weiter. Das Bauhüttenwesen verlangte es so. Die sich im ausgehenden 15. und beginnenden 16. Jahrhundert durchsetzende Wissenschaft vom Festungsbau wurde öffentlich vorgetragen, diskutiert, war grenzüberschreitend. Gründe hierfür liegen in der schnelleren Kommunikation zwischen Städten, Fürsten, Ländern durch Nutzung der Buchdruckerkunst und Vervielfältigung von Planzeichnungen durch Holzschnitte und Kupferstiche. Dazu kamen Erfahrungen der aus fernen Kriegen zurückkehrenden Offiziere und vor allem immer wieder das sich steigernde Bedürfnis nach Schutz vor möglichen Angreifern.

Das Fortifikationswesen wurde schnell ein gewichtiger gesellschaftlicher Faktor. Der Festungsstatus erzeugte auch eine neue »Sozialtopographie« für die Zivilbevölkerung und die den Rayonbestimmungen dienstlich unterworfenen Militärangehörigen. Man denke nur an die eingeengten Wohn-, Arbeits- und Erholungsbedingungen, an den Einzug von Privatland zum Festungsbau, an die Leiden besonders während der Belagerungen!

Für die gebildete Schicht der Gesellschaft und ihre Kavalierserziehung, aber auch zur Schulung der sich mehr und mehr herausbildenden Kriegsbaumeister wurden Bildungs- und Studienreisen »in Sachen Fortification« immer beliebter und galten als Nachweis für sachkundige Kenntnisse.

Es müssen aber noch zwei gewichtige Gründe für das 16. Jahrhundert genannt werden, die zum Festungsneubau drängten – die Bedrohung des christlichen Abendlandes durch die Türken und die kriegerischen Auseinandersetzungen des Reformationszeitalters.

Schulbeispiele im deutschen Raum für die Theorie der bastionierten Regularfestung sind heute die Zitadellen von Jülich (1549ff.), Spandau (1560ff.) und Wülzburg (1588ff.). Jülichs Quadrum ist quasi ideal in unbebautes Flachland gebaut, wenn auch stark reduziert im Vergleich mit dem rekonstruierbaren Urentwurf. Spandaus Zitadelle liegt zwischen zwei Flüssen

Tafel III aus dem Kriegs-Lexicon des J. R. Fäsch von 1726. Der Kupferstich gibt das Tracé oder den Situationsplan einer idealisierten und schematisierten Festung des Barock wieder mit dem Linienverlauf der Hauptkampflinie (Kernumwallung) und den zahlreichen Außen- und Vorwerken. Im Sinne einer Idée Générale setzte Fäsch Einzelwerke wie Bastionen, Kron- und Hornwerke aus verschiedenen Manieren als Lehrbeispiel zusammen und bezeichnet die Werke sowie die wichtigsten öffentlichen Gebäude. Original HAB: Ib 81. ▶

Der Architekt, Ingenieur und Architekturtheoretiker Johann Rudolph Fäsch (1680–1749), seit 1712 am sächsischen Hofe tätig und ab 1742 dort Obrist im Ingenieurkorps, gab sein lexikalisches Werk wegen der regen Nachfrage in mehreren Auflagen heraus. Das 1984 im Reprint der Auflage von 1726 erschienene Buch ist noch heute zur Begriffsbestimmung wichtig. Original HAB: Ib 81.

unter Wahrung repräsentativer mittelalterlicher Bausubstanz. Für das Pentagon Wülzburg über Weißenburg konnte man erst nach der Schleifung von Klostergebäuden und der Planierung der Bergkuppe den in der Theorie für die Ebene entwickelten Plan realisieren. Die Bastionen und Tenaillen hinter der Reichsburg in Nürnberg sind dem Gelände angepaßt. Zitadellen sind Festungen besonderer Art. Man kann sie, wenn sie an Stadtfestungen angebunden sind, als Kernwerk der Gesamtbefestigung bezeichnen, als letzten Rückzugsort. Damit tradieren sie den mittelalterlichen Bergfried. In bester Lage erbaut, dominieren sie nicht nur das Umland, sondern stets auch die eigenen Städte, von denen sie durch die Esplanade getrennt sind. Zitadellen hatten die Aufgabe, sich möglichst lange autark zu behaupten. In ihnen symbolisiert sich aber nicht nur der militärische Machtanspruch, sondern auch der zivile Herrschaftsanspruch des Landesherrn.

Architectura Civilis lieferte in der Renaissance einen völlig neuen Bautypus, das neuzeitliche Schloß. Dieses wurde als Wohn- und Amtssitz betont schön als Repräsentationsbau entwickelt und dem neuen Lebensgefühl der privilegierten Schichten angepaßt. In Zitadellen der Renaissance findet man die Militärbaukunst und Schloßbaukunst noch auf engstem Raume. Hatte es schon in der Antike Versuche gegeben, Städte und Wehrbauten über regelmäßigen Grundrissen anzulegen – auch das Mittelalter ist mit regelmäßigen Burgenbauten und Stadtgründungen zu nennen –, so entwickelte sich aber im 16. Jahrhundert das Bestreben zu symmetrischer Perfektion, zur rational durchdrungenen Grundrißausbildung, zur Axialität, zur gewollten Perspektive in viel stärkerem Maße. Dieser absichtsvolle Vorgang ist nur erklärbar durch das neue Lebensgefühl und die neue Denkart in der Gesellschaft auf politischem, religiösem und wirtschaftlichem Gebiet in Renaissance und Humanismus. Das neue Weltbild der Epoche spiegelt sich in den Festungsbauten wider. Mathematisch-mystische Beziehungen werden in Theorie und Praxis einbezogen, die Planung ästhetischen Prinzipien unterworfen, antike Auffassungen (etwa Dekorationselemente) wieder-

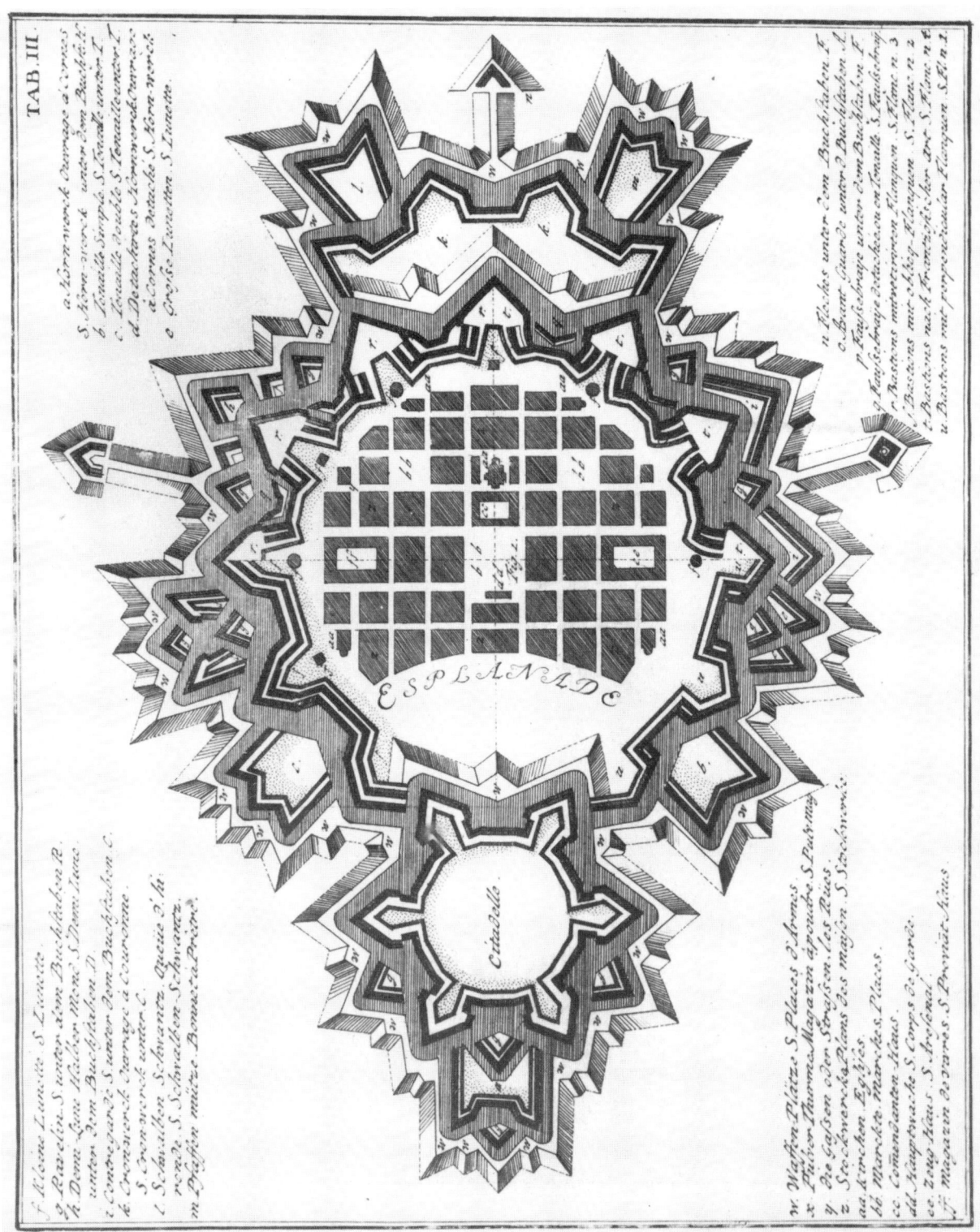

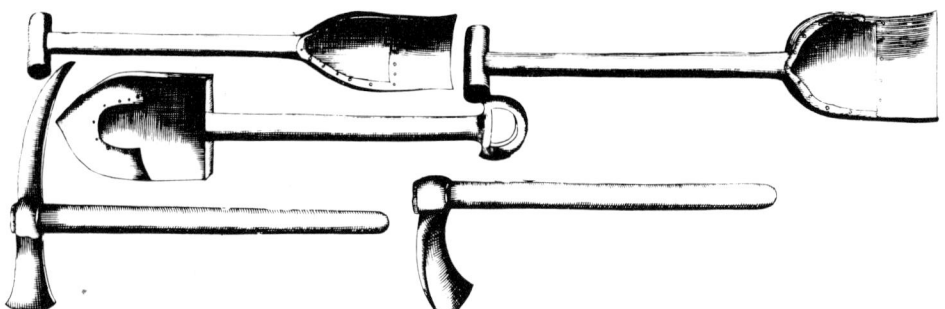

Schanzwerkzeuge wie Schaufeln und Hacken waren die wichtigsten Instrumente der »Schanzbauern« bei der Anlage von Festungen und Laufgräben bei Belagerungen. Reproduktion aus A. Freitag: Architectura Militaris Nova oder Newe vermehrte Fortification..., Leiden 1642.

geboren. Berühmte Künstler, Architekten, Ingenieure, Maler, Bildhauer, Philosophen beschäftigten sich in der Folgezeit mit der Befestigungsbaukunst. Man machte sich Gedanken über die ideale Gesellschaftsordnung und die ideale Stadt und damit über die ideale Fortifikation solcher Gemeinwesen, die oft utopische Züge trugen. Die Verknüpfung urbaner und fortifikatorischer Einzelbauten zur Gesamtheit einer großflächigen Stadt-Festungs-Raumordnung mit vorgeplanten Funktionen ist zeittypisch und erfährt in der folgenden Stilepoche weitgehende Ausprägung. Im Barock konkurrieren unzählige ideale und idealisierte Stadt- und Festungsprojekte rektangulärer und radialer Achsenführung miteinander. Ihre Grundrisse werden immer komplizierter, verschachtelter – auch verspielter, so daß man schon von »Regularitäts-Geometrismus« und »Labyrinthik« gesprochen hat. Zahlreiche Berufsgruppen beteiligen sich am »gesellschaftlichen Spiel«, neue Fortifikationsmanieren zu entwerfen. Man findet unter den Autoren Architekten, Ingenieure, Artillerieoffiziere, Mathematiker, Pfarrer, Künstler – Ernstzunehmende wie Wichtigtuer.

Die allgemeine europäische Geschichte des 17. Jahrhunderts wird durch militärhistorische Vorgänge und damit auch die Festungs- und Belagerungsgeschichte mitgeprägt. Jeder kleine und erst recht jeder größere Territorialfürst, ob Markgraf, Bischof oder Herzog, wollte seine Festung haben. Hier sind besonders die fürstbischöflichen Festungen von Würzburg und Mainz zu nennen. Aber auch die Freien Reichsstädte waren bemüht, ihre Verteidigungsanlagen auf dem neusten Stand zu halten.

Neubefestigungen im nordwestlichen und östlichen Raum richteten sich im 17. Jahrhundert immer mehr nach dem in den niederländischen Freiheitskriegen 1586–1640 entwickelten Befestigungssystem. In Ermangelung an Steinen und wegen der Kostspieligkeit von Ziegeln, aber auch aus Zeitersparnis wurden Bastionen und Kurtinen, Außen- und Vorwerke, das gesamte Festungstracé in Erde aufgeworfen. Hornwerke, Kronwerke, Ravelins, Niederwälle, Lünetten, Grabenscheren und andere Werke konnten so relativ schnell geschaffen werden. Besonders in der 2. Hälfte des 17. Jahrhunderts wirkten sich die Arbeiten Menno van Coehoorns in der Weiterentwicklung des europäischen Wehrbaus aus. Dazu wurden wieder verstärkt Mauerwerk für die Revetierung der Kurtinen, Flanken, Facen, für Kasematten, Poternen und Kasernen benutzt.

Der große Gegenspieler Coehoorns war Vauban. Er schuf mit seinem Ingenieurkorps gewaltige Festungsplätze, die er stets künstlerisch ausschmücken ließ. Vauban kümmerte sich persönlich um Haus- und Kirchenarchitektur für seine Festungen, besonders die neuen Garnisonstädte. Er bearbeitete Probleme des Kanal- und Straßenbaus, der Tore, Brunnen, Arsenale, Pulvermagazine, Kasernen, Brücken, Schleusen in genialer Weise. Seine Ideen blieben lange Zeit in Europa vorherrschend. Auch im deutschen Raum wurde von Vauban übernommen, nachgeahmt, variiert, verbessert.

Die absolutistische Staatsmacht, für die sich Vauban einsetzte, hatte die befestigte Schönheit der Städte in ihrem Programm. Selbst das beginnende 18. Jahrhundert stand noch ganz im Zeichen Vaubans und seiner Schule. Die Artillerie aber machte inzwischen weitere Fortschritte, was eine Wallverstärkung und erste Infanteriewerke im Festungsbereich nach sich zog. Die Fortifikationsliteratur schwillt noch einmal deutlich an. Die internationalen Kriegsbaumeister ließen ihre theoretischen Werke in mehreren Sprachen erscheinen oder wurden, weil stark gefragt, ohne Genehmigung nachgedruckt. Jetzt tritt die militärische Zweckrationalität bei den Wehrbauten immer deutlicher hervor, ohne daß allerdings auf den architektonischen Schmuck verzichtet wird.

In der 2. Hälfte des 18. Jahrhunderts löste man sich hier und da schon vom Bastionärsystem. Ein Donjon der Festung Silberberg ist neben seiner Festigkeit aber noch immer Repräsentationsbau eines Königs, der selber Festungsbautheoretiker war, Friedrich der Große (1712–1786). Das größte turmartige Bollwerk Europas ist Kernwerk einer ausgedehnten Festung von 1765–1777. Es besitzt aber keinerlei Schloßfunktionen mehr. Die Neu- und Umbauten der schlesischen Festungen wie Kosel, Glogau, Glatz, Neiße, Schweidnitz, Graudenz, aber auch der Festungen Magdeburg und Wesel standen unter der Aufsicht des Ingenieurgenerals von Wallrave (1720–1773). Vor Schweidnitz entstanden inselartig vor dem zusammenhängenden Wall detachierte Forts. Forts beherrschten bald Höhen, Straßen, Flüsse, Brücken. Sie sollten den heranrückenden Gegner von der Hauptfestung fernhalten und dessen Aufsplitterung erreichen, denn jedes einzelne Fort mußte vom Feind genommen werden, ehe er passieren konnte. Daß man Fortanlagen möglichst in eigener Schußweite legte, ist klar, denn der Grundgedanke einer wechselseitigen und flankierenden Deckung ist nie aufgegeben worden. Die oft nur mit Feldbefestigungen versehenen Zwischenräume wurden von den Geschützen der Forts beherrscht. Ein zusammenhängendes Wallsystem entfiel.

Bedeutende Nachfolger Sébastien Vaubans, die auch in Deutschland stärkste Beachtung fanden, waren Cormontaigne († 1752), Montalembert († 1799) und Carnot († 1817). Sie wirkten mit ihren Schulen international. In dieser Zeit tritt wieder Preußen in der Militärarchitektur hervor mit der Entwicklung der sog. Neupreußischen, besser Neudeutschen Manier. Nach den Freiheitskriegen benötigte man auf Grund der politischen Neugestaltung Mitteleuropas wieder überall Festungen. Man verstärkte alte Plätze oder baute neu. Nach neudeutschen Vorstellungen entstanden in der 1. Hälfte des 19. Jahrhunderts gewaltige Festungen wie Koblenz mit dem Ehrenbreitstein, Köln, Posen, Königsberg, Minden, Verona, Linz, Magdeburg, Germersheim, Ingolstadt und Ulm. Die Zeit war voller technischer und gesellschaftlicher Umwälzungen. Neu war die industrielle Fertigung von Waffen in Serien und deren systematische Vervollkommnung. Ent-

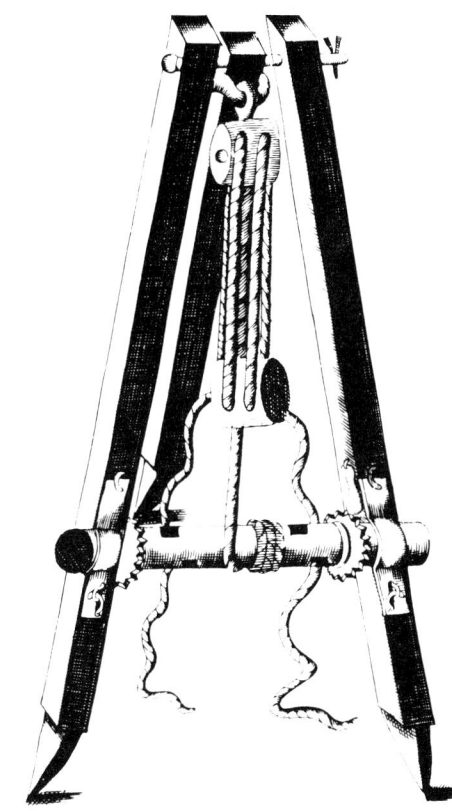

Hebezeug. »Zu Auff- und Niederbringung der schweren Canon wie auch grossen Mortier, ist nun noethig ein Hebezeug / ohne welches diese Arbeit zu thun nicht mueglich...« Dieses Gerät aus drei Bäumen mit einem als Flaschenzug ausgebildeten Hebekopf gab es in zahlreichen Variationen in jedem Zeughaus und auf jeder Festungsbaustelle. Die Löcher in der Seilwinde sind für einsteckbare Handspeichen vorgesehen. Ein ähnliches Gerät findet man im Original im Musée de l'Armee in Paris.

Schubkarre zur Erdbewegung. Reproduktionen aus A. Sturm, Architectura Militaris, Leiden 1642.

scheidende Einflüsse in der Kriegführung und damit auch im Festungskampf hatten die Einführung der Perkussionszündungen für Gewehre (1825) und bald darauf die Einführung des Zündnadelgewehres. Zwar schreibt Oberst C. A. Wittich, Direktor der vereinigten Artillerie- und Ingenieurschule, im Vertrauen auf den neuen Stand der Befestigungstechnik in seinem Traktat: *Ueber die Befestigung und Vertheidigung grosser Plätze,* Berlin 1840, S. 68: »Wenn auch der menschliche Geist viel zu reich ist, um nicht überwältigende Mittel anderer Art zu ersinnen, so dürfte doch das Gleichgewicht zwischen Angriff und Verteidigung für den Augenblick als hergestellt zu betrachten sein«, doch wählte er als Kenner des Problems mit Bedacht das Wort »Augenblick«. Schon wenige Jahre später kündet die neue Geschützgeneration vom Typus des gezogenen Hinterladers aus Gußstahl eine Revolution im Geschützwesen an. Mitte des Jahrhunderts endete die lange Zeit der glatten Vorderladergeschütze. Im permanenten Festungsbau begegnete man prompt dieser Tatsache mit neuen Bauformen und bald darauf im neuen Werkstoff Beton. Stahlbeton und Panzerung erlebte man in der 2. Hälfte des 19. Jahrhunderts und im 20. Jh. bis in den II. Weltkrieg. Gigantische deutsche Befestigungslinien wie der Westwall und der Atlantikwall sind letzte Höhepunkte und konsequenter Abschluß einer bautypologischen Reihung von Fortifikationsbauten.

Im folgenden Text werden die hier angesprochenen Problemfelder in besonderen Kapiteln vertieft.

> »Ein Verteidigungsheer ohne Festungen hat hundert verwundbare Stellen, es ist ein Körper ohne Harnisch.«
>
> Carl von Clausewitz, preuß. General und Kriegsphilosoph (1780–1831)

Festung Ingolstadt. Blick auf die Baustelle von Fort Orff, erbaut 1878–82. Man erkennt die schon fertiggestellten Hohltraversen auf dem Wall. Die Aushub- und Maurerarbeiten wurden von vielen Menschen zur gleichen Zeit ausgeführt. Der Maschineneinsatz war noch gering. Foto: Stadtarchiv Ingolstadt 138/6.

II. Verzeichnis von Festungen und besonderen Einzelanlagen des XV.–XX. Jahrhunderts im heutigen und ehemals deutschsprachigen Gebiet

In diesem Verzeichnis deutscher und ehemals deutscher Festungswerke permanenter Bauart (Stadtfestungen, Zitadellen, Höhen- bzw. Bergfestungen, Klosterfestungen, See- bzw. Küstenfestungen, Fluß- bzw. Inselfestungen, Paßfestungen, Linienbefestigungen, Pseudofestungen, Verschanzte Lager u. a.) konnten nicht alle Wehrbauten erfaßt werden. Die folgende Liste soll als Versuch zu einer noch ausstehenden Katalogerfassung verstanden sein; sie bedarf der weiteren Ergänzung auch durch Hinweise aus dem Leserkreis. Vier Gründe sind anzuführen:

1. Noch immer steht die Klärung des Begriffs *Festung* aus. Es fehlt eine Definition, die möglichst von verschiedenen Disziplinen einschließlich der wissenschaftlichen Burgenforschung (Kastellologie) mitgetragen wird. Zahlreiche Begriffe wie Befestigung, Fortifikation, Veste, Bastionierte Burg, Bastioniertes Schloß, Festes Schloß, Bergschloß, Zitadelle, Fester Platz, Befestigtes Landhaus, Festes Haus, Fort, Fortfestung, Gürtelfestung, Linienbefestigung, Befestigte Stellung, Gürtelfestung u. v. a. geben zwar einen Wehrbaustatus an, doch sind die Abgrenzungen, die Definitionsbereiche, stark umstritten. Überwiegt z. B. bei Schloß Gifhorn der Schloßcharakter oder die frühneuzeitliche Rondellierung? Ist die eben wiederentdeckte Befestigung von Schloß Aschaffenburg eine echte wehrtechnische Notwendigkeit gewesen oder eher – wie an anderen zahlreichen hier nicht aufgeführten Schlössern des 16. und 17. Jh. festzustellen – eine verspielte, zur Repräsentation des Schloßbaus errichtete Anlage? Dürfen, ja müssen wir nicht die Burg Hohenzollern über Hechingen als festes Schloß oder als Pseudofestung des 19. Jh. einstufen? Wo setzt baulich und zeitlich der Festungsstatus der Burg Hohensalzburg ein? Ist der Batterieturm Kehrwieder nur Teil der Burg von Steinbrücken oder wertet er diese gar zur Festung auf? Ist Rothenburg ob der Tauber wegen der Rondell- und Zirkularbauten, besonders der Spitalbastei, Festung oder nur teilweise Festung? Fast jede deutsche Stadt, das beweisen etwa die Kupferstiche in den Merianschen Topographien des 17. Jh., hat irgendwann einmal einen fortifikatorisch bedingten Ergänzungsbau erhalten wie etwa die zahlreichen Schanzen vor den mittelalterlichen Toranlagen. Deshalb aber werden diese Städte nicht zu Festungen. Wohl müssen besonders wichtige Einzelwerke erfaßt werden. Bei den meisten Befestigungen der Übergangszeit vom hohen Mittelalter zur frühen Neuzeit stellt man eine Mischung aus »alten« und »neuen« Wehrbauten fest. Nur in Ausnahmefällen kommen »reine«, also nach einheitlicher Manier entstandene und in sich geschlossene Neuanlagen in Betracht. Diese quasi vom Reißbrett in die Natur übertragenen »idealen« Festungen sind bei uns ganz im Gegensatz zu Italien und Spanien sehr selten. Oft wurden hochgotische Anlagen nur an besonders gefährdeten Stellen mit modernen Einzelwerken verbessert. Das traf besonders für die Fronten und Eckpunkte zu, wo vorliegende Anhöhen den mit neuem Belagerungsgeschütz anrückenden Feind zur Aufstellung seiner Breschbatterien aufforderten, oder auch an durch die neue Fernwirkung der Kanonen bedrohten, bis dahin unbefestigten Uferzonen. Der wehrtechnisch und bautypologisch wichtige Pulverturm in Jena oder das Rondell Marienburg in Aachen machen die Städte noch nicht zur neuzeitlichen Festung.

2. Eine weitere Schwierigkeiten für eine Auflistung über 450 Jahre hinweg ist die Tatsache, daß zahlreiche Fortifikationen eingegangen, aufgelassen, planmäßig geschleift, überbaut wurden. Nur bei wenigen Großanlagen läßt sich ein Festungsstatus über alle Epochen hinweg bis ins 19. oder gar 20. Jh. nachweisen. Eigentlich gehört zu diesem Vorhaben also eine Liste mit den Daten der Entfestigung, der Schleifung. Doch dazu liegt bisher noch keine Literatur vor. Aber es müssen hier auch mittelalterliche Wehrbauten erfaßt werden, zu denen es klare neuzeitliche Umbaupläne als nie realisierte Projekte gibt, wie z. B. für die Burg Plesse bei Bovenden und die Harzburg.

3. Ein weiterer Grund der Nichterfassung ist die teilweise schlechte Quellenlage. Hier ist Forschung notwendig.

4. Sicher gibt es noch hier nicht genannte Festungen im heutigen Österreich, in der CSSR, in Jugoslawien, Ungarn und den deutschen Gebieten unter polnischer und sowjetischer Verwaltung, die unter dem Begriff »deutschsprachig« erfaßt werden müßten. Aber welche? Hier taucht das allgemeine Problem der Historiker auf, was unter »deutsch« und »ehemals deutsch« verstanden werden soll. Ähnlich sind die Schwierigkeiten, bei den Festungen der K. K. Monarchie zu unterscheiden, ob sie nach ungarischen Plänen und Baumeistern gebaut wurden oder nach österreichischen. Schließlich haben auch in jeder Epoche deutschsprachige Militärbaumeister im Ausland gearbeitet wie auch Ausländer in Diensten an deutschsprachigen Höfen gestanden haben. Schließlich wurden auch fremde, eroberte Festungen während einer deutschen Besatzungszeit geschleift oder ausgebaut. Nur wo der Anteil bedeutend ist, erfolgt eine Nennung.

Im folgenden Verzeichnis wird von der heutigen geographischen Lage der ehemaligen Festungen und Einzelwerke ausgegangen.

Festung Großfriedrichsburg, heute Princess-Town in Ghana. Blick auf einen bestückten Wall der als bastioniertes Geviert 1693 erbauten Festung. Großfriedrichsburg ist eine von ehemals rund 60 Festungen an der Goldküste und eine der 20 in Ghana liegenden Stützpunkte europäischer Mächte. Die für die Brandenburgisch-Afrikanische Kompagnie errichtete Anlage mit Backsteinen aus Danzig ist in gutem baulichen Zustand.
Foto: Matthias Cepok, Dillenburg

II. Verzeichnis von Festungen und besonderen Einzelanlagen des XV.–XX. Jahrhunderts im heutigen und ehemals deutschsprachigen Gebiet

Die Klammern verweisen auf die Seiten mit Abbildungen.

1. Bundesrepublik Deutschland

Aachen (13, 221f., 287), Apen, Aschaffenburg-Schloß (287), Augsburg, Bad Pyrmont (234f.), Bellheim, Bentheim-Schloß (26), Berlin-Stadt, Berlin-Spandau (48f., 206, 377, 379), Breisach (324), Bielefeld-Sparrenberg (174, 218), Bonn (159), Borkum, Braunschweig (347), Breuberg/Hess., Bremen-Stadt (240f.), Bremen-Carlsburg, Bremen-Geestemünde, Bremervörde, Bückeburg, Büdingen, Buxtehude, Calenberg, Celle, Cuxhaven (380), Coburg-Veste (26, 57), Coesfeld, Coppenbrügge, Delmenhorst, Detmold (217), Dillenburg, Dorsten, Düsseldorf-Stadt (23, 166, 365), Düsseldorf-Kaiserswerth, Eichstätt-Willibaldsburg (170), Emden, Emmerich (338), Ettlingen, Ettlinger Riegel, Forchheim (66, 366), Fossa Eugeniana (328), Franckenthal, Frankfurt a.M. (207), Freiburg i. Brsg., Freudenberg a.M., Freudenstadt (101), Friedberg/Hess., Friedewald/Hess., Gaibach-Kitzingen, Geldern, Germersheim (122, 141, 305, 350), Göttingen, Grenzau, Hamburg-Stadt (293, 367), Hamburg-Harburg (177), Hameln (176), Hanau, Hannover, Hardenburg-Bad Dürkheim, Heidelberg, Heinsberg, Helgoland, Hellenstein-Heidenheim (73), Hildesheim, Hochburg-Emmendingen (50f.), Hohenasperg, Hohenneuffen (72), Hohenurach, Hohenzollern-Hechingen (113), Homburg/Saar, Ingolstadt (12, 22, 36, 203, 226f., 247), Jever, Jülich (21, 44–47, 137, 141, 166, 284, 307, 314, 343, 348, 360f., 368, 373, 377, 380, 386), Kassel (174), Kehl (107), Kiel-Friedrichsort/Christianspries (82f., 171, 380), Kleve-Schenkenschanz (85, 338), Koblenz-Stadt (123, 317), Koblenz-Asterstein (124), Koblenz-Ehrenbreitstein (123), Köln-Stadt (380), Köln-Deutz, Köln-Mülheim (183), Königshofen im Grabfeld (175), Königstein im Taunus, Krempe, Kronach-Rosenberg (21, 78f., 320, 375), Kulmbach-Plassenburg (56, 219, 320), Landau (106, 315, 372), Lemgo, Lichtenau (62–65, 143, 364), Lichtenberg (379), Lindau, Lingen, Lippstadt (174), Lübeck-Stadt (96, 379), Lübeck-Travemünde (95), Mainz-Stadt (119), Mainz-Gustavsburg, Mannheim (166), Marienthal-Regierungsbunker (270f.), Marksburg-Braubach (16), Meppen (97), Minden (308f.), Moderlinie, Moers (89), Mölln, Mönchengladbach-Rheydt, München, Münster (169, 211, 224f.), Münzenberg/Hess. (212), (Nassanger), Neuß, Neustadt a. Rbge., Nollen, Norden (329), Norderney, Nördlingen (132), Nürnberg (58–61, 232f., 295), Oldenburg, Orsoy (88, 338), Passau – Oberhaus/Unterhaus (237), Pfalzel (215), Philippsburg (337), Plesse-Bovenden, Rastatt, Ratzeburg (133), Rees (338), Regensburg (333), Rendsburg (100), Rheinberg (86f., 338), Rheinfels/St. Goar (81), Rietberg, Rinteln, Rotenburg a.d. Wümme, Rothenberg-Schnaittach (20, 90f., 312, 323, 352f.), Rothenburg ob der Tauber (207), Saarlouis (104f.), Schleswig-Gottorp (84), Schorndorf (359), Schwarzwald-Rauch-Stellung, Singen-Hohentwiel (75–77), Spangenberg (231), Speyerbachlinie, Stade (304, 306, 362), Steinau (68), Steinbrück (221), Steinhude-Wilhelmstein (114f.), Traben-Trarbach-Mont Royal (102), Tschechisch-Bayerische Grenzstellung, Trochtelfingen, Tübingen-Schloß, Ulm/Neuulm (125–127, 133, 246), Varel-Christiansburg, Vechta (381), Wachendorf-Mechernich (230), Weißenburger Linie, Wesel (92f., 338, 363), Westwall (251–258, 378), Wetterau-Main-Tauber-Stellung, Wildenstein-Leibertingen, Wilhelmshaven, Wolfenbüttel (239, 303, 318f., 354, 356f.), Wülzburg (19, 52–55, 313, 381), Würzburg (116–118, 316), Ziegenhain (42f., 175), Zirndorf (330f.).

2. DDR

Berlin-Stadt, Berliner Mauer + Staatsgrenze West (276 bis 281), Dömitz (67, 316), Dresden (375), Erfurt (322), Gotha (213), Heldrungen (216), Jena (208), Kirchdorf-Insel Poel, Königstein (110f., 308), Leipzig (236, 358), Magdeburg (244, 282), Mansfeld – Vorderort und Mittelort, Peitz, Regenstein (103), Schwerin (379), Senftenberg, Sonnenstein-Pirna (109), Stolpen (80), Stralsund (154, 238), Torgau, Wismar, Wittenberg (168), Querfurth (209).

3. Österreich

Alpenfestungen, Bernstein, Braunau, Forchtenstein, Göttweig (112), Graz (174), Hochosterwitz (74), Hohenwerfen (70), Klagenfurt, Kufstein (40), Langenzersdorf, Linz, Michelstetten (228), Ostwall, Pöggstall, Radkersburg, Salzburg, Wien (242, 310f., 341), Wiener Neustadt.

4. Polen

Boyen über Lützen, Breslau, Danzig, Elbing, Glatz (112), Glogau, Graudenz-Feste Courbière, Kolberg (379), Kosel, Krakau, Kulm, Küstrin, Lötzen, Marienburg, Neiße, Posen (200f.), Schweidnitz, Silberberg (229), Stettin, Swinemünde, Thorn, Weichselmünde.

Oder-Stellung (Breslau bis Crossen), Pommern-Stellung (Zantoch-Deutschkrone-Neustettin), Festungsfront Oder-Warthe-Bogen (Schwiebus-Meseritz-Schwerin a. d. Warthe), Heilsberg-Stellung (Heilsberger Dreieck), Lötzen-Stellung, Ortelsburger Wald-Stellung, Hohenstein-Stellung (südl. Allenstein).

5. Sowjetunion
Königsberg (200), Memel, Pillau, Teile der Heilsberg-Stellung.

6. Frankreich
Atlantikwall (wichtigste Teile, mit den britischen Kanalinseln (260–267), Belfort, Bitsch, Thionville-Diedenhofen (15), Hagenau, Hüningen, Lichtenberg, Marsal, Metz, Molsheim-Feste K.W.II (248), Fort Louis, Neubreisach (108, 175), Pfalzburg, Schlettstadt, Straßburg (324).

7. Luxembourg
Luxemburg (379).

8. Italien
Alpenfestungen, Festungsviereck Verona-Peschiera-Mantua-Legnago (203 f.), Bozen-Franzensfeste, Triest.

9. ČSSR
Jaromer-Josefstadt, Königgrätz, Theresienstadt, Komorn.

10. Rumänien
Temeswar.

11. Jugoslawien
Peterwardein.

12. Schweiz
Alpenfestungen (272 f.), Aarburg, Basel, Bern (120, 155), Luzern, Sargans-Mels, Schaffhausen-Munot (222 f., 379), St. Gotthardt, St. Luzisteig, Solothurn (98 f., 214, 379), Stein am Rhein (237), Zürich (286).

13. Dänemark
Sonderburg-Düppel, Atlantikwall.

14. Außereuropa
Feste Groß-Friedrichsburg Ghana (38), Tsingtau auf Schantung China, Arguin in Mauretanien (380).

Festung Kufstein. Kaiserturm. Der viergeschossige Artillerieturm zur Rundumverteidigung über kreisförmigem Grundriß mit Mauerdicken von 4–7,50 m entstand 1518–1522 als Abschluß der von Kaiser Maximilian I. (1459 geb., reg. 1493–1519) entworfenen Neubefestigung der alten Burganlage auf dem Felskogel inmitten der Inntalebene. Maximilians Vorliebe für die Geschütze als neue Waffengattung ist bekannt. Der Kaisert genannte Turm ist ein frühes Beispiel für artilleriebezogene Architektur. Foto: Hartwig Neumann.

III. Neuzeitliche Festungen – ausgewählte Beispiele: Luftbilder / Pläne / Ansichten / Modelle

Auf den folgenden Seiten werden deutsche Festungen der verschiedenen Bauepochen vom frühen 16. Jahrhundert bis in die erste Hälfte des 19. Jahrhunderts in Gesamtdarstellungen oder Details auf historischem Planmaterial, Kupferstichen, Gemälden, Luftbildern und dreidimensionalen Modellen gezeigt.

Der Leser möge die Vielfalt an Grundrißausbildungen erkennen, die es für Festungen in der Ebene und Festungen auf Bergesrücken gab. Darüber hinaus soll die bauliche Schönheit der historischen Militärarchitektur für jeden gezeigten Platz ersichtlich werden. Die 50 Festungen sind etwa chronologisch geordnet. Es beginnt mit der in einmaliger Geschlossenheit erhaltenen rondellierten Festung Ziegenhain, die Zitadellen des deutschsprachigen Gebietes Jülich, Spandau, Wülzburg, Dömitz, Christianspreis, Mainz folgen. Von den Stadtfestungen sind u. a. Forchheim, Nürnberg, Ochtrup, Lübeck, Meppen, Rendsburg, Freudenstadt, Würzburg vertreten. Die Bergfestungen Coburg, Hohentwiel, Hohenneuffen, Hohentübingen, Marienberg, Rosenberg, Rothenberg, Sonnenstein, Hohenwerfen zeigen noch heute eindrucksvolle Baurelikte aus der Festungszeit. Von den französischen Festungen auf deutschem Boden sind vertreten Saarlouis, Landau, Mont-Royal, Kehl und als Musterfestung aus dem Elsaß Neubreisach, die Musterfestung Vaubans. Als Wasserfestung ist der Wilhelmstein im Steinhuder Meer vertreten, als Klosterfestung das Beispiel Göttweig herangezogen. An berühmten Fortifikationen der 1. Hälfte des 19. Jh. sind Koblenz mit dem Ehrenbreitstein, Germersheim und Ulm berücksichtigt.

Weitere Abbildungen von Festungen findet man besonders in den Kapiteln XI, XV und XVI unter anderer Thematik.

Welche hervorragende Bedeutung das dreidimensionale Festungsmodell für Konstruktion, Visualisierung und Repräsentation hatte, läßt sich bei der Betrachtung dieses Kupferstichs vom »Capitano« und »Ingegniero« *Agostino Ramelli* (1531–1600) erkennen. Es ist seinem »Maschinenbuch« LE DIVERSE ET ARTIFICIOSE MACHINE, Paris 1588, HAB: 12 Geom. 2°, entnommen. Der Stich stammt von L[eonard] G[aultier] (1561–1641). In der Pose des Ingenieurs tastet Ramelli mit einem Stechzirkel ein Maß aus der Maquette. Sein Prunkharnisch deutet eigene Kriegserfahrung an. Der Rahmen ist allegorisch verziert. »Krieg« und »Frieden« flankieren den Meister. Die deutsche Ausgabe erschien als: Schatzkammer Mechanischer Künste/des Augustini de Ramellis de Masanzana, Leipzig 1620, im Reprint Hannover 1972. Nach Max Jähns nimmt der Traktat eine Doppelstellung zwischen Waffenkunde und fortifikatorischer Werkzeugkunde ein und atmet den Geist des Manierismus. Für unser Thema von großem Interesse sind die Tafeln mit Maschinen zum Fördern von Aushub aus Festungsgräben, zum Überqueren eines Festungsgrabens bei Belagerungen, zum Rammen von Wällen über Gräben hinweg, von Schwimmwagen zur Überquerung nasser Festungsgräben unter Beschuß, von Brechschrauben aller Art zum gewaltsamen Öffnen von Toren, Fenstern, Gittern, von mechanischen (!) Wurfmaschinen zum Schleudern von Steinen, Kugeln, Pfeilen und einem Vorschlag zum zielgenauen Richten eines Geschützes bei Nacht gegen eine Festung.

Festungsstadt Ziegenhain

Die alte Wasserburg *Ziegenhain* wurde 1470 zu einem Jagdschloß umgebaut, unter Landgraf Philipp dem Großmütigen von Hessen (geb. 1504, reg. 1509–1567) wurde neben den Festungen Kassel (1523–1546) und Gießen (1530–1535) auch Ziegenhain zur neuzeitlichen Festung umgebaut. Der Kupferstich »Grundtriß der Vestung Zigenhain« aus M. Merian: TOPOGRAPHIA Hassiae et Regionum Vicinarum: Das ist Beschreibung der vornehmsten Stätte vnd Plätze in Hessen..., Frankfurt a. M. 1646, Reprint Kassel/Basel 1966. Ausschnitt in Originalgröße zum Luftbild orientiert, zeigt im Vergleich mit dem heutigen Befund, daß sich die Grundstruktur der Festung erhalten hat, wenn auch vom zweiten Graben nur noch Reste vorhanden sind und die Ravelins von 1622 sich nur noch erahnen lassen. Die Wälle von Kurtinen und Rondellen sind nach dem Schleifungsdekret Nepoleons 1808 abgetragen, zum Glück hat für uns heute keine Überbauung des Geländes stattgefunden. Wenigstens ein Rondell in Erdbauweise ließe sich in Ziegenhain rekonstruieren.

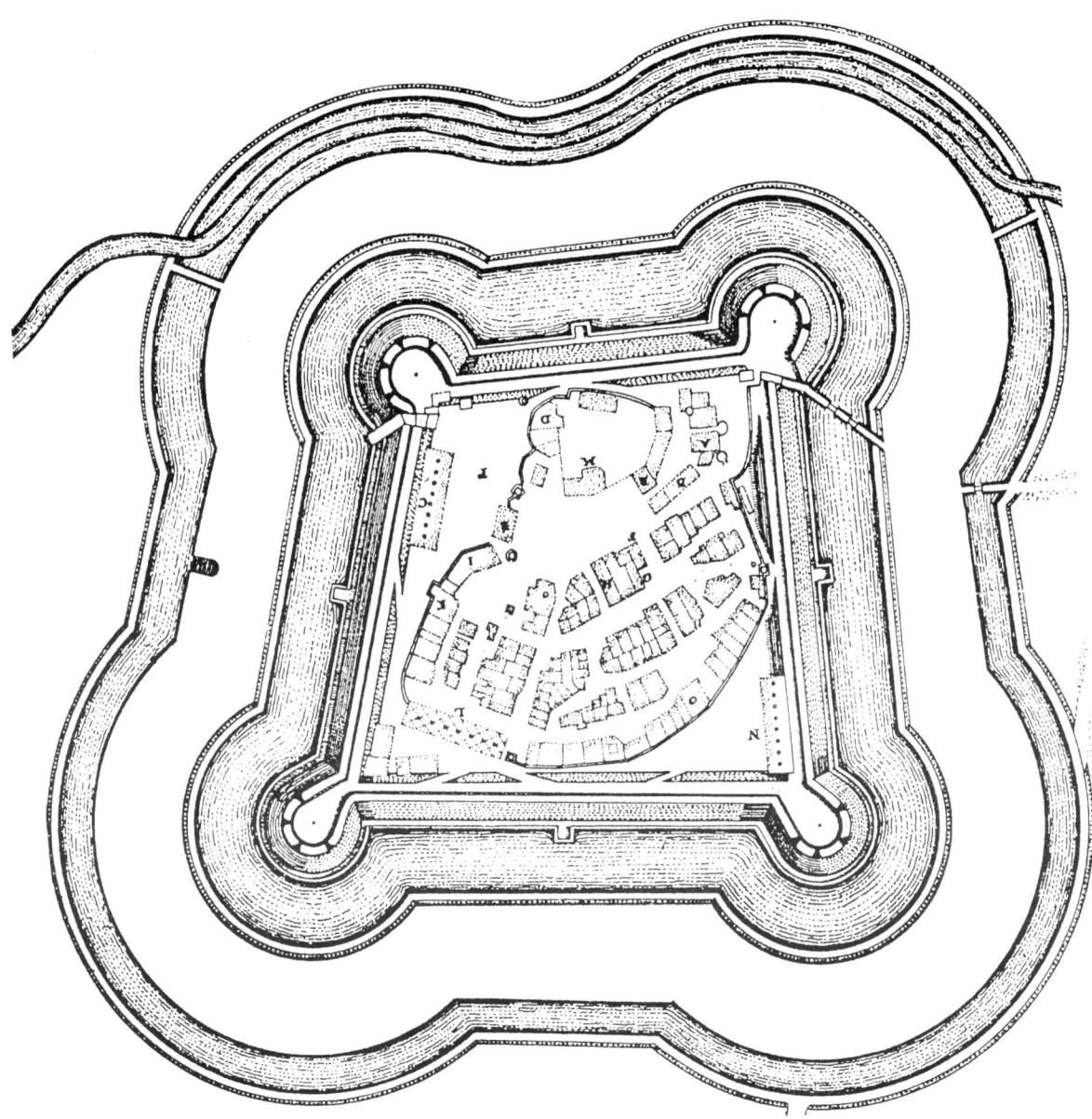

Luftfoto: Archiv Heinz Reuter, Ziegenhain.

Schloß und Stadt Jülich

Schlos vnd Statt Gülch [= Jülich], sine nota [vielleicht Nicolaus Vrischlein, identisch mit Niklas Fischlein, herzoglich-württembergischer Baumeister, † 1608], o. D. [vor 1580], Blattformat 49,8 x 33,7 cm. Original: Germanisches Nationalmuseum Nürnberg, ehemals beigebunden dem Druckwerk des Jan von Schille: Form vnd weis zu bawen ... Antwerpen 1580, Signatur K 480 fol., jetzt Einzelblatt. Foto: Hartwig Neumann. Es handelt sich hier um den ältesten bekannten Stadtplan einer allerdings unausgeführten Stadt. Die Zitadelle aber stimmt sehr weitgehend mit der Bauausführung überein. Alessandro Pasqualini und sein Mitarbeiterstab hatten Jülich kurz vor der Mitte des 16. Jh. nach Vorstellungen der Idealstadtplanung italienischer Provenienz zu einer modernen bastionierten Residenzstadt mit Zitadelle und herzoglichem Schloß entworfen. Die Stadtfestung entstand über der Form eines gestauchten Pentagons, die Zitadelle im Quadrat mit zentrisch gelegenem Schloßquadrum vom Typus Palazzo in Fortezza. Wenn auch zahlreiche Reduktionen der Entwurfs- und Baupläne zu verzeichnen sind, und die Festung Jülich im Laufe ihres Bestehens bis zur Schleifung 1860 dauernd verändert wurde und größte Zerstörungen im II. Weltkrieg hingenommen werden mußten, so zeichnet sich doch noch heute im modernen Stadtplan der Altstadt die Idealstadt der Renaissance ab. Die renaissancezeitliche Zitadelle und der napoleonische Brückenkopf im Bastionärsystem des Empire machen Jülich heute zur Festungsstadt mit einmaligem Ensemble von Monumenten der Architectura militaris des 16. und des frühen 19. Jahrhunderts.

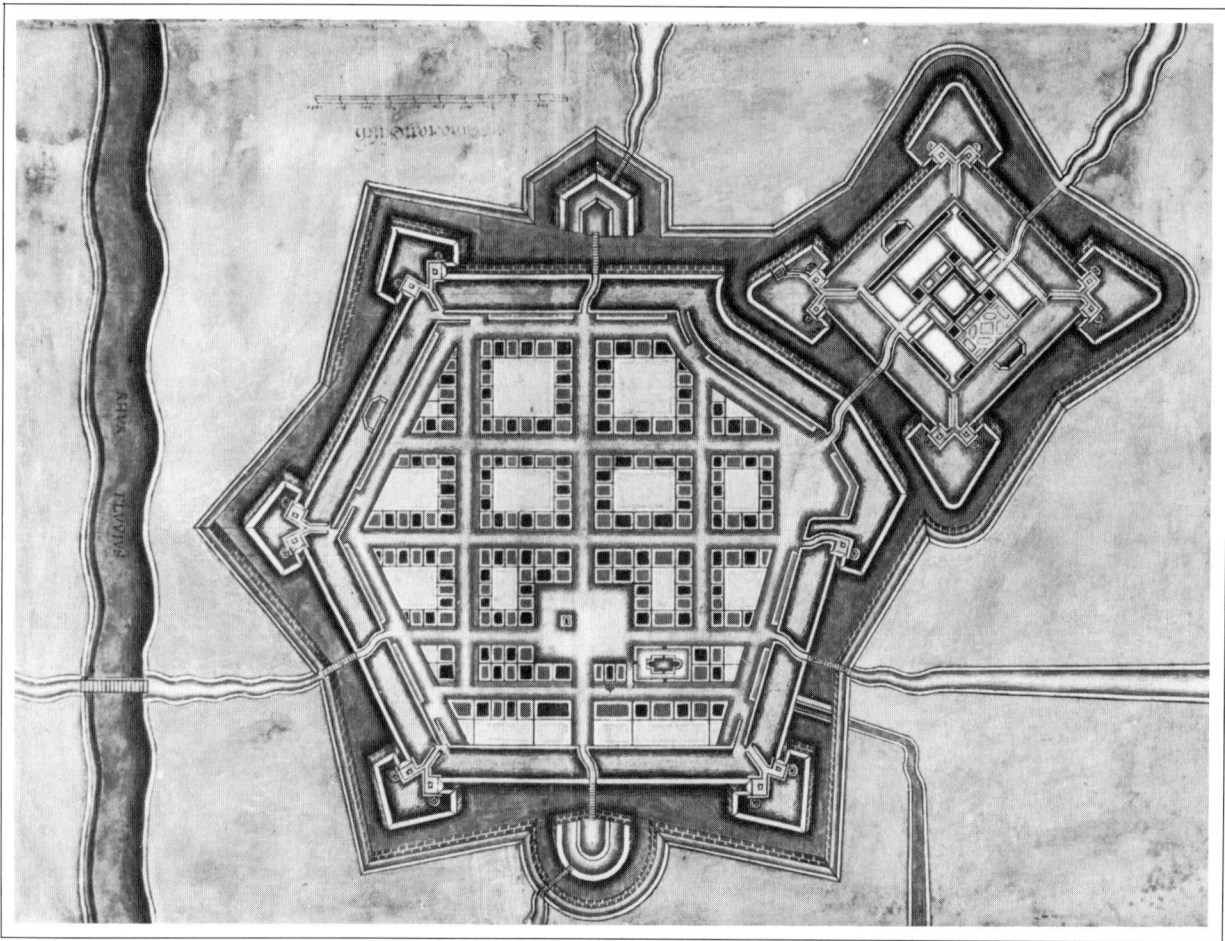

Foto: Rheinbraun-Luftbild 1980, Freigabe Reg. Präs. Düsseldorf, Nr. 18L181.

Zitadelle Jülich

Zitadelle Jülich im Modell und der photogrammetrischen Auswertung. La Citadelle de Juliers (= Jülich), Holzmodell des Garde du Génie Mr. Gramet 1802. Maße 129 x 118 cm. Original: Musee des Plans-Reliefs Paris, unfertiger Nachbau Stadt Jülich. Senkrechtaufnahme. Foto: Hartwig Neumann. Photogrammetrische Aufnahme des Zitadellenmodells durch De Waal Archi-Foto für das Rheinische Amt für Denkmalpflege. Der Vergleich beider Abbildungen zeigt die Umsetzung der dreidimensionalen Modellwirklichkeit in die zweidimensionale Zeichenebene maßgenau und eindeutig in der Darstellung. Das Modell bildet als Bestandsaufnahme des frühen 19. Jh. den Ausgangspunkt für die Erarbeitung der Baugeschichte von Schloß und Festung (Palazzo in Fortezza) retroperspektiv bis in das 16. Jh. und auf der Zeitachse vorwärts bis in die heutige Zeit hinein.

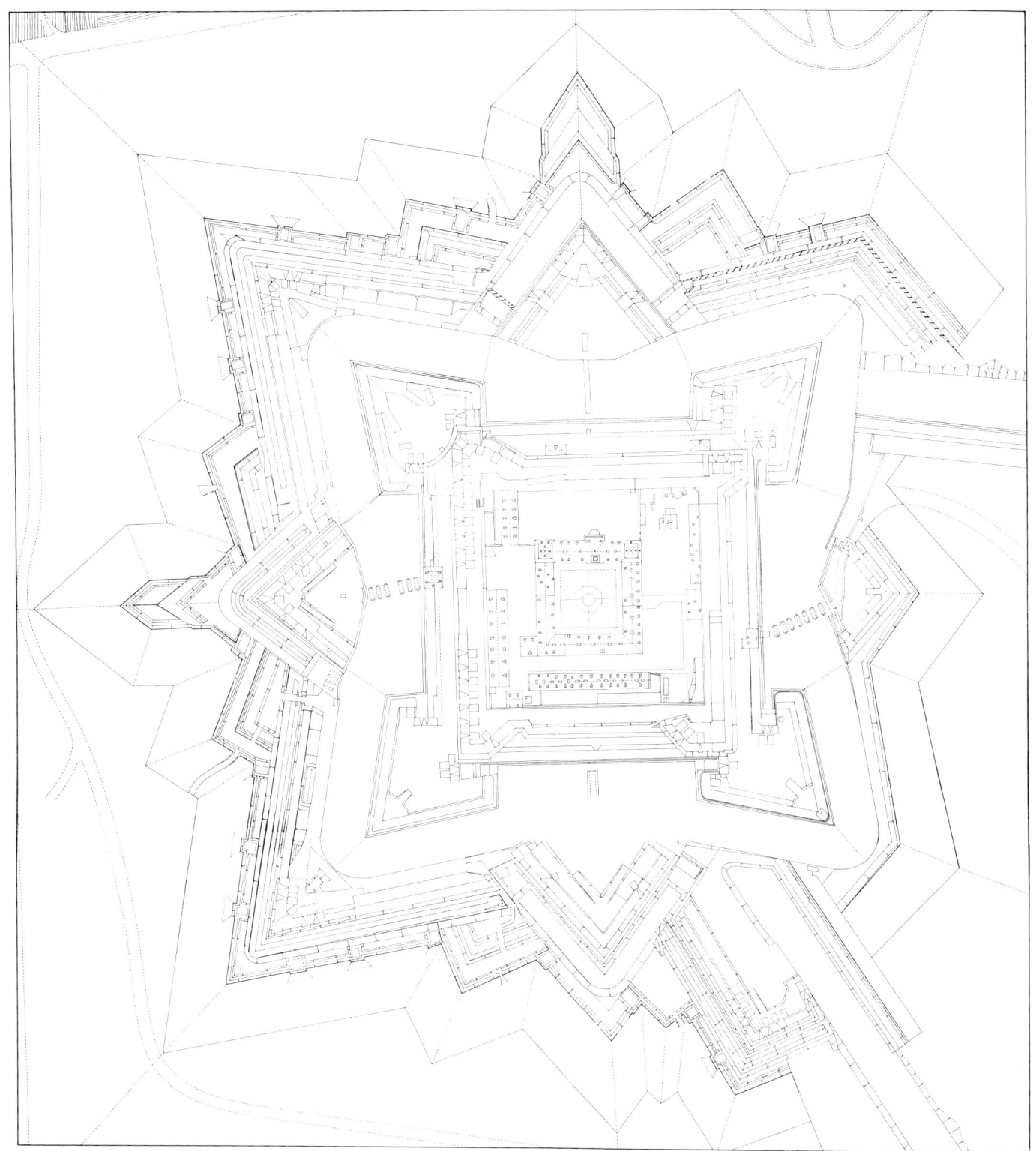

Zitadelle Spandau

Zitadelle Spandau – Linarplan. Federzeichnung, Rochus Guerini Graf von Linar (1525–1596) um 1578/83 zugeschrieben. 109 x 98 cm. Original: Staatsbibliothek Preußischer Kulturbesitz, Berlin, Kart. X 33851. Reproduktion: Institut für Angewandte Geodäsie, Berlin, als Blatt 3 der Reihe: Historische Grundrisse, Pläne und Ansichten von Spandau, Spandau 1981. Es handelt sich bei diesem Plan um den ältesten nachweisbaren Entwurf der 1559–1583 entstandenen Festungsanlage im Vorfeld Berlins. Grundsteinlegung unter Francesco Chiaramella de Gandino. Aus dieser ersten Ausbauphase, die nicht mit Plänen belegt werden kann, stammen u. a. Bastion König und der inzwischen rekonstruierbare renaissancezeitliche Torbau. Unter Graf von Linar entstand die Nordkurtine mit ihren Bastionen. Die Innenbebauung war zentrisch zum Kurtinenviereck vorgesehen unter Beibehalt der symbolträchtigen Substanz von Vorgängerbauten: Palas und Juliusturm.

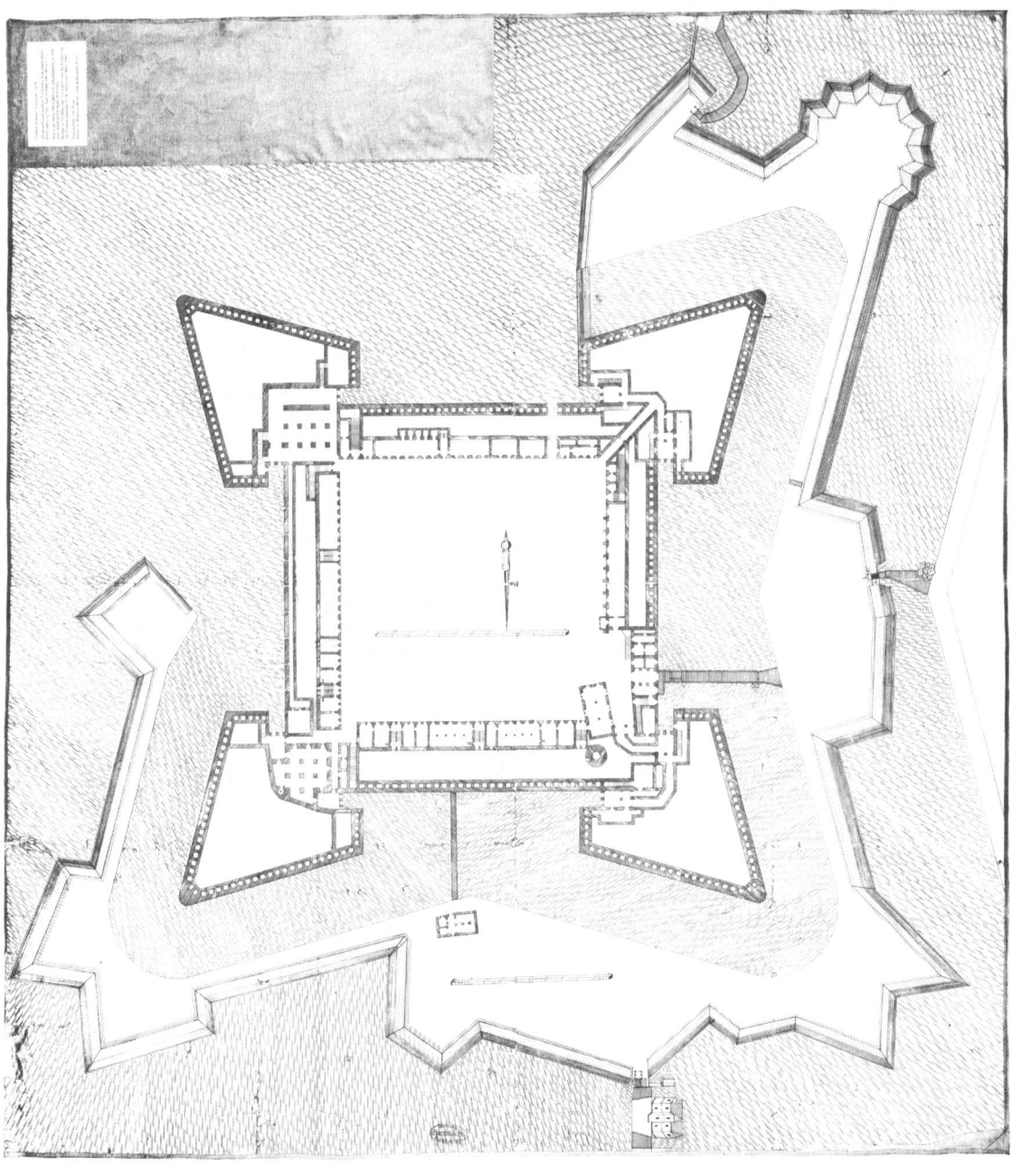

Die *Zitadelle Spandau* in Berlin (West) vertritt auf deutschem Boden den Typus der bastionierten Wasserfestung aus der frühen zweiten Hälfte des 16. Jahrhunderts. Der zylindrische Juliusturm in der Kehle von Bastion König sowie der angrenzende Palas sind Relikte aus dem Mittelalter. Sie sprengen die vom Renaissancebaumeister angestrebte Regularität der Bebauung und bereichern heute das Monument in großartiger Weise. Die Schleuse machte in jüngster Zeit von sich reden, da sie in den Zitadellenbereich hinein erweitert werden sollte, was hoffentlich für alle Zukunft verhindert ist. Der Senat von Berlin legte schon vor Jahren einen detaillierten Ausbau- und Nutzungsplan für das gesamte Zitadellenareal vor. Foto: Landesbildstelle Berlin, Nr. 209003.

Burg und Festung Hochburg (Hachberg)

»Über dem historischen und malerischen Wert kommt ein kunstgeschichtlicher kaum in Betracht«, so unfaßbar schreibt Friedrich Piel im Dehio-Handbuch der Deutschen Kunstdenkmäler, Band Baden-Württemberg, München 1964, S. 221, in seinem Beitrag zur Hochburg bei Emmendingen. Dieser Standpunkt ist zurückzuweisen, ja der gegenteilige Standpunkt zu vertreten. Die Hochburg ist gerade in ihrer einmaligen Kombination erhaltener Baurelikte verschiedener Epochen für die Bau- und damit Kunstgeschichte des deutschen Wehrbaus sowie der Technikgeschichte äußerst wichtig. Die markanten Entwicklungsstufen liegen in drei Bauhorizonten mit 324 ha Flächenausdehnung auf einem auf 345 m ansteigenden Bergrücken in beherrschender Lage und reizvoller Natur. Die Gründung als Burg geht in das 11. Jh. zurück. Es lassen sich fünf Perioden in der Baugeschichte nachweisen:

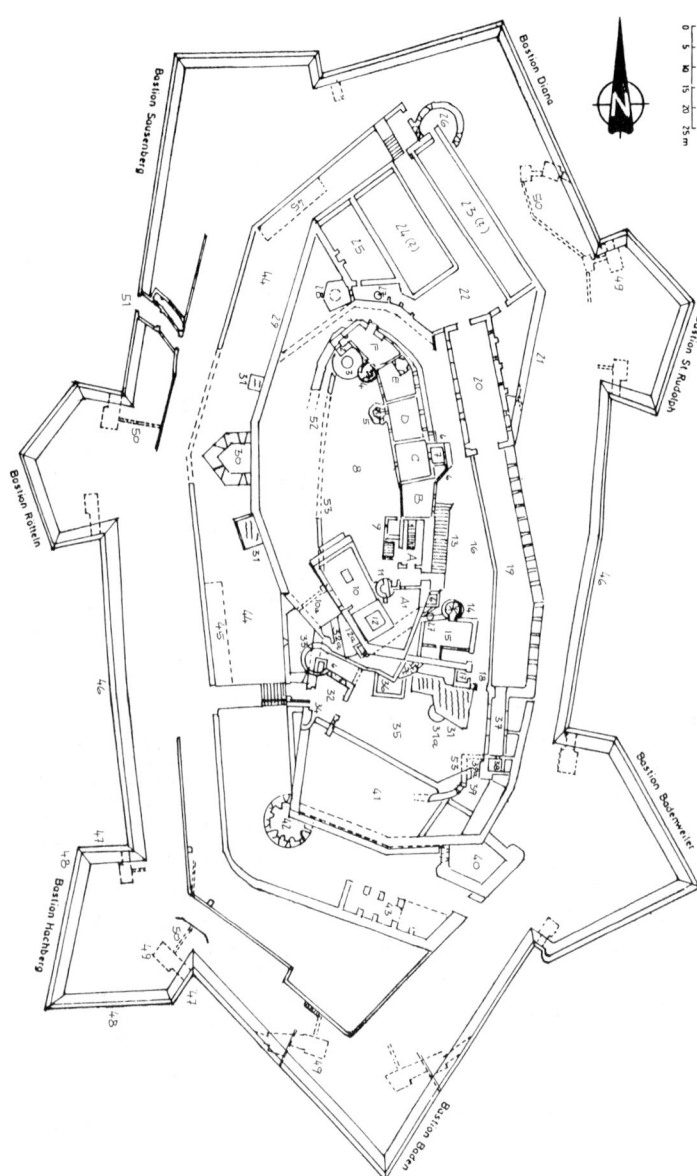

A 1	Abgegangener Wohn-Wirtschaftsbau
A	Der NEUE BAU von 1556 mit Saal und Kamin
B	Mittelalterlicher Wohnbau mit Kamin
C	Ehemalige Burgkapelle
D	Wohnbau (auffällige Steinmetzzeichen auf den Bodenplatten)
E	Wohnbau – im Erdgeschoß Backofenfragment
F	Wohnbau – Kaminrest im Erdgeschoß
1	Erkerfuß
2	Abortturm mit Grube
3	Runder Nordturm, stauferzeitlich
4	Runder Treppenturmrest
5	Polygonaler Treppenturm (Steinmetzzeichen)
6	Abortanlagen (Schächte mit Gruben)
7	Kapellenchor
8	Oberer Burghof
9	Turmanbau
10	Küchenbau
10a	Abwasserkanal des Küchenbaues
11	Runder Treppenturm
12	Quadratischer Südturmrest
12a	Verblendmauer (Ringmauer)
13	Treppe zur Oberburg (Eselsritt)
14	Runder Treppenturm (Schnecke) mit Steg zur Oberburg
15	Schneckenkasten (Speicher und Kellergebäude mit Wohnung)
16	Zwinger
17	Torwache mit Schießscharten
18	Inneres Burgtor mit Mannloch und Zugbrücke
19	Burgvogtei mit großem Keller
20	Herbsthaus
21	Wehrmauer mit Plattform und Schießscharten (Zeughaus?)
22	Küferhof
23	Der Lange Bau (?)
24	Küfermeisterei (?)
25	Pfisterei (Bäckerei)
26	Nordost-Rondell
27	Brunnen
28	Roßmühle
29	Randmauer, Wappenstein 1557
30	Vorwerk (Piatta Forma)
31	Wasserbehälter (Wetten)
31a	Kalkgrube
32	Haupttor mit Mannloch, Zugbrücke und Fallgatter
32a	Gewölbter, oberer Zugang zum Torbau
33	Torturm mit Schießscharten
34	Ausfallpforte
35	Unterer Burghof (ehemaliger Halsgraben)
36	Schmiede
37	Aufgang zum Bollwerk mit Schießscharten
38	Gefängnis (?)
39	Gewölbe (Geschützgießerei) 1555–1556
39a	Tor zum Gewölbe
40	Bastionärer Flankierungsturm
41	Bollwerk
42	Südwest-Rondell
43	Wagen- und Geschützremise
44	Burggraben mit Grabenmauer
45	Soldatenhäuser
46	Kurtinen
47	Bastionsflanken
48	Bastionsfacen
49	Gewölbte Geschützstände (Kasematten)
50	Zu- und Verbindungsgänge zu den Kasematten
51	Rothgattertor mit Zugbrücke und Schießscharten
52	Mittelalterliche Mauerreste (unter Hofniveau)
53	Mittelalterliche Toranlage (unter Hofniveau)

Burg und Festung Hochburg. *Übersichtsplan,* erarbeitet und gezeichnet von Rolf Brinkmann, Bahlingen 1986.

1. 13./14. Jh. Burg ist Sitz der Markgrafen von Hachberg, Kernburg auf der Felskuppe (staufische Buckelquader!),
2. Verkauf an den Markgrafen von Baden, Erweiterung der Burg und Ummantelung des Felsens, 1553–77 Umbau zum Schloß, 1556/57 Artillerievorwerk Gießhübel entsteht,
3. 1599 ff. Bau des inneren noch unregelmäßigen Bastionärkranzes mit sieben Bastionen, 1603 Geschützgießerei intra muros, 1636 ff. Demolierung durch kaiserliche Truppen nach Einnahme durch Aushungern,
4. Unter Markgraf Friedrich VI. entsteht 1661 ff. ein neuer Kranz von Wällen und Bastionen in einem annähernd regulären Verteidigungsgürtel, Architekt und Ingenieur Andreas Böckler Bauleiter, 1681 freiwillige Niederlegung der Festungswerke als Vorbeugung gegen eine bevorstehende Einnahme durch die Franzosen, 1689 Sprengungsarbeiten durch die Franzosen, 1699 Aufgabe des Planes zur Neubefestigung, Gutachter I. M. Faulhaber, seither ruinös,
5. Heute ist der Verein zur Erhaltung der Hochburg e. V. tätig und hat vorbildliche Leistungen vollbracht. Hauptzäsur ist – wie das untenstehende Luftbild zeigt – die Einführung von Geschützen zur Defension. Frühe Geschütztürme, Rondelle, dann Bastionen sind in der Hauptsubstanz erhalten und studierbar. Der äußere Bastionskranz mußte angeschüttet werden. Zahlreiche bauliche Besonderheiten sind zu entdecken.

Burg und Festung Hochburg bei Emmendingen. Luftaufnahme von Peter Rokosch, Freiburg. Freigabe Reg.-Präsidium Freiburg P-8953.

Festung Wülzburg

Die *Festung Wülzburg* entstand ab 1588 im Auftrag des Markgrafen von Ansbach Georg Friedrich (geb. 1539, reg. 1556–1603) auf der höchsten Bergkuppe der südlichen Frankenalb. Welcher Baumeister den Urplan ausarbeitete ist nicht bekannt, wohl waren in hohem Maße die Baumeister Georg Berwart d. Ä. († 1590) und Rochus Guerini zu Linar (1525–1596) mit dem Unterbaumeister Caspar Schwabe sowie Blasius Berwart d. J. (1610) beteiligt.
Der Vergleich von Luftbild und Lageplan zeigt, daß die Festung Wülzburg in der Grundform nach einem regulären Pentagon geplant wurde. Beim genauen Studium aber und besonders bei der Begehung zeigt sich, daß die Bastionen von unterschiedlichen Dimensionen und innerer Organisation sind. Die drei Bastionen A, B, C sind größer als die die steile Bergseite deckenden Bastionen D, E. D hat keinerlei Hohlräume. Vom bekannten Idealplan unterscheidet sich der Ausführungsplan auf Grund topographischer und taktischer Bedingungen, die der Bauplatz diktierte. Dieses Phänomen ist an sämtlichen primär regulären Fortifikationen festzustellen. Es ist stets eine reizvolle Aufgabe, dieses Transferproblem zu erforschen, die baulichen Reduktionen zu klären. Vom ursprünglich ebenfalls pentagonal geplanten Schloß parallel der Kurtinen sind nur die beiden noch erhaltenen Trakte aufgeführt. Diese Reduktion gegenüber dem Idealplan scheint in der verschlechterten pekuniären Lage des Bauherrn seine Begründung zu finden.

Festung Wülzburg. Luftbild von Josef Mang, Weißenburg i. Bay.

»Den 7. Januar [1590] Mittwoch, …, ich habe meinem Gn. Herrn den Administrator Wilzburg, der neuen Vestung im Lande Franken Visierung und auch in Holz geschnitten Muster, auch alle andere Gelegen[heit] gewiesen und bericht so wohl, daß S. F. Gn. einen großen Gefallen daran getragen, ihm auch vermeldet, daß ich nichts von dem Markgraf von Ansbach als einen verguldeten schewr der 100 Thlr. werth sein möchte, habe auch mich in seine Bestallung nicht einlassen wollen…«

Graf Rochus Quirinius zu Linar (1525–1596), General vnd Obersten Artälrey, Zeugk und Bawmeister, in seinem Tagebuch

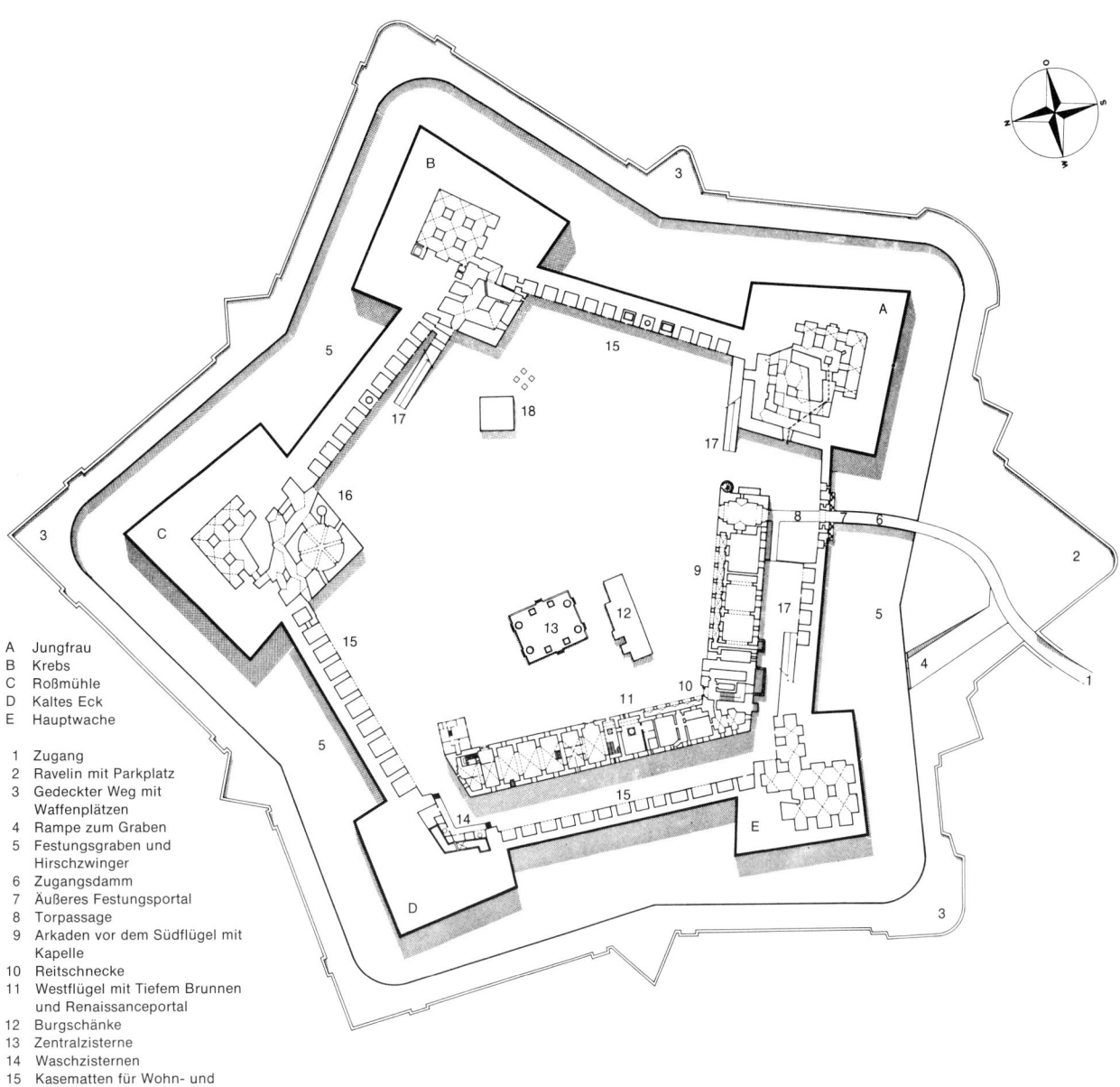

A Jungfrau
B Krebs
C Roßmühle
D Kaltes Eck
E Hauptwache

1 Zugang
2 Ravelin mit Parkplatz
3 Gedeckter Weg mit Waffenplätzen
4 Rampe zum Graben
5 Festungsgraben und Hirschzwinger
6 Zugangsdamm
7 Äußeres Festungsportal
8 Torpassage
9 Arkaden vor dem Südflügel mit Kapelle
10 Reitschnecke
11 Westflügel mit Tiefem Brunnen und Renaissanceportal
12 Burgschänke
13 Zentralzisterne
14 Waschzisternen
15 Kasematten für Wohn- und Lagerzwecke
16 Roßmühle
17 Geschützrampen
18 Relaisstation und Denkmal

Festung Wülzburg. Grundriß. Aufnahme Reiner Joppien Weißenburg i. Bay., aus: Hartwig Neumann, Festung Wülzburg, 3. Aufl., Weißenburg i. Bay. 1987.

Festung Wülzburg bei Weißenburg i. Bay. Kupferstich von Matthäus Merian aus seiner TOPOGRAPHIA FRANCONIAE, Frankfurt a. M. 1656. Ausschnitt. Reproduktion: Hartwig Neumann. Die Darstellung zeigt die Festung nach einem Brand 1649. Das bastionierte Pentagon von 1588 ff. erinnert an die Zitadellen von Turin, Antwerpen und an das früheste Pentagon, die Fortezza da Basso Florenz. Von dem im Idealplan vorgesehenen ebenfalls pentagonalen Schloß wurden nur zwei Flügel fertiggestellt. Sie dienen heute nach zahlreichen Umbauten schulischen Zwecken. Die Originallegende lautet:

A. 2 Große Bastions mit erden gefült. B. dritte große gemaurte Bastion darauff ein Cauallier. C. 2 kleine Bastion auff-dem einen ein erden brustwehr, die andere mit ofnen Casematten. D. abgebrante zimmer. E. Tieffer brunne. F. Cistern. G. Braw hause. H. Commendanten hause. I. Alter kirchthurn. K. 2. Stehende waßer oder pfützen. L. Teich, worin regen gesamlet wirt. M. Soldaten wohnungen vnder den gewölberen. N. Portenthurn. O. gänge auff die Bastions.

Perspectivischer Auffzug der Schlag: oder Auffstehe-Brücke. Federzeichnung »gefertiget durch Johann Carl Zeuchmeister Und Ingenieur Zue Nürnberg«, 1631 als Teil seiner Entwurfsplanungen für die Festung Wülzburg, insbesondere des erst in dieser Zeit entstehenden Torravelins und der zugehörigen Brückensysteme. Original und Foto: Bayer. Hauptstaatsarchiv München, Ansbacher Karten und Pläne, Nr. 83/VII.

Festung Wülzburg, wie solche Anno 1649. gestanden.

Plassenburg ob Kulmbach

Luftaufnahme von 1985, Stadtarchiv Kulmbach, freig. Reg. v. Mfr. Luftamt Nordbayern G 261/54. Der Blick von Norden zeigt Burg-, Schloß- und Befestigungsbauten verschiedenster Epochen. Im W vor dem Rondell das vierflügelige Hochschloß mit renaissancezeitlicher Arkatur und kostbarer Dekoration, im N die Zufahrt durch rondellbeherrschten Eingangsbau mit Kommandantur, im O anschließend Kasernement, Christiansturm und im S das sechsstöckige Arsenalgebäude. Die wichtigen Festungswerke im O sind noch nicht zugänglich gemacht. Schleifung der Festung fand 1806/07 statt.

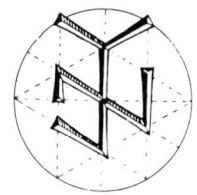

Steinmetzzeichen von Caspar Vischer (1510–1579) abgeleitet aus dem gestrichelten Sechsstern. Bild: Stadtarchiv Kulmbach.

Luftbild: Staatl. Kunstsammlungen, Veste Coburg, Nr. 19647. Lageplan aus H. Maedebach: Veste Coburg, 2. Auflage, München 1981.

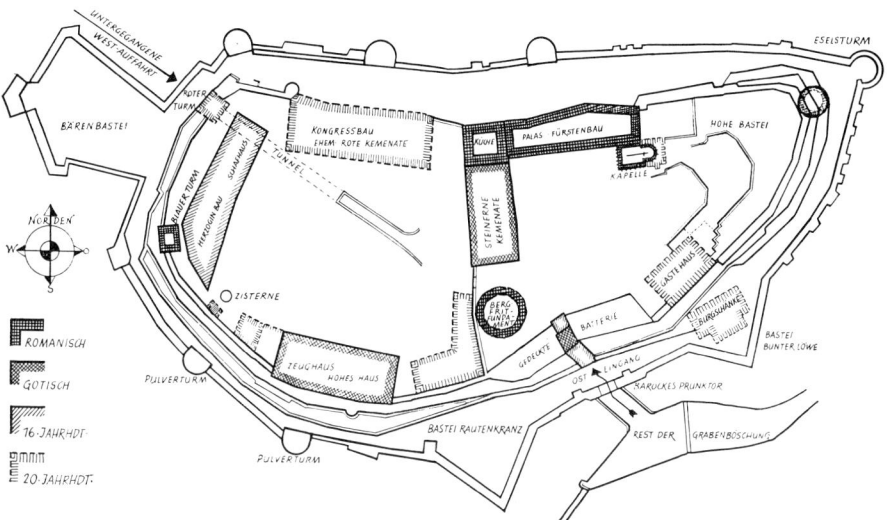

Veste Coburg

167 m über der Stadt erhebt sich mit dreifach gestaffeltem Bering die landschaftsbeherrschende Anlage. Im 13. Jh. gegründet setzt die bauliche Anpassung an die Feuerwaffen mit der Verlegung der Residenz hinab in die Stadt 1547 ein. Die Bärenbastei von interessanter Grundrißausbildung ist vor die Bergkuppe geschoben. Die beiden tenaillenförmigen Geschützplattformen Bunter Löwe und Rautenkranz beherrschen die Eingangsfront und gegenüberliegende Hügel. Aus der Mauer treten rondellartig Pulvertürme hervor. Die Silhouette wird bestimmt durch die Hochbauten Fürstenbau, Kemenate, Herzoginbau, durch Türme und das Zeughaus. Eine ideale Nutzung der jüngst rundum restaurierten Anlage ist durch die Staatlichen Kunstsammlungen und die Luthergedenkstätte gegeben.

Festungsstadt Nürnberg

Die Nürnberger Stadtmauer ist ein Begriff in der Wehrbauarchitektur. Auf einer Länge von ca. 5 km entstand sie ab 1450 und wurde stetig verbessert. Etwa 85 Türme und zahlreiche Tore gehörten einst zum Bering der Reichsstadt. Im 16. Jh. wurde entsprechend den neuen Erfordernissen der Feuerwaffen abgerundete Brustwehren auf die Mauern gesetzt, in diese Geschützscharten eingeschnitten, die gotischen Turmhelme entfernt und vier Artillerierundtürme erbaut, deren Plattformen in 24 m Höhe eine Rundumverteidigung mit kleinem und mittlerem Geschütz zuließen. Diese Türme sind denen des Sforza-Schlosses in Mailand nachgeahmt. Bisher durch eine eigene Publikation nicht gewürdigt sind die Fortifikationsbauten hinter der Burg. Die Baupläne dazu entwarf der Italiener Antonio Fazzuni. Ab 1538 bis 1545 entstanden diese Werke nach dem bastionierten und tenaillierten System. Innerhalb der typologischen Reihe neuzeitlicher Festungsbauten in Deutschland stehen die Fazzuni'schen Werke an einer der ersten Stellen. Die folgenden Abbildungen zeigen die charakteristischen Baukörper, die in ein unregelmäßiges Gelände nach strenger Symmetrie und entsprechend dem Einsatz von Geschützen in mehreren Feueretagen eingepaßt wurden. Die Hauptbastion mit einem rechten Winkel hat Facen von 46 m Länge und Flanken von 24,50 m Länge. Die anstoßenden Kurtinen sind tenailliert geführt. Zwei scherenförmige Faussebrayen liegen beiderseits des Bastionskörpers als niedere Flanken. Die Bauten bestehen aus Sandsteinquadern, die Außenmauern sind dossiert, ein Kordongesims gliedert die Wallmauern.

Das technisch interessante Kasemattensystem mit seinen Stellungen für Hakenbüchsen und den Entlüftungsanlagen ist noch immer nicht zugänglich. Nürnbergs Festungsstatus wurde 1866 aufgehoben. Trotz gewollter und ungewollter Zerstörung findet man in Nürnberg ein einmaliges Ensemble neuzeitlicher Festungswerke vor: Stadtbefestigung, Rondelle bzw. Basteien, Bastionen, Tenaillen, Artillerietürme, Grabensystem, Portale...

Fazzunische Festungswerke vor der Nürnberger Burg. Luftbild Bischof & Broel. Freig.: Lan-G 301. ▶

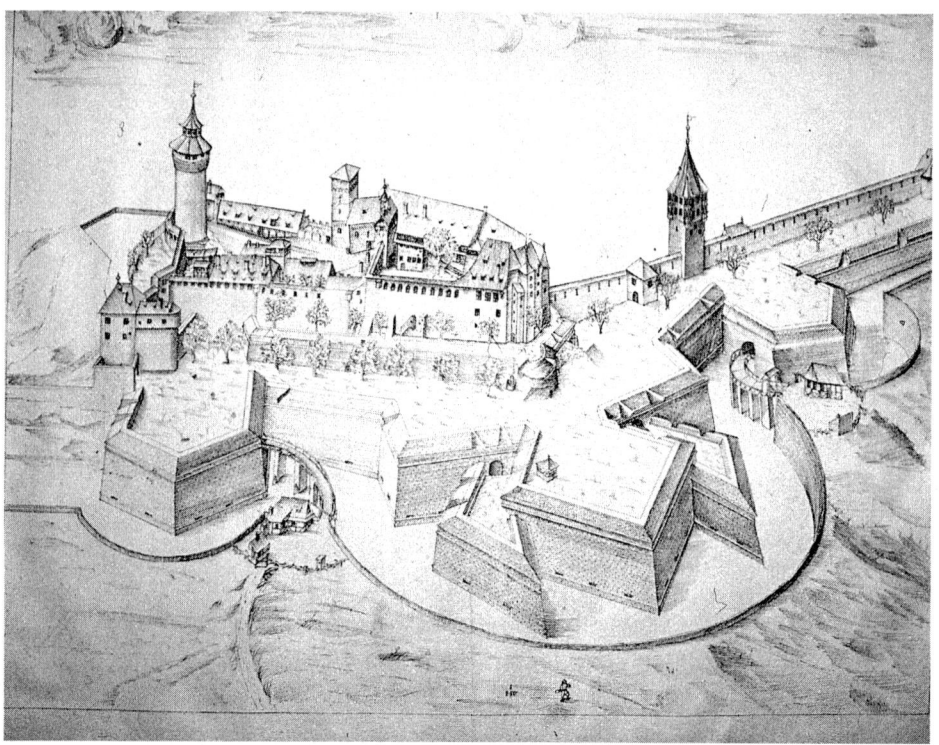

Fazzunische Festungswerke vor der Nürnberger Burg. Ausschnitt aus einem Stadtplan des frühen 17. Jh. im Baumeisterbuch I des Wolf-Jacob Stromer, Frh. von Stromersches Archiv, Schloß Grünsberg. Foto: Hartwig Neumann.

Nürnberg. Vestnertorbastei.

Nürnberg. Vestnertorbastei. Fotos: ▶
Denkmalsarchiv beim Hauptamt für
Hochbauwesen, Nürnberg.

Nürnberg. Kaiserburg und Tiergärtnerturm.

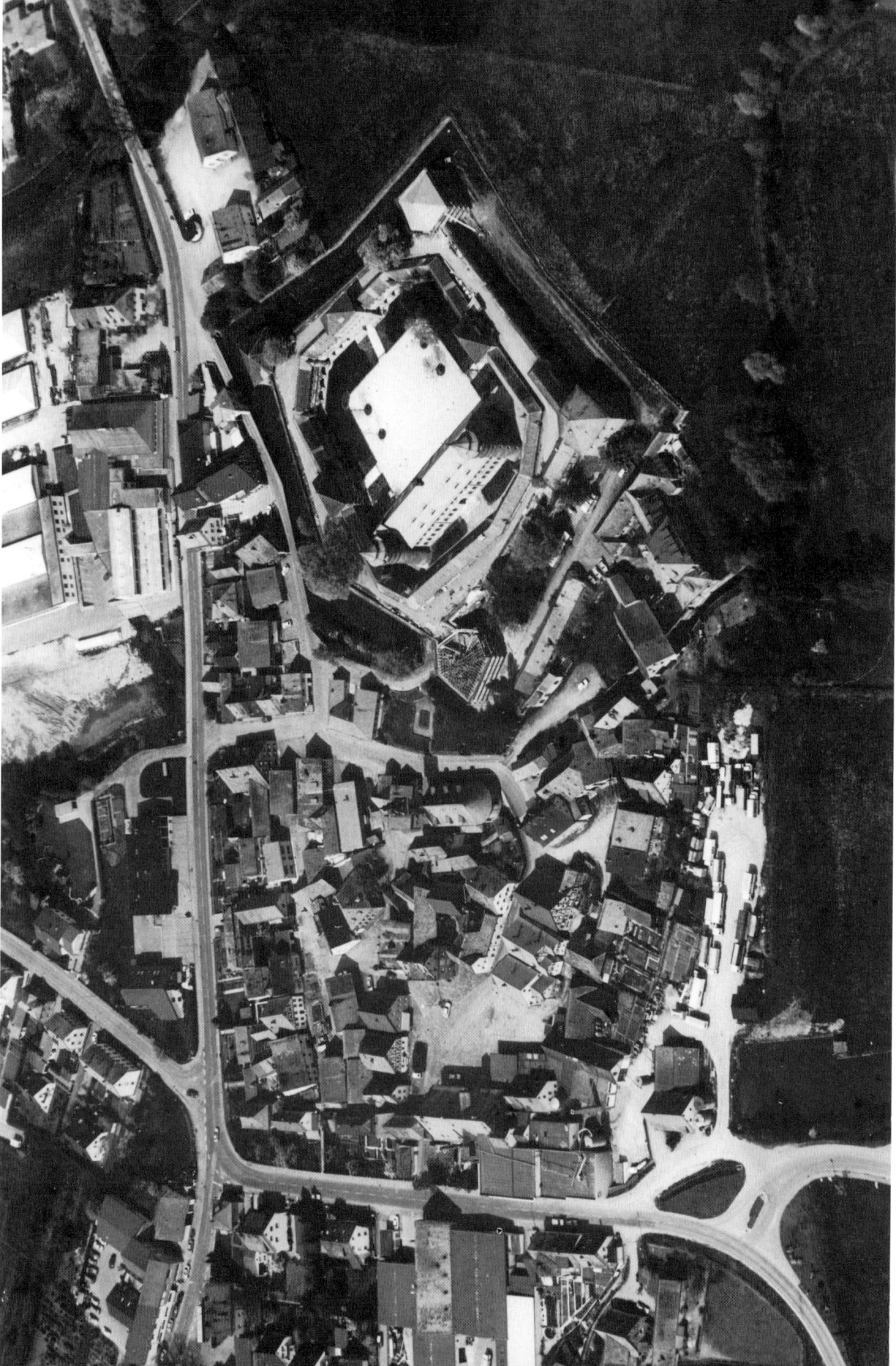

◀ *Festung Lichtenau.* Foto: BLfD Luftbildarchäologie. Aufn.: O. Braasch. Freigegeben durch die Reg. von Obb. Nr. GS 300/9573-83.

Festung Lichtenau

Der unregelmäßige Grundriß des bastionierten Pentagons der Festung entstand durch Stauchung unter Rücksichtnahme auf bauliche Relikte einer mittelalterlichen Wasserburg. Die Anlage vom Typus Palazzo in Fortezza wurde von 1558 bis 1605 durch die Reichsstadt Nürnberg als vorgeschobene Verteidigungsanlage gegen die Markgrafschaft Ansbach erbaut, jedoch erst gegen 1630 vollendet. Der Architekt ist nicht bekannt. Ablesbar vom Bau und aus frühem Planmaterial aber sind Vorstellungen des in Nürnberg tätigen Festungsbaumeisters aus Italien Antonio Fazzuni. Die Festungswerke folgen hier noch der altitalienischen Manier, obwohl dieser Typus im allgemeinen mit dem 17. Jh. als überholt gilt. Nur relativ kleine Geschützkasematten in den Batterien genannten Bastionen ermöglichten die Aufstellung kleiner Geschütze, die durch wenig Scharten wirken konnten, jedoch auf Grabenniveau wechselseitig flankierendes Feuer ermöglichten. Heute ist der Graben trockengefallen. Einst speiste die Rezat den Graben und die Wasserfläche im Festungsinneren zwischen dem Kasemattenring und dem Schloß. Der niemals zur Vierflügelanlage vollendete Schloßbau beherbergt in seinem heutigen Flügel seit 1978 eine Außenstelle des Staatsarchivs Nürnberg. Zu diesem Zweck wurde die gesamte Anlage in geschickter Weise grundlegend saniert. »Der neue Verwendungszweck der Festung ... ist insofern ideal, als er sich den gegebenen Gebäudeformen anpaßt ohne große bauliche Veränderungen zu erfordern. Er entspricht voll den Anforderungen der Denkmalpflege«, so Wilhelm Schwemmer in seinem Lichtenau-Buch* von 1980. Allerdings mußte ich bei meinen mehrfachen Besuchen feststellen, daß man so gut wie nicht an Touristen, Ausflügler und wissenschaftlich interessierte Besucher gedacht hat. Der Zutritt ist schwierig. Dabei hat die Festung Lichtenau eine ganze Reihe von kunsthistorisch wertvollen Besonderheiten zu bieten. Da ist die Doppelwendeltreppe von 1565/68 bzw. ihre Zweitfassung von 1599/1605 mit spätgotischem Charakter durch das freie Schlingenrippenwerk in der Kuppel des Treppenturmes; das perspektivisch stark verzogene Renaissanceportal mit dem Triglyphenfries vor dem gewölbten Durchlaß durch den Wall; zahlreiche Dekorationselemente manieristischer Art an Portalen und am gegen den Innenwall lehnenden Kasemattenring mit seinen Wehrplattformen u. v. a. Eine Ortsbefestigung, von der noch zwei Toranlagen und Mauerwerk vorhanden sind, wurde noch 1734/35 an die Festung angebunden. Die Festung Lichtenau liegt landschaftlich sehr reizvoll im Rezattal.

* Regalkapazität für Akten und Urkunden 11,5 km!

Die reiche Bauornamentik des gegen den Innenwall lehnenden Kasemattenrings mit seinen drei mächtigen Kavalieren hat bisher noch keine bau- und kunstgeschichtliche Würdigung erhalten. Fotos: Hartwig Neumann.

Die Festung Lichtenau im Modell, erbaut von Reinhard Gärtner aus Lichtenau 1984/85 mit Unterstützung des Lyons-Clubs. M 1: 100. Unkolorierte feine Holzarbeit aus Linde, Grundfläche Birke. Oben Blick von N, Mitte von O, unten von S. Fotos: R. Meier Ateliers, Drachen-Batterie, Lichtenau.

Links: Blick von der Hirschenbatterie auf die später überbaute Bärenbatterie entlang des Grabens, rechts: Blick von der Hirschenbatterie auf die Kurtine zur Jungfernbatterie. Die Bekleidungsmauern bestehen aus Buckelquadern. Sie werden in der Waagerechten durch doppelte Wulstgesimse gegliedert. Die Brustwehr ist abgerundet. Über den Kurtinen fehlen heute die Abdachungen, auf den Bastionen und Kavalieren sind sie rekonstruiert. Fotos: Hartwig Neumann.

Schloß Lichtenau. Federzeichnung, sine nota, 33,6 x 24,6 cm, frühes 17. Jahrhundert. Original: Kungl. Krigsarkivet Stockholm.

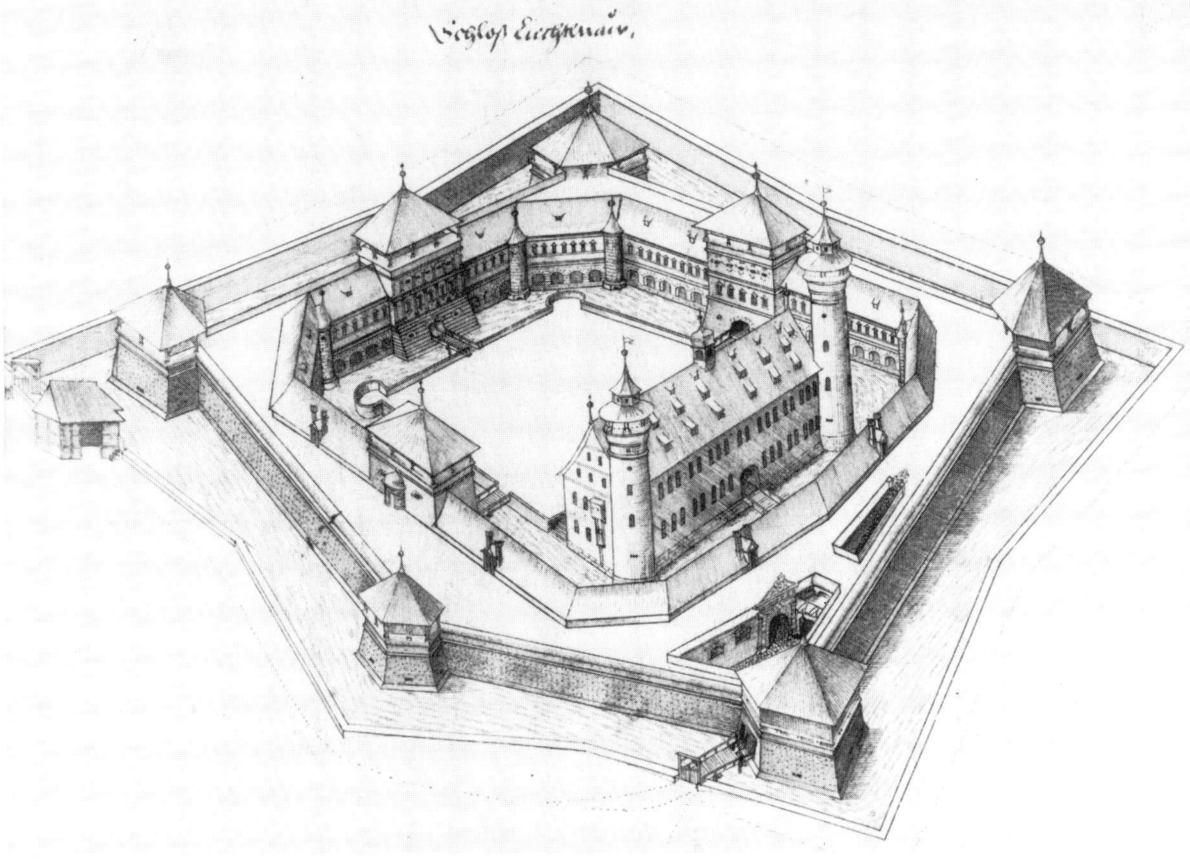

Bischöflich bambergische Residenz und Landesfestung Forchheim

Kupferstich von Matthäus Merian um 1656. Foto: H. Neumann. Historische Stadtansichten sind auch hervorragende Quellen für die Baugeschichte von Befestigungswerken. Das graphische Oeuvre aus der Offizin Merian bietet dazu eine beinah unübersehbare Anzahl von Blättern.

An diesem Beispiel einer Stadtvedute wird der Siedlungskörper Stadt mit seiner zeittypischen Befestigung besonders klar ablesbar. Die mittelalterliche Bebauung Forchheims führte trotz Abriß ganzer Häuserzeilen zur Anlage einer irregulären siebeneckigen bastionierten Festung, die ab Mitte 16. Jh. verwirklicht wurde und so die älteste Anlage dieser Bauart in Süddeutschland darstellt. Bis 1834 hatte Forchheim den Festungsstatus, ab 1878 erfolgte die Abtragung der Werke, die zum Glück so unvollständig verlief, daß heute noch vier Bastionen und Kurtinen erhalten sind. Ihr Bauzustand ist gut. Sie sind Teil des vorbildlichen Grüngürtels der Stadtpromenade. Die Darstellung aus NW ist zuverlässig. Neben den traditionellen Großbauten Schloß, Kirche, Rathaus werden in den frühneuzeitlichen Festungen auch die Tore und Speicherbauten, hier das Zeughaus, besonders hervorgehoben.

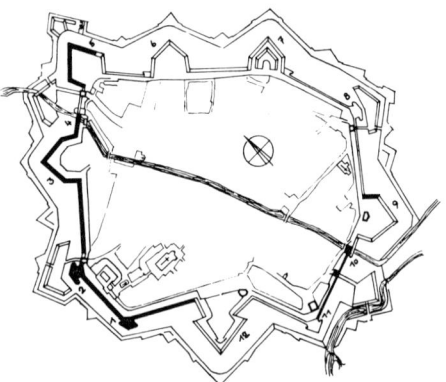

Umriß der Festungswerke von Forchheim im Ausbauzustand des späten 18. Jahrhunderts. Die dunkel angelegten Bastionen 1–5, Teile von 10 und zugehörige Kurtinen sind erhalten und Teil einer reizvollen Parkanlage. Reproduktion aus Tilmann Breuer: Stadt und Landkreis Forchheim, Kurzinventar, München 1961. Es bedeuten:

1 St. Veit-Bastion
2 Bastion beim Saltorturm
3 St. Valentini-Werk
4 Nördliches Wasserschloß
5 St. Petri-Werk
6 St. Philippi-Werk
7 St. Cunigundis-Werk
8 Reuther-Tor-Bastion
9 St. Henrici-Werk
10 Südliches Wasserschloß
11 Nürnberger-Tor-Bastion
12 St. Martini-Werk

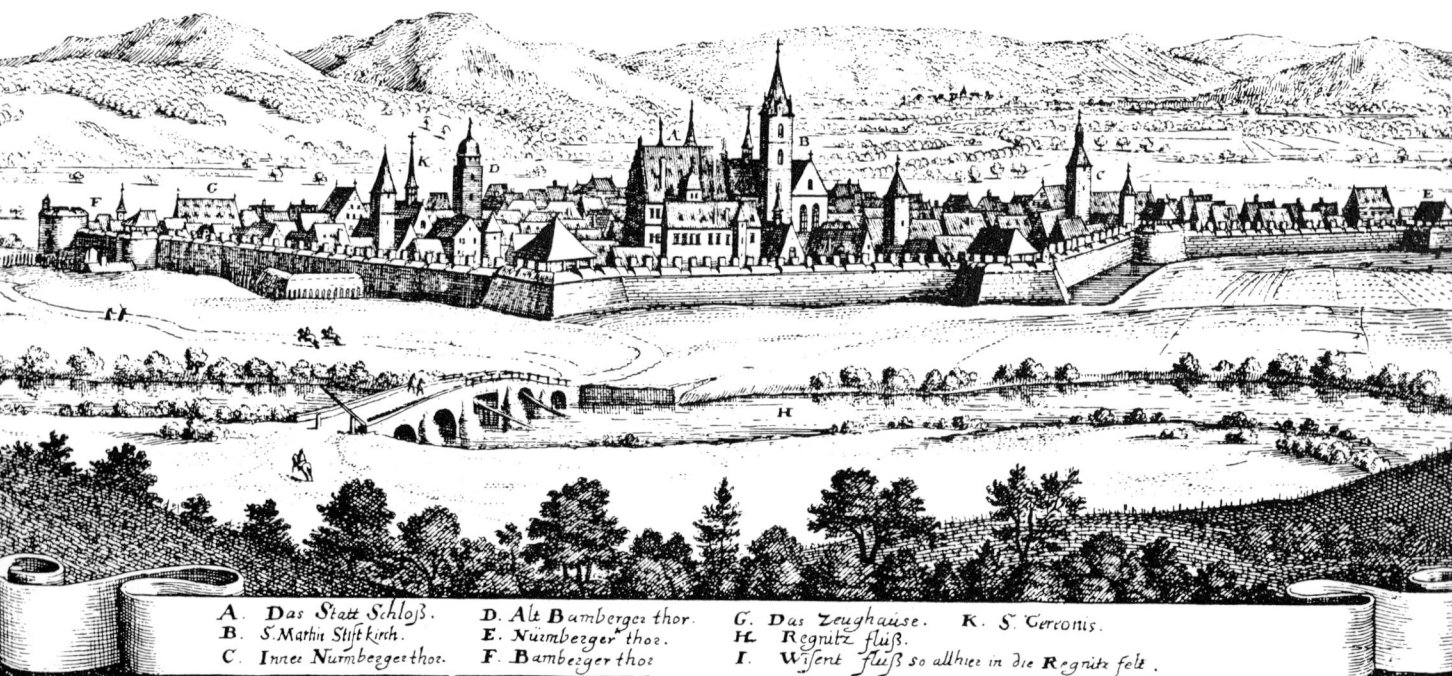

Festungsstadt Dömitz an der Elbe

Der »Plan von Dämnitz«, sine nota und o. D. zeigt die Flachlandfestung im Bastionärsystem des 16. Jh. in ihrer typischen Grundrißausbildung. Original: Bundesarchiv Koblenz, Kart. Schwerin/Dömitz. Die Anlage entstand auf dem wüsten Gelände einer Burg des 13. Jh. am Fluß im Auftrag von Herzog Johann Albrecht I. von Mecklenburg. Dömitz wurde als sicherste Landesfestung konzipiert und ermöglichte die Eintreibung des Elbzolls, aus dem sie auch teilweise finanziert wurde. Die Festung gliedert sich in die in der Grundform eines Kronwerks errichteten Stadtfestung und der geschickt an diese angebundenen regelmäßigen pentagonalen Zitadelle. Die Straßenachsen laufen so auf zwei Fronten der Zitadelle zu, daß diese vom dort postierten Geschütz wie auch das Vorfeld beherrschbar waren. Die Entwürfe lieferte der Italiener Francesco a Bornau aus Brescia in Oberitalien. Die Bauzeit wird mit 1559 bis 1569 angegeben. In der Stadt war eine schachbrettartige Grundstücksaufteilung angestrebt. Im heutigen Museumsbau in der Zitadelle steckt noch nicht näher untersuchte Bausubstanz des 16. Jh., die andere Zitadellenbebauung ist aus späteren Epochen. Der Herzog hatte nach Abschluß der Arbeiten 1568–72 die z. T. auf preußischem Staatsgebiet fließende Elbe durch einen Kanal mit entsprechendem Schleusensystem ableiten lassen, um so eine gute Möglichkeit der Verproviantierung durch Schiffe und zusätzliche Sicherheit zu erlangen. Heute ragen drei Zitadellenbastionen in das Sperrsystem der Grenzbefestigungen der DDR hinein. Trotzdem ist Dömitz zugänglich.

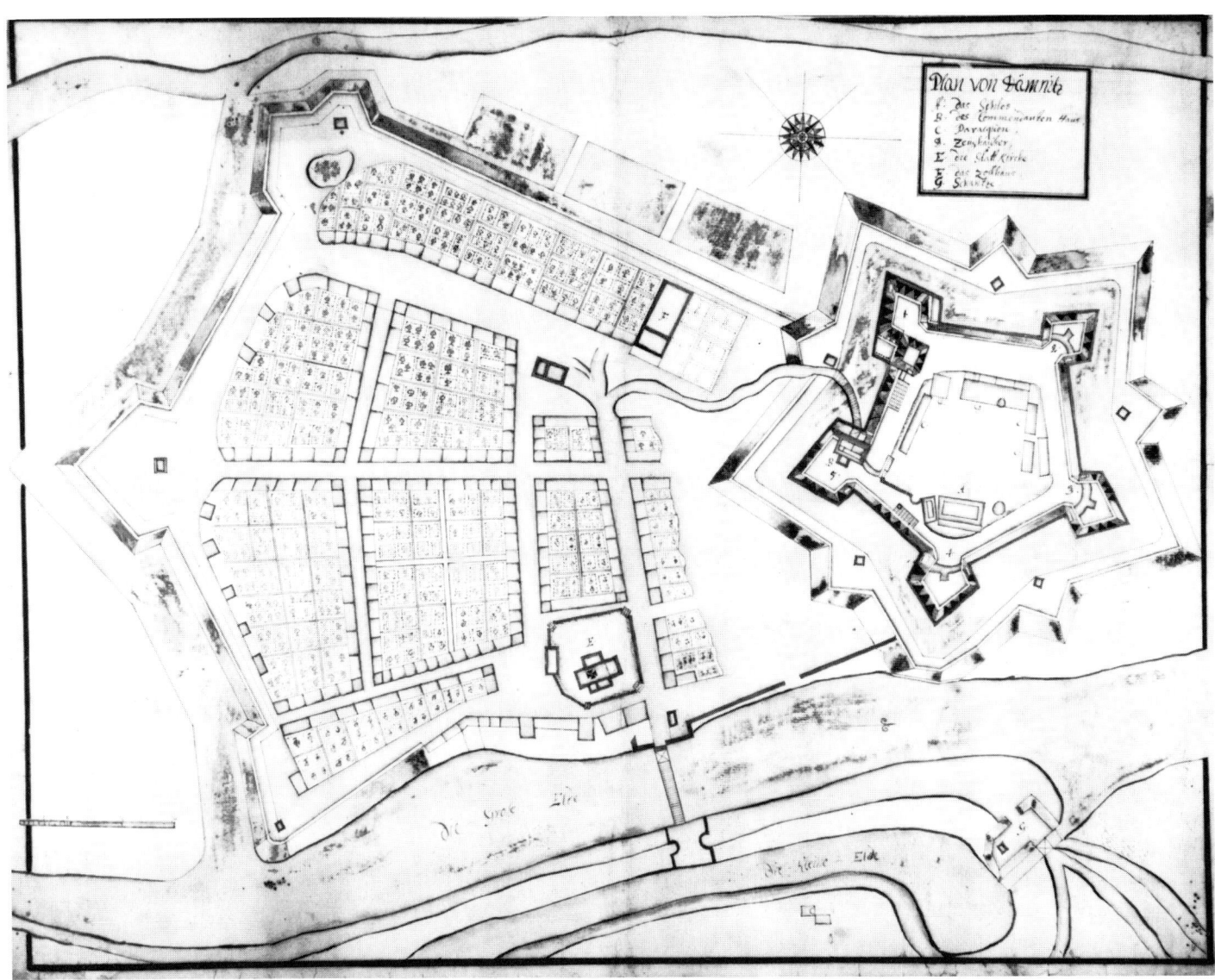

Schloß Steinau

Grundriß, Bauaufnahme von M. C. Knobeloch vom 20. Juni 1781. Original Hessisches Staatsarchiv Marburg, 300 Karten P II 342/27. Die einmalige Grundrißausbildung aus der 1. Hälfte des 16. Jahrhunderts, in der geschickt die Bausubstanz der mittelalterlichen Burg eingeschlossen ist, hat ein bastioniertes Pentagon als Vorbild. Das Schema ist auf diese Residenzanlage übertragen worden ohne die artilleristische und damit fortifikatorische Entwicklung der Zeit voll zu berücksichtigen. Die an den Ecken winkelig vorgelagerten Gebäude sind: Schlachthaus, Kanzlei, Pförtnerwohnung, Backhaus. Sie schützten höchstens gegen Überfälle, nicht aber gegen eine förmlich vorgetragene Belagerung. Als Architekt wird Graf Reinhard von Solms (1491–1563) diskutiert. Die Bau- und Kunstgeschichte dieser bedeutenden Anlage ist noch nicht geschrieben.

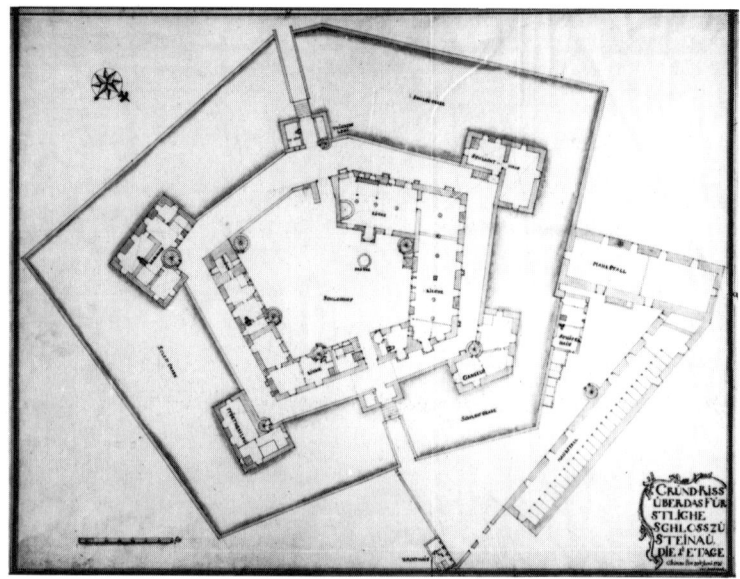

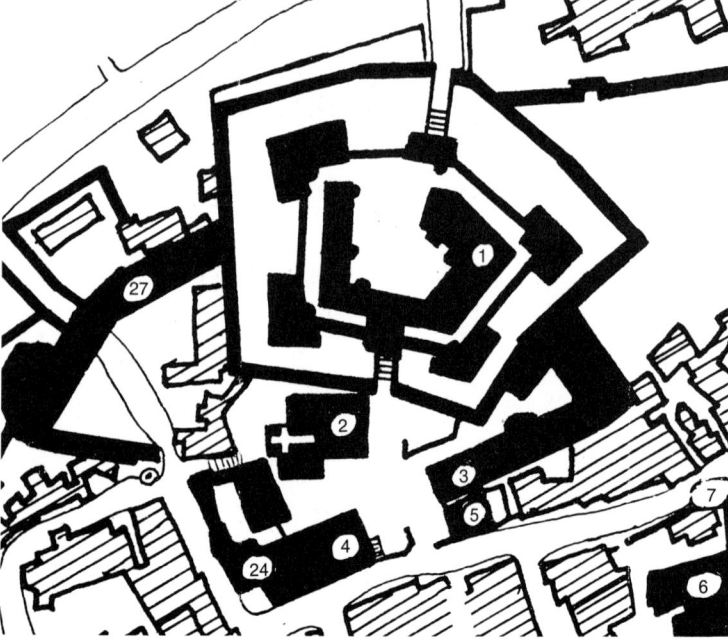

Ausschnitt aus dem Lageplan der Altstadt von Steinau an der Straße von W. Strott 1985 (verändert) aus dem Stadtführer von Gerhard Freund 1985.

Legende:
1   Schloß der Grafen von Hanau
2   Katharinenkirche (1481–1510)
4   Rathaus (1561)
5   Burgmannenhaus (1589)
6   Amtshaus (1562), Wohnstätte der Gebrüder Grimm 1791/96
7   Niedertor (1384)
27 Viehhof

Ochtrup

Das befestigte Ochtrup Ende 16. Jahrhundert. Kolorierte Zeichnung, sine nota, o. D. [um 1597], Original und Foto: NW Staatsarchiv Münster A 2383. 1593–96 wurde das Dorf (!) Ochtrup mit Wall und Graben als nordwestlichste Grenzfestung des Fürstbistums Münster befestigt »Uffwerffungh eines Walles zu Verthedigungh der Weiber, Khynder und ander Armut genedichlich vergunstiget und zugelaissen«.

Dieser Stüwwenkopp genannte Batardeau, eine Staumauer mit Hindernistürmchen aus dem einst nassen Festungsgraben, steht heute in einer Grünanlage. Foto: Hartwig Neumann.

Festung Hohenwerfen

In der Reihe der frühen Höhenfestungen nimmt die salzburgische Sperrfestung Hohenwerfen über der Salzach am Lueg-Paß eine besondere Stellung ein. Die Festung entstand über einer mittelalterlichen Burg, deren Kern im Palas noch nachweisbar ist, in zwei Ausbauepochen 1529–1540 und 1563–1580 und ist seither im wesentlichen in diesem Ausbauzustand erhalten. Der Festungsstatus bestand bis 1876. Die auf 113 m hohem, zum Fluß fast senkrecht aufsteigenden Felsen gebauten Fortifikationseinrichtungen gliedern sich in die Hauptfestung und zwei vorburgähnliche Wehranlagen, die sämtlich für den Einsatz von Feuerwaffen ausgelegt sind. Die Unregelmäßigkeit im Grundriß ist durch die Bergform begründet. Heutige Nutzung als Gendarmerieschule. Zu touristischen Zwecken ist die Anlage leider wenig erschlossen.
Fotos: Amt der Salzburgischen Landesregierung.

Die Festungswerke der Reichsstadt Offenburg um 1645

Im Bayerischen Hauptstaatsarchiv München verwahrt man unter den Plansammlungssignaturen 1137 und 1138 zwei Federzeichnungen von Offenburg, die früher als Folien 30 und 31 im Aktenband Dreißigjähriger Krieg 576, heutige Signatur Kurbayern Äußeres Archiv 2810, eingeheftet waren. An letzter Stelle befindet sich noch die dazugehörige handschriftliche Legende. Die Zeichnungen werden in älterer und neuerer Literatur dem großen Erzähler Johann Jacob Christoph von Grimmelshausen (1622–1676) zugesprochen, doch können im genannten Archiv keinerlei Hinweise auf diesen Planautor festgestellt werden.
Der Plan zeigt die über Jahrhunderte laufenden Bemühungen der Stadt, ihre sie schützende Umwallung dem jeweiligen Stand der Bedrohung von außen anzupassen. Dabei behielt man bis zur irregulären Bastionierung um 1645 stets sämtliche mittelalterlichen Bauten als innere Verteidigungslinien bei. Ähnliche Anpassungsprozesse machten zahlreiche deutsche Städte durch, die sich eine Fortifikation nach einem Generalplan nicht leisten konnten. Die Kupferstiche in den großen Topographien des 17. Jahrhunderts belegen das. Die innere Mauer (9) mit zahlreichen Türmen über rechteckigen Grundrissen ist die älteste Befestigung der Zähringergründung. Tortürme (1, 2, 3) sind besonders hoch und durch Vorwerke (5, 6, 7) geschützt. Der Badstubenturm ist offenbar »eingemottet«, also im unteren Teil mit Erde angeschüttet (4). Vor dieser Linie liegt der äußere Zwinger (12), der mit dem äußeren Graben (13) abschließt. Die Bastionierung der Landfronten durch die 1645 neu errichteten Außenwerke (14, 15) besteht aus hohlen Bastionen nach der niederländischen Bauart ganz in Erde und verbunden durch einen Erdwall. Einige Bastionen sind zur Zeit der Planaufnahme noch Projekte (27). In einer Bastion liegt eine zusätzlich grabenumwehrte innere Schanze (16). Die palisadierte Wasserfront ist durch die Seeschanze mit angebundener Kurtine (23) sowie der Mühlenschanze (18) jenseits des Mühlkanals zu verteidigen. Das Wasser tritt z. T. bis an den äußeren Zwinger vor der Stauanlage (20) heran. Diesen Abschnitt beherrscht die »Schwarzer Hund« genannte Rechteckschanze (8) mit ihren deutlich zu erkennenden Schießscharten durch die Brustwehr.

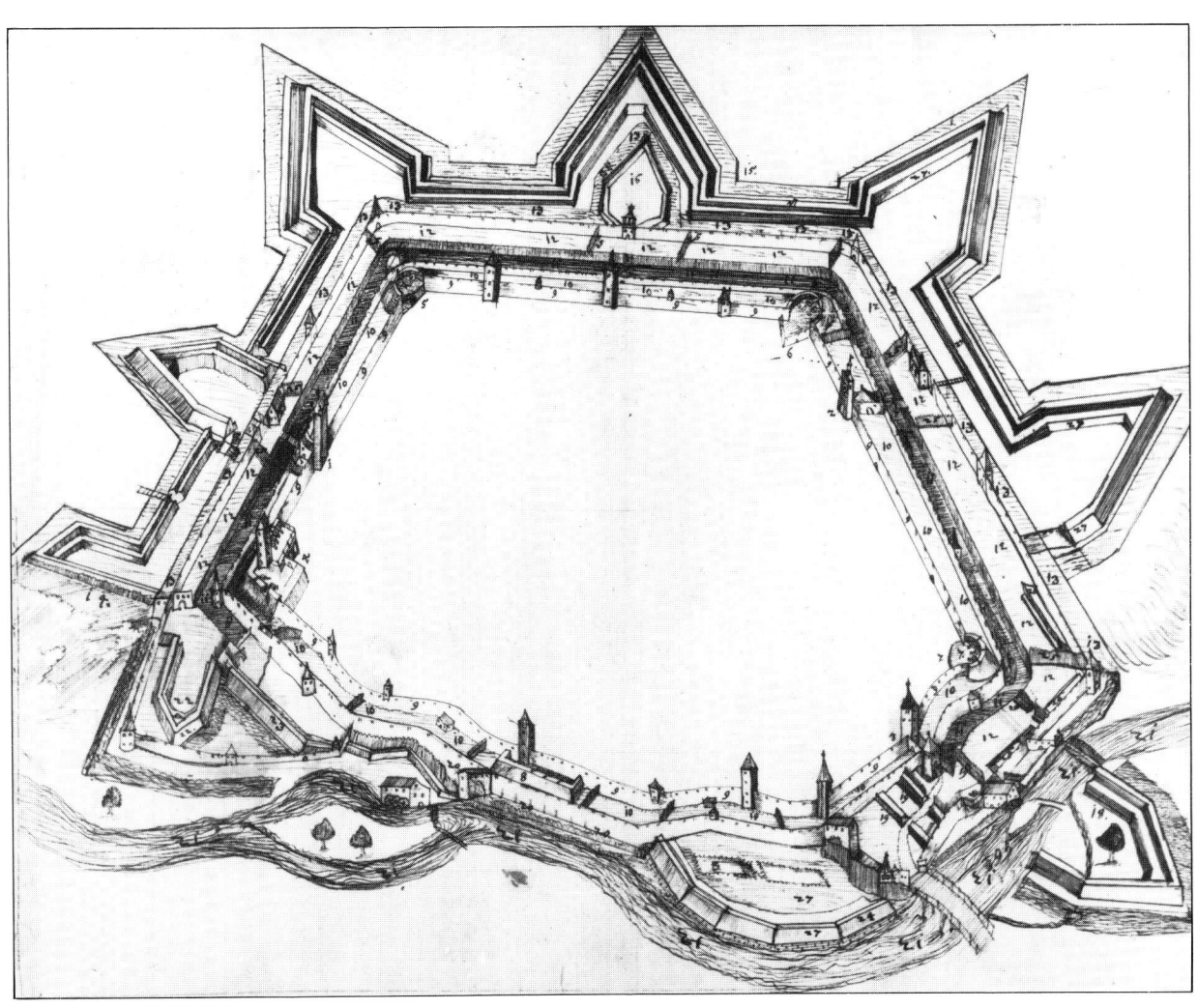

Festung Hohen-Neuffen

Im 15. Jh. erhielt die 335 m über der Stadt Neuffen liegende Burg im NO einen mächtigen Zwinger. Ein Ausbau zur frühneuzeitlichen Festung geschah in landesherrlichem Auftrag im 16. Jh. durch Anschüttungen sowie Bau von drei rondellierten und teilweise kasemattierten Geschützplattformen. Ein weiterer fortifikatorischer Ausbau auch am Fuße des Felsens erfolgte 1735/42 unter dem Ingenieuroffizier Jean Antoine d'Herbort aus Bern. Trotzdem erfolgte die Auflassung und Schleifung schon 1801. Die noch heute eindrucksvolle Anlage ist nach den jüngsten Restaurierungen in vorbildlichem Zustand.

Lageplan aus: H.-M. Maurer, Die Landesherrliche Burg in Wirtemberg, Stuttgart 1958, S. 193.
Luftbild: Hildenbrand, Göppingen, Nr. L 3518 F, Freigabe Reg.-Präs. Stuttgart 5/3159.

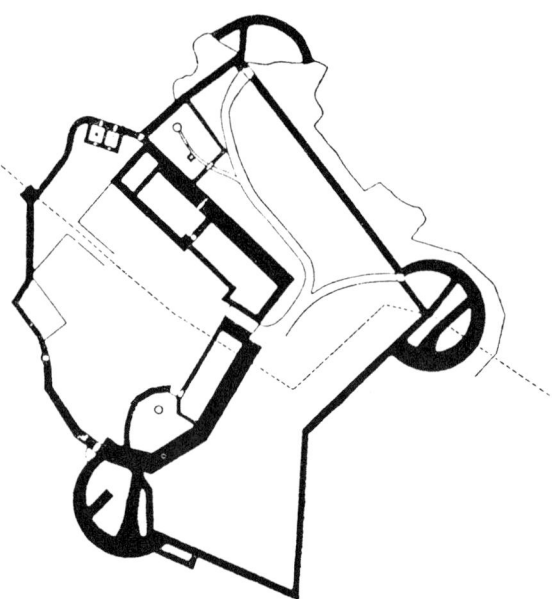

Schloß Hellenstein

Schloß Hellenstein über Heidenheim an der Brenz. Die heute als Museumszentrum dienende Anlage als Teil eines Freizeitparks entstand über bzw. neben stauferzeitlichem Burgenbestand als eine der wenigen Bauwerke dieser Art in Alt-Württemberg vor Beginn des Dreißigjährigen Krieges. Die Grund- und Aufrißdisposition über einer Fläche von ca. 150 x 80 m sind streng aus der besonderen topographischen Lage entwickelt. Ursprünglich diente Hellenstein der Repräsentation sowie Wohn- und Verwaltungszwecken. Als wichtigster Baumeister Herzog Friedrichs I. (1593–1618) wird sein Hof- und Landbaumeister Heinrich Schickhardt (1558–1635) diskutiert. Links im Bild die Bastion Zwetschengärtlein, dahinter der mächtige Fruchtkasten, rechts vor dem Altanenbau die von Rundtürmen beherrschte Nordtoranlage. Es schließen sich Burgvogtei, Obervogtei mit Zeughaus und die Schloßkapelle mit dem vorgesetzten Turm an. Den Bildabschluß rechts bildet die Nordwestbastion. Foto: Copyright Stadt Heidenheim (Stadtarchiv).

Burg/Festung Hochosterwitz

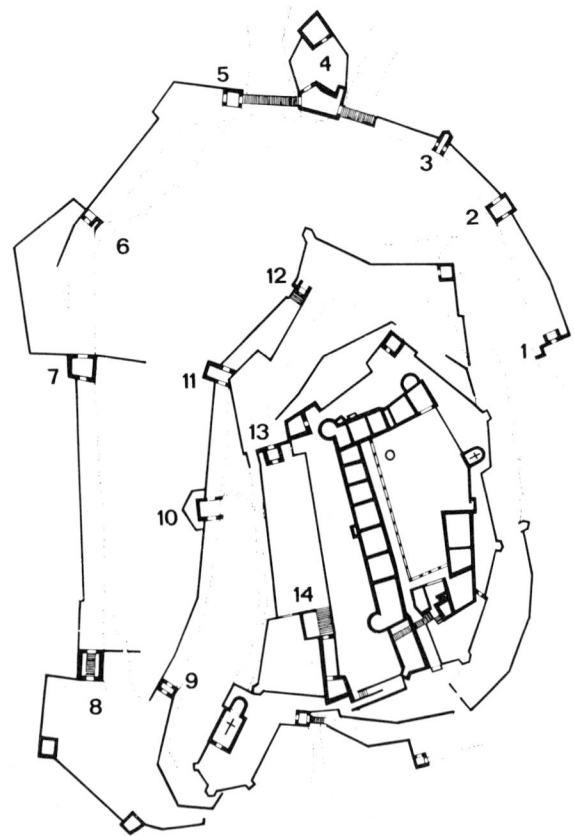

Hochosterwitz in Kärnten gehört als eine der eindrucksvollsten Wehrbauten Österreichs zu der Reihe von Höhenburgen, die nach Einführung der Feuerwaffen zu Festungen ausgebaut wurden und noch heute im Namen die Silbe »Hoch-« oder »Hohen-« führen (Hohensalzburg, Hohentwiel, Hohenwerfen, Hohenneuffen, Hohenasperg). Die auf freistehendem 150 m hohen Bergkegel errichtete Anlage hat vielleicht schon in der Römerzeit einen Wehrbau getragen. Nach einer bewegten Burgenzeit entstand im 16. Jh. in drei Bauperioden die neuzeitliche Festung zum Einsatz von großen und kleinen Kanonen. Christof von Khevenhüller schuf die heutige Bausubstanz mit den großartigen Anlagen von Bastionen und Wällen. Als beratender Architekt wird Domenico dell'Aglio von Lugano († 1563) genannt. Bauliche Besonderheit, ja Einmaligkeit, bildet das System hintereinander gestaffelter Torbauten unterschiedlichster Konstruktionen, die in Abständen die den Berg umlaufende Straße sperren konnten. Man zählt 14 solche Anlagen, die in 13 Jahren Bauzeit im 3. Viertel des 16. Jh. entstanden und heute noch in bestem baulichem Zustand sind. Der Gegner war bei einer Eroberung der Festung gezwungen, ein Tor nach dem anderen niederzukämpfen und das nicht nur bei Frontalfeuer, sondern auch bei Flankenfeuer von oben. Lageplan (von Anton Müller) und Foto: Khevenhüller-Metsch'sche Burgverwaltung Hochosterwitz.

Bezeichnung der 14 Tore

1	Fähnrichtor	1580	8	Landschaftstor	1570
2	Wächtertor	1577	8	Reisertor	
3	Nautor	1583	10	Waffentor	1576
4	Engelstor	1577	11	Mauertor	1575
5	Löwentor	1577	12	Brückentor	
6	Manntor	1578	13	Kirchentor	1578
7	Khevenhüllertor	1580	14	Kulmertor	1575

Festung *Hohentwiel über Singen.* Foto: G. Stöcklin, Singen. Freigabe Reg. Präs. Freiburg. Nr. P-13736.

Festungsruine Hohentwiel

Untere Festung
- 30 Wagenremise ⎫ Baumagazin
- 31 Wohnhaus ⎭ u. Quartier
- 32 Kelter
- 33 Stabs-Offiziers-Wohnung
- 34 Kasernen-Wachhaus (Blockhaus)
- 35 Widerholds neuer Bau (Rebhaus)
- 36 Wohnhaus und Stallung (Offiziers-Wohnungen)
- 37 Regimentsarzt-Wohnung (Apotheke)
- 38 Wohnhaus, Gast- u. Backhaus (Marketenderei)
- 39 Kaserne und Fruchtkasten
- 40 Auditeurs-Wohnung u. Kellerei
- 41 Stall und Scheuer
- 42 Backhaus (Kommisbäckerei)
- 43 Holzmagazin
- 43a Vorburg
- 48 Kasematte a. d. Ludwigs-Bastion
- 49 " vor der Eugens-Bastion
- 50 " vor der Eugens-Bastion
- 51 " auf der Karls-Bastion
- 52 " an der Karls-Bastion
- 53 " (früher Hauptor)
- 54 " auf der Alexander-Bastion
- 55 " St. Alexander-Bastion
- 56 St. Karl
- 57 St. Eugen
- 58 St. Ludwig
- 59 St. Henriette (darunter Kasematte mit Schöpfbrunnen)
- 60 Alexanders-Tor
- 61 Lichtfang
- 61a 1. Tunnel
- 61b 2. Tunnel
- 62 Ludwigs-Tor
- 63 Karls-Tor
- 64 Eugens-Tor
- 65 Die Rodschiene
- 70 Kasematte
- 71 Kasematte
- 72 Sperrmauer

Brücken
- a) I. Brücke
- b) II. Brücke
- c) III. Brücke
- d) IV. Brücke
- e) O Cisternen
- f) o Militärposten

Obere Festung
- 1 Fürstenburg
- 2 Küferswohnung (Bandhaus), darunter der Herrschaftskeller
- 3 Zeughaus
- 4 Windmühle
- 5 Waschhaus
- 6 Gouverneurswohnung
- 7 Stall
- 8 Wohnhaus
- 8a Hofraum
- 8b Garten des Kommandanten
- 9 Wachhaus
- 10 Gefängnis (Hanikels)
- 11 Kirche
- 11a Kirchturm
- 12 Kaserne (der Neubau)
- 13 Kanzlei
- 14 Schul- und Pfarrhaus
- 15 Kaserne
- 16 Wohnhaus u. Mehlmagazin
- 17 Desgl.
- 18 Desgl.
  (14–18: Kloster, später Kaserne, auch die fünf Klostergebäude genannt)
- 18a Paradeplatz
- 19 Gutgenug (früher Seilturm)
- 19a Schauauf
- 20 Pulverturm Tiger
- 20a Pulverturm Drache
- 21 Eberhards Turm (Wilhelms-Wacht)
- 22 Eberhards Turm (Eberhards-Hut)
- 23 Eberhardsruf (früher Schützenkrönle)
- 24 Citadelle (Rundell Augusta)
- 25 Hochwacht-Turm (früher der blaue Storch)
- 26 Generalsbau (Gouvernement)
- 27 Schmiede
- 28 Wohnhaus (Schmiede und Profosenquartier)
- 29 Torgemäuer (Tor zwischen der unteren und oberen Festung, Salzbüchsle genannt)
- 44 Kohlkammer
- 45 Heuhaus
- 46 Pulverturm Löwe
- 46a Dragon (früher der Gang)
- 47 Pulverturm Panther
- 47a Friedrichs Bastion und der Schmiedte-Felsen
- 47b Herzogs-Bastion
- 47c Kleine Bastion (sonst Rudolf, auch Triangel genannt)
- 47d St. Erdmann
- 66 Werda (Schilderhaus)
- 67 Felsen-Tor
- 68 Neues Portal
- 69 Altane (scharfes Eck) höchster Punkt des Berges

Die Festung Hohentwiel erhebt sich 260 m über der Stadt Singen auf einem verteidigungstechnisch ideal gelegenen Berg vulkanischen Ursprungs. Der Hohentwiel mit seinem Denkmal erster Ordnung ist heute ein streng beobachtetes Naturschutzgebiet. Nur Konservierungsarbeiten an den Festungswerken sind erlaubt. Ab 1538 entstand unter Herzog Ulrich von Württemberg die neuzeitliche Befestigung des seit Jahrhunderten besiedelten Berges. An der neuen Landesfestung wurde in jeder Epoche erweitert und modernisiert. Lage und Qualität der Militärarchitektur ermöglichten etwa dem Kommandanten das Durchstehen von 5 Belagerungen während des 30jährigen Krieges. Er konnte die Festung 1650 nach 16 Jahren der Verteidigung an den Herzog übergeben. Schleifung durch Sprengung führten Franzosen 1800/1801 durch. Umfangreiche Reste der Anlage aber sind heute noch zu begehen. Der Grundriß wurde der »Geschichte des Hohentwiels«, Hohentwiel o. J. entnommen.

Das Luftbild von der Oberen Festung zeigt die ruinösen Baulichkeiten und die starke Übergrünung des Geländes. Foto: Herbert Berner, Singen.

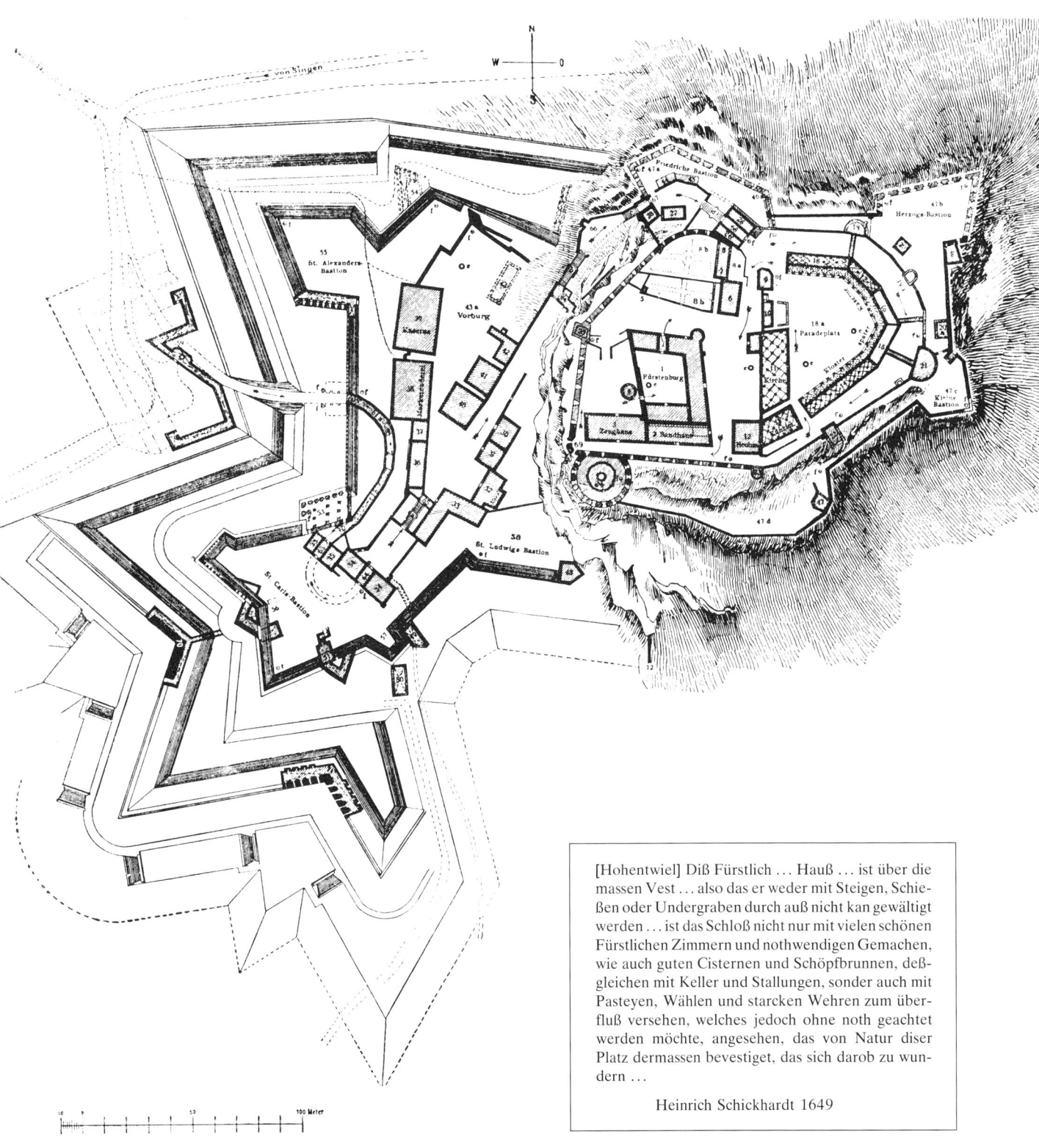

[Hohentwiel] Diß Fürstlich … Hauß … ist über die massen Vest … also das er weder mit Steigen, Schießen oder Undergraben durch auß nicht kan gewältigt werden … ist das Schloß nicht nur mit vielen schönen Fürstlichen Zimmern und nothwendigen Gemachen, wie auch guten Cisternen und Schöpfbrunnen, deßgleichen mit Keller und Stallungen, sonder auch mit Pasteyen, Wählen und starcken Wehren zum überfluß versehen, welches jedoch ohne noth geachtet werden möchte, angesehen, das von Natur diser Platz dermassen bevestiget, das sich darob zu wundern …

Heinrich Schickhardt 1649

◀ Luftaufnahme: Neue Presse, Coburg.

> »Die äußere Festungswallmauer ist ganz mit Gesträuch umwachsen, das mit der Wurzel auszuheben wäre, damit die Festung nach Verstreichung der Fugen einen schönen Anblick [!] gewährt.«
>
> Generalmajor von Triva an den Kurfürsten Max IV. Josef von Bayern 1803 nach der Übernahme der Festung Rosenberg durch Bayern

Festung Rosenberg ob Kronach

Die unzerstörte Altstadt von Kronach ist von einer dreifachen Umwallung umgeben, überragt vom Rosenberg mit der ehemals hochstiftisch-bambergischen Landesfestung. Der weitgehend erhaltene Bastionskranz legt sich um eine Burganlage des 13. Jh., die im 14. Jh. Landesburg und besonders in der 2. Hälfte des 16. Jh. zur neuzeitlichen Festung ausgebaut wurde. Das bastionäre Pentagon entstand von 1657 bis 1700. Diese Tatsache des engen Nebeneinander von mittelalterlicher, renaissancezeitlicher und frühbarocker Wehrbauarchitektur gibt der Anlage heute ihre bedeutende Stellung innerhalb der Baugeschichte des deutschen Wehrbaus. Der 30 m hohe, freistehende Bergfried ist von einer vierflügeligen Kernburg umgeben. Palas, Magazinbauten, Zeughäuser, Türme bilden den inneren Verteidigungsring. Bis 1886 hatte der Rosenberg den Festungsstatus, 1888 kaufte die Stadt die gesamte Anlage, die sofort eine touristische Attraktion wurde. 1915–18 Gefangenenlager, im II. Weltkrieg Zweigstelle der Flugzeugfirma Dornier, dient die Festung heute mehreren Museen. So das Frankenwaldmuseum zur Geschichte der Flößerei und eine Schützenscheibensammlung, Dokumentation zur Zonengrenze, die Gottfried-Neukam-Kunstsammlung und eine Zweigstelle des Bayer. National-Museums mit der Fränkischen Galerie. Eine Skulpturensammlung wird gerade eingerichtet.

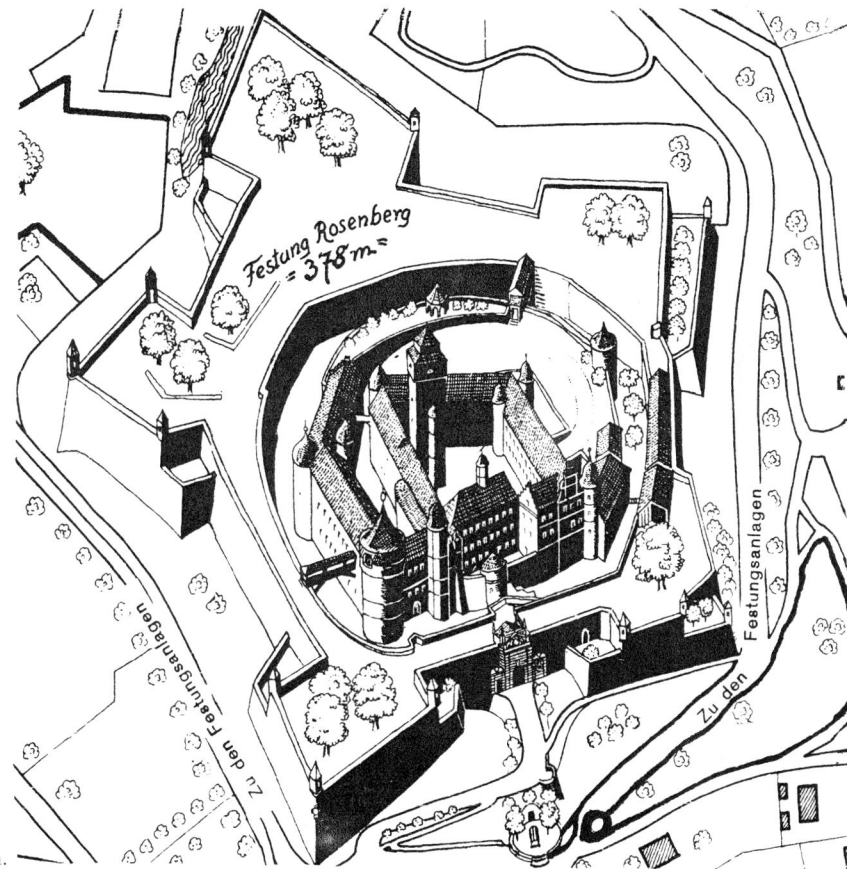

Zeichnung: Städt. Verkehrsamt Kronach.

Festung Stolpen

Blick vom Cosel-Turm auf das Kornhaus mit der Hauptdurchfahrt. Foto: Hartwig Neumann.

Grundriß der Festung Stolpen. Ausbauzustand von 1743. Reproduktion aus der 9. Auflage des Führers durch Burg Stolpen, Stolpen o. J. 1675 ff. wurde die mittelalterliche Wehranlage Burg Stolpen unter dem Oberlandbaumeister Wolff Caspar von Klengel (1630–1691), dem Nachfolger von W. Dilich und Lehrer Augusts des Starken, zur neuzeitlichen Festung ausgebaut, doch schon 1764 galt die auf einer Basaltkuppe stehende Anlage als fortifikatorisch nicht mehr ausreichend. Zwar wurde zur Zeit Napoleons die Festung wieder in Stand gesetzt und gleich wieder geschleift, doch blieb Stolpen mit seinen wesentlichen Bauten als Festung 2. Ordnung erhalten. Berühmt ist die Anlage, weil dort die Reichsgräfin Cosel (1680–1765) 49 Jahre lang bis zu ihrem Tode in Haft saß. Eine technische Besonderheit ist die im Modell erhaltene Wasserkunst des 16. Jh. Die Anlage ist in sehr gutem Zustand. Mehrere Museen sind im Kornhaus und den Türmen untergebracht. Die Festung verzeichnete allein für 1984 140 326 Besucher!

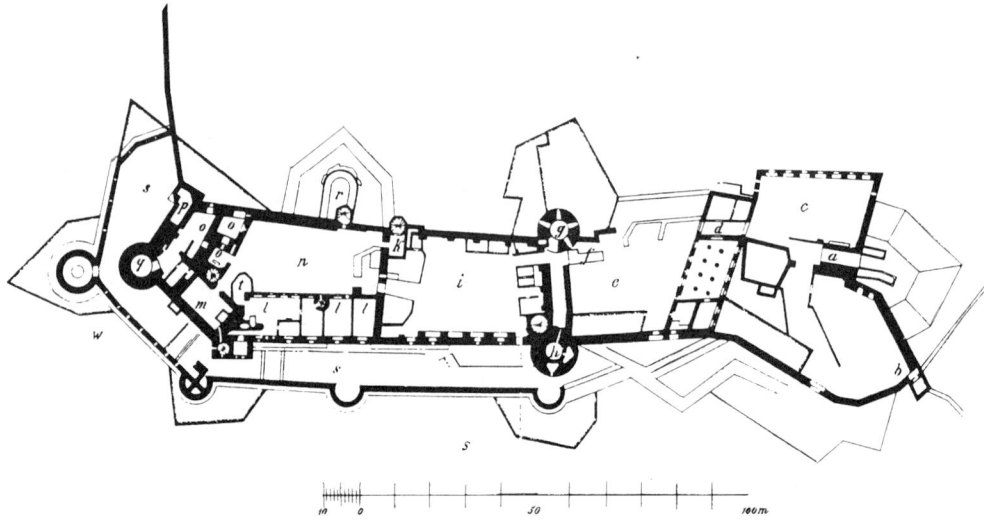

a) Festungstor
b) Grillenburg
c) Klengelsburg
d) Kornhaus mit Durchfahrt
e) 2. Hof – Oberstes Vorschloß
f) Zugbrücke
g) Schösserturm
h) Johannis-(Cosel-)turm
i) 3. Hof – Unterstes Hauptschloß (Kanonenhof)
k) Seigerturm
l) Zeughaus mit oberer Wache, Wirtschafts- u. Wohnräumen
m) Schloßkapelle
n) 4. Hof – Oberstes Hauptschloß (Kapellenhof)
o) Palais – Gotisches Bischofshaus
p) Siebenspitzenturm
q) Kapitelsturm
r) Wendelstein oder Ravelin (Vorschanze)
s) Befestigungsanlagen: Bastionen, Mauern, Wälle
t) Brunnen

Burg und Festung Rheinfels über St. Goar

Luftbild: Städtisches Verkehrsamt St. Goar, Freigabe Nr. 18520/9/13762.

Signet des Internationalen Hansenordens

Der Rhein zwängt sich zwischen den Orten St. Goarshausen und St. Goar durch ein enges Tal mit steil aufragenden Ufern zu den Hochflächen. Rechtsrheinisch auf halber Höhe eines Bergsporns entstand die Burg Katz und linksrheinisch die Burg Rheinfels ab Mitte des 14. Jh. Beide Anlagen wirkten im Verbund, sie bildeten über Jahrhunderte eine den Fluß beherrschende Zollsperre. Mit Einführung der Feuerwaffen erlebte nur Burg Rheinfels im späten 15. Jh. den ersten Ausbau zur Festung. Unter dem Landgraf Philipp II. von Hessen (1541–1583) entstand eine moderne Festung mit renaissancezeitlichem Residenzschloß. Die Fortifikationsanlagen wurden auch durch Außenwerke besonders auf dem Biebernheimer Feld und zum Gründelbachtal hin ausgeweitet. Unter Landgraf Ernst (1623–1693) kam die dritte Ausbauphase von 1649–1693. Der Landgraf hatte auf seinen Kavalierstouren durch Europa an zahlreichen Orten mit dem Festungsbau zu tun. Er entwarf selber die Ausbaupläne seiner Festung. 1692 belagerten Franzosen mit 28 000 Mann den Rheinfels gegen 4000 Verteidiger, die siegreich blieben. Doch 1794 ging die Anlage kampflos an die Franzosen über, die die zerstörte Festung verkauften. Der neue bürgerliche Besitzer verkaufte Baumaterial auf Abbruch zur entstehenden Festung Ehrenbreitstein über Koblenz. 1925 übernahm die Stadt St. Goar das Ruinenfeld und sorgt seither mit Unterstützung des Hansenordens für die touristische Erschließung der zahlreichen burgenkundlichen und fortifikatorischen Besonderheiten durch zwei Rundwege und museale Aufarbeitung.

Festung Friedrichsorth

Friedrichsorth mit projectirter Verbesserung. p., Federzeichnung, Ausschnitt, von de Feignet, Rendsburg, 5. Septem. 1758, aus dem Festungsatlas:

Nachrichten betreffend die Festung Friedrichsorth benebst ihren Plans und der darinn vorhandenen Militair- und Civil-Gebäuden, welcher Platz aber auch in Ao 1764. aus dem Festungs Detail deliret worden, Plan Nro III.

Original: Landesarchiv Schleswig-Holstein Schloß Gottorf, Abt. 402 BX, Nr. 20a–c.

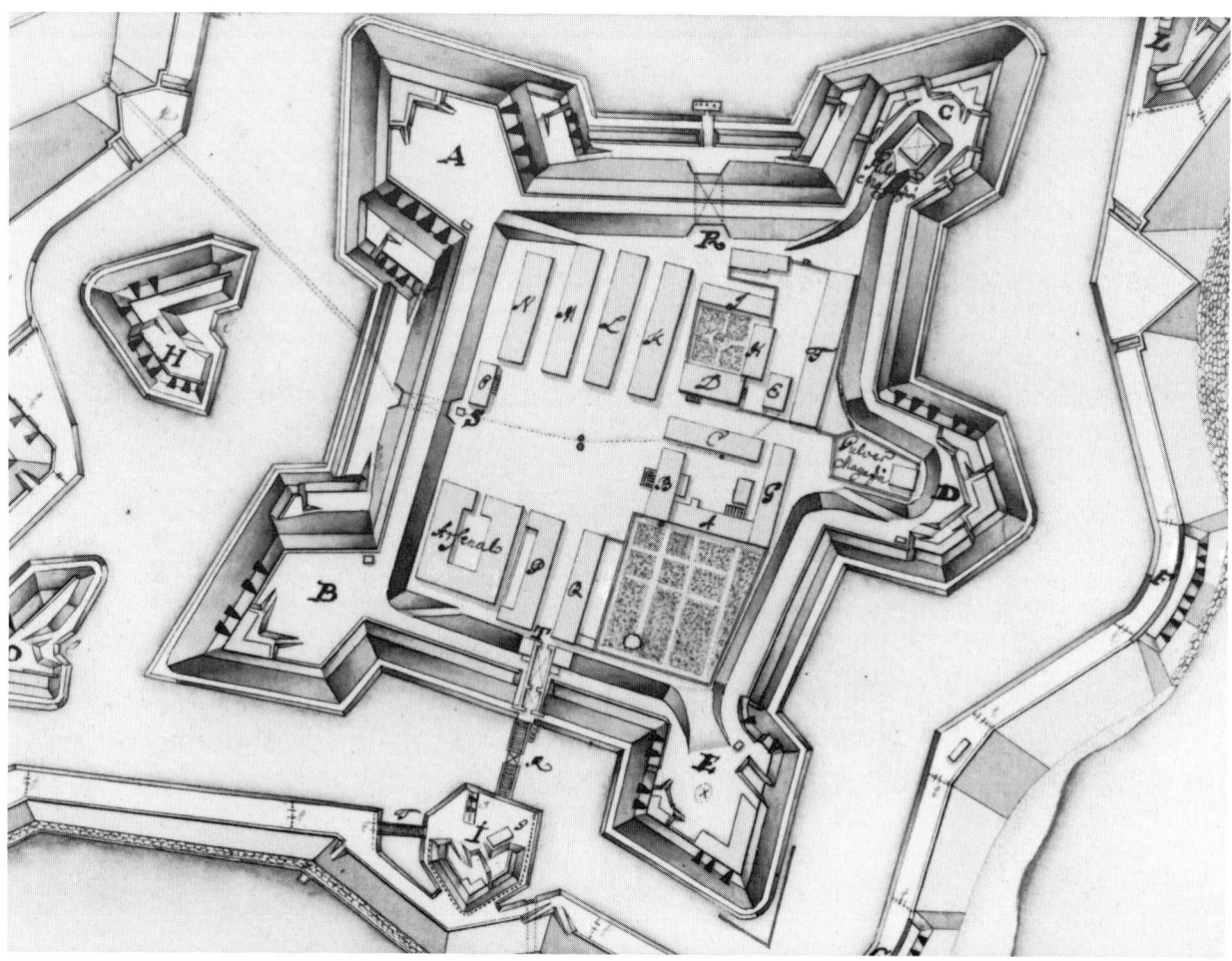

»Die Festung Friderichsorth ist an sich selbst sehr klein, hat 5. Bollwerke so ziemlich regulair und jederzeit wohl unterhalten worden. Die Commandantenwohnung, die Kirche, das Zeughaus, Proviant- und Brauhaus, die Baraquen vor ein Bataillon Soldaten, die Marquetenterey und die Wohnungen der Handwerckers machen die darinn befindliche Gebäude aus ... Sie ... wurde von dem Könige Christiani IVti- glorwürdigen Angedencken Ao 1637. unter der Direction des Obristen Axel Urup erbauet, ihr auch der Nahme Christianpries gegeben ...«

Aus der Einleitung zum Festungsatlas von 1758

Festung Christianspries/Friedrichsort

Festung Christianspries / Friedrichsort in Kiel, heute. Foto: Marinefliegergeschwader 5, Kiel-Holtenau. Freigegeben vom Wirtschaftsministerium Schleswig-Holstein, Nr. SH-902-96/1968. Die Festungsanlage ließe sich wieder herstellen, da das Land seit der Verfüllung unbebaut liegt. Die Anlage befindet sich zum größten Teil im Besitz der Bundesrepublik Deutschland, geringfügige Flächen stehen im Eigentum der Krupp MAK Maschinenbau GmbH.

Zitadelle Gottorp in Schleswig

Ausschnitt aus einer 61,4 x 102,3 cm messenden Zeichnung des Kondukteurs Rudolf Matthias Dallin von 1707. Schon im ausgehenden 16. Jh. war der ehemalige Sitz der Herzöge von Holstein vom Typus Bastioniertes Schloß, wie die Abbildung bei Hogenberg zeigt. Die Bastionierung ist aber offenbar erst gegen 1627 fertiggestellt worden. Die Anlage wurde vielfach umgebaut und ergänzt, so besonders der Schloßbau im 17. und 18. Jahrhundert. Heute beherbergt die Schloßinsel u. a. das Landesmuseum Schleswig-Holstein zur Kunst, Kulturgeschichte und Volkskunde sowie das Landesmuseum für Vor- und Frühgeschichte. Die Festungswerke bieten sich zur Revitalisierung an. Das Gelände um das heutige Schloß wäre hervorragend geeignet.
Original und Foto: Königl. Bibliothek Kopenhagen, Bestand Kortbordet.

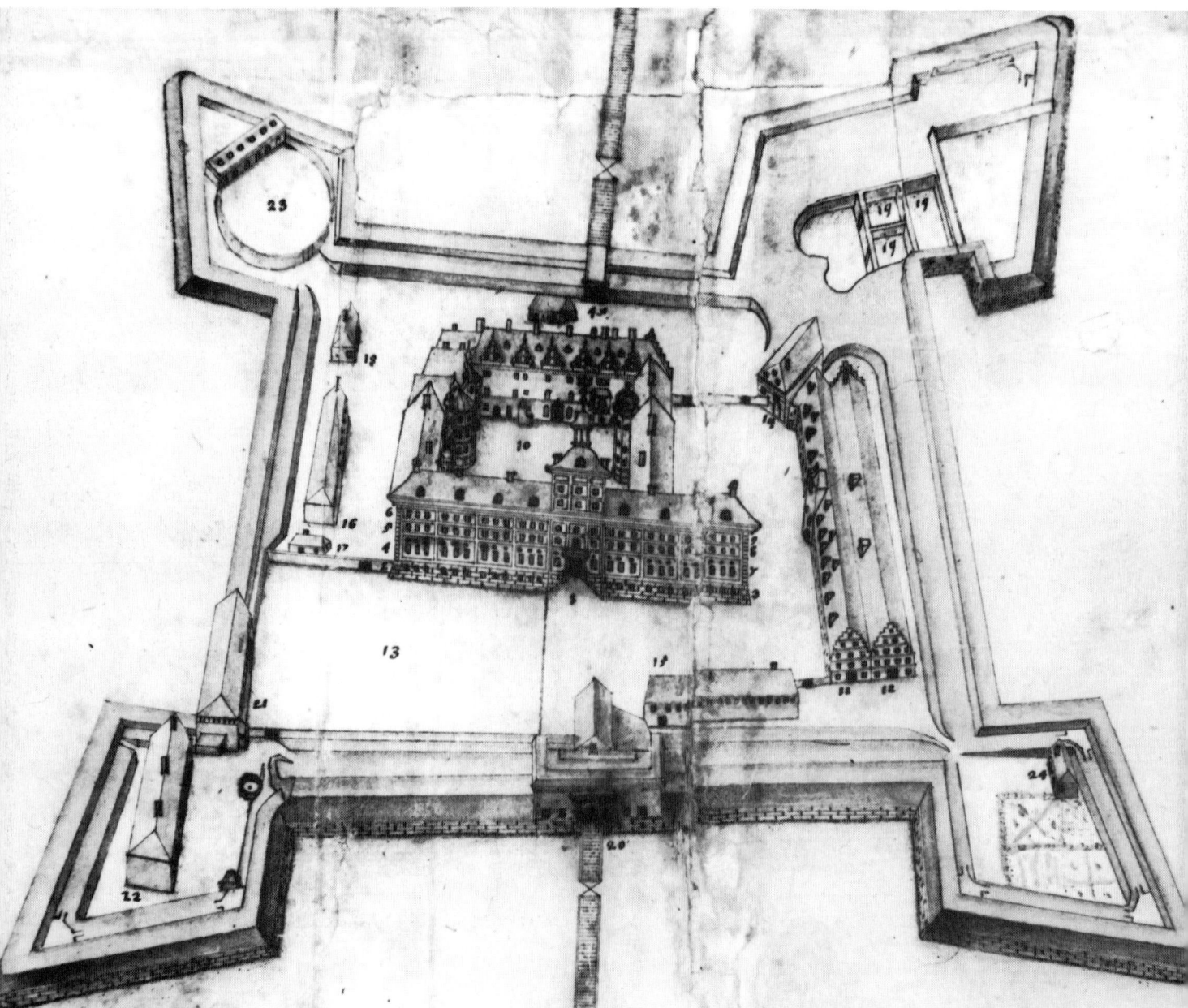

Schenkenschanze (?)

Bastionierte Wasserfestung. Lavierte Federzeichnung, 49,4 x 35,6 cm, außerhalb der Rahmung signiert »F. E. Schenck. Hochfürstl. Sachsen-Meining. Hof-Rath, und ober ambtmann zu [?]«, o. D. [17. Jh.]. Original: Stadtmuseum Düsseldorf 4189/1//VIIa 131/1. Dieses vielleicht bei Kleve zwischen Rhein und Waal ausgearbeitete Projekt einer fast symmetrischen Wasserfestung ist mit neun Bastionen ausgerüstet. Die Sicherheit des Hafenbeckens führte offenbar zu dieser merkwürdigen Grundrißausbildung.

Rhin Bergve (Rheinberg)

Kupferstich des Königlichen Geographen H. Jalliot von 1672. Als Vorlage benutzte er einen Festungsplan von Nicolaus Visscher von 1633. Original: Stadtarchiv Rheinberg, Ku 43. Foto: Landesbildstelle Rheinland.

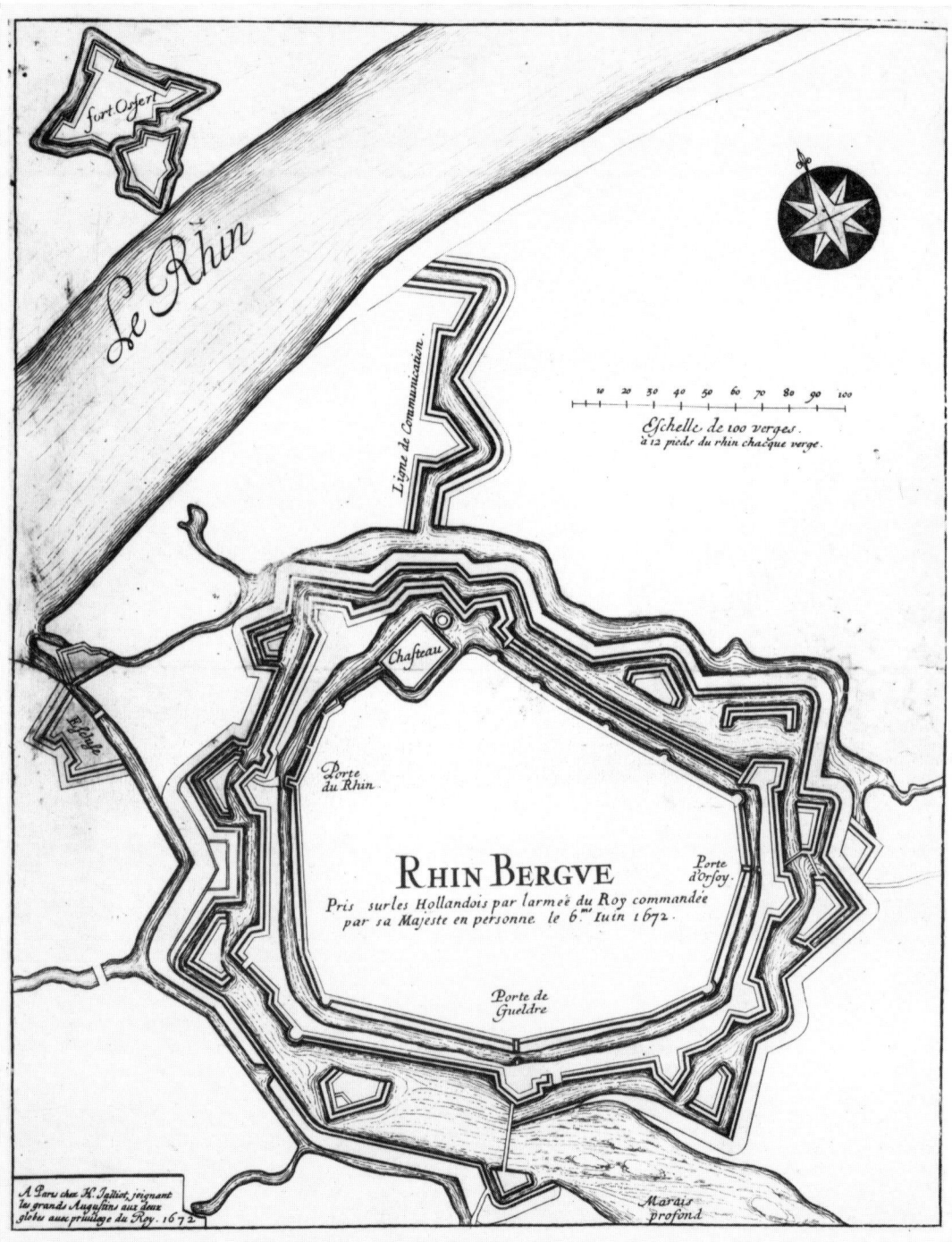

[Belagerung der Festung Rheinberg 1633 durch die Niederländer unter Prinz Friedrich Heinrich von Oranien]. Ausschnitt aus der 255 x 70 cm messenden lavierten Federzeichnung des im Dienste des Oraniers stehenden Ingenieurs und Mathematikers Claude Rivet (1603–1647): Designavit Claudius Rivetus de Montdevis, Anno 1642. Die Darstellung ist weitgehend wahrheitsgetreu, da sie vor Ort aufgenommen und nicht idealisiert wurde. Original: Stadtarchiv Rheinberg, Z1. Foto: Landesbildstelle Rheinland.

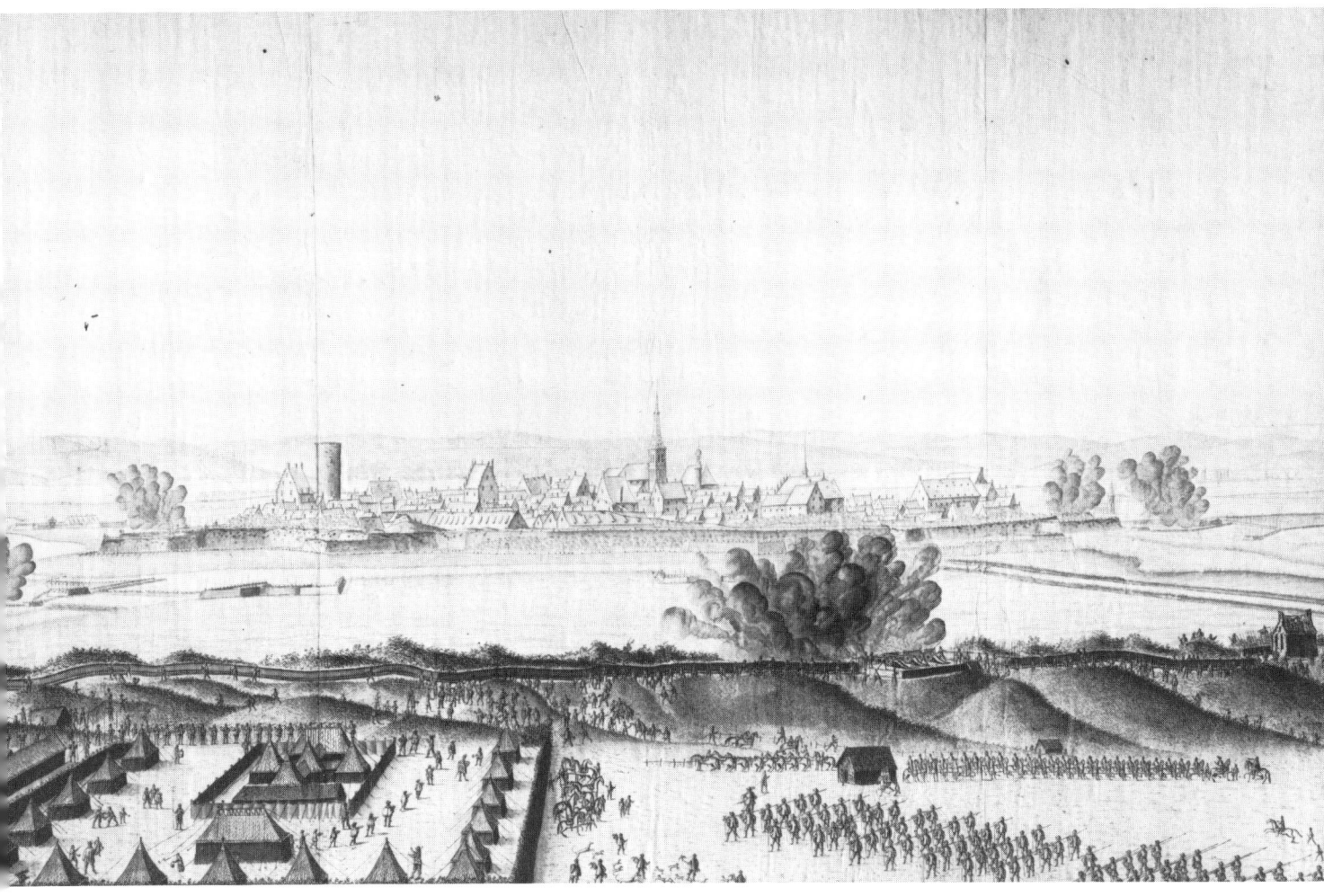

◄ *Rheinberg.* Heute deuten sich die alten Festungswerke in einer Ringstraße und einem Grüngürtel an, obwohl die Festung schon im Jahr 1715 aufgelassen wurde. Einst, bis zu Beginn des 18. Jh., lag die Stadt unmittelbar am Rhein. Sie war im Mittelalter mit einem Mauerumzug von 21 Halbtürmen und 4 Stadttoren geschützt. Im 16. Jh. kamen neuzeitliche Festungswerke wie Bastionen, Außenwerke für Verteidigungsartillerie und ein zweiter Graben hinzu. Nach 1670 ist kein weiterer Ausbau nachzuweisen. Die Festung Rheinberg, als »Spielball fremder Nationen«, wurde mehrfach belagert und eingenommen. Es wechselten sich spanische, französische, niederländische, englische und später preußische Truppen ab. Die Festung war Ausgangsort der unter den Spaniern 1626 begonnenen Fossa Eugeniana, einem unvollendeten Rhein-Maas-Kanal (vgl. S. 328).

Festungsstadt Orsoy

Grundriß aus Gerard Melder: Kurtze jedoch Grundmässige Unterweisung Der Regular und Irregular Fortification, Osnabrug 1661 (Holzschnitt). Original HAB: Ib 4° 65. Die mittelalterliche Veste ist durch die mit runden und eckigen Türmen A–K besetzte innere Umwallung zu erkennen. Nach dem Entwurf durch Johann Pasqualini d. Ä. entstand in der 2. Hälfte des 16. Jh. eine pentagonale Bastionärfestung, deren Reste heute unter Denkmal- und Landschaftsschutz stehen.

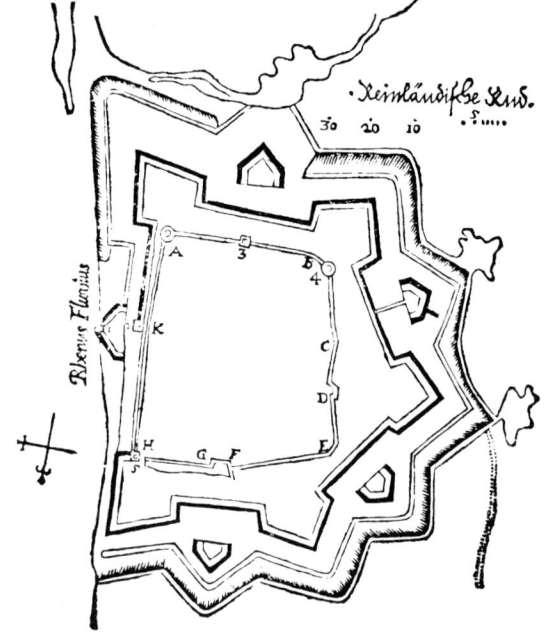

Festungsstadt Orsoy.
Luftbild: Fotosammlung Stadtarchiv Rheinberg.

Festungsstadt Moers

Der Vergleich von historischem Grundriß der oranischen Festungswerke mit dem modernen Luftbild zeigt deutlich den heutigen Altstadtbereich mit seiner Abgrenzung durch den grünen Wallpromenadenbereich zur ausufernden Neustadt.

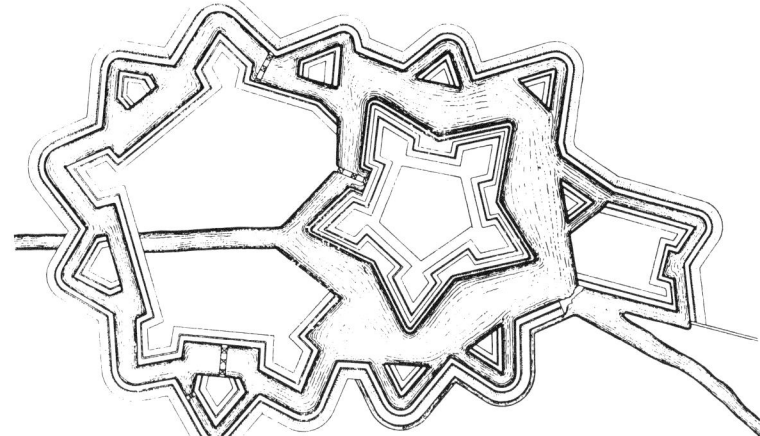

MEVRS. Kupferstich aus dem Atlas von Blaeu 1649.

Luftaufnahme: Stadtarchiv Moers. Freig. Reg. Präs. Düsseldorf, Nr. 20–21–4357.

Festung Rothenberg

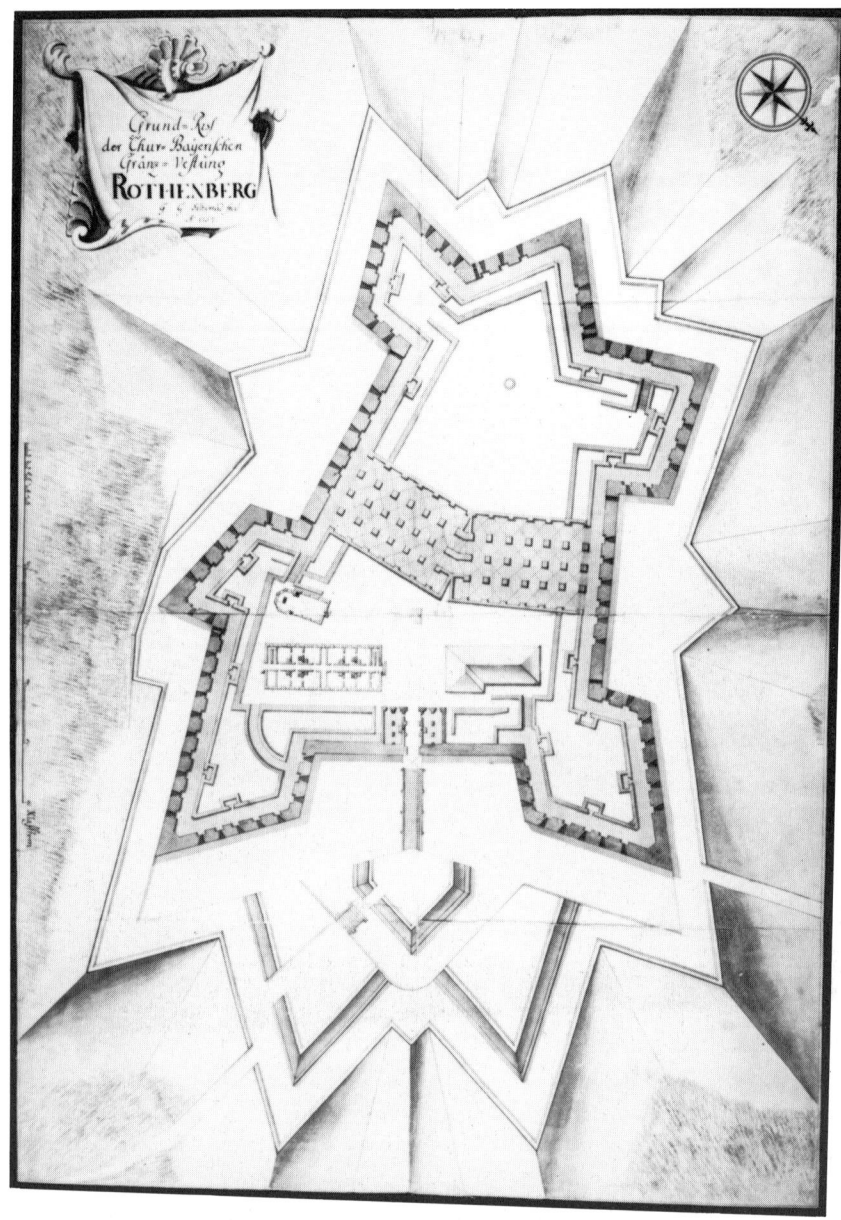

Grund-Riß der Chur-Bayerischen Gränz-Vestung Rothenberg, G. G. Silberrad fecit. Ao. 1757. Kolorierte Federzeichnung. Original: Staatsarchiv Nürnberg, Repertorium 58 Nr. 834.

Die Geschichte des Rothenbergs reicht bis ins 13. Jahrhundert zurück – eine Burg und eine kleine Stadt befanden sich hier. 1478 kauften 44 fränkische Ritter den Rothenberg – die kleine Stadt war längst zerstört – und befestigten diese Ganerbenburg zu einem Stützpunkt. 1703, inzwischen von Kurbayern erworben, wurde die Bergfestung im spanischen Erbfolgekrieg eingenommen und auf Nürnbergs Drängen geschliffen. Etwa 20 Jahre später befahl Kurfürst Karl Albrecht den Bau einer neuen Festung nach französischem Vorbild. Im Jahre 1729 begann der Bau der bastionären Festung auf den Resten der kurbayrischen Bergfestung. 1744 wurde sie durch Maria Theresias Truppen 3 Monate belagert, die Besatzung behauptete sich, und der Feind zog am 14. September ab. Es folgten nun Jahre des weiteren Ausbaues, der mehrfach durch Gefechtsbereitschaften unterbrochen wurde. Aber 1799 endete der Ausbau der Festung und ihrer Außenwerke. Sie blieb unvollendet, da ihre Lage strategisch unbedeutend geworden war. Am 22. Juli 1835 befahl König Ludwig I von Bayern die Auflassung – und am 2. Oktober 1841 verließ die letzte Wache die Festung Rothenberg. Sie verfiel nunmehr. 1889 nahm sich der Heimat- und Verschönerungsverein Schnaittach der Festungsruine an und machte sie dem Besucher zugänglich (Text aus dem Prospekt des »Heimat-Verein Schnaittach e. V.«).

Luftbild der Festung Rothenberg. Links im Vordergrund Bastion Karl, rechts Bastion Amalie, links in der Mitte Bastion Glatzenstein und die Festung auf dem 200 m hohen Bergkegel nach N abschließenden Bastionen Kersbach, Nürnberg und Schnaittach. Der Hauptzugang aus dem unvollendeten Torravelin führt über eine rekonstruierte Holzbrücke. Im Kommandantenhaus über dem Eingangstunnel befinden sich museale Räume. Ruinös liegen sämtliche weiteren Gebäude beiderseits der Mittelachse: Kasernen, Lazarett, Pfarr- und Lehrertrakt sowie das den hinteren Festungshof quer abriegelnde Zeughaus mit den Waffenkammern, Schreinerei, Schlosserei, Schmiede, Magazinen. Die aus Kalkstein bestehenden und sehr umweltinstabilen Mauern haben eine Höhe von ca. 17 m. Aus dem ausgedehnten Kasemattensystem gelangte man durch sechs Ausfallpforten ins Freie bzw. zu den Außenwerken. Eine technische Besonderheit ist der außerhalb vor Bastion Karl liegende Brunnen im Bollwerk Max Joseph, der über eine Wendeltreppe erreichbar ist.

Luftbild: H. P. Walz, freigegeben v. d. Regierung Mittelfranken – Luftamt Nordbayern – unter GS 3552/11. Aufnahme 1985.

Festung Wesel

Wesel ist ein gutes Beispiel einer Festung, die vom 16. bis 19. Jh. durch permanente Anpassung Festungsstatus besaß. Die unregelmäßige Anlage entstand durch Zu-, Um- und Neubauten aus dem mittelalterlichen Wesel an Rhein und Lippe als auf den ersten Blick labyrinthisch anmutende Fortifikation, in die auch früh die Vorstädte einbezogen wurden. Nach mehreren Ausbauphasen kam der entscheidende Umbau der Werke ab 1681. 1687 wurde eine regelmäßige Zitadelle an die Stadtfestung angebunden. Der Stich zeigt die bauliche Situation der Festung – städtische Bebauung und Straßenzüge sind nicht dargestellt – wie sie zuletzt unter der Bauleitung von Jean de Bodt (1670–1745) 1702–1727 entstand. Franzosen und Preußen bauten in der folgenden Zeit weitere Werke, schleiften technisch überholte, ergänzten und legten Forts im Außenbereich an. Nach 1814 aber verlor Wesel mehr und mehr an Bedeutung. Als der Beschluß der Reichsregierung 1886 zur Schleifung bekannt wurde, hatte man schon vorher zahlreiche Bauten niedergelegt. Die Zitadelle überlebte damals und mußte erst nach dem I. Weltkrieg zerstört werden. Ihr Hauptportal in der stadtseitigen Kurtine ist erhalten und bildet mit dem Berliner Tor und zahlreichen kleineren Baulichkeiten ein wertvolles Ensemble zur Festungsbaukunst.

Das hier freigestellte Portal aus weißem Sandstein hebt sich klar vom früher verputzten Backstein der Torgebäude ab. Foto: Hartwig Neumann, 1987.

Seite 93 oben: Die BAECKEREY NO 2 ERBAUT 1809 ist Teil der napoleonischen Zitadellenbebauung mit Kasernen und Gefängnissen. Heutige Nutzung des auch im Inneren interessanten Baus als städtisches Jugendzentrum. Foto: Stadtarchiv Wesel.

Torgebäude der Zitadelle Wesel von 1714/18 in der einzig erhaltenen Kurtine. Blick auf den Dreiflügelbau und das Prachttor von innen. Architekt war vermutlich Jean de Bodt um 1718. Foto: Stadtarchiv Wesel.

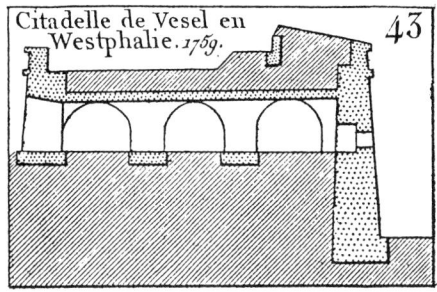

Schnitt durch die Kurtinen der Zitadelle mit dahinterliegenden Kasemattenanlagen. Ausschnitt aus Pl. IV in C. F. Mandar: De l'Architecture des Forteresses..., Paris 1801. Foto: Hartwig Neumann.

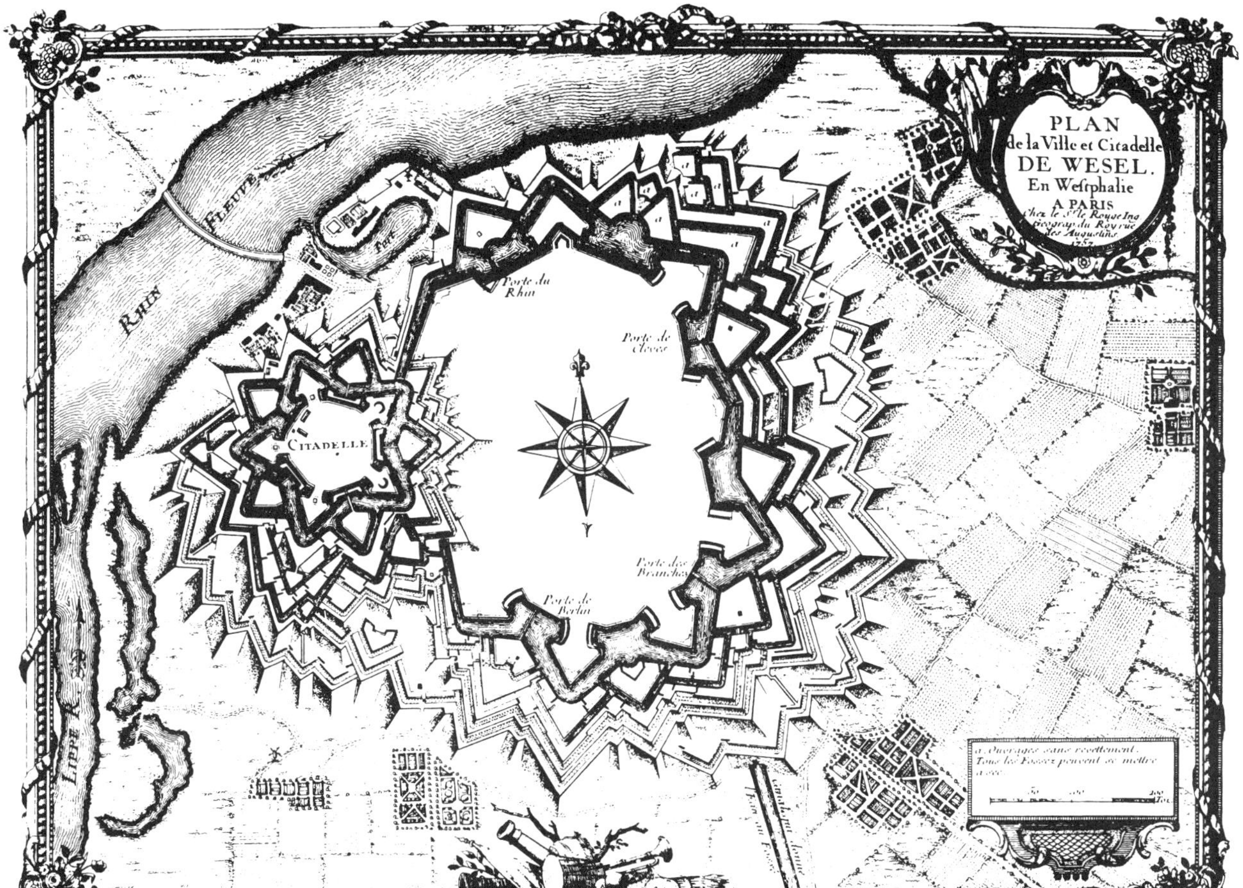

PLAN de la Ville de Citadelle DE WESEL. EN Westphalie. A PARIS Chez le Sr. le Rouge. Ing. Geograp. du Roy rue des Augustines 1757. Kupferstich 32,5 x 24 cm, Original: Stadtarchiv Emmerich. Foto: Volkmar Braun Wesel.

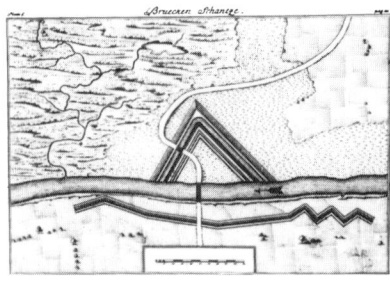 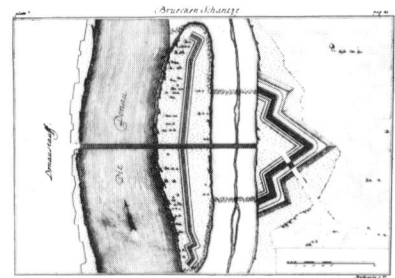 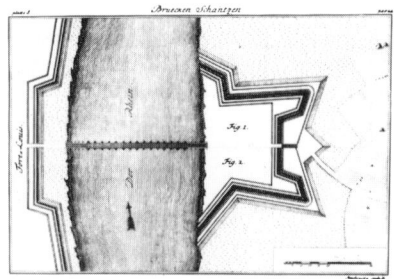

Die drei Grundformen von Brückenschanzen in der Mitte des 18. Jh. Kupferstiche Strachowsky sculpsit. (1) Winkelform (2) Anlage von Donaustauf 1743 (3) Anlage vor Fort Louis. Aus L. A. de La-Mamie de Clairac: Des Ritters ... Abhandlung von der Befestigung im Felde, Breslau ²1776. Original HAB: Ib 4°27.

Der Brückenkopf von Heilbronn

Ausschnitt aus dem Kupferstich von Matthäus Merian von 1643. Durch Errichtung einer festen Steinbrücke mußte die feldseitige Auflage durch einen Brückenkopf besonders geschützt werden. Während die Stadt die hochmittelalterlichen Befestigungswerke beibehielt und vor diese Verteidigungslinie eine unregelmäßige Bastionierung bzw. Errichtung von Schanzen betrieben wurde, entstand der Brückenkopf als Hornwerk mit zwei Halbbastionen. Die gesamte Anlage schützte wohl gegen Überfall und Berennung, nicht aber gegen eine förmliche Belagerung.

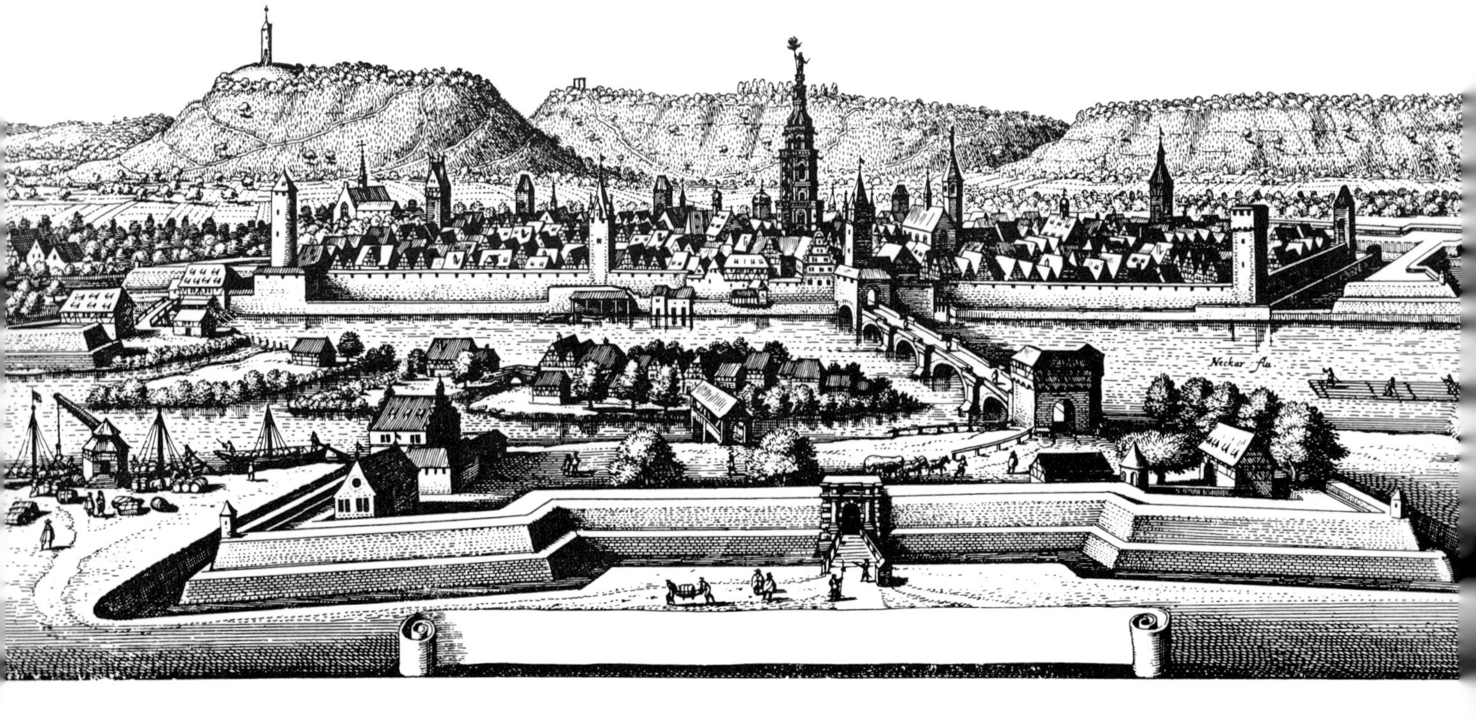

> »Dahero leichtlich zuerachten/daß die moderation vnd anstellung solcher in so kurtzer Zeit veraenderlichen Wercken/nur bey den wolerfahrnesten teuren Kriegs-Obristen/vnd dero mit zu rath gezognen hoch vernuennfftigen Ingenieurn gesucht werden koenne/ welche durch die schaerpffe ires verstands/vnd lange Vbung/ja auch wol durch sonderbare Gaben deß Allerhoechsten/so vil zu wegen gebracht/daß sie auch heimliche anschlaeg irer Feind beyzeiten riechen/sich darauff mit aller gegenberaitschafft gefast machen/vnd wie wunderliche sachen die Gegenpart fuerzunemmen bedacht ist/...
>
> Joseph Furttenbach
> Architectura Martialis, 1630

Grundriß von Travemünde

Seehafen und der Badeanstalt, aufgenommen in der Vermessungs-Schule von E. BISCAMP, Architect und Ingenieur 1829, nach dem Original gestochen von J. L. Semmelrahn in Hamburg. Foto: Wilhelm Castelli, Lübeck. Original: St. Annen Museum, Lübeck.
Einer Schulaufgabe für Geometer haben wir die Existenz dieses exakten Plans der befestigten Stadt Travemünde zu verdanken. Schon im 17. Jh. war Travemünde als Vorposten Lübecks mit Bastionen umwehrt. Johann von Valkenburg (1575–1625), berühmter Fortifikateur aus Holland, fertigte 1611 13 Projektpläne zur Neubefestigung, keiner wurde jedoch verwirklicht. 1626 entstand eine Zitadelle, danach die Neubefestigung des Ortes. Obwohl mit Ende des 18. Jh. die Untauglichkeit der Werke bekannt war wurde doch bis 1806 armiert. 1812 wurde eine neue Zitadelle erbaut, jedoch nach Abzug der Franzosen 1814 niedergelegt. Letzte Reste der Festungswerke verschwanden 1882.

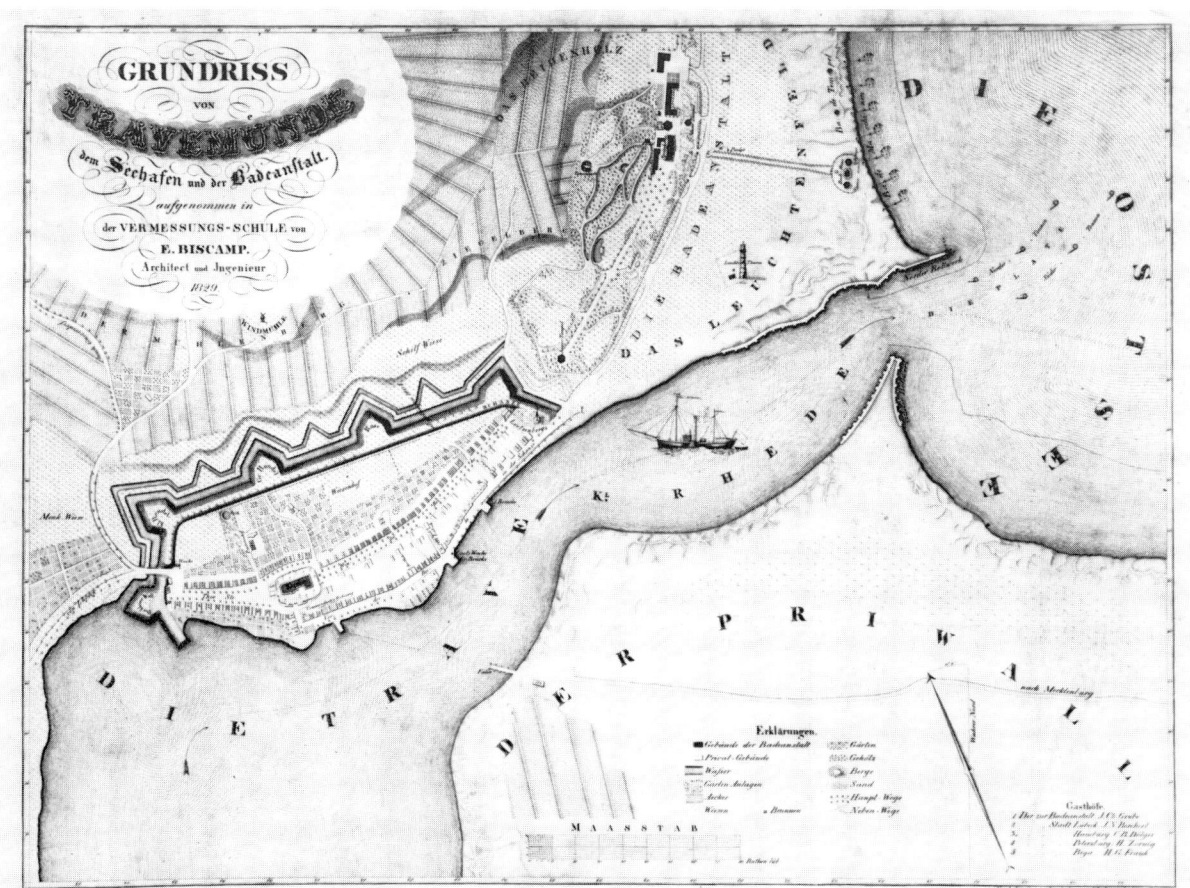

Lübeck

Die Isometrie der Holstentorbefestigung zum Ende des 18. Jh. von A. und H. Thies zeigt eindrucksvoll die Abfolge von Wehr- und Repräsentationsarchitektur. Die Darstellung beginnt mit dem mittelalterlichen Brückentorturm und dem Zöllnerhaus sowie der Holstenbrücke mit den erhaltenen Salzspeichern und dem Feuerwerkerhaus beiderseits des inneren Zwingers. Es folgt das Holstentor des späten 16. Jh. mit feldseitigem Zwinger. Durch Moor- und Knochenhauerwall führt eine geschweifte Poterne mit feldseitigem Renaissanceportal und vorgelagertem Zwinger mit Wachgebäuden. Der nächste Wall gehört zur Kurtine zwischen den Bastionen Holstentor und Rehbock, in deren Mitte das Außentor des 17. Jh. mit einer Dreiturmanlage liegt. Die davorliegende Brücke verläuft zum Ravelin, von wo aus man in das Glacis gelangte. Reproduktion aus W. Schadendorf, Das Holstentor, Lübeck (1977), S. 94.

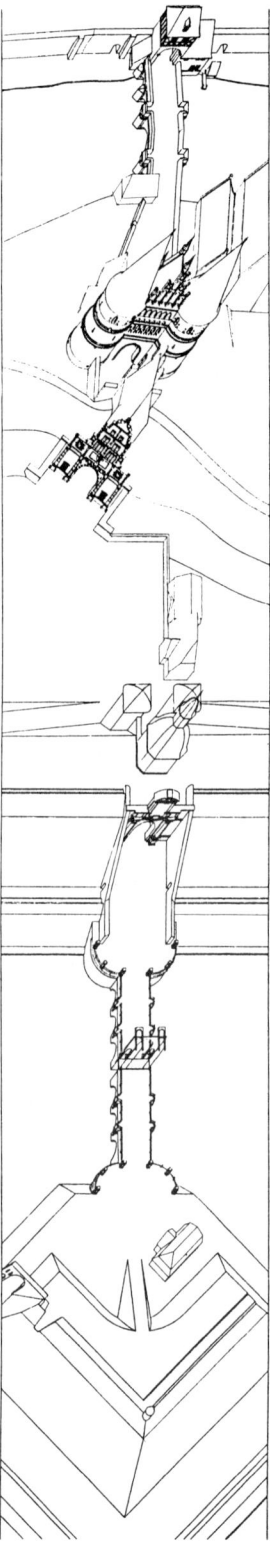

Lübeck – Modell von Stadt und Festung. Bauzustand um 1650. Original und Foto: Museum für Kunst und Kulturgeschichte der Hansestadt Lübeck im Holstentor. Im 17. Jh. wird in Lübeck die Rondellierung durch eine zeitgemäße Bastionierung abgelöst. Die erste noch heute in den Grünanlagen sichtbare Bastion legte Johann Pasqualini d. J. 1595 an. 1604 entschied die Wallbehörde die durch Johann van Rijswijk entwickelte bastionäre Travefront zu realisieren. 1660/70 war diese Anlage vollendet. Dem berühmten Holstentor gab man einen besonderen Platz. Schon im 18. Jh. aber setzte der Zerfall ein, weil der Unterhalt der Werke offenbar bewußt vernachlässigt wurde. Der Abbruch der mittelalterlichen Werke und Mauern, wie sie das Modell sehr genau zeigt, erfolgte ab 1783. 1803 beschloß der Rat die Demolierung der barocken Festung.

Festungsstadt Meppen

Festungsstadt Meppen, Emsland, Luftaufnahme von 1983. Deutlich sind im geometrischen Grünverlauf ehemalige Festungswerke (Kontereskarpen) zu erkennen. Die Abgrenzung der Altstadt zu den modernen Erweiterungen ist durch die Promenade mit altem Baumbestand deutlich erfahrbar. Die mittelalterlich befestigte Stadt Meppen erfuhr ihren ersten Ausbau zur Festung vor dem Dreißigjährigen Krieg, den zweiten Ausbau danach bis zur Vollendung um 1660. Schon 100 Jahre später kam es zur Entfestigung. Foto: Stadtverwaltung Meppen.

»Ahnbefohlen ... sothane Besichtigung mit Zuziehung des Ohrtscommandanten, sodan Artillerie-Brigadieren undt Oberingenieuren Schlaun, sobald möglich vorzunehmen undt die nohtig befindende Reparationes mit Adhibirung erfahrener Maur- und Zimmermeisteren praeter propter anzuschlagen, darüber eine pfligtmäßige Designation einzureichen ... unterthänigst einzuschikken...«

Aus einer Anweisung der Regierung Münster zur Visitation der Festung Meppen v. 21. Febr. 1743

Festungsstadt Solothurn

Solothurn besitzt eines der besterhaltenen Stadtbilder der Barockzeit in der Schweiz. Die Stadt gehört aber auch zu den wenigen Städten der Schweiz, die im Bastionärsystem fortifiziert wurden. Ein frühneuzeitlicher Befestigungsgürtel von 1504–1535 wurde im anbrechenden Zeitalter der Feuerwaffen um die Stadt gezogen und 1534–1548 durch vier mächtige Artillerietürme an den Ecken verstärkt (vgl. S. 214). Mehrere unausgeführte Projekte zur Neubefestigung sind nachweisbar, darunter die demnächst erscheinende Handschrift des Michael Grossen genannt Süß aus Besigheim am Neckar von 1626: CHOROGRAPHIAE FORTIFICATIONIS TRACTATVS (Zentralbibliothek Solothurn). 1667 ff. wurde durch Francesco Polatta mit der Bastionierung beiderseits der Aare begonnen. Elf hier Schanzen genannte Bastionen entstanden unter geschicktem Beibehalt der Artillerietürme der vorangegangenen Befestigungsepoche. Die Einstellung der Arbeiten ist schon für 1727 belegt, 1835–80 erfolgte die planmäßige Schleifung. Nur durch Bürgereinsatz wurde die Riedholzbastion mit dem Artillerieturm und die Halbbastion Krummturm erhalten. Das Modell zeigt auch deutlich das oberhalb der St. Ursen-Kathedrale liegende Zeughaus von 1609/14 mit der noch heute größten Waffensammlung der Schweiz (vgl. dazu S. 214).

Blick auf die rechte Flanke der Riedholzbastion mit dem Wachthäuschen, Geschützscharten durch die Brustwehr und den Artillerieturm in der Bastionskehle. Foto: Hartwig Neumann.

Blick ins Modell. Der Buristurm ist noch erhalten, die Bastion und das Bieltor sind geschleift. Foto: Kantonale Denkmalpflege Solothurn.

Festungsstadt Solothurn im Modell. Bauzustand frühes 19. Jh., nach Plänen von Edgar Schlatter 1921 im Atelier Hans Langmack Zürich für das Museum Blumenstein erbaut. Größe 240 × 195 cm. Foto: Kantonale Denkmalpflege Solothurn, Ernst Röss.

Festung Rendsburg

Plan der *Stadt und Festung Rendsburg*. Die Maximalausdehnung der Festungsanlagen Mitte des 19. Jh. zeigt die kolorierte Lithographie gezeichnet von Hauptmann Wittje als Beilage zu seinem Manuskriptdruck: Charakteristik der Festung Rendsburg, o. O., o. J. (um 1848). Die wichtigsten Bauten sind:

A Arsenal als »Hauptetablissement« der Festung, vollendet 1698
B Baracken
C Lazarett in der Altstadt
D Kommandantur
E Magazinbau
M Magazin mit Platz für 150 Pferde

Foto: Hartwig Neumann aus dem Exemplar der Lippischen Landesbibliothek Detmold, Signatur H 5768, 4°.

»Die Ausgestaltung der Festung [Rendsburg] hat so gewaltsam und einschneidend in die Bodengestaltung, den Auf- und Ausbau der Stadt eingegriffen, daß man das Stadtbild in seinen verschiedenen Wandlungen nicht begreift, wenn man nicht an die Festung denkt.«

Pfarrer Friedrich Schröder, Bearbeiter der Festungsgeschichte Rendsburgs 1939/1972

Festung Freudenstadt

Freudenstadt – Bastionärfestung von 1667–1674. Rekonstruktion im heutigen Stadtplan von Walter Kull, Freudenstadt 1985. Das bastionierte Achteck hat seine Symmetrieachse in der NO/SW-Achse der Anlage. Es wurde um das aus dem 16. Jahrhundert stammende rektanguläre Straßengitter herumgelegt. Die urbanen Planungen stammen von Heinrich Schickhardt (1558–1634), der in seinen beiden Hauptentwürfen für die Neugründung der Stadt alternativ Rondelle oder Bastionen an den Ecken vorsah. Die ab 1599 entstandene Stadt aber blieb ohne Umwallung. Der barocke Festungsgürtel in niederländischer Manier, nach Vorstellungen des Generalinspekteurs der herzoglich-württembergischen Bauten J. A. F. C. d'Avila, wurde durch den Festungsbaumeister Matthias Weiß (1636–1707) ausgeführt, aber schon 1674 kam es zum Stillstand der Arbeiten. Es zeichnete sich ab, daß Freudenstadt als Fortifikation wenig Bedeutung haben werde. Nach und nach verschwanden die Anlagen wieder kampflos. Das renaissancezeitliche Straßengitter aber blieb bis heute stadtplanbestimmend.

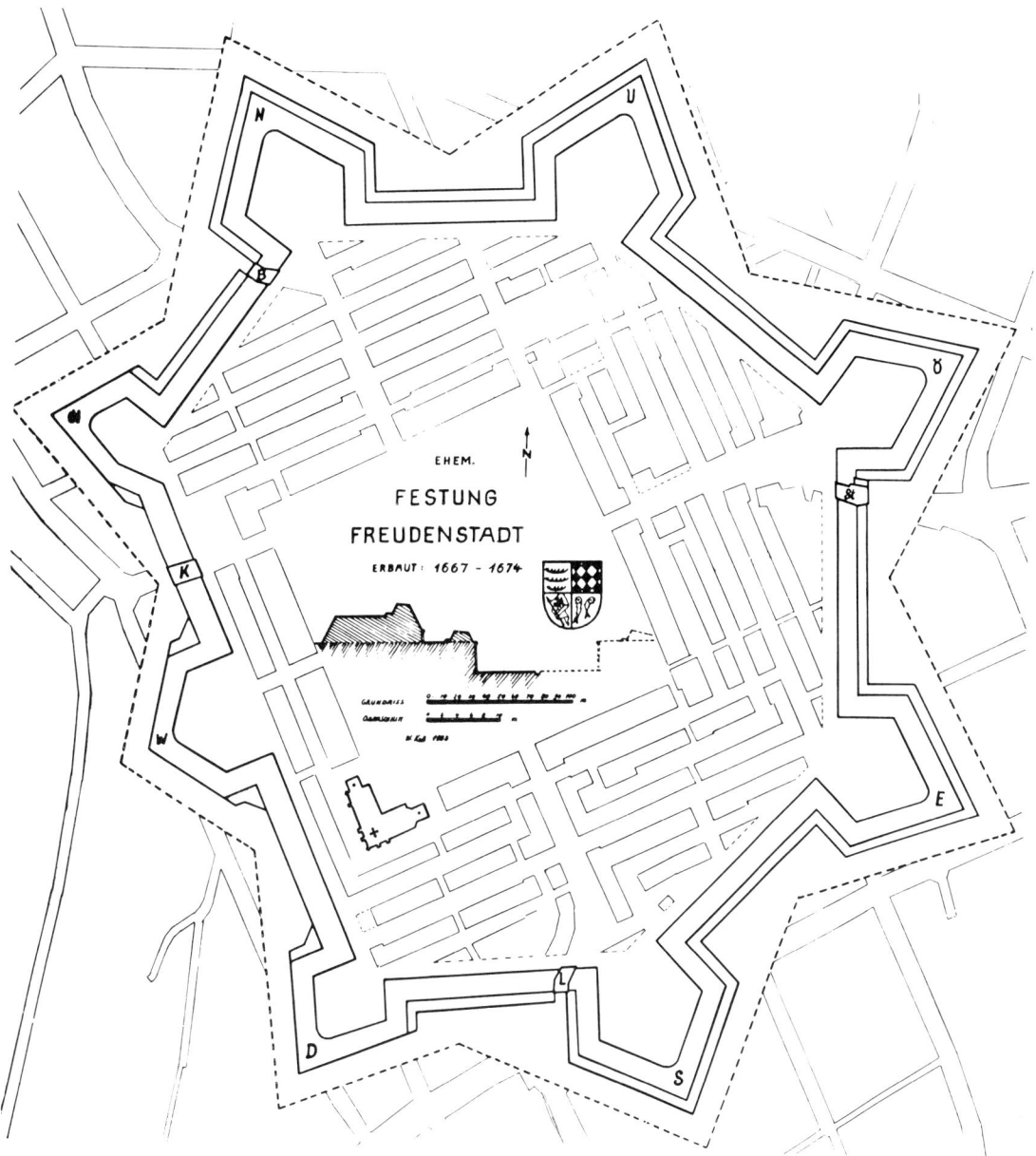

Festung Mont-Royal über Traben-Trarbach

Kupferstich von Nicolaus Person (Heirat 1668, † 1710), Mainz um 1692, 27 x 16,5 cm, ähnlich seinen Stichen in: Quotidiani Martis Labores, Mainz 1693. Original und Foto: Kgl. Bibliothek Kopenhagen, Franske Faestninger XVIII. 7.

Der Stich gibt die Lage der ab 1687 durch Vauban konzipierten Fortifikation noch ohne das verschanzte Lager, die eigentliche Bürgerstadt, über der Moselschleife an. Die Großfestung war zum Schutz und zur Deckung der Rheinfront sowie der verbündeten Kurfürstentümer geplant und mit gewaltigen Anstrengungen errichtet, aber schon 1697 setzte die Aufgabe und planmäßige Schleifung ein. Die 200 m hoch liegende Festung hatte eine Mittelachse von 1600 m Länge, eine Breite von 750 m und umschloß eine Fläche von ca. 50 ha. Die Hauptwallänge ist mit 2920 m angegeben, die Wallhöhe bis zu 20 m. Die Zitadelle besaß fünf Bastionen mit diversen Außen- und Vorwerken. 15 Baublöcke sind im Inneren unterscheidbar. Das rektanguläre Straßennetz mit Markt, Rathaus, Kirche, Kasernen, Zeughäusern, Schlacht- und Backhaus, Brunnenanlagen u. a. Baulichkeiten ist durch Quellenstudium und Ausgrabungen nur grob erforscht. Erhalten sind heute das nach Traben-Trarbach translozierte Kommandantenhaus und im überwucherten Ruinenfeld Fundamente, Brunnen, Hohlgänge, Wallteile verschiedener Bastionen, eine Wendeltreppe u. v. m. Möglichkeiten weiterer Freilegungen bieten sich im unbebauten Gelände langfristig an.

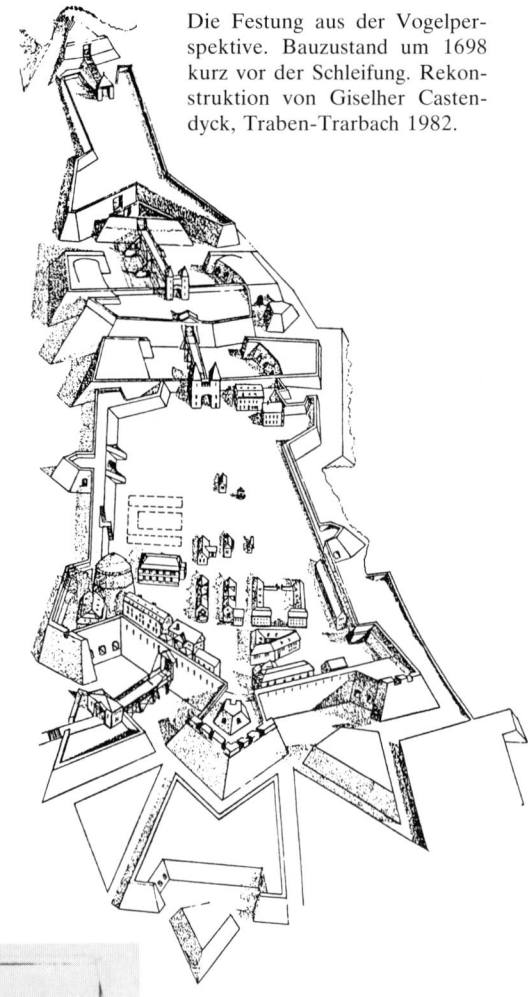

Die Festung aus der Vogelperspektive. Bauzustand um 1698 kurz vor der Schleifung. Rekonstruktion von Giselher Castendyck, Traben-Trarbach 1982.

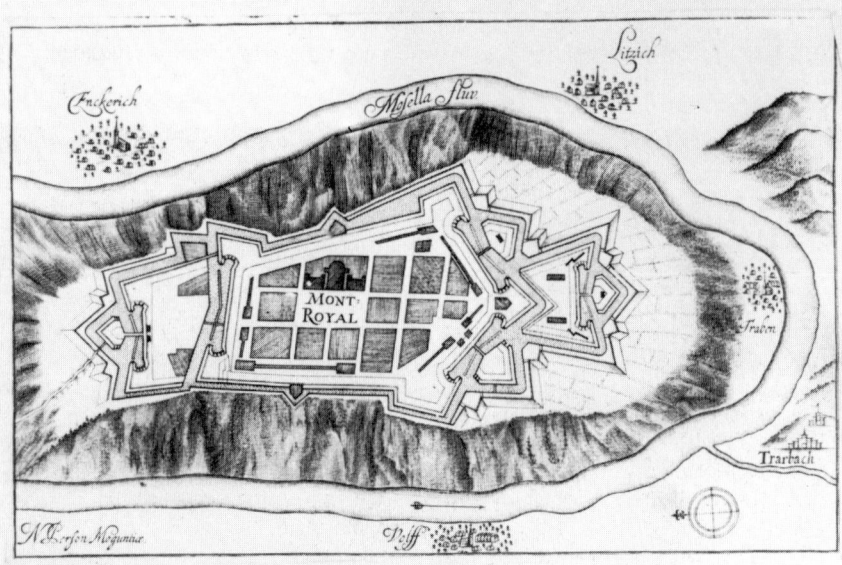

Festung Regenstein

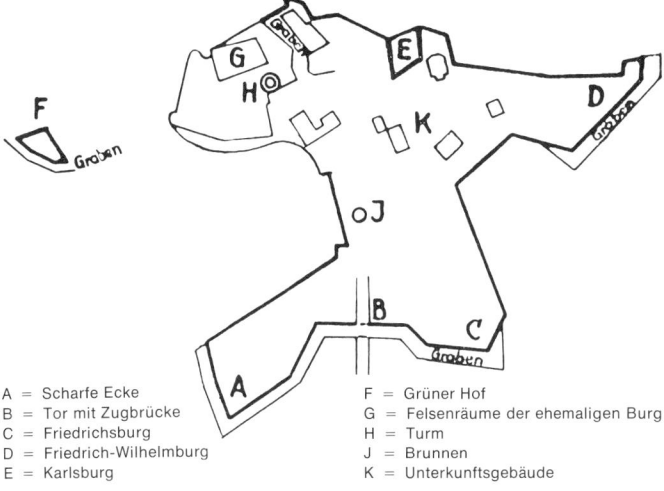

A = Scharfe Ecke
B = Tor mit Zugbrücke
C = Friedrichsburg
D = Friedrich-Wilhelmburg
E = Karlsburg
F = Grüner Hof
G = Felsenräume der ehemaligen Burg
H = Turm
J = Brunnen
K = Unterkunftsgebäude

Grundriß der brandenburg-preußischen Festung Regenstein 1670–1758.

Die Burg- bzw. Festungsruine bei Blankenburg im Harz liegt auf einem 296 m hohen Sandsteinrücken. Vom 12. bis 15. Jh. stand hier die Grafenburg. Die zerfallenen Burganlagen bildet M. Merian in seiner Topographie Braunschweig-Lüneburg 1654 ab. 1671 begann der Ausbau zur neuzeitlichen Festung. Man benötigte dazu rund 50 Jahre. Befehle führte Kurbrandenburg aus. Die Anlage war gegen Braunschweig gerichtet, welches Besitzansprüche erhob. Auch unter dem Preußenkönig wurde ab 1701 weitergebaut. In einem Inspektionsbericht von 1755 heißt es: »Die Vestung Regenstein, welche zwar mehrenteils aus der Natur durch Felsen fortificiert, hat dennoch einige durch Steine aufgeführte Bastions.« König Friedrich II. aber befahl 1758 die Schleifung der Anlage durch Sprengung. Heute sind die Reste besonders der in den Felsen gehauenen Kavernen und Gräben ein beliebtes Ausflugsziel in der DDR.
Fotos: Obere Burg mit in den Fels gehauener Kapelle, unten links: Bastionsspitze »Scharfes Eck« mit der linken Face, unten rechts: Hauptportal der Festung. Archiv H. Neumann, Zustand 1986.

Saarlouis – Vaubansche Festungsstadt

Luftbild von Saarlouis. Blick von Norden. Foto: Stadtverwaltung Saarlouis.

Saarlouis. Ausschnitt aus dem Kupferstich Nicolaus de Fer excudit, Claude Gournay fecit, 1692, aus N. de Fer: Introduction à la Fortification, Bd. III. Reproduktion: Hartwig Neumann.

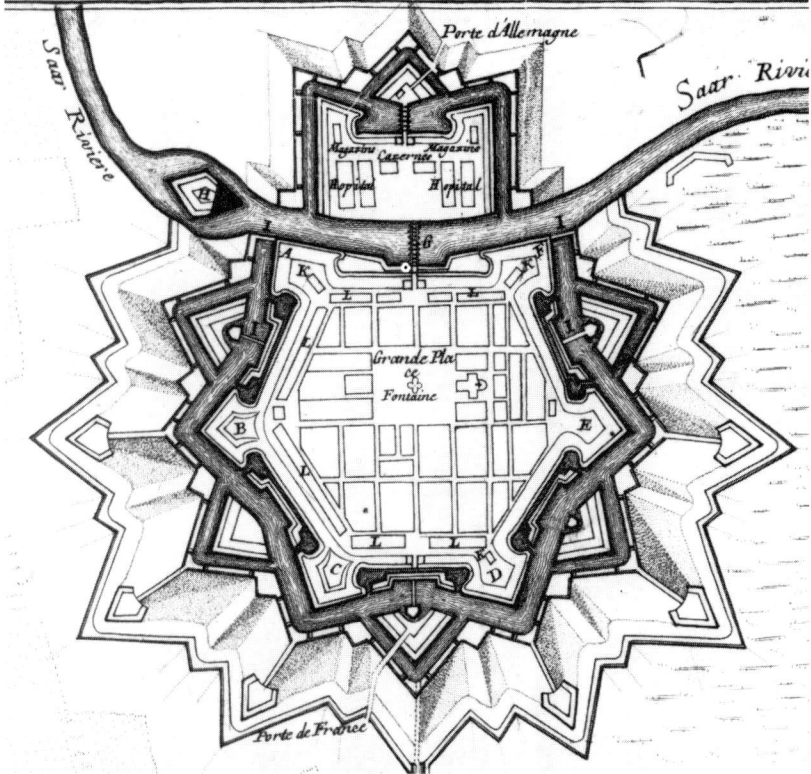

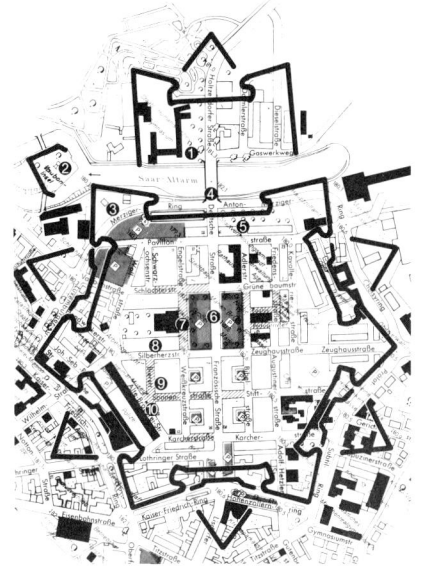

Saarlouis, Festungsstadt in Form des Königlichen Sechsecks, gibt den Besuchern der Stadt diese Empfehlung für einen »Spaziergang in die Geschichte«: (1) Reste der Festungsmauern des Hornwerks sind im Stadtgarten noch vorhanden, (2) Der »Halwe Mond« wurde 1698 als »Contregarde de l'Ecluse« zum Schutz der Schleusenbrücke befestigt. Das Werk hieß ab 1821 unter den Preußen »Contregarde Vauban«, (3) Von der Plattform der erhaltenen »Bastion de Vaudrange«, seit 1821 »Bastion Prinz Albert«, gewinnt man einen Rundblick auf die ehemalige Saarfront, (4) Die Schleusenbrücke »Pont de l'Ecluse«, (5) Hinter dem Deutschen Tor befinden sich noch preußische Magazinbauten von 1823 und die Kaserne 1 aus der Gründungszeit, (6) Großer Markt »Place d'Armes«, (7) Postamt, bis 1815 Amtssitz des Gouverneurs, dann preuß. Kommandantur, (8) Geburtshaus des Generals v. Lettow-Vorbeck, (9) Geburtshaus von Marschall Michel Ney (1769–1815), (10) Kaserne VI, heute Städt. Museum, Bibliothek, Archiv und Polizeiinspektion. Aus: Karl Balzer, Saarlouis. Ein Spaziergang durch die Stadt und ihre Geschichte, Saarlouis o.J.

Saarlouis entstand ab 1680 als Neugründung einer Garnisons- und Festungsstadt im Auftrage Ludwigs XIV. durch Sébastien le Prestre de Vauban. Die Anlage vom Typus des Königlichen Sechsecks erlaubte schachbrettartige Straßenführung und entsprechende Bebauung. Die Schleusenbrücke führte zum befestigten Brückenkopf. Er war dem regulären Hexagon als eine die nördliche Front abdeckende Befestigung in Hornwerkform vorgelagert und machte die Steinbrücke sturmfrei. Unter preußischer Verwaltung erfolgte die Instandsetzung aller Werke 1816–1854 und Neubauten an Forts und Kasernen. 1887 wurde die Festung aufgegeben. Die planmäßige Schleifung über acht Jahre setzte 1889 ein. Zwischen dem Luftbild und dem Kupferstich liegen fast 300 Jahre. Trotz der bewegten Geschichte der Festung vor und nach der Auflassung zeigt sich im Vergleich der Fortbestand der wichtigsten fortifikatorischen und urbanistischen Achsen. Beherrschend liegt die Place d'Armes in der Stadtmitte. Eine unter Denkmal- und Landschaftsschutz stehende Festungsfront mit Altarm der Saar, der Bastion de Vaudrevange bzw. Bastion Prinz Albrecht, der Vaubaninsel und dem Stadtgarten ist vom Publikum als Naherholungszone gut angenommen. Architectura Militaris ist ferner vertreten durch einige rechtzeitig umgenutzte und dadurch gerettete Großbauten wie Kommandantur und Kaserne VI, letztere in klassizistischem Stil 1860 erbaut.

Im ehemaligen Festungsbereich Landaus existieren heute noch folgende Militärgebäude: Französisches Tor (Stadtbücherei), Rote Kaserne von 1756 (Volkshochschule und Jugendhaus), Kommandantur (frz.) von 1742 (Altes Stadthaus), Kommandantur (bay.) von 1827 (Neues Rathaus), Hafermagazin von 1916 (frz. Militärwäscherei), Deutsches Tor (Technikum).

»Obwohl Landau fast 200 Jahre lang eine Festung war, finden sich im Stadtbild doch nur wenige Reste aus der Festungszeit. Sieht man von den Festungstoren und dem Fort einmal ab, so erinnern in erster Linie nur noch die Straßennamen an die Zeit als Festung. Und sehr viele Landauer Bürger, vor allem der jüngeren Generation, ist das ehemalige Festungsdasein als Stadt nicht einmal bekannt.«

Rolf Übel in seiner Magister-Arbeit: Die Festung Landau 1815–1866, Landau 1985

Festungsstadt Landau

Im modernen Luftbild zeigt sich durch die Begrünung von Graben und Außenwerken das um 1700 durch den Ingenieurobersten Tarade (1645–1720) im Auftrage Vaubans auf einem Hügel im NW der Stadtfestung erbaute Fort. Bei den zwanzig Belagerungen Landaus bis 1815 hatte dieses Fort Zitadellenfunktionen. Die Festungswerke um die Stadt entstanden 1679–1691. Vauban nannte sein Werk in Landau Mittel-Royal im Gegensatz zur Klein-Royal-Festung Hüningen und Groß-Royal Neu-Breisach. Zwei prächtige Festungstore sind noch erhalten. Die Kurtinen und Bastionen des Landauer Forts aus Naturstein sind unterschiedlich hoch, da man sie an das Gelände anpassen mußte. Inmitten des Forts liegt die Pädagogische Hochschule und ein Schulzentrum. Ein Zoo mit Rosarium und die Erholungswege im Festungsgrün sind Teil eines Naherholungsgebietes. Foto: Landesbildstelle Rheinland-Pfalz, Bild-Nr. LU 4574. Freig. Bezirksregierung für Rheinhessen, Nr. 1556-2.

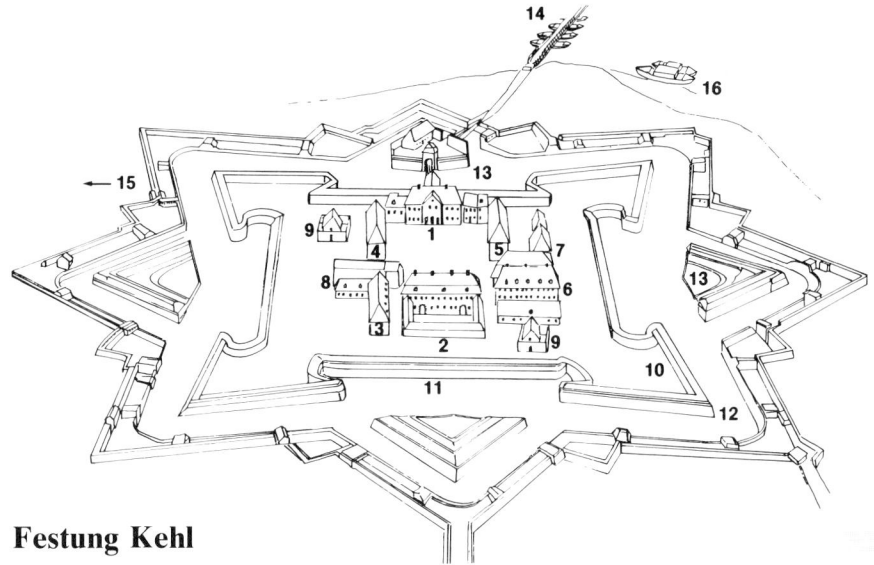

Lageskizze der Festung Kehl. Zeichnung aus: Ortenau 1984, S. 264.

1 Torbau mit Hauptkommunikation zum Torravelin und Rhein
2 Kommandantenhaus, später Gouvernement, ab 1780 Sitz der Société Littéraire et Typographique
3–6 Kasernen
7 Arsenal
8 Katholische Kirche
9 Zwei Pulvermagazine
10 Bastionen mit gebogenen Flankenstellungen
11 Kurtinen
12 Nasse Gräben
13 Torravelin mit Wache
14 Schiffbrücke über den Rhein
15 Lagerichtung des heutigen Stadtkerns
16 Militärische und zivile Flußschiffahrt

Festung Kehl

Die Fortification de Kehl wurde als ein Fort im Carré zur Vorfeldverteidigung der Festung Strasbourg durch Jacques Tarade (1640–1720) unter Vauban ab 1681 errichtet. Die Entfernung von Bastionsspitze zu Bastionsspitze betrug 350 m, die Wälle hatten eine Höhe von nur 4,50 m und bestanden aus Bossenquadern und Ziegeln mit einem Böschungswinkel von 80°. Von der Anlage sind oberirdisch nur einige Kordonsteine erhalten. Immer wieder werden Mauerreste angeschnitten. Ab 1751 Auflassung und Demolition zugunsten der ab 1770 einsetzenden Stadterweiterung, 1815 endgültige Schleifung unter Ingenieur Johann Tulla (1770–1828). Die heutige Hauptstraße ist auf das ehemalige Festungsportal ausgerichtet, die Schulstraße auf die ehemalige Festungskapelle.

Nur bei Ausschachtungsarbeiten trifft man hin und wieder auf Reste der Fortifikationsbauten. Hier die 1977 angeschnittene Wallmauer des Großen Hornwerks von 1681. Es handelt sich um die Ecke von Kurtine und zurückgezogener Flanke (Brisure). Der Sockel besteht aus Buckelquadern, darüber die 11° dossierte Ziegelmauer. Foto: C. H. Steckner, Kehl.

Beobachtungshäuschen (Echauguette) der Festung Kehl. Ansicht von der Festungsseite und Grundriß. Original Württembergische Landesbibliothek Stuttgart, Sammlung Nicolai, Bd. 16, S. 1.

Festung Neubreisach

Neuf Brisach – Neubreisach. Modernes Luftbild. Die Festung wurde im Auftrag Ludwigs XIV. von Vauban entworfen und ab 1669 gegenüber von Altbreisach als französische Grenzfestung zwischen den Festungen Straßburg und Hüningen errichtet. Es handelt sich um eine weitgehend auf dem Reißbrett konstruierte und in die Realität ohne Abweichungen transponierte Garnison- und Festungsstadt im regulären Oktogon mit rektangulärem Straßenraster und Quartierbebauung. Die Gesamtfläche nimmt 139 ha ein, davon Innenwälle und Stadt 38 ha. Man erkennt daran, welche Flächen der neuzeitliche Festungsbau des 17. Jh. in Anspruch nahm bzw. in Anspruch nehmen mußte. Die Place d'Armes in der geometrischen Mitte nimmt die Fläche von vier Quartieren in Anspruch. Neben der städtischen Bebauung wie Rathaus, Kirche, Hospital entstanden als Militärbauten vier Toranlagen, ein Arsenal, zwei Pulvermagazine, zwei Effektenmagazine, ein Lebensmittelmagazin, ein Futtermagazin, ein Bettenmagazin, Werkstätten, Kasernen, Behördensitze, Brunnenanlagen, Bauhöfe u. v. m. Die Anlage ist nach Vaubans sog. 3. Manier ausgeführt und schon während des Baus bis auf den heutigen Tag immer wieder gelobt und verurteilt. Neuf-Brisach ist heute Monument historique erster Klasse.

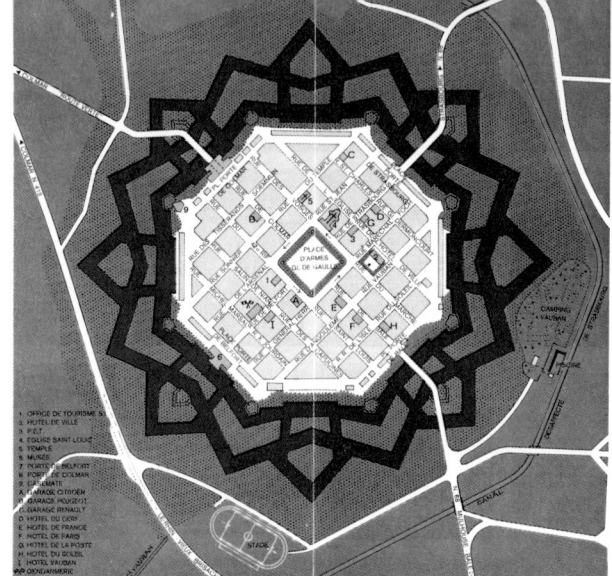

Der heutige Stadtplan von Neu-Breisach. Reproduktion aus dem deutschsprachigen Faltblatt Neuf Brisach, France, Alsace, o. J. Die »Géometrie des flanquements« ist perfekt entworfen und heute noch weitgehend erhalten.

Festung Sonnenstein über Pirna

Linkes unteres Bildviertel aus einem Gemälde von Bernardo Belotto gen. Canaletto (1720–1780). Original 331 x 204 cm in der Gemäldegalerie Alter Meister in Dresden. Foto: Deutsche Fotothek Dresden, Nr. 161385. Das Bild zeigt den 1904 niedergelegten Batterieturm von 1677. An ihn schloß sich einst der »Versorgungstrakt« mit Brauhaus, Zeughaus, Küche und Bäckerei an. Rechts die Stadtkirche von Pirna. Zu den Steilabhängen im S und O liegen noch im Baumgrün versunkene Festungsbauten von 1670, die Neuen Werke und das Hornwerk. Zum Plateau hin ist beinah alles geschleift oder überbaut und schwer zugänglich.

Rekonstruktion des sog. Mittleren Werkes der Festung Sonnenstein. Es entstand ab 1675 wie alle anderen äußeren Artilleriewerke in Stein unter Wolf Caspar von Klengel. 8 Geschützscharten, hier Stückpforten genannt, bilden eine gemeinsam überwölbte Kasematte mit Holzbalkenzwischendecke, darunter durch die Beobachtungsschlitze erkennbar der Postendurchgang und oben Scharten in die Bank eingeschnitten. Aus: W. Bachmann/W. Hentschel: Die Stadt Pirna, Bd. I, Dresden 1929, S. 42.

Festung Königstein in der Sächsischen Schweiz

Lageplan der Festung Königstein. Reproduktion aus Dieter Weber: Festung Königstein, 24. Auflage, Berlin/Leipzig 1984, Zeichnung: Rudolf Peschel, Brieselang. (1) Parkplatz (2) Eingang zum Aufzug (3) Aufzug (4) Haupttor (5) Seigerturm (6) Georgenburg (7) Neues Zeughaus (8) Marktplatz (9) Brunnenhaus (10) Magdalenenburg (11) Schatzhaus (12) Kaserne (13) Altes Zeughaus (14) Königsnase (15) Blitzeiche (16) Friedrichsburg (17) Ehemalige Garnisonskirche.

1563/79 Bau des ca. 152 m tiefen Brunnens, 1589 Befehl des Kurfürsten Christian I. (1586–1591), die Burg zur modernen Festung umzubauen. Leitung Paul Buchner. 289 Fronarbeiter und 216 Handwerker auf der Baustelle tätig. 1594 Bau des Alten Zeughauses. 1619 Georgenburg wird zur Kaiserburg umgebaut. 1631 Bau des Neuen Zeughauses. 1667 ff. Anlage der Georgenbatterie vor der Georgsburg. 1706, 1759–63, 1806, 1849, 1939–45 Staatsarchiv und Teile der Kunstsammlungen von Dresden in die Festung verlagert. 1706 prominenter Gefangener Johann Friedrich Böttger. 1722 ff. Bau des 250 000-Liter-Fasses im Keller der Magdalenenburg. 1767–1820 Umbau der Kasematten. 1790 Anlage der Festungswerke vor dem Haupteingang. 1849 Fluchtort der königlichen Familie. 1850 unterirdische Telegraphenverbindung von der Festung nach Dresden eingeweiht. Ab 1955 ist der gesamte Bereich zugänglich. Zahlreiche Museen und Gedenkstätten im Festungsbereich. Jährlich mehrere 100 000 Besucher!

Diese Luftaufnahme aus einer Flughöhe von ca. 600 m hat die gleiche Orientierung wie der nebenstehende Lageplan. Foto: VEB Postkarten-Verlag, Berlin (Ost) o. J.

»Eine berühmte Berg und Gräntz-Vestung in Meissen ... auf einen hohen rauhen felsen vor welchem unten die Elbe vorüber fliesset, woran das Stättlein Königstein liget: es ist diese Vestung von zimlicher grösse und umfang, hat in sich einen Wald, Acker, Feld, und Brunnen, der gestalt dass man darinnen so viel Holtz, Getraide und Wasser haben kann als vor die besatzung vonnöthen ist. ... Churfürst Christianus I. hat den gantzen Felsen oben herum mit Mauren umgeben. Churfürst Iohann Georg I. aber hat ein neues Schloß erbauen, und selbiges des 27. Iuly 1619 einweihen lassen.«

Gabriel Bodenehr: Europens Pracht und Macht, Bd. II, Taf. 38, Augsburg um 1700.

Der steile Sandsteinfels ist Teil der jahrhundertelang unüberwindbaren Wälle der Bergfestung. Foto: Archiv H. Neumann.

Göttweig

DELINEATIO SCENOGRAPHICA TOTIUS MONASTERII GOTTWICENSIS. Kupferstich Salomon Kleiner (1703–1761) delineavit et sculpsit 1744, als Tab. VII einer Serie von Ansichten des Benediktinerstifts Göttweig, die alle das damals unfertige Stift als Idealanlage vorstellen. Zu dieser »imperialen Klosterarchitektur nach dem Escorial-Schema« gehört untrennbar die Festungsanlage. Sie erfüllt primär repräsentative Aufgaben im Sinne des befestigten Palastes. Zwar war die Türkenangst in der Mitte des 18. Jh. vorhanden und bedingte fortifikatorische Maßnahmen, doch zeigt die Analyse der irregulären Werke und ihrer waffentechnischen Möglichkeiten die bauliche Unterordnung an.
Original: Benediktinerstift Göttweig. Foto: Herbert Fasching, Wilhelmsburg.

Burg/Schloß/Festung Hohenzollern

Die Stammburg des Hauses Hohenzollern liegt am Rande der Schwäbischen Alb auf einem frei aufragenden Bergkegel über der alten Residenzstadt Hechingen. Die Anlage besteht heute aus dem Hochschloß von 1856/67 im Stil der Neugotik und den Festungsanlagen von 1853. Für die Architectura civilis waren als Berater und Baumeister Karl Friedrich Schinkel (1781–1841) und seine Schüler August Stüler (1800–1865) und Ludwig Persius (1803–1845) verantwortlich, für die Architectura Militaris der gerade die Festung Ulm bauende Ingenieuroberst Moritz Karl Ernst von Prittwitz und Gaffron (1795–1885). Die Festungsanlagen hatten nur repräsentativen Charakter. Die Gesamtanlage ist ein bedeutendes Baudenkmal des Historismus und wird heute vorwiegend museal genutzt. Bedeutende Kunst- und Kulturschätze zur Geschichte Preußens sind der Öffentlichkeit zugänglich. Foto: Verwaltung Burg Hohenzollern.

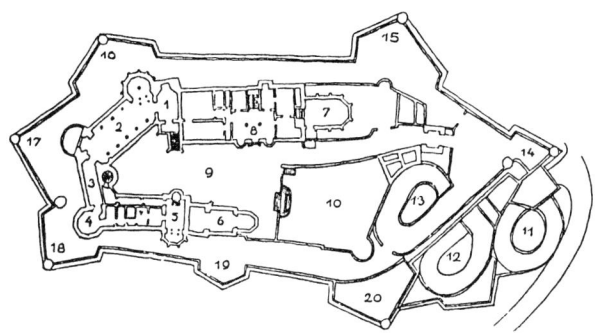

Grundriß und Lageplan
1 Halle, 2 Grafensaal, 3 Bibliothek, 4 Markgrafenturm, 5 Königinzimmer, 6 Michaelskapelle, 7 Evangel. Kirche, 8 Burgwirtschaft, 9 Burghof, 10 Burggarten, 11–20 Bastionen, Vorwerke, Toranlage.
Zeichnung aus: Burgen und Schlösser, Nr. 2 (1968), S. 44.

> »Von Gottes Gnaden Wir Wilhelm, regierender Graf zu Schaumburg etc. etc. befehlen ... Der Lieutenant Döring ist chargirt, aus Belidors Cours de mathématique, aus der Science des ingénieurs, Vaubans Attaque et défense etc. und überhaupt Artillerie, Mineur- und Pontonwesen und Baukunst, Unterricht zu geben. Der Lieutenant Praetorius informiret in der Geographie, Feldfortification, Castrametation, die Incumbentz derer Ingenieurs bey Führung derer gegenden, Recognosciren von Situationen, dieses alles aus denen in der militairischen Bibliothek dazu befindliche Büchern und Manuscripten ...«
>
> Aus dem Tagesbefehl vom 9. 3. 1773 die Vorlesungen der Militärschule auf den Wilhelms Inseln betreffend

Festung Wilhelmstein im Steinhuder Meer

Cekade Luftbild. Foto: Cramers Kunstanstalten KG Dortmund. Freigegeben durch Reg.-Präs. Münster 14114/82.

Festung Wilhelmstein. Ausschnitt aus einem Kupferstich von G. H. Tischbein. Original: Fürstl. Schaumburg-Lippisches Archiv Bückeburg. Die tenaillierte vierstrahlige Festung mit »Schlößchen« und Observatorium wurde auf einer künstlich aufgeschütteten Insel 1761–65 von 1765–67 im Auftrag des Grafen Wilhelm zu Schaumburg-Lippe (reg. 1724–1777) errichtet. Rund um die Hauptinsel ließ der Graf auf 15 weiteren Inseln die Außenwerke errichten, in die Werkstätten, Magazine, Studienräume und sogar ein Versuchsgarten untergebracht werden konnten. Die Festung als Mittelpunkt des Kleinstaates hat eine einmalige Lage inmitten des Steinhuder Meeres, ist allerdings von so geringer Ausdehnung, daß sie oft als ein verspielter Einfall eines Fürsten angesehen wird. Dem ist nicht so, wie das Studium der Festungsgeschichte zeigt. Heute ist durch die Verfüllung der Grachten Anfang des 19. Jh. die zu einer Insel zusammengefügte Festung ein touristischer Anziehungspunkt besonderer Art. Im Festungsmuseum werden Planmaterial, Waffen und andere Militariaobjekte aus der Geschichte des Wilhelmsteins gezeigt.

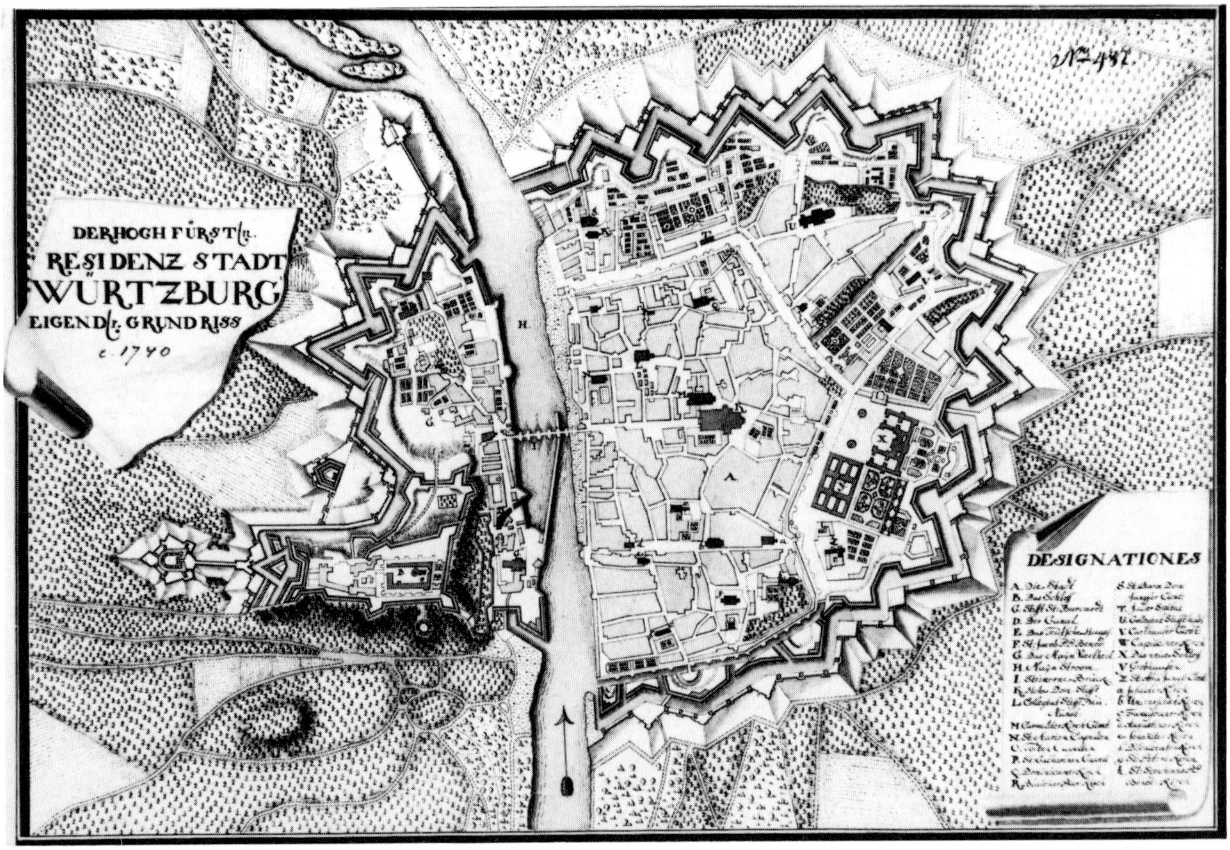
N° 487
DERHOGH FÜRSTln.
RESIDENZ STADT
WÜRTZBURG
EIGENDlr. GRUNDRISS
c. 1740
DESIGNATIONES
A. Die Stadt
B. Das Schloß
C. Stift St. Burcardi
H. Mayn Strom

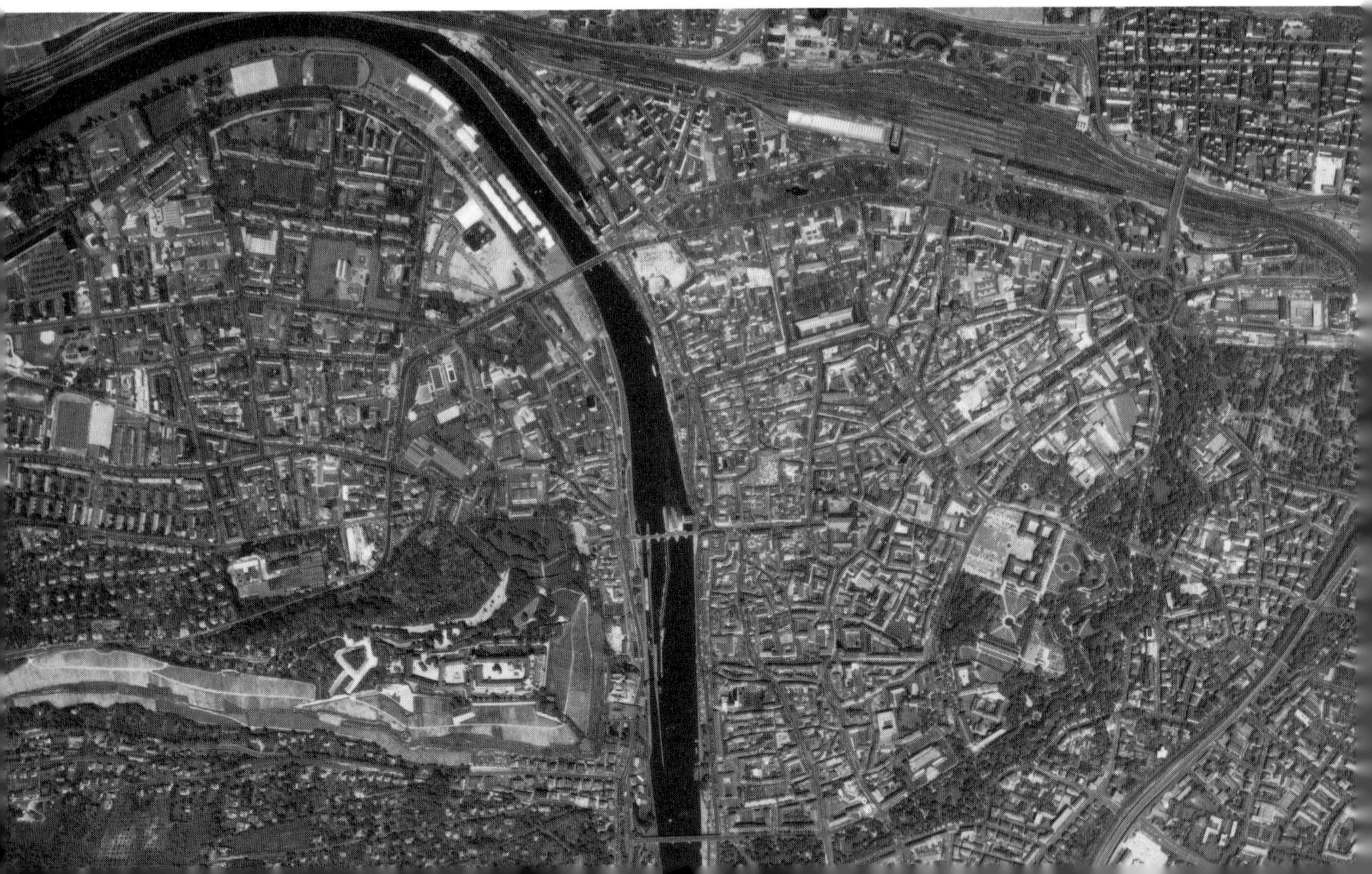

Festungsstadt Würzburg

Der hogh fürstln. Residenz Stadt Würtzburg eigendlr. Grundriß. Kolorierte Federzeichnung von Georg Maximilian von Fürstenhoff, um 1740. Original und Foto: Staatsbibliothek Preuß. Kulturbesitz Berlin X 36675.
Aufnahme aus dem Landesluftbildarchiv des Freistaates Bayern. Freigabe: Bayer. Landesvermessungsamt Nr. 119. Veröffentlichung genehmigt mit Nr. 2864/86.

Der Vergleich von modernem Luftbild und historischem Plan zeigt, daß trotz starker Eingriffe in die Substanz nach Auflassung der Werke sich noch gewaltige Relikte aus der Festungszeit erhalten haben. Der grüne Bering des ehemaligen Bastionsgürtels um die Stadt ist anerkanntes Kulturdenkmal. Die Bastionen hinter der Residenz sind in bestem Zustand einschließlich der barocken Gartenarchitektur. Die Festung Marienberg gilt besonders nach den erfolgreichen Restaurierungen der vergangenen Jahre als ein Juwel unter den deutschen Bergfestungen.

Das Titelbild dieses Buches zeigt die 1867 aufgelassene Festung Marienberg von Westen. Türme beherrschen die Silhouette (v. l. nach r.): Kilianstrum mit Treppenturm des Kammerflügels, Kuppel mit Laterne der Marienkirche, Bergfried, Randersackerer oder Sonnenturm mit Treppenturm des Ostflügels. Das quergelagerte Gebäude mit besonders dicker westlicher Schildmauer ist das Neue Zeughaus von 1709/1712. Es trug allerdings früher ein Mansartdach. Das rote Dach darüber zeigt die Lage der Echterbastei an. An Festungswerken erkennt man die Bastion St. Nikolaus, Bastion Mars von 1655, davor das Werk Frankenland. Im Grün verschwindet das Reichsravelin von 1673/84, in dessen Gräben der Großparkplatz zu finden ist. Die krenelierte Anschlußmauer rechts durch den Weinberg führt zum Maschikuliturm. Foto: Hartwig Neumann.

Festung Marienberg nach den jüngsten Restaurierungen. Die Bastionen (v. l. nach r.) St. Nikolaus, St. Johann Baptist und St. Johann Nepomuk gehören zur Festung aus der Mitte des 17. Jh. Der Fürstenbau mit Randersacker- und Marienturm ist zum Main orientiert, davor der Fürstengarten mit dem erkennbaren Pavillon über der Freitreppe. Der Bergfried der Burg ist am Kegeldach zu erkennen. Foto: Amt für Öffentlichkeitsarbeit und Statistik, Würzburg.

Maschikuliturm in Würzburg (1724–28) zur Sicherung des Talgrundes nach allen Seiten am Südhang der Festung Marienberg. Der Zirkularbau steht in starkem Kontrast zu den polygonalen Werken. Als Architekt wird Maximilian v. Welsch (1671–1745) diskutiert, Oberaufsicht hatte Balthasar Neumann (1687–1753), von dem auch die krenelierte Hangkaponniere stammt. Foto: Amt für Öffentlichkeitsarbeit und Statistik, Würzburg, Lichtbildstelle. Zeichnung: Franz Seberich, Die Frankenwarte, Nr. 27 (1939).

Zitadelle Mainz

Luftbild der Landesbildstelle Rheinland-Pfalz, freigegeben Bezirksreg. Rheinhessen Nr. 4244-7. Die rechteckige Zitadelle der barocken Festung Mainz mit ihren vier im Grundriß kongruenten Bastionen Germanicus/Alarm stadtseitig (unten) und Drusus/Tacitus feldseitig (oben) entstand ab 1655 nach Plänen eines bis heute unbekannt gebliebenen Architekten. Dieser im Auftrag des Kurfürsten Johann Philipp von Schönborn (1605–1673) arbeitende Baumeister muß im Kreis der am Bau der Festung Marienberg über Würzburg beteiligten Architekten gesucht werden. Es gibt zwischen beiden Bauten zahlreiche Gemeinsamkeiten und Ähnlichkeiten. Die Zitadelle liegt auf dem die Stadt beherrschenden Jacobsberg und wurde unter Abriß der gerade 30 Jahre alten Vorgänger-Festung Schweickardsburg regulär errichtet. Die gesamten Eskarpen bestehen aus Hausteinblöcken. Stilistisch zuzuordnen ist das Hauptportal von 1660, welches in der 1659 fertiggestellten Stadtkurtine mittig eingesetzt wurde. Es handelt sich um eine Arbeit von Antonio Petrini. Das über der Kurtine mit ihrer geschweiften Hauptpoterne als Dreiflügelanlage errichtete Kommandantenhaus mit Mansarddach erstrahlt seit kurzer Zeit wieder in alter Farbigkeit und Form. Die Herrichtung der Straße zur Fußgängerzone war der Anfang zu einer Neugestaltung und Umnutzung der Gebäude im Zitadelleninneren. Wieweit die Gebäude unter- und oberirdisch historische Bausubstanz enthalten muß wohl noch genauer untersucht werden. Die Zitadelle Mainz ist neben dem Dom das bedeutendste Denkmal der Stadt.

Festungsmodell der Stadt Bern

Original und Foto: Bernisches Historisches Museum, Inv.-Nr. 33.800. Maße: 440 x 220 cm, M 1:500, hergestellt von dem Architekten und Modellbauer Georges Amstutz, Zürich 1952/53. Baulicher Zustand um 1800, also vor Einleitung der fast ein Jahrhundert andauernden Entfestigung 1807–1898. Das Modell gibt die städtische und damit auch befestigungstechnische Ausweitung Berns durch die Jahrhunderte mit 5 (!) stets weiter westlich vorgeschobenen Mauergürteln an. An der Spornspitze in der Flußschleife stand einst als Ausgangspunkt der Entwicklung die Burg Nydegg. Die Mauergürtel späterer Epochen sind deutlich zu erkennen. Die Bastionierung erfolgte 1622–1634. Es kam das Projekt des Hugenottenführers und Ingenieurs Théodore Agrippa d'Aubigné in reduzierter Form zur Ausführung. Vorn links die mit vier Bastionen versehene Kleine Schanze. Vor dem Christoffelторturm auf der Mittelachse zwischen beiden Schanzen Tortunnel und Torhaus des frühen 17. Jh. Fortifikatorisch interessant sind auch die en crémaillière, also sägezahnförmig angelegten Uferbefestigungen.

Glatz an der Neiße. Blick über die Stadt von Süden auf die Fortifikationsbauten des 18. Jh., die den gesamten natürlichen Berg aufgenommen haben. Foto: Archiv W. Köhl, Detmold.

Stadt und Festung Glatz

Luftbild aus der Vorkriegszeit, entnommen aus Adam Kraft und Hans Niekrawietz: Schlesien. Ein Bildwerk der unvergessenen Heimat, Augsburg o. J. Die Konzeption der Festung stammt von Friedrich dem Großen, der nachweislich auch in Detailpläne eingriff. Der Ausbau lief von 1770–1778 unter Oberst von Regeler und Generalmajor Gerhard Cornelius von Walrawe (1692–1773) als Chef des sächsischen Ingenieurkorps. Die Hauptfestung mit bastionierter Hauptfront ist mit Fort Kranich verbunden. Fort Schäferberg jenseits des Flusses ist ein typisches altpreußisches Sternfort mit tenailliertem Grundriß.

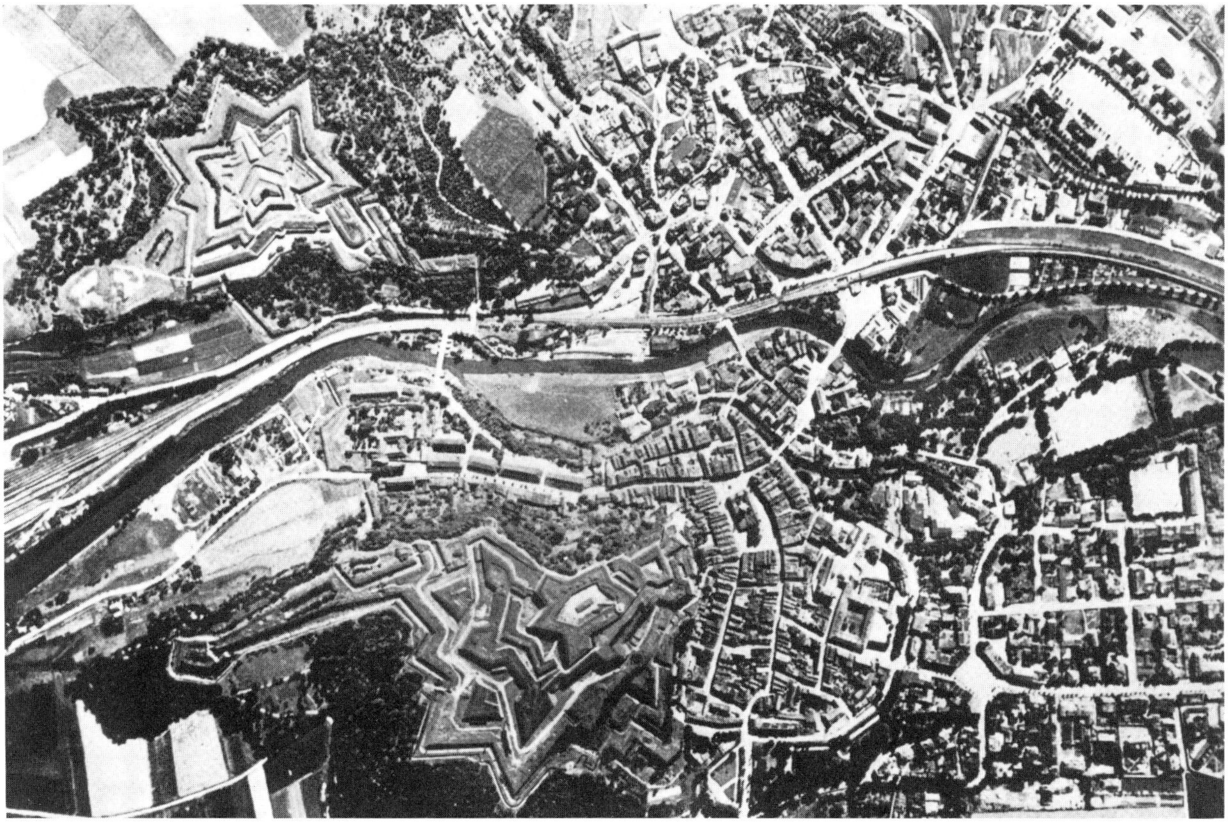

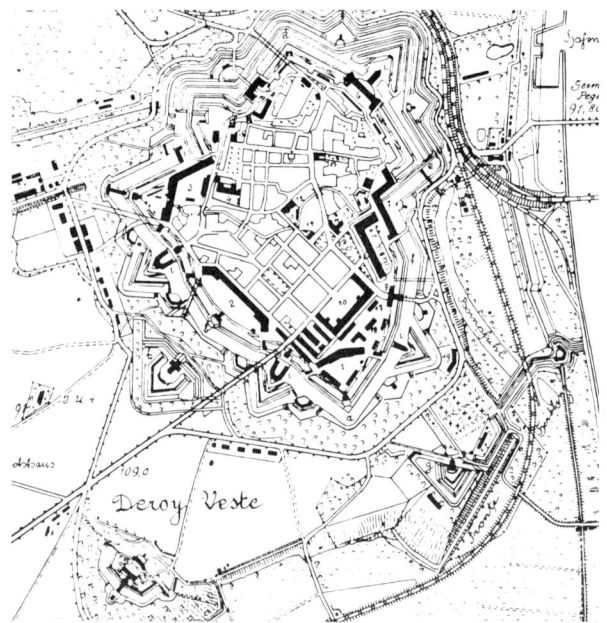

Festungsstadt Germersheim

Luftbild der Landesbildstelle Rheinland-Pfalz, freig. Bezirksregierung Rheinhessen Nr. 7492-2 und Ausschnitt aus einem Festungsplan aus Georg Ball: Germersheim die geschleifte Festung, Speyer 1930/Germersheim 1984. Der Vergleich zeigt, wie sich die 1834–1855 entstandenen Festungsfronten und militärische Großgebäude noch heute zu erkennen geben. Die erheblichen Teile von Germersheims Architectura Militaris der neudeutschen Schule sind heute ein bedeutendes Freilichtmuseum des Wehrbaus der 1. Hälfte des 19. Jahrhunderts.

Die Klassizistische Großfestung Koblenz (1815–1918)

Festungssektoren: Rechtsrheinisch Ehrenbreitstein und Pfaffendorfer Höhe, linksrheinisch und rechts der Mosel mit der Stadtfestung und dem System Alexander, linksrheinisch und links der Mosel mit dem System Franz.

Ausbauphasen:
1815–32 Westhang Ehrenbreitstein und Niederehrenbreitstein
1816–22 Feste Kaiser Franz
1817–28 Oberehrenbreitstein
1818–22 Feste Kaiser Alexander
1818–28 Fort Asterstein
1819–25 Bubenheimer Flesche
1819–22 Stadtfestung Koblenz
1820–25 Neuendorfer und Moselflesche
1822–32 Fort Konstantin
1827–30 Nöllenkopf und Pleitenberg
1827–33 Mauerabschluß Ehrenbreitstein und Klausenberg

Festung Ehrenbreitstein über Koblenz. Luftaufnahme der Landesbildstelle Rheinland-Pfalz von 1976, Freigabe unter Nr. 6964-6.

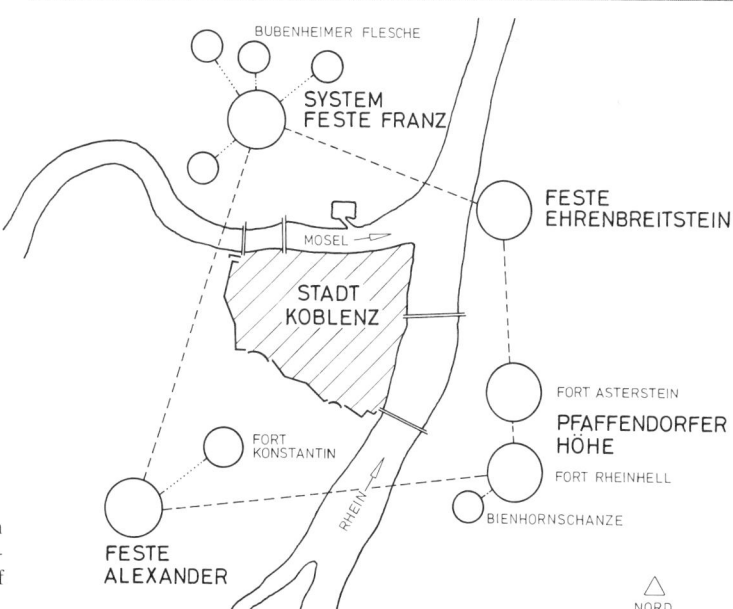

Klassizistische Großfestung Koblenz. Sichtbeziehungen (——·····) zwischen den einzelnen Fortifikationswerken, Situation 1871. Zeichnung: Hans-Rudolf Neumann, Gensingen.

Reduit im Fort Asterstein, Teil der Klassizistischen Großfestung Koblenz, benannt nach dem preußischen General Ernst Ludwig von Aster (1778–1855), der 1817/28 die Festung Ehrenbreitstein und 1821/28 das Fort Asterstein erbaute. Als Kernwerk der eigenständigen Festungsanlage Asterstein ist dieses doppelstöckige und mit Perpendikularkasematten für 26 Geschütze über einem Dreiviertelkreis versehene Bauwerk für eine perfekte Rundumverteidigung eingerichtet. Heute liegt dieser baugeschichtlich wie kunsthistorisch wichtige Bau ruinös und ungenutzt, obwohl mehrere Nutzungsvorschläge vorliegen. Das Foto von 1983 zeigt den Blick in den Vor- und Innenhof des Reduits. Foto: Godehard Juraschek.

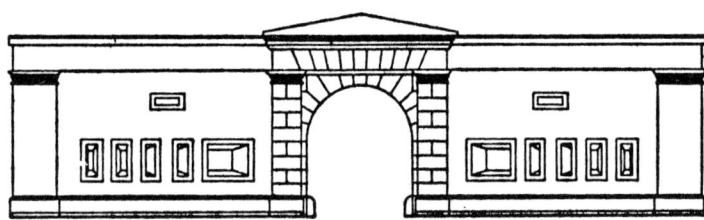

Der heute ruinöse Torbau des Forts Asterstein, Eingangsseite, in einem Rekonstruktionsversuch von H.-R. Neumann, Gensingen. Das klassizistisch-neupreußische Portal war verteidigungsfähig wie die Schießscharten anzeigen. »Das letzte Kasemattentor eines selbständigen befestigten Forts im westlichen Rheinland« zeigt Gestaltungsparallelen zu dem abgegangenen KOENIGSTHOR der Festung Minden von 1818 (H.-R. Neumann).

Bundesfestung Ulm um 1860

Federzeichnung. Original und Foto: Stadtarchiv Ulm, Nr. C 10, Plan 95. Man beachte die weit vor der Kernumwallung inselartig liegenden Forts, die baulich nicht mehr miteinander in Verbindung stehen. Ihr Abstand ist der wirksamen Schußweite des Verteidigungsgeschützes angepaßt, so daß eine gegenseitige Flankierung möglich war und zwischen den Forts vorgehende Feindtruppen unter Flankenfeuer standen.

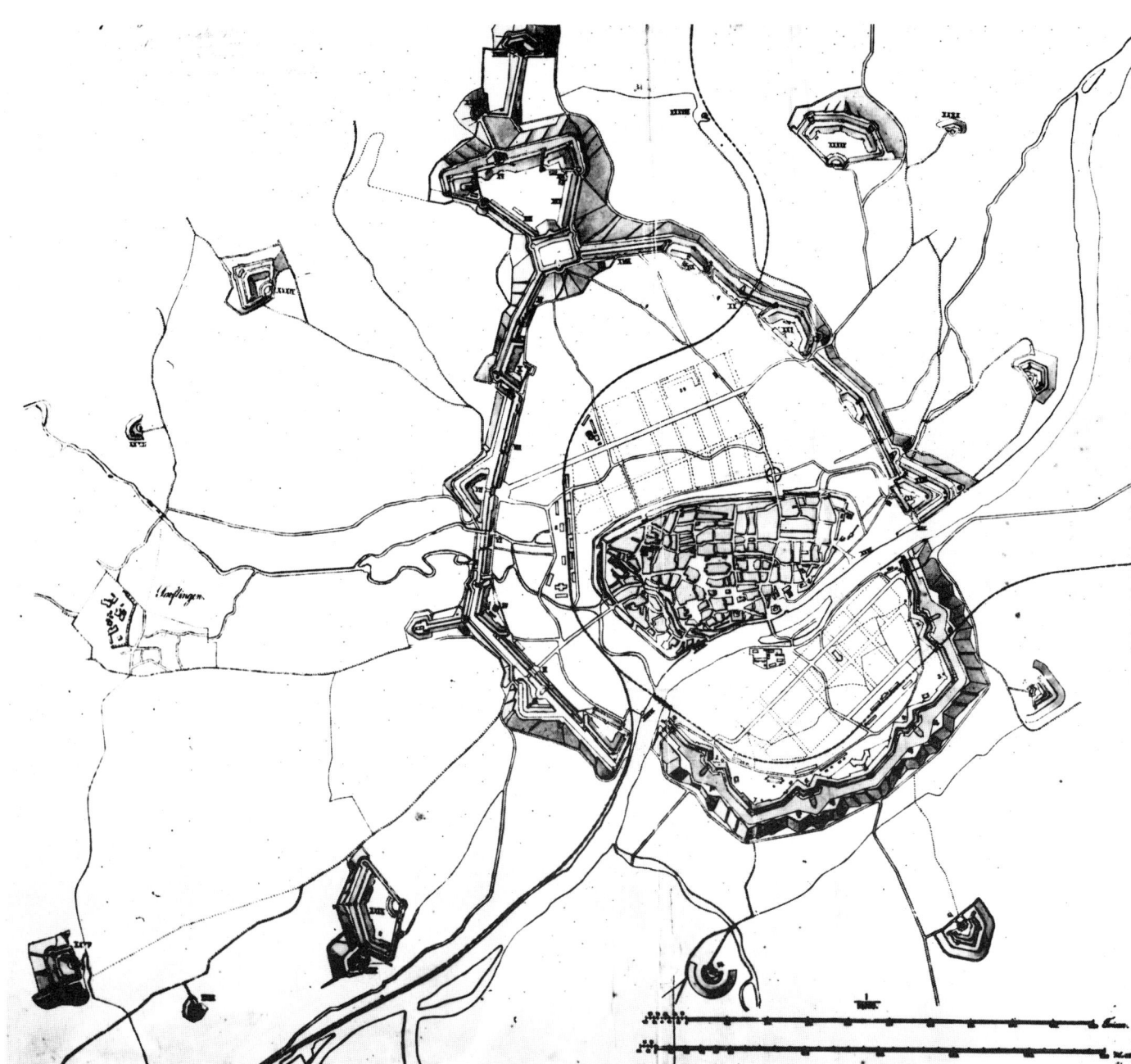

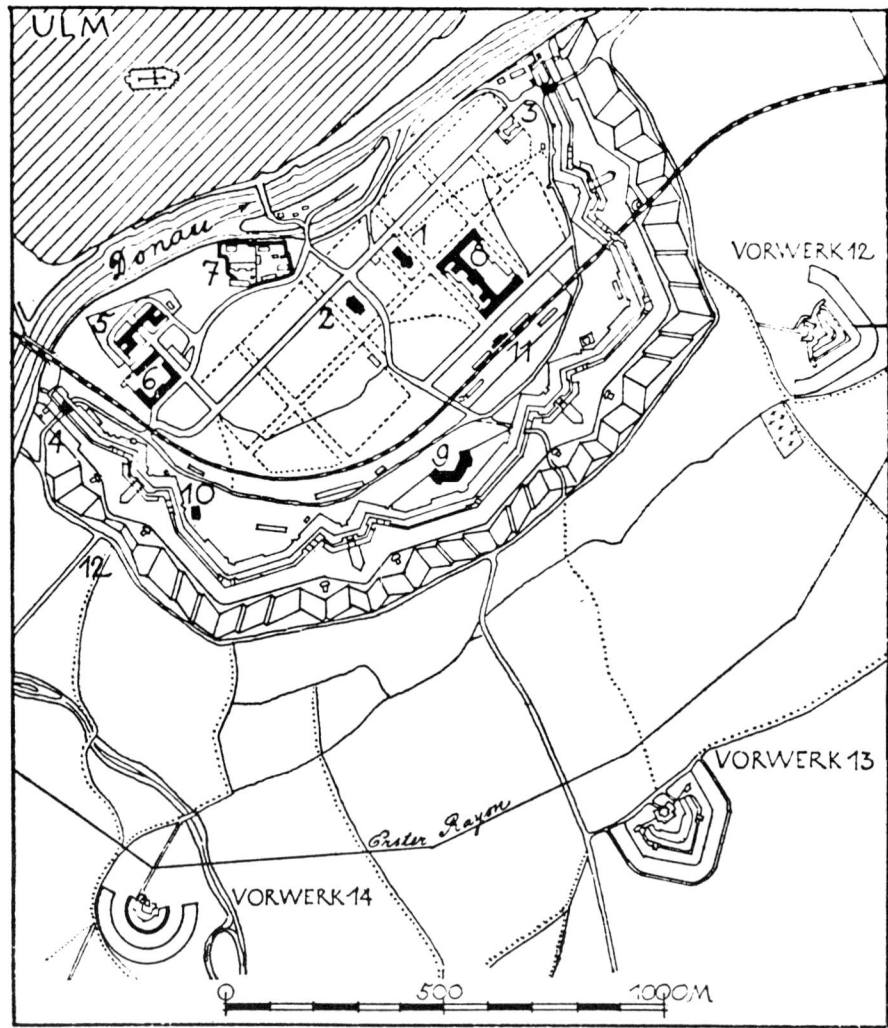

Neu-Ulm, Situationsplan 1869. Reproduktion aus H. Habel: Stadt und Landkreis Neu-Ulm, München 1966, S. 9.
1 Kath. Kirche, 2 Evgl. Kirche, 3 Augsburger-, 4 Memminger-Tor, 5 Garnisonlazarett, 6, 8 Kasernen 7 Schirrhof, 9 Kriegsspital, 10 Pulvermagazin, 11 Bahnhof, 12 Schießhaus.

Festungsensemble Ulm/Neu-Ulm. Das bastionierte Ulm der frühen Neuzeit zeigt vortrefflich der Stich bei M. Merian. Die Reichsstadt hatte es verstanden schon im frühen 16. Jh. ihre Verteidigungswerke den neuzeitlichen Anforderungen anzupassen. Ab 1810 entstand die Doppelstadt Ulm/Neu-Ulm diesseits der Donau auf württembergischem Gebiet und jenseits des Flusses auf bayerischem Territorium. 1841–59 erfolgte der planmäßige Ausbau »beider Ulms« zur deutschen Bundesfestung in der neudeutschen Manier. Der Bundestag hatte 1841 eine beide Städte gemeinsam umschließende Enceinte beschlossen. Sie folgte den Grundsätzen des Polygonalsystems von Marc René Marquis de Montalembert (1714–1799) unter Aufgabe des jahrhundertelang tradierten Bastionärsystems. Zahlreiche Festungswerke sind trotz der Schleifungen nach 1906 und den Zerstörungen des II. Weltkrieges und der Zerstörungswut moderner Stadtplaner noch erhalten. An ihnen ist die Auffassung klassizistischer Militärarchitekten und -ingenieure deutlich ablesbar. Die enorme Bauleistung stand unter der Leitung von Major Moritz Karl Ernst von Prittwitz und Gaffron, Major von Herdegen, Ing.-Major Theodor von Hildebrandt, Ing.-Oberst Spieß – um nur einige Namen zu nennen.

Die Bundesfestung Ulm war für mindestens 10 000 Mann Kriegsbesatzung, höchstens 20 000 Mann, projektiert. Maximal sollte die Kriegsbesatzung von 17 300 Mann Infanterie, 600 Mann Kavallerie, 1800 Mann Artillerie und 300 Mann Genietruppen bestehen, die zu gleichen Teilen die Bundesgenossen Österreich, Bayern und Württemberg zu stellen hatten. Die Friedensbesatzung mit 1400 Mann Infanterie, 200 Mann Kavallerie, 600 Mann Artillerie und 100 Mann Genieangehörigen hatte bis zum Abzug der Österreicher 1868 Geltung. Der Vergleich zeigt, daß die Personalstärke der Artillerie für die Kriegs- wie Friedensbesatzung konstant war. Die in Stellung befindlichen Geschütze forderten ihren Unterhalt zur Aufrechterhaltung der Feuerbereitschaft.

Als Reichsfestung erhielt Ulm 1881–1887 noch einen neuen Fortgürtel, 1901–1914 kamen weit vorgeschobene Infanteriestützpunkte und Bunker in Beton dazu.

A

B

C

Festungsstadt Ulm – Fortifikationsbauten in der neudeutschen Manier

A Reduitturm von Werk XIV über dem Ruhetal. Eine Folge von Bogenscharten, quadratischen Geschützscharten, Maul- und Schlitzscharten bestimmt die Beherrschung des Vorfeldes frontal und flankierend.
B Wilhelmsfeste, Turm-Reduit des Kernwerks XVI.
C Blaubeurer Tor von Werk VI, erbaut 1843–55. Zwei Tortunnel werden durch zwei Flankentürme mit Bogenfries und Zinnenkranz verteidigt. Der Unterbau aus Weißjura-Quadern kontrastiert stark zu den Ziegelflächen.
Fotos: Ottmar Schäuffelen, Ulm.

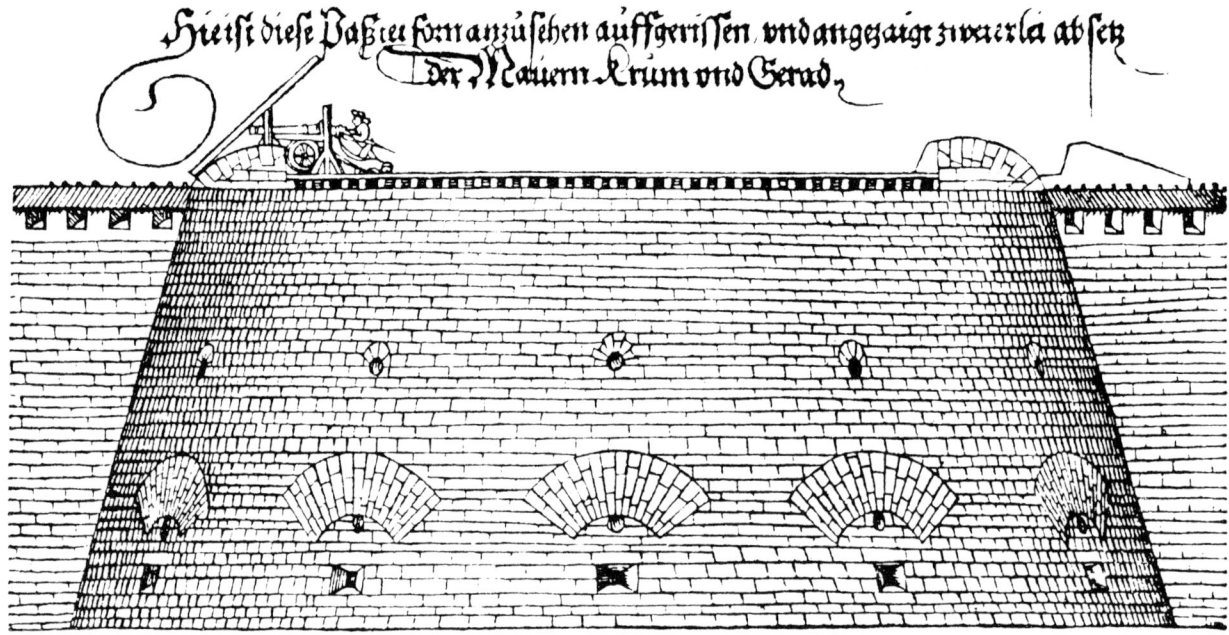

»Hie ist diese Paßtei forn anzusehen auffgerissen, vnd angezaigt zweierlei absetz Der Mauern Krum vnd Gerad.« Holzschnitt aus Dürers Etliche underricht von 1527. Diese Bastei der Dürer-Manier Nr. 1 mit zwei Gestaltungsvorschlägen für die Brustwehr zeigt die mit Rauchabzugslöchern versehene kasemattierte Feueretage zur Grabenverteidigung. Das Geschütz steht hinter einer Blende, die vor dem Schuß weggeklappt wird. Foto: Hartwig Neumann.

IV. Drei idealtypische Entwürfe von Karl Gruber zur mittelalterlichen, rondellierten und bastionierten Festungsstadt (Ausschnitte)

Der Bauhistoriker Karl Gruber (1885–1966), dessen zeichnerisches Werk jüngst in einer Ausstellung in Darmstadt gewürdigt wurde, schuf in seiner aus einer Dissertation Karlsruhe 1914 hervorgegangenen Untersuchung:

> Die Gestalt der deutschen Stadt. Ihr Wandel aus der geistigen Ordnung der Zeiten, München, 4. Auflage 1983

eine zeichnerische Zusammenfassung seiner baugeschichtlichen Forschungen in vier idealtypischen Entwürfen für die Epochen 1250, 1350, 1550 und 1750. Gesamtansicht und Vedute eines jeden Entwurfes ergänzen sich in hervorragender Weise. Die folgenden drei Ausschnitte aus den Ansichten zwei, drei und vier A, B, C zeigen synoptisch stets die gleiche Stelle der befestigten Stadt in den letzten drei Ausbau- bzw. Entwicklungsphasen:

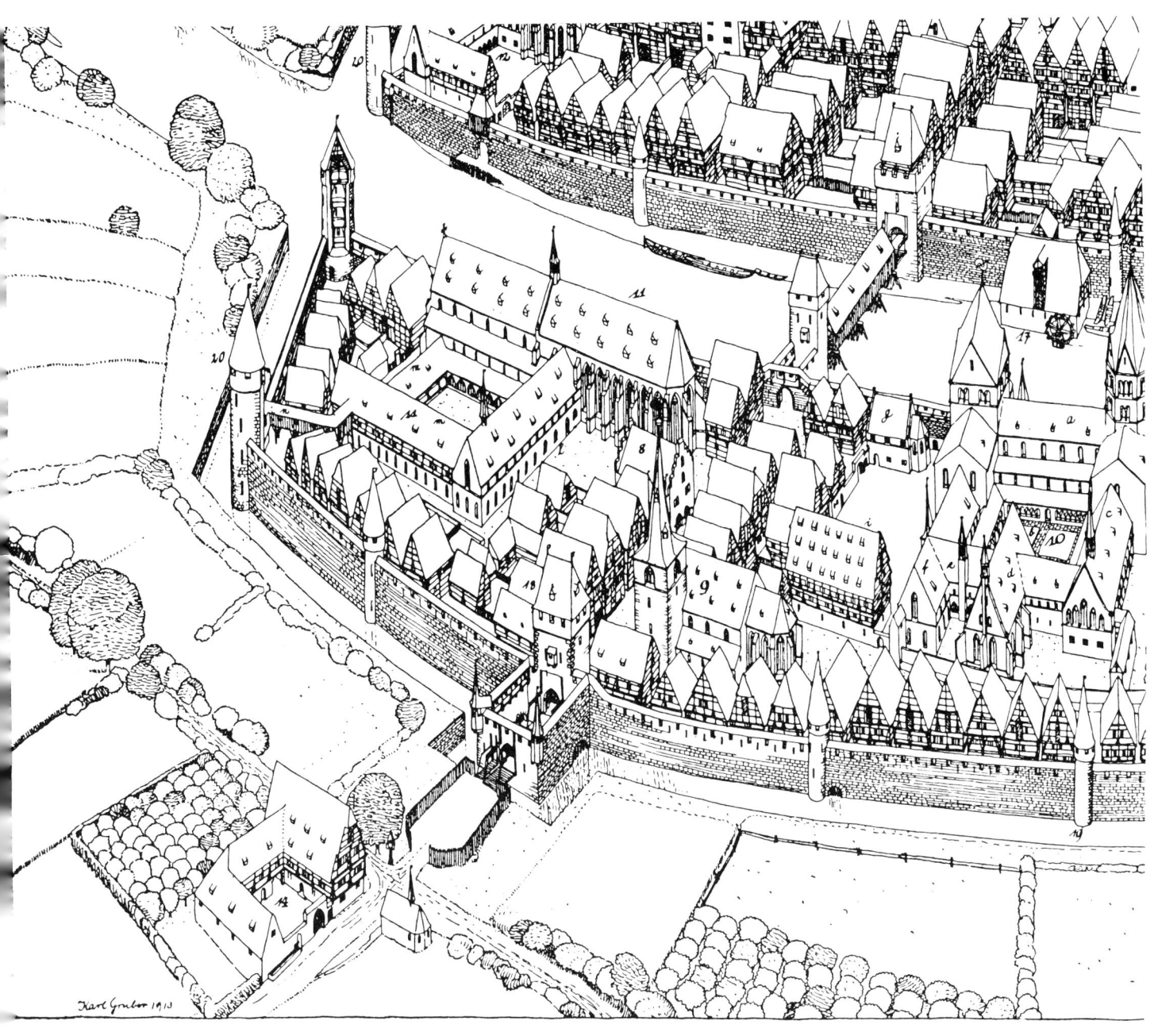

A. Mittelalterliche Stadtbefestigung, Zustand Mitte 14. Jh.
Blütezeit des Stadtbürgertums. Schmale, hohe Wehrmauer aus Ziegel- oder Naturstein mit Armbrustscharten, Wehrgang, Voll- und Schalentürme, hohe Eck- und Tortürme, Barbakane, nasser Graben, aus der Mauerflucht leicht hervortretende Flankierungstürme im Abstand der wirksamen Armbrustschußweite.

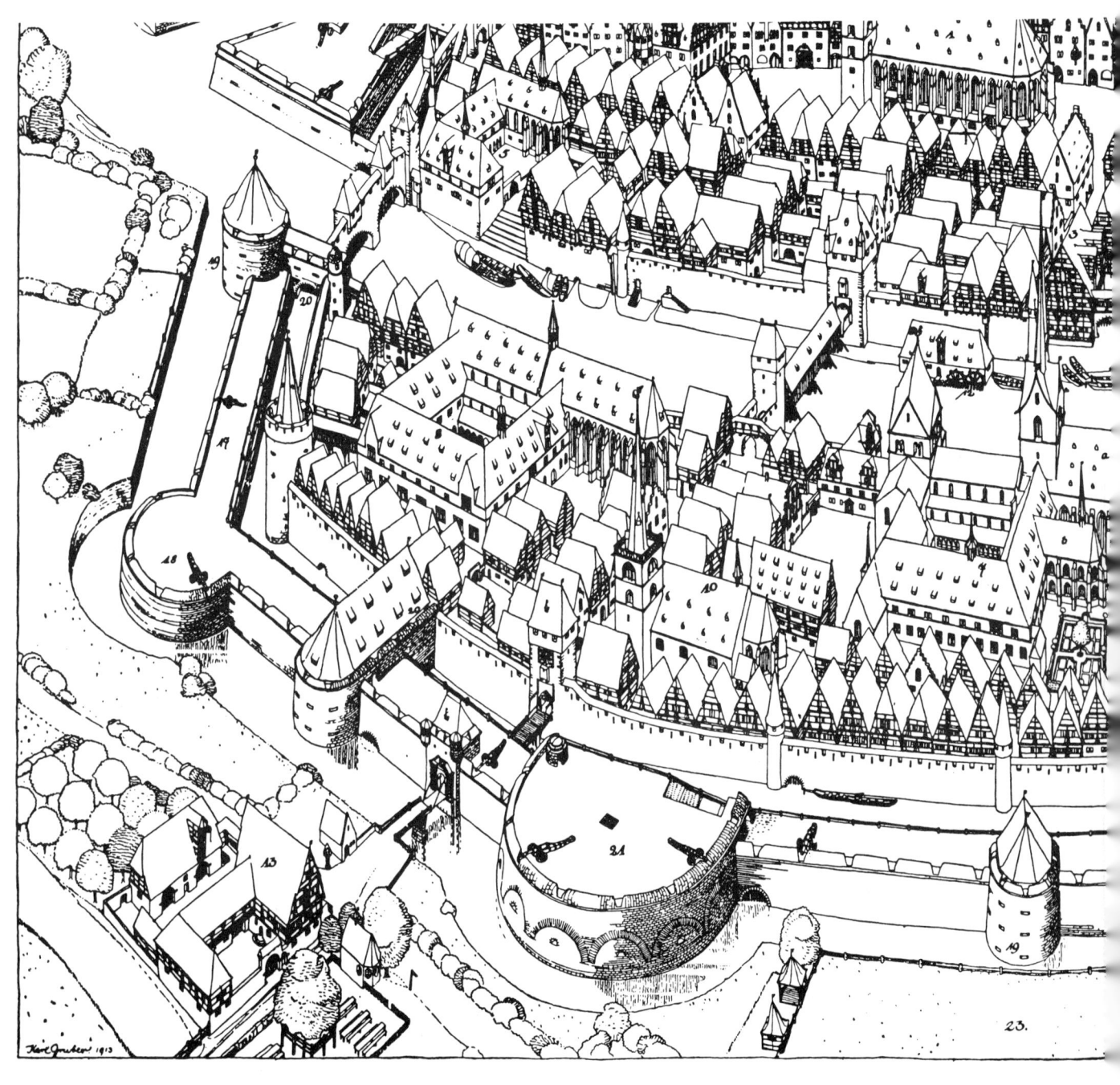

B. Frühneuzeitliche rondellierte Stadtfestung, Zustand vor Mitte 16. Jh.
Rondelle bzw. Basteien ähnlich Dürerschen Vorstellungen als Plattformen für Verteidigungsgeschütz und Handfeuerwaffen in mehreren Feueretagen, auch kasemattiert zur speziellen Graben- und Nahverteidigung, breiter mit Steinmauer feldseitig revetierter Wall zur Kommunikation von Söldnern und Material zu den bedrohten Stellen, Grabenstreichen, oftmals hochmittelalterliche Ringmauer beibehalten, Ausnutzung des Zwingers.

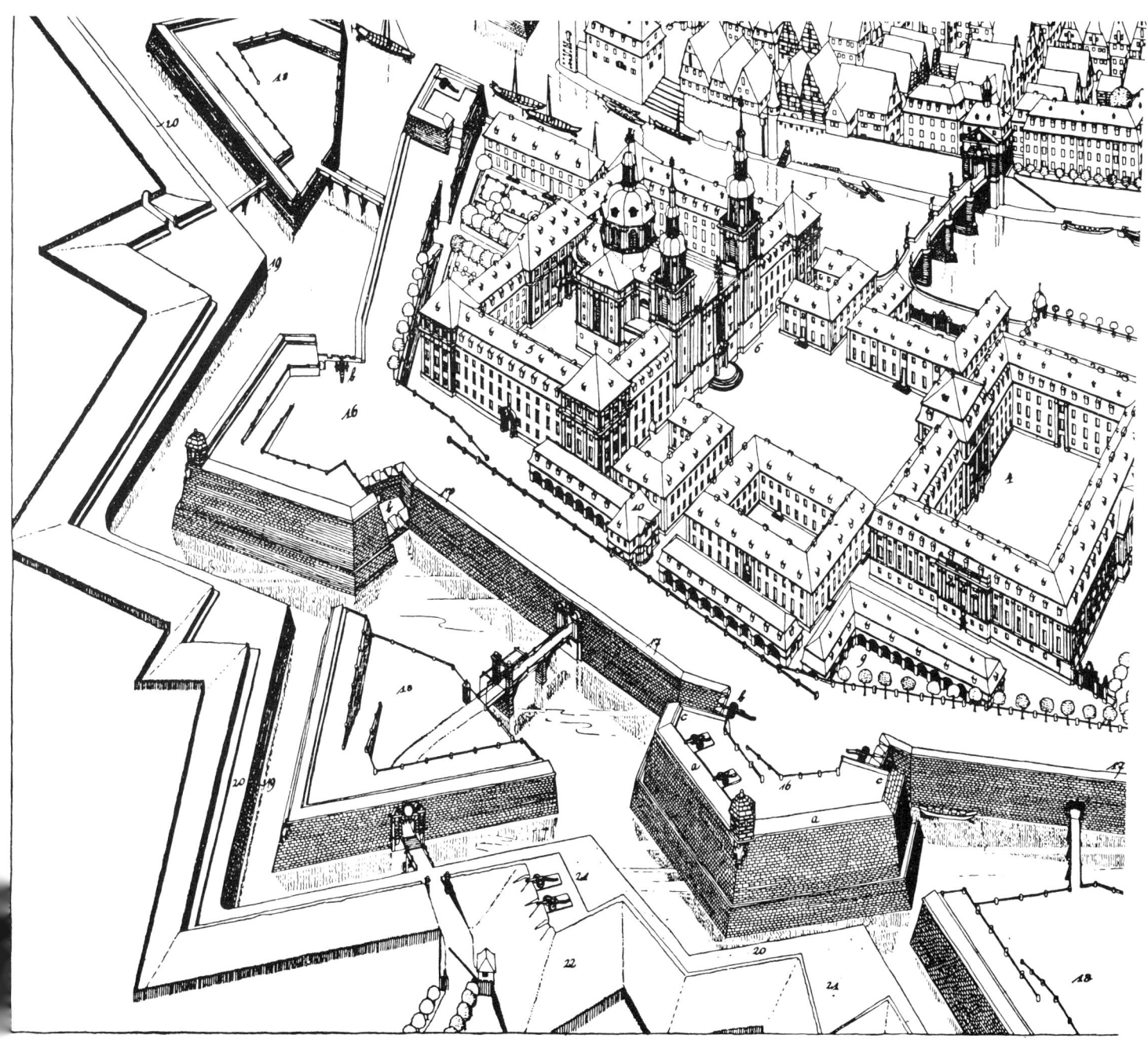

C. Bastionierte Festungsstadt des Barock, Zustand Mitte 18. Jh.
Voll ausgebildetes Bastionärsystem unterschiedlicher Manieren im regulären oder irregulären Grundriß, Bastionen mit hohen und niederen Flankenstellungen, gedeckter Weg, Ravelins, Waffenplätze, Glacis nach geometrischen Projektplänen der Militärbaumeister bzw. Ingenieure zur gegenseitigen Wechselwirkung der perfekten Flankierung zu dem Frontalfeuer ohne tote Winkel.

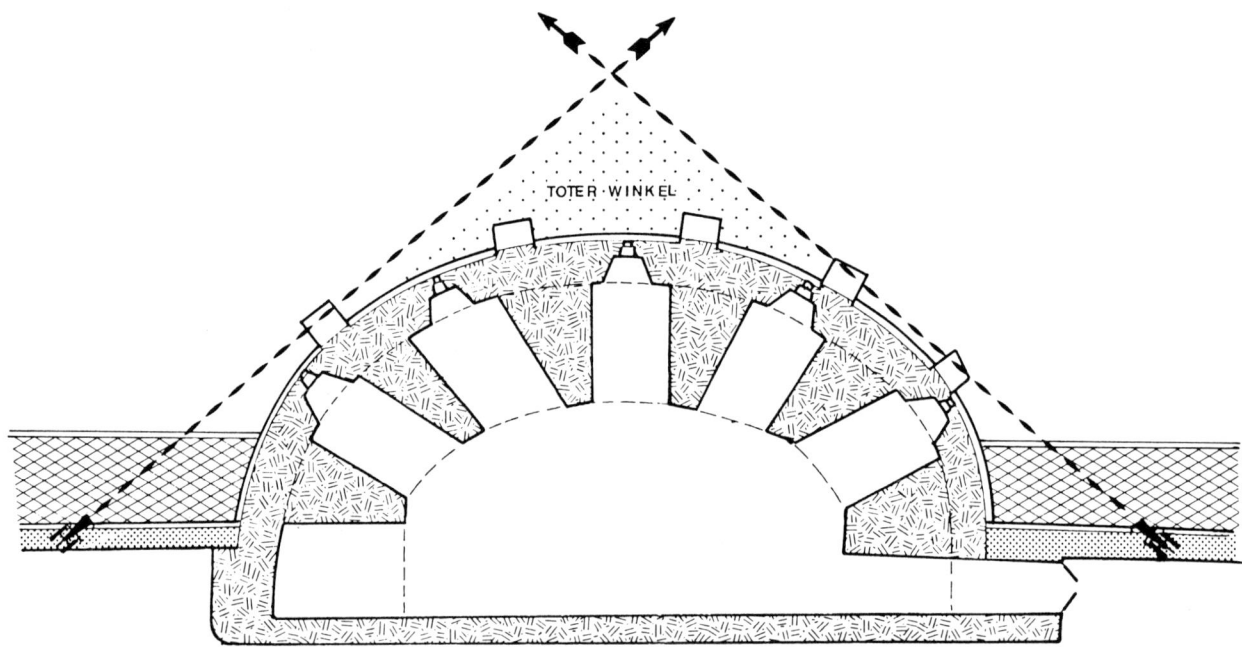

Nördlingen. Grundriß der alten Bastei mit Schußlinien des Flankierungsgeschützes. Zeichnung: Paul Roth, aus Hermann Kessler: Die Stadtmauer der Freien Reichsstadt Nördlingen, Nördlingen 1982, S. 56.

V. Vom Rondell zum Bastionärsystem: Grundrißausbildung und Schußlinien

Die Adaptionsversuche des hochmittelalterlichen Wehrturmes und der Mauer aus der Stadtbefestigung zur Geschütznutzung hatten unlösbare technische Schwierigkeiten aufgeworfen. Deshalb setzte ein eifriges Suchen nach neuen Bauformen ein, die Zeit des Experimentierens, Probierens, Theoretisierens – die Transitionszeit. Diese Übergangsepoche von der mittelalterlichen Befestigungsweise vor der planmäßigen Nutzung der Pulvergeschütze bis zur Einführung des Bastionärsystems ist grob mit dem Zeitraum von 1450 bis 1530 anzusetzen. Nur wenige »reine« Bauten aus dieser Epoche sind erhalten und am Objekt studierbar. Man errichtete eine Vielzahl von bautechnischen Lösungsmöglichkeiten mit mehr oder weniger großem Erfolg, um die anwachsende Bedrohung der überkommenen Befestigungen durch feindliches Artilleriefeuer entgegenzuwirken durch Schaffung von Bauwerken, die die statisch sichere und taktisch richtige Aufstellung eigener Geschütze ermöglichten. Die Lösungen der Probleme waren vorerst bei jeder Stadt und Burg individuell. Es gab keine allgemeinen Richtlinien und Manieren oder gar Schulen, auf die man sich berufen konnte. Das mußte sich alles erst in einem im Überblick revolutionären, im Zeitablauf aber evolutionären Prozeß ausbilden.

Festungsstadt Ulm. Werk XXVIII im Grundriß. Der Obere Donauturm und sein ebenfalls erhaltenes Pendant, Werk XXV. Unterer Donauturm, beide unmittelbar am Fluß gelegene halbkreisförmige, kasemattierte Geschütztürme zur Flußverteidigung zeigen, daß in der neudeutschen Manier erstellte Festungswerke auch auf die Rondell- bzw. Basteiformen des 16. Jh. zurückgriffen. Reproduktion aus Heilbronner/Gröner: Untersuchung des Bestandes ... Bundesfestung Ulm 1978, S. 130.

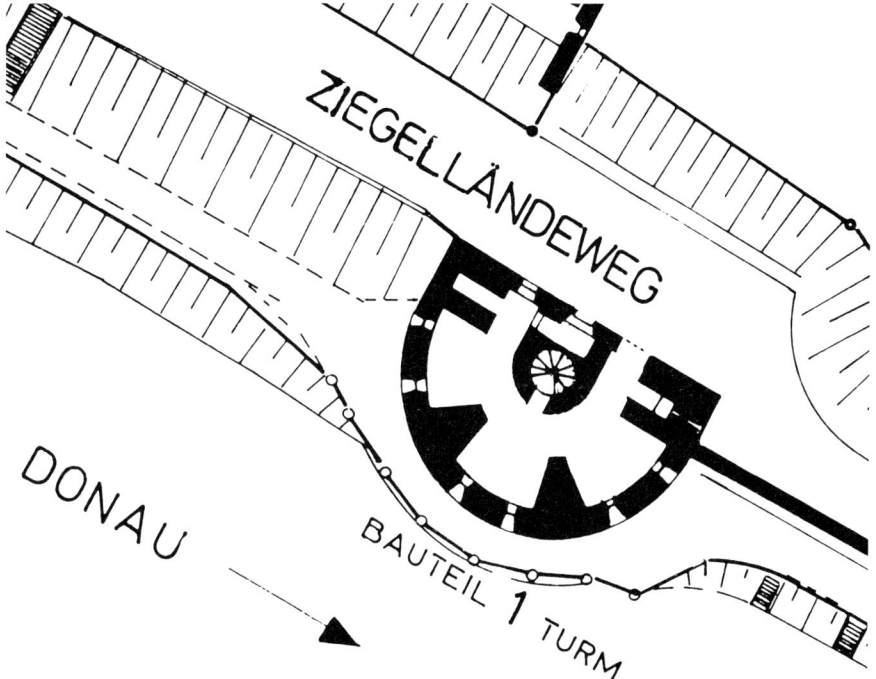

Festung Ratzeburg. Fundament eines Rondells auf der Schloßinsel von 1524 unterhalb der Rasenkante. Oberhalb der Rasenkante wurde das Werk 1690/91 geschleift. Durchmesser 20 m, Eichen- und Buchenstämme und -schwellen als Gründung für das Ziegelmauerwerk, ergraben 1979/80 durch das Landesmuseum für Vor- und Frühgeschichte Bad Segeberg. Schwellbalken mit Schwalbenschwanzbindung in großer Zahl liegen frei, die vertikalen Pfähle sind durch Längs- und Querbalken zusammengefaßt und mit Holznieten zu festen Gefachen verbunden.
Foto: J. Kühl, Bad Segeberg.

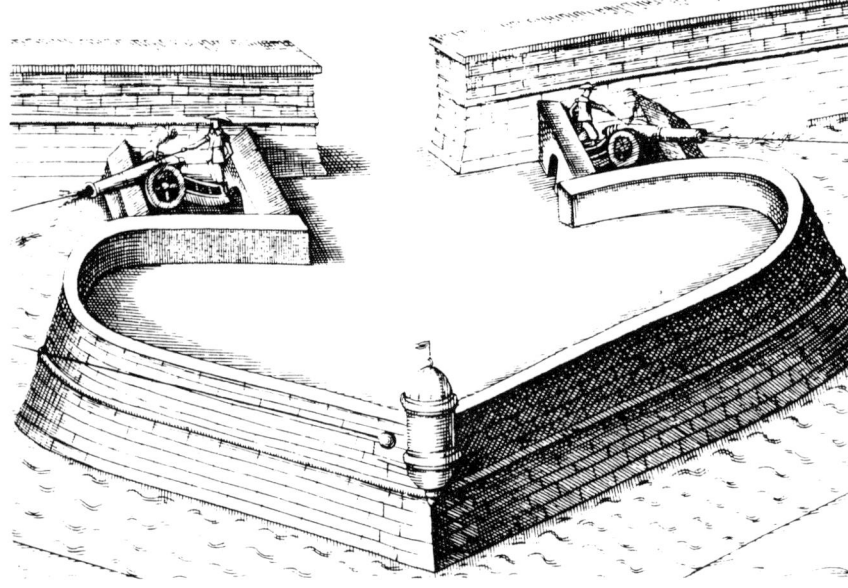

Die Flankenstellungen der Bastionen im zurückgezogenen Teil sind gegen Seitenfeuer bestens geschützt durch Bastionsohren, die hier auffallend rund ausgebildet sind. Kupferstich von Adam Freitach 1635. Foto: Archiv Hartwig Neumann.

Die Erfindung von flachen Geschützplattformen mit nach außen gerundetem oder wulstartig vortretendem Mauerabschluß (Brustwehr), wie sie solitär, an oder in eine Mauer eingebunden vorkommen, ist nicht mit dem Namen eines Inventors zu verbinden. Allerdings behandelte sie erstmals in deutscher Sprache Albrecht Dürer. Er gab auch seine berühmten Holzschnitte zur Illustration seines Traktates von 1527 in Druck.

Die Rondellierung bzw. die Konstruktion einer Geschützplattform über kreis-, halbkreis- oder hufeisenförmigem Grundriß als Bastei, wie es Dürer nannte, hatte allerdings Nachteile in der Kampfführung im Nahbereich. Am Grundriß der Alten Bastei in Nördlingen wird deutlich, wo die konstruktiven Nachteile liegen. Dieses in zwei Bauabschnitten 1554 ff. und 1589 ff. entstandene Bollwerk zum Geschützeinsatz nicht nur über Bank, also von der Plattform aus, sondern auch aus einer kasemattierten Feueretage im Inneren, richtete sich punktuell gegen die dominierende Höhe Galgenberg im Vorfeld der Stadtbefestigung. Diese im Mittelalter nicht in die Ringveste einbezogene Geländeüberhöhung konnte jetzt beim Einsatz von Feuerwaffen für die Stadt sehr gefährlich werden. Das auf den beiden Wallabschnitten beiderseits des in den Graben vortretenden Rondells postierte Geschütz flankiert die Rundungen des Wehrbaus nur sehr ungenügend. Die Schußlinien schneiden sich in einem Punkt auf der Feldseite. Dieser Punkt in Verbindung mit den Berührungspunkten der tangentialen Schußlinien der Flankierungsbatterien ergibt den sogenannten Toten Winkel. Dieser Raum vor dem gesamten Baukörper ist schwer zu kontrollieren, er ist ungedeckt und unbestreichbar. Daher kann aus ihm heraus eine Gefährdung sehr zum Nutzen des Feindes werden. Das zeigte sich bei zahlreichen Belagerungen. Ein weiterer Nachteil war auch, daß die Kurtinen völlig ungedeckt dem Angriff ausgesetzt waren, weil das Flankierungsfeuer fehlte oder nur ungenügend aus den Rondellen bzw. Basteien zu entwickeln war. Mit der Erkenntnis dieser Tatsache war konsequent die neue geometrische Form, die das Rondell in allen seinen Spielarten ablösen mußte, gegeben. Es war die pfeilförmige Bastion. Sie bot keine toten Winkel mehr, weil der beschriebene Raum in das Bauwerk einbezogen wurde, also die Außenmauern entsprechend den Schußlinien des Verteidigungsgeschützes vom Wall und später von den benachbarten Bastionen aus das neue pfeilförmige Grundrißschema erzwangen.

Die Entwicklung des bastionären Grundrisses ging allerdings nicht revolutionär vor sich, sondern evolutionär über fast 100 Jahre. In dieser etwa 1450 einsetzenden sogenannten Übergangszeit vom mittelalterlichen Wehrbau zum frühneuzeitlichen, gibt es zahlreiche Zwischenformen, Varianten und Abarten.

Diese Transitionszeit ist baugeschichtlich bisher viel zu wenig untersucht, weil die Bild- und Schriftquellenlage ausgesprochen schlecht ist und Bauten aus dieser Zeit oft nur in Umbauten erkennbar werden. Reine originäre Bauten sind selten. Im folgenden Bildteil werden einige dieser Bauten vorgestellt. Während aber Rondelle des frühen 16. Jh. noch recht oft vorhanden sind (u. a. Aachen, Sparrenberg, Plassenburg, Rosenberg, Kufstein und an den württembergischen Höhenfestungen) ist es bei den Batterietürmen doch anders. Die Burg- und Stadttürme wurden natürlich auch weiterentwickelt und auf den jeweiligen Stand der Bau- sprich Fortifikationstechnik gebracht. Auffallend ist zuerst die Vergrößerung der Durchmesser unter Verminderung der Höhen, dann die Verstärkung der Mauerdicken und die Schaffung von Hohlräumen im Turminneren, aus denen man durch neu entwickelte Schießscharten (allen Formen voran die Maulscharte) auf den Feind wirken konnte. Einige Beispiele von frühneuzeitlichen Artillerietürmen sollen angeführt werden:

1. Die Stadtbefestigung von Büdingen entstand in den Jahren 1485–1500 als Neubefestigung. Mehrere Geschütztürme, besonders das interessante Doppelturmtor Jerusalemer Tor für den Geschützeinsatz, sind erhalten.

2. Der »Dicke Turm« der Burg Friedberg in Hessen mit seinem Durchmesser von 18,70 m und einer Mauerdicke von 5,70 m trägt den gleichen Namen wie

3. die entsprechende Anlage auf Burg Friedewald. Dort beträgt der Durchmesser 11,35 m, wobei die Mauerstärke im mittleren Geschoß am größten ist, weil hier die feindliche Artillerie die besten Schußlinien hatte.

4. Der »Dicke Zwingen« in Goslar am Thomaswall von 20 m Höhe hat unten 6,50 m Mauerdicke aufzuweisen, die nach oben auf 4,80 m abnimmt. Er entstand 1517 in acht Jahren Bauzeit und sollte den Rammelsberg mit seinen Bodenschätzen verteidigen.

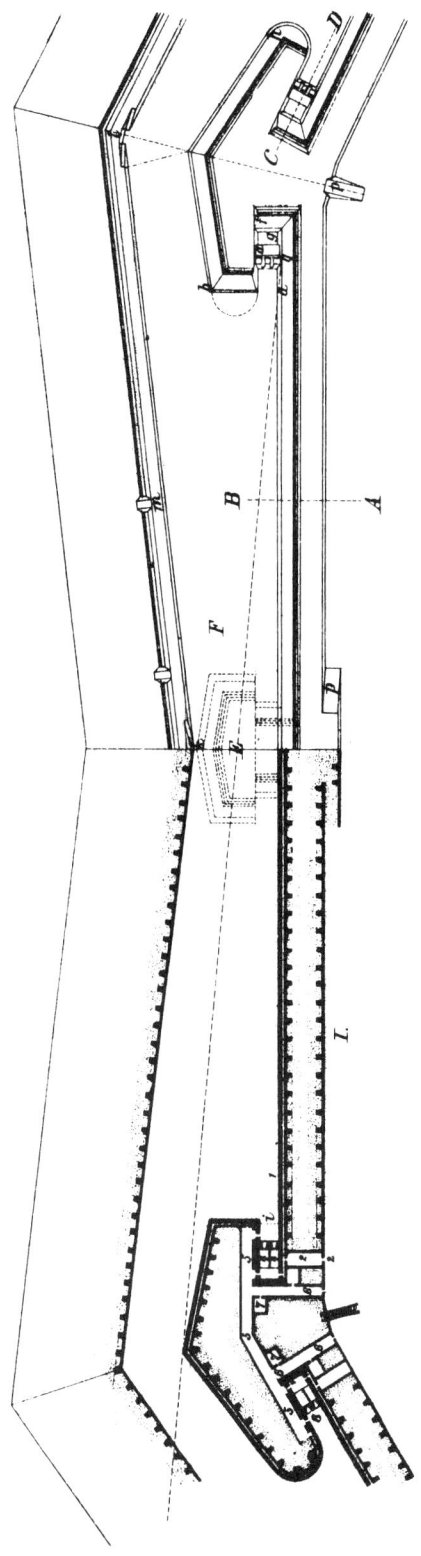

Fronte Bastionata – bastionierte Front aus der 1. Hälfte des 16. Jh. in altitalienischer Manier als Teil einer regulären oder irregulären Stadtumwallung.
i–a Kurtine, a–b Flanke, d niedere Flanke, f hohe Flanke, g Hof, h Bastionsohr (Orillon), E Mittelbollwerk (Piata forma), F Graben, l–k gedeckter Weg, p Geschützrampen, k, l Treppen, m Glaciseinschnitt, 1 Minengang, 2, 5, 6 Gang, Magazin, 4 Kasematten, 7 Pulvermagazin.
Reproduktion aus: M. Jähns: Handbuch einer Geschichte des Kriegswesens, Atlasband, Leipzig 1880/Osnabrück 1979.

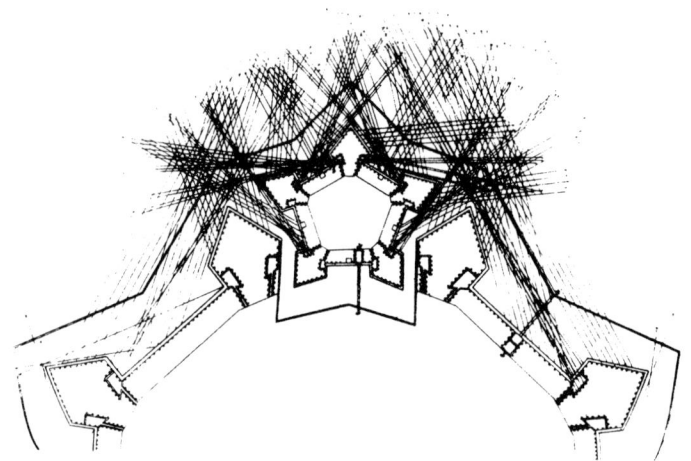

Das Bastionärsystem beruht auf der geometrisch perfekten Bestreichung der eigenen Verteidigungswerke und des Vorfeldes. Man unterscheidet Flankenfeuer aus den benachbarten Bastionsflanken heraus entlang der Kurtinen und der Facen der Nachbarbastionen, Kreuzfeuer aus zwei Flanken- und Facenstellungen in den Kessel zwischen den Bastionen, Längsfeuer etwa entlang einer Kurtine, Frontalfeuer und Schrägfeuer von allen Punkten des Festungsumzuges aus. Die Skizze zeigt den Feuerleitplan zum Flankierungsfeuer einer bastionierten Zitadelle und den zugehörigen Bastionsfronten der Stadtfestung. Reproduktion aus: Glossarium Artis. Wörterbuch zur Kunst, Bd. 7, Tübingen 1979.

5. Auf der Leuchtenburg über Kahla trifft man mehrere bauliche Maßnahmen zum Einsatz von Feuerwaffen aus der 2. Hälfte des 15. Jh. an. Da gibt es den Turm »Schleier«, dessen Rundung feldseitig von zwei ca. 3 m langen Mauern in Dreiecksform »umschleiert« ist, um gegen das Feindfeuer von der gegenüberliegenden Höhe gesichert zu sein. Um den Wall zwischen den Türmen »Kleiderturm« und »Münzturm« vollkommen bestreichen zu können – etwa gegen Besteigung mittels Sturmleitern oder ähnlichem Gerät – baute man zwei ca. 2 m stark vor die Wallmauer tretende Schützenstände mit jeweils drei Scharten. Eine Flankierung der im Bogen verlaufenden Mauer war so erreicht.

6. Der Batterieturm der Burg Freudenberg am Main aus der letzten Ausbauphase der Burg von 1497–1507 hat einen Durchmesser von 11,20 m und Mauerstärken von 3,70 m im 2. Geschoß. Unten liegen Scharten zur Graben- und Vorgeländebestreichung durch Handfeuerwaffen, im 2. Geschoß mit noch ganz in gotischen Formen gehaltenem Eingang 4 Geschützscharten, von denen 2 als Maulscharten ausgebildet sind, im 3. Geschoß findet man 8 Schießkammern, das 4. Geschoß ist leider verloren.

7. Burg Grenzau im Westerwald besitzt einen durch zwei facenartige Mauern eingebundenen Geschützturm von 1540.

8. Über einem Halbkreis ist eine ganz auf Einsatz von Feuerwaffen ausgerichtete Torsicherung des Friedländer Tores in Neubrandenburg erhalten.

9. Der 22 m im Durchmesser messende Batterieturm der hessischen Burg und Festung Spangenberg mit 6 m dicken Mauern sollte die Burg gegen Feuerwaffen schützen. Die Schartenorientierungen sind auf bestimmte Punkte im Vorgelände ausgerichtet.

Bei der Untersuchung hochmittelalterlicher Burgen und Stadtvesten und ihrer Baurelikte ließen sich wohl noch zahlreiche Wehrbauten mit oft ganz individuellen Lösungen aus dem langen Zeitraum vor und nach Einführung der Pulverwaffen entdecken. Bereits genannt wurde die Alte Bastei von Nördlingen. Wenn man bedenkt, daß diese Anlage zu einer Zeit entstand, als das Bastionärsystem schon längst an anderen Orten seine Überlegenheit gezeigt hatte – etwa in Nürnberg hinter der Reichsburg die Werke Fazzunis oder in Jülich die Wirklichkeit gewordene bastionierte Idealstadt mit Stadtfestung und Zitadelle als Werk der Pasqualinis –, dann wird deutlich, daß die für einen baulichen Fortschritt notwendige Kommunikation zwischen den Festungsbaumeistern und ihren Auftraggebern und untereinander nur sehr langsam in Gang kam. Es fehlte anfangs die für die folgenden Epochen so wichtige Traktatliteratur. Handschriften wurden oft geheim gehalten. Ausländische Publikationen waren selten zu erhalten. Nicht unberücksichtigt bleiben darf bei der Beurteilung dieses Vorganges der persönliche Faktor Traditionsgebundenheit des Baumeisters und seiner Helfershelfer. Althergebrachte Handwerkertraditionen und -techniken konnten nicht ohne Widerstände von heute auf morgen ausgemustert werden!

Die für die Baukultur der Renaissance so typisch werdende Bastion war ein Novum. Es gab in der Antike, zu der man gerade in der Baukunst so gern zurückblickte, kein Vorbild. Wo zum ersten Male der Prototyp Bastion auftauchte, ist bisher nicht festzustellen. Der Renaissanceforscher J. R. Hale will auch keine Lösung vorgeben, »that can only follow from a detailed comparative chronology of military architecture in France, Germany, Italy, and the Iberian peninsula from the middle of the fifteenth to the middle of the sixteenth centuries« (Hale, J. R.: Renaissance War Studies, London 1983, S. 2). Dieser gewaltigen Forschung kann aber nur ein Spezialist nachgehen, dem ein Computer zur Verfügung steht. Allerdings wird deutlich, daß in der ersten Hälfte des 16. Jh. Italien das Land ist, in dem die Bastionierung vorrangig betrieben wird. Zwar gibt es Frühformen polygonaler Befestigungen vor 1500 im Mittelmeerraum, doch sämtliche Forscher geben für die pfeilspitzenförmige Bastion Italien als Geburtsland an. Italien war territorialgeschichtlich prädestiniert, auf dem Gebiet der Militärarchitektur zu experimentieren und schließlich den Durchbruch zu finden, der Jahrhunderte gelten sollte. Zahlreiche Territorien mit langen Grenzlinien mußten gegen zahlreiche Feinde behauptet werden. Aber auch Wehrbauten zur Beherrschung der eigenen Stadtbevölkerung waren notwendig. Generell kam dazu die Bedrohung des Abendlandes durch die Türken und schließlich diesseits der Alpen auch die Reformation, die sich ebenfalls in der Wehrtechnik auswirkte.

Die Bastion ist ein im Grundriß pfeilspitzenförmiger Erdkörper, der meist in einen künstlich ausgehobenen oder vertieften Graben vorgeschoben wird, ohne daß er von der Umwallung gelöst wird. Seine beiden im charakteristischen Bastionswinkel in der Spitze zusammenlaufenden Abschnitte nennt man Facen oder Streichen. Die meist kürzeren Abschnitte, die zur Kurtine als dem Verbindungswall zwischen zwei Bastionen, weisen, nennt man Flanken. Lange Zeit hindurch war die Flankenverteidigung die wichtigste vor der Frontal- und Seitenverteidigung mit Geschützen. Man zog einen Teil der Flanke in die Bastion zurück, so daß ein Kanonenhof entstand. Dort konnte man geschützt gegen Feindfeuer Defensionswaffen postieren, was oftmals in mehreren Feueretagen übereinander geschah. Die Geschütze waren durch das Bastionsohr gegen Feindsicht und direkten Beschuß sicher. Das Ohr, eckig oder rund ausgebildet, ließ nur Schußrichtungen parallel zur Kurtine oder über den Kessel vor der Kurtine hinweg in den Graben vor der entsprechenden Face der Nachbarbastion zu. Nur im

Zitadelle Jülich. Blick in den Kanonenhof in der zurückgezogenen Flanke der Bastion St. Johannes. Ein überdimensionierter Pfeiler trägt die Gewölbe und Erdschichten. Hier postierte man das Geschütz, wenn es durch Mörserfeuer über das Bastionsohr bedroht war. Der Cotoneaster auf der restaurierten Brustwehr ist ahistorisch und daher abzulehnen. Foto: Hartwig Neumann.

Verteidigung einer Festungsfront mit Feuerwaffen
Kupferstich aus Francesco Tensini: LA FORTIFICATIONE GVARDIA DIFESA ET ESPVGNATIONE DELLE FORTEZZE, Venetia 1624. Original HAB: I 140 Schulenburg. – Man vergleiche dieses »Kriegstheater« in illustrer Form mit der nebenstehenden Schemazeichnung. Das informierende Bild spricht den Laien mehr an; deshalb fehlt es nicht an Darstellungen dieser Art in den Traktaten zum Fortifikationswesen des 17. Jh. Tensini zeigt den Einsatz der Geschütze in der Phase des Frontalfeuers gegen einen noch weit vom Glacis entfernten Feind. Die Geschütze in den Bastionsflanken kommen erst zum Einsatz, wenn der Feind den hier durch Musketiere in großer Zahl gehaltenen gedeckten Weg einnimmt und sich zum Grabenübergang vorbereitet. Das Flankierungsfeuer ist also eine Reservestellung für den Kampf in einer vom Festungsbaumeister vorgegebenen inneren Hauptkampflinie.

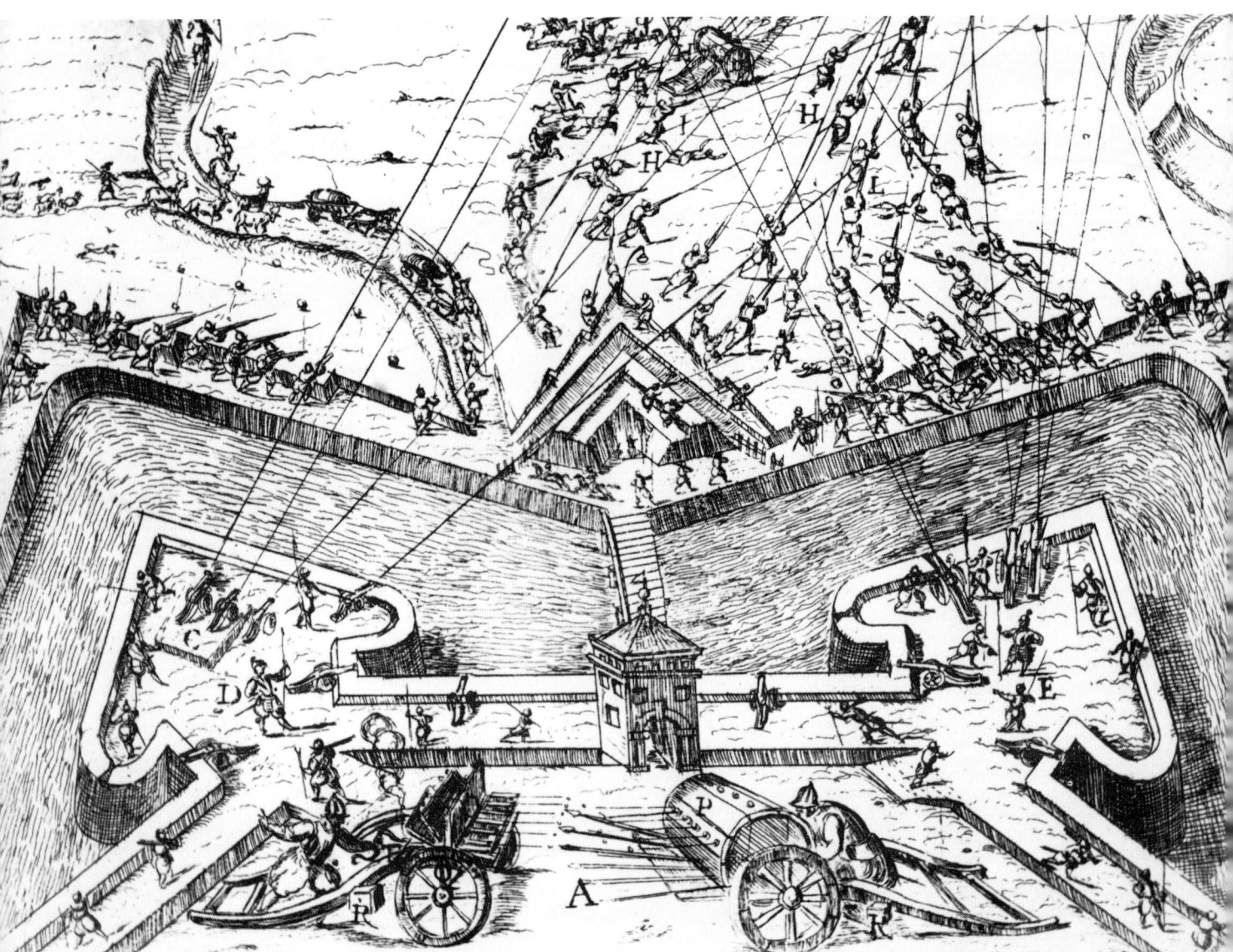

138

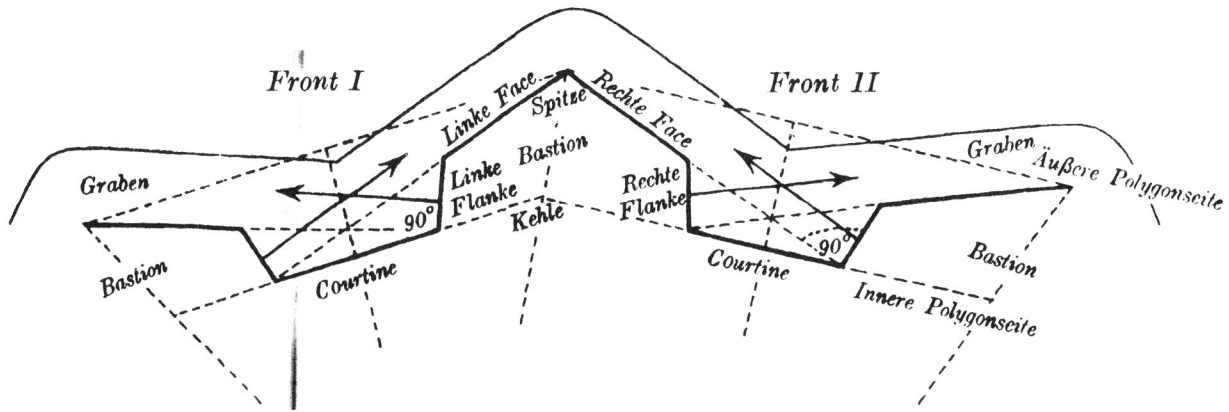

Prinzip des Bastienärtracés. Reproduktion aus J. Schroeter: Technik des Kriegswesens, Leipzig/Berlin 1913, S. 508.

Schußfeld des Flankengeschützes hätte ein Feind seine gerade diese Stellungen bedrohenden Geschütze aufstellen müssen, was aber bei intakten Stellungen der Verteidiger nicht oder nur unter großen Verlusten möglich war. Gelangte der Feind noch an den äußeren Grabenrand, der Kontereskarpe, um von dort aus mit Mörsern im Steilfeuer über die Bastionsohren hinweg in die retirierten Flankenstellungen zu werfen, so zog sich der Verteidiger mit Mannschaft und Material einfach in die halboffenen Kasematten zurück. Dort waren die Gewölbe bombensicher ausgelegt, wie das Beispiel Zitadelle Jülich zeigt.

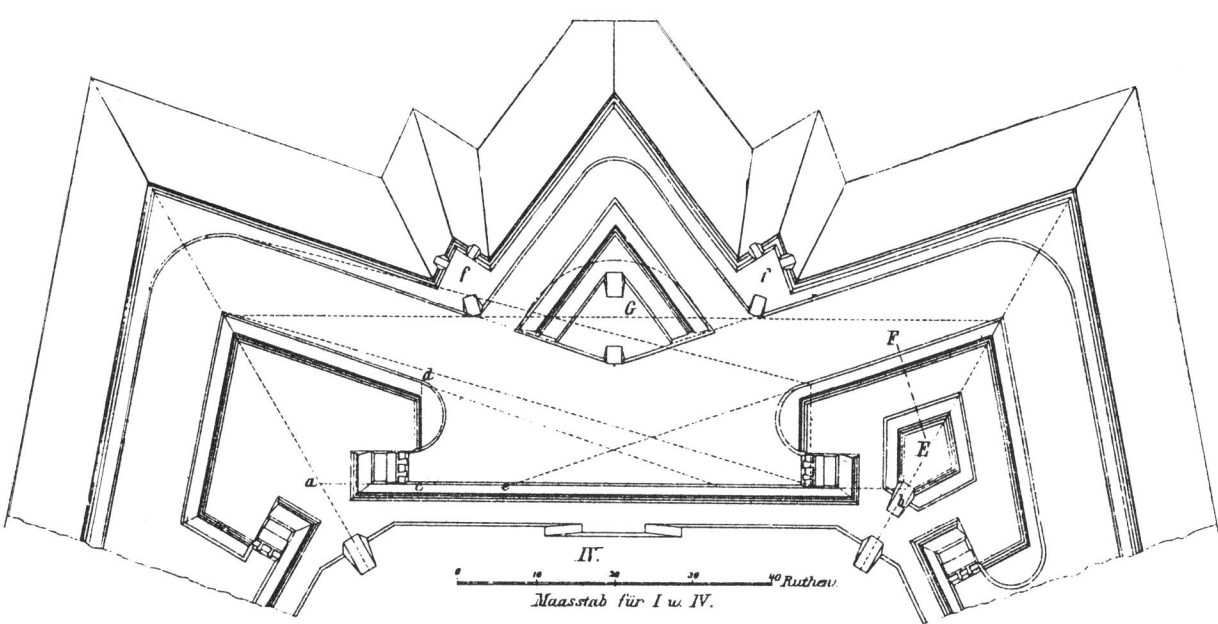

Fronte Bastionata – bastionierte Front aus der Mitte des 16. Jh. in neuitalienischer Manier als Teil eines bastionierten Hexagons. a–b innere Polygonlinie, d–c Flanke, a–c Halbkehle (hier 1/6 des inneren Polygons), e–c Nebenflanke (hier 1/4 der Kurtine), E Kavalier, G Ravelin, f Waffenplatz. Reproduktion aus M. Jähns: Handbuch einer Geschichte des Kriegswesens, Atlasband, Leipzig 1880/Osnabrück 1979.

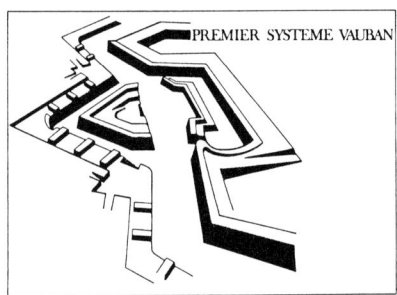 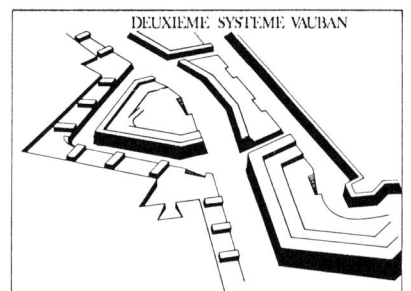 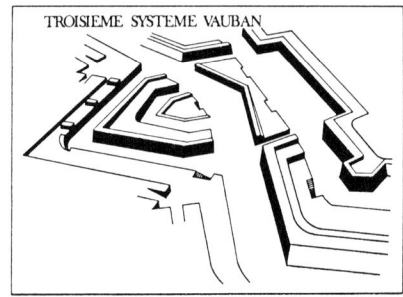

Sébastien le Prestre de Vauban (1633–1707), bedeutendster französischer Festungsbaumeister und Stadtplaner unter Louis XIV., hat über 160 Festungsprojekte bearbeitet. Man kann die in noch großer Zahl erhaltenen Festungen Vaubans grob in drei Systeme bzw. Manieren einteilen, die hier mit ihrer typischen Front abgebildet werden. Reproduktion aus: Monuments Historiques. Vauban et l'Architecture militaire, Nr. 126 (1983).

Front d'Etude Bastionne nach Vauban

1 Glacis, freies feindwärts geneigtes Schußfeld vor dem Grabenrand mit gedecktem Weg, 2 Saillant hier im ausspringenden Winkel des gedeckten Weges, 3 Gedeckter Weg als Kommunikationsgang und Verteidigungsstellung über der Kontereskarpe, 4 Traversen, rechtwinklige Querwälle zum Schutz gegen Flankenfeuer, 5 Waffenplatz im einspringenden Winkel der Kontereskarpe, 6 Waffenplatz im ausspringenden Winkel der Kontereskarpe, 7 Kontereskarpe, feldseitige Grabenwand, dem Hauptwall gegenüber, erdgeböscht oder mit Futtermauer versehen, 8 Graben, naß oder trocken, oft inondierbar, 9 Ravelin, Halber Mond, Verteidigungswerk im Hauptgraben vor Kurtinenmitte, 10 Reduit, Rückzugswerke für vorliegendes Ravelin, 11 Kontergarde bestehend aus zwei Facen eines ausspringenden Winkels eines niedrigen Werkes, parallel zum Hauptwall oder einer Bastion gelegen, 12 Kaponniere, Grabenwehr, Koffer, Hohlbau im Festungsgraben für Flachfeuer im Grabenraum, 13 Tenaille, Zange, scherenförmiges Außenwerk, Niederwall, vor Kurtine, 14 Eskarpe, Wallmauer, 15 Bastion, 16 Kurtine als Verbindungswall zwischen zwei Bastionen, 17 Kavalier, Katze, überhöhte Artilleriestellung zur Vorfeldbeherrschung, 18 Rampenförmige Stellung in Bastionsspitze, 19 Bastionflanken, 20 Bastionsfacen, 21 Rampen zum Wallgang, 22 Poterne als unterirdische Verbindung zum Ravelin unter Bauhorizont. Reproduktion aus: Edith Delattre, Vauban dans les Alpes, Paris 1985.

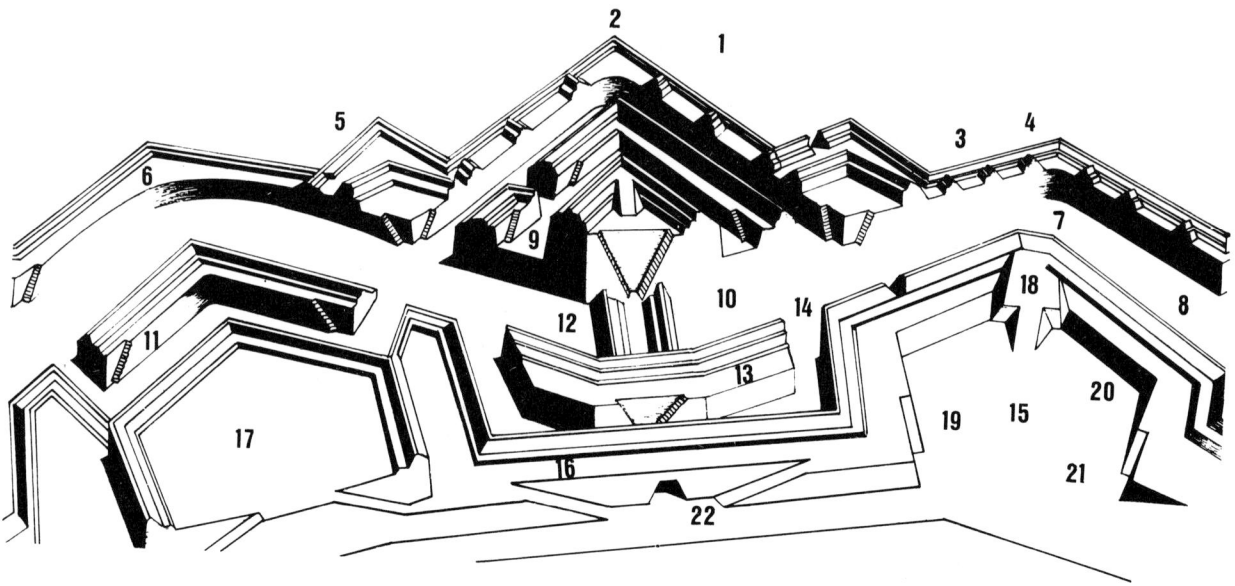

 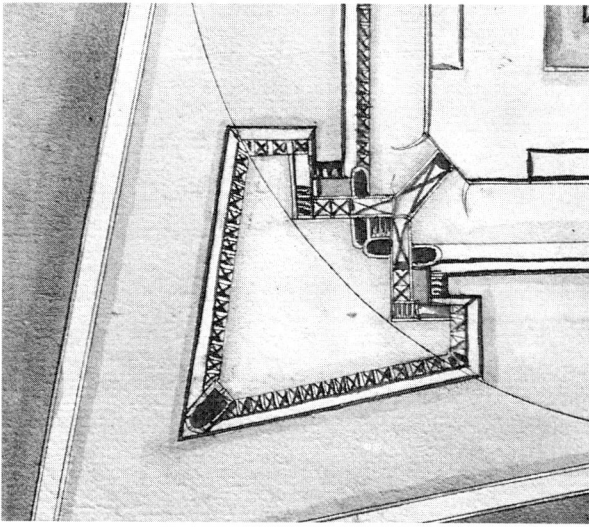

Ansicht und Grundriß einer Bastion (Zitadelle Jülich) in neuitalienischer Manier aus Federzeichnungen von Daniel Specklin von 1583. Der Vergleich zeigt den äußeren und den inneren Aufbau der in den künstlichen Graben vorgeschobenen fünfeckigen Geschützplattform. Die frühe Form weist noch keine Bauten wie Kavaliere oder weitere Feueretagen auf der Oberfläche auf. Nur das Beobachtungshäuschen auf der Bastionsspitze ist vorhanden, um das Vorgelände optisch unter Kontrolle zu halten. Im Grundriß wird das Kasemattensystem und der parallel zur Außenmauer der Facen, Flanken und anstoßenden Kurtinen und das Verbindungssystem der Geschützstellungen in den zurückgezogenen Flanken erkennbar. Original des Kodex: Musée de Strasbourg. Fotos: Hartwig Neumann.

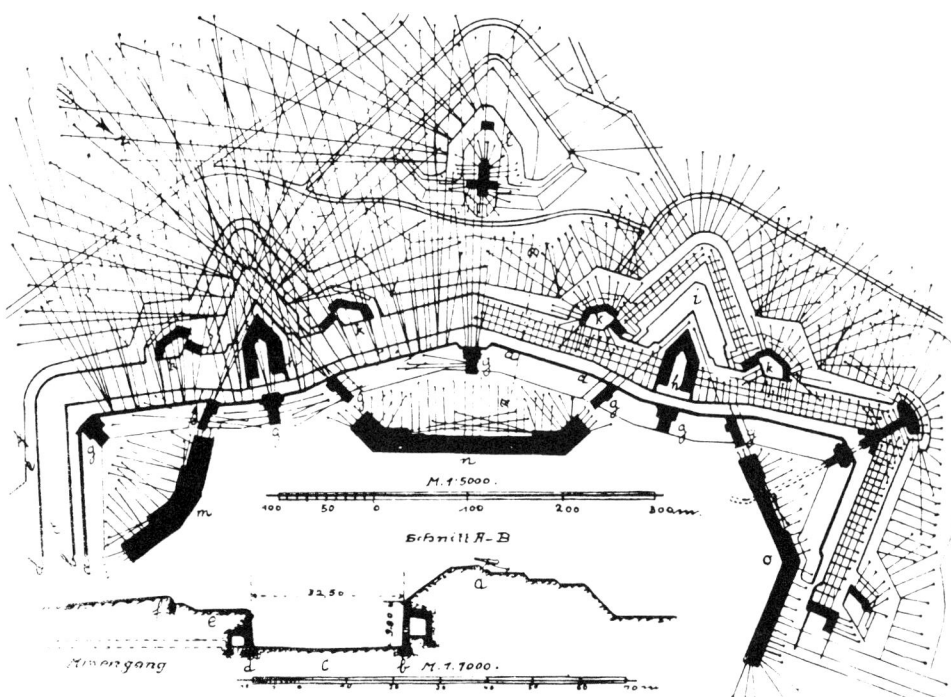

Auch das *Neudeutsche Befestigungssystem* der 1. Hälfte des 19. Jh. beruht auf den vorausberechneten Schußlinien von Geschütz und Handfeuerwaffen. Hier der Feuerplan der Fronten Schmauß und Becker (links und rechts der Mittelachse) von GERMERSHEIM und ein Grabenprofil. Reproduktion aus Georg Ball: Germersheim die geschleifte Festung, Speyer 1930/Germersheim 1984. Es bedeuten: a Feuerlinien der Brustwehr vom Hauptwall, b Stirnmauer, c Hauptgraben, d Kontereskarpe, e Gedeckter Weg, f Feuerlinie Glacis, g Walltraversen, h Grabenwehr, i Deckwall mit Stirnmauer und Vorgraben, k Waffenplatzreduit, l Lünette, m–o Kasernen.

> »Die ARCHITECTVRA Militaris, oder Kriegs-Bau-Kunst, wird auch mit dem un-lateinischen Worte A r s F o r t i f i c a t o r i a und oft schlechthin die F O R T I F I C A T I O N genannt.«
>
> Benjamin Hederich: M. Benjamin Hederichs ... Anleitung Zu den fuernehmsten Mathematischen Wissenschaften Benanntlich ... So fern solche einem politen Menschen, insonderheit aber denen, so die Studia zu prosequiren gedencken, nuetzlich..., Wittenberg ⁶1744, S. 210.

VI. Architectura Militaris: Kunst und Wissenschaft

Die Architektur oder Baukunst ist immer eine bildende Kunst, die stark zweckgebunden ist. Diese Finalität auf ein materielles Ziel, eben den zu schaffenden Neubau, ist durch die praktischen Tätigkeiten der Baukunst mit der Technik und damit dem Handwerk vorgegeben. Die beiden Aufgabenfelder der Baukunst sind die Architectura Civilis und die Architectura Militaris. Obwohl beide aufeinander angewiesen sind, gleiche Methoden anwenden und sich gegenseitig beeinflussen und berühren, war noch bis ins 18. Jh. hinein ein Architekt als Baumeister für den zivilen Bereich und ein Ingenieur als Baumeister für den militärischen, besonders den fortifikatorischen Bereich auswechselbar, besser vertauschbar, denn »beide Architekturen« wurden von einer Person, dem Baumeister, beherrscht.

»Die während der Renaissance und des Barock unternommenen Versuche, die Architektur zu einer auf mathematischer Grundlage betriebenen Kunst zu machen, sind als Teil der Bestrebungen zu verstehen, die Kunst aus dem Bereich des Handwerklichen heraus auf die Höhe einer Wissenschaft zu führen« (Werner Müller in Katalog HAB 1984, S. 94). Wie wurden diese Bestrebungen begründet?

Der Militäringenieur hatte stets die doppelte Aufgabe, im Kriegsfalle verantwortlich zu sein für die Eroberungsdurchführung mit ihren technischen Hilfskonstruktionen bei der förmlichen Belagerung als auch für die Verteidigung durch Fortifikation. In letzterem Falle hatte er schon in Friedenszeiten Vorsorge durch permanente Festungsbauten zu schaffen. Die durch den Ingenieur entwickelten Formen von neuzeitlichen Befestigungswerken sind – wie die Abbildungen und Pläne in diesem Buch zeigen – außerordentlich regelmäßig. Das gilt nicht nur für Regularfestungen, sondern ebenso für die irregulären Anlagen, die aus topographischen Gründen angelegt werden mußten. Der Hang zur Regularität ist stets und durchgängig in allen Befestigungsepochen festzustellen. Die einzelnen Grundformen lassen sich gerade im Fortifikationswesen auf geometrische Grundformen zurückführen. An verschiedenen Stellen haben wir verdeutlicht, daß die Festungssysteme und -manieren bedingt waren durch die Schußlinie vom Verteidigungsgeschütz. Man wollte einen umwehrten Raum (Stadt-, Bergfestung, Zitadelle, Brückenkopf, Fort usw.) rundum so konstruieren, daß keine toten Winkel entstanden und das Abwehrfeuer maximal war. Diese Hauptforderungen ließen sich auf die Mathematik, speziell auf die Geometrie zurückführen, aber auch auf die Körperlehre, die Perspektive, die Proportionslehre u. a. Hier wäre der erste und wichtigste Anspruch auf Wissenschaftlichkeit der Architectura Militaris festzuhalten, denn Mathematik wurde als Fundamentum jeder Wissenschaft angesehen. Es gibt aber eine Reihe weiterer Fakten, die den Anspruch begründeten.

Da ist der grundlegende Einfluß der Schußlinien der Geschütze. Hier wirken Naturgesetze, mit denen der Ingenieur sich als Inventor auseinanderzusetzen hatte. In zahlreichen Fällen war der Ingenieur gleichzeitig auch Artillerist. Zwar wissen wir seit der Anwendung der Infinitesimalrechnung auf die Berechnung der ballistischen Kurve, daß diese seit ihrer »wissenschaftlichen« Erstdeutung durch Tartaglia 1537 jahrhundertelang falsch gesehen werden mußte, doch die damals auf empirische Weise ermittelten Werte mit all ihren

In der Jahresausstellung 1984 der Herzog August Bibliothek Wolfenbüttel wurden erstmals die beiden Bereiche der Baukunst ARCHITECTURA CIVILIS und ARCHITECTURA MILITARIS sowie die »beiden Architekturen« gemeinsamen Grundlagen als Kunst und Wissenschaft präsentiert. Das Anliegen der Ausstellung drückt das Plakat aus, welches unter Verwendung eines Porträtkupfers von J. Furttenbach († 1667) die Allegorien Mars und Architectura mit ihren Attributen vorstellt. Beider Tätigkeit treffen sich im bastionierten Schloß, der Festung Lichtenau. Entwurf: Hartwig Neumann.

Fehlern reichte für die Praxis völlig aus. Die Ballistik als mathematische Disziplin mußte von den Ingenieuren der Architectura Militaris also als eine Hilfswissenschaft betrieben werden. Anmerkung: Im Bauwesen wurde die Baustatik bis in das späte 18. Jh. ebenfalls nur empirisch betrieben.

Im Geschützwesen waren die Erkenntnisse der Pyrotechnik außerordentlich wichtig. Zwar wissen wir erst aus viel späterer Zeit um die stöchiometrische Zusammensetzung des Schwarzpulvers als Treibladung für Geschosse, doch in der frühen Neuzeit hatte man die ebenfalls empirisch gewonnenen Erkenntnisse, anfangs noch gekoppelt mit alchimistischen Praktiken, im Wissenskanon der Ingenieure. Die zahlreichen erhaltenen sog. Büchsenmeisterbücher beweisen das.

Der Ingenieur benötigte ein Sortiment an mathematisch-architektonischen Instrumenten für seine Zeichnungen und Vermessungen. Die Instrumentenkunde galt ebenfalls als eine aus dem Bereich des Handwerklichen herausgehobene Wissenschaft.

Das waren die wichtigsten Punkte zur Argumentation um den Anspruch der Wissenschaftlichkeit der Kriegsbaukunst. Entsprechend sind die Traktate der Architectura Militaris abgefaßt. Der qualifizierte Ingenieur benötigte aber über die skizzierten wissenschaftlichen Kenntnisse hinaus eine Reihe von Fähigkeiten und Fertigkeiten, die weitgehend aus dem

Le Cabinet de l'Academie des Sciences au Palais du Louvre
Kupferstich von Sébastien Le Clerc um 1698 aus dem Werk von Ernest Maindron: L'Academie des Sciences. Histoire de l'Academie, Paris 1888. Foto: Deutsches Museum München, Nr. 31716. Original HAB: WB 33-2635.
Fortifikation war von der technisch-mathematischen Seite her bis ins 19. Jh. wichtiger Teil der Ingenieurausbildung. Die Akademien hatten das Fortifikationswesen als Forschungs- und Lehrgebiet in ihren Programmen – es hatte von jeher wissenschaftlichen Rang.
Der Blick in das Instrumentenkabinett der Academie des Sciences et les Beaux-arts zeigt neben Geräten der Mechanik, Optik, Astronomie, Vermessungswesen, Architektur auch – und zwar recht zahlreich – Studienmodelle aus dem Artilleriewesen und eine Reihe von Fortifikationsplänen am Pfeiler. Gelehrte disputieren, die Frauen halten sich in respektvoller Entfernung im Eingangsbereich auf.

Werk des Vitruv gezogen wurden. Da mußte der Ingenieur durch literarische Ausdrucksweise seine Ideen und Entwürfe formulieren können, er mußte zeichnerisches Talent besitzen, um seine Ideen und Entwürfe bildlich darzustellen, er hatte die Bauaufsicht mit den Pflichten als Buch- und Rechnungsführer und Organisator. Schließlich forderte man von ihm Geschichtskenntnisse, Philosophie, Klimakunde, Baurecht und sogar Kenntnisse in Astronomie und der Musik. Dies alles ergibt das Berufsfeld des Ingenieurs mit seinen Tätigkeitsmerkmalen. Die bedeutenden Militärbaumeister in der Geschichte waren auch Universalisten, die ihre Werke mit einem Sinn für Schönheit, Ausgewogenheit und Ebenmaß zur Bewältigung von Krieg und Frieden bauten.

Die Verwissenschaftlichung der Architectura Militaris setzte sich mit der Wende zum 18. Jh. besonders stark fort durch Gründungen von Ingenieurschulen und -akademien sowie den Ingenieurkorps in den deutschen Ländern. Für eine unübersehbare Zahl an Architekten, die hier Stellungen bezogen, sei der Capitain-Ingenieur und Baumeister Friedrichs I. Jean Baptist Broebes (geb. um 1660, gest. 1720) genannt. Er erhielt einen Ruf als Professor für Zivil- und Militärarchitektur an der Kgl. Kunst-Akademie zu Berlin. Broebes ist u. a. bekannt wegen seiner Kupferstichfolge: Prospect der Palläste und Lust-Schlösser Seiner Königlichen Mayestätt in Preussen, posthum 1733.

Die Entwicklung im Ausland lief ähnlich. Kriegsbaukunst war international. Die nebenstehende Abbildung zeigt einen Blick in das Kabinett der Akademie der Wissenschaften in Paris. Ein Großteil der Sammlung besteht aus Materialien zur Kriegsbaukunst.

Dieser *Kompaß aus Messing* (Vorder- und Rückansicht) hat gewisse Ähnlichkeiten mit dem von Daniel Specklin in seinem Festungsbautraktat von 1589 vorgestellten Meßgerät. Die Instrumentenkunde galt stets als eine aus dem Bereich des Handwerklichen herausgehobene Wissenschaft, die ein Kriegsbaumeister beherrschen mußte. Original und Fotos: Württembergisches Landesmuseum Stuttgart.

> Item die Erbauung der churmainzischen Citadelle Petersberg ober Seiner Liebden Statt Erfurth, alwo nichts als die Mauer und ein schlechter Wall gestanden, er habe solche mit schönen Gräben und vielen ausswendigen Schutzwerken und Contra Scarpen bevestiget.
>
> Aus dem Adelsdiplom von Kaiser Karl VI. für den Kriegsbaumeister Maximilian von Welsch (1671–1745) vom 9. Sept. 1714

VII. Baumeister und Ingenieur

Die gemeinsamen Tätigkeitsmerkmale von Baumeister, Architekt und Ingenieur sind nur grob zu umreißen, da sie sich im Laufe der Geschichte änderten und selbst in einheitlichen Bauepochen unterschiedlich gehandhabt wurden. Eine Linie aber läßt sich beim Kriegsbaumeister aufzeigen. Er war der klassische Ingenieur, der Spezialist der Kriegsbaukunst.

Im Mittelalter erhielt derjenige Bausachverständige den Auftrag, der sich zuvor als Steinmetz, Zimmermann oder Maurer ausgezeichnet hatte und sich anbot oder berufen wurde. Es gab im gesamten Mittelalter keine den anderen Handwerken analoge Zunftorganisation mit festgeschriebener Ausbildungsordnung. Erst mit der Renaissance entwickelte die Gesellschaft auf Grund neuer und gesteigerter Anforderungen an »ingenium« und »invention« die neuen Berufsstände Architekt und Ingenieur. Die Bauaufgaben waren plötzlich so zahlreich und kompliziert geworden, daß mehr Wissen und Können zur Bewältigung der Bauaufgaben gefordert und erbracht werden mußten. Diese Bauaufgaben entstanden auf zivilem und militärischem Sektor. Es galt die öffentlichen Gebäude mit Sakral- und Profanbau (Kirchen, Rathäuser, Residenzen, Universitäten, Hospitäler, Speicherbauten, Brücken-, Straßen-, Dammbau usw.) zu entwerfen, bildlich darzustellen, zu bauen und in Städten zusammenzufassen, und es galt militärische Schutz- und Verteidigungsbauten zu realisieren. Im Zeughaus-, Hospital-, Kasernen-, Magazinbau trafen sich Architectura civilis und militaris. Es läßt sich schon früh eine gewisse Spezialisierung in die Bauaufgaben »beider Architekturen« feststellen, wenn wir die Baugeschichte der Einzelbauten verfolgen. Doch noch lange Zeit sind Architekt und Ingenieur Baumeister mit dem Wissen beider Architekturen in Theorie und Praxis in einer Person. Das Grundwissen schöpfte man aus dem einzigen erhaltenen Traktat über das Gesamtgebiet der Architektur des Altertums, Vitruvs 30 nach Christus verfaßte »Zehn Bücher über Architektur«. Formenlehre, Proportionen, Säulenanwendung, baumeisterliche Auffassungen wurden nach der Wiederentdeckung des Manuskriptes und seiner Vervielfältigung im Druck tradiert. Die viel zitierte Rückbesinnung der Renaissance zur Antike wäre ohne Vitruv wohl nicht möglich gewesen. Eine Schule des Vitruvianismus entstand, breitete sich aus und wirkte bis Ende des 18. Jahrhunderts.

Seit dem frühen 17. Jh. lassen sich Unterschiede zwischen dem Architekten, der oft Baumeister genannt wird, und dem Ingenieur feststellen. Dem Architekten werden die drei Takte Kunst-Zierform-Geist zugeordnet, dem Ingenieur parallel dazu Konstruktion-Zweckform-Technik. Letzteres wird im Militärbauwesen mehr gefordert. Während der Zivilarchitekt der Schaffende war (und ist), der aus bearbeiteten Naturstoffen Raumbildendes und Raumerfüllendes schuf im Sinne von Invention und Kreativität und mit Formen dekorierte, ist der Militärarchitekt und -ingenieur der speziell für militärische Zwecke einzusetzende Fachmann, der unter dem unmittelbaren Einfluß von Naturgesetzlichkeit und Technik baut. Oben schon wurde mehrfach betont, daß die Schußlinien der Feuerwaffen im wahrsten Sinne des Wortes grundlegend, grundrißbestimmend im Festungsbau sind. Kriegsbaukunst ist lange Zeit als angewandter Teil der Mathematik, speziell der Geometrie, aufgefaßt wor-

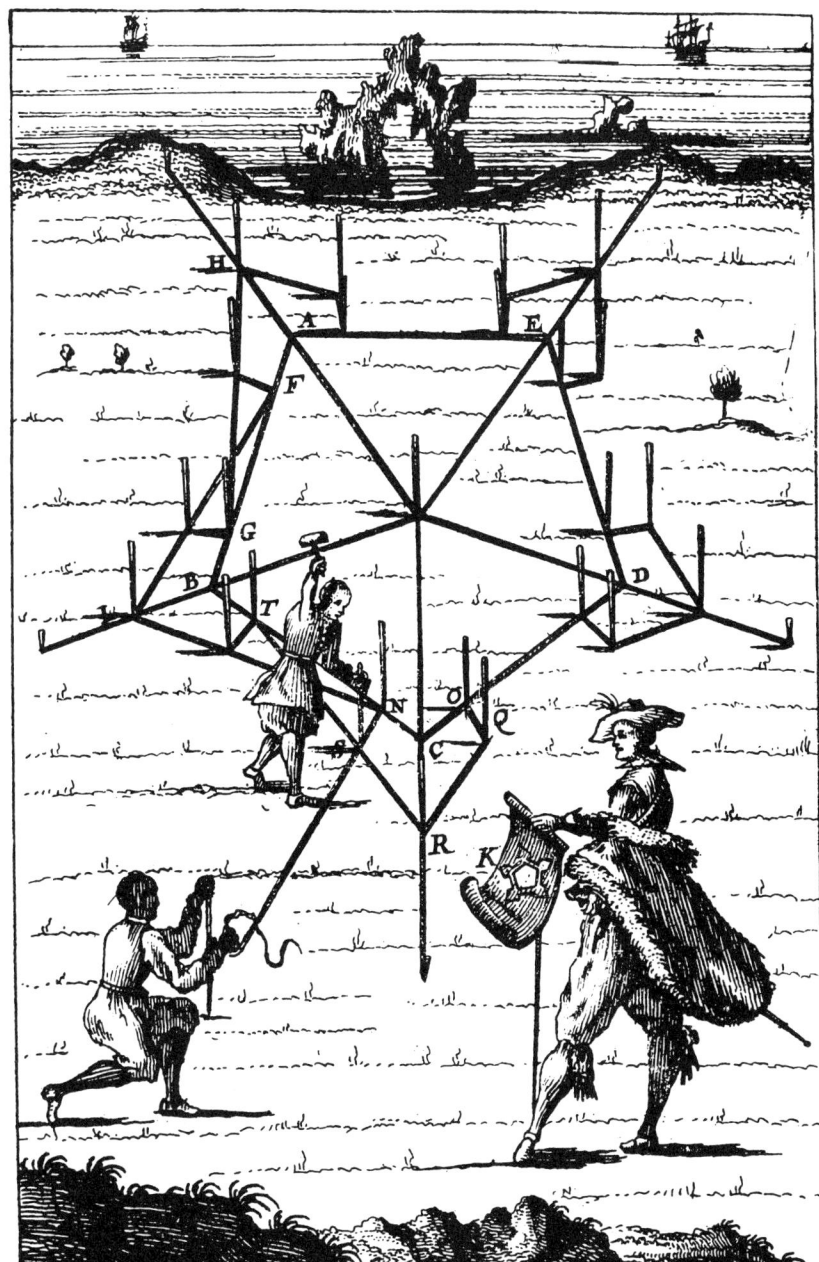

Abpfählen einer pentagonalen Bastionärfestung im flachen Gelände. Der Militärbauingenieur überwacht die Übertragung der Grundmaße vom Bauplan in die Landschaft. Die Benutzung von Seilen war schon im 16. Jh. üblich. Wegen der weiten Ausdehnung neuzeitlicher Festungswerke in der Waagerechten und mehr oder weniger unebenem Gelände kam es schon in dieser Phase zu ersten Meß- und damit Baufehlern bzw. Abweichungen vom Plan. Reproduktion aus Allain Manesson Mallet (1630–1706): Les Traveaux de Mars ov la Fortification novvelle, Amsterdam 1672.

Dieweil nun aber Haus und Hof samt allem, allem, was darin, totaliter verbrannt, ... so habe mich zu der in fremden Landen erlernten Festungs-Bau-(Kunst) verwendet, auch balde ... unter Herzog Wilhelm von Sachsen-Weimar, Königl. Schwedischem General-Lieutenant, damals zu Erfurt, Dienst und Bestallung für einen Ingenieur bekommen.

Otto von Guericke (1602–1686) nach der vernichtenden Belagerung und Einnahme Magdeburgs 1631

> »Die solche Kunst [Architectura Militaris] verstehen und ueben/werden I n g e n a r i i, Ingenieurs genannt weil sonderlich zu dieser Kunst eines scharffsinnigen Nachdenckens von noethen/indem nicht alles in gewisse Regulen und Praecepta kan verfasset/sondern viel des Kuenstlers Verstande/Ingenio und Nachsinnen muß heimgestellet werden.«
>
> Johann Georg Pasch in FLORILEGIUM FORTIFICATORIUM von 1662

den. Der Ingenieur war der Kriegsbaumeister, der zwar auch für Objekte der Architectura civilis zuständig sein konnte, ja dort Bescheid wissen mußte, der sich aber auf den Militärbau, und das bedeutete primär Festungsbau, spezialisiert hatte.

Einige Beispiele:
Michele di Sanmicheli (1484–1559) venezianischer Architekt und einer der ersten Anwender des Bastionärsystems, erhielt 1527 den Titel »Ingegner al Servizio dello Stato per le Lagune e Fortificazioni«. Daniel Specklin, der wichtigste Festungsbaumeister der 2. Hälfte des 16. Jh., nannte sich durch die »Statt Straßburg bestellter Bawmeister«. Leonardo da Vinci tritt 1502 als »architetto ed ingegnere generale« in die baumeisterlichen Dienste des Cesare Borgia, Marschall der päpstlichen Truppe. Otto von Guericke (1602–1686) wird als Ingenieur und Physiker bezeichnet. Seine fortifikatorische Tätigkeit in Magdeburg hatte so seinen Niederschlag gefunden. Kepler (1571–1630), Galilei (1564–1642) und Kopernikus (1473–1543) waren Astronomen, Mathematiker, Physiker und nie fortifikatorisch tätig. Deshalb erhielten sie weder dienstlich noch ehrenhalber den Titel Ingenieur. Im absolutistischen Frankreich war der Ingenieur-Titel an den König gebunden. Ingénieur du Roi ist der Beinamen zahlreicher Autoren auf Titelseiten ihrer Traktate. Vauban ist »le grand ingénieur« und »Ingénieur de France«, was einer hohen Auszeichnung für seine überragende Tätigkeit in der französischen Landesbefestigung entsprach. K. F. Schinkel (1781–1841) ist ein schönes Beispiel für die Einheit von Künstler mit hohem Rang und Militärbauarchitekten. Der preußische Klassizismus spiegelt vornehmlich in seinen Militärbauten Schinkelsche Inventionen. Trotzdem hat er nie den Titel Ingenieur erhalten. Der berühmte Herausgeber der ersten deutschen Palladio-Ausgabe »Zwey Buecher Von der Baukunst« 1698, Georg Andreas Böckler († 1687) ließ posthum sein wichtiges Werk mit dem Zusatz zum Namen »Archit. & Ingenieur« edieren.

Im Lateinischen bezeichnet »ingenium« soviel wie Scharfsinn, Erfindungsgabe oder auch Einfallsreichtum. Der Begriff des Ingenieurs ist schon im 13. Jh. in Frankreich, England und Italien für militärisch orientierte Bausachverständige nachgewiesen. Der neuzeitliche Fortifikateur muß sich nach L. Chr. Sturm (1669–1719) in der Offensiv- und Defensivkriegsbaukunst auskennen. Als offensiv stuft der berühmte Architekturtheoretiker die technische Angriffsführung ein, die Lager- und Feldbefestigungsbaukunst, während die permanenten Festungsbauten Defensivbauten sind. Wir unterscheiden drei Grundaufgaben des Kriegsbaumeisters. Er hat feste Plätze *1.*, zu attaquieren, *2.* zu fortifizieren, *3.* zu defendieren. Diese taktischen und ingenieurstechnischen Aufgaben verlangten vom Ingenieur mehr Wissen als vom Zivilarchitekten. Er mußte technisch versierter sein und neben seiner Baupraxis auch eine militärische Ausbildung als Büchsenmeister bzw. Artillerieoffizier durchgemacht haben. Ein Blick in die Biographien der wichtigsten Militärbaumeister von Alexander Pasqualini († 1559) bis Balthasar Neumann († 1753) beweist das.

Der Zwang zur Anpassung an den Zeitgeist, den Geschmack derjenigen, die die Richtlinien der Baupolitik bestimmten, führte auch beim Ingenieur zur Uniformierung. Der individuelle Entwurf und die Ausführung ist wie beim Zivilarchitekten abhängig von materiellen-ökonomischen, sozial-kulturellen und ästhetisch-künstlerischen Gesichtspunkten der Zeit und ist damit stilbildend. So können wir heute aus den Fortifikationsmanieren der einzelnen Ingenieure die Kennzeichen für die Stilepochen Renaissance, Barock, Klassizismus herausarbeiten.

 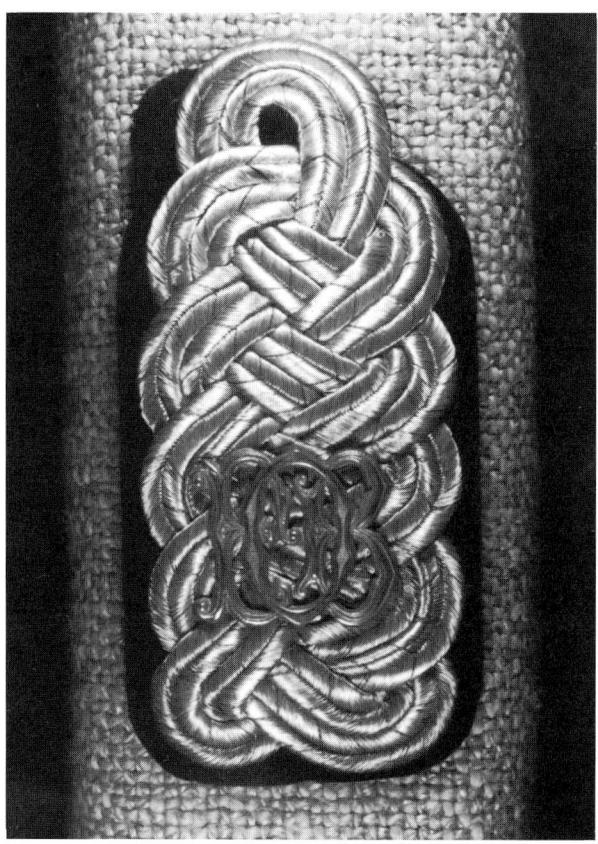

Achselstück eines Festungsbau-Offiziers (FBO) im Range eines Majors, M/10. Silberne Plattschnur mit Seidenfaden (hier hellblau für bayer. Truppen, Preußen schwarz), geschildert, goldener Namenszug FBO, schwarzes Unterfutter. Original: Sammlung Sauer, Foto: Hartwig Neumann. Reproduktion: Hermann Selzer, Bayer. Armeen. Epauletten u. Feldachselstücke der Offiziere 1874–1919, München (Eigenverlag) 1975.

Eine Straffung erhielt das Militärbauwesen durch die Gründungen von Ingenieurkorps und Ingenieurschulen, letztere z. B. 1742 in Dresden, 1748 in Mézières, 1750 in Wien, 1788 in Potsdam. Sie tragen zur Spezialisierung des Ingenieurberufes bei und sind die Antwort auf die Vergrößerungen der Armeen und die Fortentwicklung ihrer technischen Möglichkeiten.
Schon früher wurde das Wort Baumeister gleichbedeutend mit dem Begriff Architekt benutzt. Es gibt diesen Begriff aber auch als Amtsbezeichnung.
Der Rats- oder Stadtbaumeister ist schon im 16. Jh. in den Reichsstädten nachweisbar. Im absolutistischen Staat gibt es den Landbaumeister, der für die fürstlichen Bauten zuständig ist. Dieser Baumeister trägt Verantwortung für die Bauorganisation, Bauverwaltung. Mit den Hilfskräften der Bauschreiber und Wallmeister übt er die Baukontrolle aus und trägt die Verantwortung vor dem Fürsten. Sein Aufgabenbereich erhält er durch fürstliche Instruktionen, die oft Teil der Bestallungsurkunden sind.

J. Ardüser (1584–1665) formulierte für den Zivilarchitekten, bei ihm Baumeister genannt, im 17. Jh. die »nohtwendigisten Eigenschafften«. Dieser informative Text soll hier nachgedruckt und dem Text zum Berufsfeld des Ingenieurs aus dem Ständebuch von Christoff Weigel (1654–1725) gegenübergestellt werden.
Die Aufgliederung in Künstler, Architekt und Ingenieur als eigene Berufszweige mit eigenen Tätigkeits-

merkmalen setzt sich erst in der 2. Hälfte des 18. Jh. durch.

Früher gehörte Architektur als Theorie von der Baukultur zur Allgemeinbildung des Adels und des gehobenen Bürgertums. Heute ist für einen werdenden Bauingenieur nicht einmal ein Oberseminar in Bau- und Kunstgeschichte erforderlich!

Der Festungsbaumeister und Ingenieur Johann Heinrich Ardüser (1584–1665) aus Zürich gab seinem Traktat ARCHITECTURA Von Vestungen 1643 ein Kapitel über die »nohtwendigsten Eigenschafften« des Baumeisters, also ein Berufsbild bei, welches hier im Wortlaut vorgestellt wird. Die Bauaufgaben des Baumeisters kommen gleichberechtigt aus den Gebieten von Architectura civilis und Architectura militaris. Foto HAB: 5.3 Bell. ▶

Architectura Civilis und Architectura Militaris und ihre Bauaufgaben. Schema aus Rudolf Schott: Die Stellung des Wehrbaus in der Baukunst des 16.–18. Jh., Karlsruhe 1941.

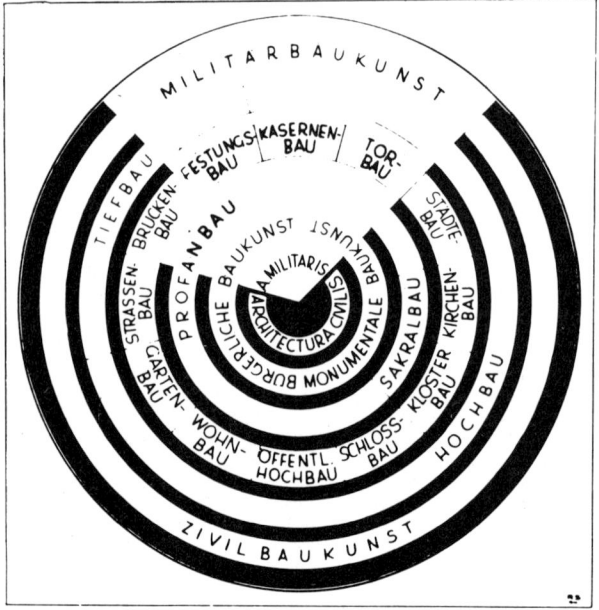

ARCHITECTURA
Von
Vestungen
Wie einjeder Statt auff
einneue Art zubevestigen
mit geburenden kupfer-stuk-
en in Truck gegeben
Durch
Haubtman Johan Ardüser
In Zürich
Bey Joh: Henrich Hamberger
In verlegung des Authoris
Im Jahr Christi 1651

Das erst Capitel.
Von
Den nohtwendigisten Eigenschafften eines Bauw-
meisters/ so er sonderbar wüssen soll.

Die Architectur oder Bauwkunst bestehet in der ursach/ im angeben vnd in der materi/ dessen ein Bauwmeister auß erfahrenheit einen guten verstand soll haben. Die vrsachen/ warumm ein Bauw kan für-genommen werden/ sind dreyerley. Die erste betrifft die versicherung/ dar von wir hier wöllen handlen; die ander vrsach beschicht zum täglichen brauch: Die dritte ist für die Religion/ da einer wol wüssen soll/ was für gebäw ein jedes erforderen thüge. Alß zu der versicherung sind die Schantzen vnd Vestungen; zum täglichen brauch sind theils gemeine/ theils sonderbare ge-bäw. Die gmeinen sind zum theil frey vnd offen/ alß der Marckt/ die Plätz/ Straassen vnd Bruggen.

Andere sind zur majestät vnd pracht/ alß der Pallast des Fürsten.
Zum regieren/ alß das Rahthauß vnd Cantzley.
Zur straff/ die Gfancknuß.
Zum behalten/ die Schatzkammer/ Proviant-rüst-zeughauß / Speicher/ Früchthäuser vnd Käller.
Zum nutz/ die Wasserleitungen.
Zu der zuflucht/ die Häfen vnd Meerport.
Zur handlung/ das Kauff-Waag-vnd Zollhauß.
Zur gsundheit/ die Bäder.
Zum lust/ die Schauwplätz.
Zur übung die Rennpfen/ Ball-vnd Schießhauß.

Der sonderbaren gebäuden sind wider vnderschidenliche/ alß:
Zur wohnung/ die Palläst vnd Häuser.
Zur ergetzlichkeit/ die Feldgüter vnd Gärten.
Zur Seefahrt/ die Schiff.
Zur nohtwendigkeit/ die Wasser-Wind-Roß-vnd Handmülle.
Zum heben/ die Hebgeschirr von schrauben/ räder/ flaschen/ rollen.

Zu ehren/ die Triumphbögen/ Bildnus/ Siggzeichen vnd andere.
Zu der Religion sind zum täglichen Gottsdienst/ die Kirchen.
Zum lehren/ die Universitäten vnd Schulen.
Zu pflegung der Krancknen/ die Spitäl.
Zu verwahrung der todten/ die Gottsäcker.
Zur gedächtnuß/ die Begräbnussen/ Epitaphia vnd andere.

Es seyind nur die gebäuw zur versicherung/ zum täglichen brauch/ oder zu der Religion/ so muß der Bauwmeister wüssen sölche anzegeben/ vnd eines jeden vrsach mit Geometrischem grund vnd fundament zu beweisen/ wie gleichfahls durch die Arithmetica den vnkosten/ so darüber gaht/ vnd die zeit/ mit gwüsser anzahl personen solchen bauw zu vollführen/ auffzusetzen/ vn dem Bauwherren desto alles grundtlichen zuberichten/ damit er auch die gsunden lüfft zu erwellen wüsse/ soll er den lauff des firmaments/ vnd die natur der winden durch die Astronomiam zuthеilen wüssen/ damit er das jenige/ so zu der gsundheit des menschen/ oder nachtheil der gebäuwen gerei-chet/ zuerwellen oder zuvermeiden einen guten verstand habe.

Die gfahr der gebäuwen zu der versicherung (es seyind Schantzen/ Vestungen oder Stätt) soll er durch kriegs-erfahrenheit erkennen/ vnd was zu derselben erhaltung von nöhten seige/ zu deme das lesen der Historien sehr dienstlich/ gleichfahls/ daß er den gwalt des gschützes/ vnd krafft des pulvers durch tägliche pratic wol verstande.

Vnd bestehet ein jeder bauw in rechter anstellung vnd guter ordnung/ damit selbiger die Nutzbarkeit/ die Bestendigkeit vnd das Ansehen/ so jhme gebürt/ bekommen möge.

Die Nutzbarkeit bestehet in dem/ daß der bauw wol werde abgetheilt/ damit ein jeder theil sein gebürendes ort/ darzu es soll dienen/ bekomme.

Zu der Bestendigkeit erforderet es erstlich ein gut fundament/ vnd daß die besten materien nach jedes lands gelegenheit/ es seye gleich holtz/ stein/ kalch/ sand/ ysen oder ander mettall: vnd wann solche zuzurüsten/ nammlich/ waß das holtz zufellen/ vnd worzu es sölle gebraucht werden/ es seye ins wasser/ zu fundamenten/ vnder oder vber die erden/ zum rüsten/ brucken oder zum bauwen/ zu zimmer- oder schreinwerck.

In was art die stein seyind/ waß sie zubrechen/ damit sie desto bestendi-ger seyind/ ob solche hart oder weich/ welche besser vnder oder vber die erden seyind/ damit sie weder erfrierind noch reissind/ sonder im bauw beständig verbleibind. Die ziegel oder gebräntte stein/ daß sie nit von sandachtem let-ten/ daß sie schwär/ vnd leicht zerfliessen/ so sie am watter stahnd; sonder von gutem leim wol gebrändt/ im Frühling oder im Herpst/ daß welche im Sommer gemacht werden/ trochnend aussen herumb vnd inwendig nit: wan dann solche inwendig auch ertrochnen / so schweinen sie / vnd geben nach/ vnd sind vnbeständig.

Der kalch/ daß er recht gebrennt/ gschwellt vnd verwahrt werde: das sand/ daß es rein seige/ nit mit letten oder erden vermischet: das beste ist das graben sand/ daß der fluß sand/ vnd letstlich das meer sand.

Zum Ansehen wird erforderet ein wol proportionierte form/ das gantz gegen den Theilen/ vnd die theil hinwider gegen dem gantzen/ vnd sie die theil gegen einanderen/ keins zu groß oder zu klein/ zu wenig oder zu vil/ sonder in einer zierlichen form/ nach der Architectur vnd proportion der orden der fünff säulen abgetheilt vnd geordnet/ alles mit verständtlichen Grund-rissen ligend vnd auffrecht/ gsichtriß vnd durchschnitt/ wie nit weniger per-spectivisch auffgezogen/ vnd lebhafft vor augen gestellt/ damit den Bauwher-ren desto besser vnd verständtlicher zuberichten: dazu dan auch die model von kartenpappr/ wachs/ leim oder holtz sehr dienstlich sind/ dessen allen ein Bauwmeister einen vollkommen satten bricht vnd wüssenschafft haben soll/ neben schönen Erfindungen vnd newen Inventionen.

Den bauw auffzuführen/ soll er zu der besten zeit zuerwellen wüssen/ wie auch gute heiffer/ als Steinmetz/ Maurer/ Zimmerleuth/ Schreiner/ Schlos-ser/ Schmid/ Wagner/ Ziegler vnd andere mehr/ welche er zum bauwen von nöhten haben wird: denen allen soll er wüssen gute anleitung zugeben: vnd was er anfangs von nöhten/ von allerhand materi/ instrument/ pferd/ wä-gen/ kären/ schuppen/ bickel vnd hauwen/ auch holtz zun grüsten/ brucken/ vnd allerhand heb-vnd wasserwerck/ desgleichen seil/ bley/ ysen/ allerley nägel/ soll er alles bey zeiten zur hand verschaffen lassen.

Fürauß aber soll er Gott förchten/ ein ehrbaren wandel führen / auff-recht/ nit geitzig/ kein miet noch gaaben von jemand nemmen/ niemalen in vnbillige anschläg verwilligen/ den arbeiteren jhren gebürenden lohn zu rechter zeit bezahlt machen/ mit denselben fründtlich/ doch ernsthafft seyn/ damit er von jhnen gliebt vnd doch geförchtet werde.

Letstlich soll er sich in keinen streit eynlassen/ sonderlich waß sie eines hohen ansehens sind/ daß solches kan jhm hernach zu hohem nachtheil die-nen/ sonder soll mit fründtlichkeit mit solchen discurieren vnd nit disputie-ren/ vnd sein gemüt niemalen gantz eröffnen.

Das Ständebuch von Christoff Weigel: Abbildung Der Gemein-Nuetzlichen Haupt-Staende Von denen Regenten Und ihren So in Friedens- als Kriegs-Zeiten zugeordneten Bedienten an/biß alle Kuenstler und Handwercker/Nach Jedes Ambts- und Beruffs-Verrichtungen/meist nach dem Leben gezeichnet und in Kupfer gebracht/auch nach Dero Ursprung/Nutzbar- und Denckwuerdigkeiten/kurtz/doch gruendlich beschrieben/und ganz neu an den Tag geleget, Regensburg 1698, stellt auf 213 Kupferstichen und entsprechenden Texten »Kriegs- und Friedensberufe« vor. Für unser Thema interessant sind Büchsenmacher, Büchsenschifter, Constabler/Bombardier, Harnischmacher, Bogner, Minierer, Panzermacher, Pulvermacher, Soldat, Schwertfeger, Stück- und Glockengießer und besonders der Ingenieur (S. 29 ff.). Zu dem 8 x 13 cm messenden Kupferstich des Ingenieurs gab Weigel die folgende Erläuterung. Reproduktionen aus dem Original der HAB: Oc 124. ▶

Blick auf eine Festungsbaustelle
Ausschnitt aus dem Titelkupfer von Nicolaus de Fer: INTRODUCTION A LA FORTIFICATION, Paris 1693, auch in N. de Fer: LES FORCES DE L'EUROPAE, Paris 1691/95. Foto: Hartwig Neumann.
In die Szene ragt ein Geschützrohr, auf dem sich der Stecher Ian. van Vianen fecit 1691 vorstellt. Mitglieder einer Festungsbaukommission lassen sich von Mars und Architectura (nicht mehr auf dem Ausschnitt) einen Festungsplan erklären. Im Mittelgrund bearbeitet ein Steinmetz mit dem Pikhammer einen Quaderstein, dahinter werden Lasten zur Baustelle getragen. Ein Gerüst links vor der mit einem zeittypischen Wappenstein dekorierten Bastionsspitze, davor Architekt und Bauleiter mit dem Bauplan. Steinsetzer arbeiten mit Hilfe eines Baukrans.

Der Ingenieur.
Was hilfft hie Städte messen / und Gottes Stadt vergessen.

*Mest fleissig in Gedancken ab,
die Erde zu dem engen Grab,
so wird kein Feind sich schadend wagen
Zu der verlangten Wertens Stadt
wo die bewehrte Tugend hat
ihr festes Lager auffgeschlagen.*

Num. II.
Der Ingenieur.

Was der Baumeister bey einer Stadt / das ist der Ingenieur in dem Krieg / und so wenig man Jenes entrathen kan / so hoch ist man auch Dieses benöthiget; Ohne die Kriegs-Bau-Kunst ist kein Ort auch nur vor den jähen Anlauf der Feinde sicher; ohne die Kriegs-Bau-Kunst haben wir weder Städte / Schlösser noch Vestungen / und stehet alles frey / bloß / preiß und offen; ohne die Kriegs-Bau-Kunst ist das stärckeste Heer und die streitbarste Menge der Soldaten schwach / hingegen vermag ein durch solche Kunst bedecktes klein und schwaches Häufflein eine doppelstarcke Macht der behertzesten Völcker an- und auszuhalten.

Es mag aber ein Ingenieur noch so klug und wohl seinen ihme anvertrauten Ort und Posten befestiget haben / so weiß jedoch ein anderer / auff des Feindes Seiten / selbigen mit andern Kunst-Erfindungen vortheilhafftig anzugreiffen und zu verlangter Eroberung und Ubergab zu zwingen / woraus dann die Wichtigkeit und Nutzbarkeit der so sinnreich- als tapffermüthigen Ingenieur Kunst so wol zur Kriegs- als Friedens-Zeit / genugsam erhellet.

Daher ist die Ingenieur Kunst entw: defensiva, zur Befestigung und Vertheidigung / oder aber offensiva, zur Belagerung und Eroberung angesehen: Die Defensiva ist Ur-alt / und bestunde ihr erster Anfang in einer blossen Mauren / womit viele auf einen Platz gebaute Hütten und Häuser umgeben waren / so man eine Stadt nennete / und soll Cain / der Sohn Adams / wie das H. Schrifftbuch zeiget / bereits die erste Stadt gebauet / und nach den Namen seines neugebornen Sohnes Hanoch genennet haben / vielleicht darum / damit er desto sicherer seyn / und nicht so gleich von jedem der ihn findet / erschlagen werden möchte: Und sollen bereits vor der Sündflut / wie einige wollen / neben obiger Stadt Hanoch / noch fünff andere ummaurete Städte gestanden seyn: Wiewohl der Gelehrte in den Orientalischen Schrifften wohl belesene Schickard in seinem so genannten Tarich / die Stadt Joppe / woselbst der H. Petrus in dem Hause eines Gerbers zur Herberge gewesen / vor die älteste Stadt in der gantzen Welt / und noch zwar vor der grossen Welt-Uberschwemmung gebauet / angiebet.

Nachgehends suchten sie solche Mauren und die damit umgebene Städte durch die Thürne zu beschützen / wovon / nach den Babyloniern / die Cyclopes, wie Plinius will / die ersten Anfänger gewesen / wiewohl auch andere solches denen Tyrrheniern zueignen: Hiedurch bekamen sie fernern Anlaß / grosse Rondel und Pasteyen zu bauen / wie auch Schutten und Wälle aufzuwerffen / Graben zu machen / und den Feinden hiedurch den Zugang zu der Stadt und den Mauren zu verwehren. Solche ihre Wälle aber bestunden meistentheils aus einigen zwantzig Schuh weit von einander gesetzten Mauren / deren die hinterste inne zu vor denen vördern hervorreichten / und gleichsam Staffel oder Stuffen weiß in die Höhe giengen / das ledige Spatium aber pflegten sie mit dem bey Verfertigung des Grabens ausgegrabenem Erdreich anzufüllen / und mit eingeschlagenen Riegeln und Pfählen zu befestigen / damit die Mauren die Gewalt der dazumahl üblichen Sturmböcke und Mauerbrecher / deren wir bey Beschreibung des Windenmachers gedencken werden / desto besser widerstehen und aushalten möchten / wie solches aus dem Vegetius, Lipsius, und andern / so von dieser Materie geschrieben haben / zu sehen.

Nachdeme man aber befunden daß solche Art der Bollwercke / zumal nach nunmehr erfundenem groben Geschütz sehr schädlich / hat man solche Bollwercke nicht mehr rund / sondern eckicht zu machen beliebet / und zwar mit so genannten Casematten oder Mordgruben / so mit überhangenden Ecken / Flügeln und Ohren versehen / meinst aber von Steinen und Quaterstücken inwendig gewölbt aufgebauet; weil aber auch diese Art nicht nur kostbar / sondern auch nicht allzunützlich / hat man / nach heut zu Tag annoch gebräuchlicher Art / die Bollwercke von Erden / mit winckelrechten Flügeln aufzubauen / und also anzulegen angefangen / daß dadurch von allen Orten und Seiten die gantze Stadt und Vestung bestrichen und beschützet werden kan.

Es hat aber ein Ingenieur / bey einer zur Vertheidigung angesehenen Fortification, heut zu Tag fürnemlich seine Gedancken zu richten auf fünfferley Stücke. (1) Auf die Principal Wercke einer Vestung / als da sind die Bollwercke / und die zwischen selbigen liegenden Cortinen. (2) Die Aussenwercke / nemlich die Ravelinen, halbe Monden / Horn-und Cron-Wercke / Tenaillen, Zangen oder Scheeren und Castelen. (3) Die innerliche Gebäue / als Munition- und Zeughäuser / Haubt-Wachten / Wasser Pforten / Brucken Proviant oder Magazin / Mühlen und zu den Kriegs-Sachen benöthigte Handwercks Häuser. (4) Auf zufällige Wercke / als Retrenchement, und Abschnitt / contra Approchen, contra Minen und dergleichen. (5) Auf die nothwendige Besatzung / wozu ich rechne die nach der Grösse der Vestung und derer Wercke / eine lange Bloquade und Belagerung auszuhalten / genugsame Munition, groß und kleines Geschütz / Pulver / Kugeln / Lunten / Proviant ꝛc.

Belangend die zur Offension oder Belager und Eroberung angesehene Fortification, soll Pyrrhus, der Griechische König von Epirus / nach des Plutarchus Zeugnis / der allererste gewesen seyn / so ein förmliches Feld-Lager geschlagen / von welchem die Römer solches erlernet / und hernach in vielen Stücken verbessert haben.

Ob nun wol solche Lager-Städte / nach Betrachtung der Zeit / des Ortes und der Nothwendigkeit / entweder mit Zaunwerck / Pallisaden / oder von Erde aufgeworffenen / und von solchen nebst daran ausgegrabenen Erdreich gemachten Graben umgebe / bestanden waren selbige doch weder der Form / noch der Art nach einerley / wie dann der gelehrte Lazius / in seiner so genannten Römischen Republic, sehr vielerley Arten derselben nahmhafftig machet / und aus obangeführten berühmten Schrifften des Lipsius und Vegetius / bevorab dieses Letztern fürtrefflichen Ausleger Godofr. Stewech / so wohl gründlich beschrieben zu lesen / als in zierlichen Kupffer-Figuren deutlich vorgebildet zu sehen.

Jetziger Zeit muß / bey Belagerung eines Ortes / der Ingenieur haubtsächlich dreyerley Sachen beobachten und anzuordnen wissen. (1.) die rechte Formierung des Lagers / den Marsch / die Austheilung der Quartier in dem Lager / die Beschütz-und Absteckung desselben / (2.) Die so ein auswendige Wercke des Lagers / so da sind / Feldschantzen / Cronen und Hornwercke / Reduten / Stern Schantzen / Trencheen ꝛc. ꝛc. (3.) Die Batterien / Approchen / Gallerien / Minen / Sappierungen / Brechen und Bestürmungen. ꝛc

Aus welchem allen erhellet / daß ein Ingenieur der Geometrie Erd-und Feldmeß-Kunst / so wol als auch in Bau-und Krieges-Sachen gründliche Wissenschafft haben / in selbigen anber auch wohl erfahren seyn / und nicht nur die Risse auf das Papier zu bringen / sondern auch alles in dem Feld selbst auszustecken / anzuordnen / und nachmal genugsam zu wissen müsse / zu mercklichen Nutzen einer gantzen Armee / ja auch nach dem ersten Absehen / zu Rettung einer äuserst belagert-und bedrangten Stadt / Vestung und Gemeine.

Schema der Pommerschen Batterie im Endausbau
⊘ Küstenkanonen in Rahmenlafetten, a Flankierungsanlagen, b Wall, c Glacis, d Kehlabschluß, e bombensichere Kaserne als Traverse, f Kehlblockhaus, g Tor mit Zugbrücke

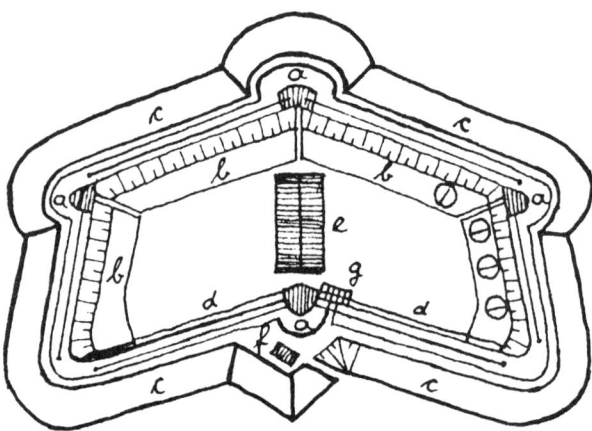

»*Bau der Pommerschen Batterie durch Stralsunder Bürger im Juli 1870.*« Aquarellierte Federzeichnung von A. Hindorf, 27,9 x 18,4 cm. Original: Stadtarchiv Stralsund, Inv.Nr. E Ib-75.
Das Bild zeigt die Baustelle der nördlich von Stralsund an der Boddenküste vorgelegten schweren Küstenbatterie für Flachfeuer (24-cm-Ringkanonen), die erst Pommersche Batterie (1871), dann Pommersche Schanze (1886), seit 1902 Schwedenschanze heißt. Wälle und Gräben sind noch weitgehend erhalten, die Aufbauten aber nur in geringen Resten, diese allerdings aus Beton und Granit. Baustellen von Festungswerken in bildlichen Darstellungen sind recht selten. Dieses Blatt zeigt wie »menschenintensiv« der Arbeitsablauf noch im 19. Jh. war. Offenbar war der Zeichner keiner Geheimhaltungspflicht unterworfen. Der sozialgeschichtliche Ansatz innerhalb der überwiegend baugeschichtlich und militärhistorisch betriebenen Festungsforschung ist noch ein weites Forschungsgebiet, wenn auch die Quellen dazu schwieriger nachzuweisen sind.

gez. v. A. Hindorf 1870.

geschenkt von Dr. Thümer 1883

»Löbliches Bauamt der Stadt und Respublic Bern, gehalten den 25. May Anno 1687.« Gemälde von David Dick (1655–1702), Öl auf Leinen. 244 x 152 cm. Das im Münzkabinett des Bernischen Historischen Museums befindliche Bild zeigt einen Einblick in die Amtsgeschäfte des Bauamtes, welches damals im Münsterwerkhof untergebracht war. Zu diesem Zahltag erschienen hier genau porträtierte und in der Legende benannte Persönlichkeiten, darunter die Bauherren des Rates und der Bürger, Ingenieure, Architekten, der Bauschreiber, der Werkmeister des Steinwerks, der Werkmeister des Holzwerks, der Bauamts-Weibel, der Brunnen- und Bachmeister, der Meister für Gewicht und Maße, der Beschießer aus dem Artilleriepark u. a. Eine Hauptaufgabe des Bauamtes war die Unterhaltung der Festungswerke. Ein Ausschnitt aus der Bernischen Stadtfestung erscheint deshalb auf einem Wandgemälde. Rechts eine Willkomm-Szene, zentral aber der Zahltisch mit dem gestapelten Münzgeld und dem Rechnungs- und Inventarbuch. Foto: BHM, Inv.Nr. 1952.

VIII. Einige wichtige Militärbaumeister in zeitgenössischen Bildnissen

Albrecht Dürer (1471–1528)
Bronzemedaille, sine nota, um 1520, Durchmesser 55,8 mm, 71,06 g. Original und Foto: Germanisches Nationalmuseum Nürnberg, Med. 9401. Daß der alles überragende Künstler Dürer auch ein bedeutender Geschützkenner und Festungsbautheoretiker war, bezeugt sein Traktat: Etliche vnderricht/zu befestigung der Stett/Schlosz/vnd flecken von 1527. Es ist die erste gedruckte Abhandlung in deutscher Sprache zum Thema und Standardwerk in sämtlichen Festungsepochen, obwohl sich während der Publikation des mit herrlichen Holzschnitten illustrierten Buches die Bastion gegenüber den von Dürer vertretenen Rondellen und Basteien durchsetzte.

Paul Buchner (1531–1607)
Medaille von Tobias Wolf († nach 1600). Original: Kunsthistorisches Museum Wien. Foto: Deutsche Fotothek Dresden, Nr. 60677. Buchner arbeitete sich vom Tischler und Schraubenmacher zum Bau-, Zeugmeister und Feuerwerker empor. Ab 1555 am sächsischen Hof tätig stellte er technisches Gerät wie Pressen, Waagen, Mühlwerke her und widmete sich bald darauf der Fortifikation. Ab 1568 wohnte er beim Zeughaus Dresden, wo er seine Offizin und das Planungsbüro hatte. Im sächsischen Raum ist er der bedeutendste Architekt und Ingenieur der 2. Hälfte des 16. Jh. Hier ist Buchner als Oberstzeugmeister im 45. Lebensjahr mit dem Attribut eines Brandsatzes, der Feuerkugel, dargestellt. Ein wichtiges Quellenwerk ist sein Buch: THEORIA ET PRAXIS ARTILLERIAE, 3 Teile, Nürnberg, 1682/83/85.

Daniel Specklin (1536–1589)
Kupferstich aus der 2. Auflage seines Lehrbuches ARCHITECTVRA VON VESTUNGEN Straßburg 1599, Theodor de Bry (1561–1623) fecit. Maße 11 x 15 cm. Foto: Hartwig Neumann. Specklins 1589 zuerst erschienenes, auf ein Manuskript von 1583 zurückgehendes Buch ist das erste deutschsprachige Traktat, welches sich intensiv mit der bastionierten Front für Stadtfestungen in der Ebene, Zitadellen, Bergfestungen und Idealstädten auseinandersetzt. Specklin vollendet darin die neuitalienische Befestigungsmanier. Das Buch ist noch heute Standardwerk des Festungsbauwesens. In der Kleinen Metzig in Straßburg findet man am Ort des Wohnhauses von Specklin, Stadtbaumeister, eine lebensgroße Statue von Albert Marzolff (1867–1936). Sie hat diesen Kupferstich als Vorlage. Die Unterschrift Specklins ist dem Codex matematicus 2°4 von 1575 der Staatsbibliothek Stuttgart entnommen. Foto: Württembergische Staatsbibliothek Stuttgart.

Johann Wilhelm Dilich (1571–1665)
im Alter von 36 Jahren. Porträtkupfer des hessischen Architekten und Ingenieurs von Sebastian Furck (* um 1600, † 1655).
Der Baumeister wird in der Pose des Architekten »beider Architekturen« mit einem Reduktionszirkel zum Rechnen und Umzeichnen vor einem Festungsplan dargestellt. Die Kartusche ist umgeben von Ensembles an Meßgeräten, Werkzeugen und den Allegorien Architectura Civilis und Architectura Militaris. Sein Lehrbuch PERIBOLOGIA oder Bericht von Vestungs gebewen 1640, 1689 und 1971 ist ein Standardwerk der Militärbaukunst vor allem niederländischer Festungsbauideen. Original und Foto: Westfälisches Landesmuseum für Kunst und Kulturgeschichte Münster, Porträtarchiv Diepenbroick.

Erik Jönsson Dahlberg (1625–1703)
Kupferstich, I. F. Kaltenhofer del. Gottingae 1760, I. C. C. Fritzsch sc. Porträt im Medaillon umgeben von zeittypischer Rocaille: Nihil tam altum natura constituit, quo virtus non potest eniti.
Dahlberg ist der berühmteste Festungsbaumeister und Stadtplaner des Schwedenreiches. Er steht auf der gleichen Stufe mit Coehoorn und Vauban. Als Ingenieuroffizier projektierte und baute er zahlreiche Festungen neu, modernisierte veraltete Anlagen im schwedischen Ostseereich einschließlich der Festungen im bremisch-verdischen Gebiet. Aus seiner Hand sind zahlreiche Zeichnungen und Manuskripte nachweisbar. Original und Foto HAB, Porträtstichsammlung.

Porträt- und Schaumedaille auf Menno van Coehoorn und die Belagerung der Festung Bonn 1703
Ag, Durchmesser 4,7 cm, 38,7 g. Original: Kölnisches Stadtmuseum. Foto: Rheinisches Bildarchiv.

Baron van Coehoorn hat sich durch Entwurf und Bau von Festungen, durch Oberbefehl bei zahlreichen Belagerungen und als Fachbuchautor zur Festungsbaukunst und -technik ausgezeichnet. Er wird als niederländischer Vauban bezeichnet und als »eine der bedeutendsten Persönlichkeiten des Jahrhunderts« (Max Jähns). Coehoorn ist Erfinder der Neuniederländischen Festungsmanier. Auf der Medaille sein Brustbild MENNO · BARO · DE · COEHOORN · SVMMVS · APVD · BATAVOS · ARMORVM · PRAEFECTVS · &, die Rückseite zeigt das belagerte Bonn SIC IGNE DOMATA FEROCI und den Vierzeiler UT TONUS EVERTIT TUBARUM MOENIA / QUONDAM / SICQ TONANS COEHORN, MOENIA / BONNA TUA.

Sebastien le Prestre de Vauban, Maréchal de France Né le 12 Mai 1633, mort à Paris le 30 Mars 1707.
Kupferstich Hya[cinthe] Rigaud pinxit, G. P. Busch sculps[it] Berlin 1747. 13,6 × 17,7 cm. Aus: Der Angriff und die Vertheidigung der Festungen, durch den Herrn Vauban, Marschall von Franckreich und General-Director aller festen Plaetzen dieses Koenigreichs, Berlin 1747. Foto HAB: Ib 296. Mit Genehmigung Friedrichs des Großen gab der preußische Ingenieur-Major de Humbert die Übersetzung von Vaubans Werk heraus. Der Ingénieur de France im ovalen Rahmen, davor ein repräsentativer Helm, Degen, Meß- und Zeichengerät, Festungspläne und sein aufgeschlagenes Buch mit französischem Titel. Vauban baute 33 neue Festungen, 411 archivierte Projekte für 160 Plätze sind bisher bekannt.

Balthasar Neumann (1687–1753)

»Seiner Hochfürstl. Gnaden Zu Würtzburg, Obrist Wacht:Meister der Artillerie, Ingenieur, und Architect Balthasar Neuman, aet. 40 Anno 1727«.

Es gibt drei Fassungen dieses ursprünglich vom Würzburger Hofmaler Friedrich Kleinert (1694–1742) geschaffenen Bildes, hier das Exemplar von Schloß Werneck. Foto-Studio Feige Werneck.

Dieses Bild ist typisch für den fürstlichen Hofbaumeister des 17. und 18. Jh. Als Architekt und Ingenieur und Artilleriesachverständiger wird er vorgestellt: B. Neumann weist auf den Schloßbau im Hintergrund, er lehnt auf einem Geschützrohr und hat einen entrollten Festungsplan mit seiner Signatur in der Hand. Das Porträt findet man als Farbreproduktion auf Katalog und Plakat der Ausstellung »Aus Balthasar Neumanns Baubüro« des Mainfränk. Museums auf der Festung Marienberg 1987.

1687, 30. Jan., in Eger geboren
1700 Lehre als Geschütz- und Glockengießer
1711 Lehrbrief für Ernst- und Lustfeuerwerk, in Würzburg ansässig
1712 Unterricht bei Ing.-Hauptmann Andreas Müller in Geometrie, Architektur und Vermessungskunde
1714 Fähnrich der fürstl. Leibkompanie
1717 Teilnahme an der Belagerung von Belgrad als Ingenieur
1718 Ernennung zum fürstl.-würzburg. Ingenieur-Hauptmann
1720 Ernennung zum fürstl.-würzburg. Artillerie-Hauptmann
1722 Inspektor des bürgerlichen Bauwesens in der Stadtbaukommission
1723 Studienreise nach Paris
1724 Ernennung zum Artillerie-Major
1729 Ernennung zum Oberstleutnant der fränk. Kreisartillerie, Baudirektor des gesamten Bauwesens im Hochstift Würzburg/Bamberg
1740 Studienreise in die Niederlande
1741 Ernennung zum Oberst der fränkischen Artillerie
1746 Entlassung als Baudirektor
1749 Neueinstellung als Baudirektor
1753, 19. August, Tod in Würzburg.

Ludwig Müller (1734–1807)
Der Königlich-Preußische Ingenieurmajor steht stellvertretend für eine große Anzahl von Ingenieuren, die neben ihren technischen Aufgaben in der Armee auch Lehrtätigkeiten ausübten. Im Auftrag Friedrichs III. unterrichtete er als Ingenieurgeograph in Berlin. Er vertrat die Fächer Terrainlehre, Fortifikation und Kastrametation. Seine Bücher zur Feldbefestigung und dem Lagerwesen wurden Standardwerke: a) Versuch über die Verschanzungskunst auf Winterpostirung, Potsdam 1782, b) Ludwig Müllers nachgelassene, militaerische Schriften, mit Kupfern und Holzschnitten, Bd. 1 Lagerkunst, Bd. 2 Terrainlehre, Berlin 1807. Aus letzterem Werk stammt das Porträt »Meno Haas sc:« Foto HAB: Ib 204.

Johann Conrad Schlaun (1695–1773)
Ölgemälde eines unbekannten Künstlers aus der 2. Hälfte des 19. Jh. Original und Foto: Westfälisches Landesmuseum für Kunst und Kulturgeschichte Münster, Inv.Nr. 723 LM. Schlaun als Generalmajor der Münsterischen Artillerie und Oberlandingenieur der Fürstentümer Münster, Paderborn, Osnabrück, Hildesheim war einer der bedeutendsten Architekten »beider Architekturen« des Spätbarock. Seine Verantwortlichkeit erstreckte sich auch auf Brücken, Wasserstraßen und Mühlen. Er war lange Zeit für die Festungen Münster, Vechta, Meppen, Bonn, Coesfeld verantwortlich.

IX. Anmerkungen zur Traktatliteratur der Architectura Militaris

Als weitere Quellengattung der Festungsforschung nach den baulichen Quellen, Spolien, musealen Gegenständen sowie den noch zu besprechenden bildlichen Darstellungen sind die Architekturtraktate und Flugschriften, also Lehrbücher, Lexika, Handbücher oft »nur für den Dienstgebrauch«, Streitschriften, Meßrelationen, Polemographien, Kriegstheater usw. zu nennen. Alle diese Druckerzeugnisse waren stets illustriert und deshalb im militärischen Bereich außerordentlich fortschrittsbildend. Von Anfang an wurde technisches Schrifttum visualisiert, so bei den Inkunabeln und Wiegendrucken durch Holzschnitte, in den Handschriften durch lavierte oder kolorierte Handzeichnungen, in der Traktatliteratur vorwiegend durch Kupferstiche und erst im 19. Jh. durch Lithografien und Stahlstiche. Das Thema Militärarchitektur verlangte die Illustration, weil nur so eine umfassende und klare Abhandlung eines Bereiches unter höchster didaktischer Effizienz möglich war. Gute Illustrationen reizten natürlich auch die Käufer. Die älteren Traktate zeigen und beschreiben oft Objekte, die im Original heute nicht mehr nachweisbar sind, z. B. Waffen, Meß- und Zeicheninstrumente, Werkzeug aus dem Festungsalltag, und müssen schon deshalb bei den Forschungen zu Rate gezogen werden. Zu der Ingenieurliteratur rechnet man auch die technischen Bilderhandschriften besonders des 15. und 16. Jh. wie die Büchsenmeisterbücher, die nur in den seltensten Fällen in den Druck gingen. Die Traktate zur Architectura Militaris waren in der ersten Zeit wegen kleiner Auflagen und hoher Gestehungskosten sehr teuer. Nur privilegierte Schichten bedienten sich auf dem Büchermarkt. Allerdings stieg bald durch die erhöhte Nachfrage und damit verbundene Verbilligung des Drucks die Auflage. Auch bürgerliche Kreise erwarben Traktatliteratur der Architektur für Lehre und Praxis. Es entstanden »kriegswissenschaftliche Abteilungen« überall da, wo Bücher gesammelt wurden, also in Rats-, Universitäts-, Kloster-, Gymnasial-, Pagenschul-, Ritterakademie-, Ingenieurschul- und nicht zuletzt Fürstenbibliotheken. Aus Sammelleidenschaft, enzyklopädischem Drang, wissenschaftlichem Interesse, beruflicher Verpflichtung, zur praktischen und theoretischen Auswertung und auch zur Repräsentation entstanden aber auch bedeutende Privatsammlungen durch Gelehrte, Generäle, Architekten und Laien. An solchen meist noch unbeachteten Orten des systematischen Sammelns stößt man heute noch oftmals auf einen bedeutenden Fundus seltener Traktate zur Architectura Militaris. Die frühen Traktate sind meist in sich schon Kunstwerke, was die Schönheit des Einbandes, der Prägungen, des Schriftduktus, des »Layouts« betrifft. Buchgeschichtlich interessant sind die Fragen nach der Provenienz des jeweiligen Traktates, nach dem Exlibris, den Marginalien, Einlagen, Dedikationen, Gegenschriften, Verbreitung und vorrangig nach der Person des Autors.

Die Titel besonders im 16. und 17. Jh. sind auffallend ausführlich, weil sie die Funktionen von Inhaltsverzeichnissen hatten. Außerdem wurde so eine gewisse Wissenschaftlichkeit signalisiert, um den Gebildeten zum Kauf zu animieren und eine Reputation zur Konkurrenz zu bieten. Die Reihe der neuzeitlichen Traktate zum Festungsbau beginnt mit Albrecht Dürer 1527. Er schuf gleich mit seinem Lehrbuch den Prototyp eines Fortifikationstraktates. Daniel Specklins Architectura von 1589, auf einem erhaltenen Manuskript von 1583 aufbauend, ist als nächstes grundlegendes Werk des 16. Jh. zu nennen.

Im 17. Jh. schwillt die Edition von Traktaten zu unserem Thema stark an und setzt sich im 18. Jh. fort. Die Anzahl der oft dickleibigen Bücher ist beinah nicht mehr zu übersehen. Praktiker und Theoretiker, Fachleute wie Laien, Berufsfremde aus allen Sparten, auffallend darunter die Theologen, publizieren ihre ureigenen oder schlicht abgekupferten, auf plagiatorischem Wege erworbenen Vorstellungen über den bestmöglichen Ausbauzustand einer Festung. Es ist festzustellen, daß die theoretischen Abhandlungen und Entwürfe zahlenmäßig wesentlich größer sind als die praktischen, die ausgeführten. Das Flugblatt und die Flugschrift sowie die sich unter anderem fortifikatorischen Fragen widmenden Relationen tauchen schon früh als billige Massenauflagen auf. Oft haben sie Sensationscharakter, was sich in der Genauigkeit und Zuverlässigkeit niederschlug, oft sind sie auch

»...ein jeder Ingenieur, so da Kraeffte des Nachsinnens besessen, dem andern in Erfinden uebertreffen wollte, wie solches zur Genuege am Tage liegt, daß nicht nur vielerley Arten an wuerklich erbauten Vestungen zu zeigen, sondern scharfsinnige Koepfe ihre theoretische Begriffe in practischen Reguln einkleidet, und mit vielen Figuren und Erklaerungen der Nach-Welt hinterlassen haben. Was meine wenige Nachforschung anbelangt, habe ich zu der Zeit, als ich mich vornehmlich um die Staercke der Fortification einzusehen, Muehe gegeben, ueber 200. Fortifications-Buecher so in verschiedenen Sprachen ans Licht getretten, mit durchsehen helffen...«

    J. J. Schuebler: Perspectivae Geometricae Practicae, Nuernberg 1735

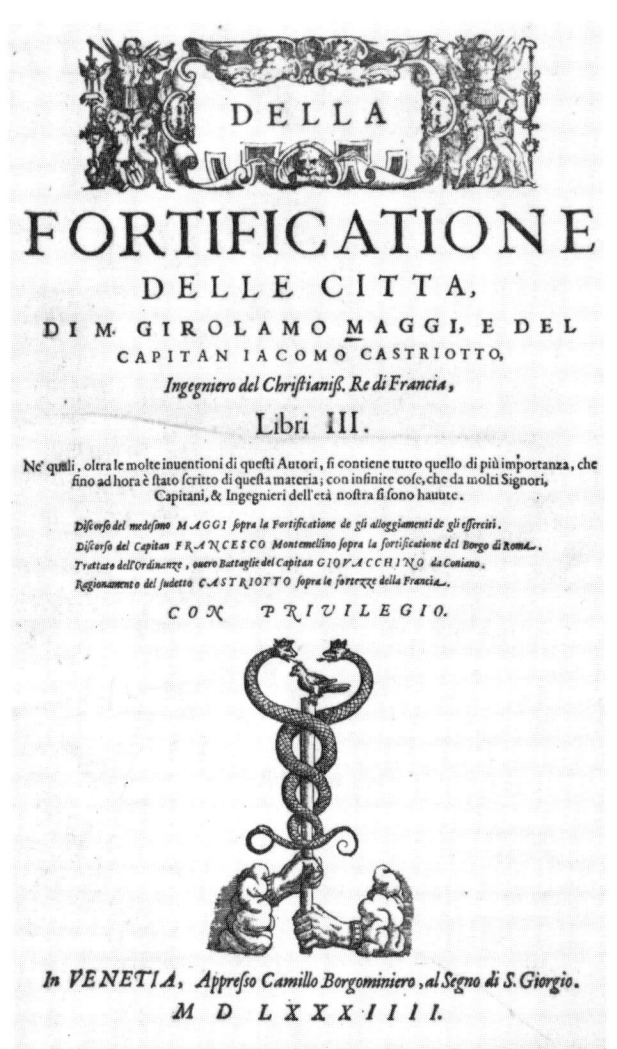

Standardwerk aus Italien zur Architectura militaris und der Idealstadtplanung. HAB: 6.1 Bell. 2°(1).

Das erste Lehrbuch zum Bastionärsystem aus Spanien. HAB: 23.5 Bell. 2°.

tendenziös und vertreten eine bestimmte Partei oder Schule. Auch aus diesen Schriften ist vieles zur Festungsgeschichte zu entnehmen, muß aber entsprechend geprüft werden. Die über 400jährige Geschichte der Literatur zur Fortifikationsbaukunst und -technik läßt sich zweckmäßig in drei Abschnitte teilen:

  I. Gedruckte Traktate des ausgehenden 15., 16., 17., 18. und bis in die Mitte des 19. Jh. Es ist der Zeitraum nach Einführung der Feuerwaffen bis zur Einführung des gezogenen Hinterladesystems in die Feld- und Festungsartillerie,
 II. Publikationen von der Mitte des 19. Jh. bis zum II. Weltkrieg, in dessen Verlauf bekanntlich letztmalig permanente deutsche Festungen verteidigt und erobert wurden,
III. Publikationen nach dem II. Weltkrieg.

Zu I. existiert keine alles umfassende Bibliographie. Zu verweisen ist auf den Katalog »Architekt & Ingenieur« der Herzog August Bibliothek Wolfenbüttel von 1984, auf Paul Scherrer: Die Mathematisch-Militärische Gesellschaft in Zürich und ihre Bibliothek, II. Teil: Auswahl wertvoller Drucke des 16. und 17. Jahrhunderts aus der Bibliothek, Zürich 1955, Maurice J. D. Cockle: A Bibliography of Military Books up to 1642, London 1900, zweiter Nachdruck London 1978, Quentin Hughes: Military Architecture and the printed book, in: Fort, Nr. 10 (1982), S. 5–19 und die Handkataloge der Universitäten und Hochschulinstitute.

Zu II. fehlt bisher ein Bearbeiter. Er sollte wegen der beinahe unübersehbaren Fülle von Fachzeitschriften, in denen Fortifikatorisches zu entdecken ist, mit einem Computer ausgerüstet sein.

Zu III. ist im Anhang dieses Buches eine Bibliographie der deutschsprachigen Publikationen 1945–1987 mit ca. 1500 Titeln aufgenommen.

Eines der wichtigsten Traktate für den Fortifikationsingenieur ist dieses als Taschenbuch für den Feldgebrauch konzipierte Buch. HAB: Ib 184.

HAB: Ib 4° 48
Durch dieses Traktat wurde die altniederländische Manier in Deutschland bekannt.

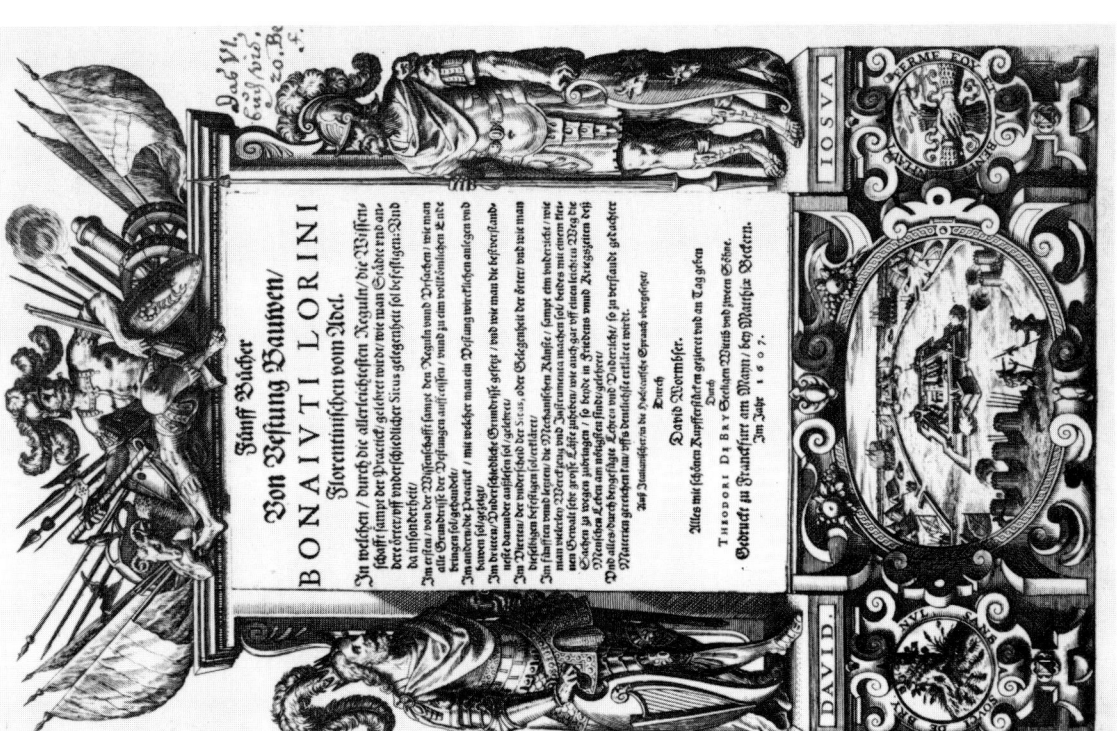

HAB: 19 Bell. 2° (1)
Deutsche Auflage des 1592 in Venedig erschienenen Standardwerks der Militärbaukunst.

Plan de Iulier [= JÜLICH]
Plan de Mannheim
Plan de Dusseldorff
Original: Staatsbibliothek München, Cod. icon. 220 d Blatt A
Kolorierte Federzeichnung, Blattformat 62,5 x 45,5 cm, unten rechts »fait Mich. de Pfister, 1754, Canonier«. Die drei kurfürstlichen Festungsstädte in Kartuschen mit Rocailleschmuck, Blumen, Schilfstengeln, Fahnen, Waffen, bekrönt durch den Kurhut.

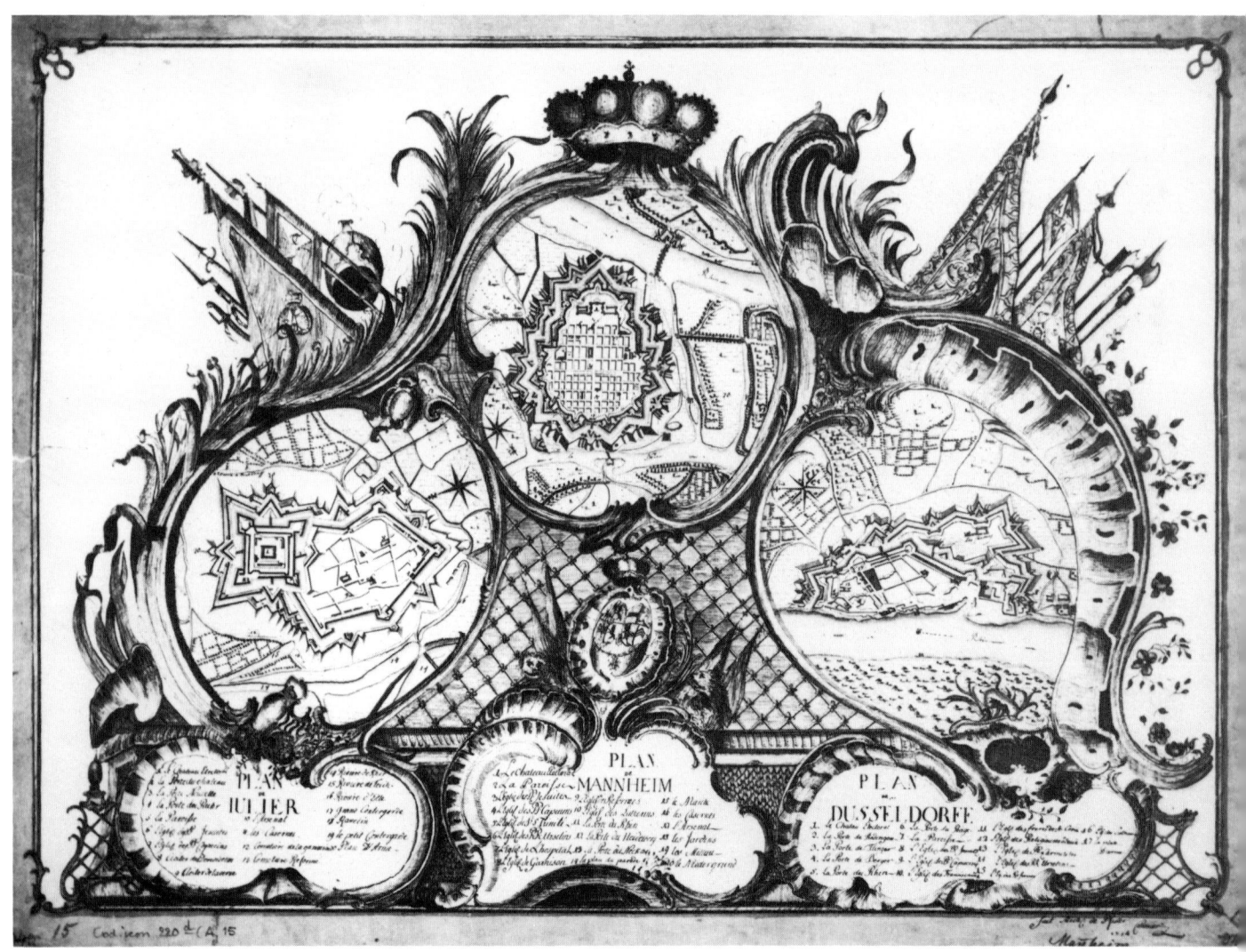

X. Zeichnungen, Pläne, Modelle

Als wichtigste Quellen für den Festungsforscher neben den baulichen Relikten gelten die Handschriften und Traktate als Textquellen und die bildlichen Darstellungen. Um seine Vorstellungen für andere Menschen sichtbar zu machen, benötigte der Architekt und Ingenieur des Festungsbauwesens hohe Kenntnisse in der Zeichentechnik und im Schreiben. Nur so konnte er seine Auftraggeber überzeugen, eine Diskussion einleiten oder führen, sein Wissen speichern, Vergleiche ziehen, sich Ansehen verschaffen, Lehrmeister sein, Vervielfältigungen anfertigen, darunter auch »abkupfern«. Mit der Erfindung der Buchdruckerkunst und den Vervielfältigungstechniken Holzschnitt und Kupferstich, später Stahlstich und Lithografie, stieg die Produktion nicht nur der Traktatliteratur erheblich an, sondern auch der Druck von Einzelblättern von Festungsstädten. Zeichnen als »Wissenschaft« und »Kunst« im Sinne des Bildungsideals des 17. Jh. war also Voraussetzung für den Militärbaumeister. Er mußte durch »Reissen« von Plänen im richtigen Maßstab, rechter Perspektive, farbiger Gestaltung nach zunehmend sachlichen Gesichtspunkten, Abfassen einer Legende, Benutzung von Kürzeln usw. ein Abbild der Vorstellungen oder der Wirklichkeit, seine Inventionen, in kürzester Zeit anfertigen. Die Zeichentechnik hat sich wie die anderen Kulturtechniken entwickelt. Wie haben die frühen Architekten und Ingenieure nach der wahren Perspektive gerungen! Der Festungsplan als geometrisch exakte Aufnahme durch Begehung und Vermessung mit geeigneten Instrumenten wird erst mit dem beginnenden 17. Jh. üblich. Seine Qualitäten steigern sich mit der Einführung der Landesvermessungen und des Militäringenieurwesens ganz allgemein. Skizzen, Grundrisse, Schnitte, Veduten – Unikate wie Drucke findet man heute in zum Teil noch nicht gesichteten oder katalogisierten Beständen alter Sammlungen. Dazu einige Beispiele:

1. Der »Katalog over de ved Ingeniörkorpsets Arkiv beroerde Bygnings- og fortifikatoriske Tegninger m. m.« im Besitz von Forsvarets Bygningstjeneste Kopenhagen (= Construction Service of Defence) verzeichnet einige hundert handgezeichnete Festungspläne Europas in dänischem Besitz, darunter zahlreiche deutsche Festungen bzw. Festungsstädte wie Glückstadt mit 70 Plänen, Rendsburg mit 54 Plänen.
2. Das Stadtarchiv Philippsburg besitzt über 300 verschiedene Kupferstiche zur Festungsgeschichte der Stadt, vornehmlich der Belagerungen.
3. Die Sammlung Nicolai in der Württembergischen Landesbibliothek umfaßt tausende Pläne und Zeichnungen, darunter einige hundert mit fortifikatorischen Themen besonders in den Klebebänden 131–146.
4. In der Plan- und Kartensammlung des Bayerischen Kriegsarchivs befinden sich zum überwiegenden Teil unbearbeitete Unikat-Pläne nicht nur von bayerischen Festungen.
5. Wahrscheinlich die größte Plansammlung Europas zu fortifikatorischen Themen stellt der Bestand »Stads- och fästningsplaner« im Kungl. Krigsarkivet Stockholm dar mit 13 100 Blättern, darunter einige älteste Darstellungen deutscher Festungsstädte!
6. Der vom Verfasser in Vorbereitung befindliche Katalog »Stadt und Festung Jülich auf bildlichen Darstellungen« umfaßt nach bald 20jähriger Forschung jetzt über 650 Vorlagen. Eine solche stolze Anzahl könnte für fast jede deutsche Festungsstadt zusammengetragen werden.

Auf den folgenden Seiten findet man einige ausgesuchte, noch unveröffentlichte Festungspläne. Natürlich kommen für Nachforschungen auch sämtliche Universitätsbibliotheken, Privatsammlungen, lokale Archive infrage. Die Verfolgung von Auktionsangeboten in entsprechenden Katalogen ist empfehlenswert.
Die ingenieurmäßige Entwurfszeichnung (skizzenhaft), der Grundriß in der Horizontalprojektion (Ichnographie), die Aufrisse (Orthographie) mit Quer- und Längsschnitten sowie Profilzeichnungen und die geometrische oder perspektivische Ansicht (Szenographie) sind die Darstellungsarten in der Zeichenebene. Die letzte Rißart leitet zum dreidimensionalen Modell, früher auch Patrone oder Maquette genannt, über. Die Fähigkeit der Herstellung von Modellen war

eine weitere Forderung an den Architekten und Ingenieur. Entwurfsmodelle des 16. Jh. sind heute ebenso Raritäten wie die hier abgebildeten Fortifikationsmodelle des Generals von Zastrow. Die Planverfertiger benutzten als Handwerkszeug die Instrumente der darstellenden Geometrie und Landvermessung, Zirkel, Lineal, Winkelmesser, Reißnadeln, Stifte, Tinte, Farben und Spezialgeräte wie Proportionalzirkel, Fortifikationslineal, Kompaß u. a. m.

In den Zeichnungen und Plänen, Neuentwürfen wie Kopien, bringt der Ingenieur und Baumeister der Architectura Militaris Formen hervor, die die Natur nicht kennt. Trotz zahlreicher Regeln und Vorschriften beim Anfertigen von Fortifikationszeichnungen tritt doch nicht nur in dem Planmaterial der Renaissance, sondern ebenso auch in Plansammlungen des 17., 18. und auch 19. Jh. (wenn auch hier weniger oft) deutlich die individuelle, künstlerische Art des Autors hervor. Der Sinn für Proportionen, Ebenmaß, Logik, Perspektive, Schönheit in der Ausgestaltung spiegelt sich in zahlreichen Blättern wider. Man erkennt rasch den Fachmann und Künstler bzw. den Imitator oder gar den Stümper.

VVITTEMBERG. Il Ritratto della Citta di Wittemberga con li Bastioni, Trencere, Ripari, et Forti, come et at tempo dell'assedio. Kupferstich 28,7 x 21,3 cm, aus Giulio Ballino: De' Disegni delle piv illvstri città, et fortezze del mondo, Venezia 1569. HAB: 25 Bell 2°. Die Vorlage zum Stich fand Ballino in dem aus zwölf Blöcken gedruckten Holzschnitt des in Wittenberg 1543–1550 tätigen Monogrammisten MS: Des Allm. Durchleüchtigsten Großmechtigsten Unüberwüntlichste herrn Karoli des * V * Romischen Kaysers Veldleger Bey Wittenberg Anno. M. D. XLVII. Die Abbildung soll die Schwierigkeiten andeuten, die man früher im heute so bezeichneten technischen Zeichnen, besonders im Umgang mit der perspektivischen Darstellung hatte. Hier stehen die einzelnen Fronten stets richtig, wenn das Blatt entsprechend gedreht wird. Die Bebauung ist einheitlich nach den Regeln der Vogelperspektive dargestellt. Der sächsische Kurfürst Johann der Beständige (1525–1532) ließ Wittenberg an der Elbe neu befestigen. Ab 1526 ersetzte man die alte Mauer durch eine breite Wallschüttung. Die sich bis 1547 hinziehenden Arbeiten standen unter der Leitung von Hans von Metzsch. 1547 blockierten kaiserliche Truppen die Festung, zu einer förmlichen Belagerung kam es nicht, da der Kurfürst in die Hände des Kaisers gefallen war. Kapitulation 19. 5. 1547. Der katholische Kaiser stand vor dem Grab von Martin Luther. Die Stadt schonte er. – Wittenberg besaß bis 1873 Festungsstatus.

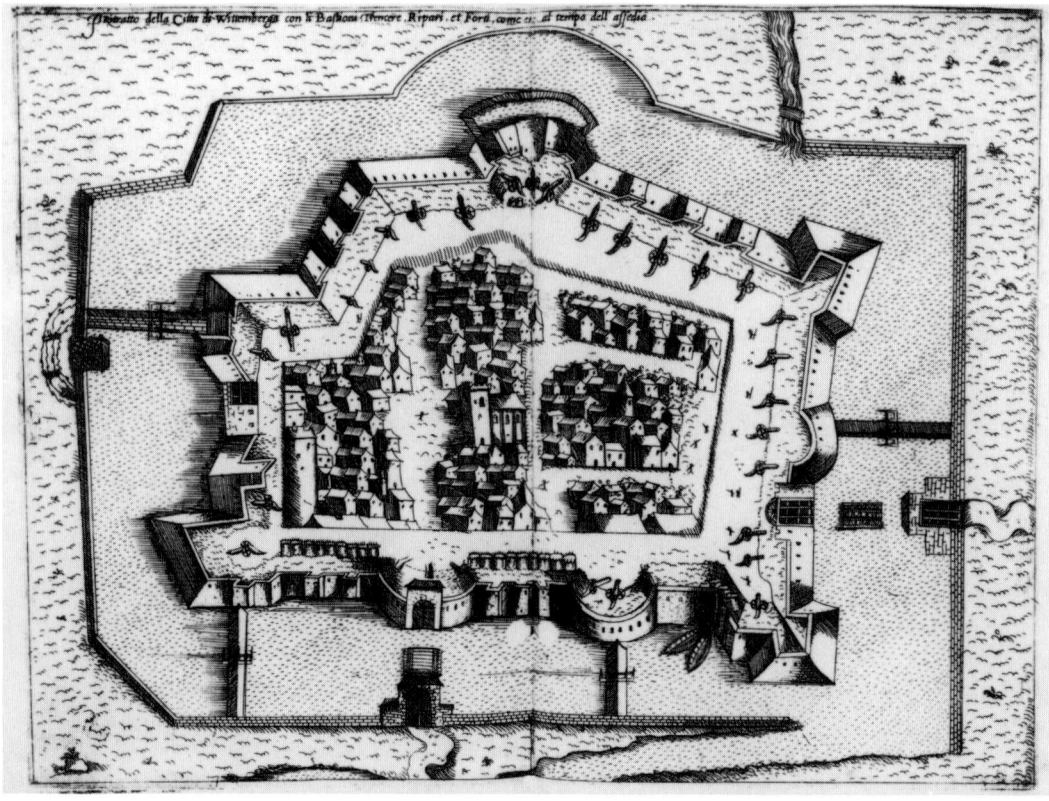

Cittadelle zu Munster 1716 in octob.
Entwurfszeichnung von Johann Conrad Schlaun (1695–1773), die beiden östlichen Bastionen, Kurtine und Außenwerke der Front darstellend. Graue und schwarze Tusche. 40,3 x 31,4 cm. Original und Foto: Landesmuseum für Kunst u. Kulturgeschichte Münster, Inv.Nr. K30–34, KdZ 74 m.

Stadt Munster. Diese Stadt, wiewoll sie das Haupt von gantzen Lande und Stift Munster ist undt billich für allen anderen solte befestigt seyn, ist sie dannoch mitt schlechten Defensions wercken versehen undt nicht in guten stande. Undt weiln es gantz nöthig, auch dem gantzen lande meistens daran gelegen, daß solche in guter Defension gesetzt werde, so fallet hierbey diese frage für, ob zu derselben beschützung es besser sey, das Cittadell weg zu werfen, oder aber, ob es nicht viell nutzlicher, das Cittadell zu behalten, in bessere Defension zu bringen undt die Difficultaten so sich dabey befinden zu redressieren...

Oberlandingenieur Gottfried Laurenz Pictorius (ca. 1663–1729) aus seinem Gutachten über die Festungswerke des Oberstifts Münster um 1688 (vgl. Schlaun-Studie III, S. 41 ff.).

> Festungs-Modellhaus, Cöpenickerstraße 11, am Schlesischen Thore, ursprünglich Montirungs-Magazin, unter der Regierung König Friedrich II. erbaut. In demselben sind in mehreren Zimmern 18 Modelle *französischer* Festungen aufgestellt, welche im J. 1815 aus dem Hôtel der Invaliden zu Paris nach Berlin gebracht wurden. Montags und Donnerstags von 9 bis 12 Uhr zu besehen. Die Erlaubniss zur Besichtigung der hier befindlichen Modelle *preussischer* Festungen ertheilt das Kriegsministerium.
>
> Morin, Friedrich: Berlin und Potsdam im Jahre 1860. Neuester Führer…, Berlin 1860, Reprint Braunschweig 1980, S. 37 f.

Festung Christianspries/Friedrichsort. Details aus dem Modell (220 x 179 cm) im Stadt- und Schiffahrtsmuseum Kiel, angefertigt von Mitarbeitern der vor der Festung ansässigen Firma Mak Maschinenbau GmbH. Foto: U. Dagge, Stadtmuseum Kiel. Oben Blick auf den Wall mit Brustwehr und Bankett. Das Südtorgebäude teilte die Kurtine in zwei Verteidigungsabschnitte. Unten Ravelin mit Wachtgebäuden kontrolliert die Hauptkommunikation. ▶

Festung Willibaldsburg über Eichstätt. Ausschnitt aus einer kolorierten Federzeichnung in: PHILIPPI HAINHOFERI [1578 † 1647] Burgers zu Augsburg RELATIO Vber seine in deß Durchleüchtigsten Hertzogen Wilhalms in Bayrn Fürstl: Durchl: namen nacher Eystett verrichte Raise ANNO M. DC. XI. Original und Foto HAB: Cod.-Guelf. 23.3 Aug. 2°. Die Zweiturmanlage des Elias Holl (1573–1646) ist die das Altmühltal beherrschende Fassade der regelmäßigen Dreiflügelanlage. Kurz nach Hainhofers Besuch begann die Bastionierung (nach Plänen von E. Holl?).

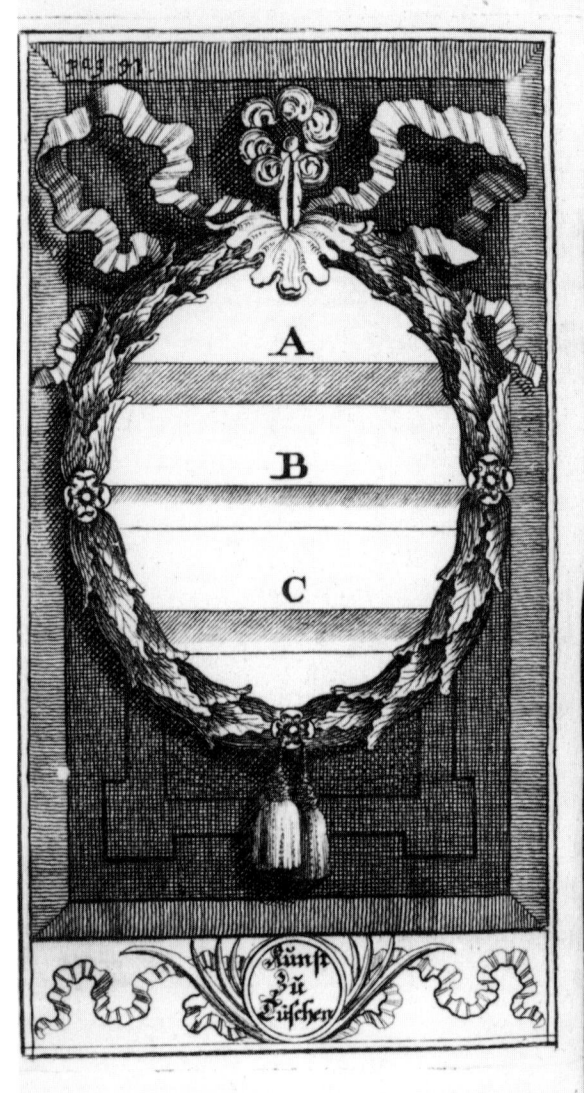

L'ART DE LAVER,
Oder
Die
Kunſt zu Tuſchen/
Das iſt:
Die allerneueſte Manier Veſtungen und andere Riſſe mit gehörigen Farben zu mahlen und zu tuſchen.
Ferner wird angewieſen/ wie man die Farben abreiben/ vermiſchen/ Penſeln/ Schifflein und alles hierzu nöthige anſchaffen/ Riſſe abcopiren/ Farben coloriren und anders zur Mahlerey gehöriges gründlich erlernen können.
Allen denen/ welche die Ingenieur-Kunſt zu lernen belieben/ als auch Mahlern und andern Künſtlern/ ſo mit Farben umgehen müſſen/ ſehr dienlich und nützlich.
Anfangs in Franzöſiſcher Sprach herausgegeben
Von
Herrn H. Gautier DeNismes,
Nunmehro aber ins Teutſche überſetzt/ vermehrt/ und mit dienlichen Kupffern verſehen.
Nürnberg/
Verlegts Peter Conrad Monath. 1716.

Aus dem Vorbericht des ungenannten Übersetzers:
»Es ist ein Werck/das wohl zu lesen meritirt/in deme es von unterschiedlichen Mahlereyen/wie man mit selben verfaehret/handelt/und weiset/wie man Farben abreiben/vermischen/die Penseln Schiflein und anders zum Mahlen noethiges anschaffen solle/wie die Rieße abcopiret/ja wie alle Theile in den Fortifications-werckern zu Papier gebracht/mit denen ordentlichen Farben colorirt werden, also daß ein mit Farben getuschter von einem Ingenieur gemachter Vestungs-riß vor kommt/...«

Bücher dieser Art sind heute sehr selten. Sie gehörten einst zu der Standardausrüstung der Handbibliotheken von Ingenieurschulen, Akademien, Kadettenanstalten und technischen Büros. Das Titelkupfer bezieht sich auf den Text S. 41, wo Farbübergänge abgehandelt werden. HAB: Ib 282 (2).

172

Eine Fundgrube für den Festungsforscher ist eine noch immer unpublizierte Plansammlung von Georg Maximilian von Fürstenhoff (1686–1753). Sie befindet sich heute in der Staatsbibliothek Preußischer Kulturbesitz Berlin. Das als dreibändiges Werk 1732 im Auftrag von Kurfürst August dem Starken (1694–1733) entstandene Planmaterial umfaßte ursprünglich 458 Tafeln mit 501 kolorierten Zeichnungen von Festungen und befestigten Orten in ganz Europa. Heute sind noch 375 Pläne vorhanden. Die Sammlung ging nach dem Tode des Autors an den Grafen Brühl, dann erwarb Friedrich II. die Sammlung, dessen Findbuch übrigens in der Deutschen Staatsbibliothek Berlin (Ost) verwahrt wird. Von Fürstenhoff leitete ab 1745 das sächsische Ingenieurkorps und stand als Direktor der Fortifikations- und Militärgebäude im Range eines Generallieutenants. Er hat nicht alle von ihm gezeichneten Festungen besucht, wohl heißt es, er habe 21 Jahre daran gearbeitet. Hier eine Auswahl von 8 Festungsplänen fertiggestellt um 1740/50.

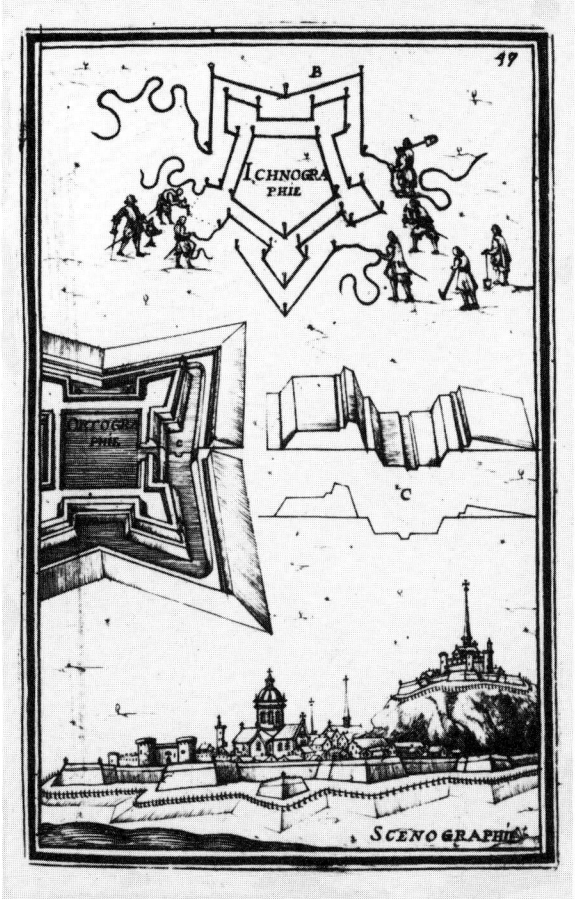

Die wichtigsten zeichnerischen Darstellungsmöglichkeiten sind die *Ichnographia, Orthographia, Szenographia* und die *Schnitte*, welche den Eleven der Ingenieurwissenschaften, besonders den Festungsbaumeistern, auf Schulen, Akademien, Universitäten und im Privatunterricht beigebracht wurden. Kupferstich aus Allain Manesson Mallet: Les Traveaux de Mars, Bd. 1, Paris 1684, S. 49, HAB: Ib 184. Die deutsche Ausgabe dieses fundamentalen Werkes erschien unter dem Titel: Kriegsarbeit Oder Neuer Festungsbau, Amsterdam 1672, HAB: 28.4 Bell.

Abb. 1: *Festung Lippstadt.* Die unregelmäßige Bastionierung begann im 17. Jh. Der in vier Varianten bekannte Entwurf einer Zitadelle aus der Zeit um 1680 blieb unausgeführt. Dieser Plan zeigt im N und S Umbauprojekte zur Zeit der Planerstellung. 39 x 51 cm, X 28907.

Abb. 2: *Festung Graz.* Die Entwicklung von der Burg zum befestigten Schloß und zur neuzeitlichen Festung ist am Beispiel Graz gut ablesbar. Der Ausbau zur Festung vollzog sich 1546–75 mit der Stadt- und Schloßbergbefestigung, 1575–1657 mit der Fortifizierung der Stadterweiterung, 1657 bis Ende des Jahrhunderts durch Ausbau der Außenwerke. Der Plan zeigt Graz »avec le Project etc. de Ms: le Colonell la Croix«, 40 x 53 cm, X 37502/1.

Abb. 3: *Sparrenberg über Bielefeld.* Gewaltige Rondelle des frühen 16. Jh. von Dürerscher Prägung sind erhalten, hervorragend restauriert und zugänglich. Beim weiteren Ausbau durch Bastionierung blieb es bei einer Bastion, weil der Jülicher Hofbaumeister Alessandro Pasqualini d. Ä. 1559 dort während der Arbeiten verstarb. 40 x 57 cm, X 33903.

Abb. 4: *Kassel.* Vor der einst gewaltigen irregulären Stadtfestung sind heute besonders sehenswert das mächtige unmittelbar am Fluß liegende Rondell sowie die Zeughausruine. 35 x 51 cm, X 21204.

Abb. 5: Die hessische Landesfestung *Ziegenhain* ist in ihren Formen noch so erhalten wie es der Plan zeigt: mächtige allerdings planierte Rondelle und Kurtinen umschließen ein Viereck mit besuchenswerter historischer Bausubstanz. 35 x 52 cm, X 36863.

Abb. 6: Die Festung *Königshofen* als bastioniertes Rechteck in dieser Ausbaustufe entstand seit etwa 1650. Ab 1528 sind Fortifikationsmaßnahmen nachweisbar. Die innere Wallmauer ist Überbleibsel der mittelalterlichen Stadtbefestigung. Eine sehr gründliche Entfestigung setzte 1826 ein. 35 x 52 cm, X 28131.

Abb. 7: *Plan von Neubreisach – Neuf-Brisach.* Die noch weitgehend erhaltene Festungsstadt aus der Hand Vaubans liegt auf der »Pflichtbesuchsroute« für Festungsforscher ganz am Anfang. 33 x 46 cm, X 20364.

Abb. 8: *Burick,* so die alte Bezeichnung für die Festung Büderich gegenüber von Wesel. Die gesamte Anlage wurde geschleift. Nur das geübte Auge erkennt rheinseitig des heutigen Büderich in den Bodenwellen noch fortifikatorische Überreste. 35 x 47 cm, X 21130.

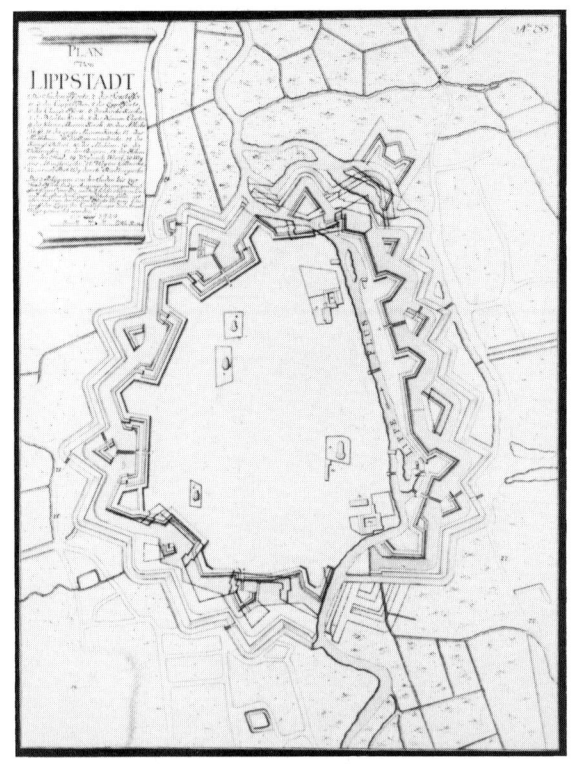

1

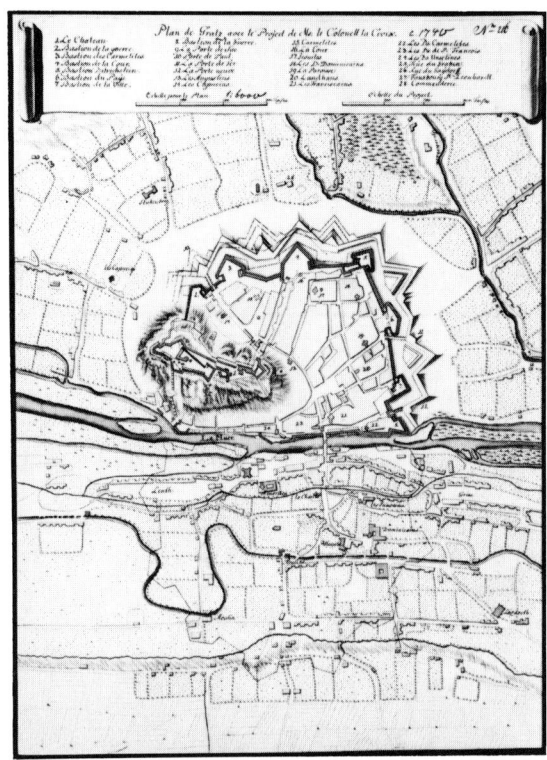

2

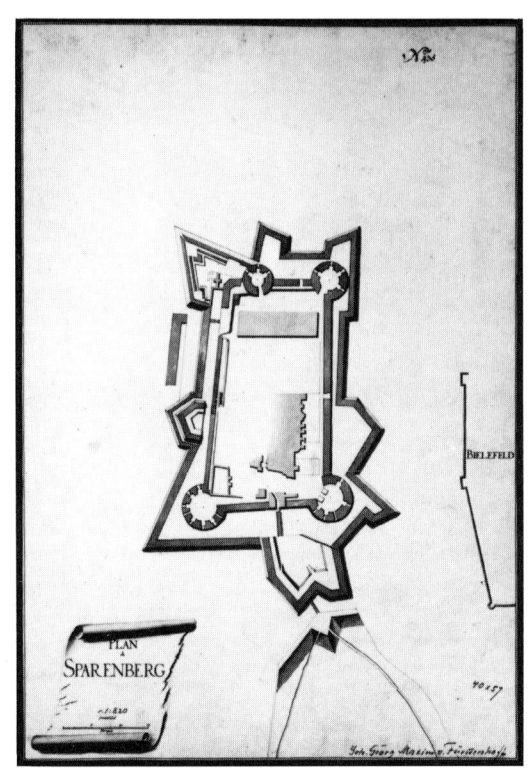

3

4

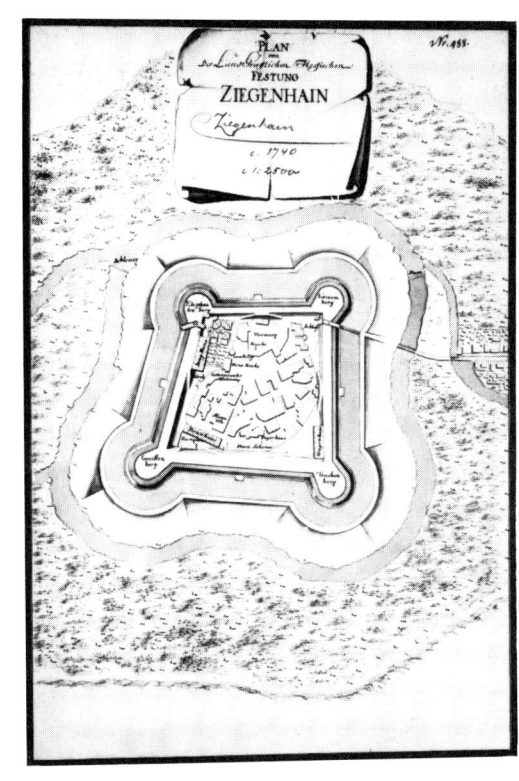

5

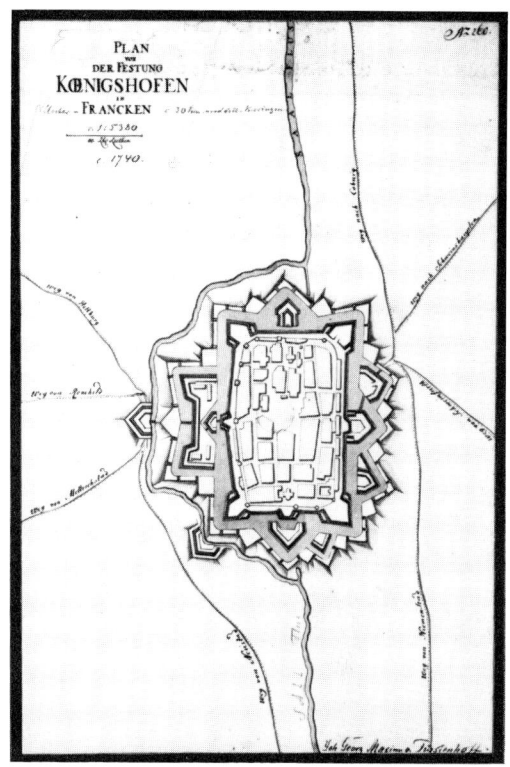

6

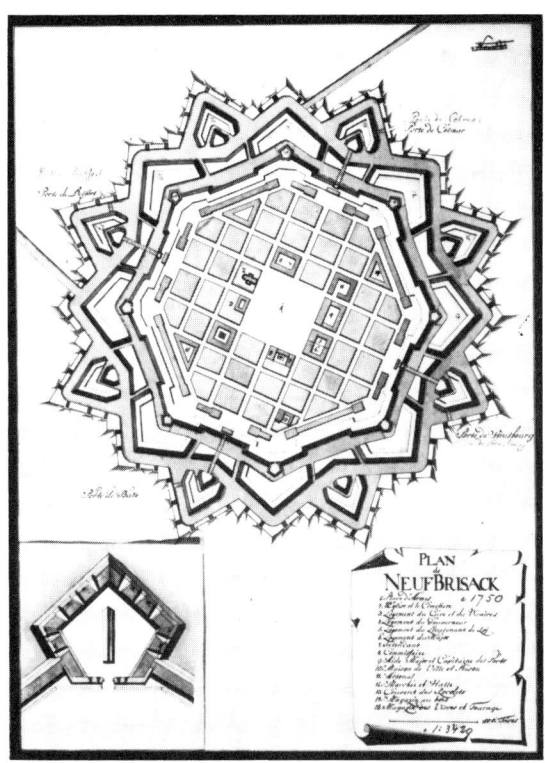

7 8

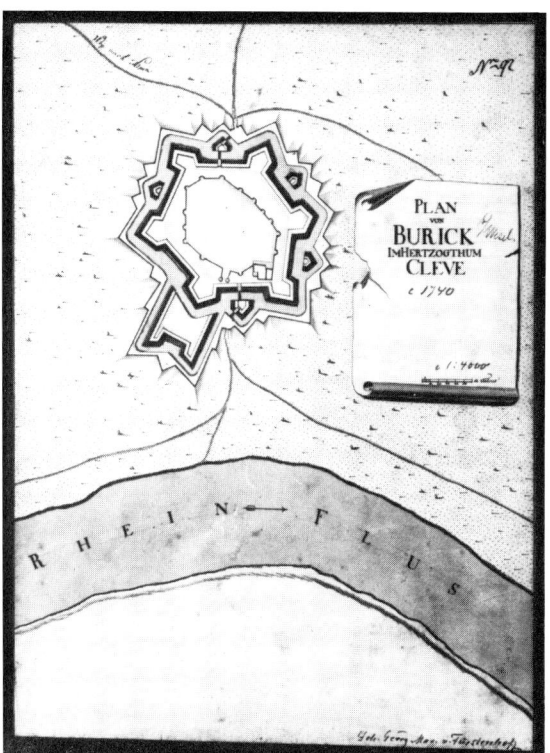

Diese Trophäe aus Sandstein schmückte einst das Osttor der Festung Hameln. Reproduktion aus G. Frh. von Ulmenstein: Stadt- und Landesfestung Hameln, Göttingen 1955.

PLAN der Lüneburgischen Festung Hameln. Kolorierte Federzeichnung »Fait par M. Counradi 1741«. 28,8 x 22,1 cm. Original: Stadtbibliothek Braunschweig, Kt 26 I 50. ▼

Ab 1664 wurde Hameln an der Weser als Haupt- und Prinzipalfestung ausgebaut. Von dem Bastionskranz und den zugehörigen Militärbauten ist heute dank der gewissenhaft durchgeführten Schleifung 1808 nichts mehr oberirdisch erhalten geblieben. Nur der Verlauf des Flüßchens Hamel gibt die äußere Festungslinie an. Sehr interessant ist der Militärfriedhof von Hameln mit seinen zahlreichen Grabdenkmälern.

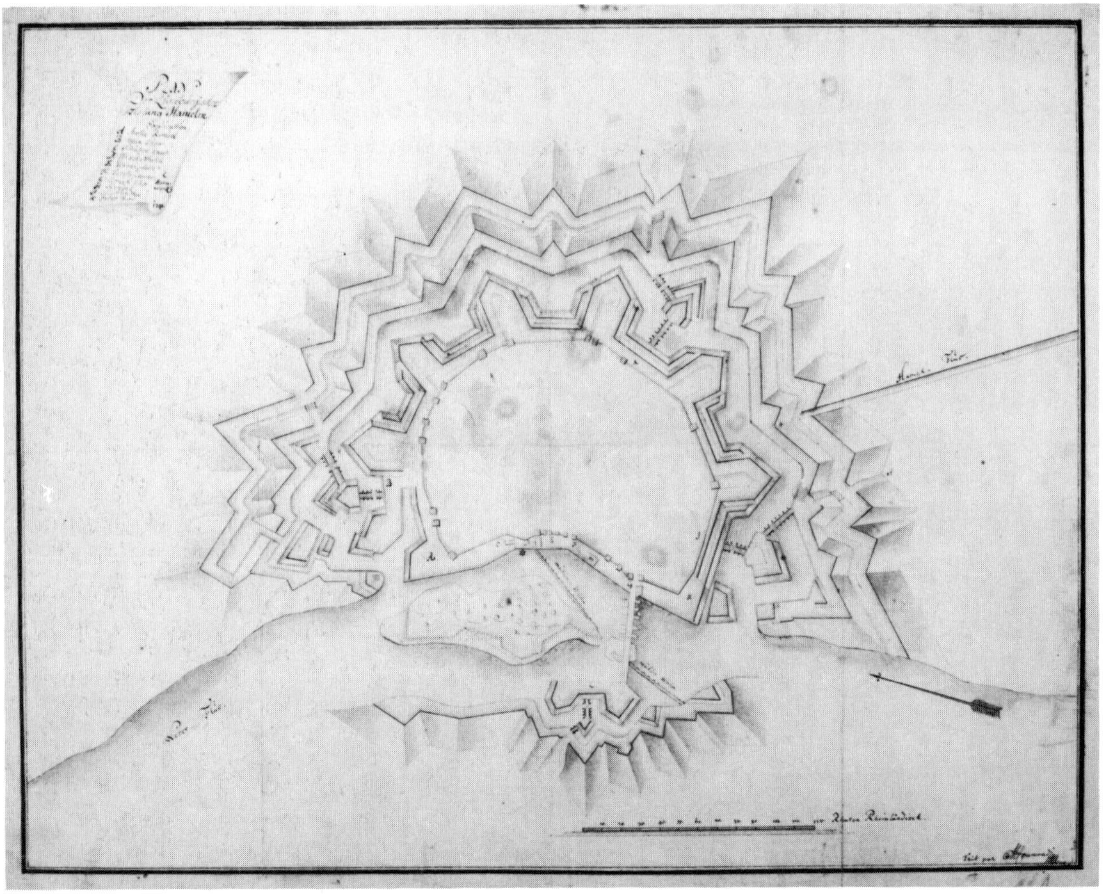

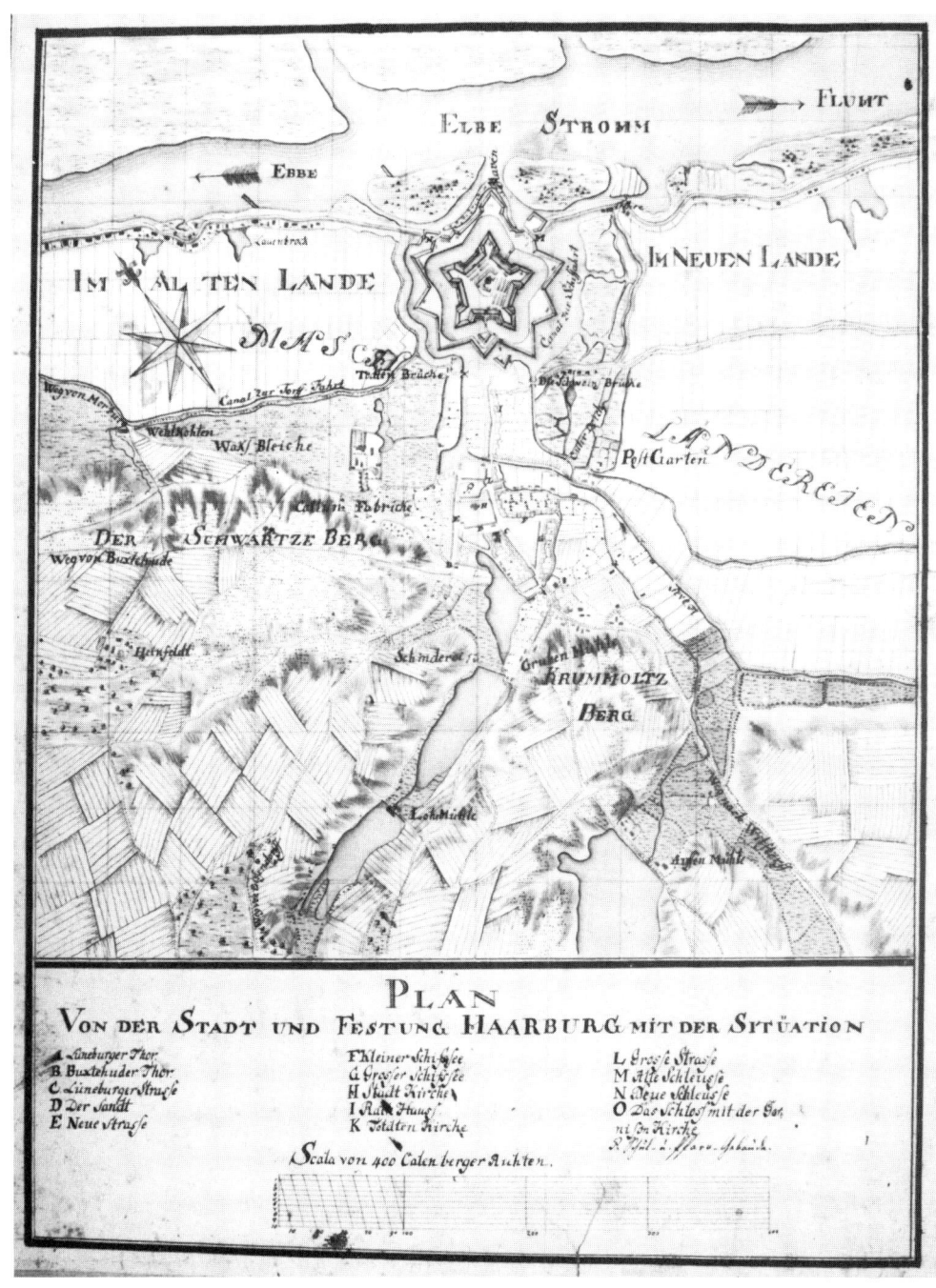

Plan von der Stadt und Festung Haarburg mit der Sitüation. Kolorierte Federzeichnung, sine nota, o. D. [18. Jh.], Original: Stadtbibliothek Braunschweig Kt 26 I 61. Die Wehranlage von Harburg aus dem 15. Jh. mit Haupt- und Vorburg sowie doppeltem Grabensystem wurde in der 2. Hälfte des 16. Jh. zum befestigten Schloß umgebaut, ab 1644 dann im Bastionärsystem zur pentagonalen Zitadelle. Der innere Burggraben wurde zugeschüttet. Die neuzeitliche Festung mit ihrem tenaillierten Außenpolygon benötigte große Landflächen. Die Schleifung der Stadtbefestigung ist von 1785–1835 nachgewiesen, die Zitadelle selber wurde ab 1784 entfestigt. Ab 1845 entstanden aus den Festungsgräben die Becken eines Seeschiffhafens. Heute ist oberirdisch kein Baurelikt der einst imposanten Festung Harburg zu finden. Die Erforschung der Festungsgeschichte ist hier ganz auf die Bildquellen und das Archivmaterial angewiesen.

XI. Manieren im neuzeitlichen Festungsbau

»Parallele des Système, Parallele des Casemats«. Vier Kupferstiche aus Charles Francois Mandar: De l'Architecture des Forteresses, ou De l'art de fortifier les Places, Paris 1801. Original: Hartwig Neumann. Der Ingénieur des Ponts et Chaussées und Professor für Architektur Ch. F. Mandar (1757–1830) gibt in seinem Lehrbuch eine große Anzahl von Festungsmanieren in synoptischer Darstellung. Zwar sind alle Abbildungen schematisiert, doch werden auf den ersten Blick die wesentlichen Unterschiede bzw. Gemeinsamkeiten der jeweiligen Manieren deutlich. Mandar beginnt mit Dürers Front und stellt in 120 Einzelabbildungen Manieren über drei Jahrhunderte vor. Dabei nennt er namentlich 46 Architekten und Ingenieure. Einige von ihnen haben mehrere Manieren entwickelt, so z. B. Landsberg 8, Sturm 5, Montalembert 16. Mandar bedient sich der jeweils typischen Festungsfront, die sich der Betrachter aneinandergereiht leicht zum kompletten regulären Fortifikationstracé ergänzt vorstellen kann. Auf anderen Tafeln stellt er die jeweils typischen Profile der Manieren dar.

Keine militärische Wissenschaft bietet der Spekulation so viel Spielraum dar, als die Fortifikation. Dies beweisen die zahlreichen Entwürfe, die uns die Literatur dieser Wissenschaft aufbewahrte, denn man nimmt an, daß über fünfhundert verschiedene Befestigungsmethoden [= Manieren] existieren. Orientiert man sich aber nur einigermaßen in diesem Labyrinth von Spekulationen, so gelangt man bald zu der Einsicht, daß die Zahl derjenigen Ingenieure, welche wirkliche Erfinder waren und durchaus neue Methoden schufen, in der That nicht sehr groß ist, und daß alle übrigen Ingenieure nur Modifikationen von jenen Originalien lieferten…

Alexander von Zastrow, 1854

Architecturae militaris ... vollständiger Entwurff der Ingenieur Kunst ..., verlegt von Matthaeus Seutter (1678–1757) in Augsburg. Kupferstich, Rahmenformat 57,6 x 48,7 cm. Original: Stadtarchiv Rheinberg, Ku 199, Foto: Hartwig Neumann. Dieses rare Blatt wurde 1708 durch Peter Schenk d. Ä. (1660–1718/19) unter dem Titel SPECULUM ARCHITECTURAE MILITARIS in Amsterdam offensichtlich zuerst veröffentlicht (vgl. Katalog HAB 1984, Architekt & Ingenieur, Nr. 235). Hans Sigmund Ulrici widmete es August II. Kurfürst von Sachsen, für den Schenk als Hofgraveur arbeitete. Der Nachstich bei M. Seutter ist sehr exakt.

Der Spiegel der wichtigsten Befestigungsmanieren zeigt in der Synopse 39 Einzelabbildungen der jeweils typischen Bastionsgrundkonstruktionen in szenographischen und ichnographischen Bildern als Teile einer hypothetischen Großfestung. Diese besteht aus vier Fortifikationsgürteln, die zentrisch um eine Zitadelle mit vier Bastionen gelegt sind. Folgende Manieren kommen zur Darstellung: Blondel / Borgsdorf / Bourdin / Deville / Doegen / Errard / Griendel / Freitag / Hemmerling / Mallet / Marolois / Neubauer / Pagan / Ruse / Sardi / Scheiter / Schoert / Specklin / Stevin / Vauban.

Synopsen dieser Art waren in der Ingenieurausbildung, aber auch in der höfischen Erziehung besonders im 17. und 18. Jh. Grundaufgaben für die Schulung in der Kriegsbaukunst.   ▶

Die Art und Weise einen Platz zu fortifizieren, richtete sich vornehmlich nach dem jeweiligen Entwicklungsstand der Feuerwaffen, besonders der Geschütze, und nach einem Katalog voller Determinanten, die nicht nur mathematisch-geometrischer, physikalischer, pyrotechnischer, topographischer, strategischer und taktischer Natur waren, sondern auch in der jeweiligen historischen Situation von Staat, Gesellschaft, Kultur, Kunstauffassungen ihren Ursprung hat. Die Grundforderung blieb stets die vollkommene, wechselseitig flankierende Bestreichung der eigenen Verteidigungswerke, um den Gegner am Vordringen, letztendlich am Sturm zu hindern, ja ihn schon in Friedenszeiten möglichst mit starken Festungen abzuschrecken. Die zeittypischen Angriffsmethoden und ihre Wechselverhältnisse auf die fortifikatorische Bauwirklichkeit, der genannte Stand der Verteidigungsmittel einschließlich der von den Werken umschlossenen Infrastruktur mit Zeughäuser, Kasernen, Magazinen und in frühen Zeiten oftmals auch Fürstenschlösser und Amtssitsen, alles diente dem Ziel, eine maximale Wirkung im Vorfeld (Nahkampf) und im Vorgelände (Fernkampf) zu erreichen. Diese Bedingungen gingen in das ingeniöse Denken und Handeln der Militärbaumeister mehr oder weniger gewichtig ein und führten zu individuellen Entwürfen von Festungsfronten, von Manieren. Eine Manier ist also eine »durch geschichtliche, waffentechnische und taktische Erfordernisse bestimmte Ausbildung einheitlicher Befestigungen« (Glossarium Artis). General von Zastrow unterschied nochmals die Manieren von den Systemen. Unter Systemen verstand er die Originalmethoden, während die Manieren bei ihm nur die zahlreichen Modifikationen von bestimmten Systemen waren. Die hier beigegebenen Tafeln aus dem Werk von Ch. F. Mandar geben 80 der von ihm unterschiedenen 120 Manieren aus drei Jahrhunderten wieder. Die Vielfalt der Formen besticht. Mandar bedient sich der Darstellung einer jeweils typischen Festungsfront, also eines Segmentes aus einer kreisförmig oder im regelmäßigen Polygon gedachten Festung. So wird der Vergleich leichter. Der Jülicher Fortifikationsoffizier J. D. Durange will 1722 über 500 Manieren unterschieden haben – um in »Des verirrten Haupt-Risses der Regulair-Fortification getreuer Wegweiser«, Frankfurt a. M. 1733, seine 501. Manier zu veröffentlichen. Das ging nicht ohne Spott auf die anderen »Mitbewerber« um die bestmögliche Manier.

Eine Festung konnte sich nur immer eine bestimmte Zeit voll funktionsfähig und autark halten. Alle genannten Determinanten unterlagen Änderungen. Die Antwort der Ingenieure bestand meist in der baulichen Anpassung. Eine auf lange Dauer angelegte Festung konnte aber selbst in begrenzten Zeiträumen nur unter Einsatz größter Mittel in eine neue Befestigungsepoche überführt werden. So gibt es nur wenige Beispiele im deutschsprachigen Bereich für eine dynamische Anpassung der Verteidigungswerke vom 16. bis in das 19. Jahrhundert. Die meisten Plätze ließ man zu gegebener Zeit auf, wenn die Diskrepanz zwischen Verteidigung und Angriff zu groß wurde. Neue Manieren hat es in jeder Epoche gegeben. Das 17. Jh. war das Zeitalter der großen Belagerungskriege. Hier lassen sich entsprechend mehr Manieren nachweisen als etwa in der napoleonischen Ära, als sich der Schwerpunkt vom Festungskrieg zur offenen Feldschlacht und der damit verbundenen Perfektionierung der Feldartillerie verschob.

Nach General von Zastrow ist die Zeichnung die eigentliche Sprache des Ingenieurs. Die Manieren wurden von ihren Erfindern, besser von ihren Konstrukteuren, in Planmaterial vorgelegt und möglichst mit Modellen erklärt. Die für von Zastrows Vorlesungen hergestellten dreidimensionalen Modelle der wichtigsten Manieren, oder um in seinem Sprachgebrauch zu bleiben, Systeme, sind in mehreren Serien nachweisbar. Im folgenden Kapitel wird die Kollektion aus Weimar erstmals veröffentlicht. Die weiter unten abgebildeten vier Fortifikationsvorschläge für die Festung Mülheim am Rhein sollen zeigen, daß man bei der Neubefestigung von Städten oft auch mehrere Manieren als Alternativvorschläge ausarbeiten und in die Überlegungen einbeziehen ließ, um die bestmögliche Lösung zu finden. Bei dieser Planreihe handelt es sich offenbar um eine Schulungsaufgabe eines Ingenieureleven. Im Fortifikationsunterricht mußte man sich solcher Aufgaben entledigen und so Leistungsnachweise erbringen. Auf Übungsblättern wurden altbekannte Manieren aus Druckvorlagen abgezeichnet, über die Nadelstichtechnik kopiert, koloriert und beschriftet. Aus den Übungsblättern entstanden oft Plansammlungen, die zahlreich nachzuweisen sind.

In der Fortifikationsliteratur besonders der letzten Jahrzehnte wird zur groben Klassifikation der Festungsbauten und ihrer Epochen von sechs grundlegenden Manieren gesprochen. Man unterscheidet

> alt- und neuitalienische,
> alt- und neuniederländische,
> alt- und neupreußische bzw. neudeutsche

und meint Befestigungssysteme, die zu bestimmten Zeiten bestimmte Merkmale besitzen. Beispiele dazu folgen unten. Im Bestreben nach bestmöglichen Fortifikationsmethoden standen der Spekulation lange alle Tore offen. Nicht nur Spezialisten des Baufachs, auch Angehörige entfernter Berufsgruppen bemühten sich um Befestigungsentwürfe, um neue Manieren. Es gibt Beispiele aus beinahe sämtlichen Berufsgruppen und Ständen. Unter den Autoren findet man auffallend viele Theologen und – aus der Natur der Sache – Mathematiker und Philosophen.

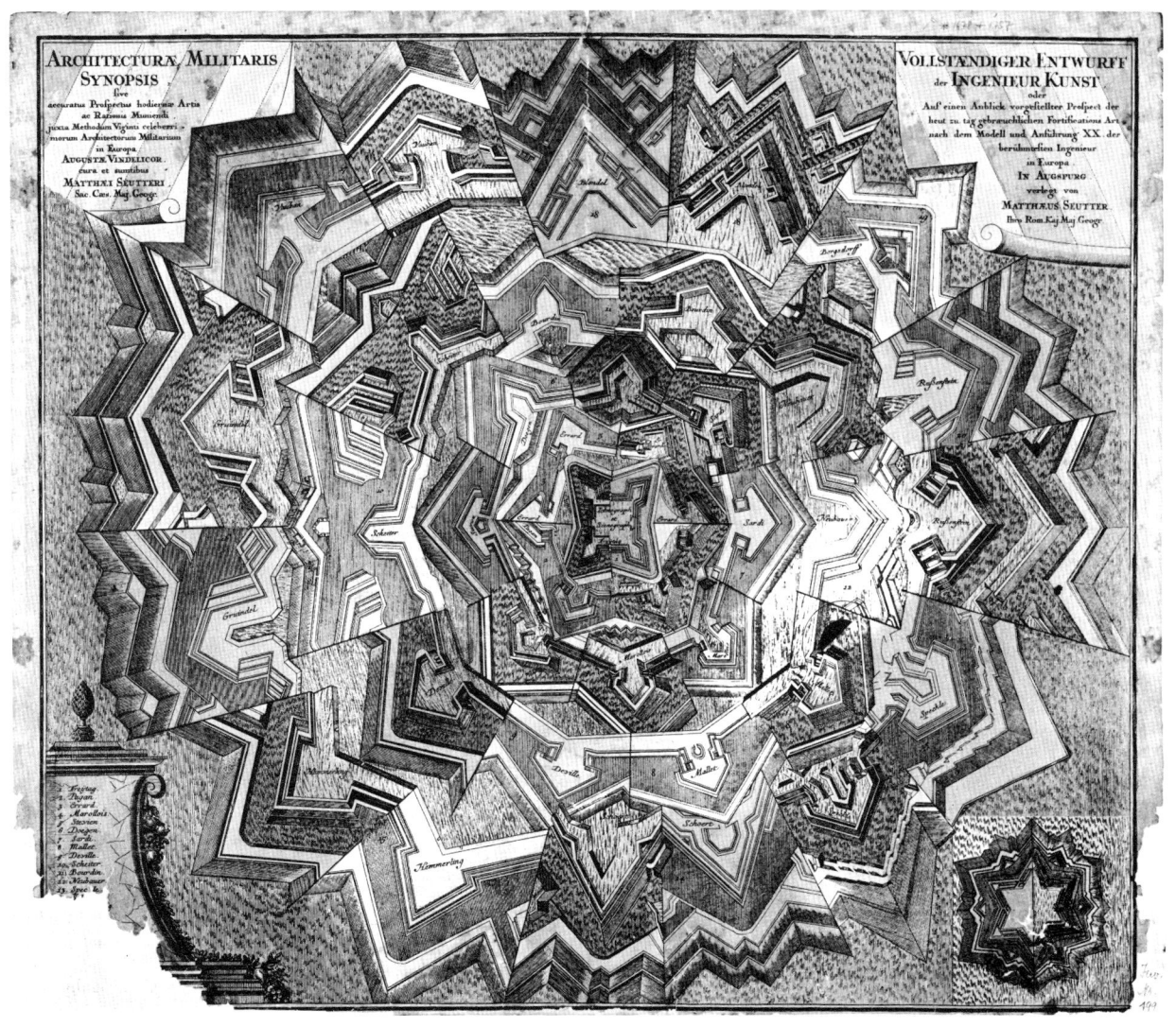

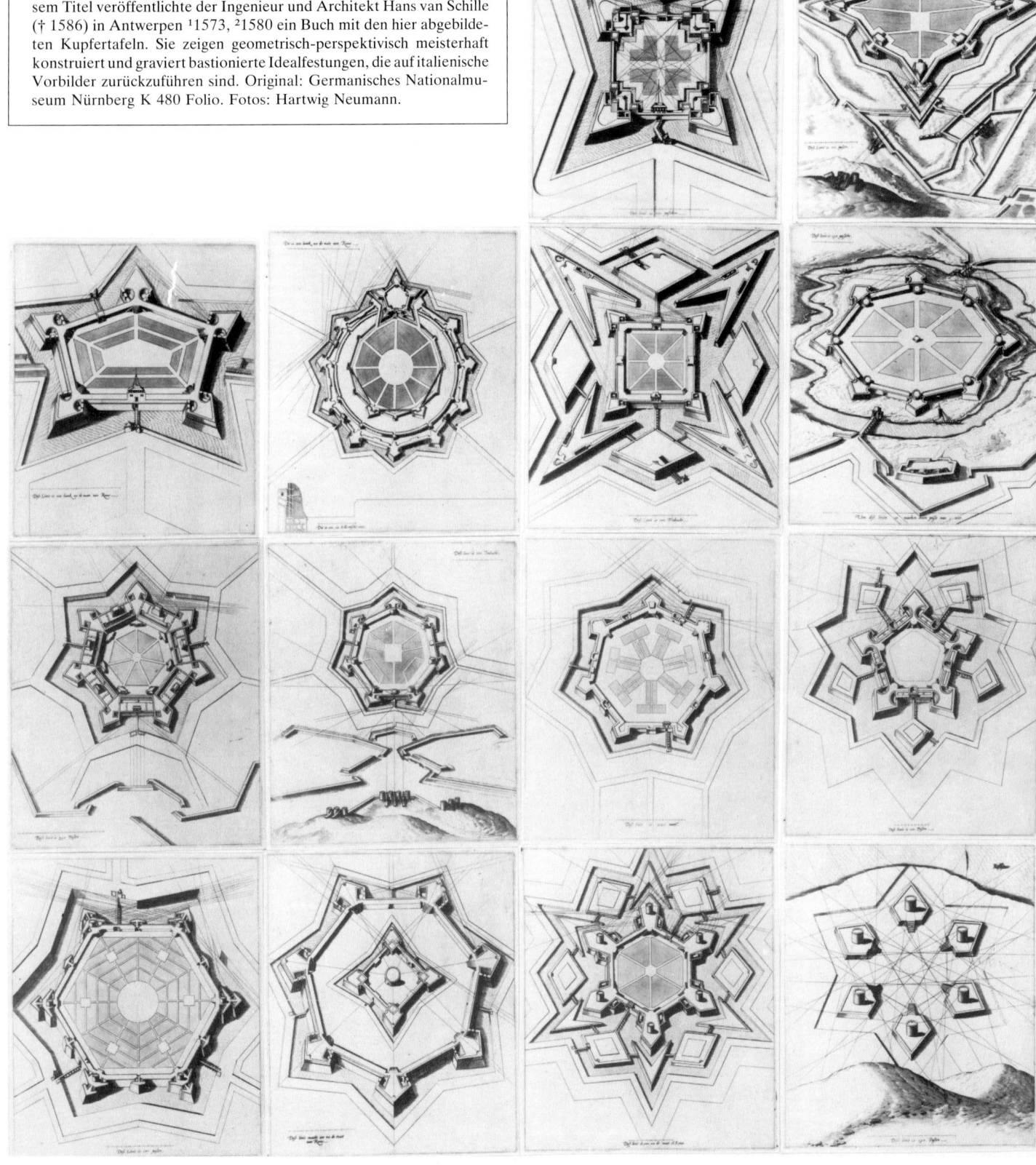

»FORM vnd weis zu bauwen/MANIER, de bien bastir...«. Unter diesem Titel veröffentlichte der Ingenieur und Architekt Hans van Schille († 1586) in Antwerpen ¹1573, ²1580 ein Buch mit den hier abgebildeten Kupfertafeln. Sie zeigen geometrisch-perspektivisch meisterhaft konstruiert und graviert bastionierte Idealfestungen, die auf italienische Vorbilder zurückzuführen sind. Original: Germanisches Nationalmuseum Nürnberg K 480 Folio. Fotos: Hartwig Neumann.

Mülheim am Rhein gehört mit Hanau und Freudenstadt in die Reihe der Flüchtlingsstadtgründungen, die meist auch befestigt waren. Planmäßig wurde die bastionierte Landfront um die als Konkurrenzgründung zu Köln Ende des 16. Jh. nach Vorstellungen von Alexander Pasqualini († 1612) erbaute Stadt angelegt. Pasqualini hatte drei Entwürfe vorgelegt. Schon 1614/15 erfolgte die Zerstörung der Festungswerke und der Stadt durch die Spanier und Kölner Bürger. Daß man in späterer Zeit immer wieder Überlegungen anstellte, eine Neubefestigung auszuführen, zeigen die vier Projektpläne des Colonels de Moering von 1752. Er legte seinen Vorschlägen die Manieren von Völker, einem Vertreter der altniederländischen Manier, und Coehoorn, dem Begründer der neuniederländischen Manier, sowie das damals aktuelle Tenaillensystem zugrunde:

    A. Le vieux Mülheim avec sa Fortification B. La nouvelle Ville avec sa Fortification qui a ete demolie par le General Spinola dans le Siecle precedent // METHODE du General Major de Völcker sur Mülheim // PROIET sur Mülheim selon les Maximes du General de Cohorn // Ouvrages tenaillés projettés sur Mulheim.

Originale und Fotos: Bayerische Staatsbibliothek München, Cod. icon. 220 d, Bl. 96–99.

XII. von Zastrowsche Festungsmodelle aus Weimar, Nr. 1–11

Auf Vorschlag des preußischen Offiziers und späteren Generals Alexander von Zastrow (1801–1875) entstanden um 1827/28 und gegen 1838 zwei Modellserien der wichtigsten Systeme bzw. Manieren im neuzeitlichen Festungsbau für Unterrichtszwecke. Zur ersten Serie mit 12 und zur zweiten Serie mit 16 Modellen erschien aus der Feder von Zastrows ein Handbuch, welches als Standardwerk einschließlich des großformatigen Planmaterials 1983 im Nachdruck erschien:

> Geschichte der beständigen Befestigung oder Handbuch der vorzüglichsten Systeme und Manieren der Befestigungskunst. Nach den besten Quellen bearbeitet und durch 20 Pläne erläutert, 3. Auflage, Leipzig 1854.

Das Planmaterial bezieht sich auf die Modelle. Rudolf Schott konnte in seinen Publikationen zu v. Zastrows Werk (vgl. Literaturverzeichnis) zwei Serien (1. und 2. Auflage) der Modelle im Wehrgeschichtlichen Museum Rastatt nachweisen. Dazu kam eine Serie im Badischen Landesmuseum Karlsruhe und eine Serie im Bayerischen Armeemuseum Ingolstadt. Offenbar wurden die Modelle einst in größerer Stückzahl für die verschiedensten Lehranstalten angefertigt, denn hier können weitere drei Serien nachgewiesen werden:

1. Das Manuskript Nr. 136 der Pionierschule München von Major Dinter aus dem Jahr 1935 »Führer durch die Sammlung Festungsbau« mit 64 Foritifikationsmodellen (!), davon die ersten 16 von Zastrows 2. Auflage, zeigt die Modelle in Fotos. Der Verbleib dieser Sammlung ist noch ungeklärt.
2. Die Central Library of the Royal Military Academy Sandhurst besitzt 12 Modelle, die vielleicht durch Lieutenant-General Sir Herbert Taylor an das Royal Military College Sandhurst in den Jahren 1834–1839 übergeben wurden.
3. In der Landesbibliothek Weimar, der Zentralbibliothek der deutschen Klassik, befindet sich ein einfacher, ursprünglich nicht zugehöriger Holzschrein mit 11 Modellen, die hier in Wort und Bild und mit Hinweisen nach R. Schott vorgestellt werden. Fotos: Nationale Forschungs- und Gedenkstätte in Weimar.

Schrein aus grob bearbeitetem Holz mit den 11 Fortifikationsmodellen in Weimar.

Nr. 1: Italienische Manieren des 16. Jahrhunderts

Unten: Altitalienische Manier		Oben: Neuitalienische Manier	
Länge der Polygone	250–500 m	Länge der Polygone (innere)	255–283 m
Länge der Bastionsface	50 m	(dem entspricht eine äußere Polygone bei	
Länge der Bastionsflanke	34 m	einer 6eckigen Anlage von	340–375 m)
Länge der Kurtine	250–500 m	Länge der Defenslinie	340 m
Fläche der Bastion	750 m²	Länge der Bastionsface	94 m
Höhe der Wallkrone über Bauhorizont	8,15 m	Länge der Bastionsflanke	35 m
Tiefe des Grabens unter Bauhorizont	7,52 m	Breite des Hauptgrabens	37,6 m
Breite des Grabens v. d. Bastionsspitze	28 m	Fläche der Bastion (ohne Brustwehr)	2500 m²
		Höhe des Hauptwalls über Bauhorizont	7,5 m
		Höhe des Hauptwalls über Grabensohle	15 m
		Länge der Ravelinface	63 m
		Höhe des Ravelinwalles über Grabensohle	14 m

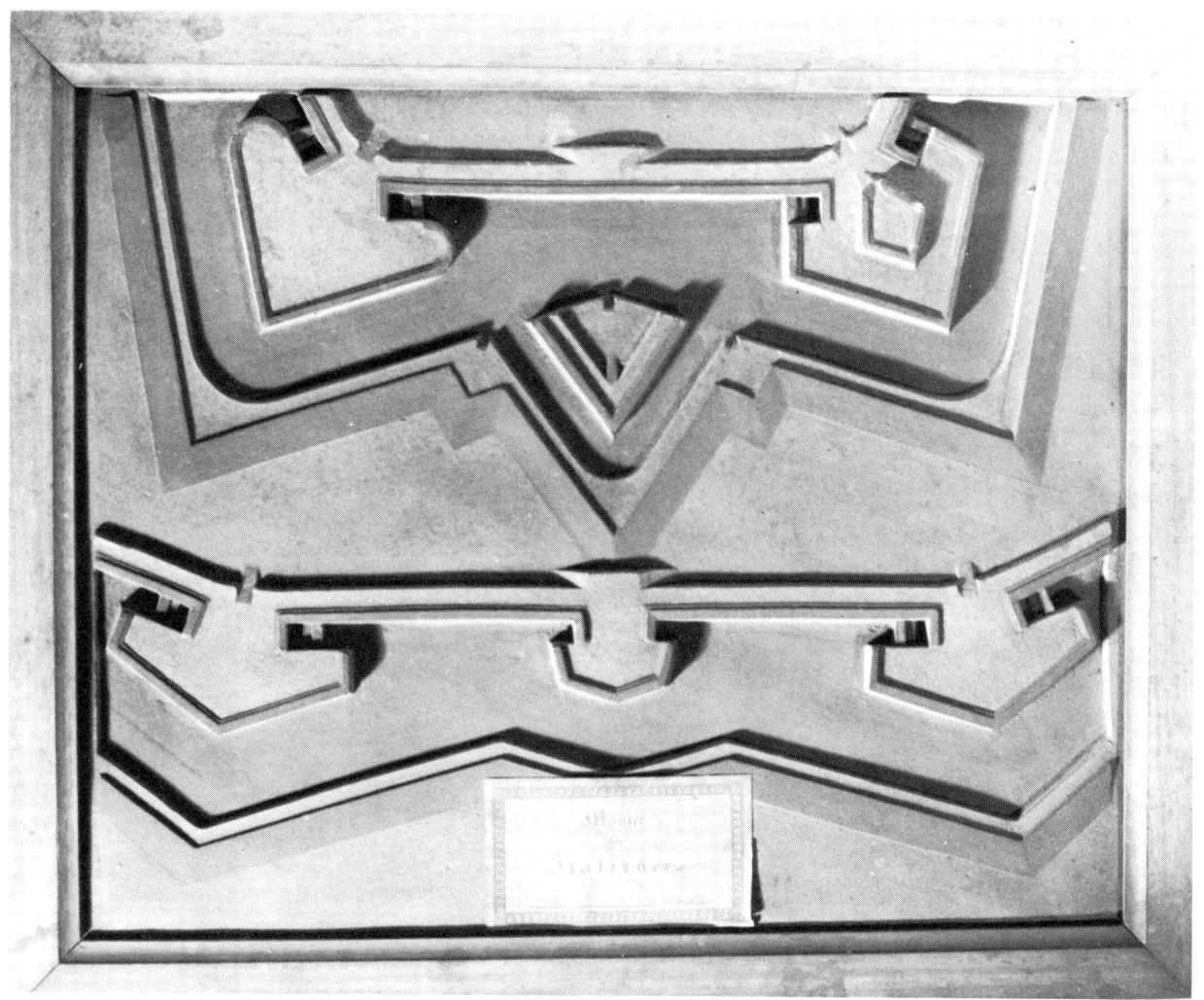

Nr. 2: Altniederländische Manier nach Adam Freitag (1602–1664)

Länge der äußeren Polygone (Konstruktion jedoch von innen nach außen)	226 m
Länge der Kurtine	135,5 m
Länge der Bastionsface	90 m
Länge der Bastionsflanke	30 m
Länge der Fausse-braie, gemessen von Bastionsspitze bis zur nächsten Bastionsspitze	380 m
Länge der Defenslinie	225 m
Grabenbreite	30–38 m
Länge der Ravelinface	49 m
Länge der Face des Halben Mondes	75 m
Höhe der Wallkrone über Bauhorizont	4 m
Höhe der Brüstung der Fausse-braie über Bauhorizont	1,9 m
Tiefe des Grabens unter Bauhorizont	3,1 m
Höhe der Brustwehr des Ravelins oder des Halben Mondes über Bauhorizont	3,5 m
Breite des Wallgangs	9,4 m
Breite der Fausse-braie	4,4 m
Breite der Brüstungen mindestens	5,7 m
Fläche der hohlen Bastion, gemessen ohne Brustwehr	5000 m²

Beispiele: Zitadelle Wesel, Philippsburg, Berlin, Hamburg, Neiße, Danzig.

Nr. 3: Neuniederländische Manier nach Menno van Coehoorn (1641–1704)

Anwendungsbeispiele: Groningen, Deventer, Arnheim, Zutphen, Nimwegen, Bergen op Zoom		Länge der Ravelinflanke	83 m
		Breite des gedeckten Weges	26 m
Länge der äußeren Polygone	422 m	Brustwehrhöhen über Bauhorizont:	
Länge der inneren Polygone	283 m	der Hauptface der Bastion	6,9 m
Länge der Hauptkurtine	141 m	der Niederen Face der Bastion	3,76 m
Länge der niederen Bastionsface	128 m	der Orillontürme	6,9 m
Länge der Hauptface der Bastion	42 m	der Couvrefacen	3,76 m
Länge der Bastionsflanke	42 m	der Hauptface des Ravelins	4,4 m
Länge der Defenslinie	301 m	der Niederen Face des Ravelins	3,14 m
Breite des Hauptgrabens	45 m	der Hauptkurtine	5,65 m
Breite des Grabens vor der Couvreface	27 m	der niederen Kurtine	2,51 m
Länge der Face des Ravelins	143 m		

Nr. 4: [I.] Manier nach Sebastien le Prestre de Vauban (1633–1707)

Anwendungsbeispiele in reduzierter Form: Saarlouis, Hüningen, Luxemburg, Freiburg i. Br.

Länge der Polygone (von Vauban bevorzugt)	340 m
Länge der Defenslinie	282 m
Länge der Kurtine	132 m
Länge der Brustwehr der Bastionsface	90 m
Länge der Brustwehr des Ravelins	60 m
größte Länge der Face einer Lünette	94 m
Breite des Gangs a. d. Hauptwall	11,3 m
Breite des Hauptgrabens	31,5 m
Breite des Ravelingrabens	18,8 m

Höhe über dem Bauhorizont:

der Brustwehr des Hauptwalls u. d. Bastion	7,6 m
des Revetements des Hauptwalls u. d. Bastion	6,3 m
der Brustwehr der Grabenschere	1,9 m
der Brustwehr des Ravelins	5,6 m
der großen Lünetten	1,9 m
Tiefe der Gräben unter dem Bauhorizont	4,7 m

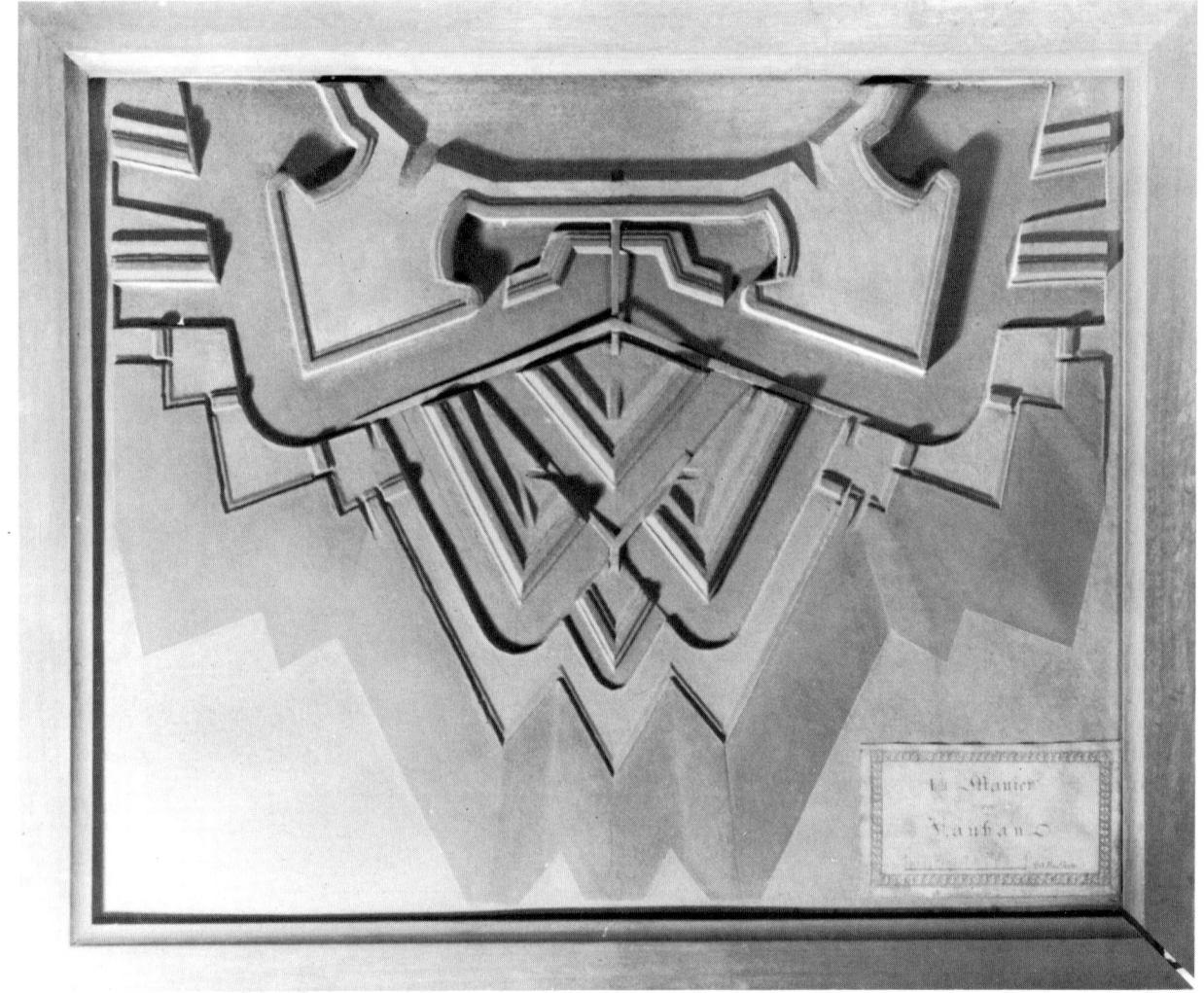

Nr. 5: [III.] Manier nach Sebastien le Prestre de Vauban

Musterbeispiel: Neubreisach		der Grabenschere	0,6 (0,3) m
Breite des Hauptwallgangs	9,8 (7,5) m	des Ravelin-Reduits	5,3 m
Breite des Abschnittgrabens:		des Ravelins	4,4 m
vor der Mitte der Kurtine,	26,4 m	des gedeckten Weges	2,5 m
vor der Face des bastionierten Turms	22,6 m		
Breite des Hauptgrabens	23,3–30,1 m	Tiefe der Gräben unter dem Bauhorizont	4,7 m
Breite des Ravelingrabens	16,2 m	Länge der Polygone	343 (347) m
Breite des gedeckten Weges	13,2 (5,7) m	Länge der Defenslinie	264 (237) m
Höhe über Bauhorizont der Brustwehr:		Länge der Kurtine	226 m
des Hauptwalls	6,3 m	Länge der Brustwehr der Bastionsface	90 m
der Bastion	6,3 m	Länge der Brustwehr der Ravelinface	72 m

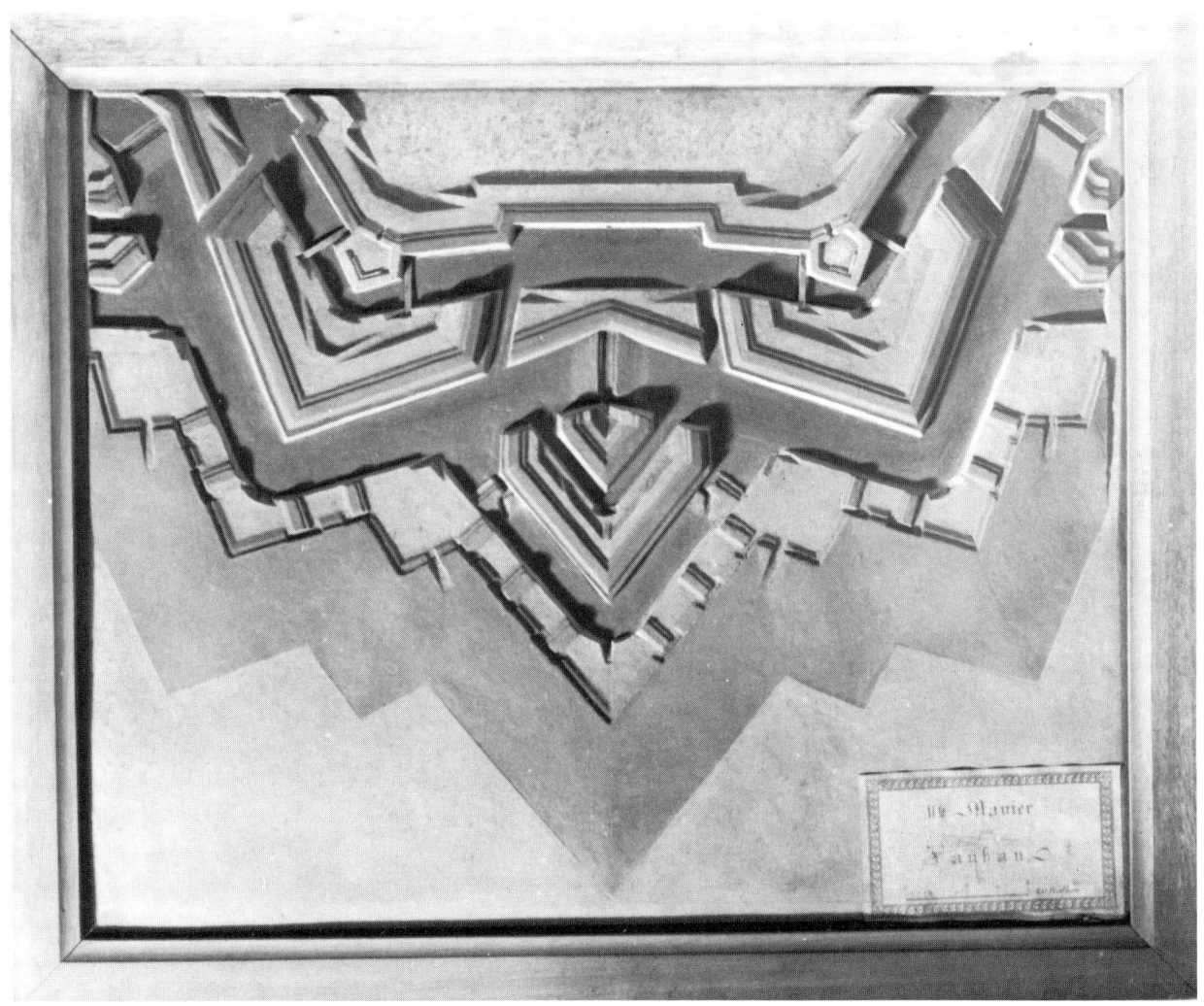

Nr. 6: Manier nach Daniel Speckle (1536–1589)

Länge der Polygone (innere P., Konstruktion der Befestigung von innen nach außen	320 m	Höhe der Kurtine über Bauhorizont	8,2 m
Länge der Defenslinie	320 m	Höhe der Brustwehr der Bastion über Bauhoritzont	11,3 m
Länge der Kurtine	141 m	Höhe der Brustwehr des Kavaliers über Bauhorizont	17,3 m
Länge der Bastionsface (ohne Brustwehr)	105 m	Tiefe des Grabens unter Bauhorizont	54 m
Länge der Bastionsflanke	45 m	Tiefe des Wasserstandes bei nassen Gräben unter Bauhorizont	3,8 m
Breite des Grabens vor der Bastionsspitze	34 m		
Fläche der Bastion (ohne Brustwehr einschl. Fläche des Kavaliers)	11 350 m²		

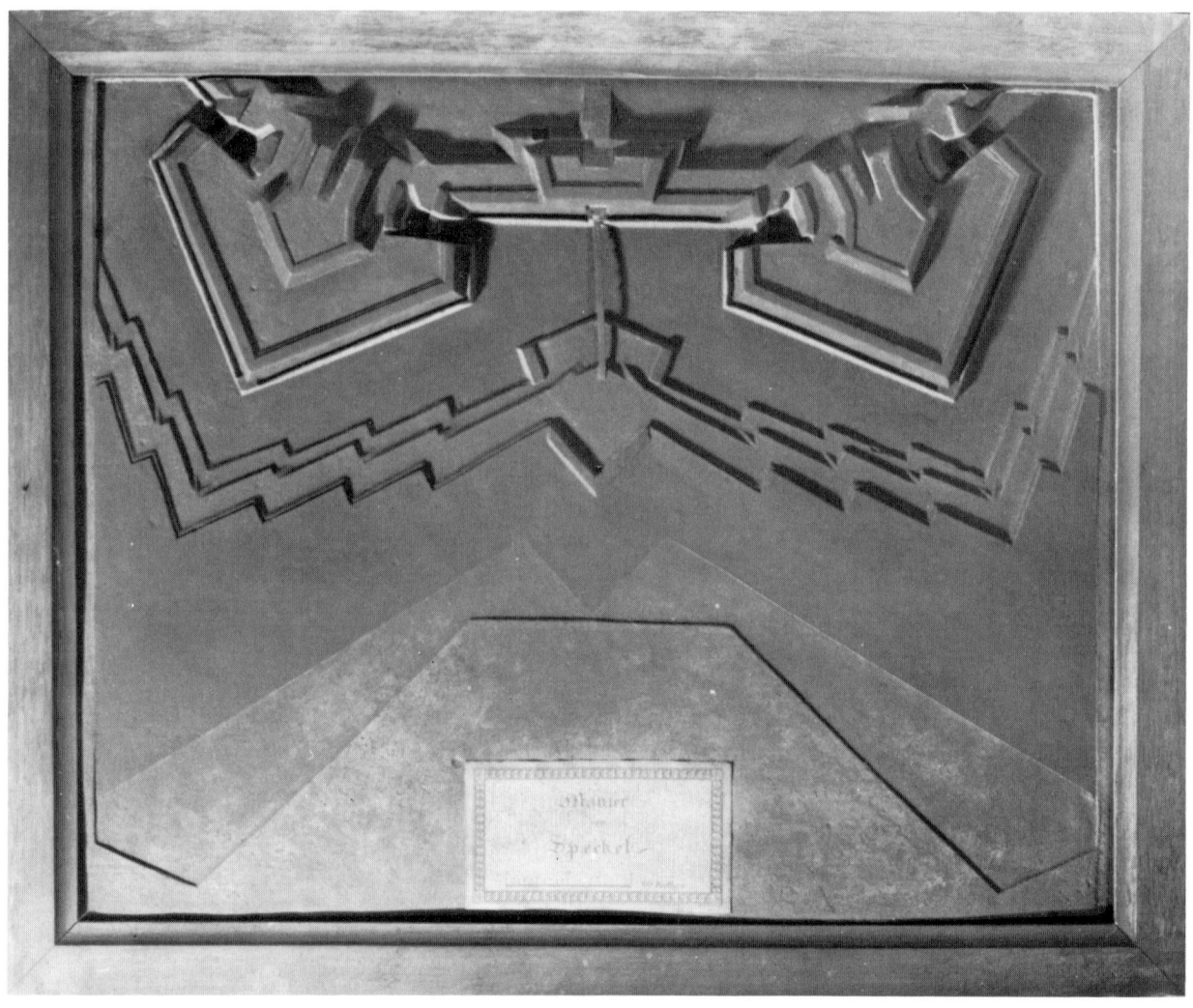

Nr. 7: Manier nach Blaise Francois Graf Pagan (1604–1665)

Modell falsch beschriftet. Vgl. Zastrow-Reprint a. a. O., Tab. VIII, Fig. 3	
Länge der Polygone (100 Ruten = Großroyal, 90 Ruten = Mittelroyal)	355 m
Länge der Defenslinie	330 m
Länge der Defenslinie bis zum inneren Rand der Enveloppe	270 m
Länge der Kurtine	56,5 m
Länge der äußeren Bastionsface	94,2 m
Länge der inneren Bastionsface	33,9 m
Breite des Hauptgrabens	26,4 m
Breite des Grabens vor der Enveloppe	22,6 m
Breite der Enveloppe	49 m
Höhe der Brustwehr der äußeren Bastion über Bauhorizont	7,53 m
Höhe der Brustwehr der inneren Bastion über Bauhorizont	7,53 m
Tiefe des Bastionsabschnittsgrabens und Bauhorizont	5,65 m
Tiefe des Baugrabens unter Bauhorizont	5,65 m
Tiefe des Grabens vor der Enveloppe	3,77 m

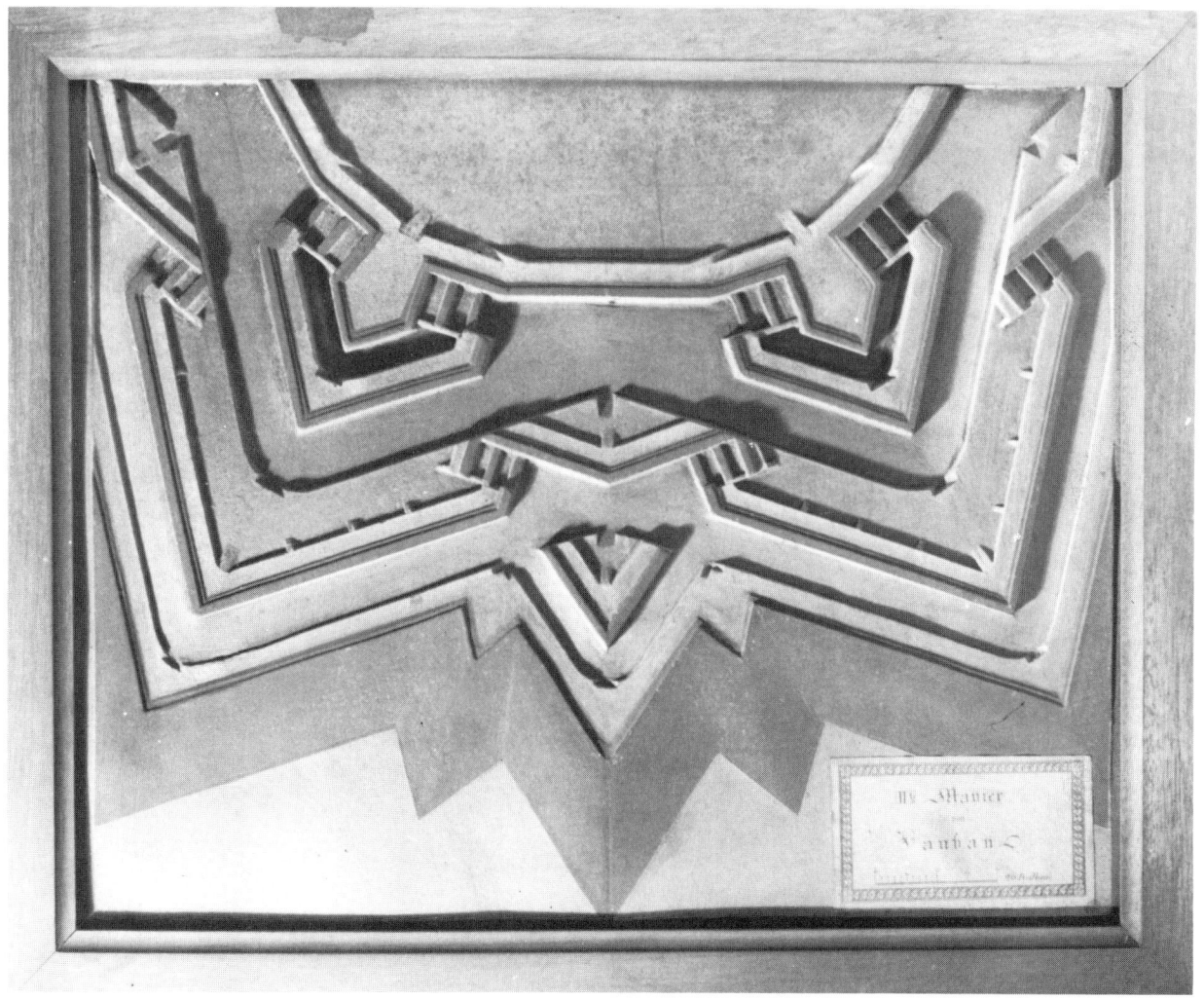

Nr. 8: Manier der Schule von Meziere mit Verbesserungen durch Louis de Cormontaigne (1695–1752) um 1764

Länge der Polygone	328,0 m	Tiefe des Hauptgrabens unter Bauhorizont	6,9 m
Länge der Defenslinie	267,5 m	Tiefe des Ravelingrabens unter Bauhorizont	4,4 m
Breite des Hauptgrabens an der Bastionsspitze	28,3 m	Höhe der Brustwehr über Horizont	5,6 m
Breite des Reduitgrabens	20,7 m	Höhe der Kavalier-Brustwehr über Horizont	8,2 m
Länge der Bastionsface	98,0 m	Höhe der Mauerwerksverkleidung der Bastion über Grabensohle	9,4 m
Länge der Bastionsflanke	45,2 m		

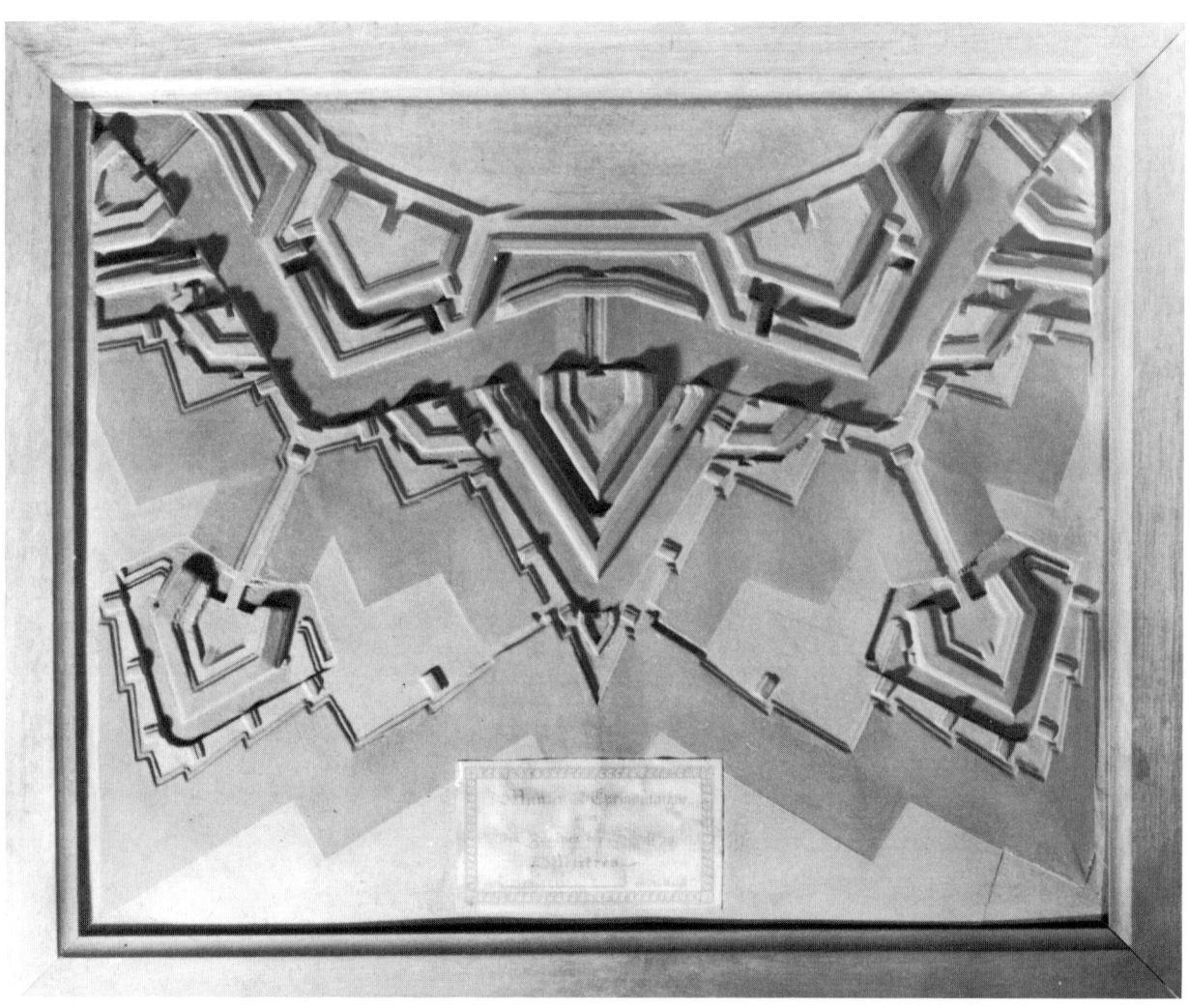

Nr. 9: Manier nach Georg Rimpler (1636–1683)

Höhe der Brustwehr des Hauptwalls bzw. der Hauptflanke über Bauhorizont	7,54 m	Länge der äußeren Polygone	452 m
Höhe der Brustwehr der mittleren Flanke über Bauhorizont	1,88 m	Abstand der Bollwerksspitzen	286 m
Höhe der Brustwehr der niederen Flanke unter Bauhorizont	0,47 m	Länge der Defenslinie etwa	300 m
Höhe der Brustwehr des inneren Ravelins über Bauhorizont	3,77 m	Länge der halben gebrochenen Kurtine	105 m
Fläche des Bollwerks etwa	3370 m²	Länge der Bollwerksface	60 m
Tiefe der nassen Gräben unter Bauhorizont	4,71 m	Länge der Bollwerksflanke	45 m
Tiefe der trockenen Gräben unter Bauhorizont	1,88–2,51 m	Breite des Hauptgrabens	30 m
		Breite der sonstigen Gräben	11 m

Zu Rimplers Theorie begegnete mir jüngst eine Handschrift in der Königlichen Bibliothek Kopenhagen, Signatur Gl. kongl. S. fol Nr. 346: »Schlüssel zur befestigten Festung oder Erklärung Georg Rimplers beständigen Fundaments zu Fortificiren und defendiren, durch Joh. Carl Lochner, dediciret til Kong Christ. V.«, mit illuminierten Zeichnungen. Quellen zu den einzelnen Manieren sind über ganz Europa verteilt, da Militärarchitektur stets grenzüberschreitend war!

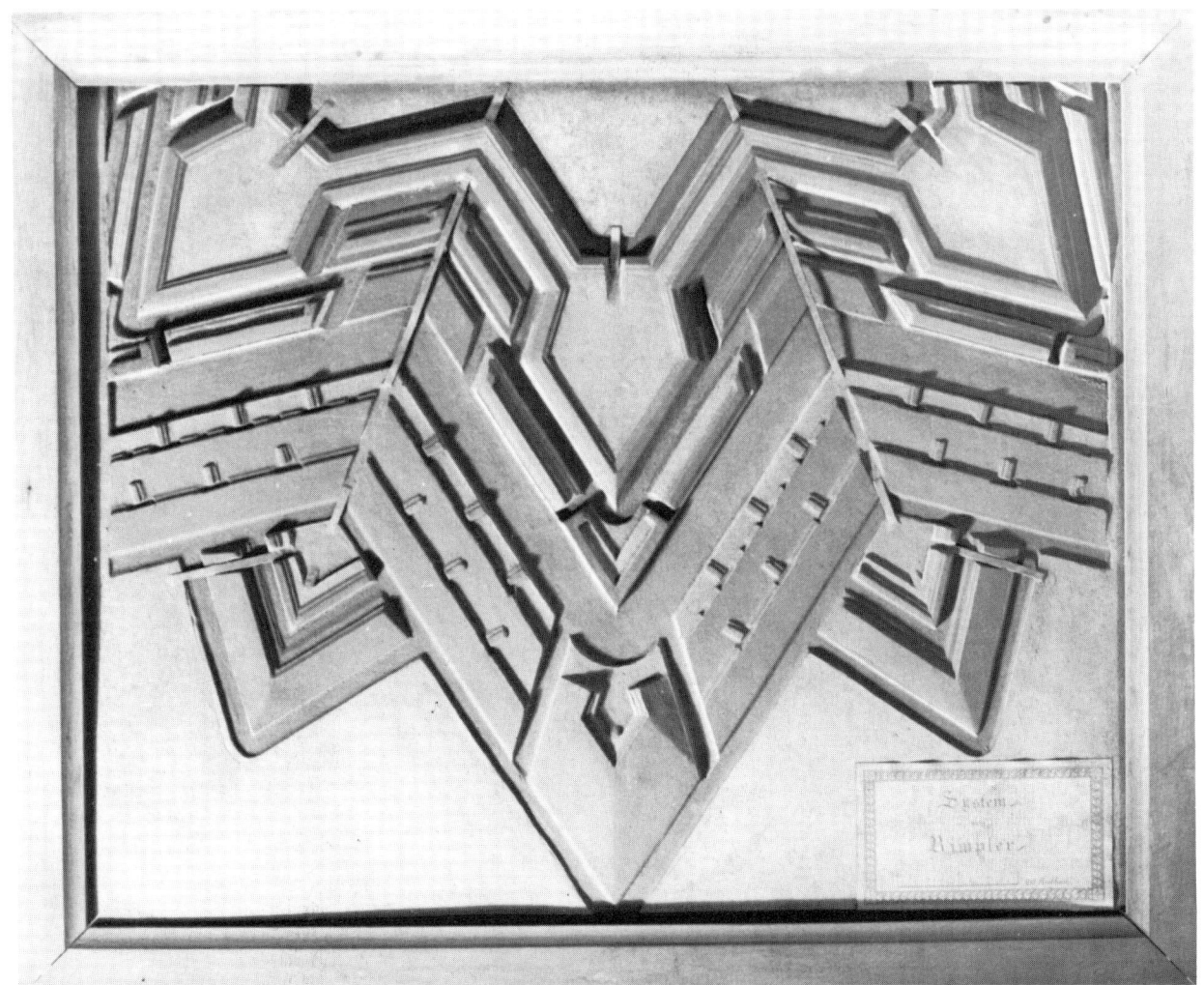

Nr. 10: Manier nach Hermann Landsberg d. J. (1670–1746) im Tenaillensystem

Länge der Polygone	338 m	Höhe der Brustwehr über Bauhorizont:	
Länge der Defenslinie	226 m	des Hauptwalls	5 m
Breite des Hauptgrabens	34 m	der Fausse-braie	2,2 m
Breite des Vorgrabens	19 m	der Enveloppe	2,2 m
		Tiefe der Gräben unter Bauhorizont	1,25+1,9 m
		Tiefe der Künette unter Bauhorizont	3,77 m

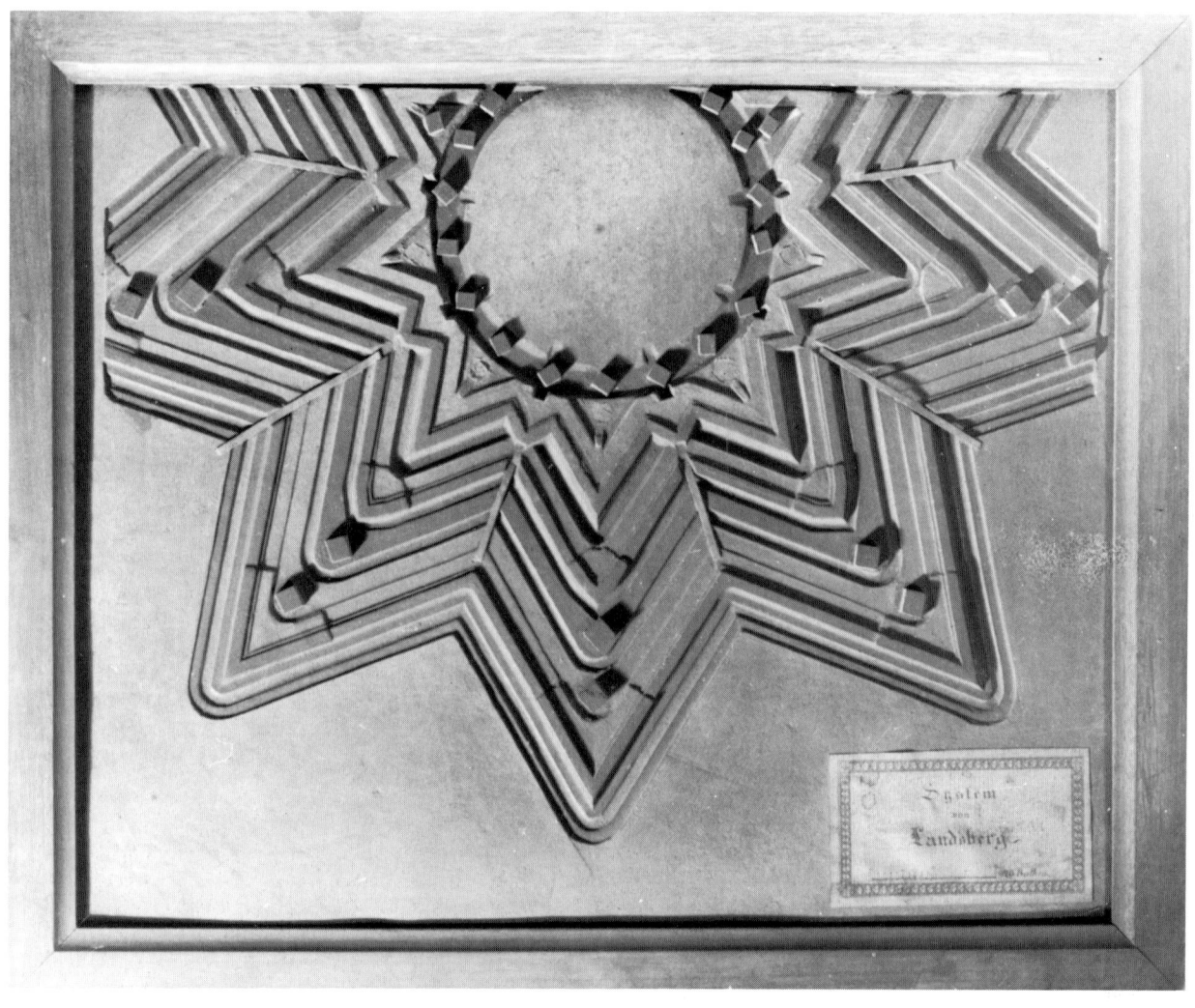

Nr. 11: Manier nach M. R. Marquis de Montalembert (1714–1800)

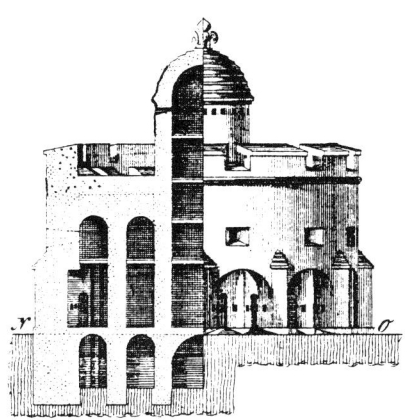

Beispiel einer tenaillierten Front aus einem 12-Eck. Kasemattierter Turm nach Montalembert von 1776 aus dem Zastrow-Reprint a. a. O.

Länge der Polygone	343 (331) m
Länge der Defenslinie, gemessen bis zur Hauptgraben-kontereskarpe entlang der Hauptgrabeneskarpe	275 (301) m
Breite des Grabens vor dem Hauptwall	19 (13) m
Breite des Hauptgrabens vor der Partikularkontereskarpe	34 m
Breite des Grabens vor der General-Couvreface	15 m
Breite des gedeckten Weges ohne Bankett	7,5 m
Höhen über Bauhorizont:	
Brüstung des Hauptwalls	8,2 m
Brustwehr der Partikular-Couvreface	7,3 (6,6) m
Brustwehr der General-Couvreface	7,3 (6,6) m
Brustwehr des Walles um den Waffenplatz	6,6 (6,0) m
Brustwehr des gedeckten Weges	3,8 (4,1) m
Tiefe des Grabens (Wasserspiegel) unter Bauhorizont	1,9 (1,6) m
Kasemattierter Turm:	
Grabendurchmesser	32 (45,9) m
Turmdurchmesser	20,7 (13,2) m
Geschoßhöhen:	
Keller	1,9 m
Erdgeschoß	4,4 m
1. Obergeschoß	2,2 m
Höhe der Brüstung über Bauhorizont	9,4 (8,15) m
Gebäudehöhe insges.	15,1 (12,2) m

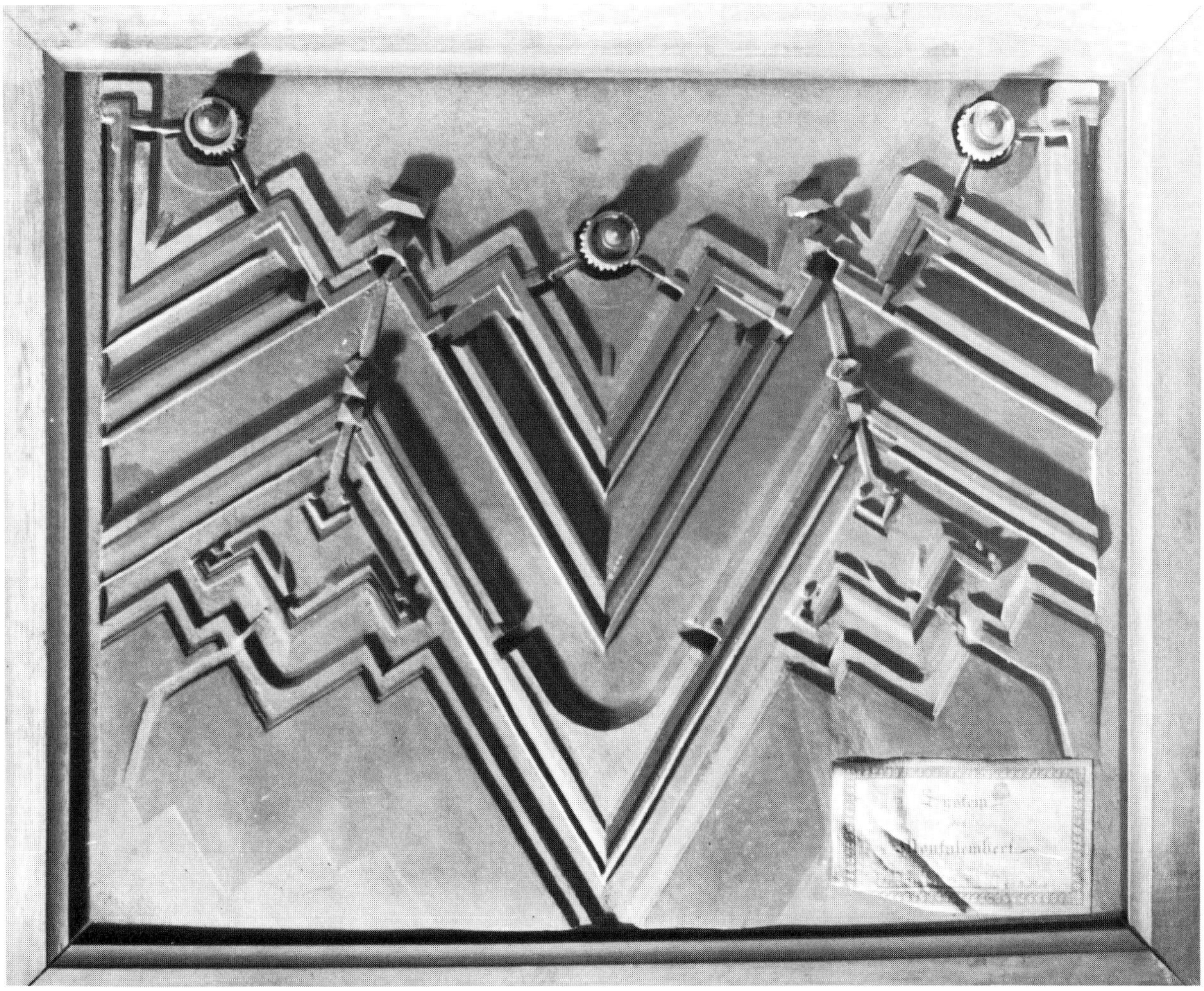

XIII. Fünf württembergische Medaillen mit Fortifikationsmanieren von Georg Bernhard von Bilfinger

Die Vielfalt an Fortifikationsmanieren soll auch an einem Beispiel aus der Numismatik exemplifiziert werden. Das Württembergische Landesmuseum Stuttgart besitzt eine bisher nur in diesen Exemplaren bekannte Serie von fünf Medaillen mit Festungsgrundrissen. Sie sind nach den Vorlagen des damaligen Consistorial-Präsidenten Georg Bernhard von Bilfinger (21. 1. 1693–18. 2. 1750) angefertigt. Bilfinger führte ab 1734 den Titel eines Geheimen Rates und war Inhaber einer Stelle des Direktors aller württembergischen Fortifikationsbauten. Herzog Karl Alexander von Württemberg (1733–1737), dem die erste Medaille dediziert ist, hatte Bilfinger als Fortifikateur nach Stuttgart geholt. Von Haus aus war er Professor für Mathematik, Philosophie und Theologie (!). Er hatte für die Zarin Katharina Studien zur Befestigungsbaukunst angefertigt. Eine wissenschaftliche Bearbeitung seines praktischen und besonders theoretischen Werkes fehlt bisher. Seine äußerst seltenen gedruckten Bücher und auch Handschriften und Planzeichnungen befinden sich in Stuttgart in der Württembergischen Landesbibliothek. Bilfinger läßt sich auf verschiedenen Festungsbauplätzen nachweisen, so auch auf dem Hohentwiel zur Zeit der berühmten Gebrüder von Herbort. Ein gleichnamiger Neffe ist 1794 Kommandant von Tübingen.

Die Stücke I bis IV in Originalgröße auf den folgenden Seiten abgebildet, zeigen den Erfindungsreichtum Bilfingers. Allerdings ist keine real existierende Fortifikation nach den hier vorgestellten Manieren gebaut worden. Durch Beigabe eines Maßstabes wird zwar Genauigkeit vorgetäuscht, doch haben die dargestellten Plätze nur symbolischen Wert. Es handelt sich um Idealpläne.

Hofrat Georgivs Bernhardvs Bilfinger. Schabkunstblatt, ad vivum Wolfgang Dietrich Mayer pinx., I. I. Haid (1704–1767) sculps. et exc. A. V. [Augsburg]. Maße 19,5 x 31 cm. Original: Württembergische Landesbibliothek Stuttgart, Einzelblattsammlung BW-1. Vor dem Universalgelehrten, welcher in selbstbewußter Haltung mit Perücke und zeittypischer Kleidung dargestellt ist, liegt ein Plan einer Idealfestung, die große Ähnlichkeit mit der Medaille II aufweist und mit der nebenstehend abgebildeten Zeichnung Bilfingers aus der Sammlung Nicolai, Nr. 71, fol. 92, Maße 30 x 37,9 cm, fast identisch ist. Der gedruckte Lebenslauf befindet sich ebenfalls in der Landesbibliothek Stuttgart.

»Professor Bilfinger hatte im Jahr 1731 und folgenden durchl. Prinzen Carl Christian Erdmann von Wuertenberg-Oels, in der Mathematik, und damit auch in der Befestigungs-kunst zu unterrichten. Als dieses Se. hochfuerstl. Durchl. der damalige Kayserl. General-feldmarschall und nachmalige regierende Herzog zu Wuertenberg, Carl Alexander, erfuhr, verlangte er ihn zu sprechen. Die erste Unterredung vom dem Festungs-bau ... Der Prinz war ein vollkommener Kenner des Festungsbaues. Er hatte unter Anfuehrung von Vaubans gelernet, und auch in Coehorns Cabinet gezeichnet ... Es hatte demnach der Herr Professor Bilfinger an dem durchl. Prinzen in diesem Stuecke einen vortrefflichen Lehrmeister, ... Absonderlich gefielen dem Fuersten die von dem Herrn Professor erfundenen neuen Arten Festungs-modele aus Holz und Gips zu machen ... 1736 ... ließ Bilfinger Ihro Ruß. Kayserl. Majestaet durch die Academie zu Petersburg eine ganz neue Einrichtung eines Festungswerckes, an welchem das Hauptwerck ein Andreas-creuz vorstellte, mit der Aufschrift, crux apta tueri parta ... ueberreichen ... Die Sammlung einiger kleinen Schrifften [über die Fortifikation, Idee einer Zitadelle u. a.] ... sind niemals offentlich ausgegeben, sondern von dem Herrn Verfasser nur einige Exemplare an grosse Herren vornehme Liebhaber, Goenner und Freunde abgegeben worden.«

Aus einem zeitgenössischen Gedenkblatt mit der Vita Bilfingers. Die sehr seltenen Traktate und auch Handschriften sind in der Württemberg. Landesbibliothek vorhanden.

VS

RS

I. CAROLO ALEXANDRO WIRT. & TECC. DUCI DOMINO. SUO G. G. BILFINGER 1736. Ag 158 g.

CRUX APTA TUERI PARTA

VS

RS

II. SUCCEDUNT. RUPTIS. NOVA. VALLA. DOMUSQUE. Ag. 117 g.

NON. SUFFICIT. UNUM. VINCERE.

VS

RS

III. Ag 47,76 g.

VS

IV. DEM FÜRSTEN ZUR EHRE: DEN BÜRGERN ZU SCHUZ. DEN NACHBARN ZUR LEHRE: DEN FEINDEN ZU TRUZ. Pb 130,25 g.

V. PAX ARMATA. Pb 118,12 g.

XIV. Festungsbau 1. Hälfte XIX. Jahrhundert: Die neudeutsche Manier

Die neudeutsche Befestigungsweise in Grundrissen und Schnitten an Beispielen aus den Festungen Posen 1827 und Königsberg 1842: Oben: Polygonalfront mit trockenem Graben, unten: Polygonalfront mit nassem Graben. Es bedeuten:

- k Hauptgrabenkaponnieren
- h Hohltraversen
- m kasemattierte Mörserbatterien
- e – f Flankierungsanlagen
- s Blockhaus im gedeckten Weg
- B selbständiges, bastionsartiges Werk
- g Flankenkasematten
- r Batardeau zur Regelung der Wasserstände

Reproduktion aus Georg von Alten: Handbuch für Heer und Flotte, Bd. 6, Berlin 1914.

»Seitdem die Kriege in größerem Maßstabe und bedeutenden Massen geführt werden, ist auch den festen Plätzen ein unveränderter Einfluß auf die Kriegshandlung dadurch zuteil geworden, daß sie mehr der Aktivität (als Waffenplätze) als der Passivität (als Sperrung) zu dienen bestimmt sind, worauf die neuesten Konzeptionen hinauslaufen, indem das im Geschützbereich befindliche Terrain den Charakter eines vorbereiteten Schlachtfeldes annimmt, auf welchem sich Truppen, angelehnt an die Werke, im Freien bewegen und schlagen können.«

Ernst Ludwig v. Aster (1778–1855), 1838 Chef des Ingenieurkorps und hervorragender Vertreter der Neudeutschen Manier

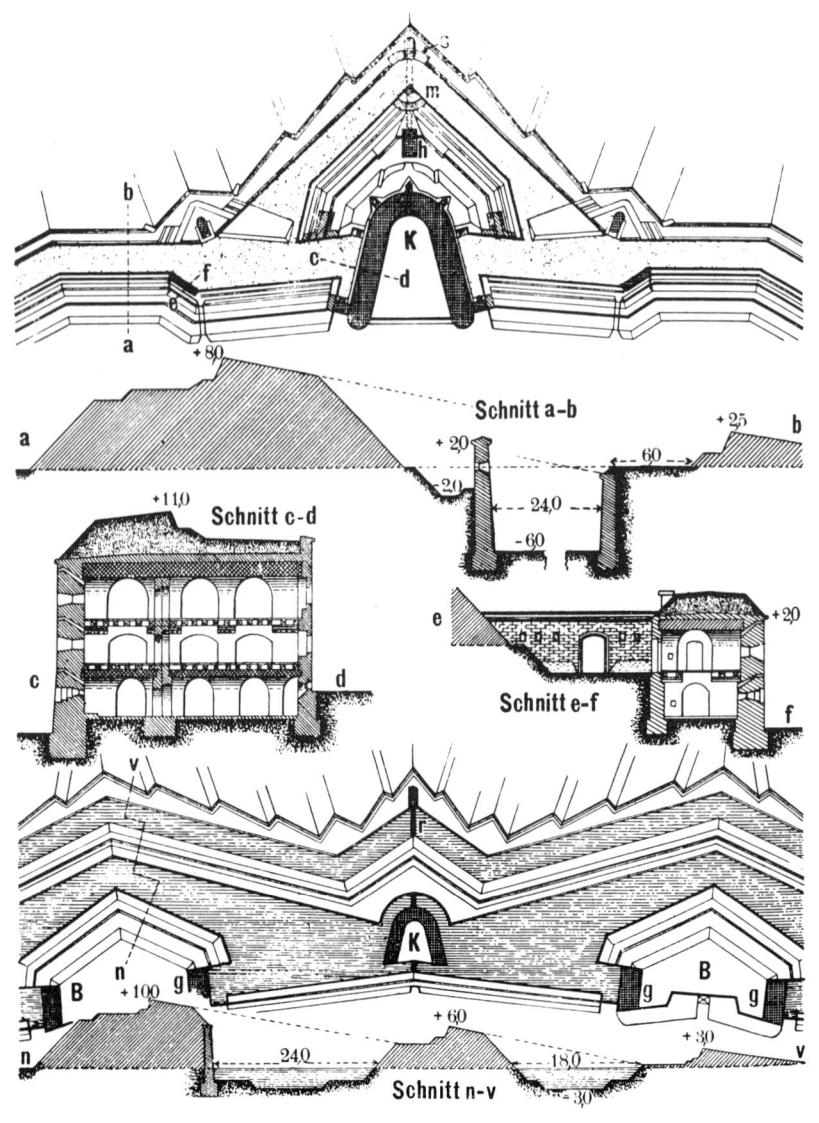

Nach den Freiheitskriegen und der Weckung des Nationalbewußtseins nach der restaurativen Umgestaltung Europas durch den Wiener Kongreß 1814 benötigte man wieder überall Fortifikationsbauten. Alte Plätze wurden verstärkt, auch baute man neu – wenn auch seltener als in vorangegangenen Epochen nicht nur wegen der außerordentlich hohen Kosten, sondern auch wegen der geänderten Auffassungen über den Wert von Festungen überhaupt. Der Trend ging weg von der Unterhaltung vieler Einzelfestungen hin zu wenigen Großfestungen in modernster Ausbaustufe. Die Neudeutsche Befestigungsmanier, oft nicht

Festung Posen
Die Hauptgedanken der neuen deutschen Befestigungsmanier sind aus der szenographischen Darstellung eines typischen Frontabschnitts der Stadtfestung aus der Mitte des 19. Jh. ersichtlich. Den Entwurf lieferte der berühmte Militäringenieur J. L. L. v. Brese-Winiary (1787–1878), der auch Lötzen, Königsberg und den Fortgürtel von Köln erbaute. Um überlegenes Feuer dem Feind frontal und flankierend entgegenzustellen wurden alle Werke der Feindsicht entzogen, besonders das Mauerwerk. Man legte vor den polygonalen Wall die Hauptgrabenkaponniere, welche über hufeisenförmigem Grundriß die doppelstöckige Grabenbestreichung übernahm und selbst durch kleine Kaponnieren geschützt war. Symmetrisch vorgeschoben liegt eine Bastion, an deren Spitze eine gedeckte Mörserbatterie zum Bewerfen des Vor- und Seitengeländes bereitsteht. Dahinter liegt eine Hohltraverse. Der äußere gedeckte Weg ist nach rückwärts mit einer krenelierten, d. h. für Handfeuerwaffen vorgesehenen freistehenden Mauer zum Rondengang über der Kontereskarpe gedeckt. Jeder Wallteil kann zum Schuß über Bank mit schwerem Geschütz dienen. Die ausgedehnten Minengäne für die „unterirdische Kriegführung" sind nicht eingezeichnet. Taktisches Ziel war es, den Belagerer zuerst zur verlustreichen Einnahme der detachierten Bastion und dann der Hauptkaponniere zu zwingen, bevor er an das Öffnen des Hauptwalls gehen konnte. Reproduktion aus: v. Caemmerer u. Baron v. Ardenne: In Wehr und Waffen, Berlin/Stuttgart/Leipzig 1911, S. 152.

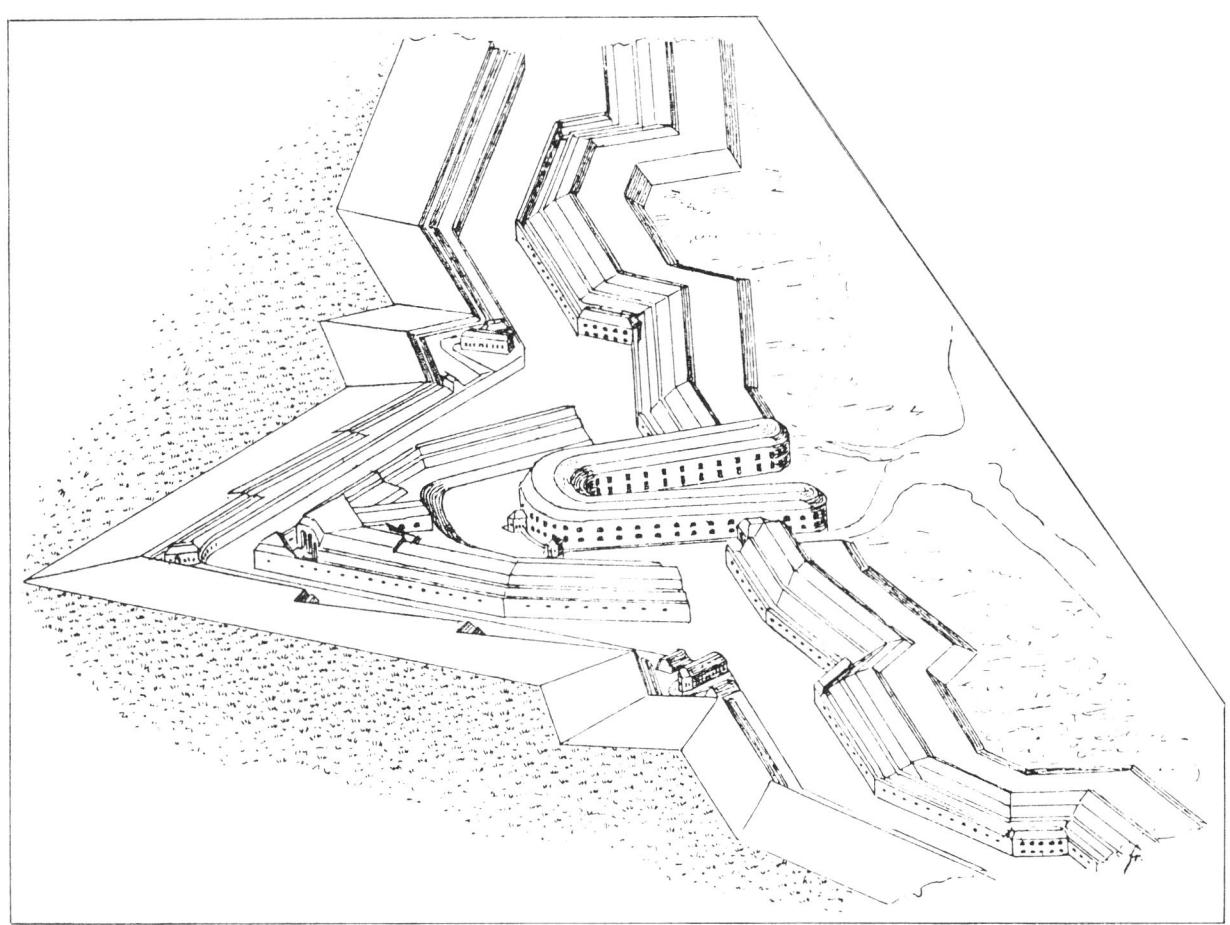

ausreichend nur neupreußische Manier genannt, bildete sich in der 1. Hälfte des 19. Jh. heraus. Ihre Entstehung wird unter dem Aspekt preußischer und österreichischer Rivalität gesehen (Chr. Hackelsberger). Die beiden Auffassungen, so ähnlich sie auch waren, kristallisierten sich an der Entwicklung von Hohlbauten für Mannschaft und Geschütz. Preußen richtete diese Bauten ein, Österreich nicht. Es darf also doch differenzierend von neupreußischer und neuösterreichischer Manier gesprochen werden, wenn es um Detailfragen geht. Die neudeutsche Schule lehnte das in Frankreich noch bis weit in die zweite Jahrhunderthälfte tradierte Bastionärsystem ab und entwickelte entsprechend den geänderten technischen und taktischen Anforderungen im Festungskrieg der Zeit neue optimale Lösungen für die Festungsarchitektur. In der 1. Hälfte des 19. Jh. wurden u. a. folgende Festungen modernisiert bzw. völlig neu fortifiziert:

Erfurt / Germersheim / Ingolstadt / Koblenz Stadt und Ehrenbreitstein / Köln / Königsberg / Linz / Lützen / Magdeburg / Mainz / Minden / Posen / Rastatt / Spandau / Festungsviereck Verona-Peschiera-Mantua-Legnago / Ulm und Neu-Ulm

sowie einige kleinere Plätze, aber an beibehaltenen Festungen auch bedeutende Einzelwerke wie z. B. Fort Fusternberg in Wesel, die Forts um den Kölner Brückenkopf Deutz, die Außenanlagen von Stettin u. v. a. Bei den genannten Festungen handelt es sich um regelrechte Fortifikationsensembles mit zahlreichen weit vor die Kernbefestigung vorgeschobenen und autarken Einzelwerke, den Forts, befestigten Lagern, Sperren usw. Die neudeutsche Manier zeigte natürlich gewisse Regelmäßigkeiten und Wiederholungen des althergebrachten Schematismus, wie er durchgängig in allen Befestigungsepochen festzustellen ist. Allerdings wurde das neue Schema im Gelände topographieabhängig geändert, variiert. Die neudeutsche Manier entwickelte lange, gerade Wallinien, die sich durch ihre frontale Lage dem feindlichen Beschuß aus großer Entfernung entzogen. So ist heute etwa die Fronte Beckers in Germersheim, 1834/35 nach Plänen und Bauleitung durch Ingenieur-Oberst Ritter von Schmauß (1792–1846) erbaut, eine der bedeutendsten Leistungen der neudeutschen Kriegsbaukunst des 19. Jahrhunderts. Die polygonal umwallten Städte, deren Grundform meist in einer geschickten Mischung aus Vorstellungen des Bastionär- und Tenaillensystems bestand, erhielten im Graben tiefliegende Kaponnieren. Aus ihr konnten die Waffen den gesamten Grabenbereich beidseitig beherrschen. Sie waren durch ihre versenkte Lage dem Beschuß weitgehend entzogen, tote Winkel wurden nach wie vor verhindert. Das Glacis des schmaler gewordenen durch fortifikatorische Maßnahmen vorbereiteten Kampffeldes stand aber unter Mehretagenfeuer. Um die Aufbauten bomben- und splittersicher zu machen, verwendete man wieder Erde als Abdeckung von Wällen, Kasematten, Kaponnieren, Magazin- und Kasernenbauten. Das Glacis war für den Minenkrieg vorbereitet. Die detachierten, also vorgeschobenen Forts spielten die wichtigste Rolle. Sie hatten die Aufgabe, den Feind im Vorfeld zu stoppen und an Belagerungsarbeiten zu hindern. Dazu lagen die Forts in günstiger Schußweite zueinander, damit sie sich gegenseitig decken und unterstützen konnten. Die Grundrisse der Forts bekamen unterschiedliche Formen und Armierungen entsprechend der Lage im Gelände. So entstanden Gürtelfestungen, die einen riesigen Raum beanspruchten.

Relikte dieser Befestigungsepoche zeigen, daß die Fortifikationsbauten auch dieser Zeit schön gestaltet wurden. Als Beispiele nenne ich den Asterstein aus der klassizistischen Großfestung Koblenz, den Brückenkopf von Ingolstadt mit seinen drei runden Forts und aus dem ehemals österreichischen Raum die Franzensfeste bei Brixen und die gewaltigen Bauwerke des k. k. Festungsvierecks in Lombardo-Venetien. Mit der neudeutschen Manier sind Namen verbunden wie Ernst Ludwig von Aster (1778–1855), Johann Leopold Ludwig von Brese-Winiary (1787–1878), Moritz Karl Ernst von Prittwitz und Gaffron (1795–1885), Franz von Scholl (1772–1838) u. v. a.

Werk Wohlgemuth/Forte Rivoli der Etschtalbefestigungsgruppe heute. Auf beherrschender Höhe entstand dieses österreichische Turmwerk ab 1854. Die Lage allein machte es sturmfrei, so daß auf Gräben, Kontereskarpe und Außenwerke verzichtet werden konnte zugunsten kasemattierter Geschützstellungen. Nach der Übernahme durch die Italiener bauten diese ab 1880 zusätzliche Feuergalerien etschaufwärts in die neue Hauptschußrichtung ein. Foto: Christoph Hackelsberger, München.

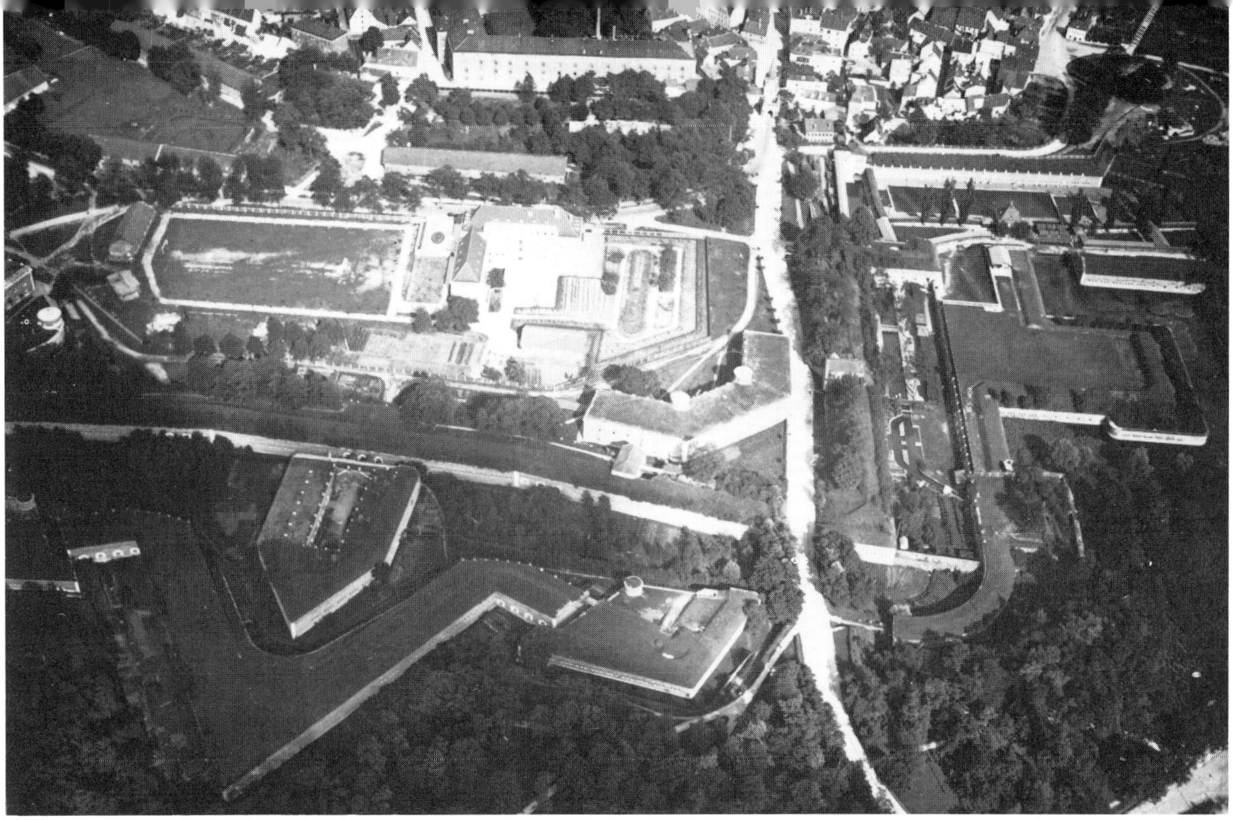

Festung Ingolstadt. Fronte Pappenheim. Vorkriegsaufnahme: Stadtarchiv Ingolstadt. Das Luftfoto zeigt den charakteristischen Teil einer neudeutschen, polygonalen Stadtbefestigung der 1. Hälfte des 19. Jh. Die Hauptgrabenkaponniere wird hier durch zwei kleinere Kaponnieren flankiert.

Die Bundesfestungen des Deutschen Bundes

Der Deutsche Bund (1815–1866) war ein auf dem Wiener Kongreß vom 8. Juni 1815 gebildeter Zusammenschluß von 31 souveränen deutschen Staaten unter Führung von Preußen und Österreich. Dieses Bündnis zur Wiederbegründung des Deutschen Reiches nach der »Umordnung« Europas durch Napoleon führte zu völlig neuen politischen und damit strategischen Vorstellungen. Neue Befestigungsmaximen wurden entwickelt, die in der neudeutschen Schule ihren fortifikatorischen Niederschlag fanden. Zum Schutz der Bundesgenossen wurden folgende Plätze umgebaut bzw. als Bundesfestungen neu errichtet:

Landau / Luxemburg / Mainz / Rastatt / Ulm / Koblenz.

Rendsburg blieb Projekt, und der Rheinübergang Germersheim wurde 1832/34 mit Bundesfinanzhilfe unter bayerischer Oberhoheit erbaut. Neben diesen Hauptfestungen existierten in den jeweiligen Territorien landeseigene Festungen weiter, so etwa Ingolstadt in Bayern. Zahlreiche Bauten, Forts, Militärgebäude, ganze Fronten sind aus dieser Epoche des klassizistischen Festungsbauwesens noch erhalten, einige allerdings in jämmerlichem Zustand. Fast komplett ist die Bundesfestung Ulm an der Donau erhalten. Sie hat niemals ihre Feuertaufe erlebt. Erst jüngst wurde die Bundesfestung Ulm in die Welterbenliste der UNO aufgenommen, was die Bedeutung als Kulturdenkmal unterstreicht. Die zusammenhängende Geschichte der Bundesfestungen ist noch nicht geschrieben. Als Voraussetzung dazu sollte, so ein Vorschlag von Hans-Rudolf Neumann aus Gensingen, das vollkommen erhaltene Protokollwerk der Militärkommission der Deutschen Bundesversammlung und die Bundesfestungen bezügliches Schriftgut als Quellenwerk publiziert werden. Als ein Beispiel von den räumlichen

Der doppelköpfige Adler des Deutschen Bundes auf Geschützrohren der Bundesfestungen. Die Kopfpartie des hier abgebildeten Rohres aus der Sammlung des Kriegshistorischen Museums Budapest ist abgeschliffen worden. Foto: Archiv Hartwig Neumann.

Ausdehnungen einer Bundesfestung hier einige Angaben zu Luxemburg: Der Festungsgürtel setzte sich aus 22 Forts, davon 15 im Mittelgürtel und 7 im Außengürtel, zusammen. Die natürlichen Täler der Stadt schützten den Festungskern. In den Fels wurden großartige Kasematten und Gangsysteme von 23 km (!) Länge gesprengt. Mit den umliegenden Höhen hatte Luxemburg im Jahr 1867 24 Forts aufzuweisen.

◀ *Verona.* Das österreichische Werk Sofia heute. Blick von der Feldseite aus auf den Artillerieturm von 1836, der besonders zur Brückenbestreichung und Sicherung der Werke um die Porta S. Giorgio dreistöckig errichtet wurde. Außenwerke kamen etwas später hinzu. Links die Kaponniere zur Nahverteidigung mit Handfeuerwaffen. Foto: Christoph Hackelsberger, München.

XV. Permanente Artilleriestellungen und Festungsbau: Beispiele des XV. bis XIX. Jahrhunderts

1. Batterietürme, Basteien, Rondelle, Zirkularbauten

Aus zwei Ebenen wirken die Geschütze dieses Rondells: a) als kasemattierte Batterien aus bombensicheren Gewölben, b) geschützt gegen Musketenfeuer durch Schanzkörbe über Bank. Holzschnitt aus L. Fronsperger: Von Kayserlichem Kriegßrechten, Franckfurt a. M. 1566, Neudruck Graz 1970, Titelbild zum 7. Buch.

Juliusturm in der Zitadelle Spandau
Unter der Zitadelle sind mehrere Siedlungsschichten archäologisch nachgewiesen. Der wichtige fortifikatorische Vorläufer ist die landesherrliche Burg des frühen 14. Jh. Sie ist oberirdisch durch den gotischen Palas und den schon um 1400 so genannten Juliusturm in der SW-Ecke des Kurtinrechtecks vertreten. Der runde Turm mit einem Durchmesser von 12,60 m aus Ziegeln unterschiedlicher Formate und Farben hat eine Höhe von über 30 m. Die Erdgeschoßwandstärke beträgt 3,60 m. Er ist der Bergfried der Burganlage, die noch nicht endgültig zu rekonstruieren ist. Im Inneren hatte er einst 2 Kuppelgewölbe, Wendeltreppe sowie eine Wohnetage mit Kamin und Abort. Der Turm wurde beim Bau der neuzeitlichen Festung beibehalten, obwohl gerade seine Höhe den fortifikatorischen Erkenntnissen der Zeit widersprach. Traditions- und Symbolwerte können Hauptgründe zu seiner Erhaltung gewesen sein. Foto: Hartwig Neumann.

Frankfurt am Main. Neuzeitliche Festungsfront vor der mittelalterlichen Stadtmauer zwischen Untermaintor und Taunustor. Die Bastei um Turm T ist zur Grabenbestreichung voll kasemattiert. Reproduktion aus Jähns, Max: Atlas zur Geschichte des Kriegswesens, Berlin 1878/Osnabrück 1979.

Die Spitalbastei in Rothenburg ob der Tauber
Vor dem Ecktorturm des Spitalviertels liegt ein aus zwei hintereinandergereihten Basteien bestehendes Artillerieverteidigungswerk des 16. Jh. Es beherrschte die Süd- und einen Teil der Südostmauer auf perfekte Weise. Die Grundform ist eine Acht. Insgesamt findet man noch heute Reste der Zugbrücke, Fallgatter und 7 Tore. Das Foto zeigt die durch Bossenquader rustizierte Feldseite. Zwei Rampen erschließen im Inneren den Wallgang im äußeren Rondell für schweres Geschütz. Die bauliche Situation ist nach den jüngsten Restaurierungsmaßnahmen gut. Foto: Hartwig Neumann.

Pulverturm in Jena
Ein ganz frühes Beispiel aus der Übergangszeit von mittelalterlicher zu neuzeitlicher Wehrbautechnik stellt der Pulverturm und seine vorgelagerte basteiförmige Geschützplattform dar. Sie ist in dieser Form nur hier nachzuweisen. Der Rundturm mit Zinnenkranz und steinernem Dachkegel ist Teil der mittelalterlichen Stadtbefestigung, die ab Mitte des 13. Jh. erbaut wurde. Der Pulverturm ist als Stadtturm eine Nachbildung des Bergfrieds der Hausburg über Jena. 1430 überdachte der Rat die Befestigungsqualität der Verteidigungsanlagen wegen der drohenden Hussitengefahr. Zu dieser Zeit entstand offenbar die Bastei auf Dreiviertelkreisgrundriß wie eine dem Turmzylinder vorgestellte Schale mit drei rondellartigen, auf Konsolen vorkragenden Schießständen für Feuerwaffen. Maschikuliartige Senkscharten zwischen den Konsolen ließen ein fast senkrechtes Einschießen in die Grabenzone zu. Foto: Hartwig Neumann.

Burg und Festung Querfurth
Ein weiteres sehr frühes Beispiel des frühneuzeitlichen Wehrbaus zur Geschützverteidigung ist eine der ältesten Burganlagen der DDR. In ▶ Querfurth entstand zuerst eine sächsische Fluchtburg, seit dem 10. Jh. Feudalburg, besonderer Ausbau mit romanischen Bauten im 12./13. Jahrhundert. Die für unsere Betrachtungen wichtige Ausbauphase zwischen 1461 und 1479 brachte die heute so genannten Kanonenbastionen und die fortähnliche Westtoranlage. Die Basteien treten im S, SO und NO in den tief in den Fels gehauenen Graben vor und erlaubten ein Feuer aus mehreren Etagen besonders stark zur Grabenflankierung.

Nutzungsstudie für die *Festung Querfurth*. Die isometrische Darstellung der Gesamtanlage von S. Meinel Halle 1974, aus: Architektur in Thüringen, hrsg. v. Hans-Joachim Mrusek, Stendal 1982.

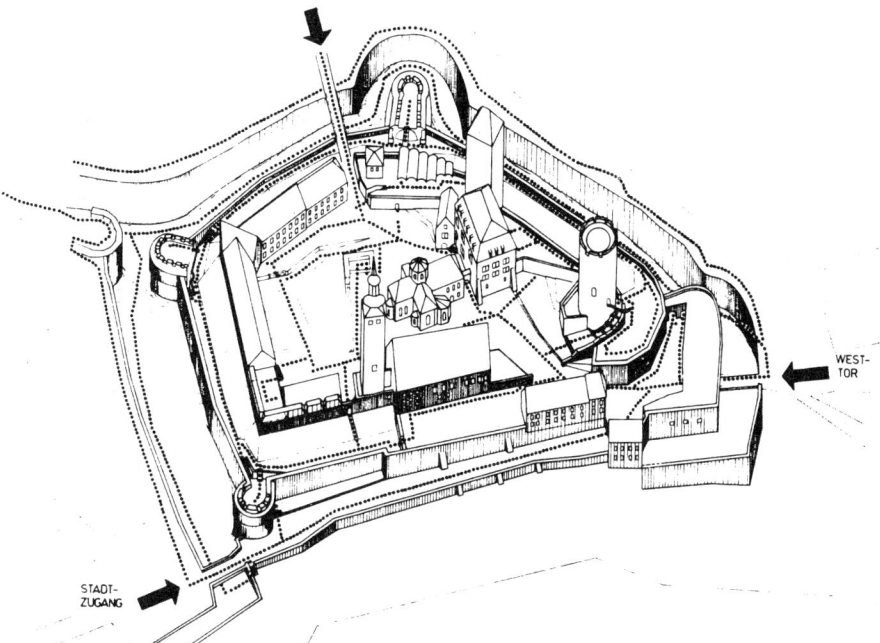

Festung Querfurth. Südrondell mit vier kasemattierten Feueretagen und der Plattform für Feuer über Bank. Foto: Hartwig Neumann.

Zur allseitigen Grabenbestreichung mit Feuerwaffen sah A. Dürer ein Verteidigungswerk vor, die Kaponniere. Diese Idee wurde erst wieder in der 1. Hälfte des 19. Jh. durch die Neudeutsche Schule erfolgreich aufgenommen. Holzschnitt (Detail) aus: A. Dürer: Etliche vnderricht/zu befestigung der Stett/Schloß/vnd flecken, Nürnberg 1527.

Belagerung einer befestigten Stadt
Zweiteiliger Holzschnitt Albrecht Dürer signiert, 1527 datiert, linker Teil, Rahmenformat 38,1 x 22,4 cm. Foto: Archiv Hartwig Neumann. Diese grandiose Darstellung einer nach modernen Regeln des Angriffs und der Verteidigung entworfene Belagerungsansicht gibt die Wehrbausituation zu Dürers Zeiten wieder. Die noch mittelalterlich umwehrte Stadt besitzt auf der sichtbaren Front in beherrschender Lage eine überdimensionierte im Grundriß hufeisenförmige Bastei, wie sie Dürer in seinem zeitgleichen Traktat entwickelt hat. Aus dem Rondell heraus schweigen noch die Geschütze hinter den Scharten zur Grabenverteidigung, während die Batterien über Bank, also hinter den Brustwehren der Plattform oder obersten Feueretage voll über das eigene Vorfeld hinweg in die Reihen des Gegners wirken. Die unbefestigten Orte im Hintergrund brennen. Neben der donjonartigen Superbastei sind die inselartig im Graben liegenden Kaponnieren wichtig. Sie bilden durch eine Rundumverteidigung die tiefste Feueretage und erzwingen den Artilleriekampf auch im Nahbereich.

Abconterfehung der Stat Münster/mit irer schweren belegerung [1534]
Illuminierter Holzschnitt von Erhard Schoen (geb. um 1491, gest. 1542), 59 x 43 cm. Das Flugblatt zeigt die Ereignisse während der Belagerung der von den Wiedertäufern gehaltenen Stadt. Bei aller Übertreibung und Ausschmückung der Szenen wird dem Autor doch Ortskenntnis zugesprochen. So zeigt er etwa die Besonderheit der Belagerung. Die Verteidiger hatten Kirchturmhelme abgerissen, um Plattformen für halbe Schlangen zu erhalten. Wichtig ist die Darstellung auch wegen der vor der Grabenzone feindseitig inselförmig vorgeschobenen „Forts" zur Sicherung der Zufahrten. Diese Anlagen haben Ähnlichkeit mit den Grabenkaponnieren Dürers auf dessen Holzschnitt von der Belagerung einer Stadt 1527. Münster ist hier noch mittelalterlich umwehrt, in Wirklichkeit aber gab es damals schon eine Rondellierung, wie das genaue Modell im Stadtmuseum Münster beweist. Original und Foto: Westfälisches Landesmuseum für Kunst und Kulturgeschichte Münster, Nr. 6031.

Artillerieturm Burg Münzenberg

Die Burg Münzenberg liegt in der Wetterau. Schon von der Ferne künden gleich zwei Bergfriede von der Burg des 12. und 13. Jh., als hier ein Stützpunkt der Staufer entstand. Die klassischen Merkmale einer mittelalterlichen Burg sind heute noch in der Bausubstanz erkennbar. Allerdings kommen auch eine ganze Reihe von Bauten hinzu, die auf Grund der Einführung von Feuerwaffen entstanden und so für die Übergangszeit von Burg zur Festung ein einmaliges Studienobjekt bilden. Da fallen schon im Grundriß die Mauern und Türme der Alt- und Neustadt auf. Diese Vorstädte haben eindeutig Vorburgcharakter und sollten den Feind vom Fuße der Höhenburg abhalten. Das vorgeschobene System von Zwingern und Flankierungstürmen schützte die Kernburg seit dem 2. Viertel des 15. Jh. Gegen Ende des 15. Jh. entstanden regelrechte Batterietürme, von denen besonders der im westlichen Berghang befindliche zu nennen ist. Er steht auf der Grenze, wo sich der Süd- und Nordzwinger treffen und ist aus schwerem Bruchsteinmauerwerk gebaut. Nach dem 16. Jh. kam es zu keinen weiteren Anpassungsbauten. So nur konnte das Beispiel einer spätmittelalterlichen/frühneuzeitlichen Verteidigungsbautechnik erhalten bleiben. Fotos: Hartwig Neumann, 1986.

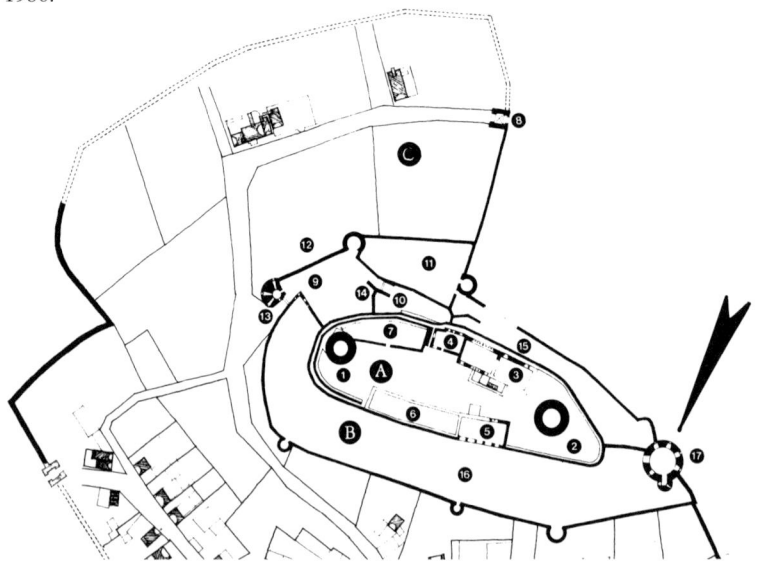

Festung Grimmenstein
in Gotha vor der Schleifung 1567. Federzeichnung von Daniel Specklin (1536–1589) aus seinem Manuskriptband Cod. math. 2°4 S. 13 r. Foto: Württembergische Landesbibliothek Stuttgart. Der Grimmenstein beherrschte mit seinem als Donjon Dürerscher Zirkularfestungen ausgebildeten Zitadelle die Stadt und das Umland. Ein Vergleich mit dem zeitgleichen Kupferstich aus Civitates Orbis Terrarum von F. Hogenberg und G. Braun 1572–1617 nach einer Vorzeichnung von Hans Adelhauser ist sehr interessant. Eine Baugeschichte des Grimmensteins fehlt noch immer.

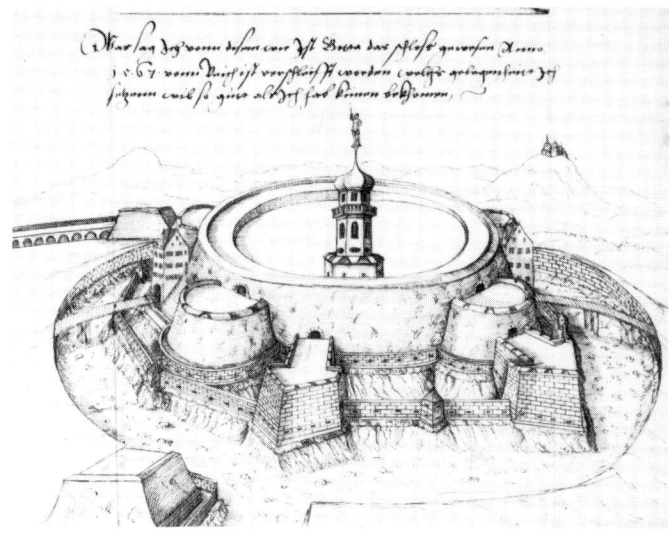

Nordkirchen
Kreis Lüdinghausen. Modell des aus Um- und Anbauten aus der mittelalterlichen Burg im frühen 16. Jh. entstandenen doppelt wasserumwehrten Renaissanceschlosses mit rechteckiger Umwallung und runden Geschütztürmen zur Artillerieverteidigung an den Ecken. Der Abriß der Anlage erfolgte um 1703 zu Gunsten des erhaltenen Barockschlosses mit ausgedehnten Parkanlagen durch Gottfried Laurenz Pictorius (vor 1663–1729) und ab 1727 durch Johann Conrad Schlaun (1695–1773). Modell und Foto: Westfälisches Landesmuseum, Münster.

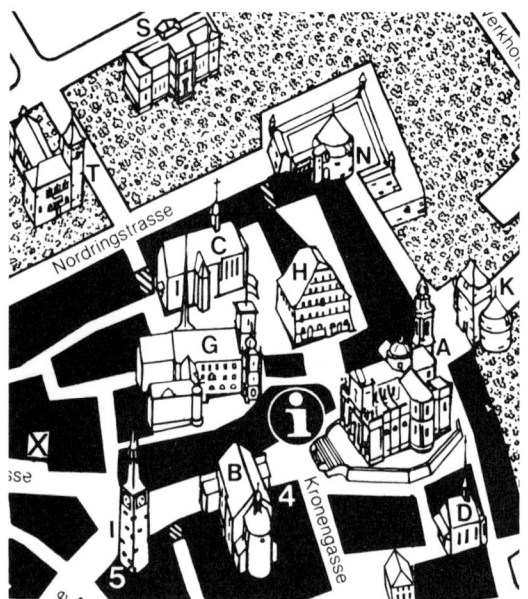

N *Riedholzturm* 1. Hälfte 16. Jh. in der Bastion des 17. Jh.,
H Altes Zeughaus, K Baseltor, A St.-Ursen-Kathedrale,
B Jesuitenkirche, G Rathaus, 5 Roter Turm (Zeitturm).

Riedholzturm in Solothurn

Schon oben ist auf die besonderen Festungswerke von Solothurn hingewiesen worden. Hier soll mit einer Schnittzeichnung auf den bautypologisch besonders wertvollen renaissancezeitlichen Artillerieturm hingewiesen werden. Der Riedholzturm hat sein Pendant im ebenfalls erhaltenen Buristurm, die beiden anderen Türme der ehemals rechteckigen Befestigung sind geschleift. Er besteht aus riesigen Rustikablöcken mit breitem Saumschlag und entstand 1534–38 in Anlehnung an die ebenfalls zur Artillerieverteidigung konstruierten Flankierungstürme des Baseltores von 1504/08. Das Innere ist durch eine Kuppel geschlossen. Seine Höhe beträgt 21,2 m, die Mauerstärke 4,5 m. Die Wehrplatte unter dem Kegeldach ist mit kugelig sich verjüngenden Mauerkronen versehen, durch die Scharten hindurchführen. Den Aufstieg ermöglicht ein angelehnter Treppenturm. Der Schlüssel für den interessierten Besucher ist im benachbarten Altersheim Thüringerhaus zu erfragen. Original der Bauaufnahme von 1894: Kantonale Denkmalpflege Solothurn (vgl. dazu S. 98 f.).

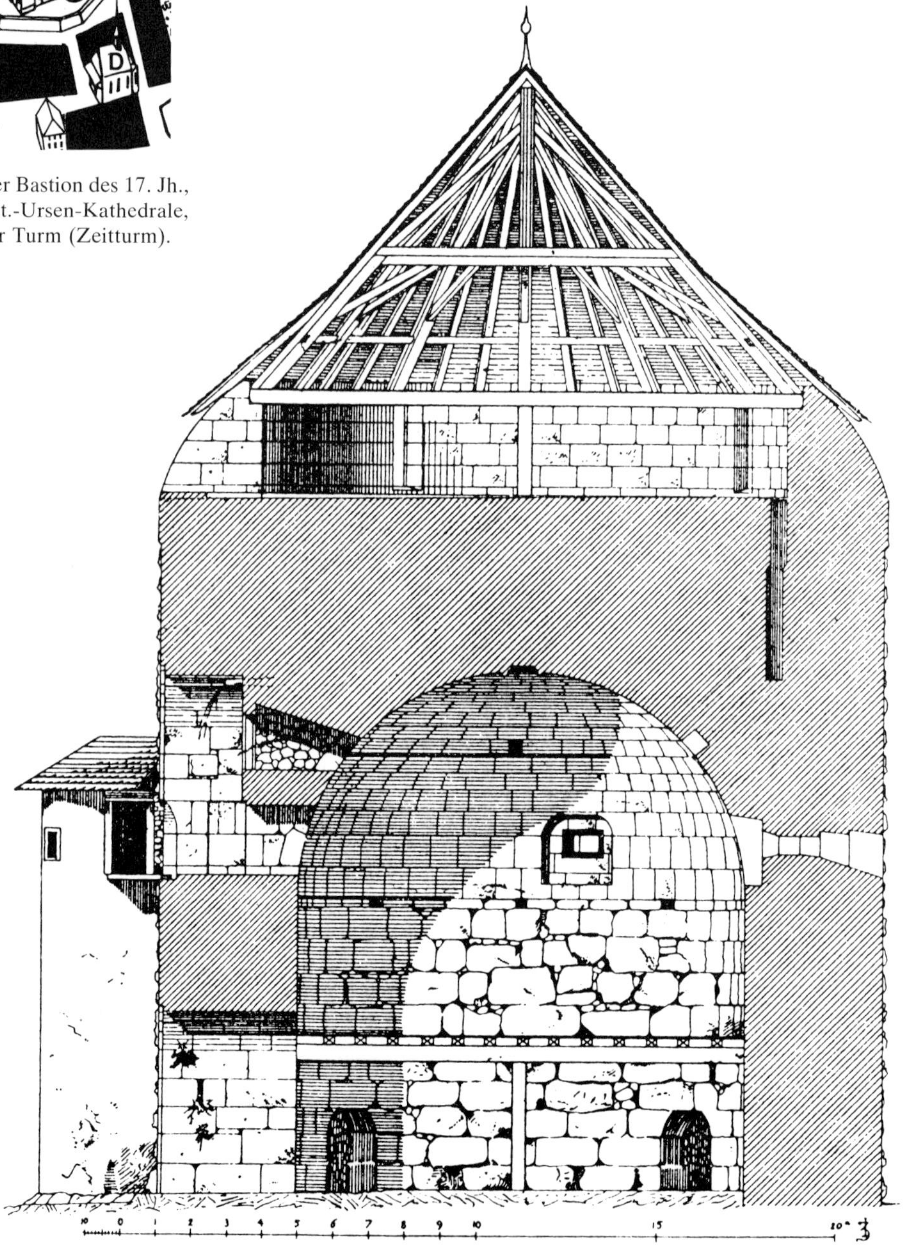

Pfalzel
In der Festungsforschung beinah unbekannt ist die in wesentlichen Teilen erhaltene kleine kurfürstliche Artilleriefestung an der Mosel. Kern der Siedlung ist die erzbischöfliche Burg über einem rechteckigen Grundriß von 64 x 35,50 m, deren Reste in Hausbauten aufgegangen sind. Ende des 14. Jh. wurde der zugehörige Ort befestigt. Unter Erzbischof Johann von Metzenhausen (1531–1540) entstanden die zum Einsatz von Kanonen vorgesehenen Wallanlagen. Sechs Geschützplattformen (I–VI) von 1532 in Basteiform treten aus dem unregelmäßigen Sechseck hervor. Die Moselfront und die zur vorgelegenen Neustadt bildeten einen so ausreichenden Schutz, daß sie nicht fortifiziert wurden. Die Nahverteidigung erfolgte durch zwei Feueretagen. Die unteren Etagen sind kasemattiert. Das Moselrondell hat einen Durchmesser von immerhin 24,50 m. Derzeitig laufen Instandsetzungen, um die Anlage als touristische Attraktion zugänglich zu machen. Reproduktion aus E. Wackenroder: Kunstdenkmäler des Landkreises Trier, Düsseldorf 1936.

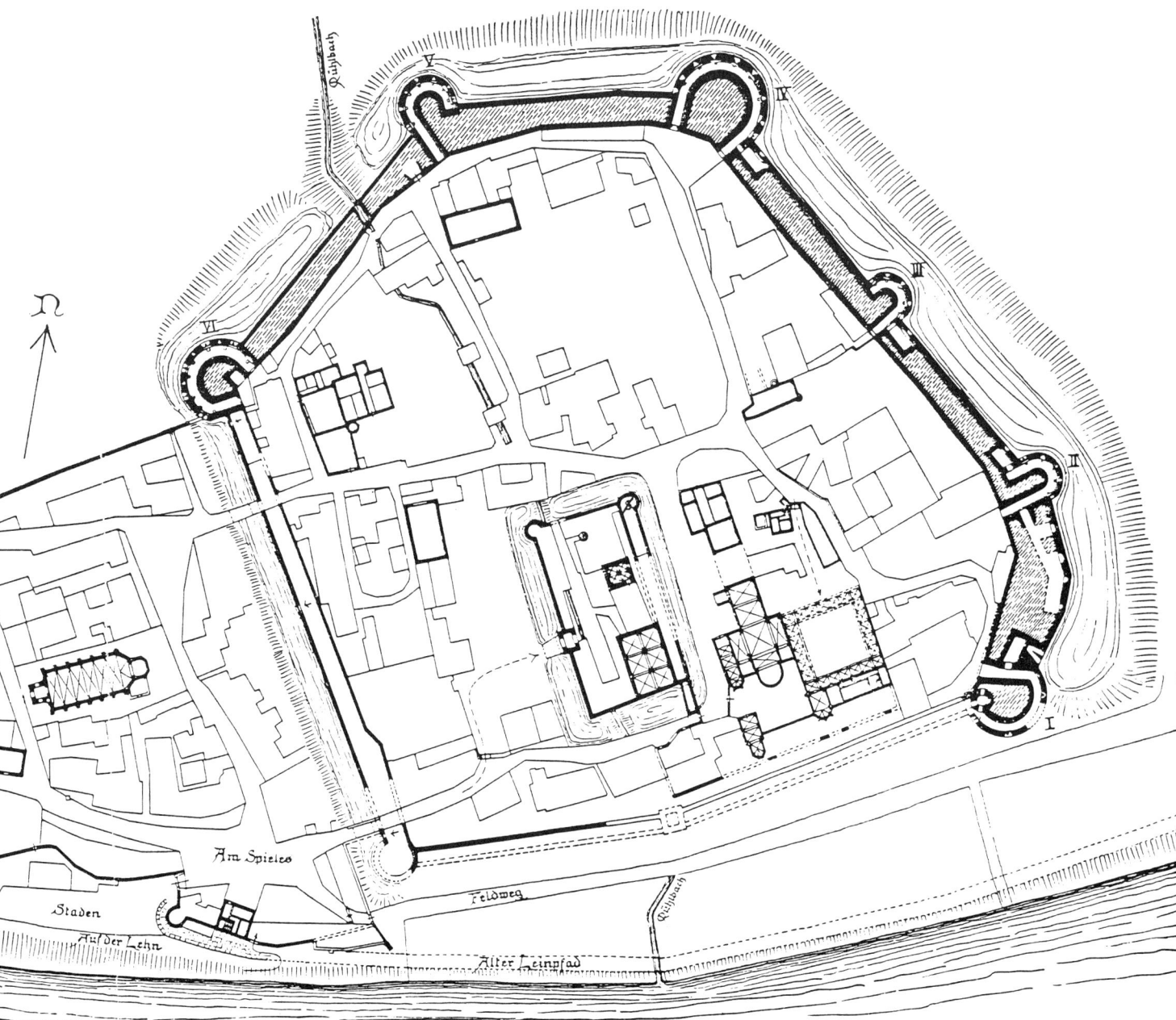

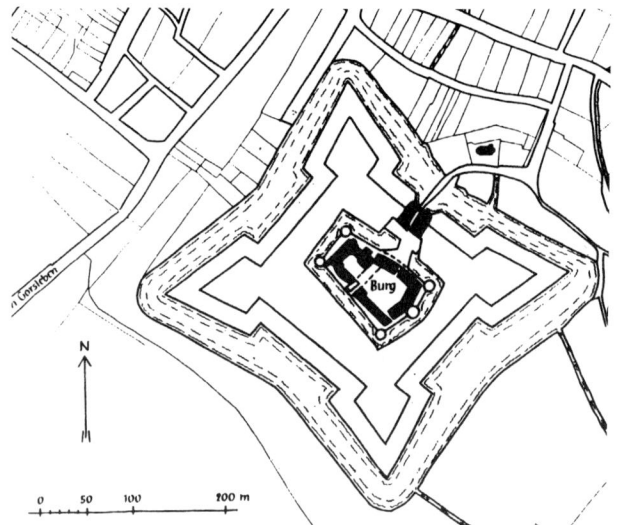

Festung Heldrungen
Die Festung Heldrungen, am Südrand der Goldenen Aue gelegen, ist in der Festungsforschung wenig bekannt, obwohl es sich hier um eine einmalige Kombination von einem aus einer Burg des 13. Jh. hervorgegangenen Renaissanceschloß mit Rondellbefestigung von 1518/19 und einer um diese Anlage gelegten Bastionärbefestigung von 1664/68 handelt. Die einst vierflügelige Anlage mit Ecktreppentürmen versehen, heute nur noch dreiflügelige Schloßanlage von 1512/19 gehört an den Anfang der Bautypologie des Vierflügelschloßquadrums. Der Bergfried ist mit seiner halben Rundung in den NO-Trakt äußerlich einbezogen, im Inneren jedoch freistehend erhalten. Auf der ehemaligen Vorburg befindet sich der Marstall. Am Renaissancebauwerk finden sich zahlreiche spätgotische Reminiszenzen, so etwa die Gewölbe-, Tür- und Fensterformen. Der Zugang befindet sich in der NO-Front. Der Eingangsbereich wird durch zwei mächtige Rondelle des 16. Jh. beherrscht. Zwischen ihnen das barockisierte Portal zum geschwungenen Tortunnel mit eisenbeschlagener Holztür, Gußloch für Pech und Führungsnuten für das Fallgatter. Rekonstruktionsmaßnahmen an allen Teilen laufen seit 1974. Heldrungen ist thüringische Bauernkriegsgedenkstätte. Foto: Hartwig Neumann. Lageplan nach Hermann Wäscher: Feudalburgen in den Bezirken Halle und Magdeburg, Berlin 1962.

Befestigtes Schloß Detmold
Die Baugeschichte des befestigten Schlosses Detmold ist über 500 Jahre alt. Die heutige Anlage läßt ein rondelliertes Schloß des 16. Jh. nach sehr einheitlichem Schema vermuten, was der Ausschnitt aus dem Kupferstich »Stadt und Schloß Detmold« von Elias van Lennep, entstanden um 1663, belegt. Graf Simon V. zur Lippe (geb. 1471, reg. 1511–1536) begann den festungsmäßigen Ausbau. Meister Unkair entwarf das Schloß als Vierflügelanlage unter Beibehalt der älteren Bausubstanz, insbesondere des Bergfrieds. Erst nach 1673 wurden die Bauten über einer Fläche von 44 x 71 m fertiggestellt. Die Stilmerkmale verweisen in die sog. Weserrenaissance. Heute ist der Wall mit 21 m Breite auf ca. 5 m abgetragen und nur noch auf drei Seiten erhalten. Die vier mächtigen Rondelle erlaubten einst als Geschützplattformen Mehretagenfeuer. Fotos: oben Staatsarchiv Detmold, unten Hartwig Neumann.

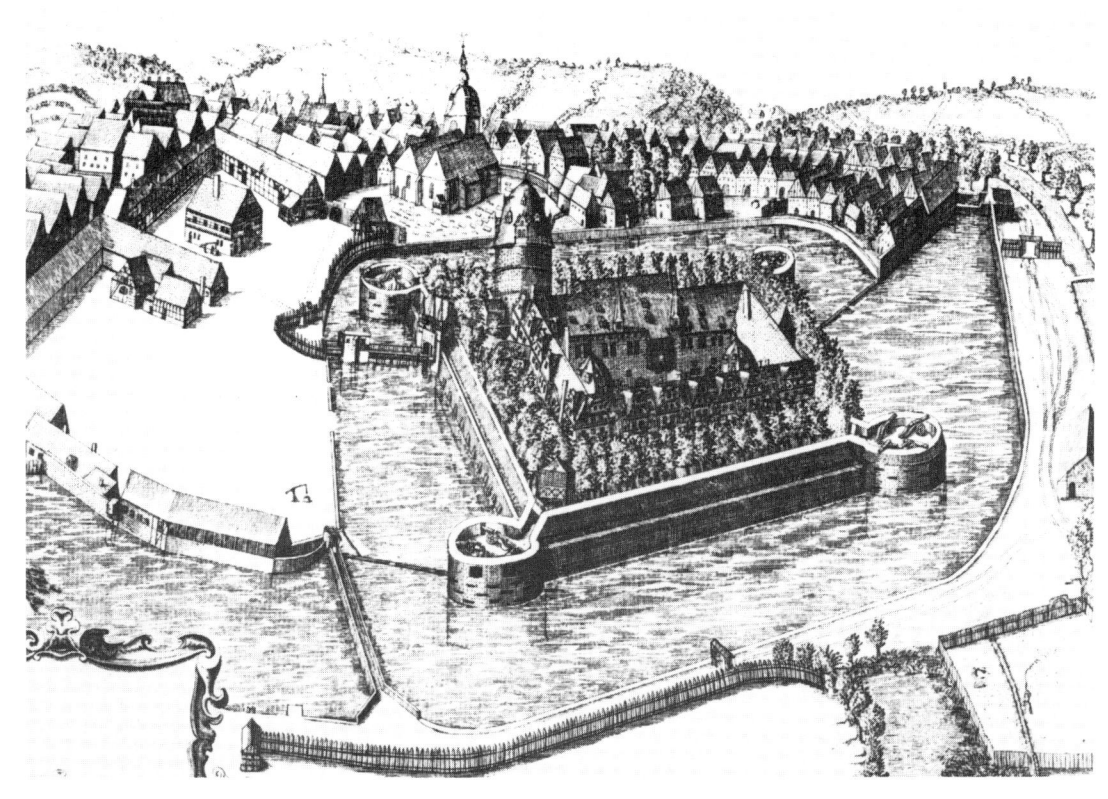

Sparrenberg über Bielefeld
Die ab 1240 entstandene und oft umgebaute Burganlage wurde durch den Herzog von Jülich, Kleve, Berg in der 1. Hälfte des 16. Jh. mit einem Festungsgürtel aus vier mächtigen Rondellen beinah Dürerscher Prägung fortifiziert und im Nordwesten durch eine Bastion nach Alexander Pasqualini d. Ä. verstärkt. Blick vom Rondell Kiekstatt auf das Windmühlen-Rondell mit 16 m Höhe und 22 m Durchmesser. Die tieferliegende Bastion Scherpentiner bindet mit der langen Face an das artilleristisch ungünstig gelegene Rondell an. Die Restaurierung der Nordfront wurde 1982 abgeschlossen. Derzeit läuft die Erneuerung der Revetierungsmauern für die Bastion.

Das Schuster-Rondell, Höhe 20 m, Durchmesser 32 m, kreisrund, dossiert, Manteldicke 7 m, innen Luntenkammern, Backofen und Küche, Zisterne und Brunnenschacht. Fotos: Hartwig Neumann.

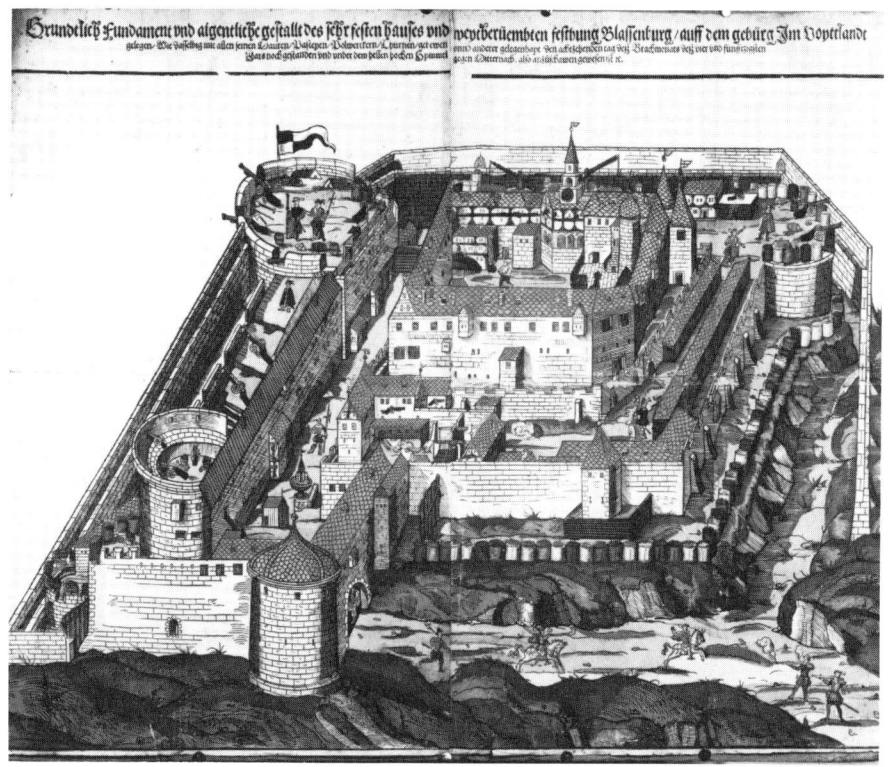

Grundlich Fundament vnd aigentliche gestallt des sehr festen hauses vnd weytberüembten *festhung Blassenburg* / auff dem gebürg Im Voyttlandt gelegen / Wie dasselbig mit allen seinen Mauren / Pasteyen/Polwerckern/Thürnen/gebewen vnnd anderer gelegenhayt / den achtzehenden tag deß Brachmonats deß vier vnd fünffzigsten Jars noch gestanden vnd vnder dem hellen hochen Hymmel gegen Mitternacht also anzuschawn gewesen ist etc.

Kolorierter Holzschnitt einer Ansicht der *Plassenburg über Kulmbach* von David de Necker, o. D. [16 Jh.], Orientierung: oben Süden. Bauzustand vor der Zerstörung 1554. Das Alte Zeughaus (Z) am Nordostfuß des Hochschlosses hat der Künstler deutlich gekennzeichnet durch zwei auf die Außenwände der entsprechenden Gebäude gemalte Geschütze. Original: 33,5 x 25 cm, Stadtarchiv Kulmbach, Ansichten Nr. 5. Foto: Stadtarchiv Kulmbach.

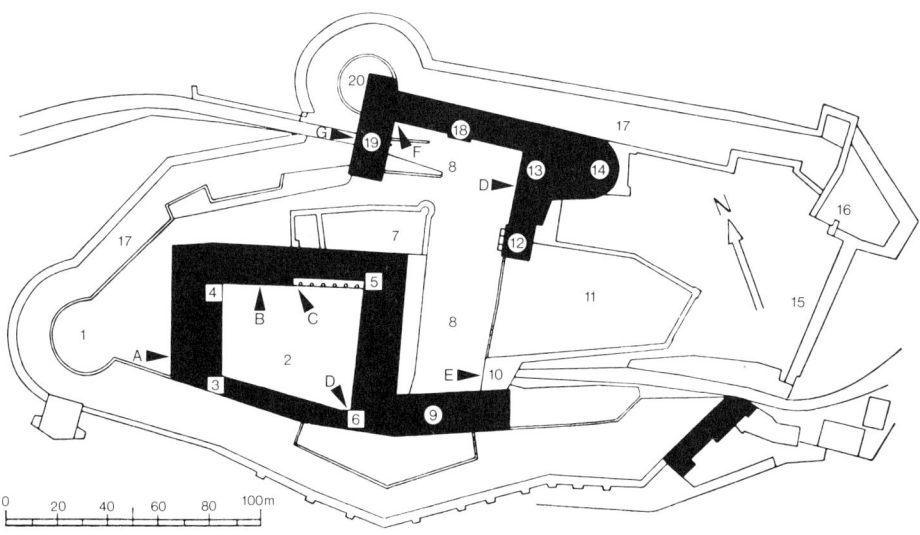

1 Westliches Rondell; 2 Schöner Hof; 3 Kranzturm; 4 Wachturm; 5 Uhrturm; 6 Glockenturm; 7 Pfauengarten; 8 Kasernenhof; 9 Arsenalbau (Zeughaus); 10 Buchtor; 11 Hohe Bastei; 12 Christiansturm mit Christiansportal; 13 Kasernenbau Ostflügel; 14 Casimirsturm; 15 Mauerriegel gegen Buchberg; 16 Ehem. Pulvermagazin; 17 Dritter Bering (im Norden Flohgraben); 18 Kasernenbau Nordflügel; 19 Kommandantenhaus und Äußeres Tor; 20 Schieferturm.
A Eingang Hochburg; B Eingang Deutsches Zinnfigurenmuseum; C Eingang Waffenhalle/Markgrafenzimmer und Staatliche Zweigmuseen; D Toiletten; E Durchgang zu den Wirtschaftsgebäuden und Beginn des Fußweges nach Trebgast; F Burgschänke; G Hauptzugang Plassenburg.

Lageplan der Festung Plassenburg heute. Reproduktion aus dem Amtlichen Führer von Erich Bachmann und Lorenz Seelig, 6. Auflage, München 1983.

Rondell Marienburg, Aachen

Das Bollwerk wird fälschlich Turm genannt, obwohl es als Rondell in Form einer frühneuzeitlichen Geschützplattform in den äußeren hochmittelalterlichen Bering eingefügt wurde. Die Grundsteinlegung ist durch Inschrift für den 14. August 1512 belegt. Die Feuerwaffen konnten sowohl aus Kasematten als auch über Bank von der Plattform aus wirken. Über einem Dreiviertelkreis, Durchmesser 15,20 m mit stadtseitig querrechteckiger Vorlage von 13,30 m Breite und einer ebenerdigen Mauerstärke von 3,80 m, ist dieses Bauwerk ein Musterbeispiel für die Übergangszeit im frühen 16. Jahrhundert. Fünf Nischen führen zu den ebenerdigen Schießscharten. Drei zählen zum Typus der Maulscharten. Unterirdisch liegen die Pulver- und Kugelkammern. Nach oben schließt ein geziegeltes Gewölbe ab. Das Rondell Marienburg blieb das einzige Artilleriewerk in Aachens doppelter Stadtumwallung, die bis 1820 noch im ganzen Umfang sichtbar gewesen sein soll, obwohl spätestens bei Errichtung dieses Rondells vor dem Lousberg als kritischem Geländestreifen im Vorfeld deutlich gewesen sein mußte, daß Aachen nicht oder nur unter allergrößtem Land- und Geldeinsatz neuzeitlich, also nach Grundsätzen der Artillerieverteidigung zu befestigen sein würde. Die Fortifizierung unterblieb. In der feldseitigen Außenhaut sind hier und da apotropäische Kugeln eingelassen, einige davon auch aus den Steinblöcken nur halbkugelförmig herausgearbeitet. Fotos: Hartwig Neumann.

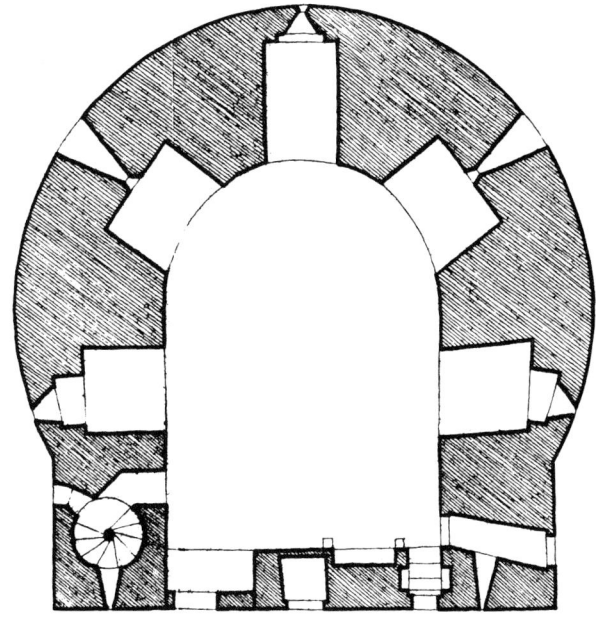

Artillerieturm »Kehrwieder« in Steinbrück Gemeinde Söhlde. Weit vorgeschoben vor der mittelalterlichen Wasserburg, die zum Schutz der Steinbrücke über die Fuhse und als Grenzsicherung errichtet wurde, liegt diese unter Herzog Julius von Braunschweig-Wolfenbüttel 1573 errichtete Wehranlage. Aus dem gekuppelten Bau ließen einst fünf Scharten die Rundumverteidigung auch mit grobem Geschütz zu. Das Obergeschoß fehlt seit 1660. Nutzung seit 1956 als protestantische Kirche. Foto: Hartwig Neumann.

Munot über Schaffhausen
Eine der wenigen ausgeführten und noch erhaltenen neuzeitlichen Zirkularfestungen stellt der Munot dar. Der Baumeister hat die Vorstellungen Albrecht Dürers zu dessen Klausen-Befestigung gekannt, da hier – wenn auch stark reduziert – zahlreiche Ähnlichkeiten festzustellen sind. Das imposante Bauwerk entstand im Rahmen des Umbaus der Emmersberg-Befestigungen ab 1563 und wird 1585 als vollendet bezeichnet. Bauleitung hatte Heinrich Schwarz (1526–1593). Fortifikatorisch überholt kam es sofort danach zur Ausarbeitung von Verbesserungsprojekten. Um die Wende vom 17. zum 18. Jh. diente der Munot als Steinbruch. Ab 1826 jedoch

222

wurde die Rettung durch erste Restaurierungsmaßnahmen eingeleitet und der noch heute wirkende Munot-Verein gegründet. Der Durchmesser des über hexagonalem Sockel erbauten Zylinders beträgt rund 50 m, Höhe bis zur Geschützplattform 25 m, Mauerdicke unten 4 m. Bei Kaponnieren treten als Rundbauten mit je drei Scharten für Falkonetten im Graben hervor. Die Kuppeln sind mit Rauchabzugskanälen ausgestattet. Die klassische Maulscharte auf der Westseite ist mit stilisierten Blättern und der Jahreszahl 1566 verziert. Am Bauwerk findet man zahlreiche kunstgeschichtliche Besonderheiten. Fotos: Hartwig Neumann. Zeichnung: Wolfgang Bleyl, Köln.

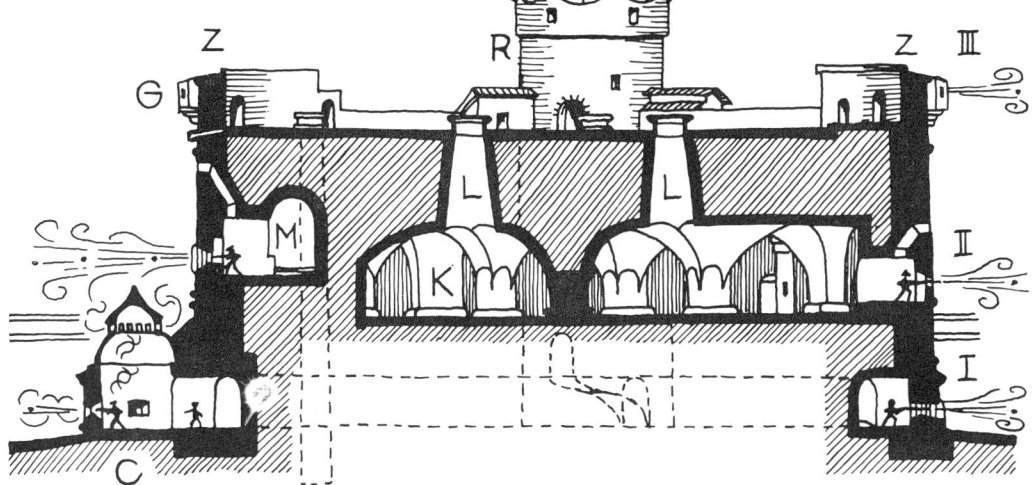

Festungsstadt Münster

MONASTERIUM WESTUALIAE METROPOLIS ... Kupferstich verlegt bei Simon Beckenstein 1648, 33 x 36,6 cm. Original und Foto: Stadtarchiv Münster. ▶

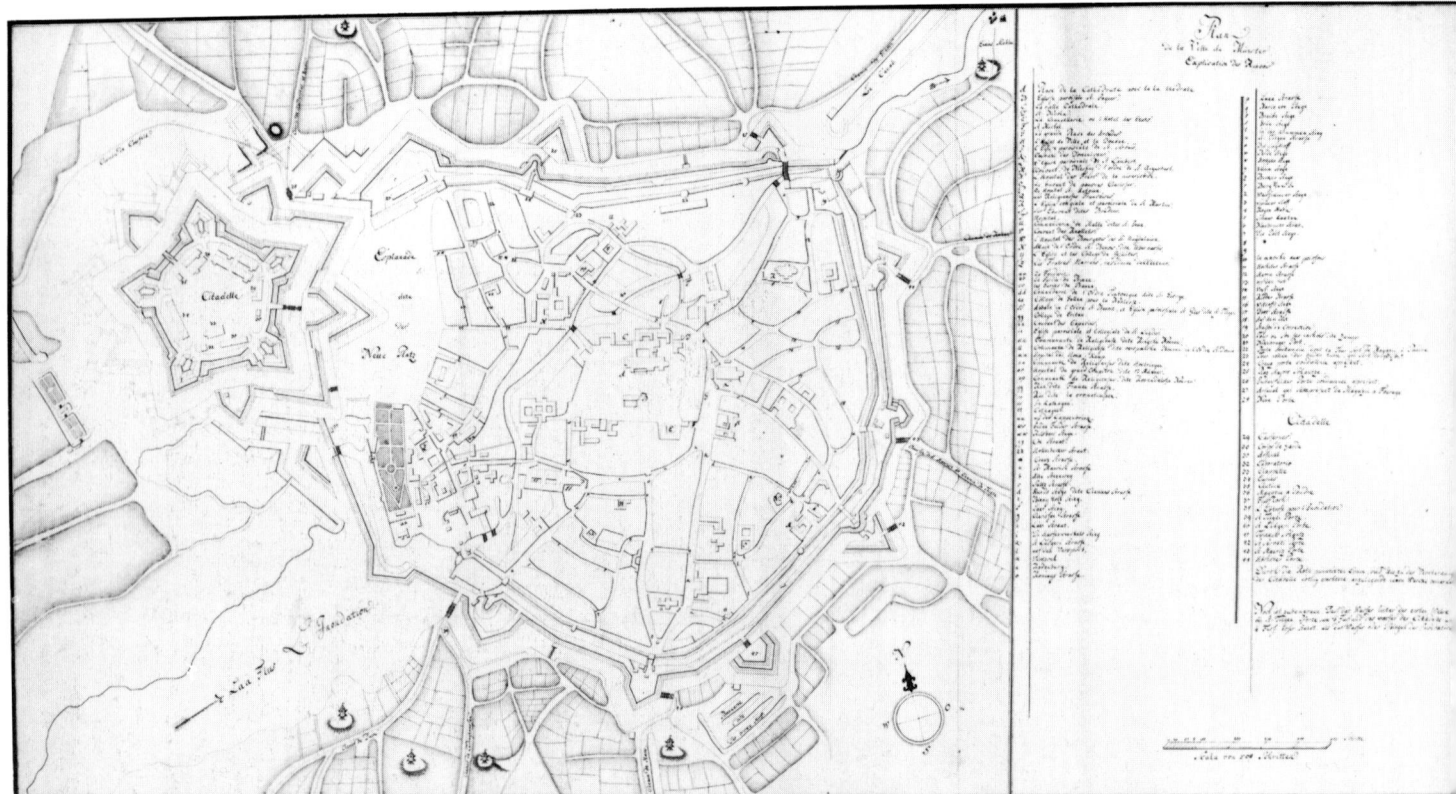

Plan de la Ville de Münster mit Projekt zur Zitadellenverstärkung, kolorierte Federzeichnung des 18. Jh., o. D., sine nota, 57,3 x 43,8 cm. Original und Foto: Stadtbibliothek Braunschweig, Kt 27 I 34.

Die Wehrgeschichte Münsters kennt mehrere mittelalterliche Befestigungen. Der Festungsring von 1633–1661, dessen Ausbauzustand der nebenstehende Kupferstich im Jahre des Friedensschlusses 1648 zeigt, besteht aus einem doppelten Graben- und Wallsystem mit unterschiedlichsten Geschützplattformen an unterschiedlichsten Stellen. Die unregelmäßig gewachsene Anlage mußte punktuell verstärkt werden. Die Existenz einer solchen irregulären Anlage mit Rondellen und Bastionen nebeneinander zeigt, daß auch solche »Mischformen« neben den extrem regulären Befestigungen von Renaissance und Barock bestehen konnten. Extreme Regularität erhielt erst die ab 1659 entstehende pentagonale Zitadelle im Westen der Stadt. Zu ihrer Anlage wurde die westliche Festungsfront abgebrochen und die notwendig werdenden Esplanade geschaffen. Die Zitadelle ist Symbol der fürstbischöflichen Macht auch der Stadtbevölkerung gegenüber.

Festungsstadt Ingolstadt in der 2. Hälfte des 16. Jh.

Holzmodell des Drechslermeisters Jakob Sandtner aus Straubing von 1573, angefertigt für die Kunstkammer Herzog Albrechts V. von Bayern (geb. 1528, reg. 1550–1579), heute mit vier weiteren Sandtnermodellen (Burghausen, Landshut, München, Straubing) im Bayerischen Nationalmuseum. Arbeitszeit für das Modell 1 Jahr. Dargestellt wird die befestigte Stadt in hoher Genauigkeit im Bauzustand 1572. Der Bau der frühneuzeitlichen Befestigung mit den sieben unregelmäßig angeordneten Rondellen wurde in der 1. Hälfte des 16. Jh. vorgenommen. 1538 kam der Beschluß zur Neuanlage, nachdem der festungsbaukundliche Graf Reinhard von Solms-Münzenberg (1491–1561) um seinen Rat befragt wurde. Die Grundsteinlegung ist für 1539 überliefert. Vor 1538 hatte man an unterschiedlichen Stellen schon repariert. Auffallend ist, daß die mittelalterliche Stadtumwallung des 14. und frühen 15. Jh. mit den zahlreichen Türmen und Toren komplett beibehalten wurde als innerer, letzter Verteidigungsring. Die Lage der neuen Plattformen zur Geschützverteidigung, die Rondellanlagen, folgen mit ihren allerdings begradigten Kurtinen dem gesamten mittelalterlichen Umzug.

Frauenhofbastei
Detail aus dem Sandtner'schen Holzmodell von 1573. Diese Rondellanlage schützte die Stadtfront in der südwestlichen Brechung der Walllinie. Sie wurde 1546 fertiggestellt. Das über einem gestelzten Halbkreis aufgeworfene Erdwerk, welches 1550 durch seine »schon recht antiquierte Form« (A. Frh. v. Reitzenstein) auffiel und bautechnisch wie artilleristisch überholt war, ist von einer krenelierten, auf der Kapitalen gebrochenen tenaillenähnlichen Mauer umgeben. Sie sollte den nötigen Schutz beim Nahkampf geben. Davor zieht sich der nasse Graben als Annäherungshindernis vor dem Glacis hin. Die Schanzkörbe auf der Plattform neben den tief eingeschnittenen Schießscharten geben die Stellung von 15 Geschützen an. In der Kehle liegt das total gedeckte Tor und die anschließende mittelalterliche Mauer mit gezinnten Halbschalentürmen in Armbrustschußweite. Fotos: Bayerisches Nationalmuseum, Nr. 15/I/16.

Michelstötten
Kupferstich des »Rundschlosses« Michelstätten von Georg Matthaei Vischer: TOPOGRAPHIA ARCHIDVCATVS AVSTRIAE INF = MO = DERNAE, seu. Controfee vnd Beschreibung aller Stätt Clöster vnd Schlösser wie sie anietzo stehen in dem Ertzhertzogtumb unter Osterreich, 1672, Bd. 3, Nr. 53. Der mächtige fast runde Wehrturm, dessen Außenhaut durch Strebepfeiler gegen den Graben gestützt ist, steigt über drei Stockwerke auf und schließt mit einem Zinnenkranz ab. Im Inneren gibt es einen siebeneckigen Binnenhof mit doppelstöckigen Arkaden und ursprünglichem Pultdachabschluß. Dieser Baukörper stellt eine wohl einmalige Kombination von Wehr- und Wohnbau des 16. Jh. auf engstem Raume dar. Die Verteidigung erfolgte durch Feuerwaffen, die Raumdisposition ist durch radial gestellte Wände bestimmt. Heute ist diese Anlage teilweise ruinös. Fotos: Leonhard M. Swennen, Michelstätten (unten) und Burgen und Schlösser, Nr. 1 (1961), S. 9 (links).

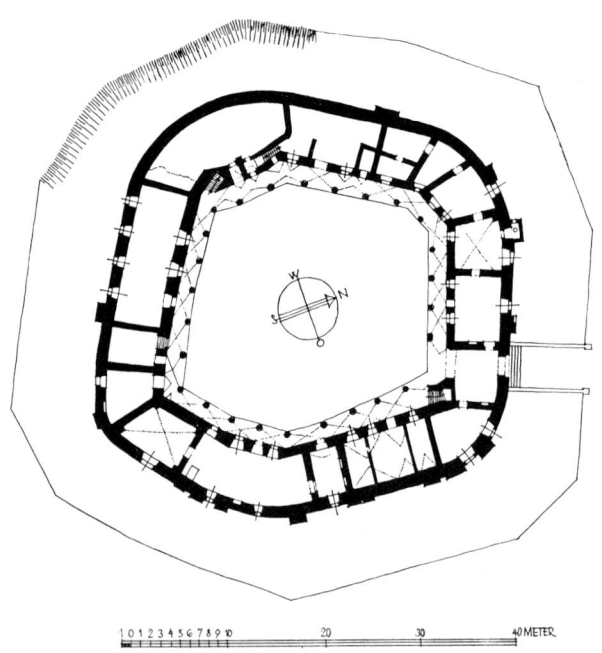

Paßfestung *Silberberg*. Donjon von Nordost. Zeichnung: W. Bleyl, Köln 1963.

Die *Paßfestung Silberberg* in Schlesien ist *die* frederizianische Festung. Sie entstand unter General L. W. von Regeler (1726–1792) ab 1763 zur Komplettierung des schlesischen Festungsgürtels mit den Plätzen Stettin, Küstrin, Glogau, Breslau, Schweidnitz, Brieg, Glatz, Kosel und Neisse. Das Kernwerk der ausgedehnten Anlage ist der rondellierte Donjon, das größte kasemattierte Bollwerk Europas, mit seinen drei vorgelegten bastionsartigen Werken. Vier halbrunde 30 m hohe Rondelle von beinah Dürerscher Prägung mit einem Basisdurchmesser von 60 m und vier Feueretagen sind noch erhalten. Das Revêtement aus Grauwacke ist um einen Ziegelrohbaukern gelegt, der Kordon besteht aus rotem Sandstein.

Blick auf ein Rondell des Donjon Silberberg. Das Bild aus neuerer Zeit läßt denkmalpflegerische Probleme erahnen. Foto: NN.

Schloß Wachendorf in Mechernich (Rondell aus der Befestigung)
Die historischen Hintergründe, die zur Anlage der Festung im 16./17. Jh. führten und die Baugeschichte sind nicht aufgehellt. Im Inventarband von P. Clemens Kunstdenkmälern von 1900 heißt es aber: »Die ganze Anlage ist als spätere Umfestigung einer einfachen Wasserburg überaus selten.« Rondellhöhe ca. 6 m, Durchmesser ca. 12 m, im Inneren überwölbt, früher mittels Balkendecke in zwei Geschosse mit je sieben Schießscharten eingeteilt. Die »Kehlen« der noch erhaltenen drei von ehemals vier Rondellen sind durch Remparierung in Erde gedeckt. Fotos: Hartwig Neumann.

Spangenberg – Bergfestung bis 1866

Das Luftbild läßt nur erahnen, welche wehrbaulichen Besonderheiten die hessische, zuletzt preußische Festung noch heute aufzuweisen hat. Erst die Erkundung vor Ort und die Zusammenschau mit historischen Plänen lassen unter dem Grün ein Ensemble von aufeinander abgestimmten Wehrbauten erkennen. Die Kernbefestigung, über der sich das Schloß weit sichtbar erhebt, stammt aus dem 15. Jh. Sechs Halbschalentürme und hohe Wallmauern ergeben ein unregelmäßiges Sechseck. In diesem Jahrhundert ist der Übergang von der Burg zum Schloß festzustellen. Im Schloßbau steckt noch stark überbaute Substanz des 13./14. Jh. Ein Ringgraben umgibt die Kernanlage. Die Kontereskarpe wurde im 16. Jh. revetiert, so daß sich ein wirksamer Zwinger ergab. Große Erdmassen wurden bewegt, um rundum einen Wallkörper abzuschütten. In nordöstlicher Richtung entstanden Mauern, und an topographisch zwingender Stelle plazierte man einen Batterieturm mit immerhin 22 m Durchmesser und 6,20 m Wandstärke. Er signalisiert den Übergang zur Festung der Neuzeit. Vor Beginn des Dreißigjährigen Krieges kam als letzte Ausbaustufe die ebenfalls erhaltene Bastionierung dazu. Seit 1635/36 gibt es keine fortifikatorischen Grundrißänderungen mehr. Durch Bombardierung 1945 entstand großer Substanzverlust besonders am historischen Innenausbau. Heute ist das Bild der geschlossenen Baugruppe auf dem die gleichnamige Stadt überragenden Berg wieder erstanden. Die Anlage dient der naturnahen Erholung und der Nutzung als Hotel und Jagdmuseum.

A Luftaufnahme
B Rekonstruktion des Zustandes um 1830 durch Gerd Fenner, Spangenberg
C Plan von 1751. Blattformat 33,5 x 22 cm. Original: Hessisches Staatsarchiv Marburg, Nr. 51a 1003.

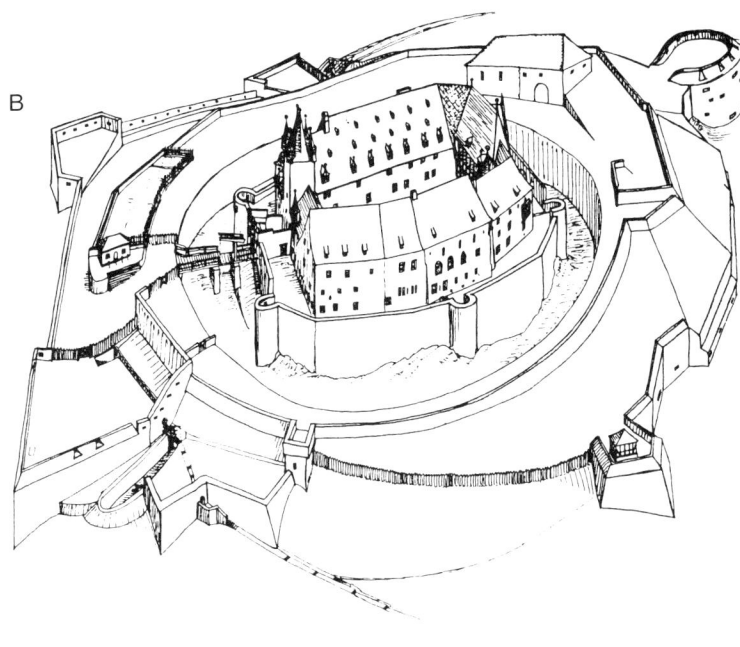

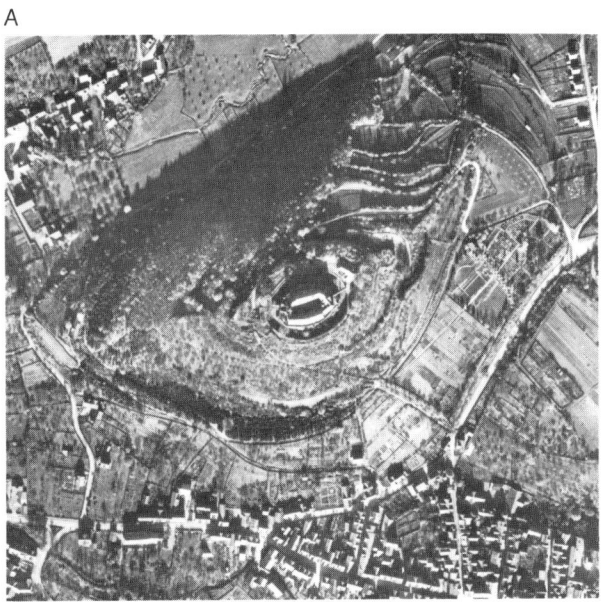

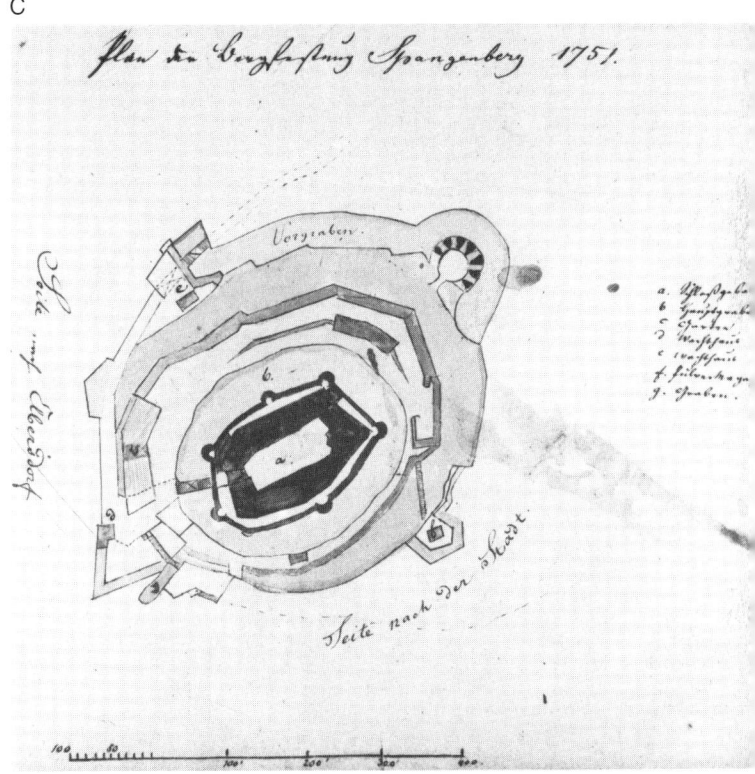

2. Bastionen

Nürnberg. Blick auf das Vestnertor
Die einst abwerfbare Holzbrücke führt über den heute z. T. durch Gartenanlagen genutzten Graben in die Flanke der Vestnertorbastion. Den letzten Brückenteil konnte man aufklappen. Dafür geben die Rechteckblende und die Führungsschlitze für die Brückenketten im Portal das Maß. An der Bastionsspitze und den Schulterpunkten sitzen schwere Wappensteine über dem Kordon. Aus der Schießscharte in der Kurtine war das Portal mit der Zugbrücke flankierend zu beherrschen, die tiefe Scharte in der Flanke gibt mit den Gewänden die Schußwinkel für die Kurtinenbestreichung und Beherrschung des gegenüberliegenden Grabens vor. Die flache Scharte ermöglichte Frontalfeuer.
Foto: Stadt Nürnberg, Denkmalsarchiv. Aufnahme 1972.

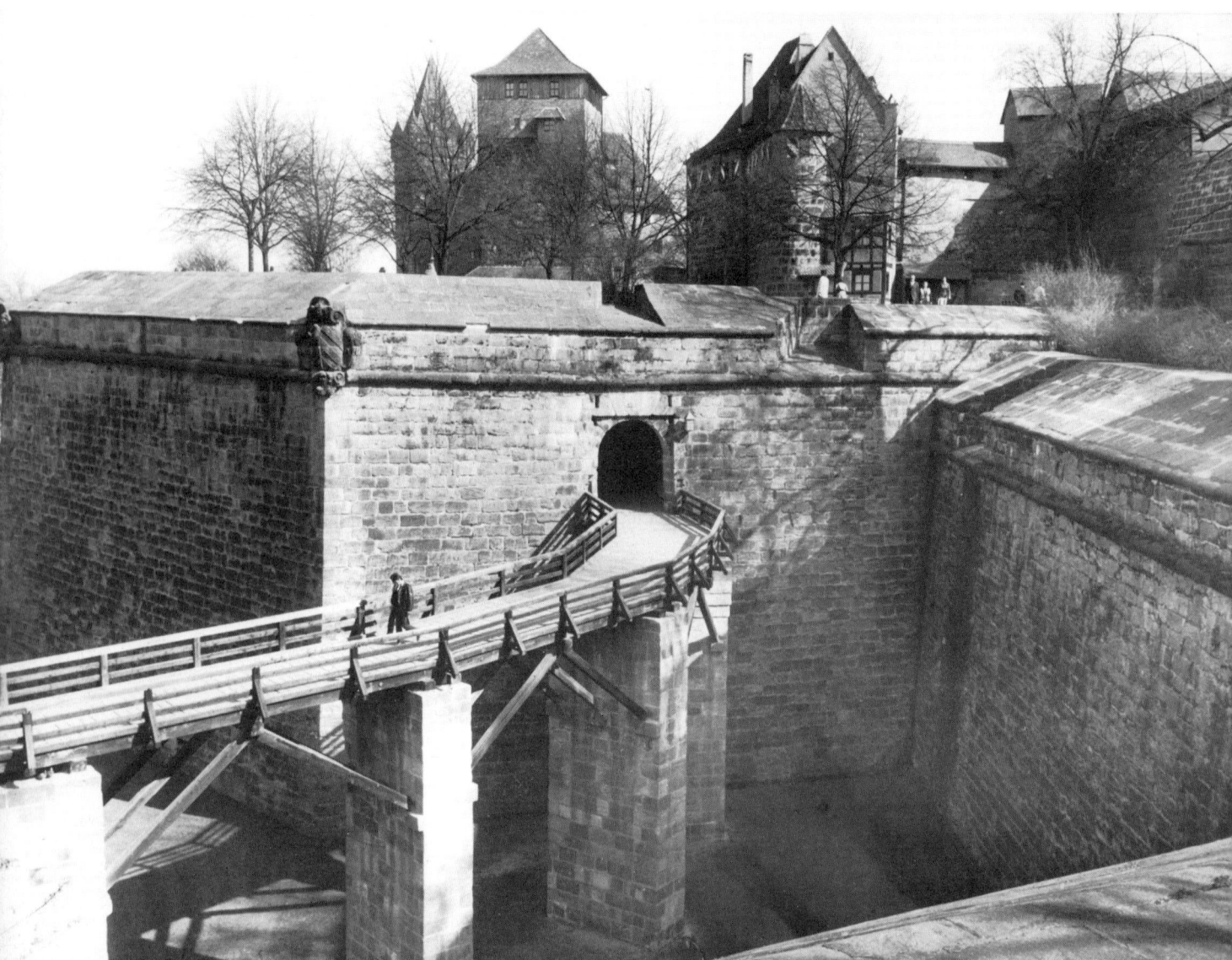

Der Fünfeckturm ist schon eine befestigungstechnische Besonderheit, weil er im Kern einen Viereckbau darstellt mit massiver dreieckiger Verstärkung auf der Angriffsseite. Er ist das älteste Baudenkmal Nürnbergs (Mitte 11. Jh.?). Der Holzerker am Walmdach war der Auslug der Burggrafenburg gegen die Kaiserburg und Stadt. Der Vestnertorturm als ältester Rundturm in Nürnberg (12. Jh.?) mit Spitzhelm und vier Erkern wurde in den sechziger Jahren des 16. Jh. im Obergeschoß zur heutigen Form mit gesimsartig vorkragenden Quaderringen wie später die Türme in der Festung Lichtenau aufgemauert. Antonio Fazzuni schuf die neuzeitlichen Geschützplattformen in Form von Bastionen und Tenaillen rund um die Nürnberger Burg in den vierziger Jahren des 16. Jahrhunderts. Die Anlagen sind in bestem Zustand und sehr gepflegt – überzeugendes Beispiel der Verwendung und Nutzung neuzeitlicher Festungswerke.

Nürnberg. Blick über die Vestnertorbastei auf den Fünfeckigen Turm mit Kaiserstallung und Vestner- oder Sinwellturm, dazwischen Burgamtmannswohnung mit Anbau, Finanzstadel und Sekretariatsgebäude bilden mit ihren Langseiten die alte Burgmauer. Im Tortunnel Luft- und Lichtschächte erkennbar, Schießscharten in der Brustwehr und zur Stadtgrabenverteidigung über der Sockelzone aus Kasematten. Aquarellierte Federzeichnung o. D. [um 1560], sine nota. Original und Foto: Staatsarchiv Nürnberg, Rep. 58, Nr. 101.

Festung Pyrmont in Bad Pyrmont
Im Dreieckgiebel des Mittelrisalits des Rokokoschlößchens findet man in polychromer Fassung das von einer Reichsfürstenkrone bekrönte Doppelwappen des Hauses Waldeck-Pyrmont aus dem späten 18. Jh. Die Kartuschen werden von zwei Wilden Männern und martialischen Emblemen wie Keulen, Speer, Spieße, Fahnen, Trommeln, Pauken, Schilde, Gewehre und Kugeln flankiert. Foto: Hartwig Neumann.

Die Baugeschichte der Festungs- und Schloßanlage ist für das 16. Jh. noch äußerst lückenhaft. 1526 setzte unter Graf Friedrich VI. von Spiegelberg (1472–1537), der 1512 die nahe Burg Coppenbrügge rondellieren ließ, die neuzeitliche Bautätigkeit ein. Vollendung gegen 1526. Das feste Schloß liegt auf einer künstlichen Insel von 230 x 180 m und ist in Resten im Torbereich und in den Substruktionen des Rokokoschlößchens sowie der im Nordosten gelegenen Bastion erhalten. Vom Innenhof verläuft ein 40 m langer Gang auf der Bastionskapitalen in den Zentralraum der Bastion. Trompenkonstruktionen vermitteln zu den zwei Paar Geschützkasematten, die durch Orillons gegen Feindfeuer geschützt sind.

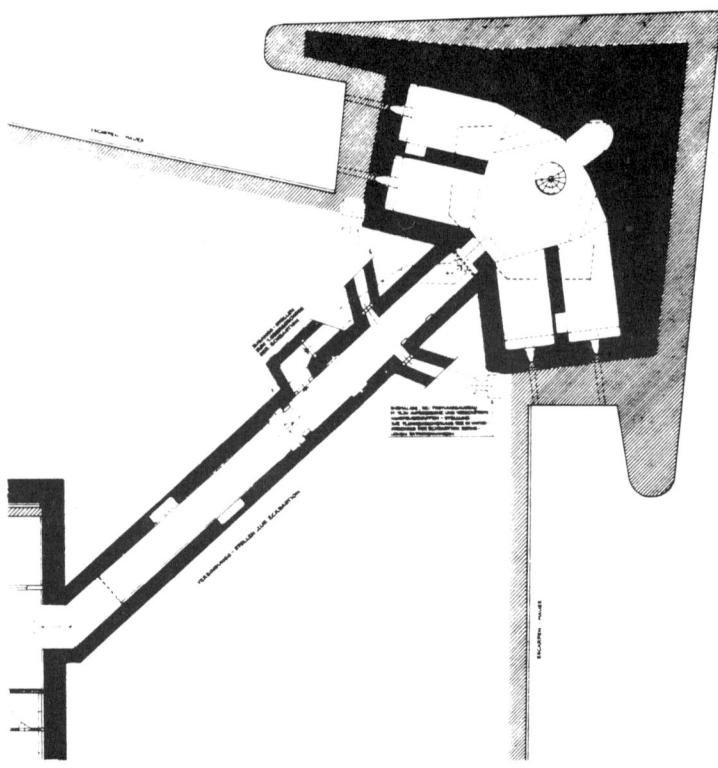

Grundriß vom Erdgeschoß der Bastion in einer Bauaufnahme von 1972. Reproduktion aus: Kunstdenkmäler Landkreis Hameln-Pyrmont, Textband, Hannnover 1975.

Pyrmont
Kolorierte Federzeichnung von Grundriß und Profil, sina nota, o. D., 41,5 x 37,5 cm. Original: Hessisches Staatsarchiv Marburg, PII 4181. Es handelt sich um einen stark schematisierten nicht ausgeführten Ausbauplan für das befestigte Schloß im heutigen Bad Pyrmont aus dem 17. Jahrhundert. Schriftquellen zu diesem interessanten Projekt sind mir nicht bekannt. Der wirklich ausgeführte Festungskern ist unter Weglassung der Schloßbauten als Quadrat im Gegensatz zur Bauwirklichkeit eines verzerrten Rechtecks dargestellt. Die Flankierung von nur zwei Seiten durch die einzige kleine Bastion ist völlig unausreichend. Außerhalb des breiten Wassergrabens liegen auf den verlängerten Diagonalen des Wallgevierts große Geschützplattformen in bastionärer Form. Sie sind entsprechend niederländischen Vorstellungen ganz in Erde vorgesehen. Ihre Höhe ist nur so ausgelegt, um die notwendige »Flancquation« zu ermöglichen und um vom Hauptwall aus beherrscht zu werden. Aus dem Profil ersieht man die vorgesehene Folge von Wallgang, Bankett, Brustwehr, Eskarpe, Graben und Glacis. Vor der Brücke liegen Traversen als Brückenschutz.

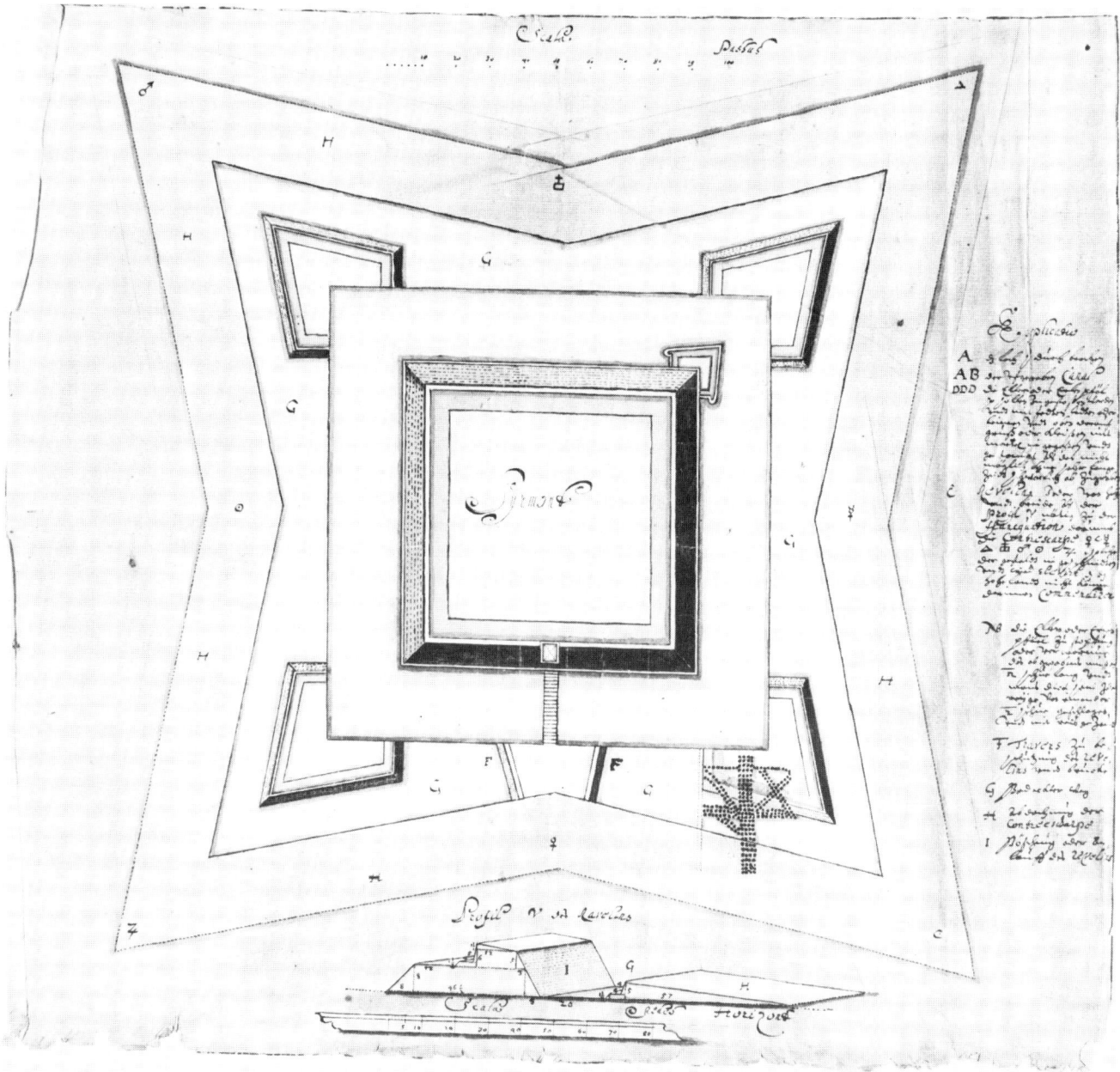

Leipzig
Ausschnitt aus dem Kupferstich von Matthäus Merian aus seiner TOPOGRAPHIA SUPERIORIS SAXONIAE THÜRINGIAE/MISNIAE LUSATIAE ETC., Frankfurt a. M. 1650.

Leipzig erhielt im 16. Jh. eine moderne Befestigung, die in unregelmäßiger Form um die Stadt gelegt wurde. Die durch ihren besonderen Grundriß auffallende Pleißenburg, die deutlich Zitadellencharakter hat, wurde 1550–1567 durch Hieronymus Lotter (1497/98–1580) erbaut. Die Grundrißausbildung wiederholt sich m. W. nur im holländischen Fort Rammekens bei Ritthem, einem frühen Festungsbau italienischer Manier durch Donato di Boni von 1547 ff.
Die neuitalienischen Bastionen Leipzigs entstanden an besonders gefährdeten Stellen, so daß eine unregelmäßige, doch wegen ihrer Stärke berühmte neuzeitliche Festungsstadt entstand. Erst 1776 folgte die Schleifung zugunsten eines Grüngürtels im Stile des englischen Landschaftsparks.

1 Pleissenburg
2 Grimsche werck und thor

Reproduktion: Hartwig Neumann.

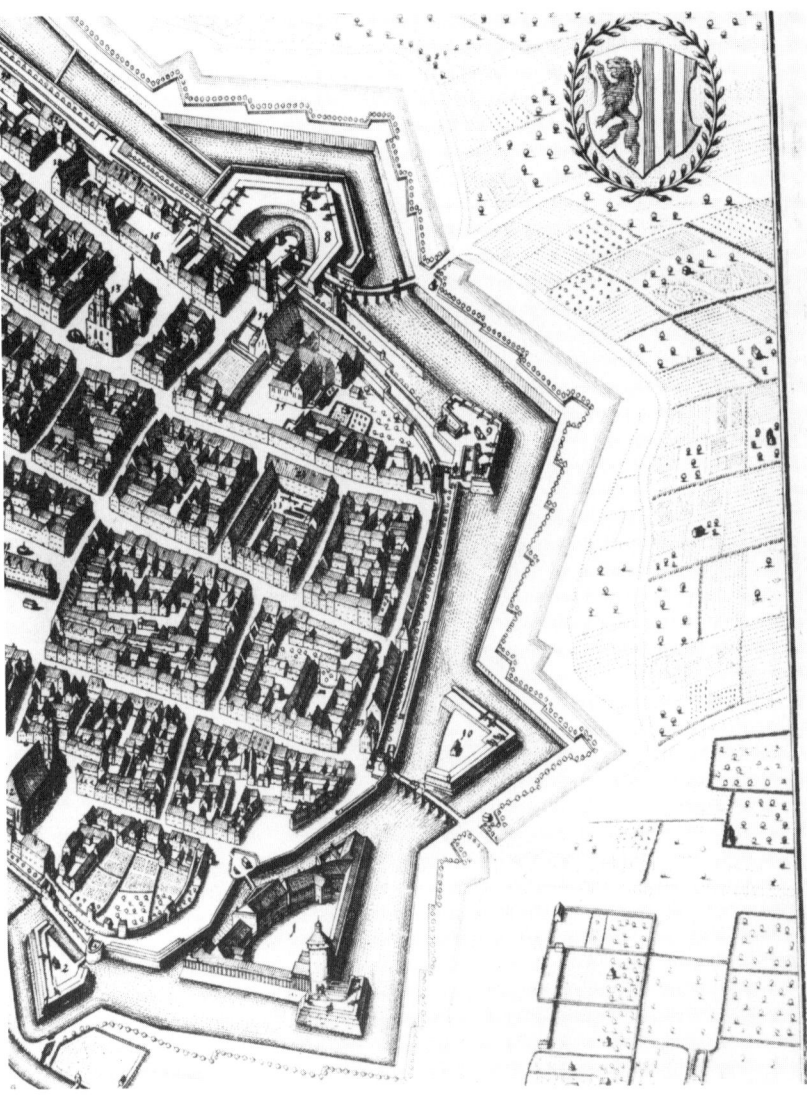

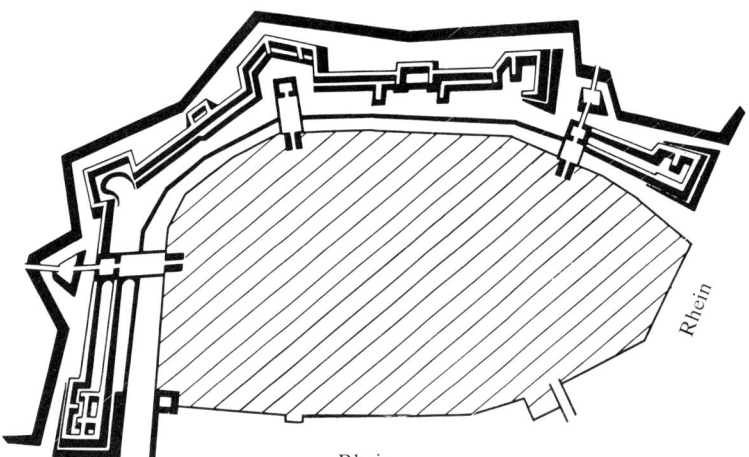

Stein am Rhein. Die Bastionärfestung wurde während des Dreißigjährigen Krieges 1643–1646 erbaut und kostete 27 100 Gulden. 1845 Schleifung der Werke. Zeichnung: Stadtarchiv Stein am Rhein.

Feste Oberhaus – Feste Unterhaus
Festungsensemble in Passau

Die erste Burg ist für das 13. Jh. nachgewiesen. Zahlreiche Folgebauten bis hin zum fürstbischöflichen Barockschloß sind in reizvoller Kombination erhalten und vorwiegend museal genutzt. Die Bastionierung von Oberhaus zum Plateau des Georgsberges entstand unter Fürstbischof Kardinal Johann Philipp von Lamberg (1689–1712) Ende des 17. Jh., Anfang des 18. Jahrhunderts.

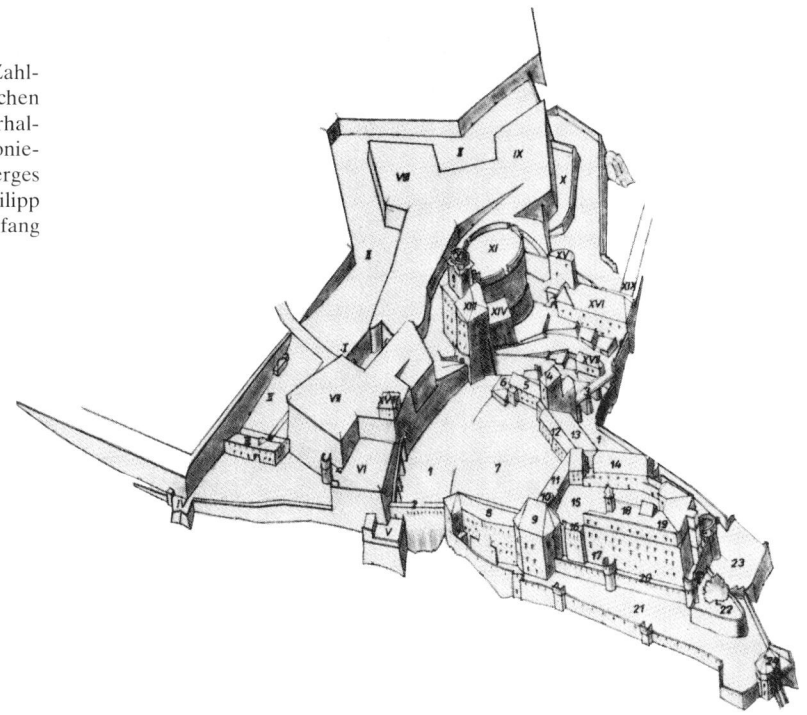

Lageplan der Feste Oberhaus. Zeichnung von Hans Karl Moritz, Passau.

1. Bärengraben – 2. Wassertörlmauer mit Wehrgang – 3. Burgbrücke – 4. Torturm der Vorburg – 5. Benefiziatengebäude – 6. Arrestgebäude – 7. Äußerer Hof – 8. Lazarettgebäude – 9. Rittersaal oder Schachnerbau – 10. Innentor – 11. Trenbachbau – 12. Kommandantur – 13. Zeughaus – 14. Tollhaus – 15. Innerer Hof – 16. Arkaden – 17. Böhmerland – 18. St. Georgskapelle – 19. Fürstenbau – 20. Innerer Zwinger – 21. Äußerer Zwinger – 22. Batterie Linde – 23. Batterie Maus – 24. Pulverturm

I. Ravelintor – II. Tändelgraben – III. Aussichtsgaststätte – IV. Ausfall-Schanze – V. Wassertörl-Schanze – VI. Niederwerk – VII. Neuwerk – VIII. Mittelwerk – IX. Philipps-Bastei – X. Raimunds-Bastei (Rabattawerk) – XI. Batterie Katz – XII. Aussichtsturm (Observationsturm) – XIII. Jugendherberge (Generalsgebäude) – XIV. Schmiede – XV. Profosenturm – XVI. Burgtaverne – XVII. Kasse (Hauptwache) – XVIII. Wetterstation (Schildwache) – XIX. Ilzertor

Stralsund
Plan der Festungswerke und näheren Umgebung, kolorierte Federzeichnung, sine nota, o. D., 44 x 56,6 cm, Ausschnitt. Original und Foto: Landesbibliothek Coburg, Kt M12. – Stralsund war im 13. und 14. Jh. mit einer Befestigung bestehend aus sechs Wasser- und vier Landtoren nebst Verbindungsmauern umwehrt. Nach 1680 kam es zum verstärkten Ausbau mit neuzeitlichen Festungswerken besonders durch die Schweden. Schleifung auf Befehl Napoleons 1808/9. Nach 1815 Festungsbau durch Preußen in der neudeutschen Manier. Entfestigung 1873 unter teilweiser Umwandlung in noch vorhandene Grünanlagen. »Zur Verschönerung des Stadtbildes« auch im letzten Jahrzehnt noch Beseitigung von Festungswerken, zuletzt der krenelierten Mauer zum Speicherviertel hin. Stralsund ist gutes Beispiel einer irregulären Festung in Insellage.

Wolfenbüttel
Ausschnitt aus dem Kupferstich »Cum. Pr. Sac. Caes. Maj. F.[riedrich] B.[ernhard] Werner Siles. Wratislav. delin. A. 1729. Haered. Ire.[mias] Wolfy excudit Aug. Vind.« Maße: 99,4 x 34,5 cm, Ausschnitt ca. 20 cm Länge. Original: Lessinghaus Wolfenbüttel. Foto: HAB. Die Festungsstadt Wolfenbüttel gehört zu den wenigen deutschen Städten, denen beim Ausbau im 16. Jh. Vorstellungen der idealen Stadtplanung zugrunde gelegt wurden. Noch heute kann man diese Tatsache im Straßenraster und an zahlreichen Baukomplexen ablesen. Die Ansicht zeigt das in der Zitadelle zusammengedrängte Ensemble der Residenzbauten: Schloß mit Hausmannsturm und Renaissancekapelle (Nr. 7), die Herzogliche Bibliotheksrotunde (Nr. 8), das jüngst renovierte Herzogliche Zeughaus (Nr. 9), Hofbeamtenhäuser und rechts am Dach erkenntlich die Nahtstelle zwischen herrschaftlichem Gebiet und der Bürgerstadt, das Dammtor. Die Bäume in der Festungszone sollten die Einsicht des Feindes verhindern, stellten aber auch eine gewünschte Promenade für den Hof dar.

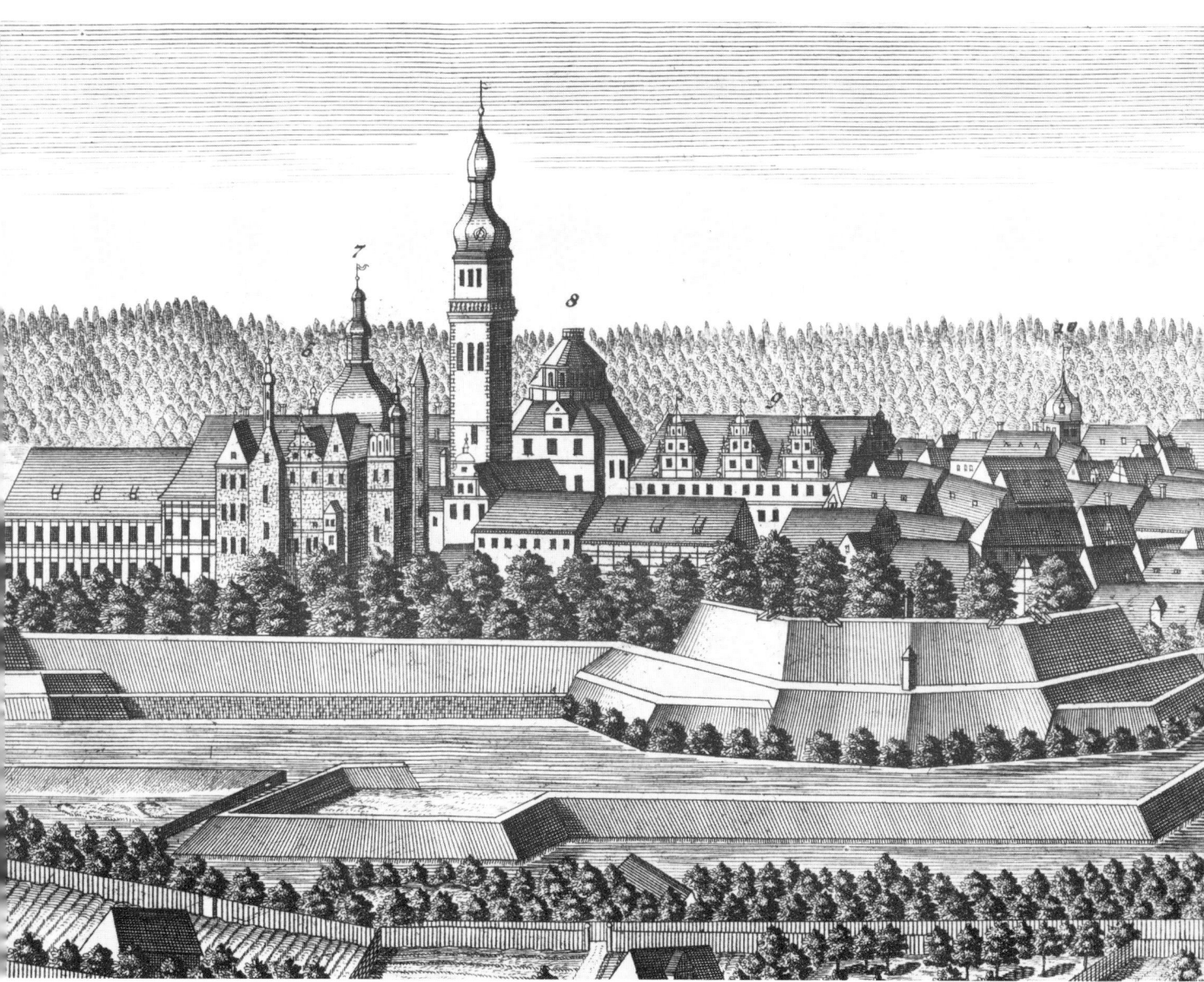

Bremen
Ausschnitt aus dem Luftbildplan 1:10 000, herausgegeben von der Kataster- und Vermessungsverwaltung Bremen. Vervielfältigung mit Genehmigung des Herausgebers – 5/85. ▶

Bremen. Kupferstich Gabriel Bodenehr fec. et exc. um 1720 für sein Stichewerk: FORCE D'EUROPE, Bd. 1, Taf. 28. Über die Baugeschichte der diesseits und jenseits der Weser liegenden Festungen, die sich gegenseitig ergänzen, ist wenig bekannt. Johan van Rijswijk, Johann van Valkenburgh und Jan van Leer sind die Baumeister, aus deren Feder die Projekte und die reduzierten Ausführungen stammen. Ausbau im 1. Viertel des 17. Jahrhunderts. Schleifung der Anlagen 1802. Reproduktion: Hartwig Neumann.

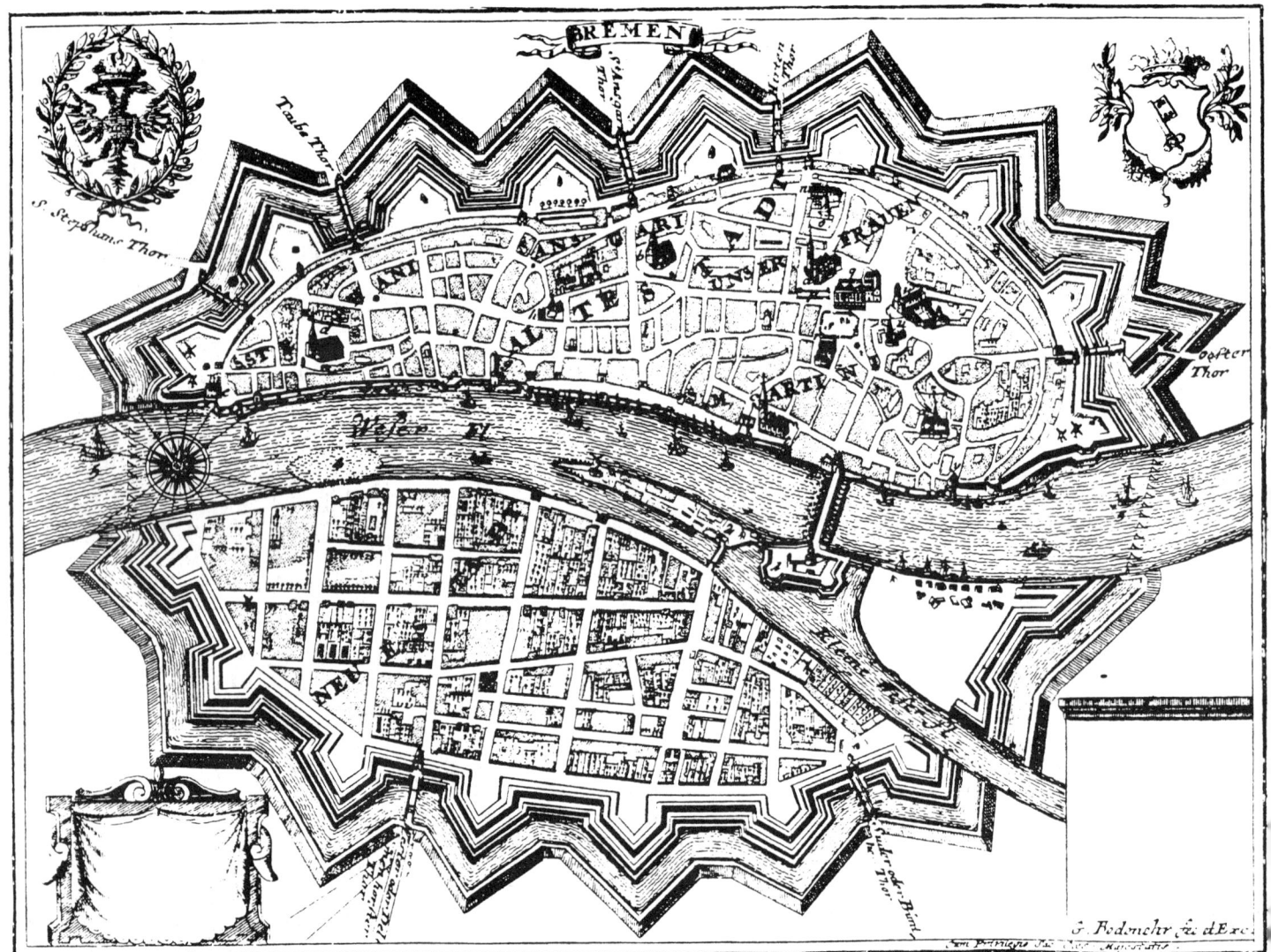

»Auch und gerade im Schutz dieser [1625/27 vollendeten] Fortifikation – die Befestigung der Altstadt wurde 1628 fortgesetzt und 1660–1663 vollendet – konnte sich Bremen im Dreißigjährigen Krieg und in den folgenden Kämpfen gegen die Schweden erfolgreich behaupten. Daß das Werk gelang, war nicht allein der Bereitschaft und der Fähigkeit der Stadt zuzuschreiben, riesige Summen für die Verteidigung ihrer Freiheit und Selbständigkeit aufzubringen. Wesentlichen Anteil hatten die Festungsbaumeister und Ingenieure, die sie zu verpflichten verstand: Johan van Rijswijk, Johan van Valckenburgh und Jan van Laer; ihr Wirken war indessen nicht denkbar ohne die Lehren und Anweisungen Simon Stevins und des Prinzen Moritz von Oranien. Diesen Männern verdankt auch die Neustadt ... ihre Gründung. Zweifellos war und ist sie der augenfälligste Beweis für die engen politischen, wirtschaftlichen, religiösen und kulturellen Beziehungen, die die Niederlande und Bremen im 17. Jh. verbanden.«
   Wilhelm Lührs 1973

Grund-Verzeichnis der Keyserliche Haupt und Residentz Stadt Wien in Österreich
im Jahre 1529 durch Soliman und im Jahre 1683 durch Mahomet der IIII Turckischer Keyser gar Strenglich, aber vergeblich belagert. Ausschnitt aus einem Kupferstich Amstelodami apud Nicolaum Visscher, o. J. Original HAB: Cb gr. – 2°23.1. Die Abbildung ist nach dem folgenden Plan orientiert.

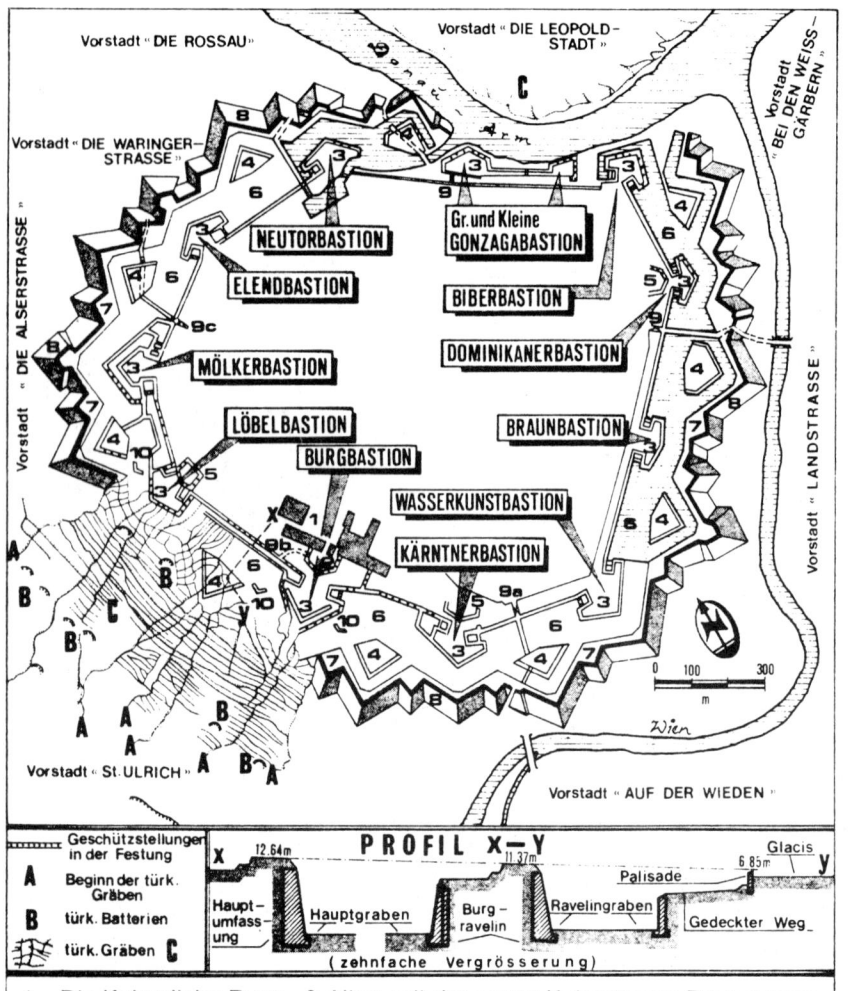

Benennung der Werke, Profil der Festung und Hauptangriffsfront der Türken bei der Belagerung von 1683. Reproduktion aus Gertrud Gerhartl: Belagerung und Entsatz von Wien 1683, Wien ²1983.

Wiens faszinierende Fortifikationsgeschichte umfaßt einen Zeitraum vom Römerlager Vindobona im 1. Jh. über die Bastionärfestung des 16. Jh., den Linienwall des frühen 18. Jh. bis zum Flakring des 20. Jahrhunderts. Die Bastionierung begann man im frühen 16. Jh. unter Ferdinand I. († 1564). Er ließ an bedrohten Stellen der mittelalterlichen Befestigung erste Bastionen errichten und wollte erst später, wenn es die Finanzlage erlaube, die Stadtwälle zwischen ihnen zu modernen Kurtinen umbauen lassen. Wiens irreguläre Befestigung war Betätigungsfeld zahlreicher bedeutender Festungsbaumeister. Modernisierungen erzwangen die Bedrohungen durch die Türken. Über die zwei Belagerungen durch die Türken 1529 und 1683 gibt es hervorragende neue Publikationen. Der nebenstehende Plan gibt die Enceinte und das Profil der Festung zur 2. Türkenbelagerung an. Der Umzug ist noch heute in der Wiener Ringstraße im Stadtplan zu verfolgen. A, B, C gibt das ausgedehnte türkische Annäherungssystem mit den Approchen und Sappen der Angreifer an.

Das Kaiserliche Schloß Holitsch
Draufsicht und Grundriß, Tuschzeichnung 75 x 63 cm, sine nota, um 1762.
Original: Österreichisches Staatsarchiv Wien, Posch-Akten Jg. Serie 15,
fol. 182.

1762–77 wurde an Stelle einer ruinösen Burg dieses repräsentative Schloß gebaut. Kaiser Franz I. beauftragte die Architekten Thaddäus Adam Karner und Franz Anton Hildebrant mit dieser Aufgabe. Das Schloß als adeliger Landsitz steht mit seinen drei Flügeln auf einem Podest, rundum zeittypische Gartenparterres. Die regelmäßige Bastionierung ist hier deutlich primär Teil des Repräsentationsgedankens. Ihr militärischer Wert reicht höchstens zum Schutz der kaiserlichen Familie gegen Zudringlinge. Das beiderseits des Eingangs liegende Arsenal umfaßte neben der Waffenkammer auch Speisekammer, Küche, Bäckerei, Postamt, Wachstuben und Offizierswohnungen, während die Dienerschaft in den anderen Gebäuden über den Kurtinen untergebracht war.

»Haupt Ansicht des kay:köng: Schlosses zu Holitsch«. Aquarellierte Federzeichnung, 44 x 37 cm, L. Schmalhofer »Graveur bey der k:k: Holitscher Fayanz Fabrique«. Original: Österreichische Nationalbibliothek Wien, Fideikommißbibliothek Vues/Ungarn.

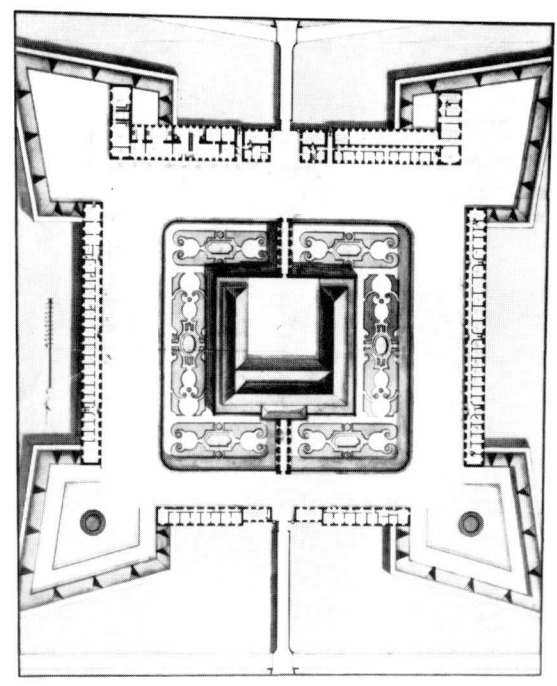

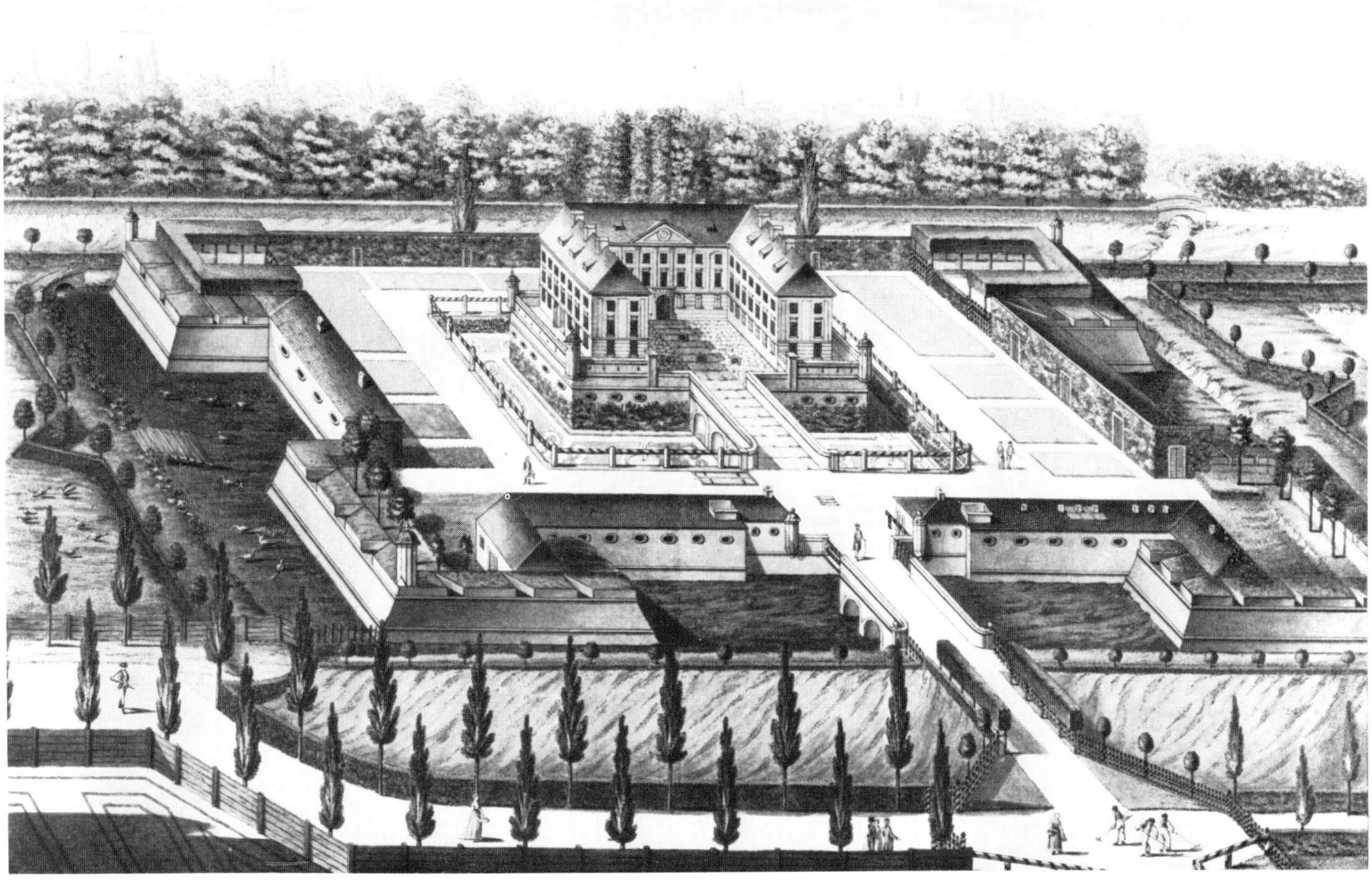

243

XVI. Festungsbau 2. Hälfte XIX. Jahrhundert: Beton und Eisen

»Der Angriff der Festungen hat durch Einführung der gezogenen Geschütze ein so wesentliches Übergewicht über die Vertheidigung erlangt, daß die Correctur und Verstärkung der Festungen und ihre Ausrüstung mit gezogenen Geschützen allein nicht hinreichen, um das gestörte Gleichgewicht wieder vollkommen herzustellen«, so stellte Hauptmann Sander von der Bundes-Militärcommission im Jahre 1866 fest. Die Einführung der gezogenen Hinterlader aus Gußstahl in die Feld- und bald auch Festungsartillerie in Preußen nach den abschließenden Großversuchen in Jülich 1860 und bald auch in andere europäische Armeen ist die erste große Zäsur in der Entwicklung des Festungsbauwesens nach der Jahrhundermitte. Die lange Zeit der glatten Vorderlader war vorbei. Das gezogene Rohr konnte ein Geschoß mit mehrfachem Kugelvolumen abfeuern. Dieses Langgeschoß wurde durch Züge und Felder in der Rohrinnenwand und den Entsprechungen am Langgeschoß zur Rotation um die eigene Längsachse gezwungen. Das so im Flug stabilisierte Geschoß wirkte »bohrender«. Die Überlegenheit des neuen Rohrtyps bestand in *1.* Erhöhung der Reichweite, *2.* Erhöhung der Treffsicherheit, *3.* Steigerung der Rasanz, *4.* indirekter Schuß-

Preußische *Festung Magdeburg.* Heutiger Blick auf die Doppelkaponniere und Kehlkaserne im Ravelin 2, erbaut 1869–1874 in Ziegeln als Teil der ab 1869 entstandenen neuen Enceinte mit polygonalem Grundriß. Die Hohlbauten sind mit einer Erdschicht bombensicher gemacht. Im Hintergrund eine freistehende krenelierte Mauer für die infanteristische Nahverteidigung. Foto: Martin-Luther-Universität.

möglichkeit, 5. gesicherter Bedienung hinter der Deckung, 6. Verfeuern von Hohlgeschossen. Mit gezogenen Rohren wurde stärkstes sichtbares und für den Schützen unsichtbares Festungsmauerwerk aus großen Entfernungen zerstört. Die Angriffswaffe hatte wieder einmal in den jahrhundertelangen Auseinandersetzungen um das Gleichgewicht zwischen Festungsbau und Angriffsmittel die Oberhand gewonnen und erzwang so die erneute Auseinandersetzung um neue Formen und neue Werkstoffe im Festungsbauwesen. Es kam zur Einführung von Forts, die, um die Kernfestungen gruppiert, weit vorgeschoben, eigenständig wirken sollten. Die Zwischenräume wurden wegen der riesigen Dimensionen nicht mehr permament befestigt, sollten aber durch das Feuer der gezogenen Rohre beherrscht werden, während die Nahverteidigung der Forts durch entsprechende bauliche Maßnahmen gesichert war. Es kam wegen der Problematik zur Grundsatzdiskussion. Der Bedarf an Finanzmitteln stieg ins Unermeßbare, so daß es bis zum Deutsch-Französischen Krieg 1870/71 nur zu wenigen wirklichen Neubauten im großen Stile oder zu konsequenten Anpassungsarbeiten in Deutschland kam.

Ab 1869 wird in der fortifikatorischen Literatur Beton als neuer Werkstoff erwähnt, so in Tunklers Leitfaden zum Unterricht in der Fortifikation, erschienen in Wien 1869. Man kann den Einsatz von Beton und entsprechenden Herstellungs- und Konstruktionsverfahren im deutschen Wehr- und Schutzbau feststellen. Zuerst wurde bestehendes Ziegel- und Bruch- oder Quadermauerwerk an bestehenden, das »Festungssterben« nach 1860 überlebten Fortifikationen verstärkt. Hier waren es besonders die Decken, Hohlbauten und das dem Feind sichtbare Mauerwerk, welches durch Betonverblendungen gesichert wurde. Es folgt dann die Epoche der Festungsbauten, die ganz aus Beton hergestellt wurden, und gipfelte zum Ende des 19. Jh. in der Verwendung von Beton und Eisen im Stahlbetonbau. Der erste Ganzbetonbau soll 1857 mit der Pulverfabrik Stein in Krain entstanden sein. Ab 1880 wurde Stampfbeton verwendet. Obwohl Joseph Moniers (1823–1906) sein Patent erhielt, Beton mit Eisen zu bewehren, dauerte es bis etwa 1886, als sich der Monierbeton durchsetzte und Eisengeflechte der Betonwand neue Eigenschaften verliehen. Die Einführung von Stahlbeton als bewehrter Beton lief parallel zum Einsatz im Industriebau, fand um die Jahrhundertwende statt, wurde im Militärbauwesen des I. und II. Weltkrieges weiterentwickelt und ist noch heute im Schutzraumbau üblich.

Ab 1860 entstand unter dem belgischen General Henri Alexis Brialmont (1821–1903) die neue Gürtelfestung Antwerpen. An dieser Musterfestung orientierten sich auch die anderen europäischen Mächte. In Antwerpen entstanden erstmals Panzerdrehtürme. Einige Autoren wollen in dem gepanzerten Kampfschiff Monitor des amerikanischen Bürgerkrieges das Vorbild für das Panzerwerk im permanenten Festungsbau sehen. Die Anlagen konnte man drehen. Später ließ man sie nach dem Schuß abtauchen, daher auch die Bezeichnung Verschwindtürme. Dicke Eisenkuppeln bildeten die Schutzschilde und -glocken der neuen besonders kurzrohrig entwickelten Geschütze der Festungsartillerie. Es hatte im militärischen Bereich schon lange Experimente mit Eisen gegeben, so besonders die Beschußversuche von Eisenplatten für den Bau von Kriegsschiffen. Der erste deutsche mit Eisen gepanzerte Geschützstand mit Hartguß-Stirnplatte, schräger Eisendecke und Minimalscharte wurde 1866/87 in der Bastion Drusus der Zitadelle Mainz aufgestellt. Panzertürme gelangten in der Mehrzahl erst ab 1887 zur Aufstellung. Die Einführung der Brisanzgranate in den achtziger Jahren als dritte Zäsur in der Entwicklung des Festungsbauwesens des 19. Jh. erzwang neue Maßnahmen. Die Brisanzgranate drang tief ein und explodierte minenartig und verzögert im Ziel mit brisanter Ladung. Die zerspringenden Hohlgeschoßsplitter waren verheerend für Mensch und Material. Innovationen in der Sprengstoffchemie hatten für das rasche Ende der Schwarzpulver-Ära gesorgt und erneut das immer wieder zitierte instabile Gleichgewicht zwischen Festungsbau und Belagerungsartillerie verändert.

Während des Deutsch-Französischen Krieges von 1870/71 kam es auch zu erbitterten Belagerungen der französischen Festungen wie Metz, Sedan, Belfort, Verdun, Straßburg, Toul, Diedenhofen, Montmedy, Neu-Breisach und Paris. Neue Erfahrungen im Festungskampf wurden gesammelt. Bis zum Kriegsausbruch hatte man in den deutschen Ländern nur wenige neue Festungen gebaut. Der Disput um die Notwendigkeit eines weiteren Festungsbaus in den höchsten militärischen Dienststellen war seit Einführung des gezogenen Geschützes noch nicht entschieden. Jetzt nach siegreichem Krieg mußte Frankreich große Geldmengen zur Verfügung stellen, die dem Festungsbau des Reiches zu gute kommen sollten. Jetzt

245

baute man wieder Festungen, wenn auch rein zahlenmäßig wesentlich weniger als in den vorangegangenen Epochen. Als Auftraggeber trat das Deutsche Reich auf, welches ein nationales Verteidigungskonzept suchte, in dem die Landesbefestigung doch eine bedeutende Rolle einnehmen sollte. Durch Reichsfestungsgesetz vom 20. 5. 1873 wurden die Mittel bereitgestellt, jedoch nur schleppend abgerufen. Die entstehenden deutschen Anlagen erhielten ein einheitliches Bild. Die Grundrißausbildung und die Silhouette, besonders die über dem Horizont, änderten sich wieder einmal. Die neuen, weitgehend selbständig operierenden Forts legte man 4–5 km weit vor die Kernfestung, verhinderte so den planmäßigen Beschuß und erschwerte auf Grund der geographischen Dimensionen ihre Einschließung durch den Feind.

Die Antwort der Ingenieure auf die neue Waffensysteme ergab ein Schemafort, welches Armierung und Kasernenanlage besaß. Der Grundriß war pentagonal ähnlich einer Lünette mit Spitz-, Schulter- und Kehlgrabenwehren. Bis 1887 entstanden rund 70 solcher deutschen Einheitsforts. Wie Ringe zog man sie um die Stadtfestungen älterer Bauart. Es entstanden sogenannte Gürtelfestungen, u. a. das jetzt deutsche Metz (mit 17 Forts), Straßburg, Köln, Posen, Thorn, Königsberg, Ingolstadt. Es entstanden Enceinten um Städte, die möglichst polygonal geführt wurden wie z.B. in Köln, Mainz, Spandau, Magedeburg, Straßburg. Gut erforscht ist die Geschichte der Feste Kaiser Wilhelm II. über Mutzig. Im Vorfeld von Straßburg war diese Anlage als Neubau notwendig geworden, um im Ernstfall die Armierung von Straßburg zu dek-

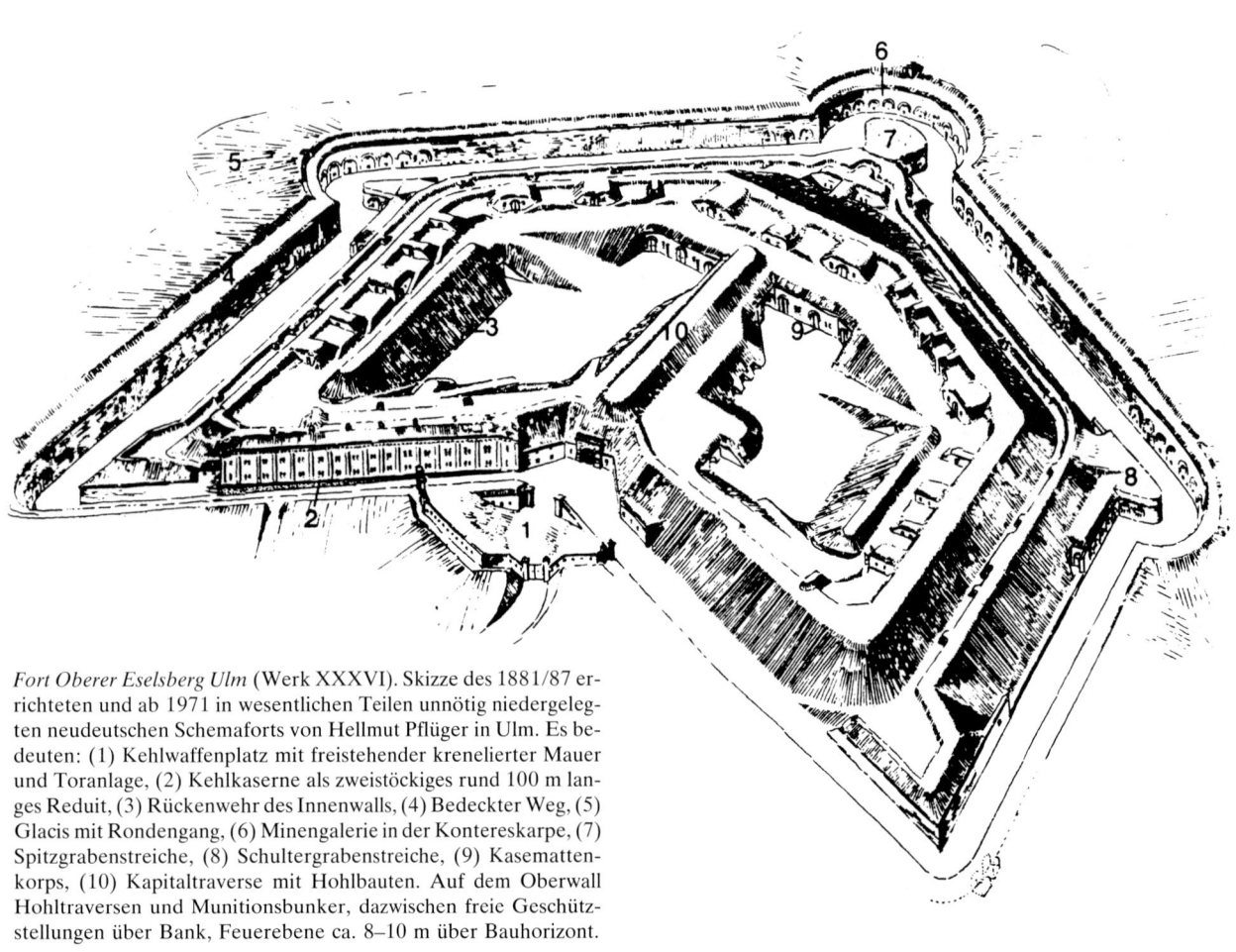

Fort Oberer Eselsberg Ulm (Werk XXXVI). Skizze des 1881/87 errichteten und ab 1971 in wesentlichen Teilen unnötig niedergelegten neudeutschen Schemaforts von Hellmut Pflüger in Ulm. Es bedeuten: (1) Kehlwaffenplatz mit freistehender krenelierter Mauer und Toranlage, (2) Kehlkaserne als zweistöckiges rund 100 m langes Reduit, (3) Rückenwehr des Innenwalls, (4) Bedeckter Weg, (5) Glacis mit Rondengang, (6) Minengalerie in der Kontereskarpe, (7) Spitzgrabenstreiche, (8) Schultergrabenstreiche, (9) Kasemattenkorps, (10) Kapitaltraverse mit Hohlbauten. Auf dem Oberwall Hohltraversen und Munitionsbunker, dazwischen freie Geschützstellungen über Bank, Feuerebene ca. 8–10 m über Bauhorizont.

> Erst die Wirkung der zu Anfang der achtziger Jahre aufkommenden und in rascher Folge sich verbessernden Brisanzgeschosse wies mit überzeugender Deutlichkeit und zwingender Kraft den Weg, den Artilleristen und Ingenieuren in Zukunft zu wandeln hatten. Zu dem Physiker und Ballistiker gesellte sich der Chemiker und lieferte ein Kampfmittel, das ihm zunächst eine ungeahnte Überlegenheit über den Ingenieur verschaffen sollte...
>
> Major Reuleaux, Geschichtliche Entwicklung des Befestigungswesens, Leipzig 1912

Festungsstadt Ingolstadt. Fort VI »Prinz Karl«. Heutiger Zustand. Luftaufnahme Bayer. Flugdienst Hans Bertram, München. Freig. M. St. f. W. u. V. 64. Dieses 1877/81 erbaute Landfort ist heute das einzige aus der einst großen Zahl des Fortgürtels, welches die Amerikaner nach dem letzten Krieg nicht zerstörten. Forts dieser Bauart gab es in den Festungen Straßburg, Köln, Ulm, Posen, Thorn u. a. Der Grundriß ist bastionsähnlich, Haupt- und Nebengrabenkaponnieren feldseitig bzw. vor den Schultern, Kehlkasernen, ehemalige Anschlußbatterien im Gelände noch deutlich zu erkennen. Nutzung bis 1973 als Munitionslager der Bundeswehr, dann Depot und Entschärfungsstelle von Munitionsfunden aus der ganzen Bundesrepublik.

Unter dem Einfluß der gezogenen Geschütze entstanden neue Festungsbauformen. Dieses Fort der Bauart zwischen 1875 und 1885 hat die Form einer Lünette mit bastionierter Kehle und innerer Grabenstreiche. Es bedeuten: a Spitze, b Schultern, c Kehlpunkte, ab Facen, bc Flanken, cc Kehle, d Spitzgraben, e Schultergrabenstreichen, f Flankenkasematten, g Kehlwaffenplatz, h Blockhaus, AA Kehlkaserne, BB Materialräume, CC Bereitschaftsräume, ii Hohlgang, o Beobachtungsstände. Bildarchiv H. Neumann.

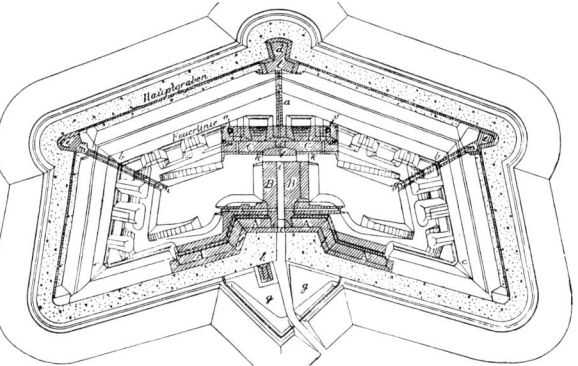

15-cm-Panzerhaubitze der Feste Kaiser Wilhelm II. Foto: Bernard Bour, Mutzig. Die Vogesensperre Feste K W II wurde 1884 für den hypothetischen westlichen Kriegsschauplatz im Vorfeld der Festung Straßburg über Mutzig geplant und ab 1893 als weitgehend an das Gelände angepaßtes und aus eisenarmiertem Beton bestehendes Panzereinheitsfort errichtet. Mit dem Bau des Ost- und Westforts setzte eine neue Epoche im deutschen Festungsbau ein. Mit ca. 252 ha war Feste K W II die größte geschlossene Festungsanlage bei Ausbruch des Krieges 1914 auf deutschem Gebiet. Wegen der herausragenden Bedeutung innerhalb des Festungsbauwesens wird seit einigen Jahren das Gelände unter musealen Aspekten hergerichtet und schon teilweise zugänglich gemacht.

ken. KW II wurde dem Gelände voll angepaßt, als man 1893 mit dem Bau des Ostforts begann und eine neue Epoche im deutschen Festungsbau einleitete. Ab 1895 entsteht das Westfort als im Grundriß gleichseitiges Dreieck, ein Unikum im deutschen Festungsbau. Als Erstmaligkeiten verzeichnen wir in der Feste KW II vier 15-cm-Panzerturmhaubitzen von 1893 sowie die strikte Trennung von infanteristischer und artilleristischer Verteidigung. Bei Ausbruch des I. Weltkrieges war KW II mit 252 ha Fläche die größte geschlossene Festungsanlage im deutschen Gebiet.

> »Das Eisen eignet sich, vermöge seiner Unverbrennlichkeit, Dauerhaftigkeit, Festigkeit und Zähigkeit ganz besonders als Constructionsmaterial der Kriegsbaukunst und wird in Bälde, nachdem es durch die Industrie – die mit demselben ihren ärgsten Feind, den Krieg, bekämpft – zu annehmbaren Preisen und in genügenden Qualitäten producirt werden kann – theils zum Ersatz von Holz, theils zur Erhöhung der Widerstandsfähigkeit einzelner Befestigungswerke, die ausgebreitetste Anwendung finden.«
>
> Piron, F. P. J.: Betrachtungen über die Anwendung des Eisens in der Kriegsbaukunst, Braunschweig 1863
>
> Der Übersetzer dieses Werkes des belgischen Geniecapitains Piron, der Hauptmann im Kgl. Bayer. Geniestab Ig. Körbling, kommentierte in seinem Vorwort: »Gleichwohl wie man genöthigt wurde, über den Mauerwerksbau den Stab zu brechen, so wird man seine Zuflucht zum Eisen nehmen, weil es das einzige Material ist, das denselben zu ersetzen im Stande ist, das durch Vauban in Frage gestellt wurde [gemeint ist Vaubans Angriffsmethode] und welches seine Nachfolger entweder nicht herzustellen verstanden oder wollten, wieder erzielen.«

Die Schießübungen von Jülich im September 1860 dokumentieren den Übergang vom glatten Vorderlader zum gezogenen Hinterlader. Vom Verfasser erschien dazu jüngst die Dokumentation: Schleifung einer Festung. Hier einige der äußerst seltenen Langgeschosse für die Rohre vom Typus C/61 aus der Sammlung Zitadelle Wesel. Foto: Hartwig Neumann. Es bedeuten: ① 5 kg, ⌀ 7,7 cm, Höhe 20,2 cm, mit Aufschlagzünder, gebraucht. ② 3,5 kg, ⌀ 7,7 cm, Höhe 17,4 cm, mit tempierbarem Zünder, ungebraucht. ③ 3,5 kg, ⌀ 8,6 cm, Höhe 20,5 cm, ohne Zünder, gebraucht. ④ wie 3, jedoch (am Bleihemd erkenntlich) nicht abgefeuert.

Schnitt durch den bedeckten und gepanzerten Geschützstand mit Minimalscharte nebst Speziallafette mit verstellbarem Schildzapfenlager »proportionirt« vom Kgl. preuß. Ing. Hauptmann Schumann für den Deutschen Bund, 1866 in Mainz einer Erprobung unterzogen. Reproduktion aus Hauptmann Sander: Zur Panzerfrage, Frankfurt a. M. 1866, Fig. II.
In einem Manuskript über die Mainzer Schießversuche heißt es: »Der [neue gepanzerte] Geschützstand hat im Allgemeinen den von ihm zu tragenden Erwartungen entsprochen und wird jedenfalls Geschütz und Bedienung erheblich besser decken als alle bisher üblichen und versuchten Geschützstände. Auf absolute Widerstandsfähigkeit gegen die Wirkung der feindlichen Geschosse macht natürlich auch der neue Schumannsche Stand keinen Anspruch, doch wird er nur mittels schwerer gezogener Kaliber, auf nahe Entfernung und durch einen bedeutenden Aufwand kostspieliger Munition zerstört werden können. Die ganze Eisenconstruction des Standes ist weit widerstandsfähiger als ein Granitbau ... Die Bombensicherheit der [Eisen-]Eindeckung ist bewiesen ...«

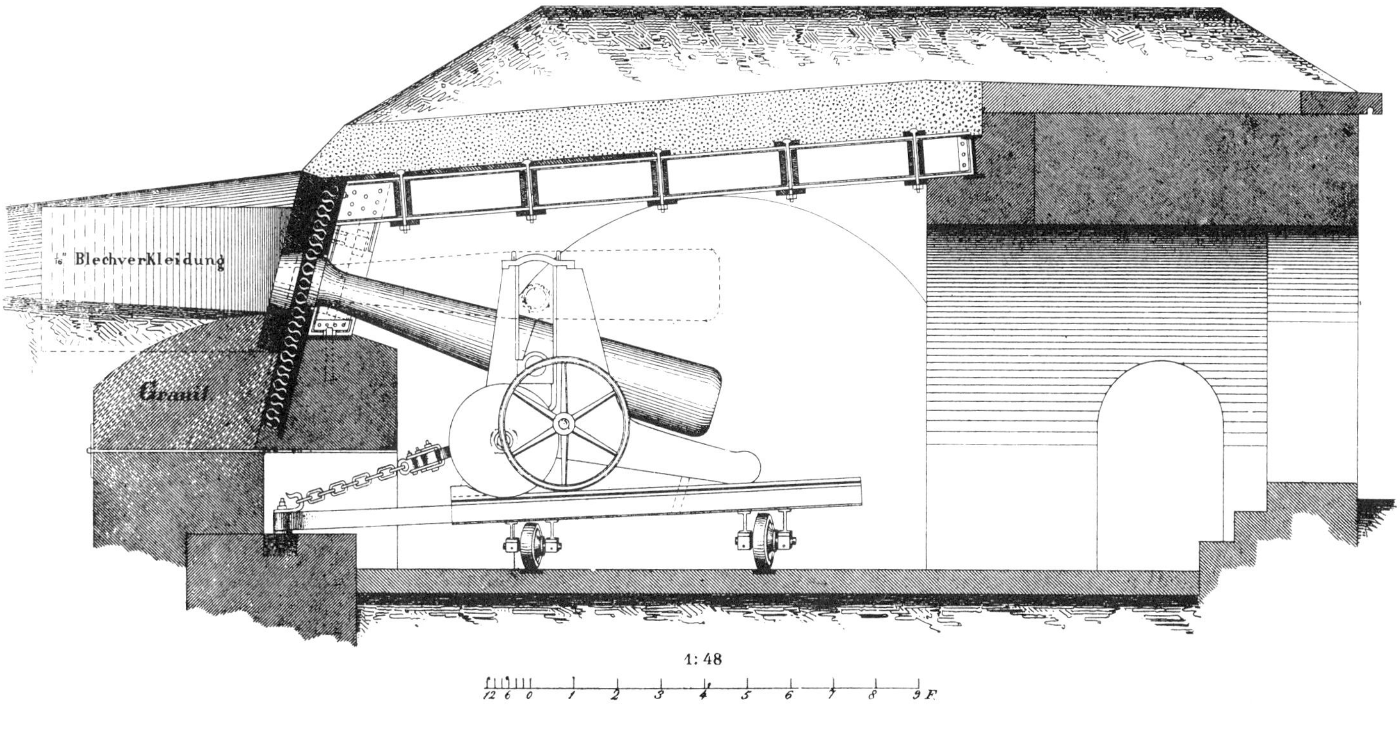

XVII. Festungsbau 1. Hälfte XX. Jahrhundert

1. Allgemeine Situation

Der I. Weltkrieg war ein unvorhergesehener Stellungskrieg, der mit neuartigen Waffen wie dem Maschinengewehr, dem Tank, schwersten Geschützen, Kampfgas und zuletzt der neuen Waffengattung bzw. Teilstreitkraft Luftwaffe geführt wurde. Im Verlaufe des Krieges kam es auch zu intensiven Belagerungen und Festungskämpfen. Erinnert sei an die Belagerungen der Festungen Verdun, Antwerpen, Lüttich. Der Verlauf des Krieges zeigte, daß die Waffensysteme der Artillerie gegen jede fortifikatorische Sicherung erfolgbringend eingesetzt werden konnten. Die Artillerie war übermächtig geworden in der jahrhundertelangen Auseinandersetzung zwischen Feuerwaffen auf der einen und Festungsbauten auf der anderen Seite. Motormörser wurden jetzt schlachtentscheidend eingesetzt. Eisenbahngeschütze feuerten über riesige Entfernungen in die Festungsbereiche. Die Materialschlachten ließen das Kriegsleid auf beiden Seiten unvorstellbar anwachsen. Schon vor Beginn des Krieges hatte man auf deutscher Seite bestehende Festungsanlagen modernisiert, wenn auch auf größere Neubauten verzichtet wurde. Als Beispiel sei Metz genannt, welches nach 1871 mit 17 Fortanlagen umgürtet wurde, die 1912 auf den neuesten Stand gebracht wurden (und von denen noch heute zahlreiche Relikte vorhanden sind). Neben den Festungsbauten entstanden mehr und mehr auch ausgesprochene Schutzbauten in zahlreichen Varianten gegen die mörderische Artillerie. Stahlbeton war der neue, alles versprechende Werkstoff des 20. Jahrhunderts für den Festungs- und bald auch Schutzraumbau. Material, Konstruktion und Funktion sind in Betonbauten weitgehend aufeinander abgestimmt. Sie haben ein monolithisches Erscheinungsbild, da Beton, als Gußmasse fließend verarbeitet, alle durch die Schalbretter vorgegebenen Formen einnimmt. Die artilleristisch-technischen Bauformen entsprechen klar den Werkstoffeigenschaften.

Trotz oder gerade wegen des Verlaufes des I. Weltkrieges verzichtete man in Europa auch nach Kriegsende nicht auf den Festungsbau. Von 1919 bis 1939 entstand die Maginot-Linie nach völlig neuen, jedoch schon wieder bald veralteten Vorstellungen einer Linienbefestigung ganz in Beton und zum großen Teil unterirdisch. Es entstand bzw. wurde weiter ausgebaut das sogenannte Schweizer Reduit, die Alpenstellung mit ihren riesigen unterirdischen Anlagen, die noch heute im Einsatz sind.

Der Versailler Vertrag von 1919 hatte dem Deutschen Reich die Festungen genommen. Die Anlagen wurden unter internationaler Kontrolle geschleift – nur wenige schon damals vorwiegend historischen Wert besitzende Anlagen bzw. Teile davon blieben unversehrt, so u. a. die Festung Ehrenbreitstein über Koblenz, die Fronte Beckers in Germersheim, die Fortanlagen um Ingolstadt und die noch zahlreichen Überreste von Festungen aus der Zeit der Bastionärsysteme. Schon während der Weimarer Republik umging man auf deutscher Seite das Befestigungsverbot durch planerische Vorbereitungen. Im deutschen Osten konnte man ganz offiziell ab 1931 mit dem Bau eines Befestigungssystems bei Königsberg, dem sogenannten Heilsberger Dreieck, beginnen, da ein stützpunktartiger Ausbau im Osten durch den Versailler Vertrag ausdrücklich genehmigt war. Der Ausbau des Oder-Warthe-Bogens setzte erst 1934 ein. Ein Jahr später entstanden in den deutschen Häfen der Kriegsmarine entsprechende Hafenbefestigungen und Hafenverteidigungsanlagen. Von 1935–1938 errichtete man die Wetterau-Main-Tauber-Stellung. Als ersten Versuch einer permanenten Westverteidigung des Reiches aber muß die Neckar-Enz-Stellung an den Ostufern der beiden Flüsse angesehen werden. Die Befestigungslinie, deren Konzept aus der Reichswehrzeit stammt, gelangte 1935–1938 über eine Länge von 86 km zur Ausführung. Der Ausbau geschah mit 438 Kampfständen und 32 Scheinanlagen in Beton. Die NES war als ständig verbunkerte Feldstellung im Sinne einer Sperrlinie gedacht und friedenszeitlich nicht armiert. Der von Adolf Hitler als »gigantischstes Befestigungswerk aller Zeiten« gefeierte Westwall (WW) entstand 1937–1939, nachdem deutsche Truppen im März 1936 in die entmilitarisierte Westzone, das Rheinland, widerspruchslos einmar-

schiert waren. Der Einsatz von Stahlbeton verlangte die Einführung der sogenannten Regelbautechnik und damit weitgehende Normierung der Werke und strenge Ökonomisierung der Arbeitsabläufe.
Für eine offensive Kampfführung unter Betonschutz entstand 1940–1944 der Atlantikwall (AW) über rund 2685 km Länge an Europas Nordküsten in Regelbauweise in bis dahin unvorstellbarer Organisation. An der Heimatfront nutzte man die Erfahrungen von WW und AW beim Bau oft riesiger Schutzanlagen für die Zivilbevölkerung, die militärischen Befehlsstellen und für gegen Luftangriffe empfindliche Rüstungsbetriebe.

Vertrag von Versailles 1919

Artikel 42
Es ist Deutschland untersagt, auf dem linken Ufer des Rheines und auf dem rechten Ufer westlich einer 50 km östlich des Flusses verlaufenden Linie Befestigungen beizubehalten oder anzulegen.

Artikel 180
Alle befestigten Anlagen, Festungen und festen Plätze zu Lande, die auf deutschem Gebiete westlich einer Linie, in 50 km Abstand östlich des Rheins liegen, werden abgerüstet und geschleift. Soweit die befestigten Anlagen, Festungen und festen Plätze zu Lande in dem von den alliierten und assoziierten Truppen nicht besetzten Gebiete liegen, sind sie binnen zwei Monaten nach Inkrafttreten des gegenwärtigen Vertrags abzurüsten und binnen einer weiteren Frist von vier Monaten zu schleifen. Soweit sie dem von den alliierten und assoziierten Truppen besetzten Gebiet liegen, setzt die alliierte Oberste Heeresleitung die Frist für die Abrüstung und Schleifung fest.
Die Anlage jeder neuen Befestigung, gleichviel welcher Art und Wichtigkeit, ist in der im ersten Absatz dieses Artikels bezeichneten Zone verboten…

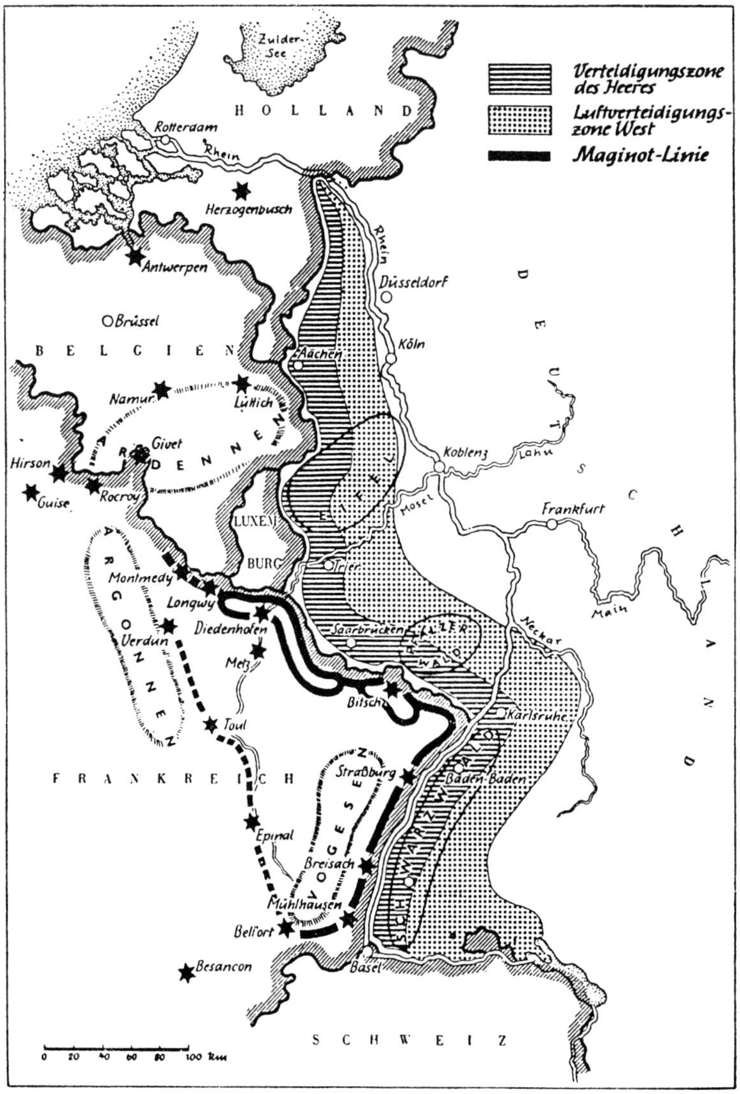

Maginot-Linie, Deutsche Luftverteidigungszone West und die Verteidigungszone der Wehrmacht (Westwall) im Jahr 1940. Reproduktion aus Josef Pöchlinger: Das Buch vom Westwall, Berlin/Leipzig 1940.

Höckerlinie des Westwalls bei Relais Königstein/Eifel. Foto: Friedrich Stark-Plata, Bildjournalist.

2. Der Westwall (WW)

Nach dem Einmarsch deutscher Truppen ins Rheinland am 7. Mai 1936 wurde sofort mit der Erkundung vor Ort, der Planung und bald auch dem Bau befestigter Bunkeranlagen für den WW begonnen. Das Konzept sah eine lineare Befestigung der deutschen Westgrenze von Basel bis Geilenkirchen vor. Strategischer Grund, der zum Bau führte, war ein möglicher Zweifrontenkrieg, nach dessen Ausbruch man zuerst im Osten offensiv vorgehen wollte und in dieser Phase eines Krieges der WW als temporäres Sperrsystem wirken sollte. Deshalb verlief er nahe der Grenzlinie, war jedoch stellenweise tief gestaffelt; ganz im Gegensatz zur Maginot-Linie (ML) bestand der WW jedoch aus einzelnen solitären, jedoch im Verband wirkenden Bunkerbauten, die unter Einbeziehung des natürlichen und auch künstlich geschaffenen Geländes mit

Planung	1934–1936
Bauzeit	1937–1939
Gesamtlänge	630 km
Tiefe	100 m – 10 km
Höckerlinie	280 km
Panzergräben	90 km
Zement	8 Mio. Tonnen
Eisen	1,2 Mio. Tonnen
Gesamtkosten ca. 3,5 Milliarden RM	
Arbeitsleistung von 400 000 Mann	

Hindernissen gebaut wurden. Verantwortlich waren die Festungspionierstäbe für die Sperrlinien und Bunkersysteme. Parallel zur WW-Zone lief ein breiter Korridor der Luftverteidigungszone West. Sie blieb im großen und ganzen ein Projekt, obwohl 1939 über 2000 Flak-Stellungen installiert waren, während im

Westwall. Höckerhindernisse. Im Vordergrund Teile eines Durchlasses. In die Nuten wurden zur Straßensperrung T-Träger eingelegt. Einige Kilometer dieser von den Amerikanern Dragoon-Teeth genannten und vom Landeskonservator als Teile einer Landwehranlage des 20. Jahrhunderts bezeichneten Linienbefestigung stehen mittlerweile unter Denkmalschutz. Foto: Archiv Adam Heumüller, Rohrbach.

Deutsches Schutzwall-Ehrenzeichen
Hitler stiftete am 2. August 1939 »zum sichtbaren Ausdruck seines Dankes und seiner Anerkennung für die Verdienste um die Anlage und Errichtung des deutschen Schutzwalls« dieses Ehrenzeichen. Das von R. Klein entworfene Zeichen in Bronze, später in Zink, wurde an einem braunen, durch zwei weiße Streifen eingefaßten, braun gesäumten Band auf der linken Brustseite getragen. Inschrift auf der Rückseite: FÜR ARBEIT ZUM SCHUTZE DEUTSCHLANDS. Vom Bau des Südostwalls 1944/45 wird berichtet, daß an die deutschen Schanzer meist nach zehn Wochen Schanzarbeit das Ehrenzeichen verliehen wurde. Es kam zu insgesamt 622 064 Verleihungen. Die zugehörige Urkunde war vorgedruckte Massenware. Originale: oben Hartwig Neumann, unten Klaus Zimmermann, Herzogenrath. Fotos: Hartwig Neumann.

WW allein bis Juli 1939 ca. 14 400 Kampfanlagen und Unterstände fertiggestellt wurden. Das entspricht rund 22 Betonbauten pro WW-Kilometer! Rund 10 Prozent der Bunker unterschiedlichster Bauarten sind noch mehr oder weniger gut erhalten. Man kann über 500 Bunkertypen unterscheiden. Eine Reihe von Regelbauten konnte man variieren. Die Anpassung an das Gelände vor Ort entschieden lokale Baustäbe, die Entwicklung aber und die Produktion vormontierter Teile geschah zentral gesteuert durch militärische und zivile Spezialbehörden. Zu der Gruppe der Kampfbunker rechnen u.a. Gruppenunterstände mit Kampfräumen, MG-Stände, MG-Bunker, Granatwerferbunker, kasemattierte Geschütze, Bunker mit 3- und 6-Schartenkuppeln aus Stahl, PAK-Bunker, Kfz-Unterstände, Beobachtungsbunker, Befehlsstände, Ringstände, Flammenwerferbunker, Mannschaftsunterstände. Panzertüren, MG-Schartenplatten in 60, 100, 200 mm Panzerstärke und Schartenkuppeln sowie Kleinstglocken kamen zum Einbau. Daneben gab es Sanitätsbunker und Magazine sowie zahlreiche Stollenanlagen. Auch Panzerwagentürme und Sonderbauten sind nachweisbar. Zwischen den Bunkerlinien gab es die Betonhöcker als Hindernislinie. Das Pionierprogramm Höckerlinie sah vier Höcker auf 7 m Breite und 0,5 x 0,5 bis 0,5 x 1,1 m und 0,4 bis 1,1 m hohe »Zähne« vor, das spätere Limesprogramm wurde geändert auf 6–7 Höcker auf 14 m Streifenbreite, 0,8 x 1,5 m bis 0,8 x 2 m Höhe. Das Pionierprogramm baute 90 km Höckerlinie aus, das Limesprogramm 70 km. Zwischen den Höckern gab es Pfahlhindernisse, Drehschrankensperren, Panzergräben von ca. 20 m Breite und 3,5 m Tiefe, Mauern, Minenfelder und andere pioniertechnische Vorbereitungen.

Westwall. B-Werk Besseringen

Oben: Teilansicht der Kehlseite während der Freilegung der Eingänge 1980, rechter Eingang mit danebenliegender Abluftöffnung, rechts unter der Eingangsüberdeckung Flankierungsanlage mit MG-Schartenplatte Typ 7P7.

Mitte: Blick in einen mit den B-Werktürmen identischen 6-Scharten-Panzerturm in Saarlouis. Die Sehrohrsäule für den Rundblick in der Mitte, rechts die beiden Lafetten für das MG 34.

Unten: Blick in die Kalotte eines ausgeräumten Panzerturmes mit zentraler Öffnung für das Rundblick-Fernrohr, darum farbige Schußfeldsektoren mit Numerierung. Die Kalotten waren meist mit Asbest ausgekleidet.

Fotos: B. Breves, Trier.

Blick in einen Unterkunftsraum eines B-Werkes im Westwall. Foto: Archiv Helmut Lauer, Zweibrücken.

Die Forderung nach Beschußsicherheit gegen Artilleriefeuer von 15–17 cm und Bomben wurde mit 70–140 cm dicken Eisenbetonwänden und einer Deckenstärke von 100–300 cm plus Erdaufwurf erfüllt. Schon im Mai 1938 hatte ein Führerbefehl den beschleunigten Aufbau in der Stärke B mit 1,50 m Wandstärken angeordnet. Im gleichen Jahr noch befahl Hitler eine weitere Beschleunigung für den unter der Tarnbezeichnung Limesprogramm geführten WW mit 2 m Wandstärke. Die Kampfanlagen besaßen aber kaum lafettierte Waffen. Sie sollten notfalls in Feldstellungen in den Zwischenräumen erst im Ernstfall postiert werden. Für das WW-Bunkersystem entwikkelte man zahlreiche technische Einrichtungen neu, so u. a. Pumpensysteme, den Bunkerofen, Fernsprech- und Nachrichtenübermittlungsgeräte. Seit 1933 ist General Otto-Wilhelm Förster Inspekteur der Pioniere und Festungen. Sein Mitarbeiterstab und die Organisation Todt/Baugruppe WW unter Oberleitung von Dr. Fritz Todt dirigierten die Großraumplanung und Bauausführung. Mit dem Sieg über Frankreich endete der beschleunigte Ausbau des WW, der damals noch nicht fertiggestellt war. Seine Urfunktion war durch die neue Lage überflüssig geworden. Keiner dachte damals auch nur an die Möglichkeit einer Verwendung als Rückzugslinie, wie das 1944 Wirklichkeit wurde. Die Anzahl der Bunker ist nie genau festgestellt worden. Exakte Zählungen vor Ort in den einzelnen Abschnitten sind unerläßlich, um die genauen Daten zu ermitteln. Nach H. Lauer z. B. besaß der Stadtkreis Zweibrücken allein 221 Bunker, und im zugehörigen Landkreis gab es nochmals 393 Bunker.

Der WW ist, militärisch gesehen, wenig effizient gewesen. Nach 1945 sprengte man systematisch die WW-Einrichtungen im Sinne einer Gefahrenbeseitigung meist durch Zuschütten, Sprengung, Teilvernichtung. Diese Maßnahmen waren sehr kostspielig und aus heutiger Sicht zumindest zum Teil sinnlos, wie ich bei der vergeblichen Rettungsaktion für wenigstens einen der vier Bunker bei Jülich als letzte Ausläufer des WW und Relikt einer langen fortifikatorischen Stadtgeschichte feststellen mußte. Eigentümer der Anlagen ist in den meisten Fällen die Bundesrepublik Deutschland. Zuständig für die Bunkervernichtungsaktionen sind die Landesfinanzverwaltungen. Sie haben bisher riesige Summen an Geld ausgegeben. Man spricht von Kosten für die Vernichtung eines Bunkers von 8000 bis 60000 DM. Abtragung und Einebnung müssen wohl eher politisch interpretiert werden. Die Bewältigung der düsteren Vergangenheit Deutschlands nach dem Grundsatz der totalen Vernichtung ohne zwingende andere Gründe ist sicher die falsche Methode. Um so verwunderlicher und erfreulicher zugleich war es, als in den letzten Jahren Meldungen über offizielle Schutzbemühungen durch die Landesdenkmalbehörden bekannt wurden und auch schon Erfolge erzielt werden konnten. Auch Relikte des WW als »deutsche Schreckgebilde und Bluff« (Rainer Pommerin) sind als Denkmäler für die Geschichte der Bürger unseres Landes wichtig, haben dokumentarischen Charakter, sind Zeugen der Ver-

Typical casemate, Typ 685. Unter dieser Bezeichnung druckte das US-Government Printing Office in Washington im März 1945 im Handbook on German Military Forces Grundriß und Profil dieses deutschen Bunkers ab. Der Inhalt von Chapter V: Fortifications and Defenses beruhte auf Erkenntnissen der Amerikaner, die bis zum 15. Februar 1945 der Auswertungsstelle vorlagen. Als restrected material may be given to any person known to be in the service of the United States and to persons of undoubted loyalty and discretion wurde dieses 1970 im Reprint erschienene Manual verteilt. Für die Forschung ist diese reich bebilderte Schrift eine noch weitgehend unbekannte Quelle.

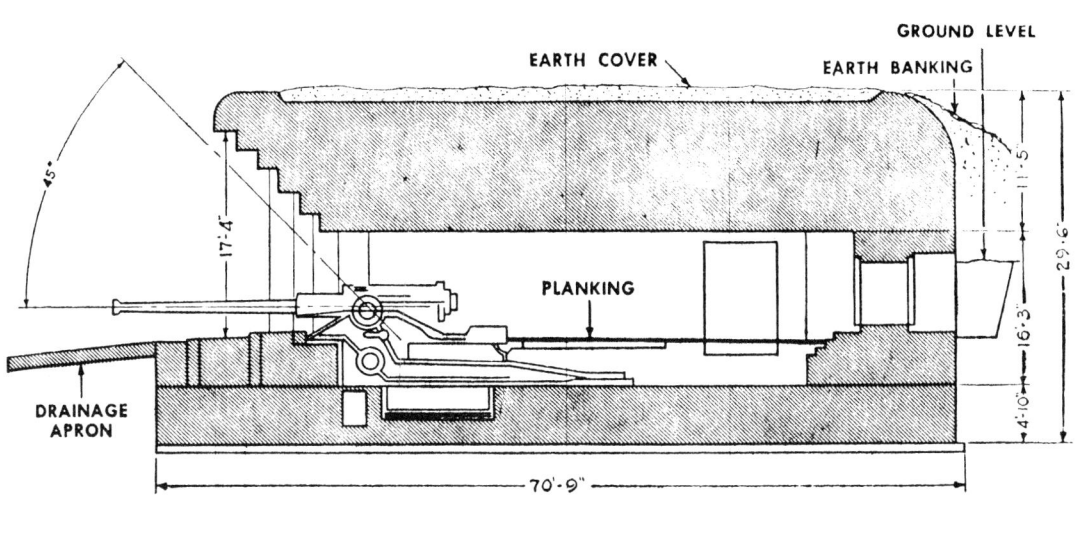

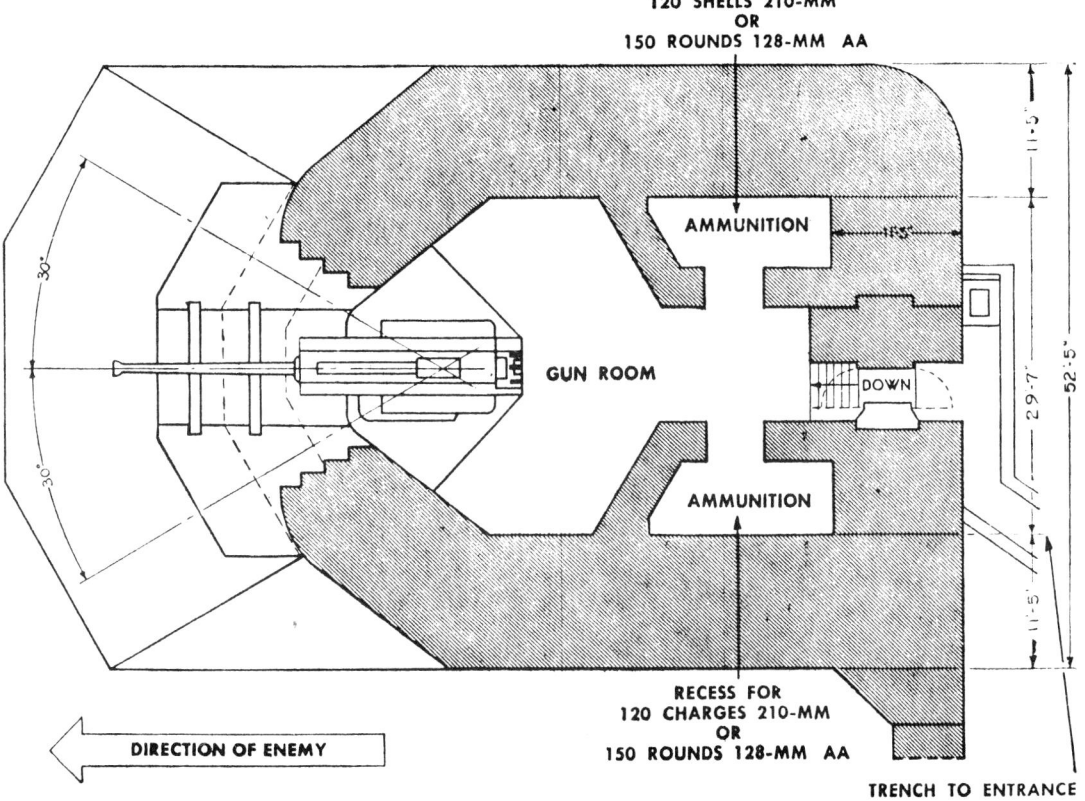

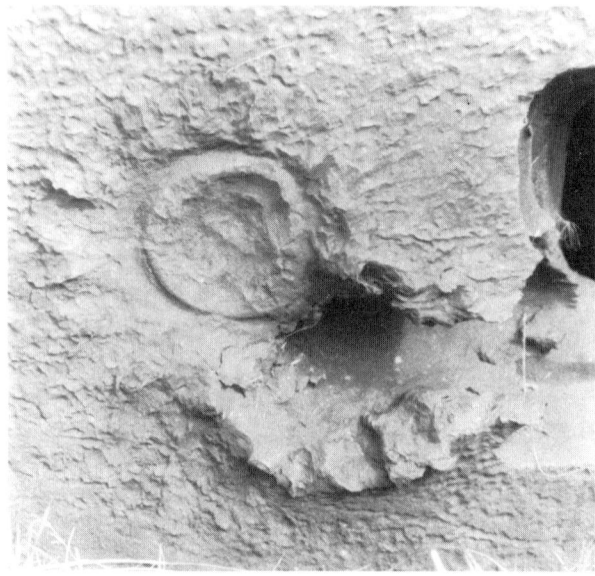

Westwall. 6-Scharten-Kuppel bei Blieskastel-Ziegelhütte
Regelbau 115 d in der Ausbaustufe A, d. h. bis 3,50 m Wand- und Deckenstärke. Die zwei Eingänge des doppelstöckigen Bunkers sind noch begehbar, ebenfalls die Bunkerräume einschließlich der inneren noch mit der originalen Asbestschicht versehenen Kuppel. Die Glocke war einst mit zwei MG 34 und einem 5-cm-Granatwerfer sowie einem Scheinwerfer für die Vorfeldbeleuchtung bestückt. 360° Sicht ermöglichte ein Rundblickfernrohr, welches in den sichtbaren Wulst im Scheitelpunkt der Kuppel eingesetzt wurde. Die Scharten sind vom seltenen Typus mit Abtreppungen. Die Kuppel wurde von den Amerikanern mit panzerbrechender Munition, sogenannten Wuchtgeschossen, vermutlich aus Kampfpanzern beschossen. An der Lage der Abpraller erkennt man, daß die Schartenzone das Ziel darstellten. Interessant ist der im Detailfoto erkennbare Steckschuß. Eine Granate von 76 mm ist dadurch, daß sie senkrecht auftraf, tief in die Stahlwandung eingedrungen, ohne sie jedoch zu durchschlagen. Die Zähigkeit des Stahls ist deutlich erkennbar. Das Geschoß steckt noch immer in der Glocke.
Fotos: Hartwig Neumann.

gangenheit – abgesehen von der weiter unten skizzierten Bedeutung heute und in Zukunft als ungestörtes Biotop für Flora und Fauna.

Neben den knappen Beständen der Militärhistorischen Museen in der Bundesrepublik Deutschland und den wesentlich besser bestückten Museen des benachbarten Auslandes sei hier auf zwei Museen hingewiesen, die noch weitgehend unbekannt, außerordentlich sehenswert sind:

1. Im Luftkurort Irrel befindet sich in einem der größten WW-Bunker ein schon geöffnetes WW-Museum im Ausbau. Es handelt sich um das dreigeschoßige Panzerwerk »Katzenkopf«, in dem allein 320000 Ztr. Zement verbaut wurden.
Auskunft: Verbandsgemeindeverwaltung, 5521 Irrel, Tel. 06525/846.
2. WW-Museum/Archiv A. Heumüller. Schloßmühle, 6741 Rohrbach bei Landau, Tel. 06349/8638. Diese Privatsammlung von seltensten Bau-, Ausrüstungs- und Versorgungsgegenständen der WW-Bunker, Schriftquellen 1935–1950, Soldatenzeug und Diasammlung ist sehr zu empfehlen.

Dr. Fritz Todt (1891–1942), 1933 Gen.-Inspektor für das deutsche Straßenwesen, zuletzt Minister für Bewaffnung und Munition. Er leitete den Bau der schon vor 1933 konzipierten Reichsautobahnen und des WW. Seine Organisation Todt (O.T.) war die größte zivile Arbeitsorganisation für militärische Infrastrukturbauten hinter der Front und in der Heimat. Reproduktion aus: Die Wehrmacht, hrsg. v. OKW, Nr. 5 (1942) zum Nachruf von O.T.-Kriegsberichter Werner Höfer.

> »Der Denkmalwert des Westwalls besteht zweifelsohne zunächst in seinem rein historischen Dokumentationscharakter für einen dunklen Abschnitt deutscher Geschichte. Daneben sollte aber auch seine architekturgeschichtliche Bedeutung für die Festungsbaukunst, die sich in die allgemeine Baukunst einordnen läßt, nicht unerwähnt bleiben.«
>
> Dr. Henriette Meynen, Stadtkonservator Köln

3. Der Atlantikwall (AW)

Der AW wurde von 1940 bis 1944 von der Organisation Todt (O.T.) gebaut, jedoch niemals vollendet. Er war weder ein unüberwindlicher Wall zum Schutz des von deutschen Truppen besetzten Europas, das haben die Vorgänge während der alliierten Invasion im Juni 1944 gezeigt, noch war er eine »Papierverteidigungslinie«, wie die baulich-technische, also die fortifikatorische Analyse dieser gigantischen Anlage ergibt. Auf 2685 km norwegischer, dänischer, deutscher, niederländischer, belgischer, französischer, auch britischer (Kanalinseln) Küstenstreifen lassen sich noch heute tausende großer und kleiner Bunkeranlagen und Sonderbauten auffinden. Einige Bauten werden noch genutzt, so die U-Boot-Bunker in La Rochelle und St. Nazaire. Der AW entstand in der militärischen Planung durch Heer, Luftwaffe und Marine mit jeweils spezifischem Bauprogramm, die sämtlich nach einer gewissen Anlaufzeit in das zentral erarbeitete Gesamtkonzept eingegangen sind. Der Kern des AW ging auf den Führerbefehl vom 16. Juli 1940 zurück. Hitler hatte 1940 die Errichtung von Großbatterien an der Straße von Calais befohlen: Marineküstenbatterie »Lindemann« mit drei Geschützen 40,6 cm, »Großer Kurfürst« mit vier Geschützen 28 cm, »Todt« vier Geschütze 38 cm, »Friedrich August«

Atlantikwall: Vom Nordkap bis zur spanischen Grenze 2685 km lang. Skizze aus: ARCH+ 1983.

drei Geschütze 30,5 cm, sämtliche Geschütze in Stahlbetonkasematten. Zu dieser Zeit entstanden auch die ersten fortifizierten U-Boot-Bunker mit bombensicheren Wartungs- und Versorgungsanlagen. Trotz des deutlichen Mißerfolges der Maginot-Linie wurde der AW als Linearbefestigung in Allbetontechnik und unter stärkster Normung und Standardisie-

Atlantikwall. 6-Scharten-Kuppel zur Batterie Ouistreham, Riva Bella, gehörig (6 x 15,5-cm-Geschütz). Die sandfarben gestrichene Kuppel findet man auf der Hafenmole. Foto: Hartwig Neumann.

rung (Regelbautechnik) gebaut. 20 Prozent der deutschen Zementproduktion und 5 Prozent der Stahlerzeugung gingen zu den bald immer zahlreicher werdenden Baustellen. Nach Aufgabe des Unternehmens »Seelöwe« (Invasion Englands) mußte man an den militärtechnischen Schutz der langen Küsten denken, entlang der flachen und steilen Küsten Stellungen errichten, die einer Gegeninvasion entgegenwirken sollten. Diese befestigte Küstenlinie ist für einen Angreifer von See aus die gefährlichste Zone, weil er bei der Landung am wehrlosesten ist. Die Baumaßnahmen liefen unter Kriegsbedingungen. Sie wurden durch die Royal Air Force empfindlich gestört. Schwerpunktsbereich des Ausbaus war die französische Atlantikküste und dort wiederum vorrangig der Streifen am Pas de Calais, der engsten Stelle des Kanals. Hier erwartete man die Invasion, hier sollte der Feind am empfindlichsten Teil seiner Operation unmittelbar während des Landevorgangs erfaßt, aufgehalten, zurückgedrängt und möglichst vernichtet werden. Damit war aus strategischen Gründen eine Linienbefestigung so nah wie möglich am Ufer vorgegeben. Es entstanden Bunker aller möglichen Bauarten für Geschütze, Mannschaften und Versorgung: Munitionsbunker, Gefechtsstände, Feuerleittürme, Bunker für das Eisenbahngeschütz, Sonderbauten für Radaranlagen, V1, V2, V3, Minengürtel, Strandhindernisse, Panzersperren usw. In Norwegen baute man sogar Torpedobunker an der unmittelbaren Wasserlinie. Die technischen und logistischen Probleme waren ungeheuer. Unter zunehmender Feindeinwirkung, später sogar bei totaler Luftüberlegenheit des Gegners, wurde ein Bauprogramm in bis dahin nicht gekannten Größenordnungen aufgenommen und mit allen zur Verfügung stehenden Mitteln eines totalitären Staates durchgesetzt.

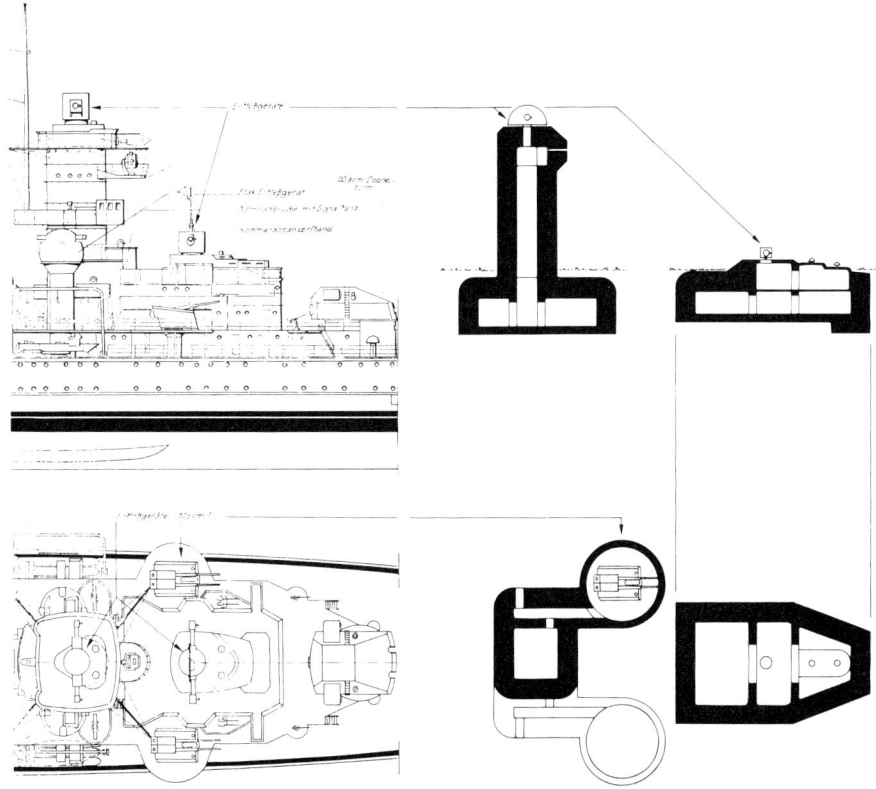

Der Anblick von zahlreichen Betonbauten der Kriegsmarine im AW, Küsten- und Flakbatterien, Leitstände u. a., erweckt im Betrachter Ähnlichkeitsassoziationen mit der Kriegsschiffarchitektur. Tatsächlich lassen sich Ähnlichkeiten in Grund- und Aufrißdisposition feststellen, wie hier in der Gegenüberstellung der Kommandobrücke des Kreuzers »Prinz Eugen« mit einem Hochleitstand, wie er in der Kanalbatterie »Oldenburg« anzutreffen ist. Auch anthropomorphe Strukturen lassen sich in AW-Bauten auffinden. Reproduktion aus R. Rolf: Het Duitse Fortificatie-ontwerp 1935–1945, Beetsterzwaag 1985, S. 86.

Der größte aller Bunker bei Eperlecques und auch der bei Wizernes für die »Vergeltungswaffe« V2 konnten niemals fertiggestellt werden – allerdings wegen ihrer konstruktiven Festigkeit auch nicht vom Bombenhagel durchschlagen werden. Behelfsanlagen feuerten immerhin insgesamt rund 3200 V2 ab. Obwohl man Standardisierung und Regelbautechnik für den AW von Anfang an festgesetzt hatte, entstanden doch immer wieder Probleme auf technischem Gebiet, die eine durchgehende Konsequenz baulicher und waffentechnischer Art störten. So ist bekannt, daß im AW die Festungspioniere Geschütze von 28 verschiedenen Kalibern zwischen 7,5 bis 40,6 cm aus zehn Herkunftsländern in gesicherte Stellungen bringen mußten – Mangel an normierten Geschützen.

»Je suis le plus grand bâtisseur de forteresses de tous les temps«, disait Hitler en plastronnant. »J'ai construit la Ligne Siegfried, j'ai construit le Mur de l'Atlantique... Mais ce Mur de l'Atlantique... s'imagine-t-on, les Alliés vont venir se casser le nez, n'existe que dans l'imagination d'Hitler, qui n'est jamais venu l'inspecter«, so schreibt R. W. Thompson in seinem Artikel: La Plus Grande Forteresse de Tous Les Temps, dem er dieses Foto beigab (Le Jour J 6 Juin 1944, Paris 1977). Auf diesem Propagandafoto der Batterie »Lindemann« (?) erkennt man die in der Betondecke einbetonierten Ringe für die Tarnnetze, die Abdeckplatte des Schartenausschnitts aus Stahl, die klappbare Panzerplatte über dem Panzerturm, den Vorpanzer. Solche Schwerstbatterien standen als Kernstücke der deutschen Küstenverteidigung in den Verteidigungssektoren Boulogne-sur-Mer, Gris-Netz und Calais. Es waren die Batterien »Friedrich August« 3 x 30,5-cm-Geschütze, »Todt« 4 x 38 cm, »Großer Kurfürst« 4 x 28 cm, »Lindemann« 3 x 40,6 cm, »Oldenburg« 2 x 24 cm. Foto: Bundesarchiv-Militärarchiv, Koblenz.

Atlantikwall. Marineküstenbatterien MKB 4/516 Dietl und 5/511 Trondenes in Norwegen. Reproduktion aus Rudi Rolf: Der Atlantikwall, Beetsterzwaag 1983, S. 125. Die beiden zur Artilleriegruppe Vagoy gehörigen Batterien waren mit 3 x 40,6 cm und 4 x 40,6 cm Rohren ausgestattet. Die Reichweite wird mit 56 km angegeben. Zur Betonstellung gehörten die kasemattierten Munitionsräume an der Rückseite des Geschützes. Zum Richten lag der Maschinenraum in einem tieferen Geschoß unterhalb eines Ganges, in dem die Ruheräume für die Mannschaften untergebracht waren. Raumfunktionen: 3 Bereitschaftsraum, 11 vier Munitionsräume, 12 vier Kartuschenräume, 21 Heizraum, 22 Lüftungsraum, 43 Maschinenraum, 58 Abort.

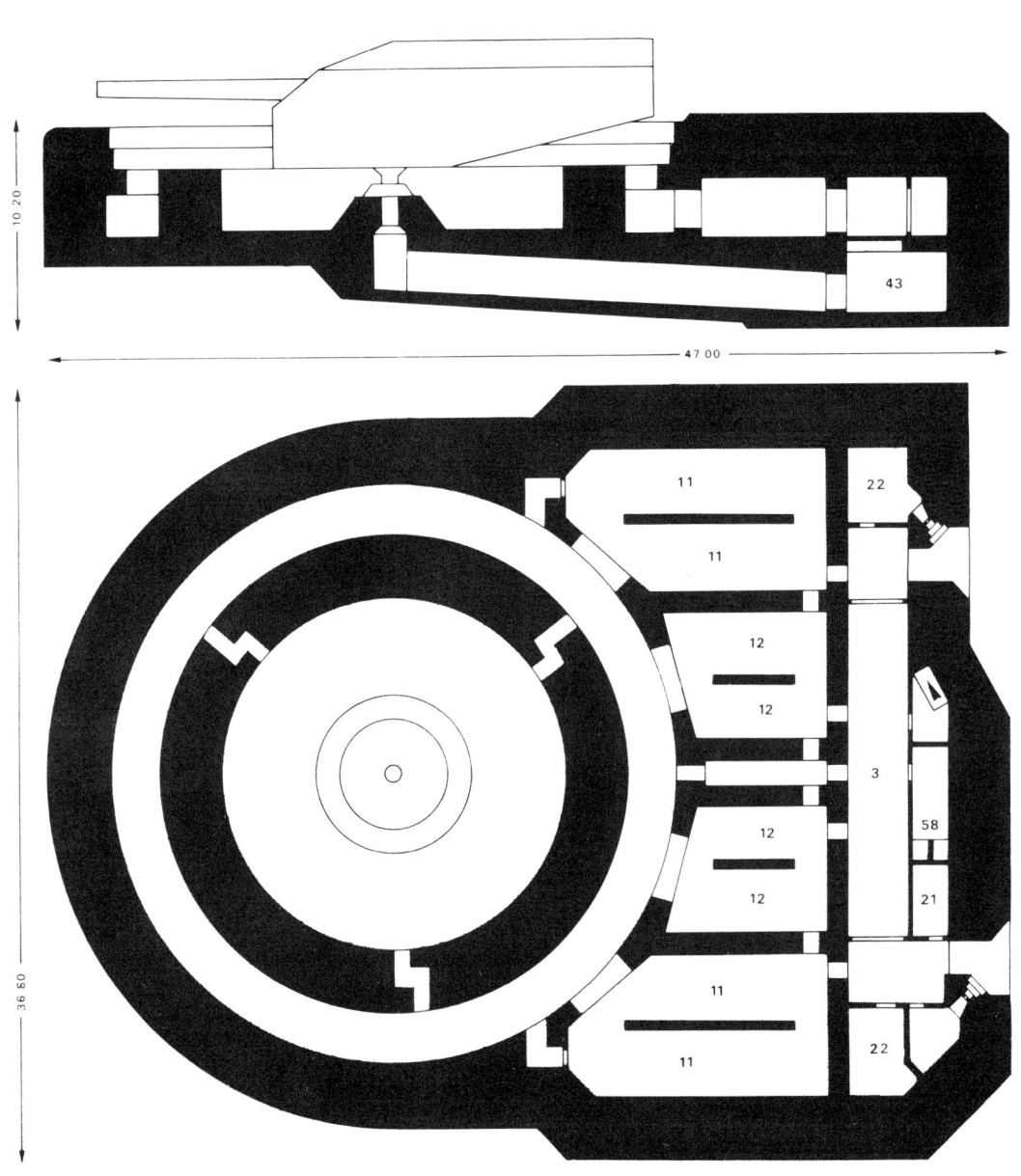

Der Feuerleitturm einer Batterie in Dunes d'Oye (Pas-de-Calais) in Vollbetonausführung ist aus Tarnungsgründen einem Kirchturm nachempfunden. Selbst die Sprengversuche nach Kriegsende haben den Turm nicht zum Kippen gebracht. Die eisernen Türen sind noch vorhanden. Foto: Hartwig Neumann.

Das Blockhaus von Eperlecques. Skizze des nicht erreichten maximalen Ausbauzustandes. Reproduktion aus: After the Battle.

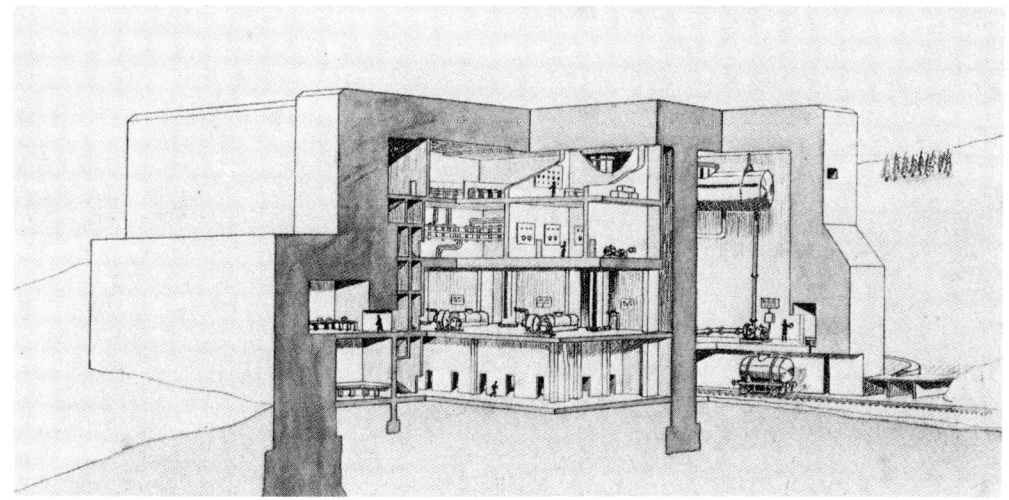

Blockhaus von Eperlecques
Der größte Bunkerbau des II. Weltkrieges entstand in der Nähe von Watten, ca. 25 km von der Küste bei Calais und 150 km von London entfernt. Er wurde auf Befehl Hitlers vom 27. März 1943 in Eile errichtet, um die »Vergeltungswaffe« V 2 zum Einsatz zu bringen. Diese Rakete mit Flüssigkeitsantrieb hatte eine Länge von 15 m, Durchmesser 1,60 m, Gewicht 14 t, Sprengstoff 1,5 t, maximale Flughöhe 85 km. Sie wurde in Peenemünde entwickelt und sollte hier ihre erste Operationsbasis erhalten. Abschußtische, Silos, Materiallager und eine Fabrik zur Herstellung von flüssigem Sauerstoff sowie Eisenbahnanschluß im Bunker waren konzipiert. Man verbaute 130 000 t Beton und 40 000 t Stahl, um einen Bunker von 140 m Länge, 50 m Breite, 22 m Höhe über Niveau und 60 m Tiefe zu erhalten. Über 35 000 Menschen arbeiteten oft unter heftigem Beschuß. Es wurde nie eine Rakete gestartet, weil die Dauerangriffe das verhinderten. Keine Bombe hat je die Decke durchschlagen, nicht einmal die vom Typ Tall-Boy mit 10 t, die die Royal Air Force nach dem Krieg zu Übungszwecken direkt auf den Bunker abgab. Heute ist im Gelände von Eperlecques ein viel besuchtes Memorial eingerichtet. Foto: Hartwig Neumann.

5 Reichsmark. Notgeld aus Zink der Organisation Todt auf Jersey, Guernsey und Alderney während des Festungsbaus. Foto: Hartwig Neumann.

Beobachtungskuppel aus Stahl eines Bunkers über Dieppe. Vollguß, ca. 70 cm hoch, für einen Kopf im Inneren Platz, 5 Beobachtungsscharten für den Rundblick auf Hafen, Stadt und Meer. Foto: Hartwig Neumann.

Umschlagseiten von Dienstbüchern der Organisation Todt und der Wehrmacht (Heer/Festungsbau). Die Dienstbücher dienten im Krieg als Personalausweise. In den Vorworten von Dr. Fritz Todt und Dr. Robert Ley wird neben den »Front=Soldaten« der »Front=Arbeiter« gestellt, dessen »Einsatzfreudigkeit für Führer und Volk unvergessen bleiben« soll. Fotos: Hartwig Neumann.

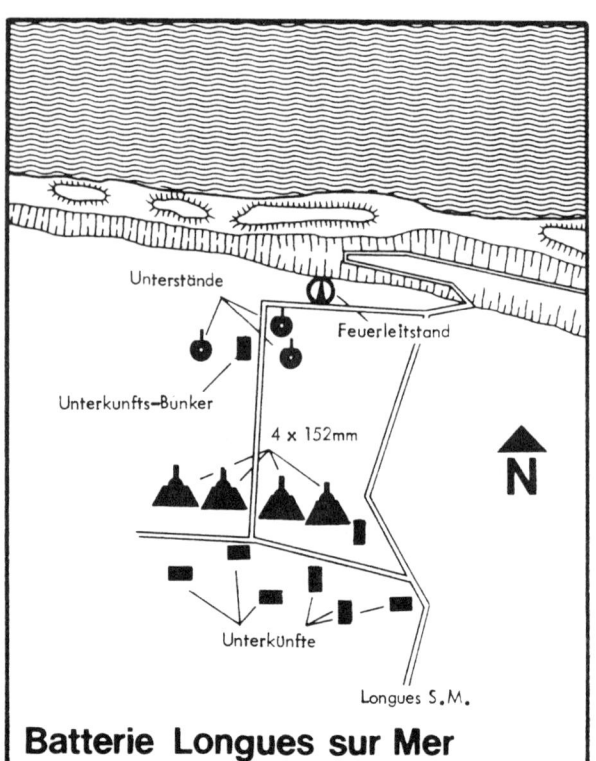

Marineküstenbatterie Longues sur Mer
65 m über dem Meeresspiegel an der Steilküste entstand ab September 1943 auf einem durch Minengürtel gesicherten Areal diese Stellung für 4 x 15.2-cm-Marinegeschütze in Bunkern mit Stahlpanzerung als Spitterschutz hinter 2–3 m dicken Eisenbetonwänden. Die Rohre hatten eine Schußfolge von sechs Granaten pro Minute und eine Reichweite von 22 km. Der nebenstehende Lageplan der Stellung zeigt den fast am Steilabfall stehenden zweistöckigen Beobachtungs- und Feuerleitstand als Bunker, dahinter landeinwärts Unterkünfte und Unterstände sowie die vier kasemattierten Geschütze. Als einzige Stellung in Frankreich sind noch zwei Rohre vor Ort, eines davon im Geschütz. Die Anlage ist frei zugänglich.
Fotos: Lageplan: Reproduktion aus R. H. Zimmermann: Atlantikwall, München 1982, S. 113. Der Feuerleitstand heute: Hartwig Neumann. Reproduktion aus Rémy Desquesnes: Le Mur de l'Atlantique en Normandie, Bayeux 1976, S. 92. 15.2-cm-Geschütz heute: Hartwig Neumann.

> Führerweisung Nr. 40 v. 23. 3. 1942
>
> »4. Kräftegliederung und Befestigungsbau sind so vorzunehmen, daß der Schwerpunkt der Verteidigung an den Küstenabschnitten liegt, die in erster Linie als Landeplätze des Feindes in Frage kommen (Befestigte Räume). Die übrigen Küstenabschnitte... müssen stützpunktartig gesichert werden... 6. Die befestigten Räume und Stützpunkte müssen durch Kräftebemessung, Ausbau (Rundumverteidigung) und Bevorratung in der Lage sein, sich längere Zeit auch gegenüber überlegenem Gegner zu halten. Befestigte Räume und Stützpunkte sind bis zum äußersten zu verteidigen. Niemals dürfen sie aus Mangel an Munition, Verpflegung oder Wasser zur Übergabe gezwungen werden können...«

Invasion 6.–18. Juni 1944 – Operation Overlord

In der Nacht vom 5. zum 6. Juni 1944 näherte sich unter dem Oberbefehl von General Eisenhower die bis dahin größte Seelandungs-Ansammlung von Truppen und Material in der Geschichte, die Invasionsarmee der Alliierten. 176475 Soldaten mit 20111 Fahrzeugen waren für den Tag X bereitgestellt: 1500 Sturmpanzer, 5000 Raupenkampffahrzeuge, 10500 Fahrzeuge vom Jeep bis zum Bulldozer. Der Großangriff war perfekt organisiert und gut geheimgehalten. Er traf die Deutschen auf dem Kontinent überraschend, obwohl der Geheimdienst die entsprechenden Erkenntnisse gehabt haben soll. An den Landestränden Sword Beach (brit.) bei Hermanville-Colleville, Juno Beach (canad.) bei Bernières-Courseulles, Gold Beach (brit.) bei Ver-Asnelles, Omaha Beach (amerik.) bei Colleville-Saint-Laurent, Utah Beach (amerik.) bei La Madeleine spielte sich nach der Schlacht von Stalingrad im Osten die kriegsentscheidende Schlacht im Westen ab. Der Verlauf der Kämpfe zeigte, daß eine erfolgreiche Abwehr weder im Küstenvorfeld noch unmittelbar am Strand geführt werden konnte. Die erdrückende Überzahl der Alliierten und ihre totale Beherrschung des Luftraumes einschließlich des Hinterlandes sowie »natürliche« Schwächen eines linearen Festungssystems, welches weder fertiggestellt noch voll armiert und mit Mannschaften versehen war, führten am 18. Juni zum Durchbruch auf allen Fronten. Operative Reserven gab es deutscherseits nur wenig, es war nichts mehr an Menschen und Material bereitzustellen. So mußten auch binnen weniger Tage die besonders in der Propaganda als Festungen deklarierten Verteidigungsbereiche besonderer Art an den Küsten Frankreichs, Belgiens und Hollands aufgegeben werden...

Heute vermittelt der AW selbst in seinen allerdings immer noch gewaltigen Überresten eine faszinierende einheitliche Architektur der funktionalen Ästhetik. Die Bau-, besonders die Formengeschichte der Kasematten, Beobachtungstürme, Ringstände, Stellungen in ihrer Originalität wird allerdings überwiegend im Ausland betrieben. Ein Blick in die Literaturliste zum AW zeigt das. In Frankreich hat sich eine regelrechte Schule der Bunker-Archäologie gebildet. Sogar der kunstgeschichtliche Ansatz ist in der Forschung bereits beschritten. Die Bunkerarchitektur des III. Reiches ist 1975 als Ausstellung mit großem Echo im Centre de Création Industrielle du Centre Georges-Pompidou eingezogen. Der AW gehört aber auch zur deutschen Festungsforschung. Unzweifelhaft geht von den nüchternen, kalten, sachlichen und geradezu bedrohlich wirkenden Betonbauten auch eine ästhetische Wirkung aus.

> »If this study serves to generate and stimulate the interest necessary to raise support for preservation of the finest and most significant remaining examples of German military architecture, then it will have been worthwhile.«
>
> Colin Partridge: Hitler's Atlantic Wall, Guernsey 1976, Schlußsatz

XVIII. Festungs- und Schutzbau nach dem II. Weltkrieg

1. Allgemeine Situation

Der Verlauf des II. Weltkrieges hat gezeigt, daß Festungsbauten sämtlicher Bauarten keine kriegsentscheidenden Vorteile erbracht hatten. Es scheiterten so berühmte Festungen wie Eben-Emael, die Westerplatte, die Maginot-Linie, Sewastopol und der Atlantikwall. Die Angriffswaffen waren dem permanenten Festungsbau stets weit überlegen. Trotz dieser Erfahrungen gibt es heute in Europa unterschiedlichste Ansichten zum Thema Festungsbau.

Die Bundesrepublik Deutschland verzichtete bei der Aufstellung der Bundeswehr auf Wehrbauten, nicht aber auf Schutzbauten für militärische und zivile Zwecke. Deshalb gab 1961 das Bundesministerium des Innern erste Gesetzesentwürfe für den Schutz der Bevölkerung im Kriegsfall heraus, darunter auch den Gesetzesentwurf über den zivilen Schutzbau. Sofort entbrannte eine heftige, noch andauernde Diskussion um Vor- und Nachteile eines Schutzbau-Programms. Die Bundesregierung fördert den privaten Schutzraumbau mit Zuschüssen, wenn er auch noch nicht obligatorisch ist. Nach Berechnungen der Deutschen Schutzbau-Gemeinschaft im Herbst 1986 gibt es für die rund 61 Mio. Bundesbürger im Falle einer zivilen oder militärischen »Atomkatastrophe« nur knapp 2,2 Mio. Schutzraumplätze. Das entspricht 3,5 Prozent. Die Schweiz führt mit 90 Prozent, Schweden folgt mit 75 Prozent und die Sowjetunion mit 50 Prozent. Der Zivilschutz in der Bundesrepublik hat es nicht leicht, die Menschen für den Schutzbunkerbau zu gewinnen. Das hat zahlreiche, hier nicht zu erörternde Gründe. Wegen der sehr hohen Kosten für Neuanlagen greift man überall da, wo noch Bunker in gutem Zustand aus dem Kriege vorhanden sind, nach diesen meist im Eigentum der Bundesrepublik stehenden Schutzbauten. So etwa gibt es in Trier für rund 13 000 Personen in solchen weiterverwendeten Bunkern Platz. Im Saarland existieren rund 500 unzerstörte Bunker aus der Kriegszeit, die zu modernen Schutzräumen »nachgerüstet« werden könnten – so die Meinung der Befürworter der Schutzraumidee. Bisher gibt es keine Aufstellung, wieviel Bunker in den deutschen Städten vorhanden sind. Man staunt, wenn man Zahlen erfährt. So gibt es im Gebiet der Stadt Hannover noch 34 Hochbunker mit insgesamt 40 000 Schutzplätzen. Diese Bauwerke stammen alle aus der Zeit 1941–1944. Das Amt für Zivilschutz in Hannover teilte mit: »Alle vorgenannten Schutzbauten müssen nach den Bestimmungen des Schutzbaugesetzes für Zivilschutzzwecke vorgehalten werden. Soweit möglich, werden die Gebäude aber derzeit auch friedensmäßig genutzt, in der Hauptsache von Musikgruppen für Übungszwecke oder auch als Lagerräume« (Mitteilung v. 27. 3. 1985 a. d. Verf.). Im Stadtgebiet Aachen sind sämtliche ca. 15 Luftschutzbunker erhalten ... Die Geschichte dieser Bunkerbauten, die ab 1940 im Reich entstanden und in vielfältigen Formen, darunter zahlreichen Hochbunkern und Spitzbunkern, vorkommen, ist noch nicht geschrieben.

Ebenfalls zum Zivilschutz kann man den umstrittenen sogenannten Regierungsbunker in der Eifel rechnen. Über diese ausgedehnte unterirdische Anlage ist nur wenig bekannt; einige Zugänge kann man sogar ungestört besichtigen. Ob dieser in Ausbau und besonders im Unterhalt riesige Geldsummen verschlingende Bunkerbau die Forderungen nach Widerstandsfähigkeit gegen die Zerstörungsversuche eines Angreifers auf allen Stufen der theoretischen Eskalationsleiter aufweist, ist vermutlich selbst den Erbauern nicht klar. Der Regierungsbunker in der Eifel aber ist unbewaffnet und nicht für eine aktive Verteidigung vorgesehen. Das östliche Pendant zum Regierungsbunker in der Eifel befindet sich in einem Waldgebiet von Harnekop und Wriezen südlich von Bad Freienwalde in der DDR. Dort gibt es zwei Bunker in 60–70 m Tiefe mit angeblich 12 m dicken Wänden. Die Grundplatte soll federnd gelagert sein. Die im Volksmund »Honeckers Wolfsschanze« genannte Bunkeranlage ist den »politischen und militärischen Führern der Arbeiterklasse« vorbehalten und soll für 2–3 Jahre autark sein können. In der DDR hat man auch auf Festungsbauten verzichtet. Ein Luftschutzprogramm ist offenbar aus finanziellen Gründen nicht aktuell. Die Militärs verzichten aber ebenso wenig wie ihre westlichen Kollegen auf Verbunkerung der Militärtechnik. Die Groß-

269

bunker auf dem Flughafen Falkenberg östlich Torgau und die Wiederbenutzung der ehemaligen NS-Kavernen in den Felsen von Großeutersdorf, die heute angeblich unterirdisch bis fast nach Weimar reichen sollen, kann jeder Reisende im Vorbeifahren erkennen. Ein Bunker mit Panzerbeobachtungsglocke steht am Eingang des sowjetischen Kampfhubschrauberplatzes Nohra bei Weimar. Zwar ist die Treffgenauigkeit der meisten Waffensysteme in den letzten Jahren enorm gestiegen – so soll der Streukreis der Interkontinentalraketen nur noch wenige Meter betragen –, doch werden weiter in Ost und West militärische Befehlszentralen, Waffensilos, Rechenanlagen permanent verbunkert. Jüngstes, sehr umstrittenes Beispiel ist der im Bau befindliche Großbunker bei Linnich für die Zweite Alliierte Taktische Luftflotte der NATO in Glimbach. In 40 m Tiefe wird, in einen Stahlbetonmantel eingehüllt, die 150 Millionen DM teure Kommando-Zentrale für 200–300 Mann Personal gebaut, »um vernünftig auf eine schnelle Bedrohung aus der Luft reagieren zu können«. Hier kommen bald Frühwarnsysteme zum Einsatz und Koordinierungsstäbe der NATO-Flugzeuge und -Raketen.

Über die heutige Situation des Festungsbauwesens in den anderen europäischen Ländern ist wenig bekannt, nur spärlichste Publikationen liegen vor. Zu den Ländern, die nach dem II. Weltkrieg auf den Festungsbau nicht verzichteten, gehören Schweden, Norwegen, Österreich, Italien und besonders die Schweiz. Auch die Sowjetunion hat – so ergaben die Analysen der Satellitenluftbilder und Spionageberichte – ausgedehnte ober- und unterirdisch verbunkerte Waffensysteme in großer Zahl. Über Schweden ist bekannt, daß dort modernste Panzertürme unterhalten werden, die auch gegen atomar und chemisch geführte Angriffe gesichert sein sollen. In Österreich gibt es zahlreiche geheime Sperrbefestigungen. Die Besatzung wird im Ernstfall aus den Heimattruppen der Territorialverteidigung gezogen. Einzig die Schweiz hat hier und da ihr Geheimnis um die Landesbefestigung gelüftet, wie ein Blick in die Literaturliste zeigt. Die schweizerische Armee verfügt heute über moderne Festungsanlagen mit Artillerieforts, Infanterieforts, Bunkern und kasemattierten Geschützsystemen, Festungsminenwerfern unter Panzerglocken, drehbare Panzertürme usw. sowie pioniertechnisch vorbereitete Einrichtungen in Form von Sperranlagen und den ABC-sicheren Schutzbauten für Befehlsstände, Übermittlungsanlagen, Depots usw. Noch heute ist die Alpenfestung mit dem sogenannten Reduit-Konzept als wichtigste Verteidigungsmaxime der Schweiz das Rückgrat des Landesverteidigungsplanes. Es gilt der Grundsatz, daß der Besitz des Hochgebirges über den Zugriff zur gesamten Schweiz verfügt. Die fortifikatorischen Anlagen häufen sich im Limmat- und Aaretal. Mittelpunkt ist die Gotthard-Festung. Die Schweiz verfügt über ein »Bundesamt für Genie und Festungen«. Das »Festungswachtkorps« ist für die Bewachung der Werke und für deren Besetzung im Ernstfall bis zum Eintreffen der regulären Truppen verantwortlich. Es bestehen »Festungstruppen« neben den »Kampftruppen«. An der Technischen Hochschule Zürich unterhält die Schweiz ein »Forschungsinstitut für militärische Bautechnik (FMB)«.

Regierungsbunker in der Eifel. Blick auf betonierte, mit Gasschleusen versehene Zugänge oberhalb von Marienthal/Ahr. Fotos: Hartwig Neumann, 1986.

271

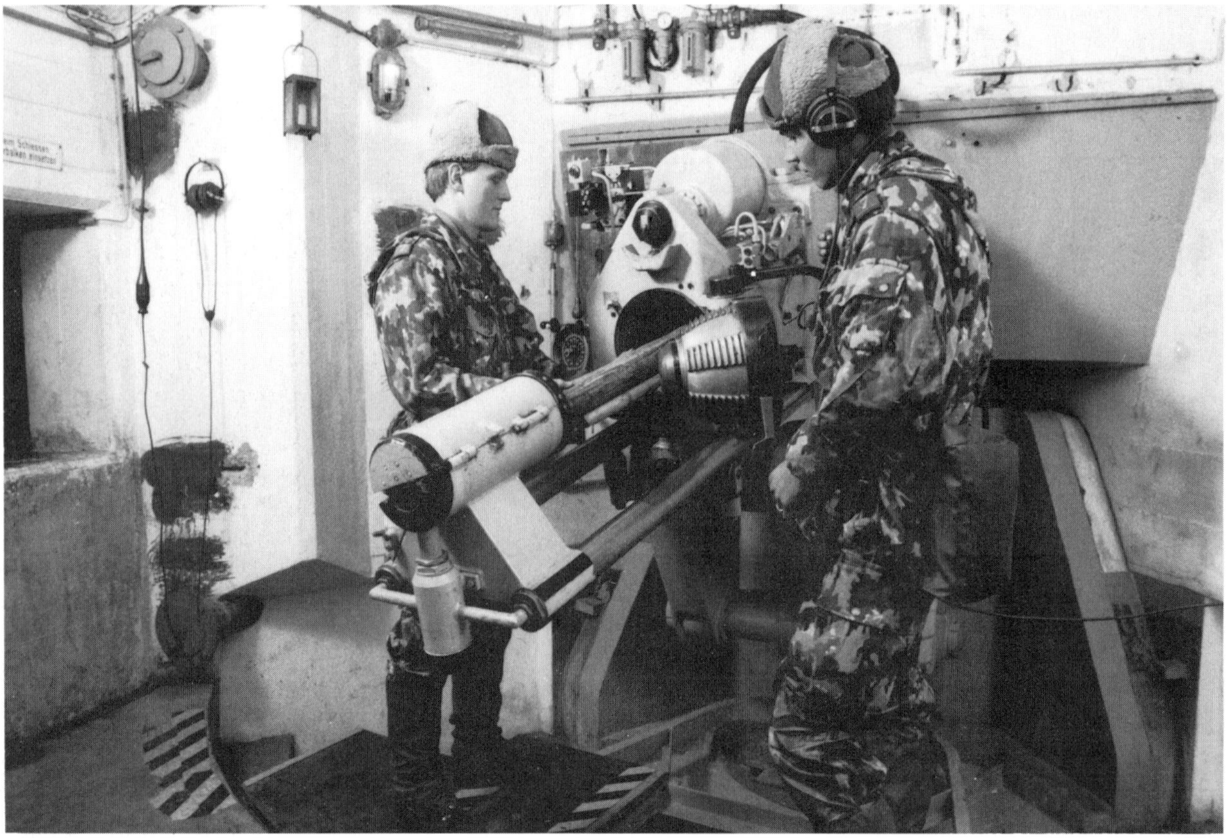

»Dienst im Fels«. Eines der zahlreichen Festungsartilleriegeschütze in getarnter Betonkasematte im Schweizer Reduit und die zugehörigen Kanoniere. Die Schweiz unterhält das Festungswachtkorps und die Festungstruppen. Fotos: Armeefotodienst Bern.

Straßensperre, bestehend aus einer Betonhöckerlinie, in Gebenstorf/Schweiz, von 1939/40. Diesem Bautypus begegnet man in der Schweiz an Ausfallstraßen und in Tälern noch sehr oft. Die Sperren sind als Höckerlinie vom Westwall bekannt. Auch in Südengland habe ich Reste solcher Anlagen gesehen. In der Schweiz allerdings sind sie Teil der heutigen Verteidigungsanstrengungen. Ihre modernen Verlängerungen in die Verkehrswegebereiche hinein bzw. darüber hinweg erkennt der Spezialist als Stecksperren.

Im »Schweizer Soldat«, Nr. 2 (1987), erschien ein grundlegender Aufsatz über die Zukunft der schweizerischen Festungen. Der Waffenchef der Genie- und Festungstruppen, Divisionär Rolf Siegenthaler, begründet die notwendige Erneuerung der Festungen als eine vordringliche Aufgabe und teilt mit, daß gegenwärtig Studien über die Entwicklung modernster Bautypen von Artillerie- und Infanteriewerken bis etwa ins Jahr 2010 im Gange sind! Die dem Aufsatz entnommene nebenstehende Abbildung zeigt im maßstäblichen Vergleich die stark reduzierte Werkgröße bei gleicher Feuerkraft von 1940 und heute. Das neue Konzept sieht auch die Reduktion der Mannschaften statt bisher 30–120 Mann/Rohr auf 15–30 Mann/Rohr vor.

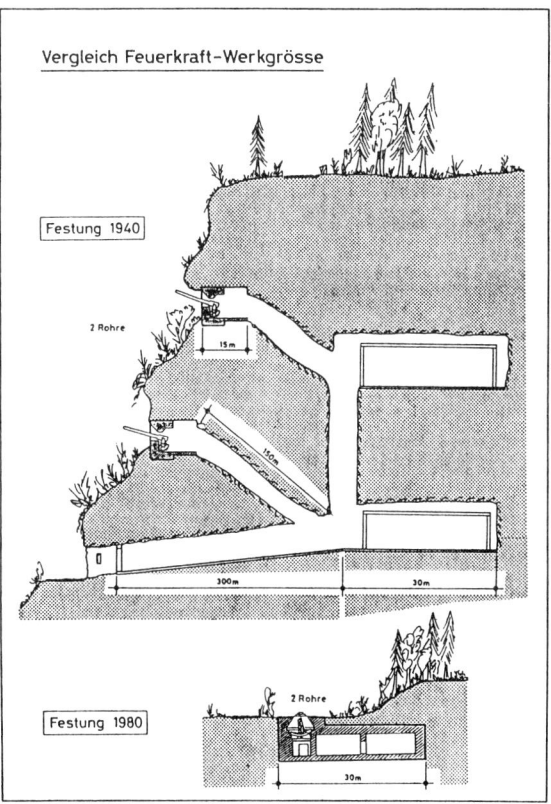

»Nicht zu unterschätzen ist die Abschreckungswirkung einer wirksamen Landesbefestigung. Der Gegner muß wissen, daß er sich in der Schweiz nicht ungestört bewegen kann, daß wichtige Brücken und Tunnels von Straßen und Eisenbahnlinien zerstört würden, bevor er sie erreicht hätte. Die Festungen sind das unberechenbare Rückgrat der schweizerischen ›Strategie des hohen Eintrittspreises‹«.

Karl Lüönd: Wehrhafte Schweiz, Zürich/München o. J., S. 87.

Schweden verzichtet auch heute nicht auf Festungsbauten. Hier der Blick in die »Unterwelt« einer Küstenbefestigung, von der nur der Panzerturm mit dem Vorpanzer aus der Erde ragt. Unterirdisch liegen die Munitions- und Versorgungsräume, sämtlich mit ABC-Schutz ausgerüstet, tief im Felsen. Foto: Information für die Truppe, Nr. 8 (1985).

2. Sonderfall: »Staatsgrenze West« und »Antifaschistischer Schutzwall« – Zonengrenze und Berliner Mauer

Die Linienbefestigung entlang der Demarkationslinie durch Deutschland und um Berlin (West) aus der 2. Hälfte des 20. Jh. hat eine bau- und pioniertechnische Charakteristik, die ihr eine Sonderstellung in der Geschichte des Befestigungsbauwesens gibt – das gesamte Sperrsystem ist nicht »feindwärts«, feldseitig, nach außen gerichtet, sondern klar in die eigene Richtung orientiert. Damit widerspricht die Realität der DDR-Staatspropaganda, die Staatsgrenze West sei einzig zur Abwehr des »Klassenfeindes« da. Sie sei ein antifaschistischer Schutzwall, dessen letzte Lücke in Berlin am 13. August 1961 geschlossen werden mußte, weil – so die DDR – »Begründung« – »der Imperialismus der BRD die DDR durch eine ›Polizeiaktion‹ liquidieren« wollte. Oberste Maxime für alle Grenzsicherungseinrichtungen ist die Verhinderung jeder Flucht nach Westen notfalls unter Einsatz tödlich wirkender Waffensysteme gegen unbewaffnete, wehrlose Menschen des eigenen Machtbereiches. Die Staatsgrenze West und die Mauer um Berlin (West) haben mit den Sicherungseinrichtungen von Zuchthäusern und Konzentrationslagern grundsätzliche Gemeinsamkeiten. Ideologisch beruht das System auf Abschreckung. Es widerspricht nicht nur der UNO-Charta für Menschenrechte, sondern zahlreichen, auch durch die DDR-Regierung unterzeichneten Deklarationen und Verträgen internationaler Art. Der militärisch strukturierte und kostenintensive Apparat der Grenzsicherung soll zu jeder Zeit und an jedem Grenzort die in der DDR als Staatsverbrechen eingestufte »Republikflucht« zum »Klassenfeind« verhindern. Die Abschreckung beginnt mit der Androhung drakonischer Strafen bei der bloßen Vorbereitung einer Flucht und endet beim gezielten Todesschuß auf Grund eines bei der täglichen Vergatterung nur mündlich an die Grenzsoldaten ausgegebenen Schießbefehls.

Heute ist das Grenzsystem der DDR gegen den Westen so sicher, daß nur noch vereinzelt Menschen den Durchbruch wagen bzw. schaffen. Das Regime muß sich auf diese Weise eine befestigte Existenz erzwingen, denn ohne befestigte Grenze gäbe es keine SED-Diktatur.

Die künstliche Trennungslinie tauchte als erste Markierung im Londoner Protokoll vom 12. 9. 1944 auf, als die zukünftigen Siegermächte den Demarkationsverlauf entlang den bis 1945 bestehenden Landes- und Provinzgrenzen von der Lübecker Bucht bis zur Elbe und von dort an den Grenzverläufen von Mecklenburg, Sachsen-Anhalt, Thüringen und Sachsen bis zur deutsch-tschechoslowakischen Grenze bei Hof im Sinne einer reinen Verwaltungsgrenze beschlossen*.

Mauer und Zonengrenze in Zahlen
(Angaben für 1985)

Berlin: Das DDR-Grenzsicherungssystem

Umfang der westlichen Sektoren	162,2 km
davon 45,9 km Sektorengrenze	
Enklaven	3,5 km
	165,7 km
Betonplattenmauer in Grenznähe	111,6 km
Betonplattenmauer grenzfern	40,0 km
Kontakt- u. Signalzaun	124,9 km
Hundelaufanlagen 80–100 m Länge	258
Erdbunker	52
KFZ-Sperrgräben	108,0 km
Kolonnenweg	124,0 km

Bundesrepublik Deutschland:
Das DDR-Grenzsicherungssystem

Länge der Demarkationslinie von Hof – Lübecker Bucht	1378,1 km
Seegrenze	14,9 km
	1393,0 km
Metallgitterzaun	1278,4 km
Schutzstreifenzaun	1193,8 km
davon modifiziert	650,9 km
Betonsperrmauer	29,7 km
KFZ-Sperrgräben	837,7 km
davon befestigt	589,5 km
Kolonnenweg	1400,8 km
davon befestigt	1309,5 km
Lichtsperren	245,0 km
Hundelaufanlagen mit 1429 Hunden	128,2 km
Erdbunker	751
davon aus Betonfertigteilen	552
Beobachtungstürme	702
davon aus Beton	664
Tiefe der Sperrzone	5 km

* Die Grenzsperranlagen der CSSR gegen die Bundesrepublik Deutschland haben heute eine Länge von 356,5 km. Sie sind ähnlich aufgebaut wie die Grenzanlagen der DDR gegen Westen, jedoch hat es hier niemals Minenfelder oder Tötungsautomaten gegeben. Doppelter Sperrzaun 313 km, Kolonnenweg 538 km, davon 240 km befestigt, Beobachtungsbunker 42, Beobachtungstürme 324, Hinterlandzaun und Sicherungen (Angaben von 1986).

Die Sowjets verlangten zum 30. 6. 1946 erstmals die Sperrung. Ab 1948 kamen die Angehörigen der Kasernierten Volkspolizei (KVP), Vorläufer der Nationalen Volksarmee der DDR (NVA), zum Grenzeinsatz. War diese Linie zwischen den beiden entstehenden »Deutschlands« anfangs nur ein Stacheldrahtverhau, so wurde sie Jahr um Jahr entsprechend den zunehmenden Repressionen gegen die Bevölkerung in der SBZ bzw. später der DDR und der dadurch verursachten Zunahme von Fluchtversuchen immer undurchlässiger, fester. Am 26. 5. 1952 leitete das Ministerium für Staatssicherheit auf Grund einer Verordnung die völlige Abriegelung nach Westen ein. Seither wird an den bautechnischen und pioniertechnischen Einrichtungen der Grenzbefestigungen modifiziert. So kann man u. a. in Berlin heute die Mauer in der 4. Generation mit einer Gesamthöhe von 4,20 m nachweisen. Die nebenstehende Schnittzeichnung durch das Grenzgebiet zeigt schematisch den gestaffelten Aufbau des insgesamt über 5 km tiefen Geländestreifens östlich der Demarkationslinie. Heute ist der wichtigste Teil der 3,20 m hohe Grenzsicherungszaun (GSZ). Betonplatten verhindern ein Untergraben. Der Metallgitterzaun aus Streckmetall ist teilweise verzinkt oder mit Bitumen gestrichen, die Gitter rautenförmig so gestanzt und aufgebogen, daß sich scharfe Kanten ergeben. Segmente von 3 x 1,20 m sind in mehreren Lagen übereinander verschraubt, wobei die Verschraubungen meist auf westlicher Seite liegen. 28 Signaldrähte in regelmäßigen Abständen zwischen Erde und Zaunoberkante und je vier V-förmige zum Osten schräg sitzende Abweiser leiten einen umschaltbaren Strom von 24 oder 60 Volt. Bei Berührung ergibt das akustischen und optischen Alarm in der nächsten Grenzführungsstelle. Der seit 1984 ausgebaute GSZ wurde stets modifiziert und besonders da, wo das Minenfeld und die Tötungsautomaten bis 30. November 1984 abgebaut wurden, neu errichtet. Er dürfte zu Beginn des Jahres 1987 auf der Gesamtlänge der Grenze fertiggestellt sein. Bis 1. November 1985 waren alle Minenfelder abgebaut, darunter auch die schon bei einem Druck von 8 kg detonierbaren Tretminen, die in Reihen verlegt waren. Das Minenfeld hatte eine maximale Länge von 799 km erreicht. Heute gibt es keine »technischen Explosivmittel« mehr an der Grenze. Der weltweite Protest und die Bilder von zerschossenen Menschen war für die DDR-Regierung unerträglich geworden. Elektrik und

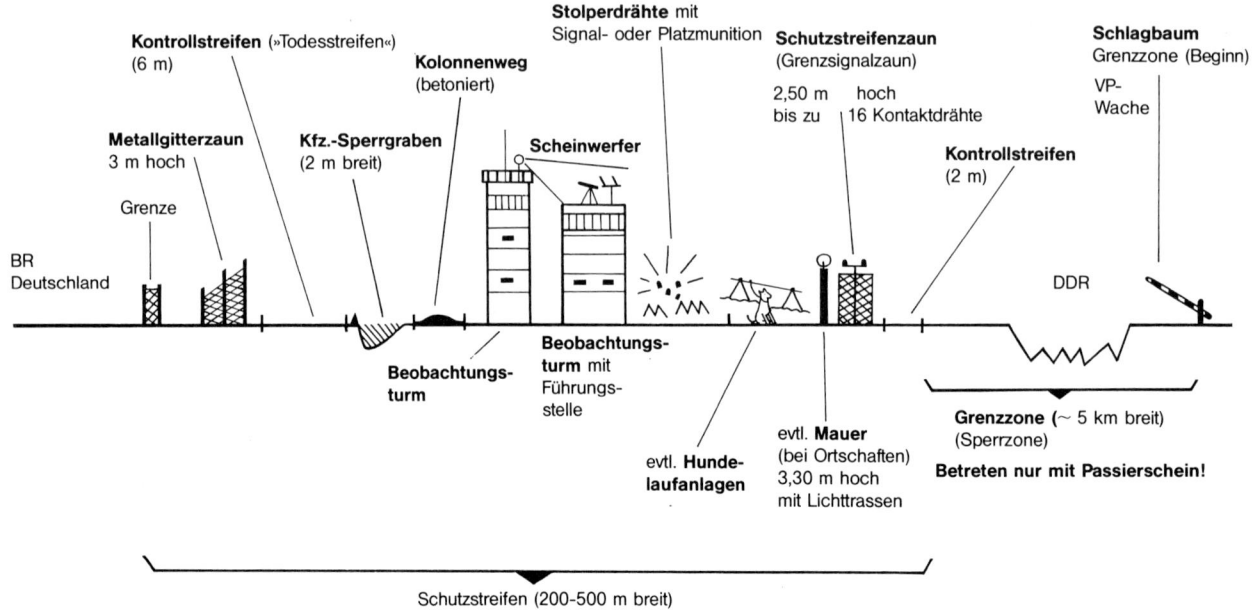

Befestigungsstreifen der DDR entlang der innerdeutschen Grenze im Schnitt. Reproduktion aus P. J. Lapp: Frontdienst im Frieden – Die Grenztruppen der DDR, Koblenz 1986, S. 273.

Elektronik aber haben die Grenze inzwischen noch undurchlässiger gemacht. Ab Mitte 1982 wurde der ca. 500 m vom Grenzverlauf gezogene Schutzstreifenzaun (SSZ) modifiziert. Es gibt mehrere Varianten, die sämtlich in eigener Richtung Alarmdrahtbestückung aufweisen. Die Grenzsoldaten wurden mehr und mehr in diese Zone verlegt, während an der vordersten Linie, also »feindwärts«, unmittelbar am von 1973 bis 1978 durch eine gemeinsame Grenzkommission geprüften, kartierten und im Gelände markierten Grenzlinie Grenzaufklärer in stets geänderter Postenpaarung ihren Dienst tun. Hier gilt bei Fahnenflucht der sofortige gezielte Schuß. Das Hinterland wird von Soldaten und Hilfskräften des Ministeriums für Staatssicherheit kontrolliert, um mögliche Fluchtversuche schon im weiten Vorfeld zu verhindern.

Derzeitig hält die DDR rund 1700 Hunde in Laufanlagen. Hunde an Rollen für Räume von 80–100 m kann man an zahlreichen Stellen besonders gut in Berlin beobachten. Waren die Beobachtungs- und Wachttürme der fünfziger Jahre aus Holz, so wurde die Zahl der aus Betonfertigteilen errichteten Rundtürme stets größer. Ihre Kabinen mit Schießscharten, Suchscheinwerfern, Funkanlagen und Unterständen haben sich jedoch nicht bewährt. Ab 1976 trifft man als Regelbauten Betontürme für Führungsstellen über quadratischem Grundriß an. Der Bunker BT 6 neben den neuen Türmen nimmt KFZ, Hunde, Funkanlage und Posten auf. Er besitzt Waschräume, Toiletten, Wechselsprechanlage mit dem Turm, ist teils ober- teils unterirdisch gebaut und hat den Charakter eines Gefechtsstandes. Die Zwei-Mann-Bunker mit Stahlplat-

Reproduktion aus: Der Spiegel, Nr. 13 (1984), S. 34.

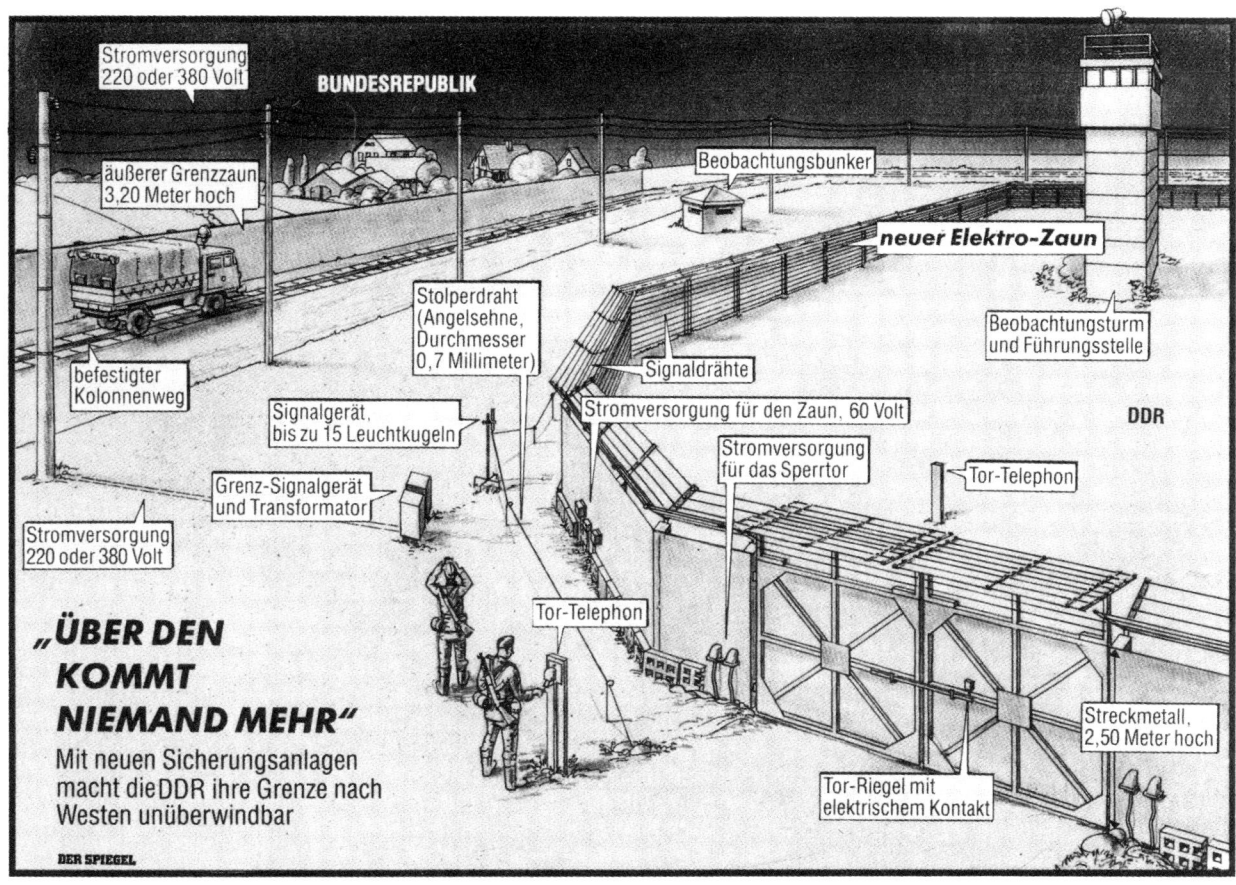

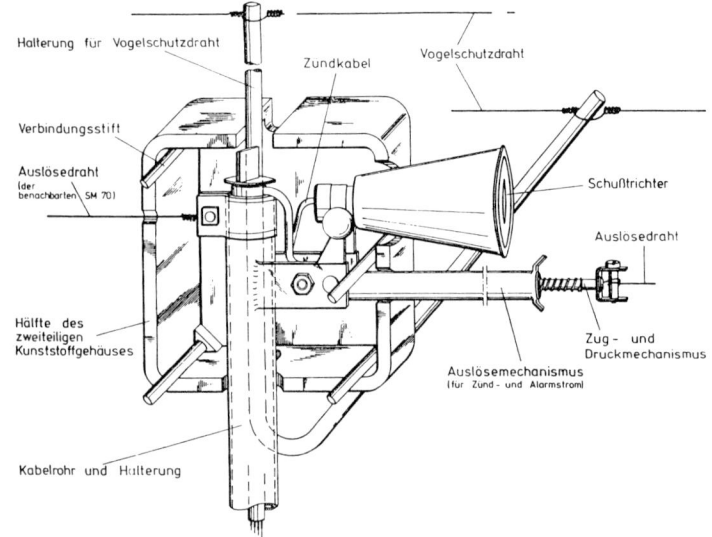

SM-70. Reproduktion aus dem Tätigkeitsbericht des Bundesgrenzschutzes für 1982.

Seit Ende 1970/Anfang 1971 wurden für die Grenzsicherung sog. Selbstschußgeräte mit einer Stückzahl von 54 000 eingebaut. Die Waffe wurde extra für diesen Zweck entwickelt. Sie erschien in zwei Typen SM-70 und NS-501, die sich in der mechanischen und elektrischen Installation, nicht aber in der Funktionsweise und Geschoßwirkung unterschieden. Die Geräte wurden in drei Höhen an den Betonpfählen ostwärtig installiert. Die Schußrichtung verlief parallel zum Zaunsegment. Die nach Berührung der Leitdrähte abgegebene einmalige Splittergarbe hatte eine tödliche Wirkung auf ca. 25 m. Außerdem löste die Berührung optischen und akustischen Alarm in der nächsten Grenzführungsstelle aus. Die Ladung bestand aus unregelmäßig geformten, scharfkantigen Metallsplittern, die in ihrer Wirkung einem (international geächteten) Dum-Dum-Geschoß gleichkamen. Der vollständige Abbau bei einer maximalen Ausbaulänge von 439 km konnte für November 1984 registriert werden. Das Foto zeigt die Verschraubung auf westlicher Seite!

SM-70. Foto: Gesamtdeutsches Institut, Bonn, Arch. Nr. 01854.

Die 1954 gestiftete Medaille für vorbildlichen Grenzdienst kann für vorbildliche Leistungen und persönliche Einsatzbereitschaft bei der zuverlässigen Sicherung der Staatsgrenze der DDR verliehen werden, so der Text in Günter Tautz: Orden und Medaillen. Staatl. Auszeichnungen der DDR, Leipzig ²1983, wo auch die Verdienstmedaille der Grenztruppen der DDR behandelt wird. Zur Verleihung gehört eine Urkunde und eine finanzielle Zuwendung. Die bronzefarbene Medaille hat einen Durchmesser von 35 mm. Auf der Rückseite ist das Staatswappen der DDR. Spange und Band sind grün mit roten Streifen.

»Die Grenze zieht sich als ein breiter Streifen planvoll verödeten, mit kalter Überlegung präparierten und tödlichen Gefahren bergenden Landes quer durch Deutschland…«

Helmut Kamphausen, Kommentar im »DDR-Kalender 1984« des Gesamtdeutschen Institutes, Bonn

tenverschlüssen und Panzertüren sind oft auch vor dem GSZ fast unmittelbar an der markierten Grenzlinie anzutreffen, meist durch Farben dem Gelände und der Jahreszeit angepaßt. An zusätzlichen technischen Einrichtungen zur Grenzsicherung sind u. a. zu nennen: Stolperdrähte mit Kontakten zur optischen und akustischen Anzeige, Kfz-Sperren aus verschweißten Eisenbahnschienen, Kfz-Sperren mit z. T. in westlicher Richtung eingebauten Betonplatten, Lichtsperren, Sichtblenden, Mauern und zusätzliche Zäune. Interessant sind etwa die Signalgeräte R 67 und SP 1 für Leuchtzeichenabgabe oder Platzpatronensignale, mit denen u. a. die stets unter Strom stehenden GSZ-Tore gesichert sind. Die Nachtsicherung an bestimmten Stellen, besonders in Berlin, wird noch durch taghelle Beleuchtung und Scheinwerferanlagen erreicht. Die Mauern an der vordersten Linie sind oben noch mit einem runden Betonrohr belegt, um als »Handabweiser« zu dienen. Freies Schußfeld haben die mit scharfen Handfeuerwaffen ausgerüsteten Grenzsoldaten. 50000 Mann stark soll das Kommando Grenze der Nationalen Volksarmee (NVA) sein. Sie sind militärisch gegliedert und geführt, voll motorisiert und im Grenzgebiet mit eigenen Straßen ausgerüstet. Sie befinden sich wie die genannten technischen Einrichtungen in ständiger Alarmbereitschaft. Ihnen zur Seite stehen uniformierte, jedoch nicht bewaffnete Grenzhelfer, die im Vorfeld »Aufklärungsarbeit« leisten sollen. Für die Bewohner der Sperrzonen, soweit sie nicht zwangsausgesiedelt sind, gelten besondere Rayonbestimmungen.

An den scharf kontrollierten Autobahnübergängen gibt es neben den genannten Einrichtungen auch eine perfekte TV-Überwachung und an die besondere Situation angepaßte Riegel wie die auf Schienen laufenden Rollkörpersperren. Das sind Betonbalken, die auf Knopfdruck aus einem Beobachtungsturm heraus gesteuert auf die Straße rollen und diese total blockieren können. Die Disziplinierung der die Grenze mit Erlaubnis der DDR passierenden Menschen wird mit zum Teil drakonischen Strafandrohungen und verkehrstechnischen Maßnahmen erzwungen.

Über 15000 ha Land hat die DDR ihrer Land- und Forstwirtschaft und ihrer Naturareale auf Dauer entzogen. Die landschaftlichen Schäden durch die Grenze sind teilweise irreparabel. Im August 1979 stellte das Zweite Deutsche Fernsehen eine Kostenberechnung für das bis dahin geschaffene DDR-Grenzbefestigungssystem auf und kam schon damals zu dem Betrag von rund 1,5 Milliarden DM.

Die pädagogische, museale und touristische Aufarbeitung des Themas findet man in zahlreichen Einrichtungen. So gibt es in den an die DDR grenzenden Bundesländern Schleswig-Holstein, Niedersachsen, Hessen und Bayern Grenzinformationsdienste. Sie bestehen aus Bildungseinrichtungen, Grenzinformationszentren, Informationsständen, Aussichtsplattformen und Übersichtspunkten. Zuständig sind die jeweiligen Ministerien für Bundesangelegenheit. Das Informationssystem des Senats und privater Organisationen ist in Berlin (West) besonders dicht. Auskünfte erteilen u.a.

a) Bundesministerium für Innerdeutsche Beziehungen
   Godesberger Allee 140
   5300 Bonn 2

b) Gesamtdeutsches Institut / Bundesanstalt für gesamtdeutsche Aufgaben
Adenauerallee 10
Postfach 120607
5300 Bonn 1

Besonders genannt sei die ständige Ausstellung der Bayerischen Staatskanzlei im Alten Zeughaus der Festung Rosenberg über Kronach: Einigkeit und Recht und Freiheit. Die deutsche Frage in Vergangenheit und Gegenwart, und die umfangreichste Sammlung

c) »Haus am Checkpoint Charlie«
Museum und Büro
Arbeitsgemeinschaft 13. August
Friedrichstraße 44
D-1000 Berlin 61

d) Bundesminister des Innern
– Bundesgrenzschutz –
Graurheindorfer Straße 198
5300 Bonn 1

e) Der Niedersächsische Minister für Bundesangelegenheiten
Calenberger Straße 2
3000 Hannover

f) Bayerische Staatskanzlei
Prinzregentenstraße 7
8000 München 22

g) Arbeitsgemeinschaft Staat und Gesellschaft
Isabellastr. 40
8000 München 40

Der Verlauf der innerdeutschen Grenze von der Ostsee bei Travemünde bis Hof in Bayern über eine Länge von 1393 km mit den Übergängen für Bahn, KFZ und Schiffe, Stand 1984. Die beidseitigen Begrenzungslinien geben den Bereich des grenznahen Reiseverkehrs an, der einseitig von West nach Ost Kurzaufenthalte für Bundesbürger bei Entrichtung entsprechender Gebühren erlaubt. Zeichnung: Bundesminister des Innern Bonn.

Die Stellen, an denen entlang der innerdeutschen Grenze Betonmauern vom Typus der Berliner Mauer entstehen, werden immer zahlreicher. Hier der Blick nach Heimersdorf vom Landkreis Kronach aus im Jahre 1985. Man beachte ganz links im ausspringenden Winkel der hier tenailliert geführten Mauer den in drei Richtungen mit jeweils 2 Scharten wirkenden Betonkleinbunker! Foto: Grenzschutzkommando Süd-München.

Die polizeiliche Überwachung der Grenzen zu DDR und CSSR ist eine der originären Aufgaben des Bundesgrenzschutzes (BGS). Der Grenzschutz umfaßt u. a. 1. die polizeiliche Überwachung der Grenzen, 2. die polizeiliche Kontrolle des grenzüberschreitenden Verkehrs, 3. die Beseitigung von Störungen und die Abwehr von Gefahren, die die Sicherheit der Grenzen beeinträchtigen, im Grenzgebiet bis zu einer Tiefe von 30 km.

Der innerdeutsche Grenzverlauf bei Lindewerra in Hessen. Durch den einst zusammenhängenden Wald zieht sich eine breite Schneise mit den beiden Grenzzäunen, dem westlich gelegenen Sicht- und Schußfeld, Hundelaufanlagen, den im Zick-Zack geführten Kontrollweg und anderen pioniertechnischen Einrichtungen zur Abwehr von Grenzdurchbrüchen gegen Zivilisten. Ein Betonturm vom Typ B 11 auf der Höhe beherrscht die Schneise. Foto: Gesamtdeutsches Institut Bonn Inv.Nr. 19472.

XIX. Büchsenmeister und Feuerwaffen – Ein Blick auf die Artillerie

Festung Magdeburg. Krenelierte Mauer an der Elbufer-Promenade. Die in Ziegeln gefaßten Schießscharten sind für den Einsatz von Handfeuerwaffen vorgesehen. Blick von der Feldseite. Foto: Archiv H. Neumann, 1986.

Auf dem im folgenden Bildteil (S. 291) aufgenommenen Holzschnitt des Monogrammisten NM von 1535 laden Büchsenmeister ihre bronzenen mit viel Zierat versehenen Feldstücke. Die Legenden geben die Namen und – illusionistisch – die Eigenschaften der Rohre an:

Scharpff Hierss
Ich bin genant der scharpffe Hierß
Wo ich zu einem Schloß ein Pierß
Stoß ich nyder mit meym gehürn
Pollwerck mawer prustwer vn̄ thuern
Ercker vnd Zynnen fell ich nyder
Kum ich zu dreyen malen wyder
So wirdt das schloß von mir erschellt
Das es über den pergk ab fellt.

Scharpffe Metzs
Ich bin ein scharpffe Metzs genant
Wo ich wirdt in ein S(t)att gesant
Do thū ich übern Graben tantzen
Durch rinckmawr zwinger vn̄ schantzen
Durch kirch̄ häuser keller kuch̄
Gewelb stuben kammer thū ich such̄
Vnd was mich irrt am wyderprallen
Das küssz ich so das es mueß fallen.

Mit dem Scharfen Hirsch sollen Bollwerke, Mauern und Brustwehren sowie Türme mit Erkern und Zinnen »niedergestoßen« werden. Die Scharfe Metze schießt in jede Stadt hinein, indem sie Ringmauern, Gräben und Zwinger »übertanzt«, um durch Gewölbe und Häuser aller Art zu dringen. Selbst die Kirche eines Feindes wird nicht ausgenommen.

Wo und wann zuerst Feuerwaffen gebaut und erprobt und Explosionspulvermischungen entzündet wurden, entzieht sich unserer Kenntnis. Das gefährliche Gemenge aus Salpeter, Holzkohle und Schwefel geht jedenfalls nicht auf den nie existenten Berthold Schwarz zurück. Nachweisbar ist das Wissen um das Schwarzpulver bereits für die 1. Hälfte des 13. Jahrhunderts. Im frühen 14. Jh. kam es vereinzelt zum Bau einfachster birnenförmiger Feuerrohre. Allerdings soll die oft als älteste Darstellung eines Geschützes abgebildete Zeichnung in der Handschrift des Walter de Milimete, Oxford 1326 gefälscht, zumindest später eingezeichnet worden sein. Es steht fest, daß zu Beginn des 15. Jh. durch Schießpulver getriebene Kugeln verschossen wurden. Eine neue Waffengattung aber entstand erst mit dem ausgehenden 15., beginnenden 16. Jh., als Kanonen so leistungsfähig wurden, daß sie mit ihrer bis dahin ungeahnten Zerstörungsgewalt bald die traditionellen Burgen und Stadtbefestigungen bedrohten. Mit dem Geschütz verbunden war der Büchsenmeister. Er kannte genau das von ihm zu betreuende Geschütz mit all seinen Tücken und Eigenschaften. Er wußte aus Probeschüssen und durch sein bald kanonisiertes Büchsenmeisterwissen genau, welches Pulver er in welchen Mengen wie laden mußte, um eine bestimmte Wirkung zu erzielen. Alle Werte wurden auf empirische Weise ermittelt, das Wissen lange Zeit geheimgehalten und nur per Handschriften an Auserwählte weitergegeben. Die Befestigungen des Mittelalters in all ihren Variationen waren auf einmal überholt, wehrtechnisch veraltet. Es war die Zerstörungskraft der Artillerie, damals auch Arekeley, Artolerey, Artillerja, Arkolei u. ä. genannt, mit der ein Feind den Befestigungsring aufbrach. In gleichem Maße aber war auch die Unmöglichkeit der Aufstellung von gleichartigem Geschütz auf den schmalen

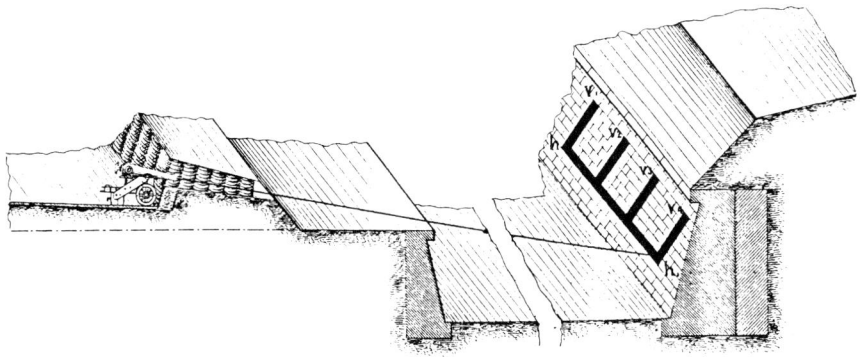

Das Ziel beinah jeder förmlichen Belagerung war in den Festungswall eine gangbare *Bresche* zu legen. Vauban »verwissenschaftlichte« die Methode des Breschelegens, wie es dieses Schema zeigt. Durch eine Folge von Schüssen in vertikale und horizontale Ebenen sollte das Mauer- und Erdwerk bei der Demolition in Form einer gangbaren Rampe in den Graben stürzen (vgl. Abb. S. 343). Reproduktion aus: K. Th. v. Sauer, Atlas zum Grundriß der Waffenlehre, München 1969, Taf. 24.

Wehrmauern und statisch ungenügenden Türmen zur Verteidigung daran Schuld, daß eine lange Wehrbauepoche abgelöst werden mußte. Die baulichen Konsequenzen sind bereits oben abgehandelt.
Der Büchsenmeister war eine Standesperson, die vom Herrscher und Potentaten außerordentlich umworben wurde. Büchsenmeister verdingten sich bei Freund und Feind, waren im ganzen 16. Jh. von einer gewissen Mystik umgeben. Neben der Schußwirkung waren es auch Krach und Rauch, die in den eigenen und feindlichen Reihen Schrecken auslösten, unbeabsichtigt eine frühe Waffe in der »psychologischen Kriegführung«. Die Büchsenmeister waren nicht zunftmäßig organisiert, wenn sie auch mit den verschiedenen Zünften eng zusammenarbeiten mußten. Aus ihren Reihen rekrutierten sich bald die Zeugmeister, also die Verwalter der städtischen und fürstlichen Waffenspeicher, die notwendigerweise jetzt entstehen und mit ihren Großbauten die kleinen Rüstkammern des Mittelalters in Türmen oder auf Rathausböden ablösten. Diese Zeughäuser entwickelten sich im Laufe der Zeit zu Arsenalen, also Zeughäusern, an die Werkstätten, Gießhallen, Pulverherstellung angeschlossen waren.
Die frühen Festungsbaumeister waren fast ausnahmslos auch Kenner des Geschützwesens ihrer Zeit in Theorie und Praxis. Wie sollten sie auch sonst die Einsatzorte der Feuerwaffen in permanente oder passagere Werke planen und bauen?
Allerdings war es die Mathematik, auf die man sich entsprechend dem steigenden Anspruch auf Wissenschaftlichkeit berief. Es war aber genau genommen nicht weit her mit diesem Anspruch in bezug auf die Schußbahn. Die in den Traktaten zur Büchsenmeisterei und Pyrotechnik viel diskutierte Frage nach der wirklichen Schußbahn, der maximalen Schußweite, der Geschoßbewegung usw. mußte ungelöst bleiben. Nicolaus Tartaglia (1499–1577) war der erste, der 1537 in seinem Buch LA NOVA SCIENTIA Gedanken zur Ballistik veröffentlichte. Tartaglia kam zu einer gekrümmten Geschoßbahn, die er als Überlagerung von natürlicher und aufgezwungener Bewegung deutete. Horizontale und schiefe Würfe besitzen, so meinte er, angenähert im ersten Teil der Flugbahn einen geradlinigen Verlauf, im zweiten Teil eine Kurve, im dritten Teil eine senkrechte Fallinie. Obwohl diese Theorie falsch sein mußte, weil die Infinitesimalrechnung noch lange nicht bekannt war und auch die physikalischen Gegebenheiten nicht in die Rechnung eingingen, reichte sie doch zur Erklärung der beobachtbaren Phänomene aus und blieb lange Zeit unwidersprochen. Man benutzte beim Einsatz von Geschütz bald Meßgeräte zur Rohrelevation und Entfernungsbestimmung. Instrumente der Büchsenmeister und späteren Kanoniere sind heute äußerst selten und nur in Spezialsammlungen zu finden. In den Artillerietraktaten aber werden sie genauestens besprochen und abgebildet, so daß heutige Rekonstruktionen durchaus möglich sind. Durch den evolutionären Lauf der Geschütztechnik und der Verbesserung der Sprengstoffchemie bildete sich nach und nach der Kanonier heraus, der besonders im 17. Jh., dem Jahrhundert der Belagerungen, überall gebraucht wurde. Aus dem Kanonier entwickelt sich dann der Artillerieoffizieren der barocken Heere als Spezialist. Die Artillerie als »Königin der Waffen« hatte stets eine Sonderrolle erfahren. Unter Titeln wie: Büchsenmeisterbuch / Ars Magna / Theoria et Praxis Artilleriae / Pyrotechnica / Le Bombardier / The Art of Gunnery / Lehrbuch der Artillerie / u. ä. erschien eine Flut von Druckschriften, die heute technikgeschichtliche Quel-

lenwerke auch und gerade für die Festungsforschung geworden sind.

Es war aber nicht nur das Geschütz, welches revolutionierend auf die Architectura Militaris wirkte. Ebenso stark war der Einfluß der Handfeuerwaffen. Die Umrüstung von der Armbrust auf Gewehre und Musketen kleinerer und größerer Kaliber erforderte ebenfalls bauliche Veränderungen an den Befestigungen. Es kam bekanntlich zur Ausbildung zahlreicher Formen von Schießscharten. Und mit der veränderten Angriffstaktik gegen Befestigungen mußte auch in deren Nahbereich zur Nahverteidigung in der Grundrißdisposition Rücksicht genommen werden. Dieser Vorgang ist ebenfalls baugeschichtlich noch wenig untersucht. Schlüssel- und Maulscharten werden in der Übergangszeit zum Bastionärsystem, der Transitionszeit, kennzeichnend für die Abwehr mit Feuerwaffen. Mit einer Gabelmuskete verschoß man Bleikugeln von rund 40 g mit 36–38 g Pulverladung rund 1200 m weit. Wirksam und gefährlich war die Waffe auf 100 m. Bei dieser Entfernung durchschlug sie Rüstungen. Die Luntenmuskete war die Hauptwaffe des Fußvolkes bis weit ins 17. Jh., obwohl die umständlichere, aber leistungsfähigere Radschloßbüchse längst erfunden war.

Im Eingangskapitel wurden Festungsbau und Geschützwesen als korrespondierendes Paar angesprochen, welches sich stets nach dem Gleichgewicht orientiert. Die Weiterentwicklung, Verbesserung der Geschütze für Angriff und Verteidigung zog konsequent, wenn auch zeitlich verzögert wegen der zu bewegenden Baumassen, Veränderungen, Anpassung im permanenten Festungsbau nach sich. Die evolutionäre Entwicklung der Artillerie mit all ihren technisch faszinierenden Konstruktionen vollzieht sich bis in die Mitte des 19. Jh. im wesentlichen am glatten Vorderlader, wenn es auch an Versuchen zum gezogenen Hinterlader in der gesamten Zeit niemals fehlte. Bronze wurde durch Eisen verdrängt, Lafetten unterschiedlichster Art entwickelt, Spezialgeschütze konstruiert. Größte Zäsur aber ist die Einführung des gezogenen Hinterladerohres ab Mitte 19. Jh. unter Verwendung von Gußstahl. Diese technische Innovation revolutionierte das Festungswesen, in dem bald Beton und Eisen als neue Werkstoffe Einsatz fanden. Das gepanzerte Geschütz, der ausfahrbare Panzerturm, in dem das Festungsgeschütz durch Minimalscharten wirkte und über automatische Aufzüge mit Munition versorgt feuern konnte, verschlang riesige Geldsummen, weshalb Festungen dieser Bauart zahlenmäßig auch immer weniger wurden. Die Einführung der Brisanzgranate gab dem korrespondierenden Paar ebenfalls einen Schub. Diese Entwicklung in der ständigen Bemühung um Krieg und Frieden ging bis zu den gigantischen Geschützen des AW mit 38 cm, etwa die Stellung Hanstholm in Dänemark, und 40,5 cm, etwa die Stellung Lindemann bei Calais, und die Eisenbahngeschütze – alles unter Beton und stahlplattengeschützt. Höhepunkt ist die Entwicklung der Artillerie ohne Rohre, der Raketenwaffe, während und nach dem II. Weltkrieg.

In den bibliographischen Anhang sind wichtige Publikationen aus neuerer Zeit zur Geschichte des Büchsenmeisterwesens und der Artillerie aufgenommen. Auf den folgenden Seiten findet man eine Auswahl von Quellen und Abbildungsmaterial zur Geschichte der Artillerie.

Beschlag eines Tschakos der Großherzogl. Oldenb. Art. Comp. (6 pfdg. Fußbatt.), so getragen 1831–1843. Messing, vergoldet, Breite 15 cm. Auf der geschnürten Brandbombe das bekrönte Monogramm des Stifters Großherzog Paul Friedrich August (reg. 1829–1835), die Oldenburgischen Fahnen, gekreuzte Kanonenrohe und Kugelpyramide. Original: Sammlung K. Sauer, Jülich. Foto: Hartwig Neumann.

Gezogener 24pfündiger Hinterlader aus Kruppschem Gußstahl in Feuerstellung gegen die Zitadelle Jülich anläßlich der Belagerungsübung, Schießversuche und ersten Schleifungsmaßnahmen in Jülich im September 1860. Holzstich nach der Natur aufgenommen von O. Fikentscher (1831–1880). Dieses Geschütz legte die S. 343 abgebildete, für damalige Zeiten sensationelle Bresche in der Bastion Marianne mit 294 Schuß. Aus: Hartwig Neumann, Das Ende einer Festung, Jülich 1987.

Perspectivische Vorstellung des unteren Theils eines Zeughauses. Kolorierter Kupferstich von Georg Balthasar Probst (1731–1801) um 1750. Maße 42,1 x 30,5 cm. Original: Museum für Deutsche Geschichte, Berlin (Ost).

Zürich. Blick in die *Geschützhalle des Zeughauses* »In Gassen«. Radierung von J. C. Werdmüller aus der Zeit vor 1869. 29 x 22 cm. Neujahrsblatt der Feuerwerkergesellschaft Zürich, Nr. 64. Original: Schweiz. Landesbibliothek, Bern.

Diese merkwürdig geformte Scharte für Feuerwaffen findet man im Rondell Marienburg in Aachen. Sie gehört zum Typus Maulscharte und diente als Schieß- und Beobachtungsscharte im 1. Viertel des 16. Jahrhunderts. Foto: Hartwig Neumann.

Aschaffenburg. Geschützscharte vor dem Nordturm von Schloß Johannisburg
Foto: Bayer. Verwaltung der Staatl. Schlösser, Gärten und Seen, München, Nr. 19967/25. Bei Ausschachtungsarbeiten für einen (umstrittenen) Straßentunnel wurden 1982 bastionsartige Baukörper freigelegt, die eindeutig wehrhaften Charakter haben und vermutlich von Anfang an zum Schloßbau von 1605/14 durch Georg Ridinger (1568–1628) gehören. Einziger Nachweis bisher war ein Grundriß Aschaffenburgs von M. Merian. Neben der Tordurchfahrt liegt die rustizierte Maulscharte in Form einer liegenden Acht. Die zugehörige Kasematte wurde ebenfalls ergraben. Inzwischen ist die Maulscharte wieder ergänzt und der danebenliegende Sockel ist in die in historisierenden Formen neugeschaffene Toranlage einbezogen.

Der Büchsenmeister besaß am frühneuzeitlichen Hof ähnliche Privilegien wie der Zeugmeister und der Kriegsbaumeister. Mit der Vervollkommnung des Geschützwesens wurde seine Stellung für die Landesfestungen und die reichsstädtischen Festungen immer wichtiger. Die Ingenieure des 16., 17. und oft noch 18. Jh. waren Meister auf allen drei Gebieten, weil diese sich gegenseitig bedingten. Der Holzschnitt aus dem Buch von W. H. Ryff: Geometrische Büxenmeisterey von 1547 zeigt, wie zwei Büchsenmeister ihr Geschütz in Stellung bringen. Nach H. Wunderlich hält der rechte Meister einen Pendelrichtquadranten, dessen langer Schenkel an die Rohrinnenwand angelegt wird. Das Rohr wird so lange in seiner Neigung verändert, bis das Pendel über einem bestimmten Skalenwert des Quadrantenbogens steht. Mit Hilfe einer empirisch ermittelten Schießtafel, die für jedes Rohr erstellt werden mußte, konnte die Reichweite abgelesen werden. Der andere Büchsenmeister hat mit dem Meßquadranten die Schußweite bestimmt und visiert nun durch die am Gerät befindlichen Lochvisiere das Geschütz in die Zielrichtung auf den Zielpunkt. Reproduktion aus HAB: 30.4 Geom. 2°.

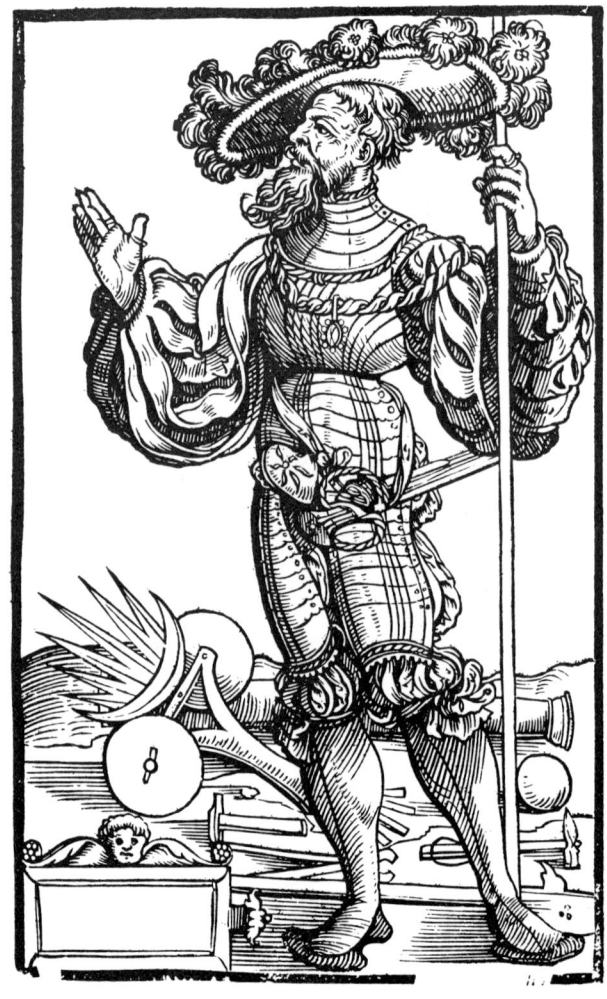

Mit dieser oder einer ähnlichen Tracht waren die Büchsenmeister, Zeugmeister, Militärbaumeister in der 1. Hälfte des 16. Jh. gekleidet. Holzschnitt aus: Vegetius Renatus, Flavius: Vier bücher der Ritterschaft, ... von Büchsengeschoß/Puluer/Fewrwerck/Auff ain newes gemeeret vnd gebessert, Augsburg 1529. Original HAB: 23.6 Bell. 2°.

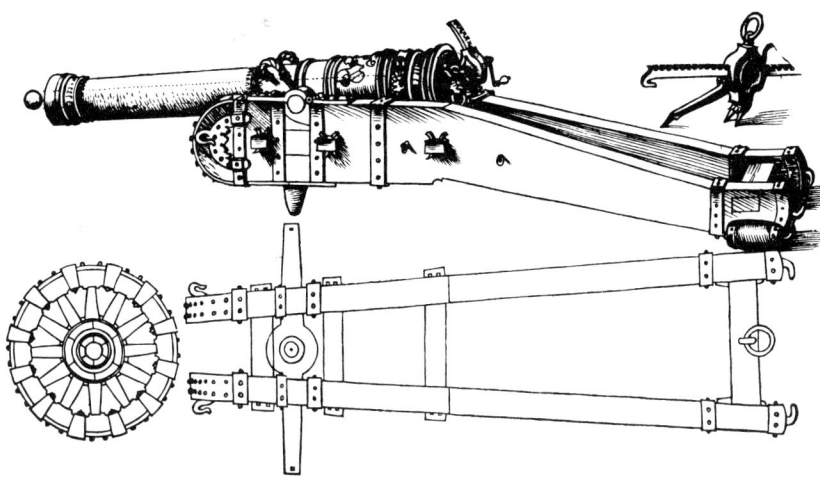

Halbkartaune aus Bronze
Holzschnitt von Albrecht Dürer (1471–1528) aus seinem Lehrbuch: Etliche vnderricht/zu befestigung der Stett/Schloß/vnd flecken, Nuernberg 1527, Faksimile Unterschneidheim 1969, Zürich 1971. Dürer hat sich zwangsläufig zur Ausarbeitung seiner fortifikatorischen Abhandlung, der ersten in deutscher Sprache, mit dem Geschützwesen beschäftigt. Auf zahlreichen seiner Drucke und Zeichnungen stehen Feuerwaffen im Mittelpunkt. Diese Darstellung ist der letzten Seite des Traktats entnommen. Sehr sachlich zeigt Dürer die Ansicht des lafettierten Rohres und den Grundriß des Elevations- und Protzwagens. Beide verbindet ein Dorn. Das ornamentierte Rohr hat einen Stoßboden, den ein Löwenkopf ziert. Die Handhabung ersetzt Dürer durch eine auf den Lafettenriegel aufsetzbare Winde (Vorläufer der Richtschraube des 17. Jh.), »damit die puechssen auff das genauest vnd leychtest gericht werden« kann. Dazu greift die Windenbacke in eine mitgegossene Zahnreihe. Beidseits des Lafettenschwanzes sind Rollen zu erkennen, über die der Meister mit einer separat abgebildeten weiteren Winde das Geschütz in der Horizontalen in Position bringen will. Reproduktion: Hartwig Neumann.

Leonhard Fronsperger gibt seinem »Kriegßbuch« im dritten Teil von 1596, Reprint 1970, eine mit Holzschnitten illustrierte Liste der Befehlshaber eines großen Belagerungsheeres bei. »Folgendte aempter gehoeren zu der Arckeley«:

1. Der Hauß Zeugmeister
2. Oberster Feldtzeugmeister
3. Zeugmeisters Leutenant
4. Der Zeugdiener
5. Der Zahlschreiber
6. Der Buechsenmeister
7. Der Zeugwart
8. Der Schantzbaurn Hauptmann
9. Der Wagenmeister
10. Der Geschirrmeister
11. Der Brueckenmeister
12. Der Schontzmeister
13. Der Profoß der Arthollerey
14. Der Puluerhueter
15. Der Schneller

Für Nr. 8 und Nr. 12 wurde zum Bild der gleiche Druckstock verwendet. Foto: Hartwig Neumann.

Geschützbuch Kaiser Karls V.
Ganzleder mit Bünden, reiche goldgeprägte Ornamentik auf Vorder- und Rückendeckel, rote und grüne Bindefäden, Bildnis Karls V. mit Krone, Schwert, Reichsapfel, darüber zwischen Säulen der Reichsadler, darunter die Hausdevise PLVS. OVLTRE./KAROLVS V. IMP., Papier, 111 Blatt, 29,5 x 40 cm, sine nota, o. D. Original HAB: Cod. Guelf. 31 Helmst.

Kaiser Karl V. besiegte im Schmalkaldischen Krieg 1546/47 die protestantischen Fürsten und Städte, darunter Kurfürst Johann Friedrich von Sachsen und den hessischen Landgrafen Philipp den Großmütigen. Zu den Kapitulationsbedingungen gehörte die Ablieferung von zahlreichen Geschützen aus hessischen, sächsischen und städtischen Zeughäusern an das kaiserliche Arsenal. Der kaiserliche Oberst Graf Reinhart zu Solms war Leiter der Kommission, die Festungsschleifung und Geschützübergabe überwachen sollte. In kaiserlichem Auftrag wurden alle Rohre katalogisiert. Sie stellten einen großen Wert dar. Es entstand das sogenannte Geschützbuch DISCVRSO DEL ARTILLERIA DEL INVICTISS. EMPERADOR CAROLO V. Nach Heinrich Müller sind zwei Urschriften von höchstem Quellenwert (HAB und Österreichische Nationalbibliothek) und fünf fehlerhafte Kopien ohne Quellenwert (UB Erlangen, Frankfurt a. M., Landesbibliothek Gotha, Murhardsche Bibliothek Kassel, Bibliotheque Nationale Paris) nachweisbar.

Der Wolfenbütteler Kodex ist eine artilleristische Bilderhandschrift von erstaunlicher Genauigkeit in der zeichnerischen Aufnahme der Geschützrohre verschiedenster Kaliber. Er ist mit dem Wiener Kodex »die umfangreichste und bedeutendste Bildquelle für Bronzerohre der ersten Hälfte des 16. Jahrhunderts«. Alle Rohre sind senkrecht stehend dargestellt und gelb angelegt. Zu jedem Rohr ist der Originaldurchmesser (Kaliber) der zugehörigen Kugel abgebildet. Damit ist der genaue Maßstab für jede Zeichnung gegeben. Sämtliche Rohre sind Vorderlader. Einige Kammerstücke und Mörser sind auch erfaßt. Zahlreiche Rohre sind datiert und mit Hinweisen auf den Gießer, mit Wappen und anderer Zierart versehen. Die ältesten Rohre stammen aus dem Jahr 1500. 203 Abbildungen von hessischem, sächsischem, braunschweigischem und reichsstädtischem Geschütz aus Augsburg, Esslingen, Schwäbisch-Hall u. a. Orten ergeben eine einmalige Kollektion von größtenteils nicht mehr nachweisbaren Rohren. Sämtliche Kurzlegenden sind in Spanisch abgefaßt. Das Geschützbuch wird mit einigen nicht zur Beute gehörigen, besonders schönen Rohren »OPVS GREGORII LOEFFLER« eröffnet. Die Rohrinschriften sind zur besseren Lesbarkeit herausgezogen, fast alle haben individuelle Namen. Nur wenige Rohre sind mit ihren Lafetten dargestellt. Auf dem Vorsatzpapier findet sich eine handschriftliche Eintragung, daß Andreas de Clerick von Antorff den Kodex über Johann Vredeman de Vries (1527–1606) an den Herzog Julius von Wolfenbüttel am 23. Mai 1587 hat übergeben lassen… Dieser Kodex gehört zur »Pflichtlektüre« des besonders am 16. Jh. interessierten Festungsforschers.

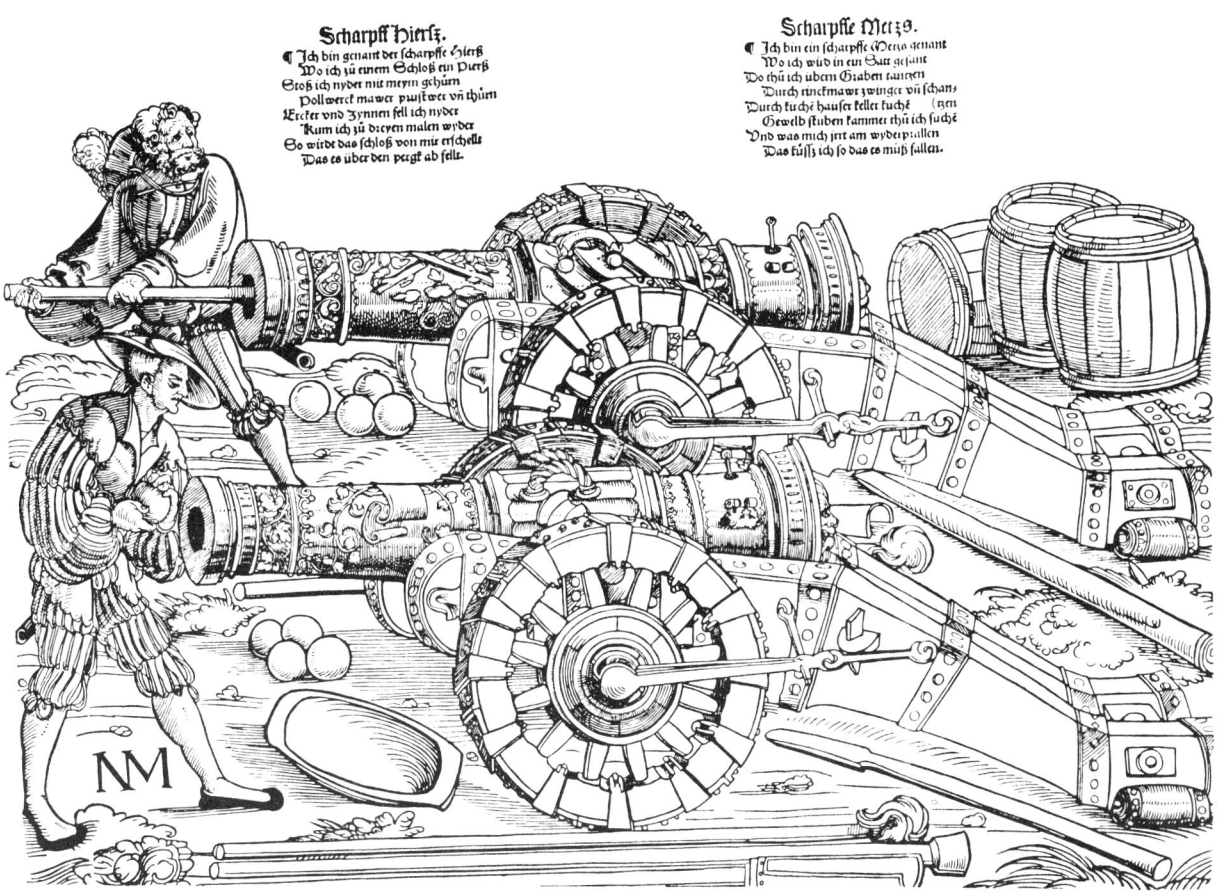

Büchsenmeister laden zwei Feldstücke. Holzschnitt des Monogrammisten NM, um 1535. 39,8 x 27,4 cm. Original in Gotha. Reproduktion aus Max Geisberg: The German Single-Leaf Woodcuts: 1500–1550, Bd. 3, München 1974, S. 1168.

Leonhard Fronsperger († Ulm 1575), einer der ersten Militärbuchautoren des 16. Jh., schrieb seine oft verlegten Werke auf Grund seiner Erfahrungen aus mehreren Belagerungen als Zeugmeister und Offizier im Türkenkrieg. 1552 erschien sein »Kaiserl. Kriegsrechte« gefolgt von »Funff Bücher von Kriegsregiment und Ordnung« 1555. Dieses ausgesprochene Sammelwerk wurde ergänzt durch die Traktate: »Von Geschütz vnd Fewrwerck wie dasselb zuwerfen vnd schießen« und »Von Erbawung, erhaltung, besatzung vnd profantierung der wehrlichen Beuestungen« 1557 und 1564. Unter dem Titel »Kriegßbuch« erschien eine Überarbeitung aller militärischen Schriften in 3 Bänden 1566, 1571, 1573. Der Nachdruck der Auflage von 1566 erschien Graz 1970. In der Landesbibliothek Dresden Msc. Dresd. C 73 liegt ein Manuskript von L. Fronsperger: »Von Geschütz der grossenn stück Büchssenn...«. Das Porträt des L. Fronsperger ist dem 2. Bd. des Kriegsbuches entnommen. HAB: Ia 2°2.

Original HAB: 28 Geom. (4). Zwei zu diesem Buch gehörige Kupfertafeln mit Artilleriezubehör ebenda in der Loseblattsammlung.

Im Vergleich zu den zahlreichen Fortifikationstraktaten des 17. Jh. gibt es nur wenige gedruckte Büchsenmeister-Traktate. An hervorragender Stelle steht das Lehrbuch des Feuerwerkers und Büchsenmeisters Hans Guhle aus Hamburg. Neben dem Geschützguß und dem Probeschießen bringt der Autor auch in didaktisch geschickter Form einen Dialog zwischen den Hauptmännern Scipion Africanum und dem Karthager Hannibal (S. 13–70) sowie den Meistern Pyracmon und Vulcano zur Büchsenmeisterei (S. 205–249). Als Novum in der Literaturgattung fügt er seinen Werdegang als Büchsenmeister ausführlich bei (S. 85–115). In Dialogform handelt er die klassischen zwölf Büchsenmeisterfragen ab, die typisch sind für jeden Büchsenmeisterkodex und jedes Büchsenmeistertraktat des 16. und 17. Jh. Auf der Titelseite stellt Guhle die Festung Hamburg rondelliert dar.

293

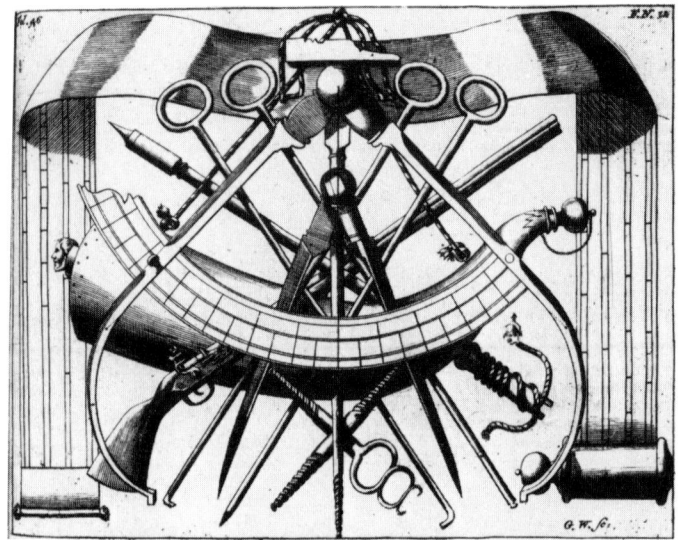

Die wichtigsten Gerätschaften eines »Constabel« findet man in reizvoller Zusammenstellung in dem Buch von Peirander:

Gruendlicher Unterricht von der Artillerie Darinnen alles / was zu dieser curieusen und nuetzlichen Wissenschaft noethig ist / deutlich angewiesen / und durch viele beygefuegte Figuren vor Augen geleget wird / Von einem der beruehmtesten Hollaendischen Ingenieurs, in selbiger Sprache beschrieben. Nun aber ins Teutsche uebersetzet von Peirandern. Hamburg 1699, Kupfertafel Nr. 12 »G. W. sc.«. 17,5 x 14 cm. Man erkennt 13 Instrumente:

Zirkel, Kaliberstab, »krummer Zirkel« (= Taster), Hammer mit Bohrer, Räumnadel mit Spitze, Räumnadel mit Widerhaken, Räumnadel aus Kupferdraht mit langem und kurzem Haken, damit man diese biegen kann, Räumnadel mit Schneckenbohrer, »Noht-Schraube«, Lumpenzieher, Pulverhorn, Luntenstock, Zündschnur u. a. Original HAB: Ib 118 (3).

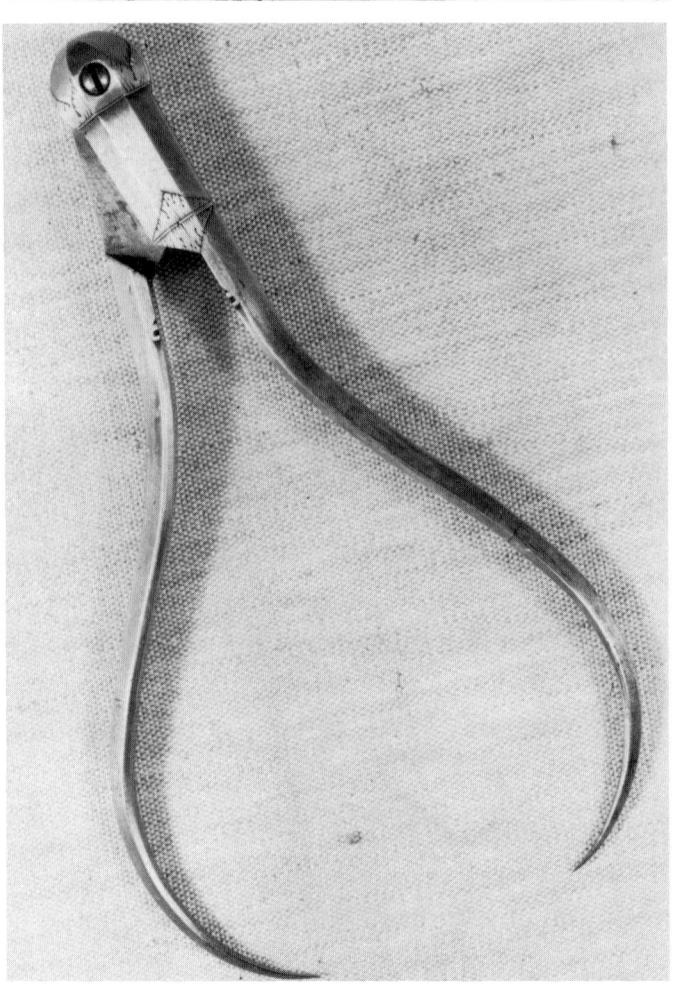

Tasterzirkel aus Messing mit Eisenspitzen. Provenienz und Datierung unbekannt. Original und Foto: Staatlicher Mathematisch-Physikalischer Salon im Zwinger Dresden. Ein solches Instrument wurde zum Vergleich von Rohr und Kugel benutzt. Über die Bestimmung des Kugeldurchmessers (Kaliber) und mit entsprechenden Tabellen konnte der Büchsenmeister bzw. Kanonier die Ladung für eine gewünschte Reichweite bestimmen.

Johann Carl (1587–1665). Baumeister – Ingenieur – Zeugmeister
Kupferstich Lucas Schnitzler sculpsit, 19 x 23,3 cm. Original HAB: Porträtstichsammlung. Noch fehlt eine Bearbeitung von Leben und Werk dieses universal begabten Technikers. Er bildete sich als Schüler von Johann Faulhaber und Jacob Wolff d. Ä. in Zivil- und Militärbaukunst theoretisch wie praktisch aus. Als städtischer Zeugmeister trat er 1631 in Nürnberger Dienste und betreute eines der reichhaltigsten Zeughäuser des damaligen Europa. Aus seiner Offizin stammen zahlreiche Arsenalmodelle, so das »Kleine Zeughaus« im Germanischen Nationalmuseum. An dieser Kollektion von Miniaturen ist das Inventar eines Waffenspeichers einer Reichsstadt der 1. Hälfte des 17. Jh. ablesbar. Eine weitere Sammlung besonders von Modellwerkzeugen von J. Carl besitzt das niederländische Legermuseum Leiden. Aus seinem Nachlaß sind folgende für die Festungsforschung äußerst wichtige Manuskripte unpubliziert:

1. Arithmetica, Geometria, Trigonometria als Grundlage der Fortifikationskraft, dann von Quartieren und Festungsbauvorarbeiten 1662 – ms. germ. 3701.
2. Modus fortificationis, dann Instruktion von unterschiedlichen Bataillen und Schlachtordnungen, wie die auf niederländische Manier formiert werden 1662 – ms. germ. 3702.
3. Beschreib = vnd abbildung der Artillerie. Wie dieselbe der durchleucht. hochgebor. Fürst vnd Herr Herr Mauritius von Nassaw... ins werckh gerichtet v. zu Feld geführt..., o. D. Österreichische Nationalbibliothek Wien Nr. 3502 (116–14).

Die nebenstehende Abbildung gibt ein Gedenkblatt zum Tode des Meisters wieder. Carl steht im Zeughaus, dessen Größe und Reichhaltigkeit durch einen bestückten Waffensaal angedeutet wird. Durch das Fenster sieht man auf die Nürnberger Festungsanlagen, davor nimmt ein Gehilfe Messungen vor. Carl hält als Attribut seiner Würde einen Zirkel in seiner Hand. Er stützt sich auf ein Papier »Omnia secundum Voluntatum Dei – Alles nach Gottes will.«

295

Faulhabergeschütz

Unter dieser Bezeichnung wird ein reich verziertes Bronzerohr vom Kaliber 8,3 cm auf beschlagener hölzerner Vierräderlafette im Landesmuseum Stuttgart geführt. Das Haubitzrohr trägt ein Wappenschild mit der Umschrift:

· IOHANNES · FAVLHABER · STVCKH · HAYBTMANN ·

Johann Faulhaber († 1635) war »Rechenmeister und Modist«, Mathematiker, Ingenieur, Zeugwart und Alchemist, also ein technischer Universalgeist. Er verfaßte auch Fortifikationstraktate, darunter seine berühmte »Ingenieurs-Schul« von 1633. Auch mit dem Instrumentenbau war er vertraut. So findet man im genannten Lehrbuch ein von ihm erfundenes Gerät, das Fortifikationslineal, mit dem man ohne Rechnung (!) irreguläre bastionierte Fronten zeichnen konnte. Original und Fotos: Württembergisches Landesmuseum Stuttgart, AM 67.

Im Auftrag der Generalstaaten bearbeitete *Jacob de Gheyn* (1565–1629) das Buch »Wapenhandlinghe van Roers, Musquetten ende Spiessen«. Dieses grundlegende Werk über die Handhabung der Waffen für das Fußvolk, besonders der Muskete mit und ohne Gabel sowie des Spießes, erschien Den Haag 1607, Amsterdam 1608, Frankfurt a. M. 1609, aber auch in dänischer (1607), englischer (1613) und französischer (1618) Auflage. Jeder einzelne Exerzierschritt ist in prachtvollen Kupfern illustriert. Das Exerzieren ist elementarisiert in zahlreiche vom Reglement vorgeschriebene Schritte. Solche Formalübungen waren in den Heeren des 17. Jh. notwendig geworden, weil die Söldner als taktische Einheiten, als Blöcke, aufmarschierten, kämpften, Feuer gaben. Durch die Oranische Heeresreform war das Niederländische Leger schnell Vorbild für alle anderen Armeen in Europa geworden. Das 17. Jh. ist das Jahrhundert der Belagerungen. Die mit Musketen ausgerüsteten Söldnerhaufen machten erst eine Einschließung und Berennung von Festungen möglich.

43 Befehlsschritte zur Handhabung der Muskete nach dem in ganz Europa als Vorbild wirkenden Reglement des Hauses Oranien.

Musketier des frühen 17. Jahrhunderts. Er war als Söldner ausgerüstet mit dem Luntenschloßgewehr, einem Helm vom Typus Cabacet, dem Pulverhorn, der Pulverflasche, der Kugeltasche, einer Lunte, dem Rapier, dem Dolch. Reproduktion aus Jacob de Gheyn: Waffenhandlvng von den Rören, Mvsqvetten, vndt Spiessen, 's-Gravenhage 1608. Original HAB: 8 Bell 2°.

Der Zeichner der Kgl. Inspektion der technischen Institute der Artillerie W. Berger hinterließ mit seinem Werk »Zeichnungen des Königl. Preussischen Artillerie-Materials, II. Abtheilung B. Festungs- und Belagerungs-Artillerie, C. Maschinen«, Berlin o. J., ein technisch wie zeichnerisch vollendetes Abbildungswerk. Der Titelseite ist das 12pfündige Kanonenrohr auf Feldlafette entnommen. Reproduktion: Hartwig Neumann.

Preußische gezogene 15-cm-Kanone auf Wallafette. Holzschnitt um 1905. Original und Foto: Hartwig Neumann. Dieses Geschütz wurde sehr erfolgreich beim indirekten Brescheschuß aus der Ferne während der Belagerung von Straßburg 1870 eingesetzt. Die Festung wurde damals durch 41 000 Infanteristen mit 3650 Pferden, 2830 Festungsartilleristen mit 114 Feldgeschützen, 7340 Festungsartilleristen mit 200 gezogenen Kanonen und 88 Mörsern sowie 2800 Pionieren besiegt. Schußweite dieses Rohres 4400 m, Langgranate 27 kg, Lafettengewicht 54,5 Ztr.

Bayerische Festungslafette Lielsches System
Der bayerische Oberleutnant der Artillerie und spätere Kriegsminister von Liel konstruierte um 1836 diese sehr bewegliche Lafette, die durch Anstecken unterschiedlicher Räder, Anbringung oder Wegnahme der Unterlagen des Rahmens sowohl auf dem Festungswall als auch in Kasematten Aufstellung fand. Lithografie von 1874 aus dem Buch der Erfindungen, Bd. VI, 6. Auflage, Reprint Nürnberg o. J.

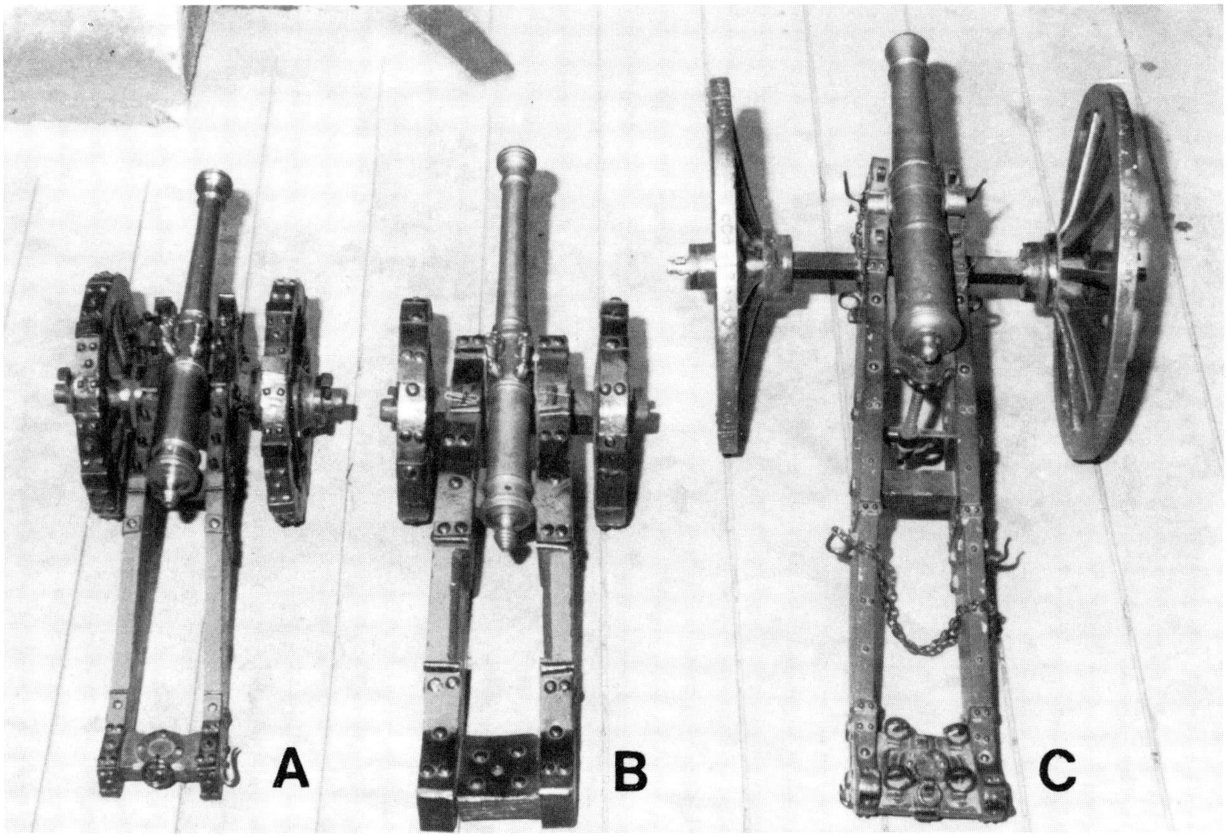

Arsenalmodelle aus dem Niedersächsischen Landesmuseum Braunschweig
A Inv. Nr. VMB 423. Bronze. Gesamtlänge 50,8 cm, Rohrlänge 33,3 cm, Kaliber 0,9 cm, Radabstand 7,5 cm, Raddurchmesser 16 cm.
B Inv. Nr. VMB 422. Bronze. Gesamtlänge 53 cm, Rohrlänge 35 cm, Kaliber 1,2 cm, Radabstand 11,5 cm, Raddurchmesser 15,5 cm.
C Inv. Nr. VMB 421. Messing. System Gribeauval, 2. Hälfte 18. Jh., Gesamtlänge 62 cm, Rohrlänge 31,8 cm, Kaliber 1,7 cm, Radabstand 18 cm, Raddurchmesser 26,5 cm. Zum Geschütz ein zugehöriger Protzwagen. Fotos: Hartwig Neumann.

Gezogene 15-cm-Festungs- und Belagerungskanone L 30 / C 88
Kaliber 14,91 cm, Rohrlänge 447,3 cm, V_o = 495 m/s, Reichweite 12 km, Querkolbenkeilverschluß, Gewicht in Feuerstellung 6015 kg, Geschoßgewicht 44 kg, Hersteller: Krupp, gebaut zwischen 1887 und 1912. Räderlafette als genietete Einholmlafette aus Stahlprofilen mit hydraulischer Bremse. Original: Wehrtechnische Studiensammlung Koblenz. Fotos: Hartwig Neumann.

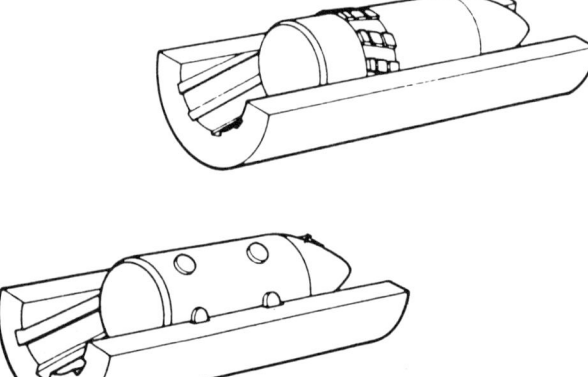

Das Prinzip des gezogenen Laufes wird am aufgeschnittenen Rohr deutlich. Die parallelen Felder und Züge führen die Granate und zwingen ihr eine Rotation um die Längsachse auf. Reproduktion aus I. Batchelor und I. Hogg: Artillerie, München 1977.

Coehoornmortier
Bei der Belagerung von Grave 1674 ließ Menno van Coehoorn erstmals durch ihn konstruierte Kleinmörser einsetzen. Mit diesen Krummbahngeschützen hatte er dem einzelnen Infanteristen eine leichte, durch ihn allein transportierbare und bedienbare Waffe gegeben, mit der im Nahkampf hinter Festungswällen und über Gräben geworfen werden konnte. Damit wurde der bedeckte Weg einer Festung und ihre Außenwerke bedroht. Der Coehoornmörser wurde über einen feststehenden Fuß in einer Bodenplatte unter 45° arretiert. Es gab ihn in Eisen und Bronze mit 10 und 13 cm Kaliber als 8- und 16-Pfünder. Gewicht ca. 24 und 36 kg, Reichweite 500–700 Schritt. Zahlreiche Varianten und Weiterentwicklungen in den europäischen Armeen sind bekannt. Die Abbildung zeigt ein Modell 1:6 der Stichting Menno van Coehoorn, die die Mortiere als Auszeichnung verleiht. Foto: Hartwig Neumann.

Vor dem ehemaligen Zeughaus in Stade flankieren zwei schwere eiserne Mörser den Haupteingang. Als Provenienz wird England, frühes 19. Jh., angegeben. Mehr ist nicht bekannt. Foto: Hartwig Neumann.

XX. Militärbauten in den Festungen

Eine neuzeitliche Festung umschließt mit ihren typischen Fronten eine gewachsene oder in selteneren Fällen neugegründete Stadt oder ältere Burganlage. In sämtlichen Festungsanlagen der Neuzeit gibt es festungsbedingte militärische Großbauten und technische Einrichtungen, die den militärischen Auftrag einer Festung miterfüllen. Ich denke an

> Zeughäuser, Korn- und Materialspeicherbauten, Pulvermagazine, Werkstätten, Wachtgebäude, Kommandantensitz, Festungskirche, Kasernen, Wohnblocks für Offiziere, Hospitäler, Gefängnisse,

aber auch an

> Brunnen, Zisternen, Schleusen, Brücken, Mühlen und den militärischen Straßen- und Dammbau.

Diese Bauaufgaben, Errichtung und Unterhaltung sind vorwiegend ingenieurtechnischer Art. In den Großbauten begegnen sich die »beiden Architekturen« Architectura Militaris und Architectura Civilis. Wie schon mehrfach geschildert gab es aber zwischen den beiden Architekturen keine strenge Trennung, oft waren die Baumeister Spezialisten beider Sparten. Wenn wir uns beispielsweise den schwedischen Getreidespeicher des frühen 18. Jh. in der Festungsstadt Stade anschauen, oder das noch heute den Stadtplan beherrschende defensible Zeughaus des frühen 19. Jh. in Germersheim oder das auf Vorstellungen Vaubans zurückgehende Pulvermagazin im napoleonischen Brückenkopf Jülich – militärische Zweckbauten wurden stets auch *schön* gebaut. Bestimmungselemente findet man dazu nicht nur in der ausgewogenen Proportionierung des umbauten Raumes, sondern auch in der Gestaltung der Eingangsbereiche und Fassaden. Das faszinierte schon die früheren Zeitgenossen. Die vordringliche Aufgabe des militärischen Zweckbaus ist stets verbunden mit einer Neigung zur Repräsentation, zur Verzierung über die reine Funktion hinaus. Der Festungs- und Militärbaumeister oder Ingenieur brachte ästhetische Akzente in sein Werk ein. Das gilt für alle Festungsbauepochen. Diese Akzente sind individuelle Schöpfungen des jeweiligen Architekten und seiner Schule, aber auch des Auftraggebers. Architektur bringt Machtverhältnisse zum Ausdruck – auch und besonders im Militärbau. Das Zeughaus in Wolfenbüttel ist über seine Urfunktion als Armamentarium hinaus auch wesentlicher Repräsentationsbau im Ensemble mit dem Schloß und den stattlichen Hofbeamten- und Verwaltungsbauten am Schloßplatz inmitten der ehemaligen Zitadelle gewesen, es ist noch heute mit dem benachbarten Kornspeicher raum- und stadtbildbeherrschend. Der Fassadenschmuck im Sinne des Manierismus ist vorwiegend auf die zum Schloß orientierte Längsseite und die Eingangsfront beschränkt.

Stellvertretend für die zahlreichen Handwerksberufe, die auf den Großbaustellen des Festungsbauwesens anzutreffen waren, hier die Reproduktionen zweier Holzschnitte vom *Ziegler* und *Steinmetzen* aus der Erstausgabe des Buches von Hans Sachs und Jost Amman: Eygentliche Beschreibung Aller Staende auff Erden, Franckfurt am Mayn 1568. Fotos: Hartwig Neumann.

Zeughaus der Festungsstadt Wolfenbüttel. Ansicht der Westfassade mit dem Hauptportal, datiert 1619, und Detail aus dem Giebelfeld nach der jüngsten Restaurierung und dem Ausbau zum Bibliotheksquartier der Herzog August Bibliothek. Zeichnung: HAB. Foto: Günter Schöne, HAB.
Das Zeughaus ist von der Zweckbestimmung her ein Speicherbau der Architectura militaris und von der durch die Lage bedingten Fassadengestaltung her ein Repräsentationsbau der Architectura civilis als Teil der höfischen Zentralbauten in der ehemaligen Zitadelle.

Festungsstadt Stade – Schwedenspeicher und Geschützbatterie
Rathaus (1667), Zeughaus (1698) und Proviantspeicher (1705) sind die erhaltenen Großbauten aus der schwedischen Besatzungszeit 1645–1712. Die Restaurierung des total verfallenen Schwedenspeichers und seine Umwidmung in ein bedeutendes Regionalmuseum 1975–77 ist Teil der vorbildlichen Objektsanierung in der Innenstadt am alten Hafen. Die drei gußeisernen Rohre von 280 cm Rohrlänge bei einem Kaliber von 12 cm vom Typus glatte Vorderlader tragen Monogramme GR bekrönt und liegen auf gußeisernen Lafetten englischer Provenienz. Sie bereichern das Straßenbild und sind Anlaufziel der Besucher von Stade. Foto: Hartwig Neumann.

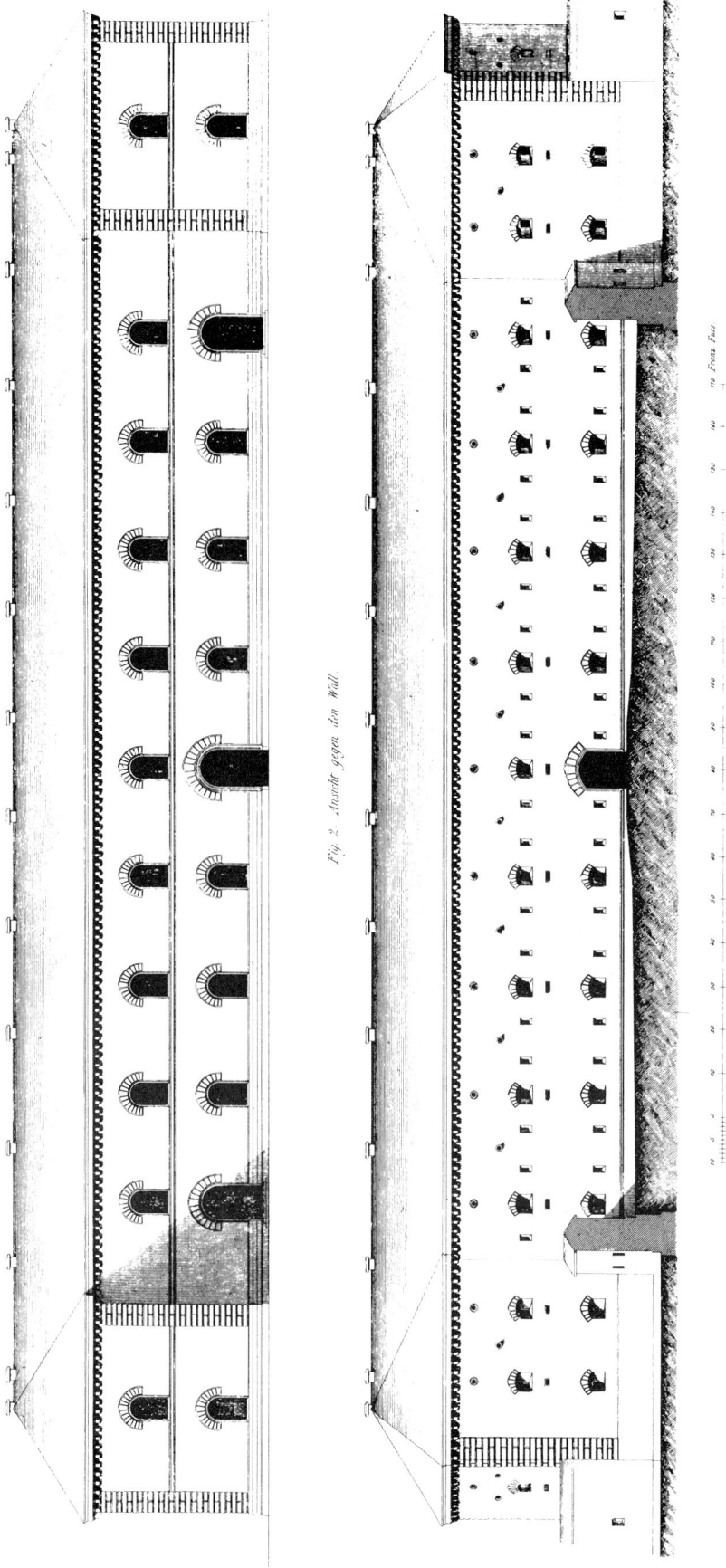

Fig. 1. Ansicht gegen die Stadt.

Fig. 2. Ansicht gegen den Wall.

Defensibles Zeughaus der Festung Germersheim

Noch heute bestehen trotz Abtragungsanordnungen von französischen und deutschen Behörden zahlreiche Bauten der klassizistischen Festung Germersheim. Das Zeughaus entwarf der Militärarchitekt von Schmauß (1792–1846) als Teil der Verteidigungswerke mit zwei Reihen Geschützständen gegen die Wallfront. Die obere Feueretage diente der Bestreichung des Glacis und des Rheinufers, die untere Etage wirkte zusammen mit den Geschützen aus zwei Kompanien in den Graben und ins Nahverteidigungsfeld. Das Mauerwerk aus hellgelben Ziegeln und die Tür-, Kanten- und Schartenblöcke bestehen aus weißem Sandstein. Das defensible Zeughaus ist fortifikatorisch wie kunstgeschichtlich ein ganz wertvoller Bau, der in Zukunft als Sozialzentrum genutzt und damit gerettet wird. Die Reproduktion der Ansichten stammen aus der Allgemeinen Bauzeitung, hrsg. v. Ch. F. L. Förster, Textband, Wien 1849. Dort findet man eine ausgezeichnete Beschreibung in Wort und Bild.

305

Festungsstadt Stade – Zeughaus am Pferdemarkt im heutigen Zustand. Die Schweden erbauten ab 1697 dieses wichtige Waffenmagazin als Rechteckbau von 44,40 x 15,58 m Grundfläche. Walmdach mit Pfannendeckung und Rundbogenportal datieren 1698. Im Giebel bekröntes Monogramm des Schwedenkönigs Carl XII. (1697–1718) mit symmetrisch angeordneten Fahnen, Stangenwaffen, Kanonen, Mörsern und Kugelpyramiden. Foto: Hartwig Neumann.

La Poudriere de Guerre, Fortification de Juliers, Couronnement de la Roer 1984
Das Kriegspulvermagazin der Festung Jülich im Brückenkopf von 1804. Der Grundtyp dieses Magazins geht auf Vauban zurück. Seine Vorstellungen wurden mannigfach variiert in sämtlichen Festungen Europas z. T. noch bis Ende 19. Jh. gebaut. Die technischen Anforderungen an einen solchen Bau waren:

1. absolute Wasserfreiheit
2. Standort weit weg vom Feind
3. Geschützte Lage
4. Bombenfreiheit
5. Nahe der eigenen Stellung.

Der Bautyp ist gekennzeichnet durch einen in der Länge variablen Rechteckgrundriß mit schwerer Tonne, darüber Satteldach. Zur Luftkonvektion sind innen und außen an Schlitzen Türen angebracht. Die Schlitze verlaufen im Mauerinneren gebrochen, um einen direkten Einschuß zu verhindern. Die Stirnwände mit Tür und Fenstern sind nicht im Verband mit der Tonne, damit diese nach einer möglichen Explosion durch Wegklappen der Stirnwände möglichst unberührt bleibt. Die Längsseiten stützen Strebepfeiler. Die Verwendung des Hausteins ist reine Zierde und zeigt, daß selbst Zweckbauten dieser Art noch bewußt schön gestaltet wurden. Fotos: Hartwig Neumann. Zeichnung aus Philippe Truttmann: Fortification..., Thionville 1975.

 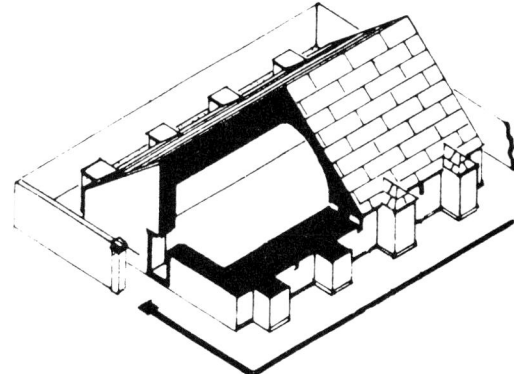

Garnisonskirche der kurfürstlich-sächsischen Bergfestung Königstein auf einem Vorkriegsfoto. 1676 wurde der Bau für den evangelischen Gottesdienst geweiht. Der Turm stammt aus dem Jahr 1687. Bauteile der Vorgängerbauten sind in Resten erhalten. Die Anbauten stammen aus dem 17. Jh. und später. Foto: Archiv Hartwig Neumann.

Zu jeder Festung bis weit in das 19. Jh. gehörte stets auch ein Sakralraum bzw. Sakralbau. Waren es im 16. Jh. in den Festungen des Typus Palazzo in Fortezza die Schloßkapellen, die meist in den Schloßbau integriert waren, so gab es in den reinen Festungs- und Garnisonsstädten des 17. und 18. Jh. die eigenständige Festungs- bzw. Garnisonskirche. Die Geschichte der Sakralbauten in Fortifikationen ist noch nicht geschrieben.

Festungslazarett Minden
Als bedeutender Teil der klassizistischen Militärbauten Mindens gilt das 1829/30 erbaute bombensichere Lazarett in der Portastraße 9. Der schiefergedeckte Bau mit zwei Vollgeschossen von je 3,45 m Höhe ist mit Sandsteinquadern verkleidet. Die Längsfassaden werden durch breite Lisenen, die den schweren Architrav tragen, gegliedert. Im Mittelrisalit der Haupteingang mit gußeisernem bekrönten Monogramm Friedrich Wilhelms III. in Eichen- und Lorbeerzweigen. Heute ist das 1975/77 revitalisierte Gebäude Teil des Mindener Klinikums. Foto: Kommunalarchiv Minden.

Proviantmagazin in Minden
Das Proviant- und Körnermagazin der Festung Minden wurde 1835/36 über einer Grundfläche von 42 x 16 m gegenüber der ebenfalls erhaltenen Heeresbäckerei erbaut. Das wuchtige Gebäude ist mit rotbraunen Sandsteinquadern verkleidet. Vier Vollgeschosse, Keller und Zwischenböden unter dem Dach boten einen ausgedehnten Speicherraum. Über den Rundbogenfenstern in den Gesimsen die ehemaligen Belüftungsöffnungen. Das Erdgeschoß ist rustiziert und gibt den palazzoartigen Eindruck. 1975/77 Wiederaufbau der Brandruine und Nutzung als Gebäude für Erwachsenenbildung (Weser-Kolleg). Foto: Kommunalarchiv Minden.

K.K. Arsenal in Wien

Ein weiteres hier hervorzuhebendes Beispiel eines Baukomplexes, in dem sich Vorstellungen der Architectura militaris und der Architectura civilis treffen, ist das ehemalige K. K. Arsenal in Wien. Es gibt mehrere Urentwürfe, darunter auch einen durch eine Zitadelle beherrschten Arsenalkomplex. Der erste Entwurf von A. P. de Rigel, der unten abgebildet ist, zeigt ein bastioniertes Oktogon, in dem Kasernen, Werkstätten, Geschützgießerei, Gewehrfabrik, Depots und die Heeresverwaltung sowie von Anfang an als vaterländische Ruhmesidee ein Waffen- und Trophäenmuseum vorgesehen waren. Gerade dem Museum gab Rigel noch die zentrale Stellung durch ein fünfgeschossiges Gebäude im Zentrum des nach klassischem Schema bastionierten, verteidigungsfähigen, also sturmfreien Wall- und Grabensystems mit Kontereskarpe und Glacis. Die Anlage sollte wie eine Festung weitgehend autark sein, die gesamte in Wien verstreute Waffenproduktion zentralisieren und das Waffenlager schützen. Ein Hauptgrund zur Errichtung des Arsenals waren die schlechten Erfahrungen, die man mit der Plünderung des Kaiserlichen Zeughauses Wien 1948 machen mußte. Bei der Ausführung nach Plänen von Ludwig Förster (1797–1863), Theophil Hansen (1813–1891) u. a. wurde die Bastionierung weggelassen. Noch heute spiegeln die erhaltenen Gebäude des K. K. Arsenals über einer Grundfläche von ca. 688 x 480 m das Anliegen der Erbauer und Auftraggeber wider, ein Gesamtkunstwerk aus Architektur, Skulptur und Malerei zu schaffen.

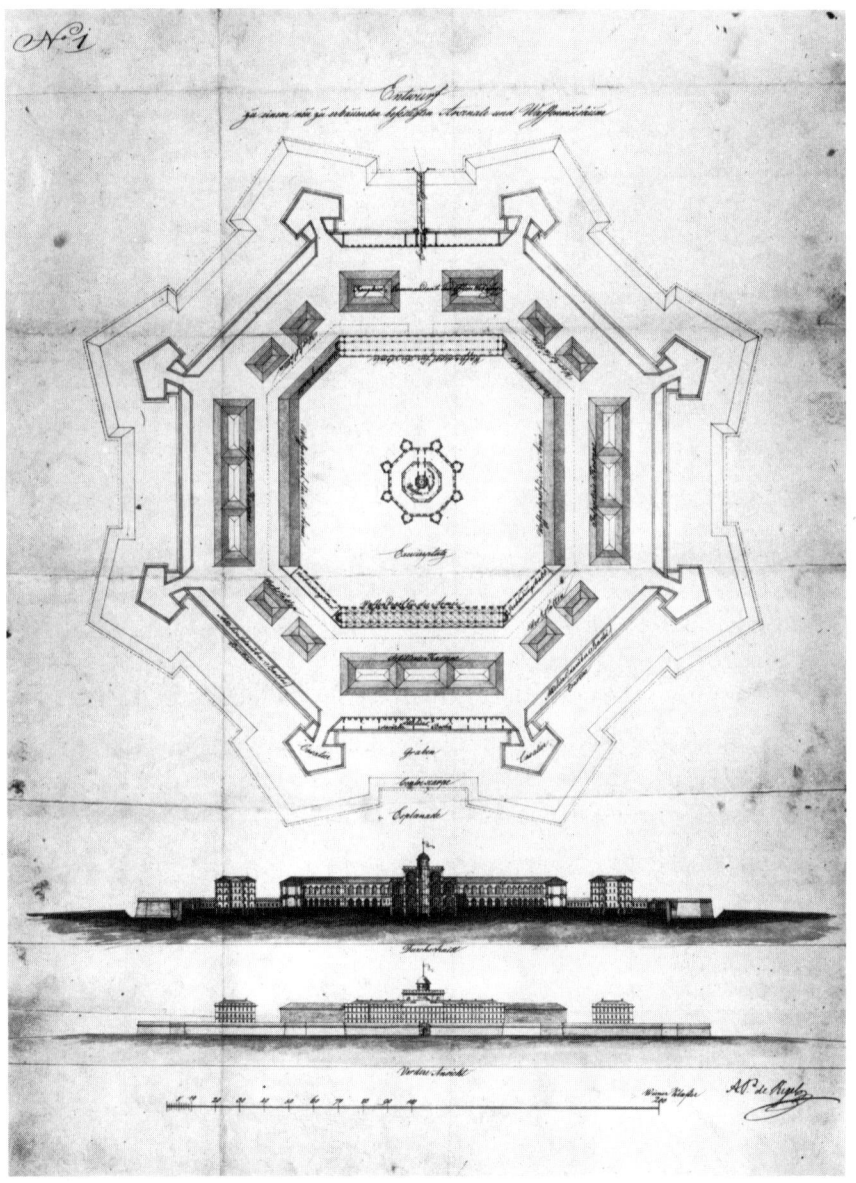

»Entwurf zu einem neu zu erbauenden befestigten Arsenale und Waffenmusäum«, Grundriß, Schnitt und Vorderansicht, kolorierte Federzeichnung von Antonius Pius de Rigel, um 1848. Masse 46,2 x 62,8 cm. Original: Heeresgeschichtl. Museum Wien.

Kommandantengebäude des K. K. Arsenals (= Objekt 1), heute Heeresgeschichtliches Museum, Wien. Das zweifarbige Ziegelmauerwerk mit Terrakottaornamenten und Hausteingliederung sowie die reichhaltige Bauplastik und Ornamentik zeigen den Sondercharakter des Gebäudes an. Am und im Bau sind Formen des byzantinischen Stils mit Elementen gotischer und maurischer Art vereinigt. Die Rekonstruktionen innen und außen nach den starken Kriegszerstörungen sind gelungen. Foto: Dynamit Nobel AG.

XXI. Festungen: Unterirdische Anlagen

Kennzeichnend für die meisten neuzeitlichen Festungswerke ist die Ausbreitung der Bauten in die Ebene. Die Silhouette der Fronten und notwendigen Aufbauten sollte möglichst dem Feind entzogen sein.

Sowohl die direkte Sicht, als auch der feindliche Beschuß gegen aufsteigendes Mauerwerk wurden reduziert, ja oftmals durch vor die Hauptfront vorgelegte Außenwerke verhindert. Hochgotische Bauwerke der mittelalterlichen Befestigungen und aufragendes Mauerwerk stellten sich rasch als nachteilig heraus. Sie dienten dem Feind als artilleristisches Einschußziel und schadeten den Verteidigern durch herunterstürzende Trümmermassen. Der Hauptteil einer Festung, also die Kurtinen, Facen und Flanken, wurden alsbald unter den Bauhorizont abgesenkt. Der die Festungen des 16.–18. Jh. kennzeichnende Kordonstein, ein waagerecht um die gesamte Anlage laufendes Gesims aus Hau- oder besonders geformten Ziegelsteinen (Beispiele Zitadellen von Jülich und Wesel), zeigt meist die Stelle an, wo die dossiert aus dem Graben aufsteigende Mauer in die senkrechte Brustwehr übergeht. Und diese Linie stimmt ungefähr mit dem Bauhorizont überein oder liegt nur wenige Meter darüber. Eine Festung ist ohne unterirdische Räume nicht denkbar. Unterirdisch liegen alle Hohlbauten, die besonders geschützt werden müssen und von Erd- oder Steinmassen umgeben sind. Man erreichte diesen bombenfreien Zustand entweder durch Versenken in den natürlich anstehenden Boden oder durch künstliche Auf- oder Anschüttungen. Kasematten, die in die Wälle hineingesetzt wurden, ja oftmals konstruktive Teile des Walles waren, liegen ebenfalls unterirdisch. Kasematten dienten Wohn-, Lager- und auch Kampfzwecken. Man stellte an sie hohe Anforderungen in bezug auf Stabilität und Bombenfreiheit. Während der gesamten Menschheitsgeschichte hat sich Erde als billigster und wirksamer Schutz erwiesen.

Festung Rothenberg. Blick in einen Kasemattengang. Die Gesamtlänge ergibt 675 m. Dazu kommt noch ein 250 m² großer, durch 90 Pfeiler gestützter Raum mit Kreuzgratgewölbe als unterirdischer Speicherraum für militärisches Gerät und Verpflegung. Der Gang ist 4 m breit und 7 m hoch. Deutlich sind die Öffnungen für die Stützbalken des ehemaligen hölzernen Zwischenbodens von 1807 zu erkennen. Oben sollten im Belagerungsfall Kranke und ruhende Mannschaften lagern. Foto: Heimatverein Schnaittach.

Weil die Reichweite des Feld- und Belagerungsgeschützes im frühen 19. Jh. wiederum verbessert wurde, wurde es geradezu typisch, in den neuerbauten Festungen der neudeutschen Schule die Dächer auch für Großbauten wie Speicherhäuser, Kasernen und natürlich Pulvermagazine mit einer dicken Erdschicht zu versehen. Das erforderte eine entsprechende Dimensionierung des Daches, und ein Problem der heutigen Restauratoren ist es, eine optimale Entwässerung für solche Bauten zu erreichen. Meist ist heute die Erdschicht abgetragen. Unterirdisch und damit der Feindsicht und dem Feindeinschuß weitgehend entzogen liegen auch die oft sehr zahlreichen Gänge für den Transport von Menschen und Material. Während einer Belagerung mußte man die einzelnen Werke absolut gedeckt erreichen können, um die Abwehrkräfte an einem kritischen Punkt zusammenzuführen. Diese Poternen sind meist mit dem stabilen Tonnengewölbe versehen, es gibt aber auch zahlreiche Beispiele, wo Gänge dieser Art durch den natürlichen Fels getrieben wurden. Zur Ausstattung eines festen Platzes gehören auch Abwässerkanäle, Sickergruben für die Abortanlagen, Brunnenschächte, Zisternen, Schleusensysteme, Rohrleitungen – vorwiegend unterirdische Bauten. Schließlich rechnen wir noch die Kellersysteme zu den unterirdischen Bauteilen. Gerade sie waren oft die sichersten Orte einer Festung überhaupt und dienten bei Bedrohung der Einlagerung von Archivmaterialien, Schätzen, Sammlungen. Unterirdisch wurde auch der sogenannte Minenkrieg geführt. Solange es Festungen gab, versuchten Freund und Feind durch Untergraben der feindlichen Stellungen oder Aufmarschgebiete, diesen im rechten Moment durch entsprechende Sprengungen von unten »aufzublasen«.*
Es gibt Minen und Gegenminen da, wo es die Natur des Untergrundes erlaubte.

* Wahrscheinlich hat die klassizistische Festung Josefstadt, entstanden 1780 ff. am Zusammenfluß von Elbe und Mettau, geschleift 1888, die ausgedehntesten Minensysteme im deutschen Festungsbau. Im Führer von 1983 werden 40 km Länge angegeben!

Festung Wülzburg. Blick in die bombensichere Roßmühle. Ein hoher architektonischer Aufwand wurde mit der Konstruktion dieses Kuppelraumes zur Unterbringung der Mahlwerke getrieben. Über einer kreisrunden Bodenfläche von 15.40 m Durchmesser steigt die durch halbkreisförmige Gurtbögen scheinbar gestützte Kalotte bis auf 9.75 m Höhe auf. Einige Mahlsteine sind noch vorhanden, von den technischen Apparaten ist leider nichts mehr nachzuweisen. Aus: H. Neumann, Festung Wülzburg, ³1987.

Im Verlaufe des II. Weltkrieges wurde besonders das Thema der unterirdischen Anlagen und des Luftschutzes aktuell. Zahlreiche Fabriken verschwanden unter der Erde, um gegen die verheerende Wirkung der feindlichen Luftwaffe geschützt zu sein. Selbst in Stollen veralteter Festungen wurden Betriebe verlagert, so Teile der V-Waffenproduktion, aber auch Krankenhäuser. Als Beispiel sei das unterirdische Militärhospital St. Lawrence auf Jersey genannt, wo im Rahmen des Aufbaus der Inselbefestigungen als Teil des Atlantikwalls nach 2½ Jahren Bauzeit unter Verwendung von über 4000 t Beton ein ausgedehntes Krankenhaus mit sämtlichen Zubehör unterirdisch entstand – heute die Attraktion für die Inselbesucher.

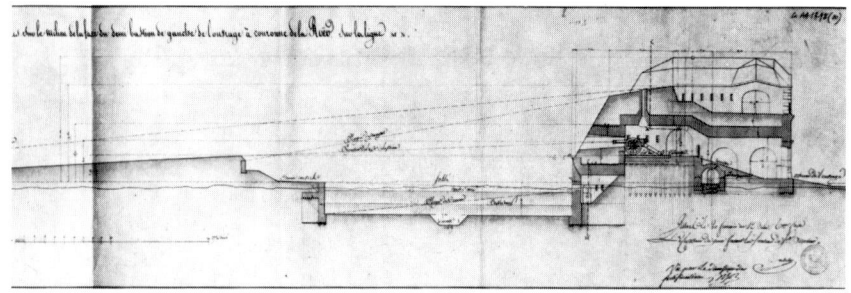

Profil du revetement en decharge d'une casematte... im Brückenkopf Jülich. Ausschnitt. Original: Bibliotheque Nationale Paris Ge. AA 1298 (10).

Napoleonischer Brückenkopf Jülich
Oft liegen unterirdische Hohlräume und Gänge in Festungswerken nicht unter Bauniveau, sondern innerhalb über Bauniveau künstlich aufgebrachten Erd- und Mauerwerkschichten, wie das Beispiel aus der Zeit der Fortification de Juliers (= Jülich) zeigt. In der Schnittzeichnung erkennt man als untere Feueretage knapp über dem Wasserspiegel Kasematten, die durch einen Kommunikationsgang miteinander verbunden sind. Die unterirdische Feueretage für kasemattiertes Geschütz darüber ist durch die gezeichnete Kanone erkennbar. Dieser Hohlraum bildet mit Scharte, Rauchabzugskamin und rückwärtigem Versorgungsraum eine Einheit, die mehrfach nebeneinander aufgereiht ist. Die oberste Feueretage unter freiem Himmel ist für Geschützfeuer über Bank vorgesehen. Brustwehr und Schützenauftritt sind im Profil erkennbar. Die defensiblen, traversenartigen Querbauten sind nur zum Teil fertiggestellt, als 1814 die Preußen die Festung übernahmen.

Brückenkopf Jülich. Verbindungsgang der Kasematten in der unteren Feueretage. Federzeichnung von Edmund Dohmen. Original: Stadtarchiv Jülich. Foto: Hartwig Neumann.

NEC PLVRIBVS IMPAR – [AUCH VIELEN GEWACHSEN]. Inschrift im flatternden Band über dem durch Füllhörner flankierten strahlenden Sonnenhaupt im Dreieckgiebel des Deutschen Tores der Vauban-Festung Landau von 1688/91. Dieses und das ebenfalls erhaltene Französische Tor sind Vorbild für eine ganze Reihe von Festungsportalen für geschlossene Anlagen bis zum Klassizismus. Foto: Stadtarchiv Landau.

XXII. Festungsportale als Beispiele für »Schönbauarchitektur« im Festungsbau

Portale vermitteln von außen nach innen und umgekehrt. Sie wurden in allen Epochen menschlichen Bauens besonders reich und bedeutungsvoll gestaltet. Festungsbaukunst läßt sich nicht nur aus den Grundrissen der Fortifikationsbauten ablesen, sondern auch und ganz besonders an den Festungsportalen. Stets bestehen die Festungswerke mit ihren Wällen und Bastionen außen, also feld- und damit feindseitig aus nüchtern, kalt, düster, abweisend wirkenden Formen der Zweckarchitektur, über deren Abhängigkeit von den Schußlinien der Verteidigungs- aber auch der Angriffsgeschütze oben gesprochen wurde. Die sachliche Architektur konnte nur an wenigen Stellen im Festungsumzug besonders betont werden. Diese Stellen sind die Hauptzugänge ins geschützte Innere, die Festungsportale. In der Literatur werden sie meist als Friedenstore bezeichnet, weil sie unter entsprechender Kontrolle auch dem Zivilverkehr zugänglich waren im Gegensatz zu den Kriegstoren, die als Ausfalltore, Schlupftore nur militärischen Zwecken dienten. Letztere sind in den Festungen meist auf Grabenniveau zu finden, gedeckt durch die Kontereskarpe und davorliegende Außenwerke. Die Friedenstore liegen über dem Grabenniveau und waren meist mit der Kontereskarpe durch ein ausgeklügeltes Brückensystem verbunden, welches aufklappbar, abwerfbar, einziehbar und oft auch wegschießbar ausgelegt war. Hier konnte »schöne« Architektur entstehen, weil die gesamte Portalzone durch das Torravelin voll gedeckt war. Hier also war der Ort, an dem sich ein Militärbaumeister mit seinen architektonischen Fähigkeiten und der Freude des Entwerfens in hohem Maße schöpferisch betätigen konnte. Hier schuf er architektonische Höhepunkte, wie sie ähnlich nur an Schloß- und Kirchenportalen anzutreffen sind. Grundforderung war, daß das Festungsportal den Verteidigungsanstrengungen nicht im Wege stehen durfte, es sollte schön gegliedert, perfekt verziert, symmetrisch sein

315

Festung Marienberg über Würzburg. Inneres Höchberger Tor mit dem Wappen aus rotem Sandstein des Fürstbischofs Johann Gottfried von Guttenberg, datiert 1684. Wer die Hauptkommunikation der Festung Marienberg benutzt, um bis in den oberen Hof zu gelangen, muß 5 Tortunnel mit je 2 Portalen passieren. Sie sind eine Zierde der gewaltigen Anlage. Foto: Hartwig Neumann.

Zitadelle Dömitz. Festungsportal im Stile der niederländischen Spätrenaissance durch die Bastion »Cavalier« als Hauptkommunikation zwischen Stadt und Zitadelle. Über dem Torbogen die Wappen von Mecklenburg und Preußen. 16. Jh. Foto: Bild und Heimat Reichenbach.
JOANNES ALBERTVS
DVX MEGAPOL SIBI-SVISQVE
COMMVNIVIT
ANNO M. D. L X V

und als Bedeutungsträger fungieren. Das Festungsportal ist aber stets Teil einer Toranlage, die mit den verteidigbaren Tortürmen mittelalterlicher Befestigungen wenig gemeinsam hat. Ein Festungsportal ist meist der Ansatz von einem oder mehreren nebeneinander laufenden Tunnels, die durch den Wall in geschwungener oder gerader Form verlaufen und im Innenwall wiederum in einem Festungsportal münden. Es fällt auf, daß die äußeren Portale stets reicher ornamentiert sind als die inneren. Zum jeweiligen Zeitpunkt bewunderten die einen die Festungsportalarchitektur, die anderen verachteten, ja haßten sie – je nachdem, aus welchem Grund man das Portal passierte – als Eigentümer, Eroberer, Sieger, Besiegter, Gefangener, Gast oder Besatzungsmitglied. Die Portalarchitektur ist aber nie verspielt, unernst. Sie ist meist eine Mischung aus sachlichem Ernst, drohender Gebärde und einladender Gestik. In den überwiegenden Fällen kann man den Portalen Triumphbogencharakter zusprechen, ursprünglich als repräsentativer Blickfang und zur Verherrlichung des Bauherrn. Als Mittel diente die Symmetrie, die Verwendung verschiedener Baumaterialien und Steinfarben, besonders aber der reiche plastische Schmuck wie Herrschaftsinsignien, Devisen, Waffen, Trophäen, Embleme, Symbole, Masken unter Benutzung erhöhender Bauglieder wie der Säule und dem Giebel. Schwere Rustika in Bändern, Quadern oder Säulentrommeln gaben die rechte Schwere, und immer wieder bevorzugte man Säulen toskanischer bzw. dorischer Ordnung. So unterschiedlich die Festungsportalarchitektur auch immer ausfiel, der Architekt war stets auch beeinflußt, ja abhängig von den Auffassungen seiner Zeit und den tradierten Regeln der allgemeinen Baukunst. Die einzelnen Festungsportale spiegeln also die jeweiligen Kunstepochen und ihre Übergänge wider. Gegenüber dem Schloßportal zeichnet sich aber das Festungsportal meist durch seinen martialisch orientierten Charakter aus. Oft entdeckt man auch apotropäische Hinweise. Im folgenden Bildteil werden aus der Fülle an noch erhaltenen Festungsportalen elf exemplarisch ausgewählt und vorgestellt.

Festungsstadt Koblenz. Löwentor der Festung Alexander vor der Restaurierung
Das Löwentor als ehemaliger Haupteingang zum Fort Alexander ist ein hervorragendes Beispiel eines Festungsportals des Klassizismus. Der flache Rechteckbau zieht die Aufmerksamkeit auf sich durch den halbkreisförmigen Bogen aus diamantierten Quadern mit besonders stark betonten Fugen, in dem sich der eigentliche Durchlaß befindet. Dieser wird von 2 gußeisernen geflügelten Greifen (nicht Löwen!) flankiert. Sie stammen aus der Sayner Hütte. Kleine Blendarkaden auf Konsolen bilden den Gesimsabschluß. Inschrift: ERBAUT UNTER KOENIG FRIEDRICH WILHELM III IN DEN JAHREN 1817 BIS 1822. Inzwischen hat der Bau einen gelben Rauhputz erhalten. Foto: Hartwig Neumann.

Festungsstadt Wolfenbüttel
Portal im ehemaligen Kasemattentrakt der Bastion Philippsburg. Entwurf: Paul Francke († 1615), erbaut 1608/09 in der Zeit des großen ▶
Festungsausbaus unter Herzog Heinrich Julius († 1613) 1600 bis 1612. Über dem Portal in der Rollwerkkartusche das Wappen vom Anspruchsstand 1584. Das Portal mit dem gebrochenen Giebel und der Verwendung apotropäischer Kugeln sowie Reliefs von Sonne und Mond in den Zwickeln weist auch die für manche andere Wolfenbütteler Bauten dieser Zeit typischen wellenartigen Reliefverzierungen bestimmter Quader auf. Das Portal aus Kalksandstein ist durch Witterungseinflüsse gefährdet. Eine Konservierung ist dringend notwendig, obwohl Portal und Gebäude für die Öffentlichkeit unzugänglich sind, da sie im Bereich der Justizvollzugsanstalt am Ziegenmarkt liegen.
Foto: Wolfgang Lange, Wolfenbüttel.
Der Ausschnitt aus dem »PLAN der Vestung und Environs Wolffenbüttel als Residenz-Augustus- und Heinrichs-Stadt«, Federzeichnung 92 x 63 cm, o. D. [um 1740], sine nota, Original HAB: Rb 14, zeigt die historische Lage in der Verlängerung der Engen Straße über den Ziegenmarkt hinaus. Um die Bastion Philippsberg der älteren Festung wurde erst später die riesige niederländisch orientierte Bastion gebaut und beides bei der Schleifung niedergelegt bis auf das Portal und Teile des Gebäudes. Es handelt sich also um ein Festungsportal intra muros. ▼

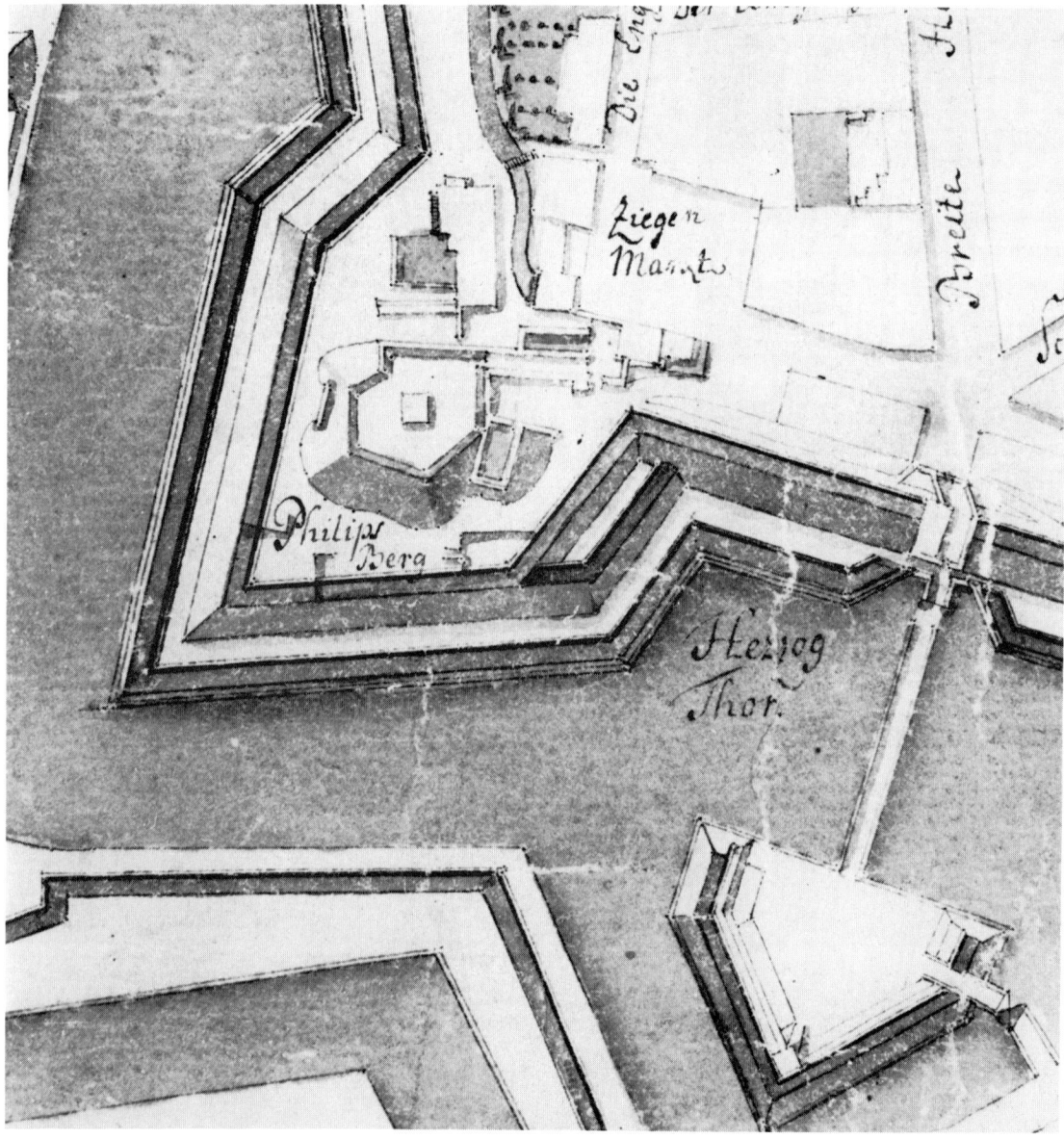

Durch Stilanalyse kann man oft Festungsportale bestimmten Architekten oder zumindest einer Schule zuweisen. Antonio Petrini (* um 1620/21 † 1701), der berühmte Vertreter des fränkischen Barock, ist mit den Festungsportalen von Kronach, Würzburg, Forchheim, Mainz und Erfurt verbunden. Hier das Hauptportal der fürstbischöflich-bambergischen *Festung Rosenberg über Kronach* von 1662 Antonio Petrini zugeschrieben. Daneben das Portal vom Christiansturm der ansbachischen *Grenzfestung Plassenburg über Kulmbach* von 1607, dem Aufgangsturm zur Hohen Bastei von 1553, Gesamtentwurf Hans Werner 1606/07 zugeschrieben. Fotos: Hartwig Neumann.

Ansicht und Schnitt durch eine Festungstoranlage von dem Anhänger der altniederländischen Befestigungsmanier Johann Wilhelm Dilich (1571/72–1655) aus seinem Lehrbuch: PERIBOLOGIA oder Bericht... Von Vestungsgebewen Vieler örter vermehrett wie auch mit gebürenden grundt vnd auffrissen versehen vnd Pvblicirett... Franckfurt am Mayn... MDCXXXX, Reprint 1971, Tafel XLII/XLIIX. Der Festungstheoretiker fügte seinem vorzüglich illustrierten Buch sieben Entwürfe von Festungsportalen bei, die stilistisch zusammengehören, sich in der ornamentalen Ausgestaltung aber unterscheiden. Dieser Entwurf zeigt neben dem feldseitigen Prospekt des Portals im Torrisalit auch einen Schnitt durch denselben mit Tortunnel, Fallgitter, Rauchabzugslöchern, Wachtgewölben und dem Profil der Brustwehren zum Schusse über Bank. Fotos: Hartwig Neumann.

Festungsportal der Zitadelle Petersberg über Erfurt. Der Architekt ist Antonio Petrini († 1701), Auftraggeber war Kurfürst Johann Philipp von Schönborn († 1673), dessen Wappenstein das zweigeschossige Portal heute noch ziert. Die kurmainzische Zitadelle entstand 1666–1707 mit acht Bastionen irregulär an den die Festungsstadt dominierenden Petersberg angepaßt. Das Portal steht in der dossierten Mauer, die hierfür ausgespart ist. Das Portal ist also nicht risalitständig wie die anderen Portale dieser Zeit. Das Untergeschoß ist ca. 7 m hoch. In der Mittelachse das ca. 3,40 m breite Tor, welches von zwei heute zugesetzten Durchschlupftüren flankiert wird. Darüber Rundbogennischen mit Löwenmasken. Der Schlüsselstein des Rundbogens ist als Fratze ausgebildet. Der gesprengte Giebel lenkt den Blick zum Wappenfeld und Obergeschoß. Es setzt knapp unterhalb der Kordonlinie an und schließt mit einem kugelbesetzten Segmentbogen ab. Die Beschriftung CITADELLE PETERSBERG stammt von 1861. Über dem Tortunnel sitzt das ehemalige Kommandantenhaus auf dem Wall auf, ähnlich wie das bei den Zitadellen von Spandau und Mainz der Fall ist. Die Entfestigung des Petersberges ordnete eine Kabinettsorder von 1873 an, jedoch sind die wesentlichen Teile der Zitadelle einschließlich späterer Bauten (wie die einmalige Defensionskaserne 2. Hälfte 19. Jh.) erhalten, wenn auch teilweise in ungepflegtem Zustand. Foto: Hartwig Neumann.

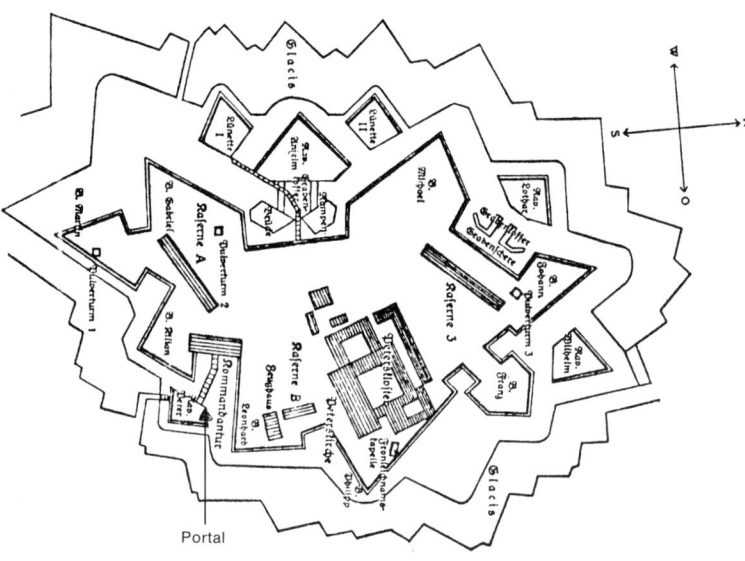

Lageplan. Reproduktion aus O. Kürsten: Der Petersberg. Die Akropolis von Erfurt, Gotha 1943.

Festung Rothenberg. Festungsportal in der Kurtine zwischen den Bastionen Amalie und Karl. Die Radierung von G. C. Wilder (1797–1855) zeigt den Eingangsbereich der Festung mit Torbau und Brücke, die vor wenigen Jahren in vereinfachter Form rekonstruiert wurde. Eine weitere Radierung Wilders zeigt das kurpfalzbayerische Wappen, wie es über dem Eingang im Dreieckgiebel einmal gehangen hat. Deutlich ist die Rechteckblende um das rundbogige Tor zu erkennen, in die einst der aufziehbare Brückenteil genau hineinklappte. Unten im Graben erkennt man die Fluchtpforte. Sie gehört zu diesem Portaltypus, der über drei Jahrhunderte angewendet wurde, wie das Renaissancebeispiel Zitadelle Jülich zeigt, wo ein solches Portal noch in den Aufschüttungen von 1860 steckt. Fotos: Hartwig Neumann.

Rheintor in Breisach von 1670. Vauban hat mit diesem Festungsportal eines der schönsten seiner Zeit geschaffen. Es ist der einzige Rest der einst stolzen Festung (Alt-)Breisach, dem nach Abzug der Franzosen die berühmteste Festungsstadt Vaubans, Neu-Breisach auf der anderen Rheinseite gegenübergestellt wurde. Das dunkle Baumaterial kontrastiert mit dem plastischen Dekor aus Kalkstein. Der rustizierte Sockel ist dossiert und unter den zu vier Paaren zusammengestellten Pilastern des Mittelteils ausgestellt. Über dem Rundbogen ein Tympanon mit bekröntem Lilienwappen und Trophäen. Lebensgroße Plastiken von Herkules und Mars in den Rundnischen, darüber Medaillons mit Jupiter und Juno, Allegorien auf Louis XIV. und seine Gemahlin. Abschluß durch Attika mit Dreieckgiebel. Daneben zwei Obelisken mit noch nicht gedeuteten Figuren. Foto: Mühlbauer, Breisach.

Kriegsthor No. 2 Kronenburg in Straßburg von 1872. Stadtseitige Ansicht und Detail. Fotos: Louis Ludes, Strasbourg. Auf Befehl von Helmuth Graf von Moltke (1800–1891) als Chef des Generalstabes entstand 1877/78 die Neubefestigung Straßburgs in neupreußischer Manier. In 4–6 km Abstand voneinander lagen die 15 Forts um Straßburg und Kehl. Die Stadtbefestigung bestand aus 19 Bastionen und 10 Toranlagen. Eine Toranlage hat die Schleifung 1922 überdauert, das jüngst restaurierte Kriegsthor Nord in Bahnhofsnähe. Die massiven Tunnel durch den Wall zwischen den ehemaligen Bastionen Nr. 14 und Nr. 15 ermöglichen auch die Verbindung zu den Kasematten im Wallinneren. Feld- und Stadtseite sind mit Fassaden versehen, die beweisen, daß auch noch im ausgehenden 19. Jh. die Festungsportale repräsentativ und schön gestaltet wurden. Die Hauptportale zwischen den turmartigen seitlichen Begrenzungen ermöglichten den gegenläufigen Wagenverkehr, die kleineren Tore dienten den Mannschaften. Die Rundportale und Pseudotürme sind durch wuchtige Quader mit Randschlag martialisch betont. Die Zinnen und an Maschukulis (Pechnasenkranz an mittelalterlichen Wehrbauten) erinnernde Bauteile sind funktionslos und stellten nur architektonische Reminiszenzen an längst vergangene Befestigungsepochen dar. Die Steinmetzarbeiten sind von höchster Qualität.

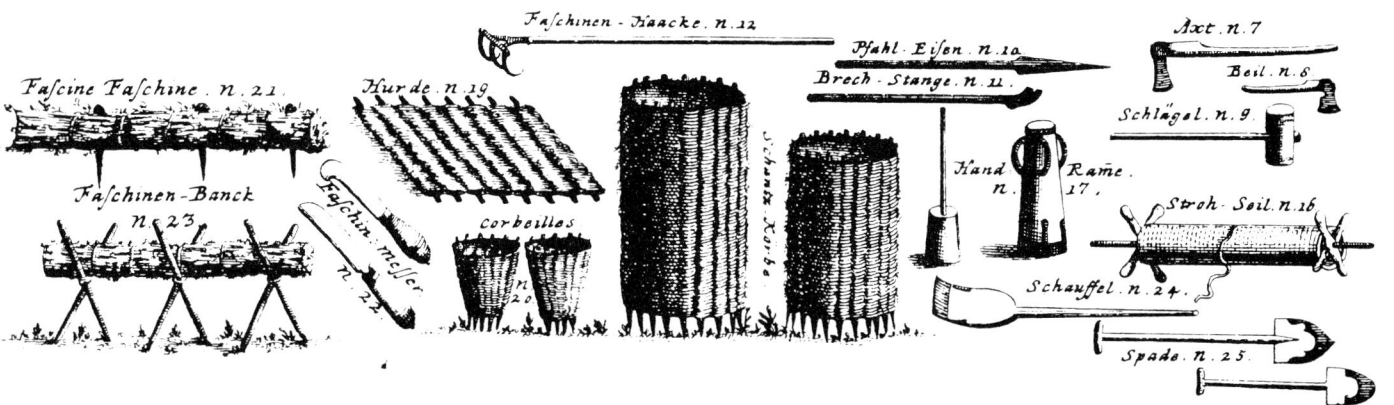

Schanzzeug. Reproduktion aus J. R. Fäsch: KRIEGS-, INGENIEVR- und ARTILLERIE-LEXICON, Nürnberg 1726, Tab. IX (Ausschnitt).

XXIII. Feldbefestigungen

Feldbefestigungen, auch passagere, flüchtige oder Positions-Befestigungen genannt, sind mehr oder weniger kurzfristig errichtete wehrtechnische Einrichtungen, die von den Feldarmeen oder ihren Teilen mit einfachsten vor Ort auffindbaren Mitteln zum zeitweisen Nutzen Verwendung fanden. Nach Zweckerfüllung gab man die Anlagen dem Verfall preis oder unterzog sie der Schleifung. Feldbefestigungen sind zumeist aus Erde und Holz und folgen dem uralten Graben-Wall-System zum Schutze ruhender Verbände gegen Überfall, zur Abwehr und Verteidigung durch Infanterie und Artillerie, zum Sperren von Geländeformationen, zum Einschließen eines Feindes, als Rückzugsort, zum feldmäßigen Schutz fester Einrichtungen wie Amtshäuser, Schlösser oder im weiten Vorfeld von Festungen. Feldbefestigungen kennzeichnet in Anlage und Aufgabe die englische Bezeichnung mit »Improvised Works«. Die Bauweise der Schanzen und ihrer Verbindungslinien folgt meist, was den Grundriß betrifft, vor Ort für optimal erachteten Formen, dem Bastionär- und Tenaillensystem und einer Vielfalt von konkaven, konvexen, rechteckigen und quadratischen und gemischten Formen. Auch die Größen variieren beträchtlich.

Heute sind nur noch wenige Anlagen dieser in allen Fortifikationsepochen mehr oder weniger erfolgreich eingesetzten Feldbefestigungen erhalten. Neben der Karten- und Plananalyse ist die Luftbildarchäologie auch auf diesem Gebiet mit Erfolg eingesetzt worden. Feldbefestigungsbaukunst und -technik ist Teil des Festungsbauwesens und begegnet uns in I Schanzen, II Landwehren, III Lagerfestungen und Verschanzten Lagern und in IV Linienbefestigungen. Zu I: Schanzen tauchen vereinzelt und in Systemen auf. Besonders vor ehemaligen Festungen, die lange Belagerungen zu verzeichnen haben, sind noch weitgehend unbekannte Schanzen anzutreffen, z. B. die Schwedenschanze bei Broich vor Jülich. Massiert findet man Überbleibsel von Schanzen im bremisch-verdischen Bereich aus der Zeit der Schweden 1645–1712, die einst zur Blockierung von bestimmten Geländepunkten, zur Kontrolle von Straßen, zum Schutze fester Häuser u. ä. dienten. Zu II: Über Landwehren, deren Errichtung schon im Mittelalter üblich war, gibt es nur vereinzelte Publikationen. Man entdeckt sie da, wo alte Grenzen verliefen, oft in alten Waldgebieten. Zu III: Verschanzte Lager dienten als Bereitstellungsräume für größere Verbände außerhalb der Festungen, die zu eng zur Aufnahme der Truppen waren. Lagerfestungen, die besonders im 19. Jh. aufkamen, boten ganzen Armeen Schutz für längere Zeit und dienten als Ausgangsbasis für große Operationen in offensiver Verteidigung. Berühmt ist z. B. die Lagerfestung Linz von 1828–1835. Ein ausgedehntes Verschanztes Lager bestand in Ulm, wo sogar ein Schutz durch sturmfreie Forts gewährleistet war. Wallensteins feldmäßig befestigtes Lager von 1632 um Zirndorf ist heute touristisches Ausflugsziel erster Klasse. Zu IV: An Linienbefestigungen in Feldbefestigungsmanier sind noch zahlreiche Überreste erhalten, so u. a. die Weißenburger Linie von 1704 unweit der Festung Wülzburg, Schanzenanlagen an der Fossa Eugeniana, die Eppinger Linie zwischen Neckargemünd und Pforzheim, letztere unter Markgraf Ludwig Wilhelm von Baden ab 1695 auf einer Länge von 86 km erbaut. Eine Besonderheit war hier streckenweise die Anlage eines Verhacks, also abgeholzte und übereinandergelegte Bäume vor einer 100 m breiten Schneise. Dazu kamen Wachttürme, Viereckschanzen für Artillerie, Redouten u. a. Feldbefestigungsbauten. Zu nennen sind weiter die Wiener Linien von 1704 gegen die Ungarn, die Ettlinger Linie südlich Karlsruhe aus der Zeit nach 1707, Teile sind im Wald vor Schloß Scheibenhardt erhalten, u. v. a. Die Erfassung von Relikten des Feldbefestigungsbauwesens ist eine dringende Forschungsaufgabe.

Als eine Sonderform der Feldbefestigung darf man die Wagenburg ansehen, da mit einfachen, allerdings vorbereiteten Mitteln für kurze Zeiten ein Abwehrgürtel im Feld aufgefahren wurde, um nach Abschluß der Bedrohung wieder durch Auseinanderfahren der armierten Wagen zu »zerfallen«.

Bestückter Wagen aus einer Wagenburg
Modell der Wagenburg aus dem Feldlager vor Neuß 1475 nach einer Zeichnung im Mittelalterlichen Hausbuch. 250 x 190 cm. Foto: Hartwig Neumann. Die Hussiten haben erstmals Wagenformationen so vorbereitet, daß mit ihnen in kurzer Zeit eine mehrzeilige Verschanzung aufgefahren werden konnte, aus der mit Haken-, Karrenbüchsen und Kanonen erfolgreich gegen ein feudales, mittelalterlich strukturiertes Heer gekämpft werden konnte. Aus der Wagenburg heraus kam es nach der artilleristischen Vorbereitung zu Ausfällen der Fußtruppen und Reiterei. Im 15. Jh. hatte jede größere Stadt ihre eigene Wagenburg.

Preußische Batterie Nr. 26 aus gezogenen Mörsern vor dem Fort Double Couronne bei St. Denis 1870. Holzschnitt aus: Illustrierte Kriegs-Chronik 1870, S. 389. Reproduktion: Hartwig Neumann.

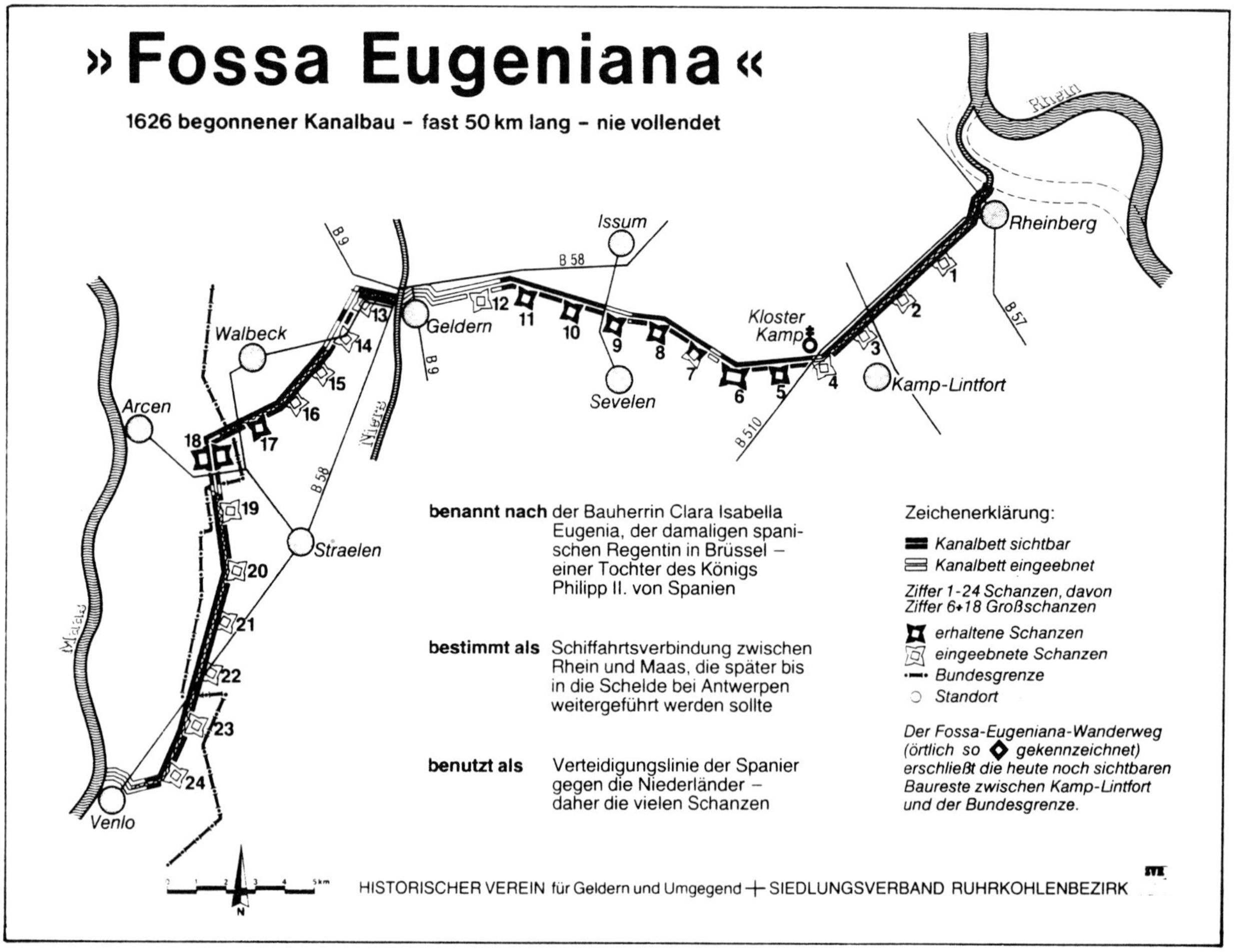

»Fossa Eugeniana«

1626 begonnener Kanalbau – fast 50 km lang – nie vollendet

benannt nach der Bauherrin Clara Isabella Eugenia, der damaligen spanischen Regentin in Brüssel – einer Tochter des Königs Philipp II. von Spanien

bestimmt als Schiffahrtsverbindung zwischen Rhein und Maas, die später bis in die Schelde bei Antwerpen weitergeführt werden sollte

benutzt als Verteidigungslinie der Spanier gegen die Niederländer – daher die vielen Schanzen

Zeichenerklärung:
- Kanalbett sichtbar
- Kanalbett eingeebnet
- Ziffer 1-24 Schanzen, davon Ziffer 6+18 Großschanzen
- erhaltene Schanzen
- eingeebnete Schanzen
- Bundesgrenze
- Standort

Der Fossa-Eugeniana-Wanderweg (örtlich so ◆ gekennzeichnet) erschließt die heute noch sichtbaren Baureste zwischen Kamp-Lintfort und der Bundesgrenze.

HISTORISCHER VEREIN für Geldern und Umgegend + SIEDLUNGSVERBAND RUHRKOHLENBEZIRK

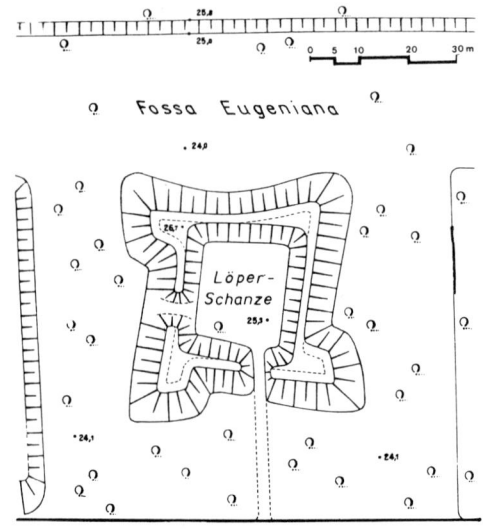

Fossa Eugeniana mit 24 Schanzen

1626 versuchten die Spanier in den Auseinandersetzungen mit den Niederländern auch den Wirtschaftskrieg. Ein Kanalbauprojekt – 1621 begonnen und 1629 unvollendet aufgegeben – wurde von der Festung Rheinberg über die Festung Geldern bis zur Festung Venlo in Angriff genommen. 48 km Kanalbett mit Dämmen und Schleusen sollte durch Schanzen während des Baus militärisch geschützt werden. Von den 24 Schanzen in Erdbauweise sind noch 9 erhalten, dabei auch die Doppelschanze und Schleusenkammern bei Nr. 18. Die Schanzen sind anschauliche Beispiele von Feldbefestigungen.

Grundriß der Schanze Nr. 11
Planaufnahme: Kreis Kleve, Vermessungs- und Katasteramt.

Auch auf dem Gebiet der Feldbefestigung gibt es eine Traktatliteratur. Waren es im 16. und 17. Jh. vorwiegend die Standardwerke zur Architectura Militaris, die in einem Kapitel nach dem permanenten Festungsbau die passagere Feldbefestigung, den Schanzenbau, abhandelten, so erschienen im späten 18. und 19. Jh. separate Bücher, die nur noch diesem Thema gewidmet waren. Alle diese Bücher sind wegen ihrer kleinen Auflagen, meist »nur für den Dienstgebrauch«, sehr selten. Um dem Forscher einen Einstieg in dieses noch weitgehend unbearbeitete Feld zu bieten, sollen hier einige der wichtigsten Titel genannt werden:

- Struensee, Carl August: Anfangsgründe der Kriegsbaukunst, Teil I, so von der Befestigungskunst im Felde handelt, Leipzig/Liegnitz 1771

- Voch, Lukas: Die Feldbefestigungs- oder Verschanzungskunst, zum Gebrauche junger Officiers, Kadeten, Unterofficiers und anderer Liebhaber entworfen, Augsburg 1775

- Müller, Ludwig: Versuch über die Verschanzungskunst auf Winterpostirung, Potsdam 1782
  Derselbe: Ludwig Müllers nachgelassene, militaerische Schriften, mit Kupferstichen und Holzschnitten, Bd. 1: Lagerkunst, Bd. 2: Terrainlehre, Berlin 1807

- Jetze, Franz Christoph: Theoretisch-practisches Handbuch der Feldbefestigungswissenschaft durch eigene ganz neue Erfindungen umgearbeitet und vervollkommnet zum Selbstunterricht, Breßlau 1793

- Osthoff, A.: Handbuch der Feldbefestigungskunst, mit Hinblick auf die bei jüngsten Kriegsereignissen stattgefundene Anwendung derselben, Braunschweig 1853

- Rumpf, H. F.: Allgemeine Literatur der Kriegswissenschaften, Berlin 1824/25; dort findet man in Bd. 1 weitere Titel zur Feldbefestigungsbaukunst und -technik (S. 350–355)

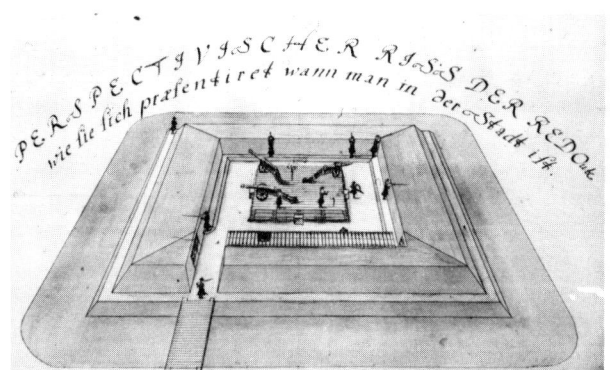 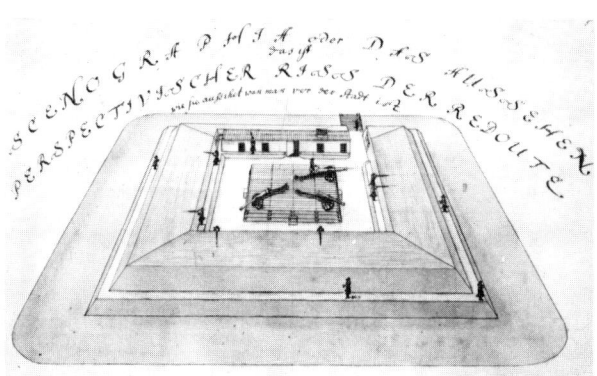

Schanze vor Norden 1727
Original aus dem Kodex Ms. germ. fol. 41 der Staatsbibliothek Preuß. Kulturbesitz Berlin: GEOMETRISCHER GRUNDRISS PROFILE und PERSPEKTIVISCHE auch ORTHOGRAPHISCHE RISSE der SCHANTZE UND DESS DARINNEN BEFINDLICHEN WACHT-HAUSES, die ich auff Befehl der Staendischen Herrn DEPUTIRTEN VOR DIE STADT NORDEN geleget. NEBST DEN URSACHEN, WARUM ICH SIE SO UND NICHT anderst angegeben und erbauet CHRISTIAN LUDEWIG von STEUBE Capitain Ingenieur und der Artillerie DER STADT EMDEN 1727.

Wallensteins Lager

Musterbeispiele für neuzeitliche Feldbefestigungen bieten die durch einen ausgeschilderten Rundgang zusammengefaßten Anlagen von 1632 um Zirndorf. Heute gilt das Lager als bedeutendes ingenieurtechnisches Bauwerk aus der Zeit des Dreißigjährigen Krieges. Trotz Abpflügen und Einwirkung der Naturgewalten seit über 350 Jahren ist die den Vorteilen des natürlichen Geländes folgende, einst 16 km im Zickzack messende Zirkumvallationslinie mit Viereckschanzen, Sternschanzen, ausgesprochenen Artillerieschanzen zur Fernverteidigung, Kronwerk, Wällen und Gräben noch erfreulich gut erhalten. Um Nürnberg hatten 20 000 Menschen in schwedischem Auftrag das Retranchement genannte riesige Lager aus Erdwällen, Gräben und Schanzen als Sammelort für die schwedische Verstärkung anlegen müssen. Mit der Zirndorfer Anlage wollte Wallenstein (1583–1634) die Schweden vor Nürnberg blockieren, was ihm aber nur teilweise gelang. Die Schlacht an der Alten Veste zwischen Gustav Adolf (geb. 1594, reg. 1611–1632) und Wallenstein ging unentschieden aus. Das Lager und der Kampfesverlauf wurden jüngst ausführlich dokumentiert.

Legende

① *Vestner Weg – Abzweigung Kellerweg:* Linker Flügel der Schweden greift am Nachmittag des 3. 9. 1632 Vorfeldverteidigung Wallensteins an. Entlastungsangriffe bayerischer Reiterei brechen im schwedischen Musketenfeuer zusammen.
② *Wegegabel Hasenstraße – Alte Zirndorfer Straße:* Schwedische Artillerie unterstützt den linken Flügel beim Angriff auf die vorgeschobenen Linien Wallensteins. Nach Eroberung der Schanzen formiert sich der linke Flügel zum Angriff auf den Lagerwall.
③ *Fußweg entlang der Verbindungsstraße West:* Linker Flügel der Schweden greift am Nachmittag des 3. 9. 1632 den Lagerwall an und bleibt im Flankenfeuer der Artillerie Wallensteins liegen.
④ *Parkplatz bei der Station Alte Veste:* Schwedisches Zentrum greift am Vormittag des 3. 9. 1632 die Alte Veste mit Sturmhaufen im Wald erfolglos an. Entlang der Straße von der Flanke kroatische Entlastungsangriffe gegen die Schweden.
⑤ *Höchster Punkt der Straße Zirndorf – Fürth:* Nordrand der Befestigungslinie des Wallensteinschen Lagers.
⑥ *Wegegabel Vestner Straße – Weg zur Alten Veste:* Nordrand der Befestigungslinie des Wallensteinschen Lagers.
⑦ *Von Ost nach West verlaufender Weg am Südrand des Waldes:* Rechter Flügel der Schweden stößt am Vormittag des 3. 9. 1632 bis hierher vor und legt Artilleriestellungen zum Beschuß des Lagers an.
⑧ *Zirndorfer Hochbehälter:* Rechter Flügel der Schweden nimmt hier eine große Artillerieschanze Wallensteins und kommt dem Lagerwall ganz nahe.
⑨ *Waldrand beim Gustav-Adolf-Altenheim:* Schützengräben als Flankensicherung der Artillerieschanze im Wald erkennbar.
⑩ *Kneippallee – Abzweigung zum Kneippbad Zirndorf:* Nord-West-Ecke des Wallensteinschen Lagers, durch zwei starke Batterien gesichert, da Wallenstein den schwedischen Angriff hier erwartete.
⑪ *Straße Unterasbach – Oberweihersbuch, an der Kreuzung zum Schanzweg:* Entlang des Schanzweges von West nach Ost verlaufender Südrand des Wallensteinschen Lagers. Auf der Petershöhe große Sternschanze.
⑫ *Schanzweg am Faberwald bei Unterweihersbuch:* Entlang des Weges Südrand des Wallensteinschen Lagers. Im Wald Reste der größten Schanze des Abschnittes, eines sog. Kronwerkes.
⑬ *Regenrückhaltebecken an der Fernabrücke bei Altenberg:* Schwedische Artillerie beschießt von Fürth-Süd aus den Ostrand des Lagers, den Geschützpark Wallensteins und das Quartier des bayer. Kurfürsten in Altenberg.

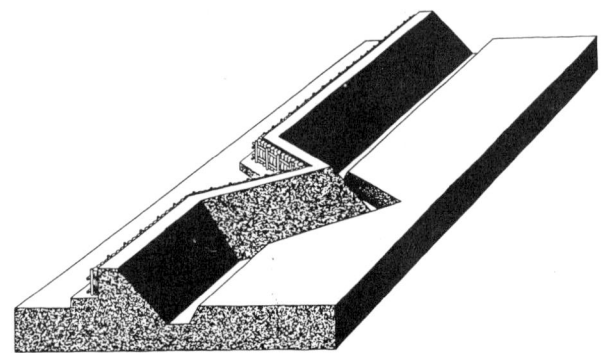

Räumliche Darstellung einer Halben Redoute aus der Feldbefestigung Wallensteins. Der Graben ist 1,50 m tief und 2 m breit. Unter einem Neigungswinkel von 50° steigt der Erdwall über 2 m auf und hat an der Wallkrone eine Dicke von 1 m. Eine Korbwand aus Ästen und Reisig stützt und schützt Wall und Mannschaften auf dem Bankett. Zeichnung: Helmut Mahr, Altenberg.

Rundgang um Wallensteins Lager. Abdruck aus dem Faltblatt des Vereins Naherholungsgebiet Lorenzer Reichswald und Umgebung mit Genehmigung des Kreisheimatpflegers Helmut Mahr.

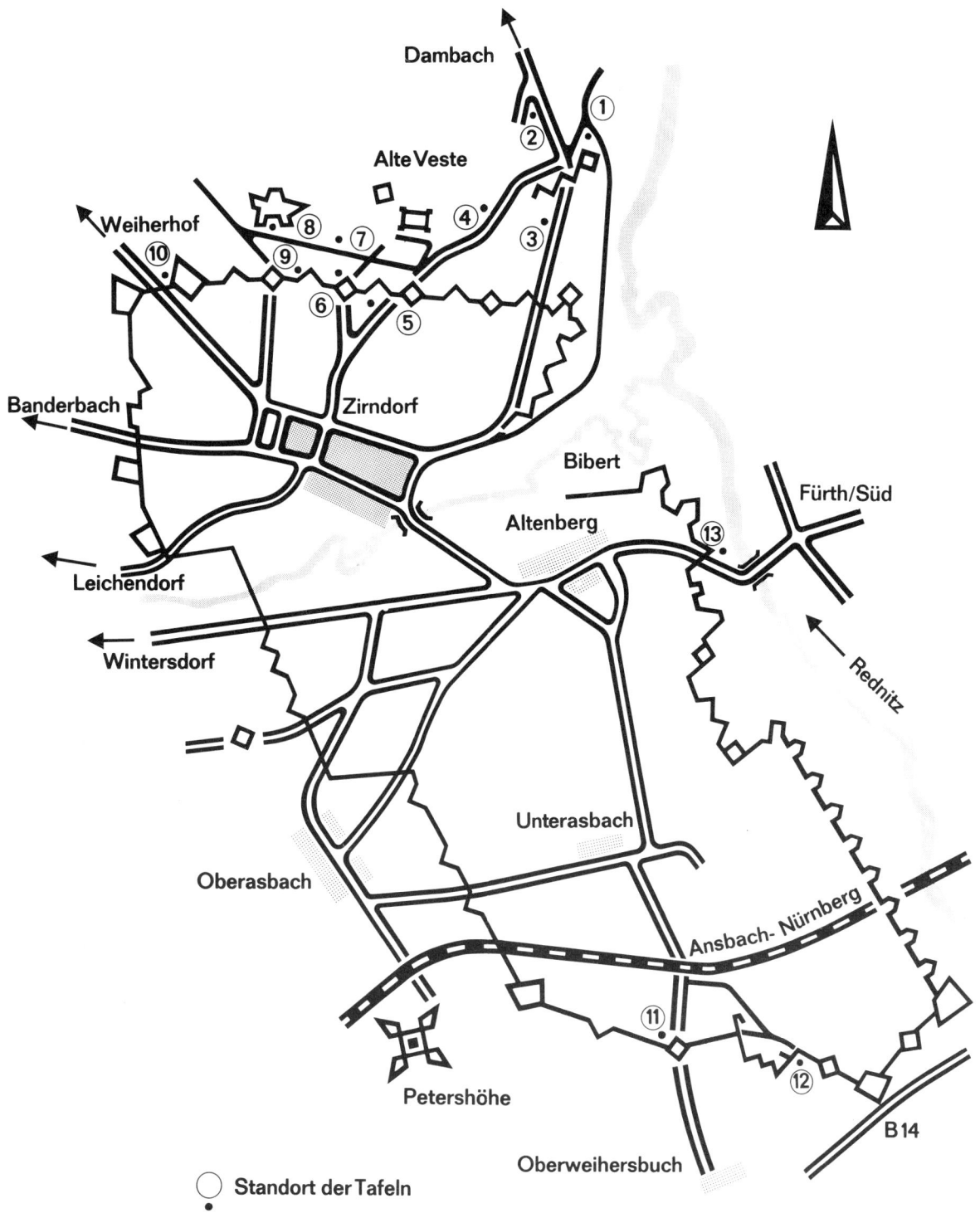

331

XXIV. Poliorketik und Kastrametation

Die überwiegende Zahl der Festungen hat eine oder mehrere Belagerungen unterschiedlicher Schwere erleiden müssen. Es gibt aber auch Festungen, deren bloße Existenz Belagerungsheere abgeschreckt hat. Festungen sind zur Abwehr eines Feindes konstruiert. Der Konstrukteur mußte stets auch Sachkenner der Belagerungskunst und -technik seiner Zeit sein. Die Poliorketik als »Wissenschaft« von der Belagerungskunst und Belagerungstechnik ist uralt. Solange es Belagerungsheere gab, waren es Spezialisten, die den Angriff oder die Einschließung eines festen Platzes ausarbeiteten und anführten. Mit der Verwissenschaftlichung der Kriegführung bildete sich auch ein fundamentaler Wissenskanon heraus, der wie das Wissen der Büchsenmeister und Festungsbauer weitergegeben wurde. Wir finden in den grundlegenden Traktaten zum Festungsbauwesen meist auch Kapitel über Feldbefestigungen und Belagerungen. Der Belagerungskrieg in Angriff und Verteidigung ist mehr als nur ein Appendix der Architectura militaris als Ars fortifikatoria, er ist bedeutender Teil der angewandten Taktik. Die Kastrametation, also die »Wissenschaft« vom rechten Lageraufschlagen, wurde meist separat abgehandelt. Galt doch die Erkenntnis über das jeweils beste Lager nicht nur für Belagerungsheere, sondern ebenso für die Feldheere. Besonders das 17. Jh. war der Zeitraum der bedeutenden Belagerungen. Es läßt sich in dieser Zeit eine Strategie der Schlachtenvermeidung zu Gunsten des Festungskrieges feststellen. Brescheschießen und anschließender Sturm blieben Hauptziele der Kriegführung bis zum Ende des 18. Jh. Erst Napoleon und Clausewitz legten den Schwerpunkt militärischer Entscheidungen in die offene Feldschlacht in Lineartaktik. In diesem neuen strategischen Denken und Handeln blieb aber die Festung weiterhin wichtiges Hilfsmittel als Depotplatz, Rückzugsort für erschöpfte Feldarmeen, Grenzsicherung. Auch das 19. Jh. konnte und wollte trotz unvorstellbarer Kosten und dauernder Anpassung der Baulichkeiten an die neuen besonders waffentechnischen Gegebenheiten nicht auf Fortifikation verzichten. Der Dreißigjährige Krieg hat die Verfeinerung und aus den Traktaten deutlich ablesbare »Verwissenschaftlichung« des Belagerungswesens erbracht. Den Höhepunkt der Entwicklung stellt die Ausarbeitung des methodisch geführten Angriffs durch Vauban dar. Er war es, der die einzelnen Schritte der Belagerung zusammenfaßte, regularisierte, schematisierte, perfektionierte. Vaubans Grundsatz, aus drei Parallelen einen festen Platz bei einer förmlichen Belagerung anzugreifen, blieb Reglement bis zum Krieg von 1870/71. Vauban war stets überzeugt von seinen Vorausberechnungen über den Zeitpunkt der Übergabe, Kapitulation. Er nahm sogar Wetten darauf an – und gewann sie, wie die Legende zu diesem einmaligen Fortifikateur und Poliorketiker berichtet.

Es gab verschiedene Grade von Belagerungen. Der gewaltsame Angriff, der Überfall, die Berennung wurden meist unter Zeitdruck eingeleitet oder wenn man von der Schwäche des Feindes in der Festung überzeugt war. Die Förmliche Belagerung aber war die am meisten angewendete, nach festen Regeln verlaufende Belagerung. Von der Eröffnung der Feindseligkeiten durch die ersten Annäherungsgräben über die Errichtung der 1. und 2. Parallelen bis hin zum Demolitonsfeuer und Grabenübergang verlief alles nach relativ strengen Regeln ab.

Eine Flut von bildlichen Darstellungen aller Epochen, besonders des Dreißigjährigen Krieges, ist wertvolle Quelle für die Poliorketikforschung. Meist werden in den Traktaten und Lehrbüchern, im 19. Jh. auch zunehmend in den Fachzeitschriften, die technischen Probleme der Belagerung abgehandelt, selten jedoch die Fragen zur Verpflegungssituation der Festungsbesatzung, der »Amtsführung« der verschiedenen Befehlsgeber – der uns heute unter soziologischen Aspekten interessierenden Vorgänge vor, während und nach einer Belagerung. Die wenigen Titel nach 1945 habe ich im Literaturanhang verzeichnet.

In beinah jeder Untersuchung über neuzeitliche Festungen, auch den reinen Baugeschichten, findet man Informationen zu den Belagerungen. Ihre Erforschung zeigt u. a., ob sich die steinern gewordene Mathematik in den Festungswerken bewähren konnte oder ob aus nicht mathematisierbaren menschlichen Gründen die Festung aufgeben mußte.

Belagerung von Regensburg 1634
Der Zu Hungarn vnd Böheim K. M. Belägerung des H. R. Freyen Statt Regenspurg welche den 15. May ANNO 1634. Angefangen vnd den 17. IULII mit Accord vollendet worden. OBSIDIO RATISBONAE. Ausschnitt aus einem Kupferstich Matthäus Merian fecit. Original HAB: Topographische Sammlung, Mappe Gr 26. Die Stadt an der Donau war durch die mittelalterlichen Befestigungen der Landfront mit irregulären Verstärkungen durch vorgelegte Schanzen und Hornwerke so geschützt, daß eine förmliche Belagerung mit Approchen und Sappen vorgetragen werden mußte. Die kaiserlichen Truppen in Regensburg hatten 1633 nach kurzer Beschießung die Stadt an Herzog Bernhard von Weimar übergeben. Die Stadt mußte der Krone Schwedens huldigen. Bei den Übergabeverhandlungen von 1634 gelang es der alten Reichsstadt, sich erneut dem Hause Österreich zu unterstellen. Das Bild zeigt – wie zahlreiche Stiche von Merian in seinen topographischen Werken – exakt den Vorgang einer Belagerung in der 1. Hälfte des 17. Jahrhunderts. Zahlreiche Einzelheiten sind dem Kupferblatt zu entnehmen und das Reglement zu erschließen.

Von dem Commandanten/seinem Eyd/Ampt vnd Beruff.

Der Commandant ist des Gubernators Statthalter/oder Vice-Gubernator/welcher im abwesen des Gubernators/die Statt/Stell/Platz/oder das Gubernament führet vnd versihet: darumb jhme billich in abwesen des Gubernators/alle gebürende ehr/gehorsame vnd respect bewisen werden solle. Dann er hat vollkomnen gewalt alles befelchs des Gubernators in seiner abwesenheit/so jhme vertrawet vnd anbefohlen wirdt. Es soll aber erstlich ein Commandant wüssen/was einem Gubernator in einer Besatzung/Vestung/ oder Guarnison zu thun sein Stand außweise/vnd was demselben gemäß/rühmlich vnd ersprießlich. Darnach soll er wüssen/wie weit sein eygen Commandament sich in gegenwart seines Gubernators/erstrecke/was jhme zu thun obliege/vnd von jhme erforderet werde: vnd dann/was jhme in abwesen seines Gubernators zu thun gebüre/wie er die Vestung zur genugthuung regiere anderst nicht/alß wann der Gubernator selbst persönlich darbey were/ darinnen dann er beyde ämpter wol betrachten vnd zu werck setzen solle: Daß auch kein mangel in allweg möge gespüret werden. Der Commandant ist meistentheil ein Oberst Leutenampt/oder zum wenigsten ein Capitain von einem anderen Regiment: (dann es werden die Regimenter in den Guarnisonen vermischet/desgleichen die Nationen/zu vermeydung Meuterey oder anderen Coniurationen.) Des Winters regiert der Gubernator/so lang er in der Guarnison oder Besatzung ist: Im Sommer aber muß er mit seinem Regiment/welches auch hin vnd wider in vnderschiedliche Guarnisonen zertheilt ist/in das Feld: Alßdann so führet der Commandant vber etliche Compagnien/so die Vestung verwachen müssen/das vollkomne Gubernament: Seine Qualiteten sollen des Gubernators gleich seyn. Wie er sich aber weiter verhalten solle/wird der gutwillige Leser folgends nach vnd nach finden. Vnd ist sein Ampt anderst nicht/alß wie des Gubernators/vnd in desselben anwesen/wie sonsten eines Capitains befelch/aussert daß er den anderen Capitainen vorgezogen wirdt.

Das Kriegs-Buechlein: Das ist/Grundtliche Anleitung Zum Kriegswesen: Namlich Wie ein Vestung… angerichtet … verfasst vom Zürcher Stadthauptmann Hans Conrad Lavater (* 1609) erschien Zürich 1644, 1651, 1659 und 1667. Nur 13 Bände lassen sich in den großen Bibliotheken der Schweiz nachweisen, deshalb erschien ein Reprint in Graz 1973. Der noch während des 30jährigen Krieges erschienene Traktat zeichnet sich vor anderen seiner Zeit aus durch die Abhandlungen auch über Themen wie allgemeine Militärorganisation, Übungen, Eidesformeln, Verhalten der Soldaten u. a. Nebenstehend sind einige Textpassagen mit Lavaters Ausführungen zum Berufsbild des Festungskommandanten und über »essens Speiß« abgedruckt. Fotos: Hartwig Neumann.

Schanzkorb. Flechtarbeit aus Weidenzweigen von Lambert Hensen, Genhof. Foto: Hartwig Neumann.

In Johann Gottfried Hoyer: Litteratur der Kriegswissenschaften und Kriegsgeschichte, einem in Berlin 1832 erschienenen Literaturverzeichnis eines Königl. Preuß. General-Majors, findet man im Kapitel VI: Belagerungskunst, S. 305–376 städtealphabetisch die jeweiligen Belagerungen mit Hinweisen auf die zugehörige Literatur.

Kastrametation bezeichnet die Kunst und Technik des militärischen Lagerwesens. Die Heerführer des 16. und 17. Jh. führten die Kastrametationslehre für Stand- und Marschlager auf antike Vorbilder, besonders römische Verfahrensweisen zurück. Hier konnte eine Tradition aufgenommen werden, ganz im Gegensatz zum Artillerie- und Befestigungswesen, wo eine Rückbesinnung einfach nicht möglich war. Die technische Entwicklung der Feuerwaffen hatte zu völlig neuer Theorie und Praxis geführt.

»Der himmlische Frieden-Fuerst Christus Jesus wolle selbst umb uns eine feurige Mauer/und Veste seyn/und durch seiner lieben Engel Schild-Wachen uns fuer allen feindlichen Machinationibus und Uberfaellen gnaediglich beschuetzen: Dem sey Ehre von Ewigkeit zu Ewigkeit Amen! Nomen Domini Arx fortissima!«

Johann Georg Pasch in: FLORILEGIUM FORTIFICATORIUM, 1662

Was für essens Speiß meisten theils in einer Vestung auffbehalten/ vnd in die Proviantheüser theils gethan/ theils aber sonst auffgeschriben werden sollen.

Man solle im vorraht haben/ Korn/ Gersten/ Rocken/ Habern/ Bonen/ Linsen/ Hirß/ Erbsen/ Mäl/ Habermäl/ Brot/ Zweybach/ Wein/ Bier/ Brantenwein/ Hanffsaamen/ Vieh/ Wicke/ Vogelhöw/ dürr Obbs/ Sprewer/ Krüsch oder Kleyen/ Eychlen/ dürr Fisch vnd Fleisch/ Schmaltz/ Saltz/ Butter/ Käß/ Oel/ Schmär. Item: Nuß- Baum- Lein- Reb- vnd Lohröl/ Vnschlit/ Hartz/ Kolen/ Schwebel/ Bäch/ Glorien/ Terpentin/ allerley Gewürtz vnd Artzneyen. Item: Ochsen/ Kälber/ Küehe/ Schaaff/ Geissen/ Säuw/ Hüner/ Endten/ Tauben/ vnd dergleichen Gevögel. Item: Höw/ Embd/ oder Jnmat/ Stroh/ etc. Vnd solle man das Stroh vnd Höw an sicheren orten/ wegen fewrs/ wol verwahren.

Wie man sich mit der Proviant/ damit sie nicht verdärbe/ verhalten solle.

Man solle alle halb Jahr die Proviant durchgehen/ vnd erstlich von dem Proviantherzen die rechnung nemmen/ alßdann dieselbig Proviant besichtigen/ vnd das jenig/ so man meynte/ sich länger nicht halten möge/ vnder die Soldaten/ vmb einen leidenlichen preiß (doch daß man sich dessen nicht zu schaden komme) verkäufflich hingeben/ vnd an statt derselbigen andere frische Proviant kauffen/ vnd immer auff den nohtfahl versehen seyn.

Wie man den vberschlag/ wegen der Proviant/ machen solle.

Den vberschlag soll man machen: Namlich/ wie vil pfundt Brots/ wie vil pfundt Fleisch/ Käß/ Butter/ etc. Item/ wie vil Erbsen/ vnd dergleichen Gemüß. Item wie vil Maaß/ Köpff/ oder Eimer trinckens für Menschen vnd Vieh/ alß Wein/ Bier/ Wasser/ etc. Item/ wie vil Haberen/ Embd/ Korn/ Mäl/ Sprewer/ Stroh/ Höw/ vnd ander dergleichen Sachen/ so zur Speiß dienstlich seind/ auff die Besatzung/ Tags/ Wochen/ Monats/ gantzen vnd halben Jahrs darauffgange. Dann wo solches nicht beschehe/ vnd man die Proviant vergeudete/ vnd nicht sparsam daher führe/ hette man im fahl der noht nichts/ vnd wurde man durch mangel derselbigen zur auffgebung der Vestung gezwungen: wie dann solches vilen Vestungen widerfahren seyn/ die Historien zeugnuß geben werden. Es soll auch den Soldaten auffs geringste die Vivres oder Proviant außgetheilt/ vnd jhnen nicht mehr dann die blosse vnvermeydenliche nohtdurfft gegeben werden: dann zumalen eh das Volck noht gelitten/ vnd vnwillig worden/ ist es vil benügter alß da man jhnen am ersten die völle gegeben/ vnd letstlich an der Proviant abbrechen wolte: da auch die Beläger ung etwan lange zeit gewähret/ vnd das Kriegsvolck vngedultig werden wolte/ mag man es darmit gestillen vnd zu friden machen/ wann man jhme mit vermehrung der Proviant zu hilff kom̄t.

Wie man die Proviant weiters ordenlich außtheilen solle.

Erstlich nim̄t der Proviant-Herr einen Muster-rodel von jeder Compagnie/ vnd zellet das gantz Volck ab: alßdann gibt er auff ein jegliche Person sein genants jederem seinen Vnder-Proviantmeistern auff zwo oder mehr Compagnien/ so vnd so vil: Hernach so theilen dieselbigen die Proviant vnder die Hauptleuth/ vnd dise vnder jhre Wachtmeister/ dieselbigen aber vnder jhre Corporalen oder Rottmeister/ vnd dise vnder jhre Rottgesellen fein ordenlich/ gleich vnd vnklagbar auß. Wann nun die Hauptleuth auff jhr Volck Commiß empfahen/ geben sie dem Proviant-Herzen von jhren eignen händen geschribne Zedel oder Reverß/ was vnd wie vil ein jeder auff die seinigen empfangen habe/ damit der Proviant-Herr sich darnach verhalten/ vnd zur zeit/ da man jhme rechnung abforderet/ solches aufflegen möge.

Vom Wasser/ so zum wäschen vnd trincken für Leuth vnd Vieh nohtwendig.

Man soll alle Brunnen fleissig verwachen/ damit sie nicht vergifftet oder abgegraben werden: auch gute Sodbrunnen graben/ damit man zu trincken vnd träncken: item/ zum wäschen/ backen/ fewr löschen vnd kochen haben möge. In mangel desselbigen aber/ soll das Regenwasser jnsonderheit auffgefasset werden/ namlich in besonderbare Behalter/ Cisternen genañt/ die in der Erden mit grossen quaderstucken rings vmbher ins gevierdt auffgemauret vnd wol verfüttert/ dareyn die Känel der Tächeren gerichtet werden. Item/ so es regnet/ sollen Thücher auffgespannen/ auch das Thaw durch die auffgespannene Thücher auffgefasset/ vnd alßdann dasselbig Wasser darauß getrucket werden.

Artillerie. Kupferstich, gezeichnet von P. A. Richter, gestochen von Bennigeroth in Leipzig 1738. Original und Foto: Archiv des Heimatmuseums Schnaittach. Die Tafel stammt aus einem Lehrbuch. Synoptische Darstellungen dieser Art waren im 17. und 18. Jh. sehr beliebt. Man kann aus ihnen die damaligen Gerätschaften und Instrumente sowie ihre Fachbezeichnungen entnehmen.

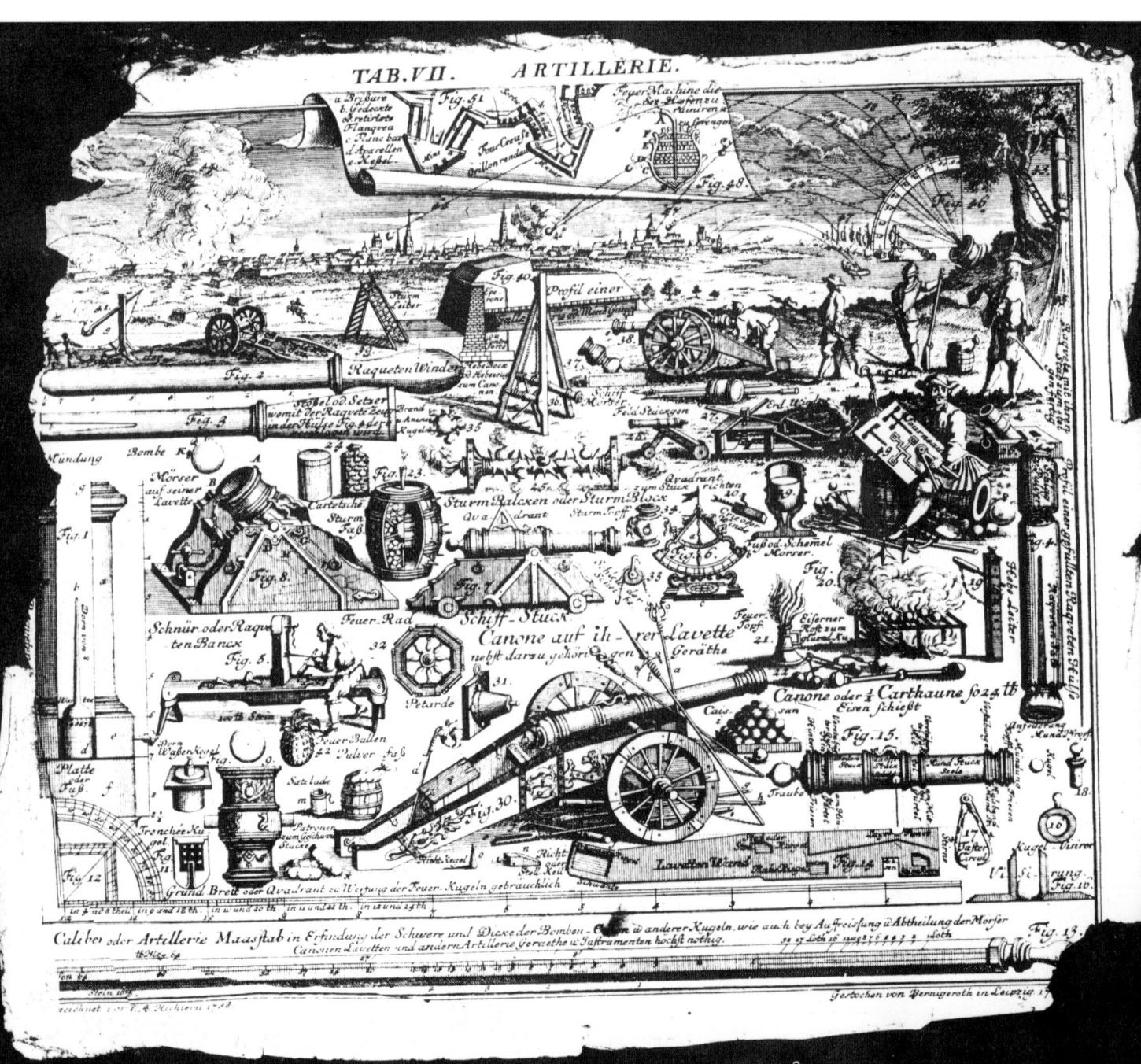

Eigentlicher Plan des Feldlagers der Kayserlichen und Reichs-Armee unter dem Comando des Printzens EVGENII vom 1sten bis 22 Julii Ao 1734. bey der von der Frantzösischen Armee hart belagerten Festung PHILIPPSBVRG nebst dem accuraten Plan des Französischen Rentrenchements / Das bombardirte Philippsburg/PLAN und PROFIL der Frantzoesischen Circum-vallations-Linie, wie man solche den 30. Iulii gesehen. Reproduktion: Archiv Hartwig Neumann.

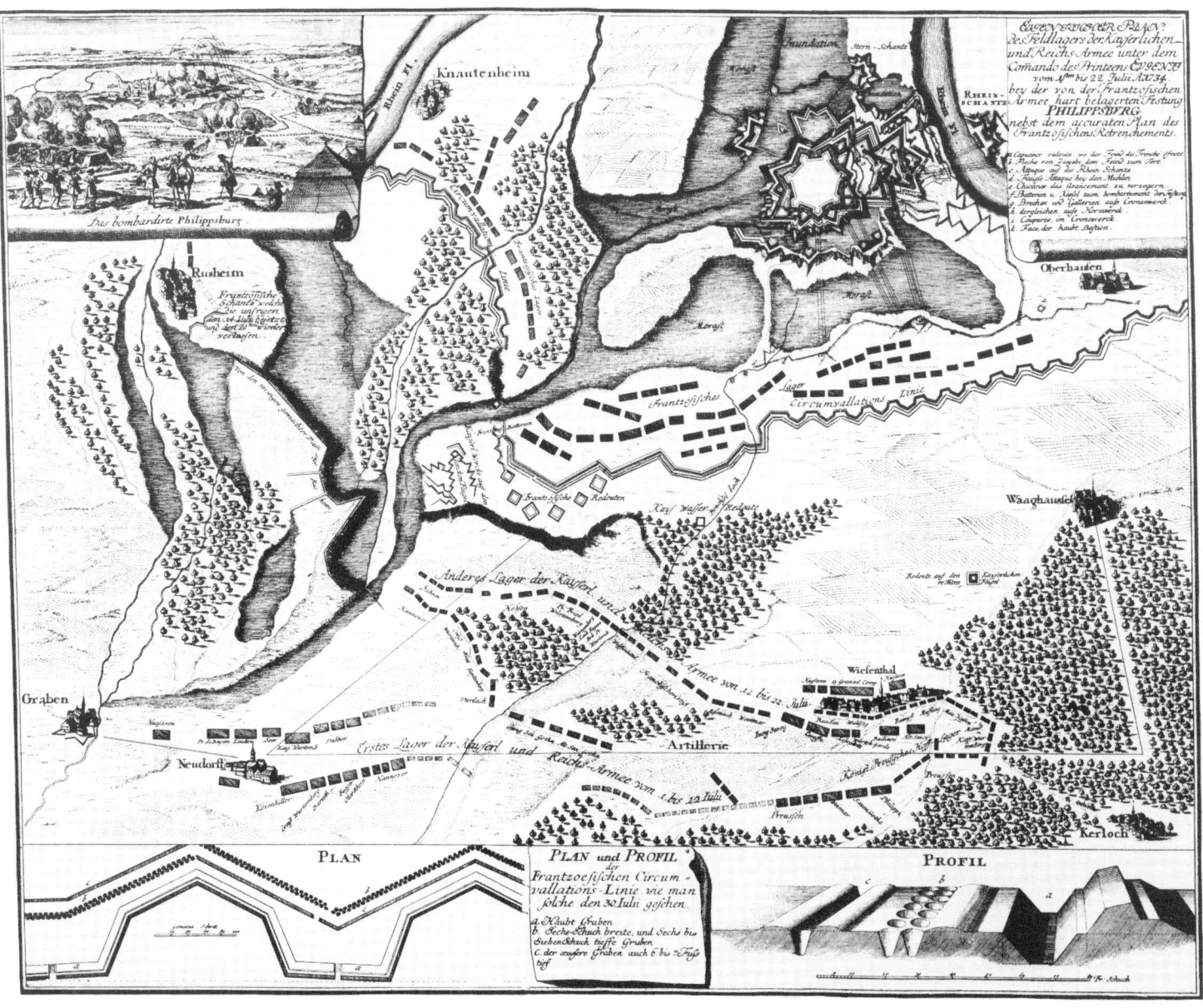

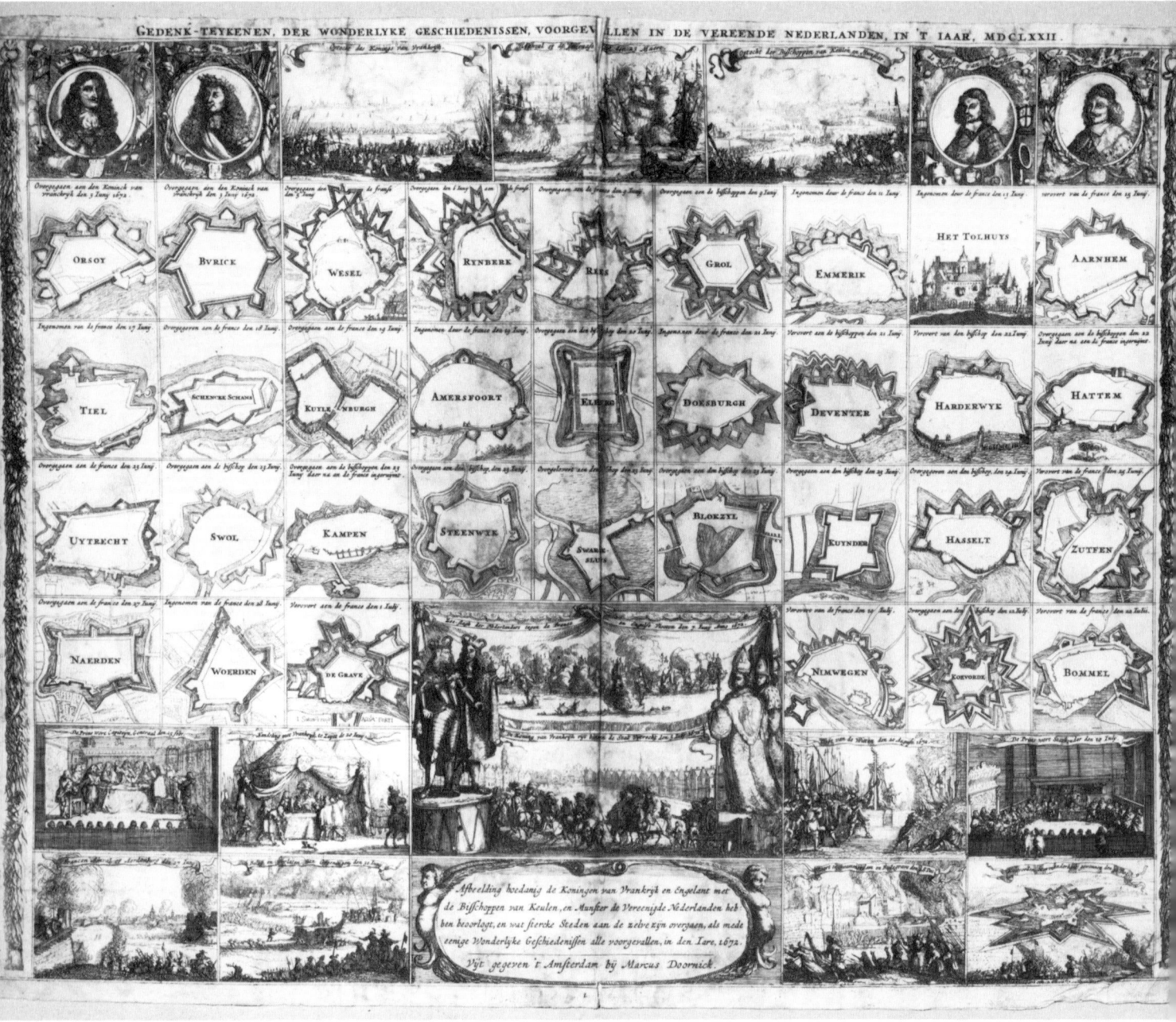

Gedenk-Teykenen, der wonderlyke Geschiedenissen, voorgevallen in de Vereende Nederlanden, in 't Iaar, MDCLXXII. Kupferstich 56 x 42,7 cm, Vyt gegeven 't Amsterdam by Marcus Doornick. Original und Foto: Rijksarchief Gelderland Arnhem, plattegronden nr. 65. Das Flugblatt diente der Verherrlichung der Eroberungszüge Ludwigs XIV. im Kriegszug 1672 gegen die Niederländer, die auch fremde Festungen aufgeben mußten. Bei allen abgebildeten neuzeitlichen Plätzen handelt es sich um irreguläre Anlagen. An deutschen Festungen sind abgebildet: Orsoy, Burick, Wesel, Rheinberg, Rees, Emmerich und Schenkenschanz.

Ein Novum in der Logistik für das stehende Heer des Absolutismus im 18. Jh. ist das *Magazinsystem*. Die Rüstungspolitik erzwang Lagerhaltung insbesondere für den Kriegsfall. Überall im Lande gab es Speicherbauten für Nahrungs- und Futtermittel (Korn-, Schütthäuser) und Waffen und Werkstätten (Zeughäuser, Arsenale). Nachschubtransporte waren ein früher in dem Maße nicht gekanntes Führungsproblem geworden. Natürlich behielt man daneben Praktiken wie den regulären Ankauf, die Requisition, die Fouragierung bei. Das Schema zeigt die Lage der Haupt- und Landesfestung mit den Hauptmagazinen und die Grenzfestungen. Versorgungsketten, die militärisch besonders bewacht sein müssen, verlaufen grenzüberschreitend bis in die Operationsbasen oder in die Feldlager vor belagerten Festungen.

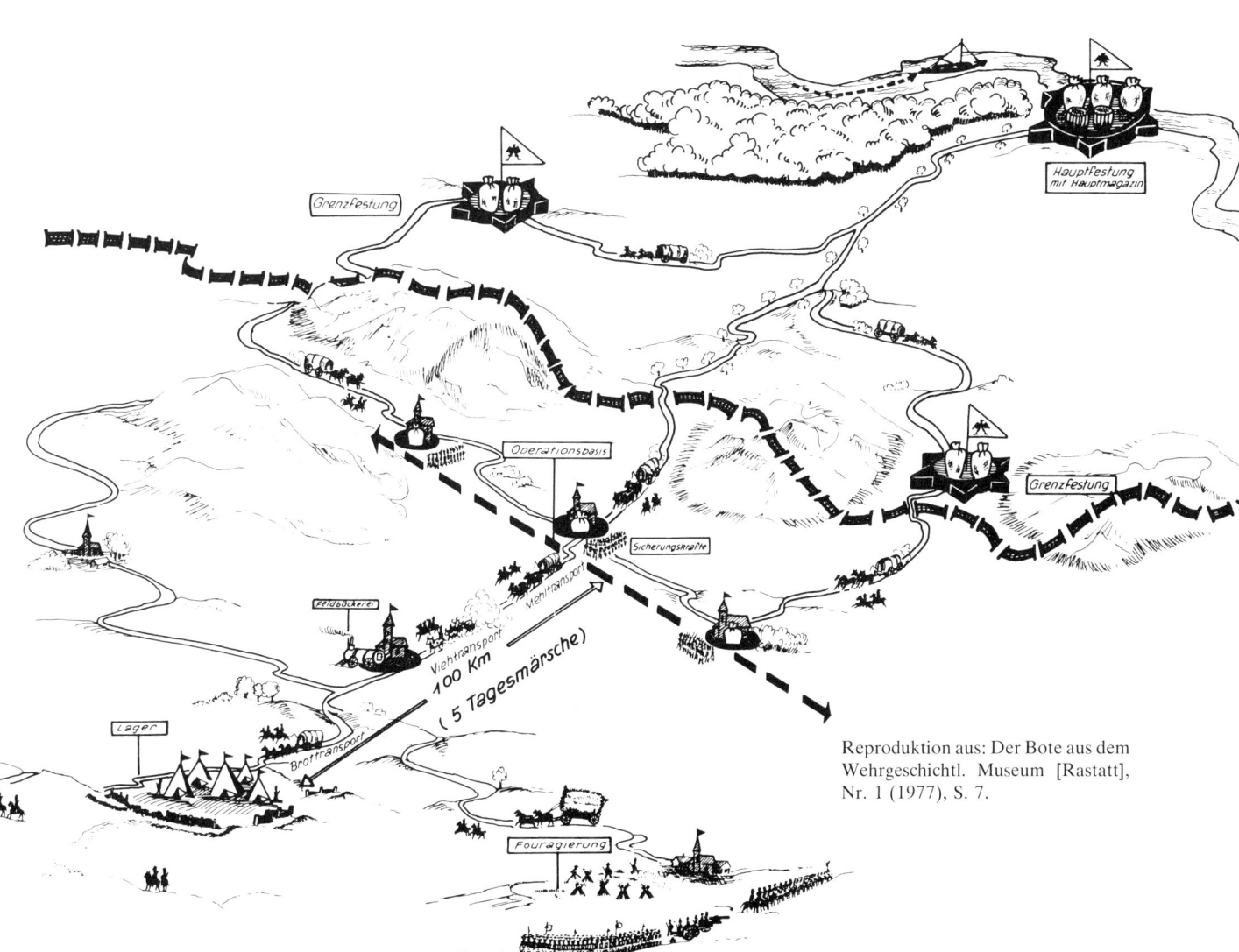

Reproduktion aus: Der Bote aus dem Wehrgeschichtl. Museum [Rastatt], Nr. 1 (1977), S. 7.

XXV. Entfestigung und Schleifung

Entfestigung bedeutet die planmäßige Desarmierung einer Festung bzw. Stellung und die folgende Beseitigung der Baulichkeiten durch Abtragung, Planierung, Offenlassen als halbzerstörte Anlage oder als »Brache« einschließlich der begleitenden Maßnahmen wie den Geländeverkauf, Festungsbaumaterialverwertung, Umnutzung, Parzellierung, Übertragung vom Militärfiskus an den Zivilfiskus u. ä. Die friedliche oder gewaltsame Niederlegung von Festungswerken, die Demolition, wird auch Schleifung genannt. Der gewollten Entfestigung, die meist in kurzer Zeit auf Grund höchster Befehle oder Ratsbeschlüsse eingeleitet wird, steht die langandauernde Schleifung durch natürlichen Verfall gegenüber. Dieser wird durch unkontrollierte Naturkräfte bedingt oder durch bloße Einstellung der Unterhaltungsarbeiten. Beides führt zur Wehruntauglichkeit.

Sehr oft in den speziellen Festungsgeschichten kam es nach erfolgreicher Einnahme zur Schleifung durch den Sieger. Dieser ließ die wesentlichen Werke, bevor man wieder abzog, demolieren. Zwangsverpflichtungen von Bürgern und Gefangenen erbrachten die notwendigen Arbeiter. Gerade bei der Vernichtung neuzeitlicher Festungsbauten in Stein und Erde mußten gewaltige Stein- und Erdmassen bewegt werden. Die technischen Hilfsmittel waren dabei jahrhundertelang bis ins 19. Jh. hinein die gleichen geblieben. Hauptmittel der Zerstörung waren Sprengungen.

Eine Teilentfestigung kennen wir aus zahlreichen Fällen, wo eine Stadterweiterung oder die Anpassung an eine neue mehr Gelände benötigende Manier das Niederlegen bestimmter Festungsfronten erforderte. Gleichzeitig aber oder vorher schon hatte man die Vorstadt oder Neustadt durch Neubefestigung in das Gesamtsystem einbezogen. Zahlreiche deutsche Städte haben im Laufe ihrer Geschichte solche partiellen Entfestigungen aufzuweisen. Sie sind nicht nur fortifikatorisch, sondern auch siedlungsgeschichtlich aufschlußreich. Mit Peter Grobe unterscheiden wir fünf Ursachen der Entfestigung deutscher Stadtfestungen:

1. Die militärischen bzw. militärtechnischen Ursachen:
Verbesserung der Angriffswaffen und Belagerungstaktiken, Abkehr vom Festungskrieg hin zum Feldkrieg, Vermehrung der Feld- und damit potentiellen Belagerungstruppen, Aufgabe zahlreicher kleiner zu Gunsten von einigen Großfestungen aus strategischer Sicht.

2. Die wirtschaftlichen Ursachen:
Anpassung an die neuen Waffensysteme durch erweiterten Fortifikationsbau wird aus finanziellen Erwägungen nicht mehr angestrebt. Geldknappheit bei Fürsten wie Magistraten erzwang Beendigung des Festungsstatus. Die engen Torpassagen und die Rayongesetze, der alles wirtschaftliche Leben einschnürende Kordon sollten beseitigt werden. Vorteile einer wirtschaftlichen Nutzung von fortifikatorischem Gelände durch Verpachtung und bürgerliche Nutzung wurden offensichtlich.

3. Die soziologischen Ursachen:
Wenn die Stadtbevölkerung hinter der Festungsmauer zahlenmäßig durch Zuzug vom Lande oder Geburtenüberschuß dramatisch zunahm, wenn die städtische Bebauung innerhalb einer Festung zu dicht wurde, wenn Manufakturen bzw. später die Betriebe expan-

---

»Herr General Clarke, ich sende Ihnen ein Dekret über die Schleifung der Festungen Hameln und Nienburg.

Ich lege großen Wert darauf, daß die Zerstörungsarbeiten am 20. Januar beginnen und mit einigem Aufsehen vor sich gehen. Das in den Festungen vorhandene Pulver soll dazu benutzt werden.

Senden Sie direkt und durch außerordentlichen Kurier morgen die Ausfertigung meines Dekrets an den Gouverneur, damit er unverzüglich mit der Ausführung beginnen kann. Schreiben Sie ihm ja vor, das Pulver nicht zu schonen. Ich mache den Gouverneur für die strikte Ausführung meines Befehls verantwortlich. Meine Absicht ist, daß kein Trümmerrest übrig bleibt, den man zum Wiederaufbau der Befestigungen benutzen könnte. Man soll auch die Kasernen sprengen, wenn welche da sind, die der Mühe verlohnen, ebenso alle bombensicheren Magazine und vor allem die Pulvermagazine. Endlich ist es nötig, daß in diesen Plätzen nichts übrig bleibt woran man Vorteil ziehen könnte, oder was zu ihrer Wiederherstellung dienlich sein könnte.«

Napoleons Ordre vom 14. Januar 1808 an seinen Kriegsminister, die Schleifung der Festung Hameln betreffend.

Johann Strauß (1825–1899), Walzerkönig, komponierte im April 1863 als Opus 269 die DEMOLIERER-POLKA für das Pianoforte. Die lithografierte Titelseite zeigt, wie Bürger mit Freuden einen Festungswall abtragen. Die Musik ist entsprechend. Eine Einspielung der Wiener Philharmoniker findet man in der Folge 2 der Neujahrskonzerte (3 LP 6.35248 EK, Compactkassette 4.35248 MH). Foto: Stadtbibliothek Wien.

Bekanntmachung.

Die Bewohner der Stadt Dresden haben sich stets durch ein lebhaftes Interesse am Gedeihen guter Anstalten und besonders durch menschenfreundliche Theilnahme an Unterstützung der Armen ausgezeichnet. Nur die landesväterliche Fürsorge Sr. Majestät, des Königs, und die wohlthätige Mitwirkung des Publicums konnten bisher die zahlreichen Armen des hiesigen Orts vom größten Elende retten; allein die Ursache der Armuth, der Mangel an Gelegenheit zum Verdienst, besteht noch immer, und daher muß, wenn das Gute vollkommen geschehen soll, der Arme nicht nur ernährt, er muß auch vor dem Müßiggange bewahrt, bey der Gewohnheit zu Arbeiten erhalten, zu dem Gefühle der, auf eigner Kraft beruhenden Selbstständigkeit erhoben und so in die Möglichkeit gesetzt werden, ein nützliches und achtenswerthes Mitglied der bürgerlichen Gesellschaft zu seyn und zu bleiben.

Um diesen Zweck zu erreichen — um den hiesigen Ort zu verschönern, den schon die Natur so begünstigt hat — und um alle Spuren der Zerstörung umher zu vernichten, haben Sr. Königl. Majestät bedeutende Summen angewiesen, damit die Abtragung der Festungs-Werke um die Stadt vollendet, die große Fläche dieser Werke in Anlagen und Gärten verwandelt und hierbey jedem Armen des Orts, der noch die Kraft, aber nicht mehr die Gelegenheit zur Arbeit hat, das Mittel zu einer gemeinnützigen Beschäftigung gewährt werde.

Das hiesige Publicum ist bisher Zeuge des Nutzens gewesen, der hierdurch gestiftet worden ist; mehrere hundert Arme haben täglich unter seinen Augen gearbeitet und das Brod für sich und die Ihrigen — nicht als Almosen, sondern, mit Danke gegen Gott und den König, als redlich verdienten Lohn empfangen, und allenthalben sind die Fortschritte ihrer Arbeit zur Verschönerung der Stadt sichtbar.

Sr. Königl. Majestät wissen, daß das Publicum diese Veranstaltungen nach ihrer Absicht und nach ihrem Erfolge beurtheilt, Allerhöchst Sie haben daher den, im Vertrauen auf dessen Sinn, Allerhöchst Ihnen ehrerbietigst vorgelegten Antrag gebilligt,

daß die vermögenden Einwohner der hiesigen Stadt aufgefordert werden, den vereinigten Zweck der Wohlthätigkeit gegen Arme und der Verschönerung des Wohnorts durch freywillige Beyträge zu unterstützen,

und

daß diese thätigen Beförderer des Guten aus ihrem Mittel einen Ausschuß ernennen, welcher, in Verbindung mit uns, den landesherrlichen Commissarien, sich über die fernern Veranstaltungen zu Verschönerung der Stadt berathe.

Indem wir dieses hierdurch den hiesigen Einwohnern bekannt machen, bemerken wir zugleich, daß es unsere erste Sorge gewesen sey, eine Zahl achtbarer Männer zu wählen, welche, aus Eifer für das Beste der Stadt, die Subscriptionen anzunehmen bereit sind, und deren Namen das angehängte Verzeichniß enthält.

Zu Ende des Monats Juli dieses Jahres wird das Verzeichniß der Subscribenten, als öffentliche Rechenschaft über den Erfolg der Subscription — zur Vorbereitung der Wahl der Ausschußpersonen und zugleich zu dankbarer Anerkennung des Gemeinsinns, durch den Druck bekannt gemacht werden. Jedoch bleibt die Subscription zu einem so gemeinnützigen Zwecke so lange offen, bis derselbe völlig erreicht seyn wird.

Ueber die Verwendung der freywilligen Beyträge, welche die Zustimmung des Ausschusses voraussetzt, werden wir besondere Rechnungen führen. Wir werden diese Rechnungen dem Ausschusse zur Prüfung vorlegen und das Resultat am Schlusse jeden Jahres öffentlich anzeigen.

Dresden, am 2. Juny 1817.

Die Königlichen Commissarien wegen Abtragung der Festungswerke zu Dresden,

von Nostitz Drzewiecki,
Geh. Finanz-Rath.

von Carlowitz,
Kammerherr und Amts-Hauptmann.

Schleifung der Festungswerke von Dresden. Gedruckter Aufruf von 1817. Original und Foto: Hartwig Neumann. Dieses Dokument ist eine fortifikatorisch und sozialgeschichtliche Quelle. Durch Schanzereinsatz konnte jeder Arme und Müßiggänger zum nützlichen und achtenswerten Mitglied der bürglichen Gesellschaft aufsteigen! Die Niederlegung der Wälle und Bastionen diente ausdrücklich auch der Verschönerung des Stadtbildes.

dieren wollten, dann war der gesellschaftliche Druck auf die Festung sehr groß. Der Vorteil wirtschaftlicher Entfaltung und Wachstums lag deutlich bei den freien und entfestigten Städten.

4. Die hygienischen Ursachen:
Enge, düstere, dreckige Quartiere in Festungsstädten wurden bald ein Übelstand erster Ordnung, dem man nur durch Entfestigung und Stellung von Bauland im aufgelassenen Festungsareal begegnen konnte. Die Menschen forderten im wahrsten Sinne mehr Licht und Luft in den Städten. Eine stadtbürgerliche Forderung insbesondere des 18. und 19. Jh. war die nach öffentlichem Grün zur Erholung.

5. Die ästhetischen Ursachen:
Mit der Zeit wandelte sich das künstlerische Empfinden. Klassizismus und Romantik mit Vorliebe für Natürliches und klar gegliederten, aus der Antike übernommenen Kunstelementen, erzwang neue Ideen im Städtebau, in der Garten- und Landschaftsgestaltung. Architekten und Künstler gestalten Residenzstädte nicht mehr nach primär fortifikatorischen Grundlagen. Oft werden nur einzelne repräsentative Festungsbauteile erhalten zwecks anderer Nutzung oder auch als künstliche Ruine in einem romantischen Park, nur in seltenen Fällen bewußt aus Traditionsgründen. Ein denkmalschützender und denkmalpflegerischer Ansatz wird erst im ausgehenden 19. Jh. deutlich.

Trotz dieser zu bestimmten Zeiten an bestimmten Orten unterschiedlich stark wirkender Ursachen läßt sich im deutschen Festungsbau auch bei den Entfestigungen eine Wellenbewegung feststellen. Besonders zahlreich sind Entfestigungen 1790–1825, 1860 ff., 1914 sowie 1945.

»Man hat mit 294. 24pfdgen. Schüssen a 4 Pfd. Geschützladung, mit Sprenggeschossen, 26' starkes, sehr altes Mauerwerk, dessen Breschirung durch alle Mittel der Baukunst erschwert war, practikabel auf 45' Breite in Bresche gelegt ... es ist wenigstens nicht allein die Zeitfrage unzweifelhaft zu Gunsten der Sprenggeschosse gezogener Geschütze entschieden, sondern auch außer Zweifel gestellt, daß das 24 pfdige. gezogene Kaliber selbst den höchst gespannten Anforderungen des Belagerungskrieges mit nicht unverhältnismäßigem Kraft- und Zeitaufwand Genüge zu leisten vermag.«

Hauptmann G. Weigelt, Artillerie-Archiv, Bd. 50 (1861), S. 65.

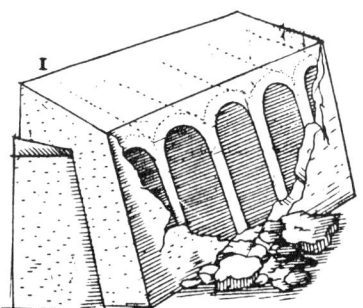

Breschierte Festungsmauer. Zeichnung/Kupferstich v. Daniel Specklin 1583/89.

Große Bresche von 1860 in der Bastion Marianne der Zitadelle Jülich. Lithografie nach einem Foto vom 27. Sept. 1860 durch J. J. Burbach aus G. Weigelt: Schießversuche, Berlin 1860, Taf. IX.

Ein regelrechtes Festungssterben setzte nach der Großen Belagerungsübung im September 1860 in Jülich ein. Man hatte erstmals im großen Stil empirische Schußtafeln der neuen Waffengeneration der Kruppschen gezogenen Hinterlader aus Gußstahl aufgestellt, indem man die verschieden dimensionierten Festungswerke einem gezielten Feuer aussetzte. Die Ergebnisse waren so sensationell, daß man zahlreiche ältere Festungen in Preußen aufgab. Andere Staaten folgten, denn die Einführung der neuen Geschützgeneration in die europäischen Heere ging rasch vor sich. Die Antwort der Festungsbauer war eine neue Manier, die sich in Beton und bald darauf in Eisenbeton durchsetzte. Durch die artilleristische Innovation waren die meisten älteren Befestigungswerke beinah sprunghaft wertlos geworden. In Deutschland vernichtete man recht gründlich die Zeugen der vergangenen Wehrtüchtigkeit ganz im Gegensatz zu Italien, Spanien und Frankreich, wo fast komplette Festungen aller Epochen zu studieren sind. Der Besucher so manch einer deutschen Stadt erkennt sofort am modernen Stadtgrundriß und damit am Stadtplan den ehemaligen Festungsstatus am Verlauf des Straßensystems oder der innerstädtischen Grünanlagen. Besonders hervorheben als Beispiele kann man die Ringstraßen von Köln und Wien und die Grüngürtel von Würzburg, Bremen, Köln, Stade, Braunschweig, Danzig, Breslau.

Entfestigung und Schleifung waren stets »bürokratische« Vorgänge, die ihren Niederschlag in Entfestigungsakten und Entfestigungsplänen hatten – bisher viel zu wenig herangezogene Quellen für jede Festungsgeschichte. Als Beispiel sei nur der umfangreiche Aktenbestand Mkr 9605-9674 zu bayerischen Festungsplätzen im Bayerischen Kriegsarchiv genannt. Zeitweise hat die Bevölkerung die Entfestigung durch Freund oder Feind enthusiastisch begrüßt und unterstützt. Durch oft freiwilligen Einsatz bei der Abtragung der Wälle ist die Verselbständigung des Bürgertums in zahlreichen Festungsstädten nachweisbar. Gerade im 19. Jh. bildeten sich durch solche Aktivitäten die ersten Verschönerungsvereine.

Kraft und Freude bei der Entfestigung durch das Stadtbürgertum entnimmt man überzeugend der Demolierer-Polka von Johann Strauß, der in Wien vor Ort aus gegebenem Anlaß komponierte.

XXVI. Militärarchitektur und Denkmalpflege

1. Allgemeines Problemfeld

Der Leitgedanke des Europäischen Denkmalschutzjahres 1975 EINE ZUKUNFT FÜR UNSERE VERGANGENHEIT wirkt entsprechend den Intentionen der Initiatoren weiter. Er schließt selbstverständlich die Einzeldenkmäler und Ensembles der ARCHITECTURA MILITARIS aller Epochen ein. Im Signet dieser »Bewegung« wird die Militärarchitektur durch einen bezinnten Turm symbolisiert.

Relikte des Militärbauwesens, nicht nur der Festungen, waren lange Zeit nach dem II. Weltkrieg deutlich Stiefkinder der privaten und staatlichen Denkmalpflege, wenn auch vereinzelt positive Revitalisierungs- und Nutzungsmaßnahmen aus der Masse der vorhandenen Denkmäler dieser Art herausragen. Diese »Masse« ist allerdings recht stattlich im deutschsprachigen Gebiet – wie dieses Buch belegen soll. Wir dürfen uns allerdings nicht mit den Nachbarländern Frankreich und Holland vergleichen, wo es stets ein Kontinuum in der Einstufung und Bewertung von Militärbauten innerhalb der großen Zahl von Baudenkmälern gab. Bei uns in den »beiden Deutschlands« waren noch lange nach dem Kriegsende militärhistorische Bauten, insbesondere die Festungsrelikte, verpönt, gehaßt, als »militaristisch« eingestuft, mißachtet, verwahrlost oder in falschem irenologischen Pathos unwiderbringlich zerstört. Ähnlich war es anfangs auch in Polen, wo man nach dem Krieg die »verfluchten Betonbunker« und »Preußenfestungen« vernichtete. Heute ist das dort ganz anders. Ein Umdenkungsprozeß ins Gegenteil hat stattgefunden. Das polnische Kultusministerium hat als zuständige Zentralbehörde längst eine Kommission für neuzeitliche Militärbauten einberufen zum Zwecke des Schutzes, der Pflege und einer bauwerkgerechten Nutzung für die Zukunft. Es besteht kein Haß mehr gegen die oft noch gewaltigen Überreste deutscher, speziell auch preußischer und sächsischer Fortifikationsbauten. Mittlerweile liegen zahlreiche polnische Publikationen zu Fortifikationsbauten gerade dieser Epochen vor.

In der Bundesrepublik Deutschland setzte erst in den

Signet des Europäischen Denkmalschutzjahres 1975.

Das weltweit einheitliche Kennzeichnungsschild (ultramarin/weiß) nach der Haager Konvention vom 14. Mai 1954 § 16/17, vorgesehen für unbewegliches und schutzwürdiges Kulturgut. In Österreich, Bayern und der DDR wird dieses Zeichen auch für historische Militärbauten verwendet. In anderen Ländern wie in NRW sträubt sich die staatliche Denkmalpflege. Dabei sollte man schon aus pädagogischen Gründen nicht auf die Benutzung verzichten und unsere bedeutendsten Festungsbauten mit diesem Zeichen ausstatten!

> »Wer rechtswidrig ... öffentliche Denkmäler, Gegenstände der Kunst ... welche öffentlich aufgestellt sind ... beschädigt oder zerstört, wird mit Freiheitsstrafe bis zu drei Jahren oder mit Geldstrafe bestraft ... Der Versuch ist strafbar ...«
>
> § 304 Strafgesetzbuch der Bundesrepublik Deutschland

Der wissenschaftliche Beirat des Internationalen Burgen-Instituts IBI Château de Rosendael (Niederlande) hat schon 1971 auf seinem XI. Kongreß in Eggersberg zum Thema »Die Festungssysteme des 16.–18. Jh. als Fortsetzung des mittelalterlichen Wehrbaus unter nationalen Gesichtspunkten betrachtet: historische Baudaten, gegenwärtiger Zustand der Festungen und die praktischen Methoden zu ihrer Erhaltung und Instandsetzung« den europäischen Regierungen die folgende Resolution unterbreitet:

> 1. Die Festungen und Stadtbefestigungen des 16., 17. und 18. Jahrhundert sind häufig vollkommen aufgegeben oder der Stadtentwicklung geopfert worden. Gelegentlich sind Ruinen oder Teile erhalten geblieben wie Stadt- und Festungstore, Teile von Mauern und Gräben, die letzteren gelegentlich hinter Neubauten verborgen, die in Einzelfällen davorgesetzt wurden –
> 2. Die wenigen Beispiele von Festungswällen und Stadtbefestigungen mit Bastionen, Toren und Gräben stellen Baudenkmäler des 16., 17. und 18. Jahrhunderts von großer Seltenheit und daher von besonderem Wert dar –
> 3. Die Stadtbefestigungen, die erhalten blieben, sollten Gegenstand besonderer Aufmerksamkeit sein: sie sollten bei der Stadtplanung als Teile des historischen Kernes in die Schutzzone einbezogen sein –
> 4. In Anbetracht ihrer vorbenannten Seltenheit wird empfohlen, die Wehrbauten des 16., 17. und 18. Jahrhunderts freizulegen, sichtbar zu machen und zu sichern –
> 5. Die Sichtbarmachung des Befestigungsringes ist von besonderem Interesse, weil dieser eine sichtbare Umschließung des historischen Stadtkernes darstellt. In den Grünflächen der nicht eingefüllten Gräben können Erholungsstätten entstehen und gleichzeitig geben diese durch den insofern bereicherten Bestand der Stadt, einen weiteren Anreiz für den Fremdenverkehr –
> 6. Die einmal freigelegte und instandgesetzte Stadtbefestigung stellt einen beträchtlichen städtebaulichen Wert dar, indem sie eine natürliche Abgrenzung zwischen dem historischen Zentrum und den neueren Stadtgebieten bildet, die jenes umgeben und von denkmalpflegerisch untergeordneter Bedeutung sind –
> 7. Die Stadtbefestigung bietet nicht nur Möglichkeiten zur optischen Darstellung der Stadtteile, sie kann auch zur Erleichterung des Verkehrs durch Anlage von parallelen Ringstraßen genutzt werden –
> 8. Wenn auch die Festungen und Ruinen zunächst keinen praktischen Wert zu haben scheinen, so sind sie in historischer Hinsicht um so wertvoller. Einmal instandgesetzt, können sie Ziele für Spaziergänger und Wanderer sein. Sie können Gegenstand der Forschung sein und zur allgemeinen Belehrung beitragen –
> 9. Um diese Typen von Baudenkmälern als Zeugen der Landesgeschichte zu erhalten, sollte erstrebt werden, ihnen eine neue Funktion im Leben der Gegenwart zu geben, die zusammen mit der vorerwähnten historischen Bedeutung ihre Erhaltung und Pflege rechtfertigt.

sechziger Jahren die Besinnung auch auf Zeugen der militärischen Vergangenheit ein, in den siebziger Jahren ließ man Ruinen wenigstens stehen und riß sie nicht mehr amtlich nieder wie zuvor. Ausnahmen bestätigen die Regel! Heute gibt es ein Spektrum von hervorragend bis miserabel restaurierten und neu genutzten Militärbauten im Bundesgebiet. Für den Festungsforscher wie Denkmalpfleger ist es beinah Amtspflicht, sich an den Festungen in den beiden genannten Nachbarländern zu informieren. Militärarchitektur war stets grenzüberschreitend mit Baumeistern, Manieren und Arbeitstechniken. Besonders in den Niederlanden ist die Revitalisierung von vestingstede durch Monumentenzorg und der Tätigkeit der Stichting Menno van Coehoorn beispielhaft.

Aus der Vielfalt bedeutender Baudenkmäler ragen die neuzeitlichen Festungen meist als großflächig und auffallend sinnvoll geordnete Baukörper hervor. Da, wo Bauten oder wesentliche Teile verloren sind, deuten sich ihre Grundrisse und Begrenzungen oftmals noch in Straßenverläufen, Bebauungslinien, Parkanlagen, Sichtlinien an. Nach den gesetzlichen Bestimmungen der Bundesländer gibt es den Einzel- und Ensembleschutz für Monumente der genannten Art einschließlich der sie unmittelbar umgebenden Landschaft. Die Baukomplexe der Festungen dürfen nicht isoliert voneinander gesehen werden, sondern als historisch gewachsene Komplexe. Zum Beispiel darf das Schloßquadrum von Jülich nicht allein und getrennt von der umgebenden Zitadelle betrachtet werden; ein Fort Asterstein ist stets im Zusammenhang mit der gesamten Klassizistischen Großfestung Koblenz zu sehen und zu werten.

Um dem Anspruch von Festungsmonumenten als Kulturdenkmäler voll nachzukommen, müßte in der Praxis der »denkmalpflegerische Interessenbereich«, wie ihn die niedersächsische Denkmalpflege kennt, ausgeweitet und intensiviert werden. Hier werden Sichtlinien, historische Bepflanzung usw. erkannt und verzeichnet mit dem Ziel, dem Denkmalpfleger auch hier in einer erweiterten Denkmalzone Mitspracherechte z. B. in der Bauleitplanung einzuräumen. Hinter dieser Absicht stehen Erhaltungsgebote und Gestaltungssatzungen, die meist in die kommunale Verantwortung fallen.

Neben dem staatlichen Denkmalschutz, vertreten durch Institute oder Ämter, die für die oberirdischen Monumente zuständig sind, gibt es auch die staatliche Bodendenkmalpflege, die für die Monumente und ihre Reste unter Bauhorizont zuständig ist. Damit fallen etwa Gräben, Minensysteme, Fundamentreste,

Festungsstadt Braunschweig. Zur geplanten Veränderung der Verkehrs- und Straßenführung am Wendentor gab Reinhard Liess vom Institut f. Bau- und Kunstgeschichte in der Braunschweiger Zeitung v. 22. 4. 1984 seinen Vorschlag zur Respektierung des Gaußbergs, der Gräben, der Okerumflut, der Wallpromenade, der Torhäuser und des Wehrs. Eine Nichtbeachtung bei der Planung wäre nach seinen Worten städtebaulich völlig unverantwortlich. Ähnliche Probleme gibt es in zahlreichen Festungsstädten.

Die gestrichelten Linien auf der Zeichnung kennzeichnen den Verlauf der alten Bastionen am heutigen Gaußberg, dem ehemaligen Rudolphsbollwerk der Barockzeit. Eingezeichnet sind auch die von Peter Joseph Krahe im frühen 19. Jahrundert geschaffenen Anlagen nördlich der beiden schwarz eingetragenen Torhäuser am Wendentor.

Zeichnung: Kunstgeschichte TU/Dr. Wolff BBV.

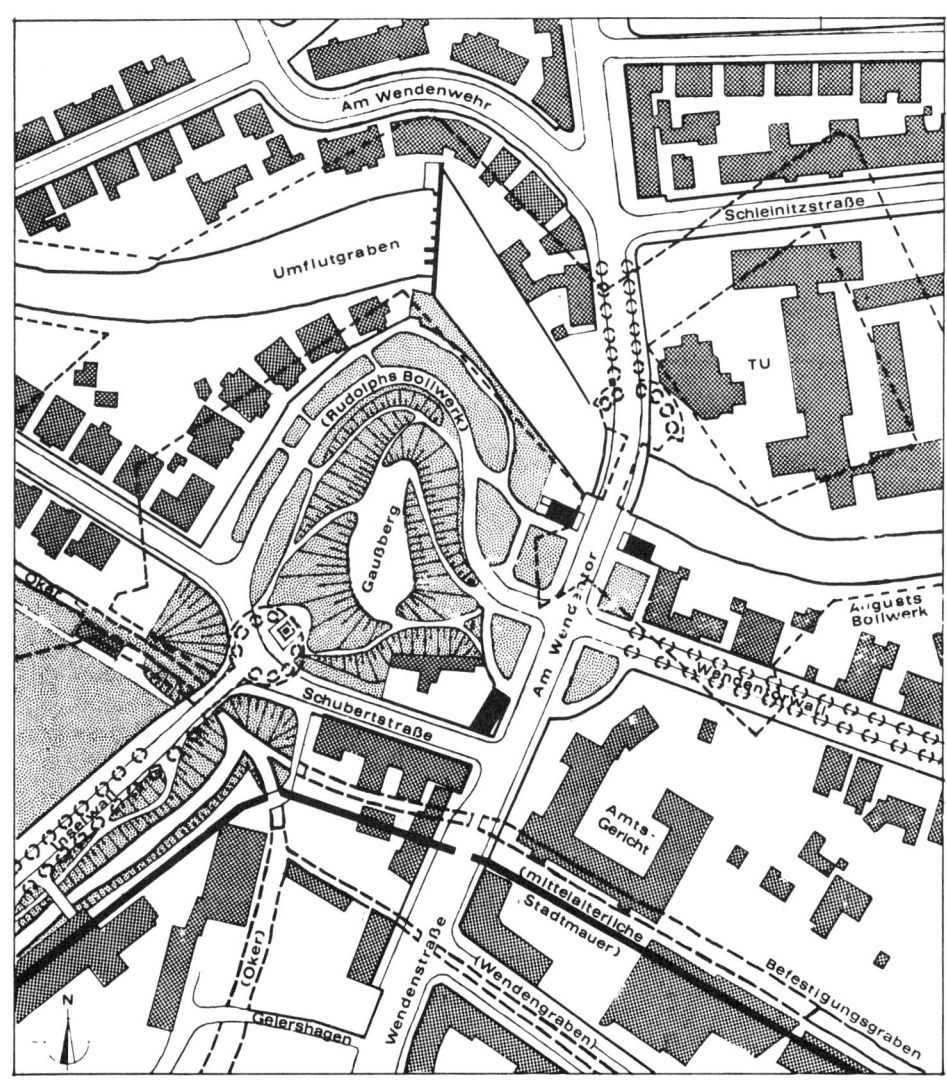

Der Napoleonische Brückenkopf in Jülich an der Rur
Blick auf der Kapitalen der 1983/84 restaurierten Zoobastion, dem nördlichen Abschluß des als Kronwerk errichteten fortifikatorischen Schutzes der ehemaligen Schleusenbrücke. Baubeginn 1799. Die Anlage blieb unvollendet. Zur Verteidigung der Grabenzone dienten die Scharten für Handfeuerwaffen knapp über dem Wasserspiegel. Hausteinerne Wasserspeier leiteten das Oberflächen- und Sickerwasser über den Kasemattengewölben ab. In der langen Face wurden auf Vorschlag d. Verf. die Bekleidungsmauern vor zwei Kasematten nicht erneuert, um dem Besucher der Zooanlagen die Konstruktionen ablesbar zu machen. Der Brückenkopf-Verein e. V. wird auf der Bastionsspitze eine zweifach bestückte Geschützstellung aufbauen, sobald die Erdmassen wieder unter sachgerechtes Profil gebracht sind. Unten rechts Ausschnitt aus dem Projektplan: Plan de la place de Juliers, Projets de l'an 12 [1804]. Original: Deutsche Staatsbibiliothek, Berlin (Ost), X 27540. Die Y-förmige Defensionskaserne blieb Projekt. Das Festungswerk ist auf seinem ganzen Umzug erhalten. Foto: Hartwig Neumann.

»Manchem dürfte seine [Voßmanns] Abhandlung blos in sehr großen Staaten, wo äusserst kostbarer Festungsbau unvermeidlich ist, wichtig und anwendbar scheinen... Allein, ein kleiner Wink wird daran erinnern: daß auch am Abhang der Berge aufgeführte Mauren herrschaftlicher Friedensgebäude ebenso gut von der hinter ihnen stehenden Last gedrückt werden, als Futter-Mauren, an Wällen, von der Brustwehr und denen daraufliegenden Kanonen...«, so aus dem Vorwort des Hofrates Wucherer für das Lehrbuch des Professors für Mathematik und Naturlehre in Heidelberg Johann Herrmann Voßmann: Handbuch fuer Ingenieurs und Bauleute, enthaelt die reine Theorie des Drucks der Erde auf allerlei Mauern bei Pracht- und andern Gebäuden, bei Futtermauern in Festungswerken, an Weinbergen, öffentlichen Heerstraßen etc., Mannheim 1804. Mit diesem heute raren Werk (Verfasserexemplar UB Tübingen Db 69) waren die bis dahin zum Thema gültigen Aussagen Belidors überholt.

Solche und ähnliche Fachbücher gehören in die Hand des heutigen und zukünftigen Denkmalpflegers, wenn er sich mit der Restaurierung und Renovierung fortifikatorischer Bauten beschäftigt. Eine Rückbesinnung auf alte, versunkene Techniken ist auf zahlreichen vom Verfasser beobachteten Baustellen dringend notwendig. Original: Hessische Landes- und Hochschulbibliothek, Darmstadt.

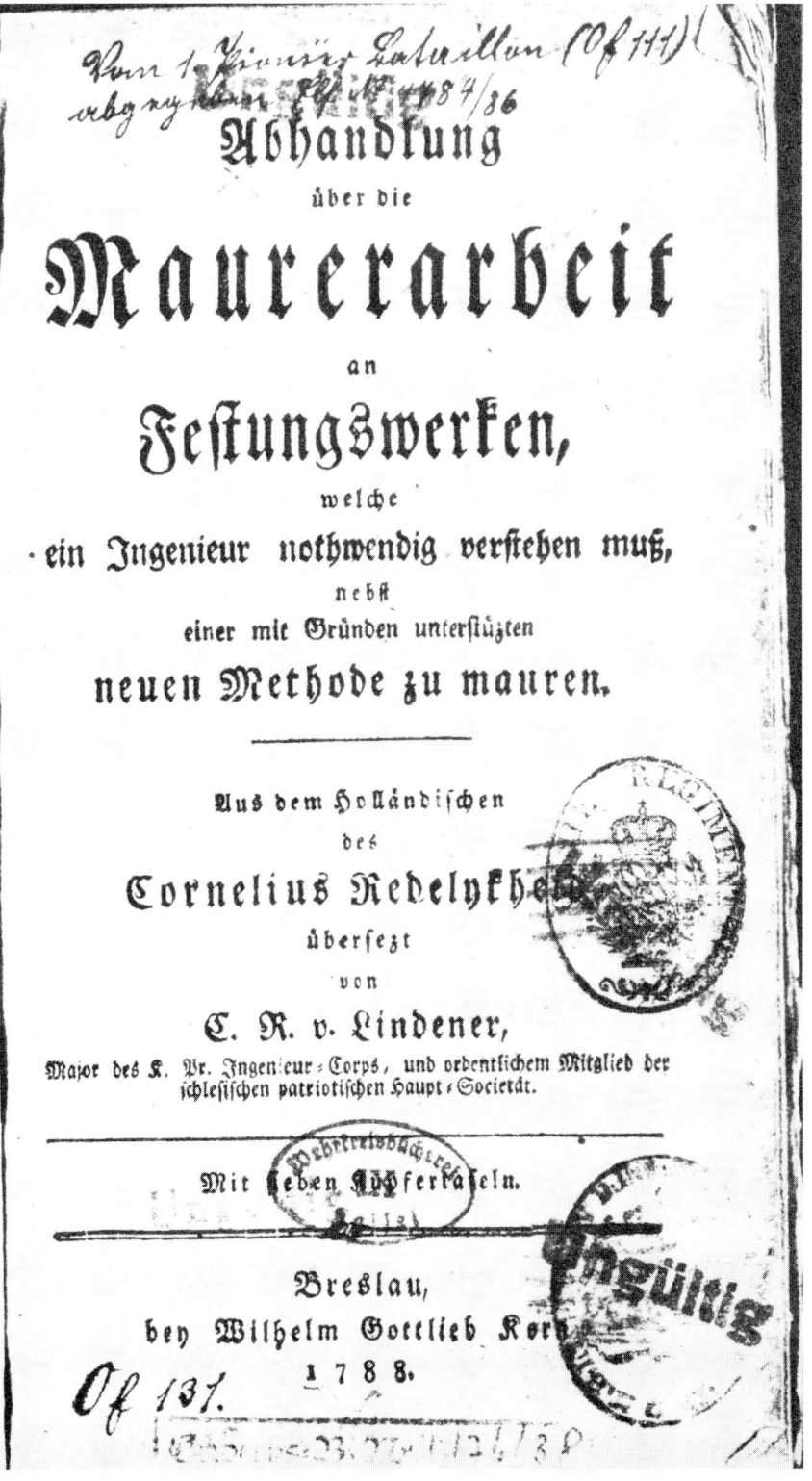

unterirdische Gangsysteme, Brunnen u. ä. aus der Festungsarchitektur in diesen Schutzbereich. Ziel der staatlichen Denkmalpflege ist die Sensibilisierung des Bürgers für die denkmalpflegerischen Belange. Damit wird diese schwere Aufgabe auch eine pädagogisch-didaktische. Heute ist nämlich die Bedrohung der Festungsmonumente durch natürliche Alterungsprozesse und Umwelteinflüsse nicht so groß wie die Bedrohung durch den Menschen. Ein Beispiel soll genügen: Trotz Wallservitut und Denkmalschutzgesetz – seit 1949 entstanden in den Wallanlagen der Stadt Frankfurt am Main 39 Neubauten. Damit ist bewiesen, daß die Wallanlagen planungsrechtlich nicht voll geschützt sind. Begründungen für Ausnahmeregeln lassen sich stets finden. Ein weiteres Beispiel: In Jülich ist 1987 die historisch so wichtige Esplanade mit einem Betonparkdeck verschandelt worden, statt diesen städtisch-historischen Freiraum als Denkmalbereich zu schützen und zu erhalten sowie auf das Kulturmonument Zitadelle hin zu entwickeln. Diese Mißachtung des Umgebungsschutzes geschieht in Jülich mit Zustimmung der staatlichen Denkmalpflege und ist ein ganz unerhörter Vorgang. In Köln wurde zuletzt 1976 ein preußisches Fort zur Erstellung einer Grünanlage total mit Erde zugeschüttet. Denkmalpfleger stimmten dieser »Vernichtung« zu, weil sonst alternativ der totale Abriß gedroht hätte. So aber steht dieses Fort den Archäologen kommender Generationen zur Verfügung. Die drei Beispiele mögen genügen, um die Problematik bei der Durchsetzung denkmalpflegerischer Belange zu beleuchten. Nach meinen Erfahrungen sind Festungsrelikte gefährdet durch rückschrittliche Städte(ver)planer, Bauspekulanten, verständnislose Bürgermeister und Ratsmitglieder, die ansässige Kaufmannschaft und Industrie, oftmals auch Denkmalseigner – selbst wenn es der Staat selber ist. Diesen Zielgruppen sollten die Aufklärungsarbeiten primär dienen, um sie zu überzeugen, daß hier investiertes Kapital sich zum Wohle aller Bürger auszahlen kann.

Neben der staatlichen Denkmalpflege gibt es die private Denkmalpflege auch im militärhistorischen Bereich. Diese Denkmalpflege darf nicht unterschätzt werden. Sie leistet vielleicht sogar mehr als die staatlichen Stellen. Aktive Denkmalpflege leisten auch die Institute und Vereine wie etwa die Deutsche Burgenvereinigung oder die Deutsche Gesellschaft für Festungsforschung. Schon 1971 hat das Internationale Burgeninstitut eine Resolution verabschiedet, die hier im Wortlaut zitiert werden soll. Der gesamte Forderungskatalog ist heute noch aktuell – nur möchte man den Absatz 2 und die Gesamttendenz auf Festungen des 19. und der ersten Hälfte des 20. Jahrhunderts ausgedehnt wissen. Als weiteres Beispiel kommt der anläßlich eines Arbeitsgespräches der Herzog August Bibliothek Wolfenbüttel im Herbst 1984 erarbeitete Aufruf zur Revitalisierung der Festungsstadt Wolfenbüttel zum Abdruck. Diese Zielvorgaben für Forschung und Denkmalpflege können Vorbild auch für andere Festungsstädte sein.

»Denkmäler sind zu *schützen*, zu *pflegen*, sinnvoll zu *nutzen* und wissenschaftlich zu *erforschen*. Sie sollen der Öffentlichkeit im Rahmen des Zumutbaren *zugänglich* gemacht werden.«

Denkmalschutzgesetz des Landes NRW von 1984, § 1 (1) (ähnlich in allen anderen Denkmalschutzgesetzen der Bundesländer)

◄ Auch auf kleinere, oft unscheinbare oder unbeachtet gebliebene Relikte der Festungszeit sollte der Festungsforscher und Denkmalpfleger sein Interesse richten wie hier in der Festungsstadt Germersheim. Dieser vor dem restaurierten und u. a. für museale Zwecke mit Militariasammlungen sehr gut ausgestatteten Ludwigstor hat dieser letzte erhaltene gußeiserne Brunnenstock mit Pumpe seine neue Aufstellung gefunden. Er trägt die Nr. 4 von ehemals 79 militärischen (bei 31 städtischen und zahlreichen privaten) Brunnen und wurde im letzten Moment gerettet. Die 1,50 x 1,0 x 0,6 m messende Steinkiste vor der Gebäudekante ist der Grundstein der Festung Germersheim, der auf Anordnung König Ludwigs I. von Bayern für die Bundesfestung am 18. Oktober 1834 gelegt und 1936 aus 14 m Tiefe mit z. T. verdorbenem Inventar geborgen wurde. Foto: Hartwig Neumann.

Festung Rothenberg
Die kurbayerische Bergfestung bei Schnaittach ist in ihrem gesamten Umzug erhalten. Die Problematik einer ungenutzten Festungsruine wird mit diesen beiden Bildern verdeutlicht. Anderenortes gibt es ähnliche Situationen. Links Blick in die Ecke von Torkurtine und linker Flanke der Bastion Karl vor der Restaurierung. Deutlich erkennbar ist das ungeordnete Bruch- und Lesesteinmauerwerk hinter der Bekleidungsmauer aus zugeschlagenen Quadern und die schlechte Fugung aus der Entstehungszeit. Rechts zeigt das Luftbild aus diesem Jahr den Zustand der Militärbauten in bzw. auf der Festung. Sie existieren mit Ausnahme des Torhauses nur noch in den aufgehenden Außenwänden: Kasernen, Kommandantur, Zeughaus mit Schreinerei, Schlosserei, Schmiede, Ingenieurhaus mit Lazarett, Pfarrer- und Lehrerwohnung. Foto: Hartwig Neumann. Luftfoto: H. P. Walz, freig. v. d. Regierung Mittelfranken, Luftamt Nordbayern, unter GS 3552/11.

»Der Rothenberg ruft und Tausende kommen«
Zur Popularisierung der faszinierenden Geschichte der 1730/1750 erbauten und 1838 geschleiften Festung Rothenberg und der laufenden Instandsetzungsmaßnahmen veranstaltete der für die Betreuung der 200 m über dem Schnaittachtal liegenden Bergfestung verantwortliche Heimatverein Schnaittach e. V. an den Pfingstsonntagen der vergangenen sieben Jahre »Burgfeste« im Festungsgraben mit 4–5000 Besuchern. Die Veranstaltung erfreut sich regen Zuspruchs von Fuß- und Autowanderern aus nah und fern. Die Rekonstruktion der hölzernen Brücke, die neue Revetierung der 20 m hohen und 8 m dicken Eskarpen geben mit den Menschenmassen einen passenden Raum für diese friedvollen Belagerungen. Foto: Clemens Fischer, Pegnitz-Zeitung, Lauf.

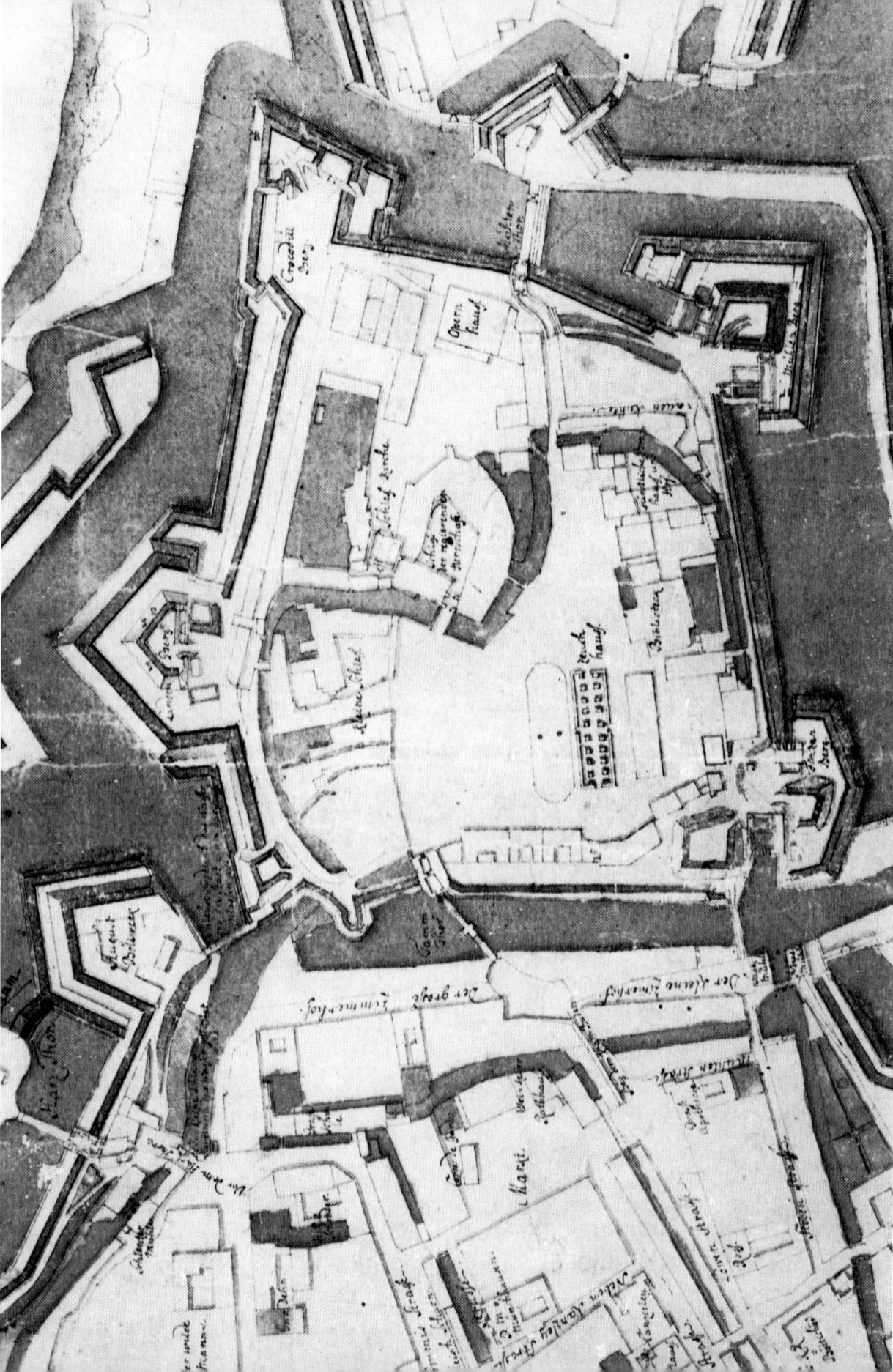

2. Festungsstädte – Das Beispiel Wolfenbüttel

Als Begleitveranstaltung zur Ausstellung ARCHITEKT & INGENIEUR, BAUMEISTER IN KRIEG & FRIEDEN 1984* fand auch ein Arbeitsgespräch der Herzog August Bibliothek Wolfenbüttel in Zusammenarbeit mit der Deutschen UNESCO-Kommission statt. Der dort erarbeitete Aufruf:

»Festungsstädte – das Beispiel Wolfenbüttel. Entwicklung von Zielvorgaben für Forschung und Denkmalpflege«

ist exemplarisch und soll deshalb hier im Wortlaut abgedruckt werden:

Forschung
Vermißt wird, wie bei zahlreichen anderen Städten dieser Art, auch eine umfassende Darstellung der städtebaulichen Entwicklung, und zwar einschließlich der Festungsanlagen. Dazu ist umfangreiches Quellenmaterial auszuwerten, insbesondere eine Vielzahl von bildlichen Darstellungen (in der Herzog August Bibliothek, im Niedersächsischen Staatsarchiv Wolfenbüttel, im Hauptstaatsarchiv Hannover, in Kriegsarchiven etc.), Schriftquellen (insbesondere im Niedersächsischen Staatsarchiv und in der Herzog August Bibliothek Wolfenbüttel), Dokumentationen über Baugrubenbeobachtungen, Luftbildern, archäologischen Funden usw. Als Ergebnis dieser Arbeit sind exaktes Kartenmaterial und Beschreibungen zu erwarten, welche die sicherlich hier noch vorhandenen umfangreichen Reste der Befestigungsanlagen (Bausubstanz wie auch Spuren als Fluchten, Grenzen, visuellen Achsen) überhaupt erst in vollem Umfang erkennbar machen und ungewollte Zerstörungen gerade auch der Bodendenkmäler zu vermeiden helfen. Diese Arbeit wird auch Auskunft darüber geben können, welchen Stellenwert Wolfenbüttel als befestigte Residenz, insbesondere des 16. und 17. Jahrhunderts, in der Entwicklung des neuzeitlichen Festungsbaus einnimmt. Hierzu wird es nötig sein, unter dem Gesichtspunkt ›Festungsbauschulen‹ die einschlägige Literatur heranzuziehen. Dieses Werk wird die bereits vorliegende Denkmaltopographie des Instituts für Denkmalpflege wesentlich ergänzen. Eine derartige Arbeit könnte mit einem Forschungsstipendium der Herzog August Bibliothek sinnvoll gefördert werden, zumal hier nicht nur ein Großteil der Bildquellen (und anderes) lagert, sondern an dieser Stelle auch die einschlägige zeitgenössische Literatur zum Festungs- und Städtebau vorhanden ist. Es erscheint sinnvoll, heuristische Arbeiten sofort zur Vorbereitung dieser oben genannten Forschungsarbeit durchzuführen. Parallel dazu sollten als Sofortmaßnahme schon gezielte Bodenuntersuchungen, gerade auch im Bereich der Befestigungsanlagen vorgenommen werden (zum Beispiel mit Hilfe von Arbeitsbeschaffungsmaßnahmen).

Denkmalschutz und Denkmalpflege
Das rechtliche Instrumentarium zur Erhaltung des Stadtdenkmals Wolfenbüttel erscheint ausreichend. Die Erhaltung der Stadt als Ganzes ist letztlich jedoch nur dann möglich, wenn dieses Ziel von allen Beteiligten mitgetragen wird, wobei der Stadt besondere Verantwortung zukommt. Es erscheint notwendig, auch das Engagement der Bürger im Hinblick auf die Erhaltung der historischen Bausubstanz stärker als bisher wachzuhalten. Es wirkt sich sehr positiv aus, daß die Stadt die untere Denkmalschutzbehörde fachlich qualifiziert besetzt hat. Gemeinsam mit dem Denkmalschutzbeauftragten (Stadtheimatpfleger) ist damit ein hohes Maß an Beratung für Bauherren, Architekten

---

* Architekt & Ingenieur. Baumeister in Krieg & Frieden. Ausstellungskatalog der Herzog August Bibliothek Wolfenbüttel, Nr. 42 (1984), bearbeitet von Ulrich Schütte (Architectura civilis), Hartwig Neumann (Architectura militaris) u.a. Die Literatur über die Festung Wolfenbüttel ist besonders reichhaltig. Vgl. dazu das Literaturverzeichnis, zum Plakat S. 143.

◀ *Zitadelle Wolfenbüttel*
Ausschnitt aus dem als Wandkarte verwendeten 92 x 63 cm messenden »PLAN der Vestung und Environs Wolffenbüttel als Residenz-Augustus- und Heinrichs-Stadt«, o. D. [um 1740], Original und Foto HAB: Rb 14. Die Zitadelle ist ein gutes Beispiel für eine aus topographischen Gründen irregulär errichtete Festungsanlage um einen Schloßbezirk in neuitalienischer Manier. Die Bastionen schützen den fürstlichen Hof mit den herzoglichen Großbauten Schloß, Zeughaus, Kornspeicher und den Hofbeamtenhäusern.

und Handwerker gewährleistet. Ein Teil der laufenden Erhaltungsbemühungen leidet unter der mangelnden Bereitschaft, sich mit den spezifischen Strukturen der Baudenkmäler auseinanderzusetzen (Grundriß, Konstruktion, Statik, Details). Das allgemeine Wissen über die Qualitäten historischer Gebäude und deren Bauweise sollte vertieft werden; die jetzt vielfach geübte Praxis der Auskernung wird der hohen Qualität der historischen Bauten Wolfenbüttels nicht gerecht. Auch die Möglichkeiten der weiteren Qualifizierung in Fulda, Raesfeld, Venedig u. a. wird hingewiesen. Es zeigt sich vielfach, daß bessere Bestandsaufnahmen (verformungsgerechte Aufmaße) und bauhistorische Untersuchung, sowie deren Begleitung durch den entsprechend qualifizierten Architekten, unabdingbare Voraussetzung für die Erhaltung historischer Bauten ist. Diese Besonderheiten jedes einzelnen Baudenkmals erfordern die kreative Ausschöpfung der Spielräume vorhandener Gesetze, Normen und Förderungsrichtlinien durch die Beteiligten. Die obersten Baubehörden der Länder müssen aufgefordert bleiben, dieses Problem wissenschaftlich aufzuarbeiten.

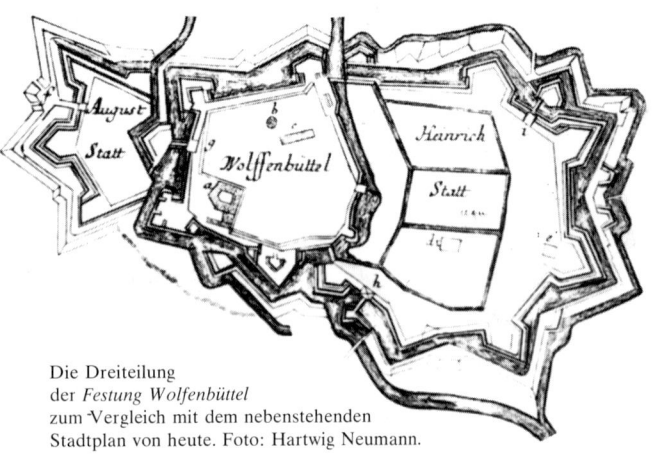

Die Dreiteilung der *Festung Wolfenbüttel* zum Vergleich mit dem nebenstehenden Stadtplan von heute. Foto: Hartwig Neumann.

Bauleitplanung
Die Möglichkeiten der Sicherung des noch abzulesenden historischen Festungsrings erscheinen nach den Aussagen des Spengelinschen Rahmenplans in Wolfenbüttel günstig. Im Hinblick auf die seit Erstellung des Planes erfolgten Maßnahmen und Planungen und im Interesse einer Sicherung der Wirkung der gesamten historischen Residenz- und Festungsstadt im Raum (natürliche Topographie und Lage der Schanzen) ist der entsprechende Untersuchungsbereich auszuweiten, fortzuschreiben und in Teilbereichen zu vertiefen. Hierbei sind vor allem die zur Zeit bekannten und in Zukunft zu erwartenden Forschungsergebnisse zur Stadt- und Festungsgeschichte zu berücksichtigen und in die Bauleitplanung (Flächennutzungsplan und Bebauungsplan) einzubinden. Insbesondere erscheint es notwendig, die Sicherung von Sichtbeziehungen zwischen den Schanzen und der historischen Stadt, die Sicherung des Festungsberings vor Überbauung und die Stärkung der Erlebbarkeit der Festung von außen im Flächennutzungsplan zu gewährleisten. Solche Gesichtspunkte sollten von außen durch Modelle für die öffentliche Diskussion zusätzlich veranschaulicht werden. Desiderate werden besonders deutlich an dem zur Zeit in der Diskussion befindlichen Bebauungsplan AE 1 der Stadt Wolfenbüttel, zu dem die Tagungsteilnehmer folgende Stellung beziehen: Die Notwendigkeit einer präzisen baulichen Fassung des Einmündungsbereichs Dr.-Heinrich-Jasper-Straße/Meeschedamm wird nicht bestritten; der räumliche Bezug zur Auguststadt sollte jedoch Vorrang haben vor einer zu raumgreifenden Ausformung des Kreuzungsbereiches. Bedenklich wird die Planung dort, wo in einem der wenigen zusammenhängenden Grünräume hinein eine Bebauung gestellt wird, die jedoch mehr verstellend als gliedernd wirkt, da bereits das Schloßgymnasium in seiner Pavillonarchitektur ein bedenklicher Einbruch in den Zusammenhang der Festungsarchitektur darstellt (Beleg: Historischer Plan von Biedermann, Staatsarchiv Wolfenbüttel K 900). Es wird vielmehr empfohlen, den Schloßpark im nordwestlichen Bereich für eine zu entwickelnde sogenannte Akademiebebauung zu nutzen. Dieser Parkbereich war, historisch nachgewiesen, ursprünglich durch Wirtschaftshofbereiche genutzt. Durch diese Konzeption könnte erreicht werden, daß an der Oker entlang eine zusammenhängende Grünzone entsteht, die das Schloß über den erhaltenswerten mit hochstämmigen Bäumen besetzten südlichen Parkbereich in einen deutlicheren Zusammenhang bringt. Hierbei würde auch das vorgeschlagene Brückenbauwerk nördlich der Krokodilsbastion (Verbindung zur Jägerstraße) überflüssig werden. Es wird empfohlen, eine stärkere Sichtbarmachung des ehemaligen Festungsbereichs durch einen außerhalb der Umflut gelegenen begrünten Fußweg mit entsprechendem Respekt-Abstand zum Okerumfluß an dieser wie an anderen geeigneten Stellen anzustreben.

Bekanntmachung

Betr.: 2. Öffentliche Auslegung der örtlichen Bauvorschrift über Gestaltung zur Erhaltung des Bildes der alten Stadtteile der Stadt Wolfenbüttel — „Altstadtsatzung" gemäß § 2a Abs. 6 BBauG (Neuaufstellung)

Mit Verfügung vom 1. Februar 1984 — Aktenzeichen 310.24001 — 58037.01 — 1 — hat die Bezirksregierung Braunschweig die Altstadtsatzung wie folgt genehmigt: „Hiermit genehmige ich aufgrund des § 97 der NBauO vom 23. 7. 1973 (Nds. GVBl. S. 259), zuletzt geändert durch das 5. Gesetz zur Änderung der NBauO vom 5. 12. 1983 (Nds. GVBl. S. 281) in Verbindung mit § 11 des BBauG in der Fassung vom 18. 8. 1976 (BGBl. I. S. 2256), zuletzt geändert durch Art. 1 des Gesetzes zur Beschleunigung von Verfahren zur Erleichterung von Investitionsvorhaben im Städtebaurecht vom 6. 7. 1979 (BGBl. I. S. 949), die vom Rat der Stadt Wolfenbüttel am 12. 10. 1983 beschlossene örtliche Bauvorschrift über Gestaltung zur Erhaltung des Bildes der alten Stadtteile der Stadt Wolfenbüttel (Altstadtsatzung) mit der Maßgabe, daß die örtliche Bauvorschrift noch einmal ausgelegt wird."

Die vom 24. 3. bis 29. 4. 1983 ausgelegte Fassung der örtlichen Bauvorschrift stimmt in folgenden Punkten nicht mit der vom Rat der Stadt beschlossenen Fassung überein:

§ 2 Abs. 4	(gestrichen, Abs. 5 wird jetzt Abs. 4)
§ 3 Abs. 7	(Satz 2 neu angefügt))
§ 4 Abs. 1	(gestrichen, Abs. 2 bis 5 rücken vor auf Abs. 1-4)
§ 4 Abs. 2-4 bzw. 5	(textlich überarbeitet, materiell gleich)
§ 5 Abs. 5	(textlich überarbeitet, Vorbehalt zugunsten der Denkmalpflege gestrichen)
§ 8 Abs. 3	(Anforderungen geändert)
§ 9 Abs. 1	(gestrichen, die Absätze 2-7 werden Abs. 1-6)
§ 9 Abs. 2 Ziff. 5	(gestrichen, Abs. 2 Ziff. 6 bis 9 werden Abs. 1 Ziff.5-8)
§ 9 Abs. 2 Ziff. 9	(jetzt Ziff. 8 als gleitende Farbskala gefaßt)

Der Entwurf zur Altstadtsatzung schließt den folgenden örtlichen Geltungsbereich ein:

1. Den Bereich der **Heinrichstadt**;
   Das ist der Teil des Stadtgebietes zwischen dem östlichen Okerarm, dem westlichen Okerarm bis einschließlich des Grundstücks Schulwall 1, des Schlosses, der Damm-Mühle und dem von dort nach Norden fließenden Okerlauf. Im Zusammenhang hiermit
2. in der **Auguststadt** der Bereich östlich und südlich der Schleusenumflut, der Dammfestung, die Südseite der Schützenstraße von diesem Okerlauf bis zur Hellerstraße, deren Ostseite, östlich der Westgrenze des Grundstücks Dr.-Heinrich-Jasper-Str. 59 (Flurstück 125/2) nördlich der Bahn bis einschließlich der bebauten Grundstücke Jägerstraße und von da an wieder der Schleusenumflut der Dammfestung folgend bis zur Bezirksgrenze der Heinrichstadt stromauf;
3. der Teilbereich der **Juliusstadt** von der östlichen Okerumflut ostwärts an der Nordgrenze des Grundstücks Friedrich-Wilhelm-Straße 5 (Flurstück 56), der Bereich südlich der Leopoldstraße, westlich der Leipziger Straße, nördlich der Kapellenweges, östlich der Einmündung der Lindener Straße in den Juliusmarkt, von da westwärts einschließlich des Grundstücks Marktstraße 6 (Gasthaus „Zum Goldenen Löwen") zur östlichen Okerumflut zurück.

Der örtliche Geltungsbereich ist im Kartenausschnitt mit einem dunklen Saum umrandet.

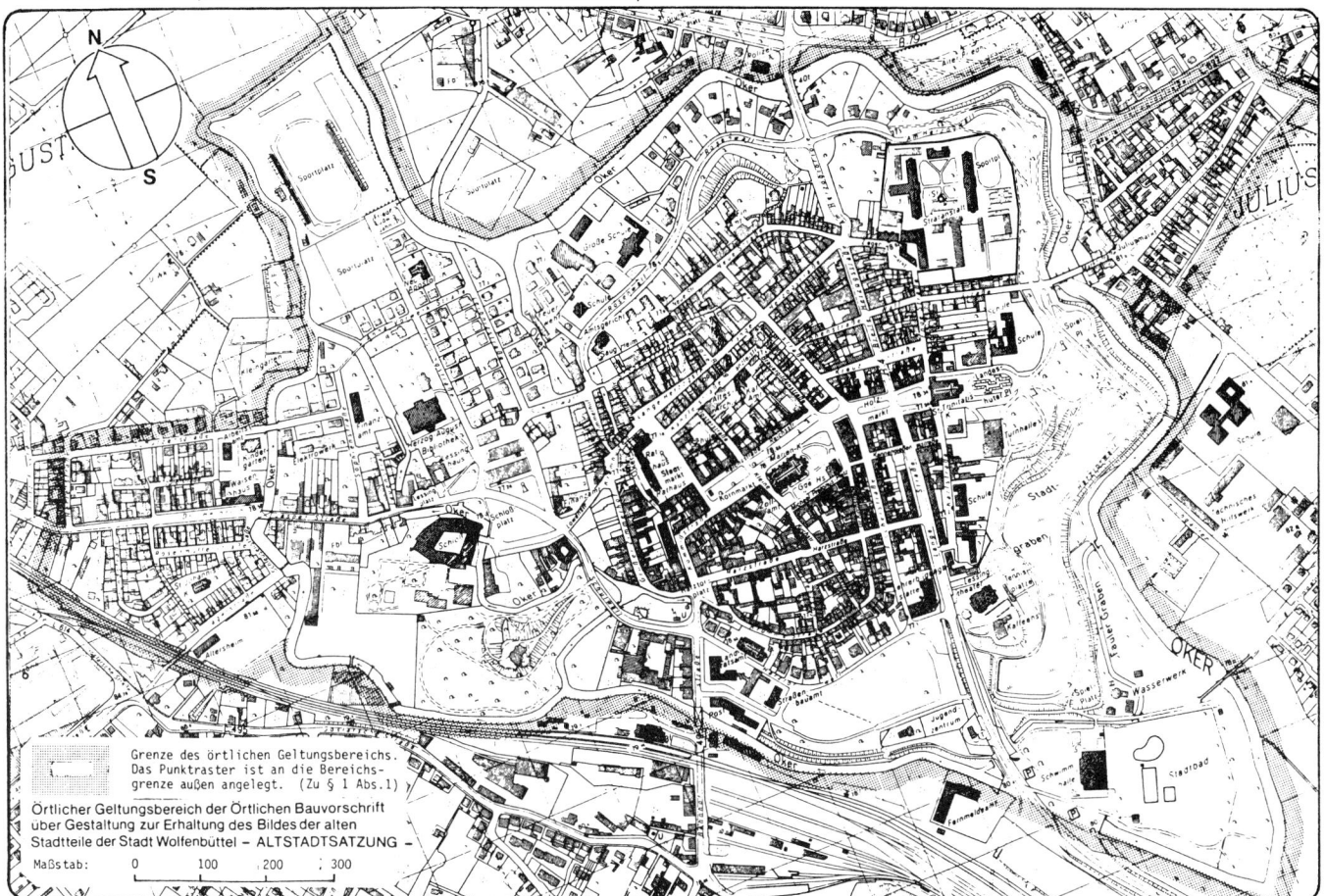

Der Entwurf zur Altstadtsatzung, ein dazugehöriger Übersichtsplan im Maßstab 1:2000 mit Darstellung des örtlichen Geltungsbereiches und die Begründung (entsprechend § 9 Abs. 8 BBauG) liegen gemäß § 2 Abs. 6 Bundesbaugesetz für die Dauer eines Monats vom

12. Juli bis 13. August 1984 in der Bauverwaltung der Stadt, Kanzleistraße 2, vor den Zimmern 200 bis 204

öffentlich aus und können dort montags, dienstags, donnerstags und freitags von 8.00 bis 17.00 Uhr und mittwochs von 8.00 bis 13.00 Uhr, eingesehen werden.

Jedermann kann während der Auslegungsfrist Bedenken und Anregungen schriftlich vorbringen oder werktags von 8.00 bis 12.00 Uhr, außer sonnabends zur Niederschrift des Bauordnungsamtes der Stadt erklären.

Wolfenbüttel, den 28. Juni 1984

STADT WOLFENBÜTTEL
Der Stadtdirektor
gez. Riban

3. Weitere Beispiele

Das Wappen an der Moritzbastion zeigt symbolisch das Stadtwappen und eine kleine Wappentafel mit der Inschrift: MAURITIUS DUX SAXONIAE ELECTOR ANNO MDLI. Foto: Archiv Hartwig Neumann 1986.

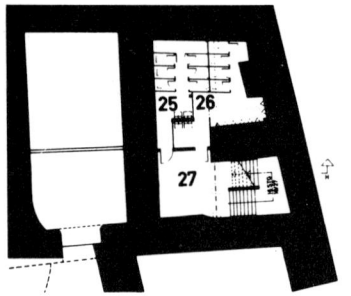

Leipzig: Moritzbastion
Ein gelungenes Beispiel der Revitalisierung von Festungswerken stellt die Bastion aus dem 16. Jh. dar. Ab 1974 erfolgte der Ausbau der bis dahin im Inneren und Äußeren mit Erd- und besonders Schuttmassen verfüllten Bastion der ehemaligen Stadtbefestigung. Nach der Freilegung und Trockenlegung erfolgte die Bauanalyse, welche das Ausbau- und Nutzungskonzept während der Maßnahmen beeinflußte. Die gesamte Anlage ist symmetrisch entsprechend der Grundform der neuitalienischen Bastionsform und bietet heute auf 2310 m² Nutzfläche 900 Personen Platz. Die Ober- und Unterkeller genannten Ebenen liegen heute unter Straßenniveau. Die komplizierte Raumdisposition der Bastion ist beibehalten trotz Unterbringung der für ein Studentenklubhaus notwendigen Verkehrsflächen und technischen Einrichtungen. Reproduktion der Entwurfspläne von R. Plewe und B. Lauenroth 1974 aus Mrusek, H.-J.: Zu Wirkungsaspekten bei der kulturellen Nutzung..., Halle 1981, S. 98. Es bedeuten: *Oberkeller* (links) 2 Klubleitung, 3 Werkstatt, 7, 15, 16 Treffpunkte für Seminargruppen, 9–12 Klubtonnen, 17–19 Tontechnik, 20 Garderobe, 21 Eingangsbereich, *Unterkeller* (rechts) 2 Mehrzweckraum (Theater/Tanz), 8 Gästeraum, 9 Klubraum mit Ausschank, 10 Mehrzweckraum (Vorträge/Café), 11 Klubraum mit Kaffeeausschank, 12 Gaststätte »Schwalbennest«, 13, 14 Klubräume, 15 Gaststätte »Fuchsbau«, 16–23 Technik, 24 Handlanger, 27 Gästeraum, 37 Garderobe.

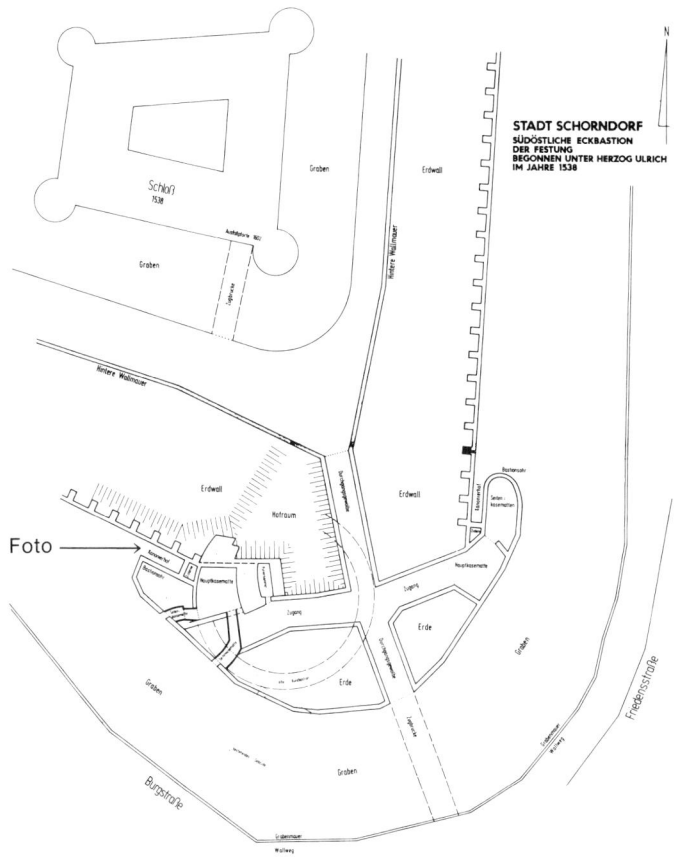

Festung Schorndorf. Durch Ausgrabungen in den letzten Jahren wurden von der ab 1543 und besonders ab 1551 neuzeitlich befestigten Stadt wesentliche Teile der Schloßbastion und ihres unmittelbaren baulichen Vorgängers freigelegt. Die gesicherte Grabungsstelle ist ein besonderes Anlaufziel für die Besucher des Schloßparkes geworden.
Foto: Reinhold Zeyher, Schorndorf. Zeichnung: Stadtverwaltung Schorndorf.

Die *Zitadelle Jülich* ist die älteste Anlage vom Typus Palazzo in Fortezza im deutschsprachigen Bereich. Ihre Revitalisierung wird seit 1960 nach katastrophalen Zerstörungen im II. Weltkrieg betrieben. Die Maßnahmen der staatlichen Denkmalpflegebehörden werden seit Jahren kontrovers diskutiert, das bedeutende Ökosystem so gut wie nicht beachtet bzw. systematisch vernichtet. Diese Problematik wird dokumentiert und diskutiert im 1986 erschienenen Großen Kunst- und Bauführer Zitadelle Jülich vom Verfasser.

Foto: SPD Ortsverein Jülich. Freigabe Reg. Präs. Köln, Nr. OK 1659.

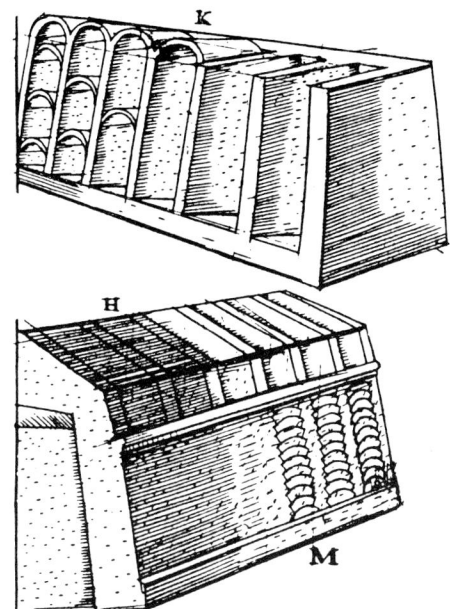

Konstruktion der Festungsmauern nach Daniel Specklin 1589 für Kurtinen, Facen, Flanken.

Festungsstadt Jülich. Zitadellenbastion Wilhelmus, erbaut Mitte 16. Jh. Oberfläche ca. 6250 m², Mauern über Sockel mit Hausteinverkleidung dossiert bis zum Kordon, 15 m hoch, Grabenbreite 33 m. Das Foto zeigt die Facen ohne die Bekleidungsmauer. Das Kernmauerwerk liegt frei. Die senkrechten Rillen wurden nach der Erneuerung des Revetements mit Beton vergossen und bilden so Stützen des mit dem historischen Mauerwerk nicht in Verbund stehenden neuen Mauerwerk. Die 1986 abgeschlossene Restaurierung der Bastion ist in ihrer Qualität sehr umstritten, da moderne Industrieziegel falscher Formate, Farbgebung, Oberflächenstruktur in teilweise falscher Fugungstechnik benutzt wurden und großflächige Schäden wie an sämtlichen anderen schon restaurierten Wallflächen zu erwarten sind. Das Land Nordrhein-Westfalen (vertreten durch den für die Durchführung der Denkmalschutzgesetze verantwortlichen Minister) als Eigentümer der Zitadelle (de jure) und die Stadt Jülich als »Nutznießer mit eigentumsähnlichen Rechten« sind seit bald drei Jahrzehnten nicht in der Lage, ein Konzept für die Revitalisierung des Kulturmonumentes vorzulegen. Die Zitadelle Jülich ist – nach Beobachtungen des Verfassers – ein Musterbeispiel für aktive Denkmalpflege an Festungswerken, wie sie nach den geltenden Gesetzen und ihrem Kontext *nicht* sein dürfte! Foto: Hartwig Neumann, 1986.

Festungsstadt Stade – Sanierungsziele in der heutigen Kernstadt
Neben zahlreichen anderen Zielen hat die Sanierung und Stadterneuerung in Stade auch die Aufgabe, das fortifikationsgeschichtlich bedingte städtebauliche Bild mit den charakteristischen Grundzügen von Festungswerken und Militärbauten beizubehalten, herauszuarbeiten wo es überdeckt ist und in Einklang zu bringen mit der modernen Nutzung. Die Lösung zahlreicher Teilaufgaben, die zu einem für eine Festungsstadt einmaligen Konzept zusammengewachsen sind, wird in Stade seit 1972 konsequent verwirklicht. Einige dieser Teilaufgaben sind: Aktivierung des Stadtkerns, Restaurierung wertvoller Bausubstanz: Einzelbauten und Ensembles der Zivil-, Sakral- und Militärarchitektur, Modernisierung, Objekt-, Block-, Flächensanierung, Schaffung von Grünflächen zur Naherholung, Pflege der Stadtsilhouette, touristische Erschließung usw. Die Beteiligung der Bürger an Entscheidungen ist beispielhaft vorbildlich. Stade ist »Pflichtlektüre« für alle, die sich mit der Frage der Nutzung historischer Festungswerke und Militärbauten beschäftigen! Zeichnung: Stadt Stade/Neue Heimat Bremen.

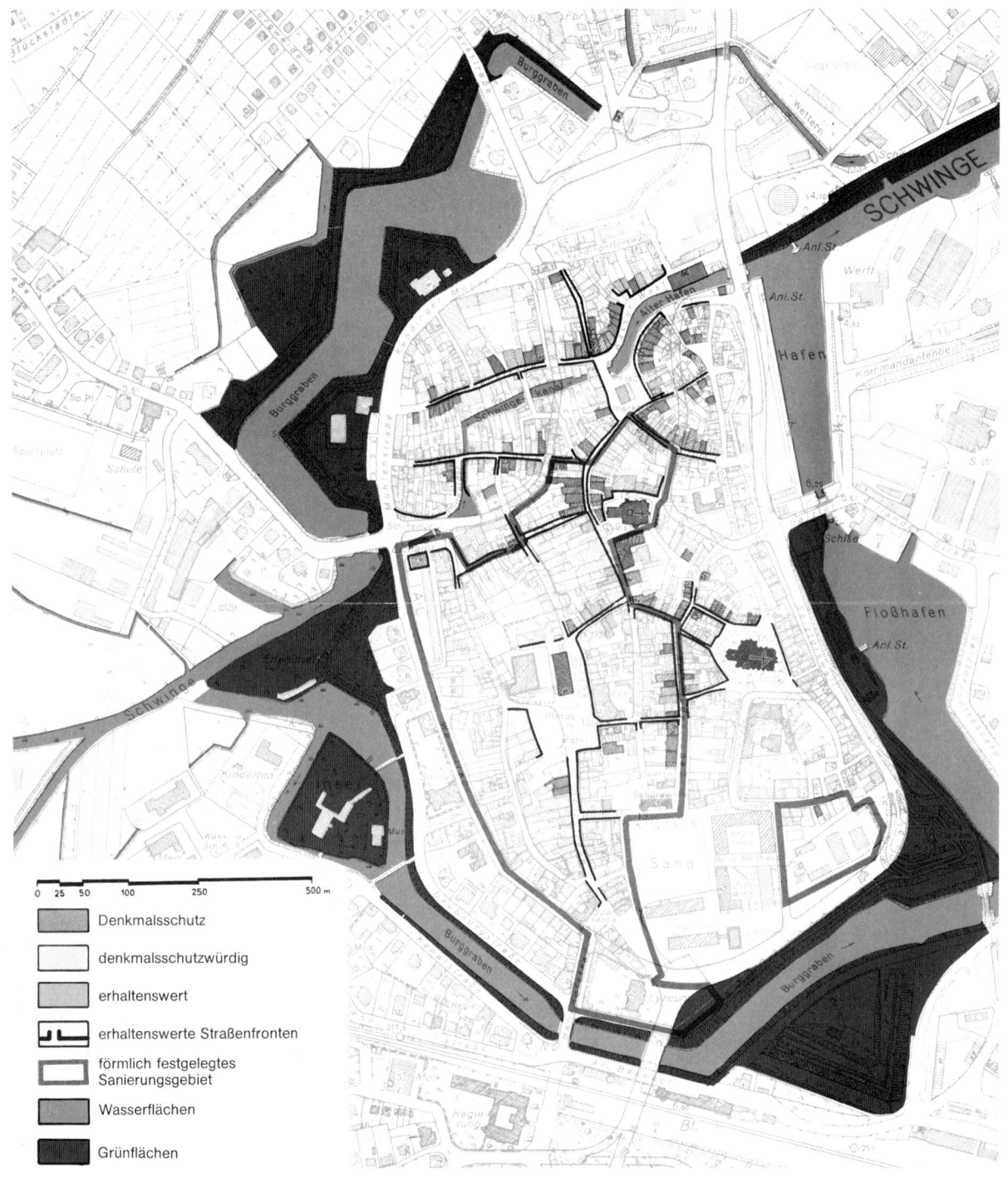

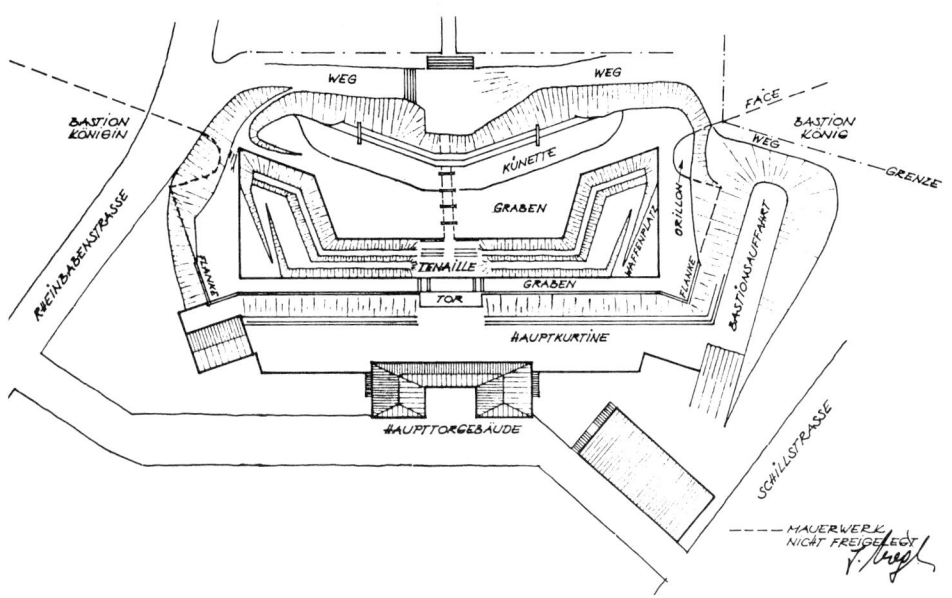

Zitadelle Wesel. Hauptkommunikation Herbst 1986. Lageplan: Josef Vogt, Wesel. Fotos: Hartwig Neumann. Die Zitadelle entstand 1687 ff. nach Plänen von F. R. Johann Corbin im regulären Pentagon. Es handelte sich bei dieser Zitadelle um eine der größten im deutschen Sprachbereich. Die Entfernung von einer Bastionsspitze zur gegenüberliegenden Ravelinspitze maß immerhin ca. 600 m. Die Revitalisierungsmaßnahmen an den Resten des Bauwerks und Freilegungen setzten 1975 ein und werden 1991 abgeschlossen sein. Der Plan und das Foto zeigen die derzeitige Situation: 140 m Kurtine, Wallbreite 22 m, Höhe der neu revetierten Mauer bis zur Brustwehr 10 m, Tenaillenhöhe 5,50 m. Die Holzbrücke hat eine Länge von 22 m gegenüber der ursprünglichen von 65 m. Die Gesamtrekonstruktion ist nicht möglich, da sich Teile des einstigen Torravelins auf einem Privatgrundstück befinden. Die Tor- und Grabenzone steht seit 1987 dem Publikum als Naherholungsstätte zur Verfügung und macht so einen wichtigen Teil der Stadt- und Festungsgeschichte begehbar und damit erlebbar.

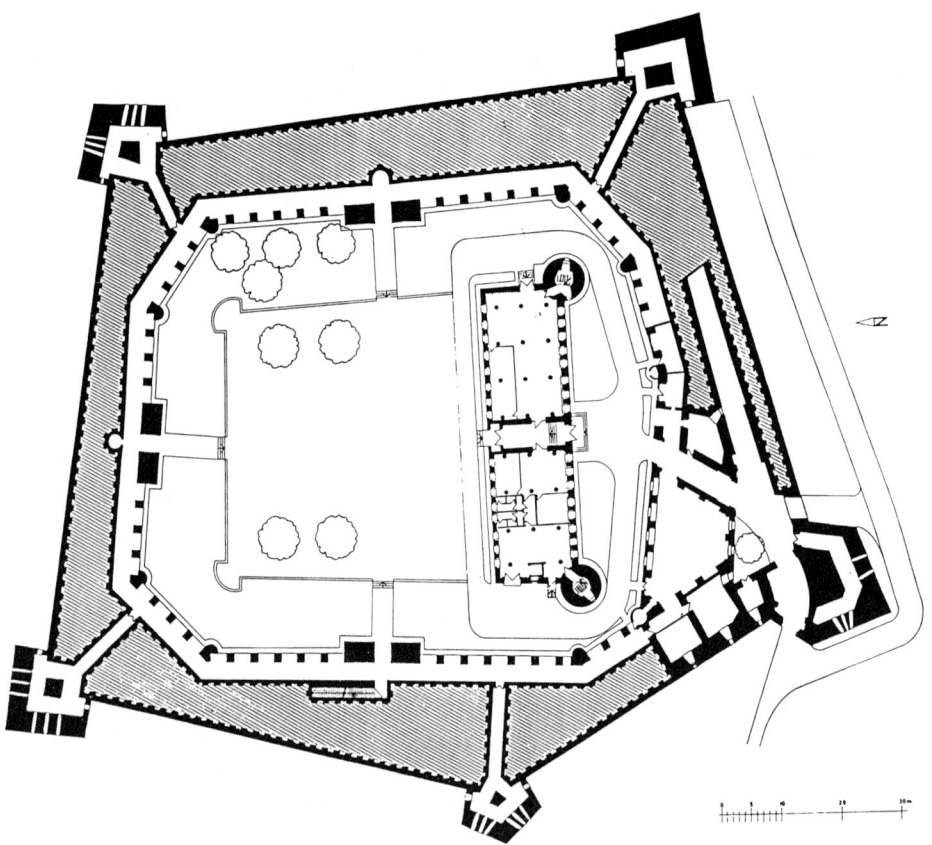

Festung Lichtenau. Erdgeschoß-Grundriß von Schloßflügel und Festungswerken nach der Revitalisierung durch das Landbauamt Ansbach 1973–1983. Planungen und Ausführung sind vorbildliches Beispiel für Erhalt und Nutzung neuzeitlicher Festungsarchitektur. Heute verfügt das Staatsarchiv Nürnberg mit einer Außenstelle über die Räumlichkeiten. Kein Besucher ahnt, daß unter dem Dach 15 km Regale mit Quellen zur Rechtsgeschichte stehen. Zeichnung: Landbauamt Ansbach.

Rheinschutzhafen und Zitadelle Düsseldorf
Als abschreckendes Beispiel muß die Zerstörung bzw. Rettung der Relikte um den ehemaligen Rheinschutzhafen und der angrenzenden Baurelikte inmitten von Düsseldorfs Altstadt genannt werden. Das Foto zeigt den Blick auf die Spitze der Zitadellenbastion Spee (1552 ff., 1620 ff.). Bei Ausschachtungsarbeiten zum Neubau einer mehretagigen Tiefgarage mit Oberflächenbebauung zu einem neuen »Stadtteil« kamen im Sommer 1985 bedeutende Reste der Zitadelle, des Hafens, des mittelalterlichen Rheintores und der Kleinen Hafenbastion ans Tageslicht. Die Untere Denkmalbehörde erfuhr erst nach einer Woche, daß Bagger und schwere LKW ihre Ausschachtungs- bzw. Vernichtungsarbeit im bodendenkmalträchtigen Gebiet tätigen. Nur durch engagierte Bürgeraktionen konnte ein Baustopp erreicht werden, der heute noch anhält! Inzwischen wurde offiziell auf die Oberflächenbebauung verzichtet und Überlegungen angestellt, den Bauzustand zu retten. Dem unglaublichen Vorschlag der Stadtverwaltung zur Translozierung der Baurelikte steht ein detaillierter Gegenvorschlag der Bürgeraktion, die sich inzwischen zu einem Verein zusammengefunden hat, gegenüber. Dieser Plan sieht die Revitalisierung des Hafens inmitten der Altstadt vor, wobei die Düssel das notwendige Wasser abgeben soll, weiter den Erhalt der baulich wertvollen Relikte aus Mittelalter und Neuzeit unter Rekonstruktion bestimmter Teile, die offensichtlich übereilt und absichtlich abgerissen wurden, sowie einer gemäßigten Randbebauung, die auch den beengten Düsseldorfer Museen zugute kommen soll. Eine Umfrage zeigte, daß dieser Vorschlag bei der Bevölkerung klare Mehrheiten findet. Foto: Walter Klein, Düsseldorf 1986.

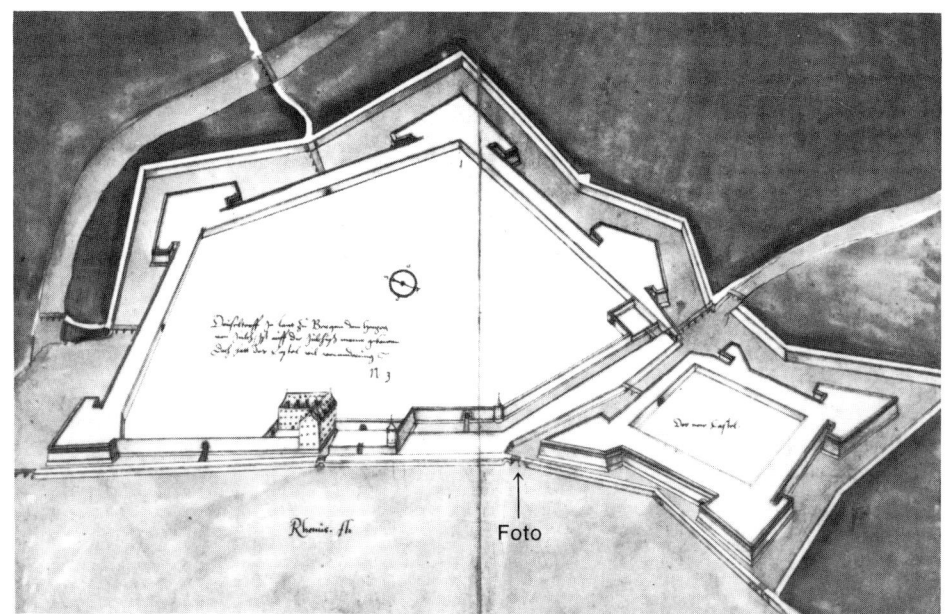

Plan der Festung Düsseldorf von Daniel Specklin von 1567. Original: Generallandesarchiv Karlsruhe, Hausfideikommiß, Bd. XVII, fol 17.

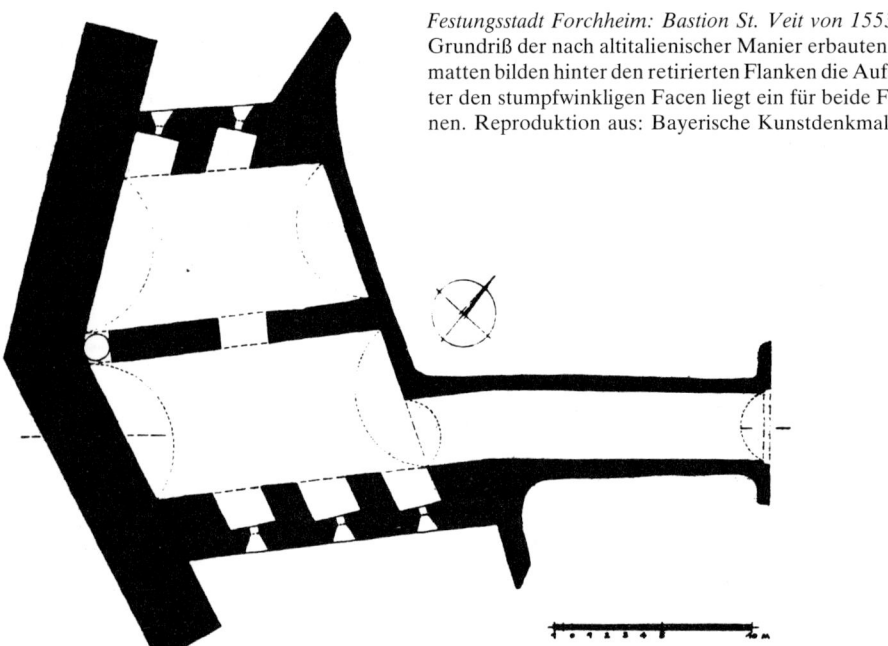

Festungsstadt Forchheim: Bastion St. Veit von 1553
Grundriß der nach altitalienischer Manier erbauten Bastion. Zwei tonnengewölbte Kasematten bilden hinter den retirierten Flanken die Aufstellungsräume für das Geschütz. Hinter den stumpfwinkligen Facen liegt ein für beide Flankenstellungen gemeinsamer Brunnen. Reproduktion aus: Bayerische Kunstdenkmale, Bd. XII, München 1961, S. 31.

Blick auf die linke Flanke mit dem retirierten Teil und dem schmalen Orillon. Die leicht dossierte Mauer aus Sandsteinbuckelquadern. Brustwehr konvex mit eingeschnittenen Scharten, kasemattierte Geschützstellungen mit Scharten- und Beobachtungs- bzw. Belüftungsschlitzen. Die Anlage ist Teil eines von der Bevölkerung voll angenommenen Naherholungsgebietes vor den Bastionen im ehemaligen Graben- und Glacisbereich. Vgl. dazu auch S. 66. Foto: Hartwig Neumann.

Hamburg einst und jetzt
Das historische Kartenbild der Innenstadt maßstabsgerecht dargestellt auf dem Grundriß der Gegenwart, bearbeitet von F. Facklam und C.-O. Fleischhauer, herausgegeben vom Verein für Hamburgische Geschichte, 2. Auflage 1973. Dem Wunsch, Vergangenheit und Gegenwart auf einer Karte übersichtlich und genau darzustellen und so dem Forscher, Stadtplaner, Bauingenieur, Heimatfreund einer Festungsstadt eine Quelle besonderer Art anzubieten, hat das Vermessungsamt Hamburg mit diesem Plan entsprochen. Er könnte, ja sollte die anderen Festungsstädte animieren, Analoges für ihre Stadt zu schaffen. Wir hätten dann einen dringend notwendigen Festungsstädte-Atlas. Der maßstabsgerechte Übereinanderdruck ist ein meßtechnisches Problem. Hamburg setzte dazu einen Rechner und optisches Präzisionsgerät ein. Als Bezug wählte man den Stadtplan von 1800, weil bis in dieses Jahr die jahrhundertealte Bebauung noch weitgehend unverändert bestand. Der 1615 durch den Niederländer Johan van Valckenburgh (1575–1625) konzipierte Festung mit ihren 22 radial angeordneten Bastionen, beendet um 1626 und 1679/80 durch zusätzliche Werke erweitert, kommt in diesem Plan besondere Bedeutung zu. »Wer mit dieser Karte ausgerüstet durch unsere so veränderte Stadt geht, soll und wird sich daher ein zutreffendes Bild davon machen können, wie sie das Gesicht der Stadt vor etwa 150 Jahren bestimmten und wo ihre Reste im Erdreich zu vermuten sind.«

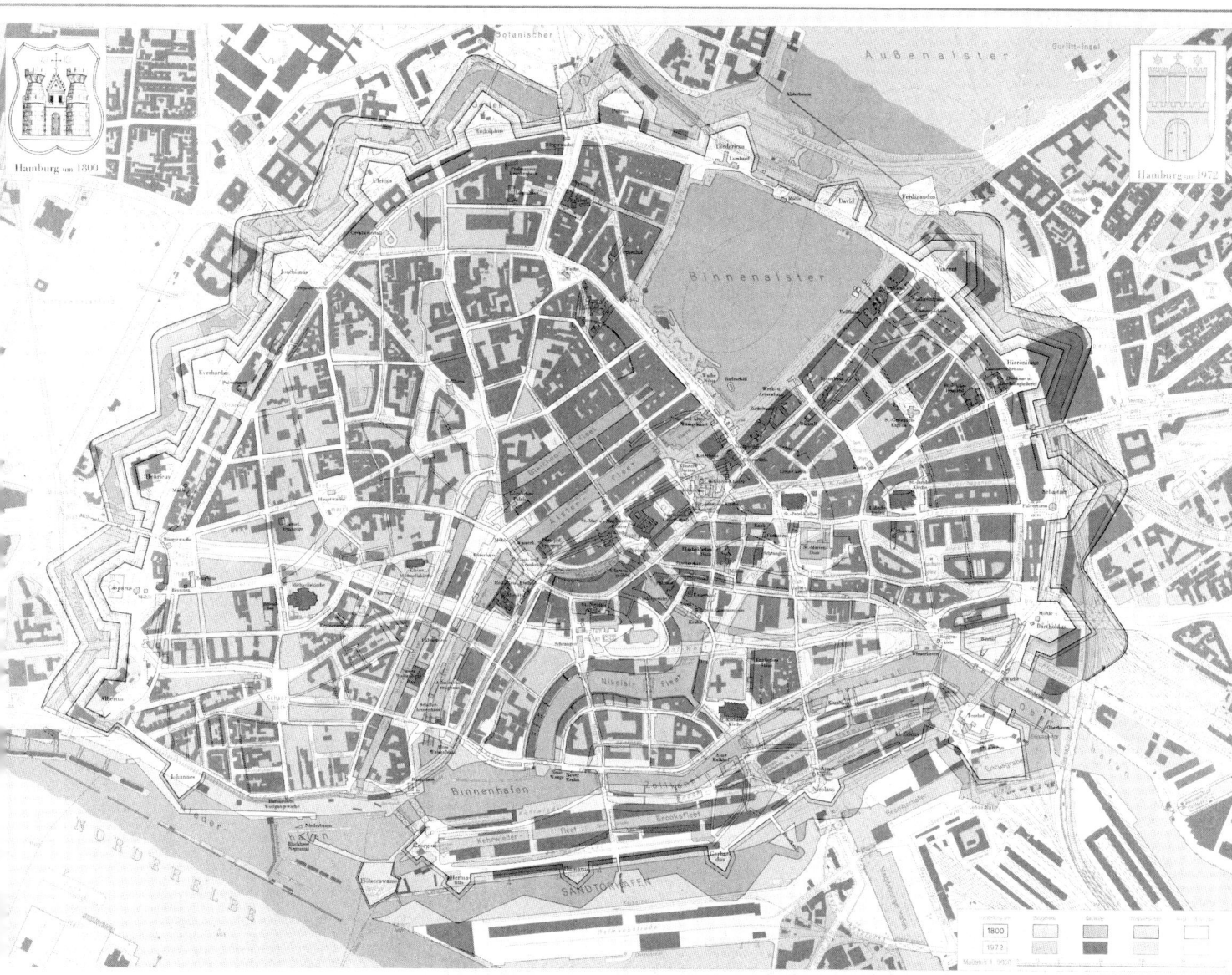

> »Natur und Landschaft sind im besiedelten und unbesiedelten Bereich so zu schützen, zu pflegen und zu entwicklen, daß ... 4. Die Vielfalt, Eigenart und Schönheit von Natur und Landschaft als Lebensgrundlage des Menschen und als Voraussetzung für seine Erholung in Natur und Landschaft nachhaltig gesichert ist.«
>
> § 1 (2) B Nat Sch G

> »Historische Kulturlandschaften und -landschaftsteile von besonderer Eigenart sind zu erhalten. Dies gilt auch für die Umgebung geschützter oder schützenswerter Kultur-, Bau- und Bodendenkmäler, sofern dies für die Erhaltung der Eigenart oder Schönheit des Denkmals erforderlich ist.«
>
> § 2 B Nat Sch G

XXVII. Festung und Festungsgrün: Flora und Fauna

Das untenstehende Foto führt direkt in das zu skizzierende Problemfeld. Auf der einen Seite das zu schützende Tier im Festungsgelände, auf der anderen Seite

die Forderung nach Erhalt der Baulichkeiten. Sämtliche eben restaurierten Wasserspeier des napoleonischen Brückenkopfes Jülich an der Rur sind regelmäßig von Brutvögeln besetzt. Im Zuge der Revitalisierung des Festungswerkes mußte der jahrzehntealte unkontrollierte Bewuchs über den Hohlräumen, auf Parapet, Brustwehr, Bankett und Wallgang entfernt werden, um das historische Profil zurückzugewinnen. Die verdrängte Tierwelt suchte prompt »künstlich angebotene Ersatzreviere« u. a. in den Wasserspeiern. Diese sind so gut wie nicht funktionsfähig. Offensichtlich wurde die Vertikal- und Horizontaldichtung nicht bauwerksgerecht eingebracht. Die historische Lösung der Dosdanierung durch eine bestimmte Folge von Ton- und Sandschichten auf den Gewölben und Mauern, die das Sickerwasser aus dem Erdreich zu den Wasserspeiern lenken, wäre die billigere Methode gewesen. Jetzt wächst Gras in einigen Wasserspeiern, Birkensämlinge werden folgen, Wurzeln in das streckenweise schlecht verfugte und ausgewaschene Mauerwerk eindringen, Frostschäden sind die Folge – erneute Restaurierung, zumindest teure Unterhaltungsarbeiten sind die Konsequenz!

Beim Festungsgrün ist 1. geplantes, also fortifikatorisch bedingtes Grün, 2. natürliches Grün, 3. geplantes und natürliches Grün heute und in Zukunft zu unterscheiden.

Zu 1. Francesco de Marchi (1504–1577) läßt in seinem Lehrbuch DELLA ARCHITETTURA MILI-

TARE von 1584 das Glacis mit weißen Maulbeerbäumen eng bepflanzen. Nach einigen Jahren sei das Wurzelwerk so miteinander verflochten, daß bei einer Belagerung es dem Feind sehr erschwert würde, durch Erdarbeiten (Minen, Approchen, Sappen) sich der Festung zu nähern. Daniel Specklin (1534–1589) empfiehlt in seiner ARCHITECTURA von 1589 stachelige Hecken als Hindernispflanzen im Festungsvorfeld. Nach Beendigung des Festungsbau von Thorn 1830 bzw. 1847 wurden regelrechte militärische Bepflanzungspläne für alle Werke und das Umfeld angeordnet. Darin hatten Rosen, Sträucher aller Art, Dornenhecken, Bäume, darunter sogar Obstbäume, ihren fortifikatorisch bedingten Platz.

Beim genauen Nachforschen findet man in den Traktaten der meisten Festungsbaumeister aller Epochen Abhandlungen oder Hinweise auf das fortifikatorische Grün, so auch bei Bélidor (1693–1761), Vauban (1633–1707), Brialmont (1821–1903) u. v. a. Vorwiegend wird dort die Natur zur Erschwerung der Feindannäherung und zu Tarnungszwecken eingesetzt. Die psychologische Wirkung von Festungsgrün wird erst mit dem aufkommenden Denkmalpflegegedanken diskutiert. Die Verschleierung gegen Sicht und Abheben vom Horizont ist zu jeder Fortifikationsepoche aktuell gewesen. So durften z. B. neue Erdschüttungen sich vom Umfeld nicht unterscheiden, die Bepflanzung sollte sich nach dem angrenzenden Umfeld richten. Noch 1905 wird in einer Dienstvorschrift der General-Inspektion des Ingenieur- und Pionier-Korps und der Festungen gefordert, etwa sichtbare Geschützrohre und Panzerteile mit Ölfarbenanstrich zu versehen und mit aufgestreutem Sand und Moosen die Tarnung zu komplettieren, vorher sei der Metallglanz mit Jauche zu beseitigen. Zur Tarnung wird empfohlen: Abmähen, Umgraben, Neueinsäen. Eine »verhüllende Pflanzendecke« aus den »Festungspflanzschulen« soll in Friedenszeiten erprobt und der »Eindruck des Künstlichen« vermieden werden. Natürlich werden Bäume und Strauchzonen auch als Schutz vor feindlicher Beobachtung gepflanzt und gepflegt. Die genannte Vorschrift fordert für jede Fortifikation einen Bepflanzungsplan und einen Baumpflegeplan, Forderungen, denen wir uns heute – wenn auch aus anderen Gründen – anschließen. Bei der Schleifung der Festungen ist dieses Grün oft vernichtet, inbesondere durch Vernachlässigung. Umgekehrt ist das Stadtgrün vieler Städte auf ehemaliges Festungsgrün zurückzuführen.

Nur für den Dienstgebrauch.

Technische Vorschrift A. 27.

Maßnahmen gegen die Erkennbarkeit von Befestigungsanlagen

(Schutzmaßnahmen)

mit

2 Anhängen:

1. Anlage und Unterhaltung von Pflanzungen im Festungsbau.
2. Zusammenstellung geeigneter Samensorten zum Einsäen in frische Schüttungen oder Abgrabungen.

Berlin, 1905.
Gedruckt in der Reichsdruckerei.

Das in dieser technischen Vorschrift gemeinte GRÜN gehört zur Baugeschichte des Festungsbauwesens: Bewußt eingebrachte Flora auf und um Festungsbauteile zwecks Bodenverfestigung, Annäherungshindernis, Tarnung. Original: Pionierschule und Fachschule des Heeres für Bautechnik, München, F. 8. 125.

Zahlreiche Festungsareale oder Teile könnten dieses Zeichen oder ein ähnliches als Ausweis für die oft besondere Flora und Fauna haben, wenn man die ökologische Bedeutung dieser Refugien einmal genauer untersucht. Im Zitadellengelände Spandau (als Naturdenkmal geschützt) und im vorbildlichen Festungsareal an der Saar in Saarlouis (Landschaftsschutzgebiet) stehen diese Schilder, die mehr als nur pädagogischen Wert haben. Foto: Hartwig Neumann.

Zu 2. Natürliches Grün entfaltet sich überall da, wo die Lebensbedingungen im Mikro- und Makrobereich günstig sind. Bestimmte Pflanzen- und Tiergesellschaften stellen sich ein und halten sich in beinah jedem Bereich einer Festung. Heute kann man in unbeachteten Festungsarealen, besonders in den Grabenzonen, oftmals seltenste Pflanzenassoziationen entdecken, für die hier in ungestörter Umgebung ohne menschliche Eingriffe über lange Zeiträume hinweg eine Biosphäre nach ökologischen Gesetzen entstand. Standorttypische oder standortbedingte Pflanzen, darunter auch rudimentäre, sind natürlich Quellen zahlreicher Insekten und Lebensgebiete der Kleintiere. Für die Zitadelle Jülich hat die Bestandsaufnahme der Gefäßpflanzen 370 Pflanzen erbracht, die Käfer- und Schmetterlingswelt im Reliktareal Zitadellengraben ist reichhaltig, die Bestandsaufnahme der Avifauna artenreich – trotzdem ist das dortige Ökosystem hochgradig gestört und weiter gefährdet durch die z. T. rücksichtslosen Maßnahmen der Denkmalpfleger und durch die planmäßige Grundwasserabsenkung des die umliegenden Braunkohlentagebaue betreibenden Großunternehmens. Ein positives Beispiel sei noch erwähnt. Ergebnisse von entsprechenden Untersuchungen durch Fachleute an der Linienbefestigung des Westwalls haben ergeben, daß dieser die gleiche Funktion wie eine Hecke hat. Der Westwall als ein Linienbiotop ist daher erhaltenswert und dazu noch billig, weil ein Unterhalt entbehrlich ist. Eine Studiengruppe der RWTH Aachen hat den heckenartigen Wildwuchs, dazu Windmessungen, Bestandsaufnahmen für Pflanzen und Tiere, den Wasserhaushalt u. a. untersucht bzw. gemessen. Der Westwall als unüberwindliches Hindernis für die Landwirtschaft, als Zone ohne Düngung und Pflanzenschutzmittel, kann Rückzugsgebiet für Mikrokulturen, für Flora und Fauna sein und stabile Biotope ausbilden. Wallhecken als »Biotopenverbund« in Festungsarealen sind aktuelle Forschungsthemen mehrerer Gruppen.

Zu 3. Während der Nutzung der fortifikatorischen Bauten gab es stets ein mehr oder weniger verschobenes Gleichgewicht zwischen 1 und 2. Dieses Gleichgewicht verschob sich oft völlig, wenn eine Festung geschleift oder offengelassen wurde, die Natur also sich selbst überlassen war. Heute ist Festungsgrün in den Festungsstädten oftmals Teil des Stadtgrüns, oft einziges Grün überhaupt und bedarf schon deshalb der intensiven Pflege und Nutzung durch den Menschen. Noch können wir an zahlreichen Plätzen wählen zwi-

---

»Historische Kulturlandschaften und -landschaftsteile von besonderer Eigenart sind zu erhalten. Dies gilt auch für die Umgebung geschützter oder schützenswerter Kultur-, Bau- und Bodendenkmäler, sofern dies für die Erhaltung der Eigenart oder Schönheit des Denkmals erforderlich ist.«

§ 2 (13) B Nat Sch G

schen den Möglichkeiten meist ausgedehnter Refugien für Flora und Fauna in Graben- und Wallzonen von Festungswerken oder Nutzung als Mülldeponie, Parkplatzgelände, billiges Bauland. Es gibt erschreckende Beispiele auch und gerade aus der jüngsten Zeit. Obwohl die Denkmalschutzgesetze aller Bundesländer auch die das Monument umgebende Landschaft in ihrer gewachsenen Art unter Schutz stellt, wird von Stadt(ver)planern, Bauämtern, Spekulanten, uninformierten Politikern und Einzelbürgern gegen diese Bestimmungen noch immer verstoßen.

Im 19. Jh. führte die Idee des Landschaftsgartens und die romantische Bewegung zu ersten öffentlichen Parkanlagen. Bei der Entfestigung der Städte und ihrer meist sofort einsetzenden urbanen Ausuferung war das Festungsgelände, was oft bis zu 1/3 der Stadtfläche einnahm, sehr willkommen zur Gestaltung in Form von Alleen, Wallpromenaden, Parks – wenn nicht das kostbare Gelände dem Straßen-, Fabrikbau und neuen Wohnvierteln geopfert wurde. Das erste bürgerliche, also öffentliche Grün, welches nicht dem höfischen Leben, der klösterlichen Abgeschlossenheit oder der Freude von Privatleuten diente, entstand in Lübeck schon in der Mitte des 18. Jh. noch unter Festungsstatus, als der Magistrat die Bastionärfestung mit Ulmen und Linden bepflanzen ließ und so schattige und luftige Spazierwege in Altstadtnähe schuf. Die historischen Bastionskränze um Festungsstädte wie Braunschweig, Bremen, Münster, Graz, Breslau, Köln, Hamburg, Würzburg, Forchheim usw. sind als Grüngürtel, mehr oder weniger mit fortifikatorischen Baurelikten »angereichert«, stadtplanbestimmend und tragen in hohem Maße zur Unverwechselbarkeit der Städte bei. Ehemalige Festungsgräben mit ihrer spezifischen Vegetation haben z. B. außerordentliche Bedeutung als Feuchtigkeits- und Temperaturregulative für die meist städtische Umgebung. Sie sind Zonen der Luftentgiftung und Entstaubung. Diese Tatsachen sind wissenschaftlich längst bekannt und publiziert. Es mangelt am Transfer zu denen, die vor Ort planen, entscheiden und gestalten. Denkmalpfleger haben nicht immer Verständnis für Flora und Fauna, oft nicht einmal für die Kleinvegetation. In der Zitadelle Spandau ist ein Kasemattengang für die Allgemeinheit gesperrt zugunsten der Fledermauskolonien, die letzten dieser Art und Größe in Berlin. Einige Kasematten sind gesperrt, weil dort seltenste Spinnen- und Käferarten letztmals in Berlin nachgewiesen wur-

den. Schließlich wurden von Ökologen nach entsprechenden Untersuchungen, zu denen auch die Pollenanalyse zählt, total abgegangene Pflanzen wie die wilde Stachelbeere in das Festungsgelände wieder eingebracht. Solche Besonderheiten hat beinah jede Festung wenn man genauer hinschaut. Sie müssen nur aufgespürt werden und das möglichst vor der aus Unsachverstand durchgeführten Zerstörung der Refugien. Deshalb sollten bei zukünftigen Planungen zur Revitalisierung von Festungsanlagen oder Teilen davon fächerübergreifende Strategien entwickelt werden. Denkmalpflege, Landschaftspflege, Vertreter des Natur- und Vogelschutzes sollten ebenso angehört werden wie die Techniker und Bauingenieure. Ein allgemeingültiges Rezept kann hier nicht vorgegeben werden, da es sich bei jedem Objekt um andere Voraussetzungen handelt. Hier ist ein verlandender Graben mit ausgesprochen hygrophilen Pflanzen- und Kleintierarten, dort eine Trockenrasengesellschaft, ein Altbaumbestand, besondere Pflanzenassoziationen. Es gibt schon einige hervorragende Beispiele für restauriertes Festungswerk inmitten eines Festungsgrüns zu nennen. Saarlouis etwa hat in seinem Naherholungsgebiet »Saaraltarm« eine Denkmal- und Landschaftsschutzzone, die für Spaziergänger erschlossen ist. Das Festungsgelände rund um die Zitadelle Spandau ist als Naturdenkmal ausgewiesen. Der einzigartige Bering von Würzburg ist als Kulturdenkmal weit bekannt. Für Jülichs Ökosystem Zitadelle ist nach den jahrelangen rücksichtslosen Vernichtungen, Bürgeraktionen, Eingaben an die Behörden vielleicht jüngst ein Umdenkungsprozeß eingeleitet. Es besteht Aussicht auf Ausweisung als Naturdenkmal oder geschützter Landschaftsbestandteil. Forchheim hat seine Kurtinen und Bastionen als Teil eines herrlichen denkmal- und naturnahen Bürgerparks gerettet. Gegenüber den Flachlandfestungen haben es die Bergfestungen schon von der Lage her besser. Der Hohentwiel liegt inmitten eines Naturparks, ist Teil desselben. Die Festung Rothenberg mußte wiederum erst regelrecht entwaldet werden, weil frühere falsch verstandene Aufforstungen untragbare Bausubstanzverluste eingebracht hatten. Die Festung Marienberg, heute nach Meinung des Verfassers Musterbeispiel für positive Denkmalpflege und Landschaftsgestaltung einer Festung, ist wie eh und je von Weinbergen umgeben, die die Silhouette ebenso mitbestimmen wie die Schloßbauten und Bastionen. Endlich scheint zumindest streckenweise die sinnlose, nur viel Geld kostende Zerstörung von Westwallbunkern der Vergangenheit anzugehören. Auf diesem Gebiet hat man schon viel zu viel zerstört – jetzt stehen sogar Teile des Westwalls in Nordrhein-Westfalen auf der Denkmalschutzliste!

Bei der Einschätzung des Eigenwertes eines Denkmals aus dem Bereich der Militärarchitektur, bei der Ausarbeitung von Revitalisierungs- und Nutzungsvorschlägen für Relikte des neuzeitlichen Festungsbaus, kommt es zu starken Gegensätzen. Das ist im Prinzip zu begrüßen, denn mehrere Entwürfe befruchten die Diskussion, interessieren mehr Menschen, andere Ansichten und Denkmodelle fordern zur Eigenkritik auf, erleichtern Modifikationen. Vielfalt kommt dem Denkmal zugute. Doch gibt es auch beinah unüberbrückbare Nutzungskonzepte, wie an einem Beispiel zur zukünftigen Nutzung der Zitadelle Jülich gezeigt werden soll.

Da ist der Vorschlag von H. Neumann, H. Jacobs und F. Sauer von 1974, die Zitadelle und ihre historisch gewachsene Landschaft in mehreren Ebenen für das Publikum zu erschließen und sie als Naherholungsgebiet mit Pflanzenschutzzone und Lehrpfad auszuweisen, dabei aber nicht auf Spiel- und Ruheplätze zu verzichten und die Besonderheiten der Architektur museal aufzuarbeiten.

Festungsstadt Landau. Zur touristischen Erschließung historischer Wehranlagen gehört die übersichtliche Beschilderung und Ausweisung der Sehenswürdigkeiten. Die Stadt Landau schuf nach 1872 in dem Fortgelände von 1700 einen Park, der sich noch heute als Naherholungsgebiet eines regen Zuspruchs erfreut. Im Fortgelände, welches einst für die Vauban-Festung Zitadellencharakter gehabt hat, befindet sich heute die Pädagogische Hochschule, ein Schulzentrum in Terrassenbauweise sowie ein Zoo mit Rosarium. Foto: Hartwig Neumann.

Projekt zur Bebauung der Zitadelle Jülich von Christian Schneider Aachen, aus: Idealstadt Jülich. Planungen für den Innenstadtbereich, hrsg. v. Lehrstuhl für Stadtbereichsplanung und Werklehre der RWTH Aachen, 1985/86.

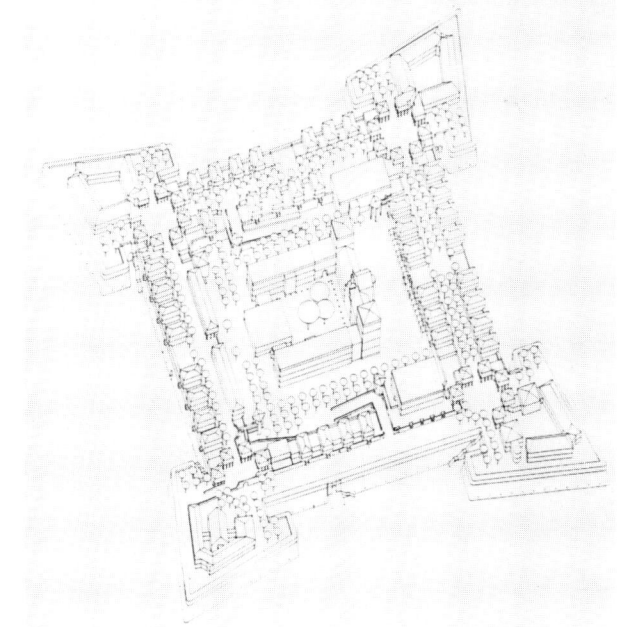

Vorentwurf zum Bürgervorschlag Zitadelle Jülich als Naherholungsgebiet mit biologischem Lehrpfad? von H. Neumann, H. Jacobs und F. Sauer aus dem Jahr 1974. Die Vorstellungen der Autoren heute basieren auf diesem Plan, wurden jedoch weiterentwickelt. So konnte man z. B. 1974 nur Gelder zum Ausbau der Grabenzone erwarten, wenn entsprechende Aktionsgebiete wie Nr. 11, 13, 18 im Konzept vorgesehen waren.

A–D Zugänge – W Wanderwege – 1 Teich 2 Aussichtsplatz 3 Sitzecken 4 Museumsbastion 5 Erlenbruch 6 Trimmstrecke 7 Rollschuh- u. Eisbahn 8 Hauptstation Lehrpfad 9 Rodelbahn 10 Zugang zum Schloß 11 Robinson-Platz 12 Spielplatz 13 Bolzplatz 14 Sitzekken 15 Quellgebiet 16 Kiosk mit Terrassen 17 Pflanzenschutzzonen 18 Jugendtreff 19 Wassergrabenanschluß 20 Historischer Garten.

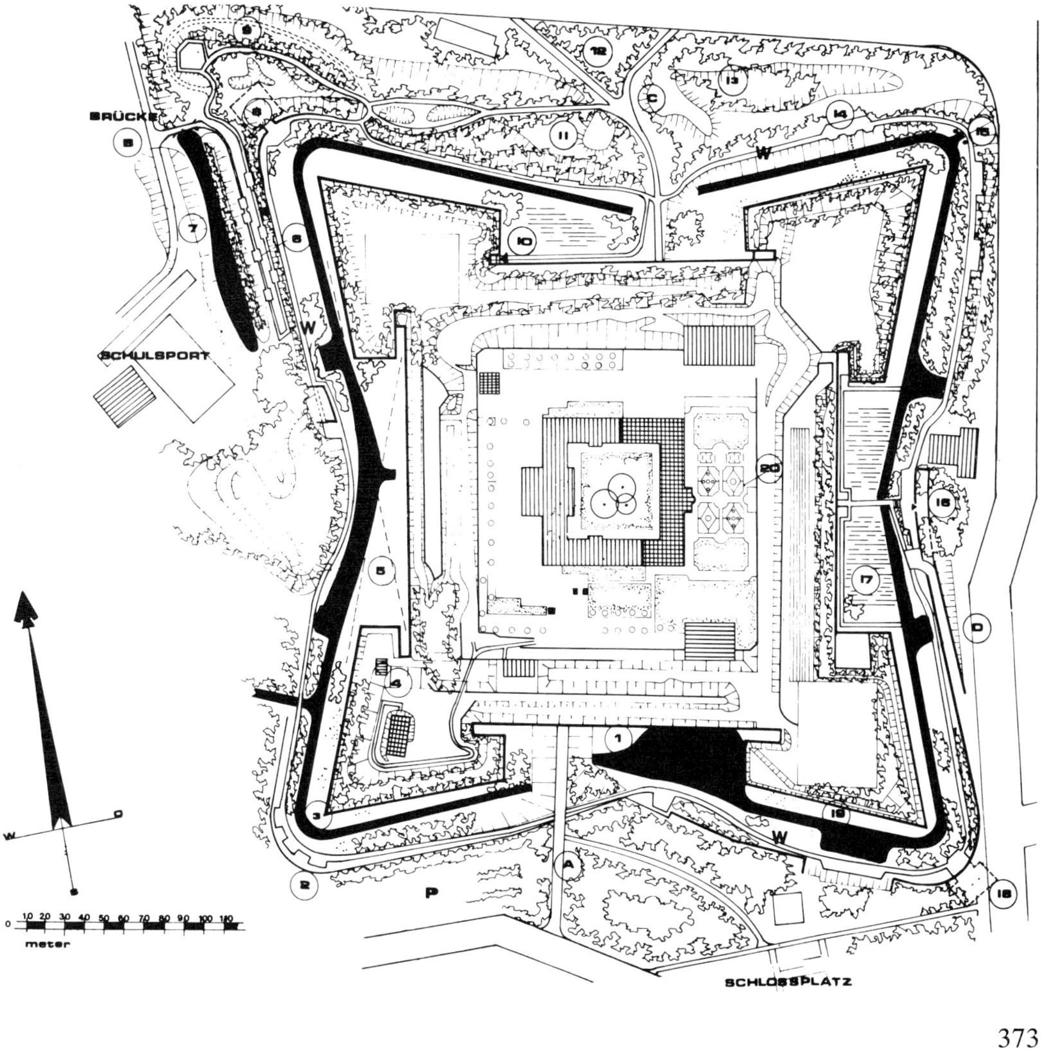

Das Projekt könnte durch Rekonstruktion der historischen Brückenanlage, ähnlich wie in Wesel, Gifhorn und Rothenberg geschehen, ergänzt werden. Das ehemalige Stadtravelin ließe sich ebenfalls rekonstruieren. Schloßplatz und Esplanade müßten als Freiräume auf die Zitadelle gartenarchitektonisch ausgerichtet und an das Fußgängernetz der Stadt angeschlossen werden. Ein ganz anderer Vorschlag liegt von Christian Schneider vor. Danach sollte die Zitadelle bebaut werden, weil sie »als Bestandteil einer Grünanlage oder als Freilichtmuseum mit Nebennutzung Schule zu weitläufig und verwinkelt« sei. Deshalb erscheint es dem Planautoren sinnvoll, »den ehemaligen Fürstensitz heute mit Wohnhäusern für die Bürger der Stadt und mit einigen öffentlichen Gebäuden zu bebauen.« – Dieses Beispiel zeigt, daß in der Praxis kontrovers diskutiert wird.

Naturschutz soll Westwall erobern
Antrag: Bunker als Reservate erhalten

EIGENER BERICHT

Bonn. – Hitlers »Westwall« soll 40 Jahre nach Kriegsende nun doch noch einen – nunmehr friedlichen – Sinn bekommen: Beim Bundesfinanzministerium in Bonn, das das 630 Kilometer lange Betonmonstrum als »Vermögenswert« aus der Konkursmasse des Dritten Reiches erbte, liegen Anträge des »Bundes für Vogelschutz« und des CDU-Bundestagsabgeordneten Dr. Bernhard Friedmann aus dem badischen Ottersweier vor, die Bunker als »ökologische Zellen« zu erhalten. Denn in dem zerbröselnden Beton haben mittlerweile zahlreiche seltene Pflanzen und Tiere ein sicheres Reservat gefunden.
Jahrelang standen in Bonn Bauern, Forststellen und Gemeinden Schlange, um den möglichst schnellen Abbruch der sperrigen Bauten zu erwirken. Von den 20 930 registrierten Bunkern haben Bund und Länder bislang 11 050 beseitigt. Bonn gab dafür bis jetzt 70 Millionen Mark aus. Fünfzehn Bunker wurden verkauft, sie fanden als Champignonzucht oder Wochenend-»Bunkerlow« neue Nutzung.
Wo heute einer der 9800 noch vorhandenen Bunker abgerissen werden soll, melden neuerdings Naturschützer Protest an. Dem Bundesfinanzminister kommt das Interesse nicht ungelegen. Denn für die Demontage aus Gründen der Landschaftskosmetik stehen nur noch zwei Millionen Mark zur Verfügung. Und auch das Geld für den Abbruch von Bunkern, die eine »öffentliche Gefahr« darstellen, ist knapp.
Die Naturschützer legten in Bonn beeindruckende Listen vor, wonach in und auf den Bunkern im Durchschnitt 70 bis 100 zum Teil seltene Pflanzenarten heimisch geworden sind und Insekten, Igel, Reptilien, Fledermäuse und Eulen ein Refugium gefunden haben. Sogar Dorngrasmücke und Distelfink wurden geortet.
Der »Westwall«, der das Deutsche Reich nicht schützen konnte, schützt jetzt die Natur. »Weil die Bunker in der Regel durch Zäune gesichert sind, bleiben Tiere und Pflanzen da weitgehend ungestört«, so ein Experte des Finanzministeriums. »Deshalb kämpfen neuerdings Naturschützer um fast jeden Bunker, der zum Abriß ansteht.«
Der »Bund für Vogelschutz« und der Abgeordnete Friedmann beantragten sogar in Bonn, daß alle Bunker als »ökologisch wichtige Brückenköpfe« Naturschutzvereinen übereignet werden. Das Finanzministerium wäre zwar froh, das kostspielige Betonerbe loszuwerden. Aber: »Erstens ist Naturschutz Sache der Länder. Zweitens wäre der Bund weiterhin verantwortlich, wenn Bunker eine Gefahr darstellen.«
Immerhin hat Rheinland-Pfalz jetzt verfügt, daß vor Abriß-Entscheidungen die Naturschutzbehörden zu hören sind.
Vor den Naturschützern hatten sich bereits die Denkmalschützer den Abbruchbaggern in den Weg gestellt. Der Landeskonservator des Rheinlands stellte schon 1978 das erste »Westwall«-Teilstück bei Aachen unter Denkmalschutz – als »Landwehranlage des 20. Jahrhunderts« und als »Mahnmal für den Frieden«. Den 630 Kilometer langen »Westwall« erbauten 450 000 Menschen in 15 Monaten. Bis August 1939 wurden acht Millionen Tonnen Zement, 1,2 Millionen Tonnen Eisen und vier Milliarden Reichsmark verbaut.

Noch 9800 Bunker aus der WW-Linie sind angeblich vorhanden. Nachdem jahrzehntelang oft sinnlos Geld für die Beseitigung ausgegeben wurde, hat sich endlich ein Umdenken eingestellt. Besonders wichtige Teile des WW stehen schon auf der Denkmalliste. Der *Vorschlag der Naturschutzverbände* ist seitens der Festungsforschung nachhaltig zu unterstützen. Der Zeitungsausschnitt ist der Aachener Volkszeitung vom 23. 8. 1985 entnommen.

»Zumal im Winter ist es hier oben traurig und ausgestorben. Kalt und schneidend saust der Wind um die verlassene Höhe, und mißmutig, dicht in ihre Mäntel gehüllt, gehen die Schildwachen auf den eingeschneiten, von krächzenden Dohlen beflogenen Wällen auf und nieder. Aber wenn der Schnee ins Schmelzen kommt und die Moldau unten wieder blau und schimmernd vorüberwallt, da entfaltet sich in dieser Abgeschiedenheit ein wunderbarer Lenz. Dichter, glänzender Graswuchs überkleidet alle Gräben und Böschungen, und um die eingesunkenen Kanonenlafetten sprießen Veilchen und Primeln. Immer bunter schmückt sich der Rasen, und manche Schießscharte wird durch einen wilden, in voller Blüte stehenden Rosenbusch verdeckt, den ein langjähriger Friede hart am Gemäuer wachsen ließ. Selbst aus den Kugelpyramiden, die der Zeugwart so zierlich zu errichten versteht, sprießt und blüht es: denn der Wind hat Erdreich und Samen in den Fugen abgelagert, und nun duften und schwanken über den furchtbaren Geschossen die blaßgelbe Reseda, der dunkelblaue Rittersporn und die rötliche, langgestielte Steinnelke. Bienen und gepanzerte Käfer summen und schwirren durch die heiße, zitternde Luft; zutraulich zwitschernd lassen sich Hänfling und Rotkehlchen auf die wuchtigen Feuerrohre nieder, und an den Mauerabhängen der Wälle klettert und sonnt sich die goldgrüne, funkelnde Eidechse.«

▲

Stimmungsbild von der *Zitadelle Wyschehrad* über Prag von dem österreichischen Novellisten Ferdinand von Saar (1833–1906).

Fortifikatiorische Quellen stellen auch die mit Ansichten und Grundrissen von Festungen geschmückten Schießscheiben der Schützenbruderschaft dar. Hier eine Scheibe des 18. Jh. aus Kronach. Der pentagonale Grundriß des Rosenbergs mit abgesenkten Flanken umschließt das fürstbischöfliche Wappen. Original: Stadtmuseum im Alten Zeughaus, Festung Rosenberg. Foto: Hartwig Neumann.

Die Stadt Dresden macht die Bürger und Besucher der Elbmetropole auf ihren einstigen Status als Festungsstadt durch drei moderne Sandsteinreliefs am Fußgängertunnel Neustädter Markt gegenüber dem Blockhaus auf sehr anschauliche Weise aufmerksam. Ein Relief zeigt Altendresden nach dem 1945 verbrannten Holzmodell von 1632, das zweite Relief zeigt Altendresden um 1700, das dritte hier abgebildete Relief gibt die Grundrisse der durch den Elbstrom getrennten Festungsareale Altstadt und Neustadt im 18. Jh. wieder. Foto: Hartwig Neumann.

Schloßinsel Gifhorn
Von 1978–83 wurden Schloß, Festungswerke, Grabenzone und Insel für die Kreisverwaltung, den Kreistag, das Kreisheimatmuseum und ein Schloßrestaurant revitalisiert. Wer die Substanz vor dieser Maßnahme kennt und die Anlage heute betritt, wird die überwiegend positiven Ergebnisse der Rettung und Nutzung durch praktische Ergänzungen in modernen Bau- und Stilelementen unserer Zeit anerkennen, wenn auch Gegenstimmen nicht verstummen. Neu und Alt sind auf den ersten Blick erkennbar und m. E. auch einsichtig. Der Substanzverlust des über trapezförmigem rondellierten Grundriß in der ersten Hälfte des 16. Jh. errichteten Baus hat im Laufe seiner Geschichte stark gelitten, besonders nach Schleifung der Verteidigungsanlagen 1780/81. Die Schloßkapelle ist Teil des Museums, welches auch die 45 m lange wiederhergestellte unterirdische Poterne zum ehemaligen NO-Rondell belegt. Der Schloßbrunnen sprudelt wieder, historische Räume sind überarbeitet und modern erschlossen oder ergänzt, die stilvolle Holzbrücke über saniertem Wassergraben ist eine Meisterleistung, das Torhaus mit den Rundgiebeln und darunter liegendem einmaligen hölzernen Dachausbau, moderne Aufbauten auf Wallmauerresten (wobei leider eine steinerne Spindeltreppe verlorenging), der Café-Pavillon in und auf der originalen Bausubstanz des Rondells, all das ergibt ein seltenes Bau-Erlebnis für den Besucher. Luftfoto: Günther Förster, Isenbüttel, Freigabe Nr. 5328/295.

XXVIII. Fortifikatorische Motive auf Geldscheinen und Briefmarken / Notgeld und Medaillen aus Festungen und Belagerungszeiten / Briefverschlußmarken und Stempel der Fortifikationsdienststellen / Orden und Ehrenzeichen / Urkunden

Die »kleinen«, oft wenig beachteten Quellen zur Festungsgeschichte bieten als Primär- oder Sekundärquellen oftmals gute Ergänzungen und Illustrationen zu fortifikatorischen Themen. Sie sind auch Objekte eigenständiger Forschungen, wie z. B. die numismatischen Erzeugnisse. Sie besitzen als Sammelobjekte einen besonderen Eigenwert gleichgültig, ob man sie für einen bestimmten Festungsplatz, einen bestimmten Vorgang oder nach Gesichtspunkten der Ähnlichkeit oder Zeitgleichheit zusammenträgt. Kleinquellen dieser Art sind Zierde eines jeden festungskundlichen Museums. Gerade über sie läßt sich eine Popularisierung der Forderung nach Erhalt, Schutz und Nutzung baulicher Relikte der historischen Militärarchitektur erreichen. Auf diese Popularisierung darf nicht aus falsch verstandenen wissenschaftlichen Standpunkten verzichtet werden!

Werbewirksame Stempel der Deutschen Bundespost mit Festungsmotiven sind noch philatelistische Raritäten. Fotos: Hartwig Neumann.

Dem Mvtigen gehört die Welt
Medaille auf die Einnahme der Festung Lille durch deutsche Truppen am 12. 10. 1914. Die Anlage blieb vier Jahre besetzt.
VS: Perspektivische Ansicht der »Reine des Citadelles«, wie der berühmteste Kommandant und Erbauer Vauban sein Werk einst einstufte.
RS: LILLE RVPPRECHT KRONPR. v. BAYERN 6. ARMEE. GEN. D. KAV. v. LAFFERT XIX. ARMEE-KORPS. GEN. LT. GÖTZ v. OLENHVSEN 40. INF. DIV. Abbildung der Porte de Douai. Messing, verchromt, ⌀ 5 cm. Foto: H. Neumann.

Westwall-Ring. Eine von zwei bekannten Ausführungen. Messing, vergoldet. Abbildungsmaßstab 3 x vergrößert. Original: Sammlung Adam Heumüller, Rohrbach. Foto: Hartwig Neumann.

Architectura Militaris auf Briefmarken

Das Briefmarkensammeln nach Motiven ist unter den Philatelisten in den letzten Jahren immer beliebter geworden. Zahlreiche Motive aus der Welt der Burgen und Schlösser beweisen, daß Architektonisches stets gefragt ist. Leider aber gibt es nur wenige Marken mit Motiven aus dem Festungsbau, dabei könnte die Briefmarke auch hier als erfolgreicher Werbeträger eingesetzt werden. So lassen sich in der Bundesrepublik nur wenige Marken mit fortifikatorischen Themen nachweisen, ähnlich stiefmütterlich behandeln andere Postverwaltungen diesen Teil der Militärgeschichte. Allerdings gibt es auch ganz hervorragende Editionen. Es sei auf den Block der 1983 erschienenen Gibraltar-Marken und das Markenheftchen mit zehn Festungen der Kanadischen Post verwiesen. Die folgende Auswahl zeigt Briefmarken in Originalgröße und soll als Anregung dienen, eine fortifikatorische Motivsammlung zu beginnen. Ich möchte hier die Deutsche Bundespost ermutigen, ähnlich der Dauerserie »Burgen und Schlösser« eine Serie mit Motiven aus der Geschichte der Architectura Militaris ab dem 15. Jh. aufzulegen.

1. Das Holstentor in Lübeck. Der Wehrbau vom Typus des doppeltürmigen Stadttores wurde 1577 vollendet, als er fortifikatorisch längst überholt war.
2. Die Festungsstadt Kufstein bietet dem Festungsforscher zahlreiche bauliche Besonderheiten, darunter auch der maximilianische Geschützturm von 1518/22.
3. Die Zirkularfestung Munot von 1564/85 hatte für Schaffhausen Zitadellenfunktionen.
4. Das Baseltor in Solothurn wuchs aus zwei Teilen zur wuchtigen Torburg zusammen. 1504 entstand der Tortum, der bis 1535 durch die beiden Artillerieflankentürme ergänzt wurde.
5. 1515/19 entstand zur Erinnerung an die Entdeckungsfahrten des Vasco da Gama der Torre de Belem in Lissabon im sogenannten Emanuelstil der Zeit.
6. Die englischen Kanalinseln sind voller Befestigungsbauten aller Epochen. Hier eine Marke von Alderney aus einem Satz mit Soldaten vor einzelnen Forts.
7. Kastell l'Aquila degli Abruzzi entstand ab 1534 als Meisterwerk regulären Festungsbaus. Es liegt eine deutschsprachige Dissertation zur Baugeschichte vor.
8., 9., 10. Ein eben erschienener Satz aus Luxemburg zeigt drei markante Festungsbauten: a) Fort Thüngen, erbaut 1836 zum Fort mit 23 Geschützscharten und Plattform. In der Kehle die malerischen Gewehrtürme, b) Das Siechentor im Pfaffenthal wurde mit dem Eichertor 1684/85 durch Vauban als verteidigbares Tor erbaut, c) Der Turm Malakoff entstand 1861 als Endpunkt einer das Tal sperrenden krenelierten Mauer.
11. Eingangsportal der Zitadelle von Montevideo in Uruguay.
12. Die Zitadelle von Port Louis, erbaut 1590–1650, ist durch Musée de l'Atlantique, Musée de Marin de l'Arsenal, Musée des Armes, Musée de la Compagnie des Indes bestens genutzt und damit unterhalten. Bunker des Atlantikwalls sitzen teilweise in den alten Festungswerken und geben so einen seltenen Kontrast.
13. Die Marke zeigt die einem Kupferstich entnommene Vedute von Kolberg-Lolobrzeg mit der bastionierten Landfront.
14. Hier ist Schwerin mit seinen Festungswerken und dem befestigten Schloß zu sehen.
15. Die Jubiläumsmarke von Spandau zeigt die Stadt noch mittelalterlich befestigt, während sich die Zitadelle als Bastionärfestung vorstellt.
16. St. George's Hall im Fortress Rock Gibraltar in den Felsenkasematten. Dort war früher Geschütz auf Depressionslafetten stationiert.
17. Blick auf ein Stück Wall und eine Bastion aus der Umwallung von Warschau um 1656.
18. Castillo Rio San Juan in Nicaragua auf einer spanischen Marke von 1973.
19. Le Fort Gênois von Tabarka in Tunesien.
20. Eine Musterstadt des frühen 17. Jh. ist die Festung Brouage mit ihren 7 Bastionen. Die 22 Echauguetten stammen von Vauban. Die Wallpromenade ist 2 km lang und bietet einmalige Ausblicke in Land und Festung.
21. Citadella Ghawdex in Rabat auf der Insel Gozo.
22. Forte de Monte Serrat – Bahia auf einer brasilianischen Marke.
23. Auf dieser Marke von Pilipinas erscheint ein Festungsportal Puerta de Isabel II. intramuros.
24. Kongsten Fort liegt in Norwegen und ist ein beliebter Ausflugsort.
25. Rund 50 000 Soldaten leisten nach SED-Auffassung »Frontdienst im Frieden«. Einzige Aufgabe dieser Sonderformation ist die radikale Unterbindung von »Republikflucht« mit allen Mitteln.
26. Das nach den Kriegszerstörungen wieder restaurierte ehemalige Zeughaus in Warschau beherbergt heute das Archäologische Museum.
27. Mit dieser Marke feiert die DDR ein dubioses Jubiläum. Ein Viertel Jahrhundert besteht die ständig armierte Linienbefestigung, deren Wirklinien sämtlich gegen das eigene Land bzw. die eigenen Leute gerichtet sind.
28. Zu Beginn des 30jährigen Krieges wurde die Burg Lichtenberg mit einem mächtigen Geschützturm für Artillerieverteidigung ergänzt.
29. Am Albert-Kanal liegt das größte der belgischen Forts, Eben-Emael, welches durch Lastensegler und Hohlladungssprengmittel bezwungen wurde.
30. Die Marke »Escalade Geneve« erschien zum Gedenken an die Ersteigung der Festungsmauern mittels Sturmleitern am 11./12. 12. 1602 unter Herzog Karl-Emanuel von Savoyen.
31., 32. Die niederländischen Europamarken von 1982 zeigen den Grundriß der Festungsstadt Enkhuizen und eine bastionäre Front aus der Umwallung von Coevorden.

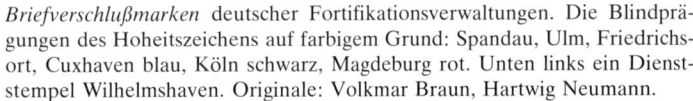

Briefverschlußmarken deutscher Fortifikationsverwaltungen. Die Blindprägungen des Hoheitszeichens auf farbigem Grund: Spandau, Ulm, Friedrichsort, Cuxhaven blau, Köln schwarz, Magdeburg rot. Unten links ein Dienststempel Wilhelmshaven. Originale: Volkmar Braun, Hartwig Neumann.

Siegel des Kommandeurs der brandenburgisch-preußischen Festung ARGUIN vor der mauretanischen Küste von Westafrika um 1709. Reproduktion aus Großer Generalstab, Abtlg. Kriegsgeschichte: Brandenburg-Preußen auf der Westküste von Afrika 1681–1721, Leipzig 1912.

8-Talerklippe Belagerung Jülich 1610. Griffstück eines Eßgerätes, Ag 37.5 g, VS Wertestempel V + III und Haupteinschlag I[ohann] V[von] R[euschenberg], Monogramm des Festungskommandanten in der Zitadelle RS Gravur eines bekrönten R im Perloval für Reuschenberg oder auch Kaiser Rudolf II., in dessen Auftrag Jülich verteidigt wurde. Die älteste Zeichnung dieser Rarität stammt von 1868. Das Stück wurde 1982 in Düsseldorf versteigert. Fotos: Hartwig Neumann.

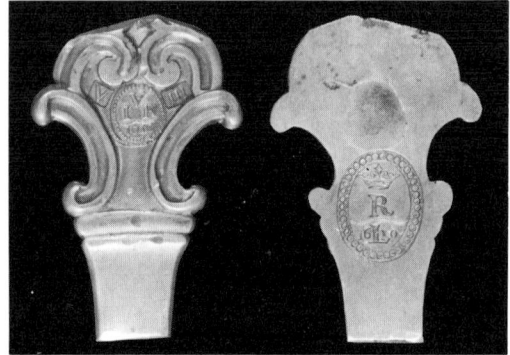

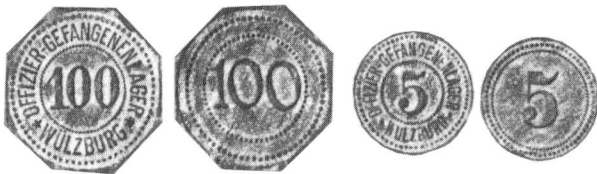

Notgeld aus dem Offizier-Gefangenenlager in der Festung Wülzburg aus der Zeit des I. Weltkrieges. Abrieb der Zinkstücke: Hartwig Neumann.

75 Pfennig Notgeld der Stadt Vechta vom 15. 3. 1922. Hauptmotiv auf sechs Kleingeldersatzscheinen ist die Nachzeichnung des von P. B. von Smidts 1697 gezeichneten Planes VESTUNGH: VECHTAE aus dem Staatsarchiv Oldenburg Nr. 298 Z 1749. Die 1667 erbaute doppelt wasserumwehrte Zitadelle in Schrägsicht und die Silhouette des Pentagons, welches ab 1769 geschleift wurde. Noch erhalten ist das vom Justizvollzug genutzte Zeughaus von 1688 und Reste des Festungsgrabens. Foto: Hartwig Neumann.

Dienststempel unter der Verleihungsurkunde des Dienstauszeichnungskreuzes für 25jährige Dienstzugehörigkeit im stehenden Heer an den kgl. Hauptmann in der II. Ingenieur-Inspection Tappen vom 16. Juni 1887. Original und Foto: H. Neumann. Es wäre eine interessante Sammelaufgabe, die amtlichen Stempel der einzelnen Fortifikationen im deutschsprachigen Bereich zusammenzutragen.

Unter den 45 Preismedaillen der von Herzog Karl Eugen (1744–1793) auf Schloß Solitude gegründeten Hohen Karlsschule befindet sich auch eine Prägung für besondere Leistungen der Eleven in der Festungsbaukunst. Das hier in Originalgröße abgebildete Stück befindet sich im Münzkabinett des Württembergischen Landesmuseums Stuttgart, Inv. Nr. MK 13776. Zinn, 94,07 g.
VS: Herzog Karl Eugen, Brustbild mit langem Haar, verziertem Harnisch, Hermelinmantel mit Stern, Jagdorden, datiert 1773, Galleriedirektor [Prof.] I[ohann] M[artin] B[ückle] F.[ecit] [Augsburg].
RS: Festungshexagon, darüber Fasan, darunter Kompaß, umgeben von einer Kette, an der ein Diamant als Symbol der Unbezwinglichkeit hängt.
Fotos: Württemberg. Landesmuseum, Stuttgart.

XXIX. Bemerkungen zur Festungsforschung

»Forschung ist die Gesamtheit der methodisch-systematischen, schöpferisch-geistigen Bemühungen im Rahmen der Wissenschaft zur Gewinnung neuer, allgemeinnachprüfbarer Erkenntnisse« (Brockhaus). Das gilt auch für die Festungsforschung. Sie kann multi- und interdisziplinär durchgeführt werden, d. h. die Forschungsansätze sind von beinah jeder wissenschaftlichen Disziplin her möglich und auch wünschenswert. Fächerübergreifende Zusammenarbeit ist Selbstverständlichkeit.

Bis in die jüngste Zeit hinein spielte Festungsforschung eine nur untergeordnete Rolle in der akademischen Architektur-, Kunst- und Technikgeschichte. Lehrstühle und Institute haben sich wenig darum gekümmert. Wenn es aber der Fall war, dann hat man sich vorwiegend mit den Anlagen des 16. und 17. Jh. beschäftigt, eine Würdigung der Wehrbauarchitektur des 18., 19. oder gar 20. Jh. gab es selten. Das unten beigefügte Literaturverzeichnis belegt diese Tatsache recht deutlich. Es gibt im Bundesgebiet keinen Lehrstuhl für Militärgeschichte oder gar Militärbauwesen – das wäre im benachbarten Ausland undenkbar. Das kennzeichnet die Situation. Unser Themenfeld Festungsforschung und Festungsnutzung findet sich in den Vorlesungsverzeichnissen der deutschen Hochschulen und auch der bundeswehreigenen Schulen nur selten. Werden aber Veranstaltungen dieser Thematik angeboten, so erfreuen sie sich eines großen Zuspruchs seitens der Studenten.

Bisher hat man die wehrtechnischen Vorläufer der Artilleriefestungen, die mittelalterlichen Burgen und Stadtbefestigungen, oft sehr ausführlich erforscht und dargestellt. Burgenkundliche Seminare sind üblich. Doch die Erforschung und Behandlung der meist noch großflächig vorhandenen oder im Gelände ablesbaren, gar bei Grabungen angeschnittenen Festungswerke als konsequente Nachfolger des mittelalterlichen Wehrbaus ist immer noch verpönt. Die meisten Autoren, die etwa Bau- und Dekorationskunst bestimmter Epochen in oft gewaltigen Text- und Bildbänden abhandeln, »vergessen« fast durchgängig den Anteil der Architectura Militaris, was m. E. mehr als eine Unterlassungssünde ist. Die Beschränkungen solcher Untersuchungen auf die Architectura Civilis ist bei uns Tradition. Zum Beispiel stellen Schloß- und Festungsbau im Zeitalter des fürstlichen Absolutismus die wichtigsten Bauaufgaben dar. Man löst sie aber voneinander und legt die Schwerpunkte auf die Erzeugnisse der »Schönbaukunst«, als ob Festungswerke nicht ebenfalls bedeutende Bau- und Kunstwerke und damit Denkmäler unserer Geschichte wären. Ich erspare mir hier eine Auflistung solcher Publikationen. Vermutlich wird jeder Leser einige Beispiele in seinem Bücherschrank stehen haben und der eine oder andere erst jetzt auf dieses Manko aufmerksam. Schwache Beachtung der Relikte der Architectura Militaris ist auch in der staatlichen Denkmalpflege festzustellen. Man hat sich in den letzten Jahrzehnten intensiv mit der Sakralbaukunst beschäftigt – die Trümmerstätten nach dem Kriege erzwangen das, in den letzten Jahren schieben sich auch die technikgeschichtlichen Monumente aus der Arbeitswelt in den Vordergrund. Im Gesamtdenkmälerbestand unseres Landes aber hat man den bedeutenden Anteil der Militärbauten vergangener Epochen lange übersehen. Das hängt natürlich mit der »unbewältigten Vergangenheit« zusammen und mit der weit verbreiteten falschen Anschauung, daß Beschäftigung mit Militärgeschichte und ihren Relikten zu Militarisierung führe oder diese zumindest fördere. Festungsforschung ist kein Widerspruch zur gesellschaftlichen Aufgabe der Friedensforschung und Friedenserziehung! Abgesehen davon, daß unsere z. T. schwer belastete Kriegsgeschichte nicht durch Mißachtung oder gar Vernichtung ihrer gegenständlichen Quellen veränderbar oder unterdrückbarer wird.

Wenn man die Bibliographie seit 1945 analysiert, so stellt man fest, daß neben einer Reihe hervorragender und weniger hervorragender akademischer Arbeiten die Masse der Publikationen bisher von anderer Seite kam. Ich meine die Festungsforscher aus Passion, die zu allen Berufszweigen gehören, und die sich in oft aufopfernder Arbeit über Jahre unter Einsatz privater Mittel für »ihre« Festung einsetzen. Ihnen verdanken wir den überwiegenden Teil an Informationen und damit Grundlagenforschung. Die aufrichtigen Wissenschaftler wissen, was sie dieser Gruppe der Amateure, Autodidakten, Liebhaber, Heimatfreunde, »Nicht-Spezialisten« zu verdanken haben. Ich möchte hier ausdrücklich für sie eine Lanze brechen.

Grundaufgabe der Festungsforschung ist die möglichst zuverlässige und umfassende Sammlung von nachprüfbaren Informationen zu einer bestimmten Festung oder einem bestimmten Forschungsgegenstand aus diesem Bereich. Das geht in den seltensten Fällen nicht ohne Quellenstudium. Quellen, die als »Zeugnisse« unterschiedlichster materieller Beschaffenheit, die unmittelbar über Entstehung, Ausführung, Änderung der Festungsgeschichte Auskunft geben, sind

1. die baulichen und stofflichen Relikte,
2. die bildlichen Darstellungen,
3. die Schriftquellen.

An erster Stelle steht die Forderung nach einer umfassenden Inventarisation in Wort und Bild des jeweiligen Bestandes. Zeichnerische, fotografische, meßtechnische, baugeschichtliche Untersuchungen erst erlauben in der Zusammenschau die typologische Einordnung, die Klärung der Abfolge von Veränderungen, die für die aktive Denkmalpflege notwendige Wertung der Bausubstanz, die Klärung der Bedeutung für die Geschichte des Menschen. Diese Grundaufgabe kann aber nicht losgelöst sein von der Frage nach dem Nutzen. Grundlagenforschung geht hier in Zweckforschung über. Erhaltensstrategien für bestimmte Bauteile und Baugruppen sind notwendig. Historische Militärbauten des Festungsbauwesens haben nur eine kleine Lobby. Bei der zentralen Frage für die Überlebenschance eines Baudenkmals kann man sich in der Sakralkunst auf die Urfunktion des Monumentes besinnen und stößt dabei i. a. auf keinen Gegner. Die Urfunktion können wir für die Festungsrelikte zum Glück außer Betracht lassen. Die Nutzungsfrage hat sich in der verantwortlichen Auswahl aus dem Katalog von Möglichkeiten unter dem Motto »Eine Zukunft für unsere Vergangenheit« zu orientieren und wird von Fall zu Fall zu entscheiden sein.

Als Forschungsaufgaben ergeben sich Themen mit baugeschichtlichen, kunstgeschichtlichen, ingenieurtechnischen, militärhistorischen, waffentechnischen, poliorketischen, urbanistischen, ikonographischen, geographischen, biographischen, bibliographischen, archivalischen, kartografischen, siedlungsgeschichtlichen, ökologischen, didaktisch-pädagogischen, touristischen, landschaftsgestalterischen, museologischen Ansätzen und ihrer Verzahnungen. Langfristig sollte jede deutsche Festung bearbeitet werden. Ich schließe in diese Forderung auch die Bearbeitung der deutschen, heute im Ausland liegenen Wehr- und Schutzbauten ein und denke dabei besonders an die in Polen, Frankreich, aber auch in Afrika. Nach dem folgenden Schema könnte in 18 Gliederungspunkten eine Bearbeitung erfolgen, wie das jüngst bei der Festungsgeschichte von Freudenstadt schon gemacht wurde*:

1. Fortifikatorischer Vorläufer der neuzeitlichen Anlage
2. Abriß der Festungsgeschichte
3. Topographie
4. Zweck und Auftraggeber
5. Manier, Baumeister/Ingenieur
6. Idealplan
7. Finanzierung
8. Baudurchführung
9. Ausbauphasen
10. Belagerungen
11. Maximaler Ausbauzustand
12. Schleifung
13. Einzelwerke, typische Fronten, kunst- und technikgeschichtliche Besonderheiten
14. heutiger Zustand
15. Denkmalschutz, Denkmalpflege, Eigentümer
16. Restaurierung, Renovierung, Rekonstruktion, heutige und zukünftige Nutzung (Ökosystem)
17. Begehbarkeit, Museum
18. Anhang von Quellen, Primär- und Sekundärliteratur, Illustrationen

Im folgenden werden die wichtigsten Gesellschaften und Vereine zur Festungsforschung und Festungsnutzung in der Bundesrepublik und den Nachbarländern angegeben. Neben diesen Hauptgesellschaften gibt es besonders in Frankreich und Holland Organisationen, die sich speziell um eine Festung kümmern:

Bundesrepublik Deutschland
Deutsche Burgenvereinigung e. V. zur Erhaltung der historischen Wehr- und Wohnbauten. DBV. D-5423 Braubach/Rhein, Marksburg. Publikation: Burgen und Schlösser. Zeitschrift der Deutschen Burgenver-

---

* Vgl. dazu H. Neumann: Bemerkungen zur Notwendigkeit der Festungsforschung und Festungsnutzung in der Bundesrepublik Deutschland, in: Burgen und Schlösser, Nr. 1 (1978), S. 63 ff.

einigung e. V. für Burgenkunde und Denkmalpflege (erscheint seit 1899, früher unter dem Titel »Burgwart«).
Deutsche Gesellschaft für Festungsforschung e. V. DGF. Wesel. Geschäftsführung z. Z. D-4600 Dortmund 30, Heyerstraße 2 (gegründet 1981). Publikation: a) Zeitschrift für Festungsforschung (bisher 5 Hefte), b) Mitteilungsblatt Festungsjournal (bisher 6 Hefte), c) Schriftenreihe (bisher 5 Bände).
INTERFEST. Studienkreis für internationales Festungs-, Militär- und Schutzbauwesen. D-7522 Philippsburg 1, Schanzenstraße 16 (gegründet 1985). Zeitschrift: Fortifikation (bisher 2 Hefte). Interfest ist aus der Vereinigung DOKUFEST hervorgegangen. Von DOKUFEST, Dokumentationsstelle für Schutz- und Festungsbauwesen der Zeit von 1840–1945, liegt das Mitteilungsblatt von 1979–1984 in 11 Heften abgeschlossen vor.
Interessengemeinschaft für Befestigungsanlagen beider Weltkriege. IBA. D-8500 Nürnberg 70, Dorotheenstraße 3. Publikation: IBA-Informationen (bisher 11 Hefte und zahlreiche Sonderhefte).

Museum für Historische Wehrtechnik e. V. D-8500 Nürnberg 90, Frauenholzstraße 14. Publikation: Mitteilungen für Freunde und Förderer.

Belgien
Centre Liègeois d'Histoire et d'Archéologie Militaire, C. L. H. A. M. B-4000 Liège, Rue Saint-Laurant 77. Publikation: Bulletin d'Information (zahlreiche Hefte und Sonderveröffentlichungen).
Simon Stevin Stichting. B-2000 Antwerpen, St. Jakobsmarkt 45 (Schwerpunkt Festungen in Flandern und Antwerpen).

England
Fortress Study Group. FSG. GB-Hoo, Rochester, ME3 9JR Walters Road 24. Publikationen: a) FORT. The International Journal of Fortification and Military Architecture (bisher 15 Hefte), b) CASEMATE. Secretary's Newsletter.
The Channel Island Occupation Society. C. I. O. S. (gegründet 1966, Jersey Branche 1971). GB- Gladclift, Ruettes Brayes, St. Martin's, Guernsey C. I. Publikation: The Channel Island Occupation Review (bisher 13 Hefte und Sonderveröffentlichungen).

Frankreich
Association Vauban. Musée des Plans-Reliefs, Hôtel des Invalides, 6 Boulevard des Invalides, F-75070 Paris.
Association des Amis de la Ligne Maginot d'Alsace. ALMA. F-Strasbourg, 45 rue Stéphanie. Deutsche Gruppe: Freunde der elsässischen Maginot-Linie, D-7500 Karlsruhe 21, Siemensallee 51.
ARCHEOLOGIE BUNKER. Boîte Postale 98. F-93622 Aulnay sous Bois (gegründet 1984). Bulletin Trimestriel: Archéologie Bunker Magazine.

Italien
Centro Internazionale per lo Studio delle Cerchia Urbane. CISCU. I-Lucca, Mura Urbane 21. Zahlreiche Publikationen.
Istituto Italiano dei Castelli. I-Roma, Castel Sant'Angelo. Zahlreiche Publikationen.

Niederlande
Stichting Menno van Coehoorn (gegründet 1932). NL-5060 AC Oisterwijk, Postbus 110. Publikationen: a) Jaarboeck Stichting Menno van Coehoorn (zahlreiche Hefte und Sonderveröffentlichungen), b) Jaarverslag.

Schweiz
Association Saint-Maurice pour la Recherche de Documents sur la Forteresse (gegründet 1974), CH-1018 Lausanne, Avenue Druey 17. Zahlreiche Publikationen.

»Es ist zu erbarmen, daß diese Edle [Militärbau-] Kunst durch so viele Idioten, kahle Plan-Mahler und Werck-Leuthe prostituiret wird, welche unter dem specieusen Titul eines Ingenieurs die Jugend durch ihre Heil-lose und naerrische Schrifften in Landes-verderbliche Irrthum, und grosse Herren um Speesen / ja um Land und Leuthe durch ihren nichtstangenden Vestungs-Bau bringen.«

J. D. Durange, Ing. C. der Festung Jülich, in seinem Buch: Des verirrten Haupt-Risses der Regulair-Fortification getreuer Weegweiser, Franckfurt am Mayn 1733, Vorwort.

Bibliographischer Anhang: Festungsforschung und Festungsnutzung

Vorbemerkungen 385
A. Deutschsprachige Publikationen 1945–1987 387
B. Auswahl wichtiger in- und ausländischer Publikationen zur Büchsenmeisterei und zum Artilleriewesen aus neuerer Zeit 437
C. Auswahl wichtiger ausländischer Publikationen zum Atlantikwall 439

Vorbemerkungen

Auf die Bedeutung des Buches zur Architectura militaris wurde bereits oben im Hinblick auf die ältere Traktatliteratur als Quelle für die Festungsforschung hingewiesen. Die Traktate sind bisher noch nicht systematisch katalogisiert worden. Wegen des Umfangs wäre dieses Vorhaben wohl nur unter Einsatz von Datenverarbeitungsanlagen möglich. Das 19. Jahrhundert bringt neben wenigen Standardwerken und zahlreichen Lehrbüchern für die technischen Truppen eine unübersehbare Flut an Zeitschriftenaufsätzen, deren Erfassung ebenfalls ein Desiderat bleiben muß. In der hier folgenden Bibliographie werden die Publikationen aus der Zeit nach dem 2. Weltkrieg erfaßt, also die Veröffentlichungen der letzten vier Jahrzehnte. Diese Literatur, so unterschiedlich sie auch sein mag, zeigt den Stand der Forschung, mit dem sich jeder zukünftige Festungsforscher vertraut machen muß. Diese Bibliographie wird immer eine unvollständige Reihung von Titeln sein. Daher werden alle Leser gebeten, dem Autor fehlende Titel und neue Arbeiten anzugeben, damit die Liste fortgeschrieben und ergänzt werden kann. Dies gilt besonders für deutschsprachiges Schrifttum im nahen und fernen Ausland.

Die angezeigten Arbeiten sind von unterschiedlichem Umfang und Gehalt. Verzeichnet sind sowohl Materialsammlungen, Magister- und Diplomarbeiten, Dissertationen und wissenschaftliche Aufsätze als auch heimatkundlich orientierte und populäre Untersuchungen, Aufsätze, Beschreibungen, Führer, Faltblätter usw. Aufgenommen sind auch wertvolle Privatdrucke und einige dem Autor bekannt gewordene Arbeiten, die in absehbarer Zeit erscheinen werden. Arbeiten, in denen mehrere Festungen zentral behandelt werden, sind in 1.0 verzeichnet. Sie tauchen in den jeweiligen Ortsverzeichnissen nicht mehr auf. Es empfiehlt sich daher, bei der Literatursuche für einen bestimmten Ort auch die allgemeine Literatur durchzusehen. Die Titel sind nach folgender Ordnung erfaßt:

A. Deutschsprachige Publikationen 1945–1987 387
1.0 Allgemeine Publikationen (verfasseralphabetisch) 387
1.1 Faksimileausgaben / Reprints / Neudrucke (verfasseralphabetisch) 396
1.2 Atlantikwall (verfasseralphabetisch) 399
2.0 Bundesrepublik Deutschland (ortsalphabetisch, verfasseralphabetisch) 400
2.1 Westwall (verfasseralphabetisch) 421
3.0 DDR (ortsalphabetisch, verfasseralphabetisch) 423
3.1 »Antifaschistischer Schutzwall«: Berliner Mauer und innerdeutsche Grenzbefestigungen (verfasseralphabetisch) 424
4.0 Ehemalige preußische Provinzen außerhalb des Gebietes der Bundesrepublik Deutschland und der DDR, Danzig (ortsalphabetisch, verfasseralphabetisch) . 425
5.0 Länder in Europa (allgemeine Literatur, ortsalphabetisch, verfasseralphabetisch) .. 427
5.1 Albanien 427
5.2 Belgien 427
5.3 Bulgarien 427
5.4 Dänemark 427
5.5 Frankreich (mit Maginotlinie) 427
5.6 Griechenland 429

5.7	Großbritannien	429
5.8	Italien	429
5.9	Jugoslawien	430
5.10	Luxemburg	430
5.11	Malta	430
5.12	Niederlande	430
5.13	Österreich	431
5.14	Polen	433
5.15	Rumänien	433
5.16	Schweden	433
5.17	Schweiz	433
5.18	Sowjetunion	435
5.19	Spanien	435
5.20	Tschechoslowakei	436
5.21	Türkei	436
5.22	Ungarn	436
6.0	Außereuropäische Plätze: Afrika/Naher Osten, Amerika, Brasilien, China, Japan (länderalphabetisch, verfasseralphabetisch)	436

Analysiert man die Berufsgruppen der Autoren, so finden sich neben den Spezialisten aus der staatlichen Denkmalpflege und den Archivdiensten sowie den deutlich unterrepräsentierten Hochschulinstituten, vorwiegend der Fachrichtungen Bau- und Kunstgeschichte sowie Geographie, überwiegend »sachfremde« Berufe wie Lehrer unterschiedlichster Schultypen, Ärzte, Ingenieure, besonders technischer Fachrichtungen, Verwaltungsangestellte, Museumsleute, Berufssoldaten und die oft zu unrecht mißachteten »Heimatforscher«. Entsprechend den Forschungsansätzen und -intentionen, die das Feld des neuzeitlichen Festungsbauwesens bietet, behandeln die Autoren ihre Themen aus unterschiedlichsten Blickwinkeln. So lassen sich Festungswerke oder Ensembles unter bau- und kunstgeschichtlichen, technikgeschichtlichen, militärhistorischen, städtebaulichen, stadtplanerischen, geographischen, kartographischen, siedlungsgeschichtlichen, ökonomischen, soziologischen, landschaftsgestalterischen, didaktisch-pädagogischen und auch touristischen Aspekten erforschen und darstellen. Dieser gesamte Themenkreis ist Arbeitsgebiet der Festungsforschung und Festungsnutzung.

Zwei wichtige Auswahlverzeichnisse sind der zentralen Bibliographie deutschsprachiger Publikationen nachgestellt:

B. Auswahl wichtiger in- und ausländischer Publikationen zur Büchsenmeisterei und zum Artilleriewesen aus neuerer Zeit (verfasseralphabetisch) 437
C. Auswahl wichtiger ausländischer Publikationen zum Atlantikwall (verfasseralphabetisch) 439

Zum Spezialthema Bunkerbau im modernen Zivil- und Luftschutz der deutschsprachigen Länder ist auf die Bestände der Bibliothek des Bundesamts für Zivilschutz (D-5300 Bonn 2, Deutschherrenstr. 93–95) zu verweisen.

Die englische Bibliographie für England, Wales, Schottland, Isle of Man, Scillyinseln, Kanalinseln und Irland schließt den mittelalterlichen Befestigungsbau ein:

Kenyon, John R.: Castles, town defences, and artillery fortifications in Britain: a bibliography 1945–74/1977–82, vol. 1/2, Council for British Archaeology Research Report, No 25/53, London 1978/83.

Ein Verzeichnis in italienischer Sprache gibt jährlich das Istituto Italiano Dei Castelli in Rom heraus:

Vigano, Marino: Aggiornamento Bibliografico sulla Fortificazione Permanente in Italia e nel Mondo dal XVI Secolo.

Ein Verzeichnis der Monumente der Militärarchitektur, wie es in Spanien vorliegt, gibt es in der Bundesrepublik Deutschland noch nicht:

Ministerio de Educación & Ciencia (Hrsg.): Arquitectura Militar, Inventario Resumido, Madrid 1968.

A. Deutschsprachige Publikationen 1945–1987

1.0 Allgemeine Publikationen (verfasseralphabetisch)

Aichner, Ernst: Die bayerische Landesbefestigung von 1800–1918, in: 20 Jahre Pionierbataillon 100, Ingolstadt 1976.

Ders.: Die Königlich Bayerische Ingenieurtruppe, in: 20 Jahre Pionierbataillon 100, Ingolstadt 1976.

Ders.: Ingenieurkorps und Ingenieurtruppen in Bayern vom 17. Jahrhundert bis zum Ausbruch des 1. Weltkrieges, in: ders. (Hrsg.): Sonderausstellung Pioniere. Ingenieurtruppen in vier Jahrhunderten, Bayerisches Armeemuseum Ingolstadt 1981, S. 16–23.

Ders. und Kraus, Jürgen (Bearbeiter): Katalog der Sonderausstellung Pioniere. Ingenieurtruppen in vier Jahrhunderten des Bayerischen Armeemuseums, Ingolstadt 1981.

Akademie für Raumordnung und Landesplanung (Hrsg.): Stadt und militärische Anlagen. Historische und raumplanerische Aspekte, Hannover 1977.

Albrecht, Oskar: Ernst Ludwig von Aster. Festungsbaumeister und Chef des preußischen Ingenieurkorps, in: Soldat und Technik, Nr. 5 (1972), S. 250–253.

Allmayer-Beck, Johann Christoph und Lessing, Erich: Die kaiserlichen Kriegsvölker 1479–1718, München 1978.

Anderson, William: Burgen Europas von der Zeit Karls des Großen bis zur Renaissance, Stuttgart 1980.

Arens, Fritz: Maximilian von Welsch. Architekt der Schönbornbischöfe, München/Zürich 1986.

Arnold, Harald: Die Vorläufer der Maginotlinie, in: ALMA-Rundschreiben, Nr. 3 (1984).

Bachmann, Friedrich (Hrsg.): Die alte deutsche Stadt. Ein Bilderatlas der Städteansichten bis zum Ende des 30jährigen Krieges, 6 Bde., Leipzig 1941–1961.

Bahnsen, Uwe und O'Donnell, James P.: Die Katakombe [Führerbunker]. Das Ende in der Reichskanzlei, Stuttgart 1975.

Balzer, Karl und Fontaine, Lothar: Persönlichkeit und Werk Vauban's als »Ingenieur de France«. Pläne, Karten und Bilder aus Vauban's Werk, Ausstellungskatalog Saarlouis 1983.

Banny, Leopold: Schild im Osten. Der Südostwall zwischen Donau und Untersteiermark 1944/45, Lackenbach 1985.

Basler, E.: Forschungen auf dem Gebiet der Schutz- und Festungsbauten, in: Technische Mitteilungen für Sappeure, Pontoniere und Mineure, Nr. 4 (1965), S. 133–136.

Bauer, Hermann: Kunst und Utopie. Studien über das Kunst- und Staatsdenken in der Renaissance, Berlin 1965.

Bernatzky, Aloys: Von der mittelalterlichen Stadtbefestigung zu den Wallgrünflächen von Heute. Ein Beitrag zum Grünflächenproblem deutscher Städte, Berlin/Hannover/Sarstedt 1960.

Ders.: Die grünen Ringe der Wallanlagen: Wallanlagen – Denkmalsockel der Altstadt, in: Baum-Zeitung, 10 (1976), Nr. 1, S. 3–5, Nr. 2, S. 19–22, Nr. 3, S. 35–38, Nr. 4, S. 51–54.

Berthold, Margot: Josef Furttenbach von Leutkirch, Architekt und Ratsherr in Ulm (1591–1667), in: Ulm und Oberschwaben. Zeitschrift für Geschichte und Kunst, Bd. 33 (1953), S. 119–179.

Biermann, Alfons: Probleme musealer Darstellung und Aufbereitung von Forschungsergebnissen der Geschichte des Festungsbaus, in: Zeitschrift für Festungsforschung der Deutschen Gesellschaft für Festungsforschung, Nr. 1 (1982), S. 5–11.

Binding, Günther: Die Festung, in: derselbe: Architektonische Formenlehre, Darmstadt 1980, S. 212–216.

Biskup, Krzysztof: Die Gürtelfestung und ihr Einfluß auf das Stadtbild im 19. und 20. Jahrhundert, in: Eine Zukunft für unsere Vergangenheit, Deutsche Gesellschaft für Festungsforschung, Bd. 1, Wesel 1981, S. 161–174.

Blankenhorn, Erich: Führer durch das Historische Museum Schloß Rastatt, 3 Bde., Rastatt 1960–62.

Bleyl, Wolfgang: Der Donjon. Eine bautechnische Typologie des verteidigungsfähigen Wohnturmes, 3. Aufl., Köln 1981 (Eigenverlag d. Verf.).

Bondt, René: Schild aus Stein und Erde. Eine illustrierte Geschichte des Wehr- und Schutzbaus, Stäfa 1978.

Bouvard, André und Ferrer, A.: Der württembergische Baumeister Heinrich Schickhardt und sein Wirken im Fürstentum Mömpelgard (1590–1608). Übersetzter Katalog zur Präsentation der französischen Ausstellung in Herrenberg und Freudenstadt, Herrenberg 1982.

Braunfels, Wolfgang: Abendländische Stadtbaukunst. Herrschaftsform und Baugestalt, 3. Aufl., Köln 1981.

Brües, Eva: Die Baumeisterfamilie Pasqualini – Stand der Forschung, in: Land im Mittelpunkt der Mächte. Die Herzogtümer Jülich, Kleve, Berg. Ausstellungskatalog des Städt. Museums Haus Koekkoek Kleve und des Stadtmuseums Düsseldorf, 2. Aufl., Kleve 1984, S. 297–304.

Buchhorn, Otto: Befestigungen, in: Beilage zur Zeitschrift für Heereskunde, Folgen 60–68 (1980/81).

Buchhorn, Otto: Pionierwesen, in: Beilage der Zeitschrift für Heereskunde, Teile 1–7 in den Folgen 50/1976–56/1978.

Buchmann, Bertrand Michael: Befestigungen an der Donau in Österreich, Wien 1981 (= Militärhistorische Schriftenreihe, hrsg. v. Heeresgeschichtlichen Museum Wien, Heft 42).

Buck, Gerhard: Das Führerhauptquartier 1939–1945. Zeitgeschichte im Bild, 3. Aufl., Leoni 1983.

Bunin, Andrej Vladimirovic: Geschichte des russischen Städtebaues bis zum 19. Jahrhundert, Berlin 1961.

Christ, Heinrich: Deutscher Festungsbau 1871–1914, in: Feldgrau. Mitteilungen einer Arbeitsgemeinschaft, Burgdorf/Hannover, Nr. 2 (1961), S. 33–39, 75–79.

Dach, Hans von: Beispiele aus dem Krieg: Luftlandeangriff auf einen befestigten Flußabschnitt. Dargestellt nach deutschen und alliierten Kampfberichten, in: Der Schweizer Soldat, Nr. 6 (1969), S. 35–70.

Ders.: Kampf um ein Festungswerk. Ein Beispiel aus dem Krieg. Dargestellt nach französischen und deutschen Kampfberichten, in: Der Schweizer Soldat, Nr. 18 (1968), S. 408–429.

Deanovic, Ana: Die regionalen Pläne der Befestigung der kroatischen Grenzen durch die Jahrhunderte der Türkenkriege und die bezeichnendsten Werke im 16., 17., 18. Jahrhundert, in: Burgen und Schlösser, Nr. 2 (1973), S. 109–110.

Degenhart, Bernhard und Schmitt, Annegritt: Corpus der italienischen Zeichnungen 1300–1450, Teil II, 4. Bd.: Mariano Taccola, Berlin 1982.

Disch, S.: Minenkampf vor 200 Jahren »...unter der Erde gegrabene Keller, welche man mit Pulver füllet!«, in: Soldat und Technik, Nr. 12 (1965), S. 706–708.

von der Dollen, Busso: Die Aufgabe der Historischen Geographie im Rahmen der Festungsforschung, in: Zeitschrift für Festungsforschung, Nr. 1 (1984), S. 31–33.

Ders.: Residenzstadt und Entfestigung an Beispielen aus dem Rheinland, in: Beiträge zur Geschichte der frühneuzeitlichen Garnisons- und Festungsstadt, Referate eines Kolloquiums Saarlouis 1980 zusammengestellt von Hans-Walter Herrmann und Franz Irsigler, Saarbrücken 1983, S. 160–172.

Dittmar, Kurt: Über »Feste Plätze«, in: Wehrkunde Jg. II, Nr. 11 (1953), S. 1f.

Donin, Richard Kurt: Niederösterreichische Renaissanceschlösser als Wehrbauten, in: derselbe: Zur Kunstgeschichte Österreichs. Gesammelte Aufsätze, Wien/Innsbruck/Wiesbaden 1951, S. 211–219.

Dorn, Hellmuth: Befestigungen, in: Europäische Wehrkunde (1954), S. 360–364.

Dreyer, Peter: Vignolas Planungen für eine Befestigte Villa Cervini, in: Römisches Jahrbuch für Kunstgeschichte, Nr. 21 (1984), S. 365–415.

Egger, Martin: NORAD C.O.C. Bunkerbau im Atomzeitalter, in: IBA Informationen, Nr. 6 (1985), S. 3–12.

Ders.: Der deutsche 5 cm Maschinengranatwerfer M19, in: IBA Informationen Nr. 10 (1987) S. 47–56.

Ders.: Das Festungswesen in der Schweiz heute – Eine Kurzbeschreibung, in: IBA Informationen, Nr. 5 (1985), S. 31–34.

Egger, R.: Bemerkungen zum Territorium pannonischer Festungen, in: Anzeiger der phil.-histor. Klasse der Österreichischen Akademie der Wissenschaften, Nr. 18 (1951), S. 207–232.

Egli, Ernst: Geschichte des Städtebaus, Bd. 3: Die Neue Zeit, Erlenbach-Zürich/Stuttgart 1967.

Eichberg, Henning: Die historische Relativität der Sachen oder Gespenster im Zeughaus. Auf dem Weg zu einer kritischen Technikgeschichte, Münster 1987.

Ders.: Die Rationalität der Technik ist veränderlich. Festungsbau im Barock, in: Troitzsch, U. und Wohlauf, G. (Hrsg.): Technik-Geschichte. Historische Beiträge und neuere Ansätze, Frankfurt am Main 1980, S. 212–240.

Ders.: Das Interesse an der Ballistik. Zum Verhältnis von militärischem Nutzen und wissenschaftlichem Fortschritt in der frühneuzeitlichen Dynamik, in: Sudhoffs Archiv, Bd. 58 (1974), S. 341–355.

Ders.: Geometrie als barocke Verhaltensnorm. Fortifikation und Exerzitien, in: Zeitschrift für Historische Forschung, Bd. 4 (1977), Heft 1, S. 17–50.

Ders.: Militär und Technik. Schwedenfestungen des 17. Jahrhunderts in den Herzogtümern Bremen und Verden, Dissertation Stuttgart, Düsseldorf 1976.

Eimer, Gerhard: Die frühneuzeitliche Festungsstadt im Licht der Kunstgeschichte, in: Beiträge zur Geschichte der frühneuzeitlichen Garnisons- und Festungsstadt. Referate und Ergebnisse eines Kolloquiums Saarlouis 1980, zusammengestellt von Hans-Walter Herrmann und Franz Irsigler, Saarbrücken 1983, S. 9–18.

Ders.: Die Stadtplanung im Schwedischen Ostseereich 1600–1715. Mit einem Beitrag zur Geschichte der Idealstadt, Stockholm 1961.

Ders.: Schwedische Offiziere als Baumeister in Schleswig-Holstein, in: Nordelbingen. Beiträge zur Kunst- und Kulturgeschichte, Nr. 30 (1961), S. 103–133.

Einsingbach, Wolfgang: Johann Maximilian von Welsch. Neue Beiträge zu seinem Leben und seiner Tätigkeit für den Fürsten Georg August von Nassau-Idstein, in: Nassauische Annalen. Jahrbuch des Vereins für Nassauische Altertumskunde und Geschichte, Bd. 74 (1963), S. 79–170.

Ders.: Zum Leben des Mainzer Barockarchitekten Maximilian von Welsch zwischen 1693 und 1704 und der Bericht über seine Reise in die Niederlande, nach Frankreich und England in den Jahren 1699–1700, in: Mainzer Zeitschrift, Nr. 67/68 (1972/73), S. 214–229.

Eis, Egon: Illusion der Sicherheit. Das Schicksal der großen Bolwerke, Düsseldorf 1958.

Ders.: Bollwerke. Die gefährliche Illusion der Sicherheit, Düsseldorf/Wien 1963 (Taschenbuchausgabe München 1965).

Engels, Friedrich: Fortifikation, Bastion, Coehoorn, in: Karl Marx, Friedrich Engels. Gesamtwerke, Bd. 14, Berlin (Ost), S. 85f., 270f., 315–339.

Ennen, Edith: Die Festungsstadt als Forschungsgegenstand – die Herausbildung der Festungs- und Garnisonsstadt als Stadttyp, in: Beiträge zur Geschichte der frühneuzeitlichen Garnisons- und Festungsstadt. Referate eines Kolloquiums Saarlouis 1980, zusammengestellt von Hans-Walter Herrmann und Franz Irsigler, Saarbrücken 1983, S. 19–40.

Dies.: Schlußdiskussion, in: Beiträge zur Geschichte der frühneuzeitlichen Garnisons- und Festungsstadt. Referate eines Kolloquiums Saarlouis 1980, zusammengestellt von Hans-Walter Herrmann und Franz Irsigler, Saarbrücken 1983, S. 224–230.

Erhaltung, Erneuerung und Wiederbelebung alter Stadtgebiete in Europa, Bonn 1981 (= Schriftenreihe der Akademie der Deutschen UNESCO-Kommission und der Akademie der Architektenkammer Nordrhein-Westfalen, Bd. 13, Redaktion Hans-Dieter Dyroff; darin u. a. Nürnberg, S. 87–107; Celle S. 47–60; Dokkum, Leiden, s'Hertogenbosch, S. 263–274; Zamość, S. 279–286).

Fiedler, Siegfried: Kriegswesen und Kriegsführung im Zeitalter der Landsknechte, Koblenz 1985 (= Heerwesen der Neuzeit, Bd. I 2).

Ders.: Kriegswesen und Kriegsführung im Zeitalter der Kabinettskriege, Koblenz 1986 (= Heerwesen der Neuzeit, Bd. II 2).

Ders.: Kriegswesen und Kriegsführung im Zeitalter der Revolutionskriege, in Vorbereitung (= Heerwesen der Neuzeit, Bd. III 2).

Ders.: Kriegswesen und Kriegführung im Zeitaler der Einigungskriege, in Vorbereitung (= Heerwesen der Neuzeit, Bd. IV 2).

Ders.: Kriegswesen und Kriegführung im Zeitalter der Millionenheere, in Vorbereitung (= Heerwesen der Neuzeit, Bd. V 2).

Fischer, Albert: Daniel Specklin, Strassburger Stadtbaumeister, europäischer Festungsingenieur, Kartograph und Chronist, Bad Neustadt/Saale 1985.

Fischer, Günther: Die ostdeutschen Befestigungen zwischen den beiden Weltkriegen, in Vorbereitung.

Ders.: Die wichtigsten Fundorte von Archivalien zum deutschen Festungsbau in der Zeit von 1871–1945, in: Festung, Garni-

son, Bevölkerung. Deutsche Gesellschaft für Festungsforschung, Bd. 2, Wesel 1982, S. 65–80.
Fleischhauer, Werner: Renaissance im Herzogtum Württemberg, Stuttgart 1971.
Forbes, Eric G.: The unpublished writings of Tobias Mayer. Bd. II: Artillery and Mechanics, Göttingen 1972.
Förster, Otto Wilhelm: Das Befestigungswesen. Rückblick und Ausschau, Neckargemünd 1960.
von Freeden, Max H.: Balthasar Neumann, 3. Aufl., München 1981.
Fuchs, Theodor: Geschichte des europäischen Kriegswesens, Bd. II: Von der Aufstellung der ersten stehenden Heere bis zum Aufkommen der modernen Volksheere, Wien/Heidelberg 1974, Bd. III: Von den Qualitätsheeren der Wehrpflicht bis zu den Massen-, Berufs- und Volksheeren am Ende des Zweiten Weltkrieges, München 1977.

Gembruch, Werner: Persönlichkeit und Werk Vaubans als »Ingénieur de France«, in: Beiträge zur Geschichte der frühneuzeitlichen Garnisons- und Festungsstadt. Referate eines Kolloquiums Saarlouis 1980, zusammengestellt von Hans-Walter Herrmann und Franz Irsigler, Saarbrücken 1983, S. 48–63.
Ders.: Vauban, in: Klassiker der Kriegskunst, hrsg. v. Werner Hahlweg, Darmstadt 1960, S. 150–165.
Ders.: Vauban zu seinem 350. Geburtstag am 15. Mai 1958, in: Wehrwissenschaftliche Rundschau, Nr. 8 (1958), S. 252–256.
Gerö, Laszlo: Die Entwicklung der europäischen Festungsbauten im XVI.–XVII. Jahrhundert, in: Acta Technica Academiae Scientarium Hungariae, Bd. 77 (1974), S. 137–238.
Ders.: Die mittelalterliche Burg und Suburbium in der heutigen Stadt, in: Bulletin des Internationalen Burgen-Institutes, Nr. 36 (1979), S. 39–46.
Ders.: Über die sogenannten Rondelle, in: Bulletin des Internationalen Burgen-Institutes, Nr. 33 (1977), S. 44–46.
Ders.: Die charakteristischen Epochen des Burgbaues, in: Bulletin des Internationalen Burgen-Institutes, Nr. 28 (1970), S. 6–27.
Ders.: Die charakteristischen Epochen des Burgbaues [Festungsbaus], in: Acta Technica Academiae Scientiarum Hungaricae, Bd. 46, Fsz. 1/2 (1964), S. 3–61 (Sonderdruck).
Giessmann, Ernst-Joachim: Lazare Carnot und die preußischen Militärreformer, in: Militärgeschichte [DDR], Nr. 4, (1986), S. 310–319, 3. Umschlagseite.
Gille Bertrand: Ingenieure der Renaissance, Wien/Düsseldorf 1968.
Glanz, Meinhard: Zur strategischen Bedeutung der Bundesfestungen im neunzehnten Jahrhundert, in: Festungsforschung heute. Deutsche Gesellschaft für Festungsforschung, Bd. 4, Wesel 1985, S. 8–16.
Golubow, S.: Festungen die nicht kapitulierten, 2 Bde., Berlin (Ost) 1958/59.
Grasser, Kurt: Richtlinien für die Bauformen der ständigen Landesbefestigung, in: IBA Informationen, Teil 1, Heft 0 (1982); Teil 2, Heft 1 (1983); Teil 3, Heft 3 (1984).
Ders.: Die Grundformen der ČSSR Landesbefestigung, in: IBA Informationen, Teil 1, Heft 0 (1982); Teil 2 Heft 2 (1983); Teil 3, Heft 3 (1984).
Ders.: Die Geschichte der Westbefestigungen 1935 bis 1940, in: IBA Informationen, Nr. 5 (1985), S. 25–30.
Ders. (Hrsg.): Der feldmäßige Stellungsbau, Teil 1, Nürnberg o. J. (IBA Sonderheft); Teil 2, Nürnberg o. J. (IBA Sonderhefte).

Ders.: Die unterirdische Fabrik für V2/A4 in Nordhausen (DDR), in: IBA Informationen, Nr. 10 (1987), S. 15–23.
Ders. und Stahlmann, Jürgen: Westwall – Maginotlinie – Atlantikwall. Bunker- und Festungsbau 1930–1945, Leoni 1983.
Gross, Manfred: Vorschläge zu einer EDV-gestützten Erfassung von Festungs- und Bunkeranlagen, in: Festungsjournal der DGF, Nr. 4 (1984), S. 24f.
Grote, Andreas: Der vollkommen Architectus. Baumeister und Baubetrieb bis zum Anfang der Neuzeit, München 1959.
Gruber, Karl: Die Gestalt der deutschen Stadt. Ihr Wandel aus der geistigen Ordnung der Zeiten, 4. Auflage, München 1983.
Gutbier, Reinhard: Der landgräfliche Hofbaumeister Hans Jakob von Ettlingen. Eine Studie zum herrschaftlichen Wehr- und Wohnbau des ausgehenden 15. Jahrhunderts, Text- und Tafelband, Darmstadt/Marburg 1973.

Haase, Carl: Die mittelalterliche Stadt als Festung. Wehrpolitisch-militärische Einflußbedingungen im Werdegang der mittelalterlichen Stadt, in: a) Studium Generale Bd. 16 (1963) S. 379–390; b) ders. (Hrsg.): Die Stadt des Mittelalters, Bd. 1: Begriffe, Entstehung und Ausbreitung, Darmstadt 1969.
Habich, Johannes (Bearb.): Stadtkernatlas Schleswig-Holstein, Neumünster 1976 (darin u. a. Glückstadt, Krempe, Ratzeburg, Rendsburg, Tönning, Travemünde).
Hackelsberger, Christoph: Angriff und Verteidigung im Wechselspiel der Geschichte. Einige historische Gedanken zum Problem der Sicherheit, in: Der Architekt, Nr. 3 (1984), S. 127–135.
Hahlweg, Werner (Hrsg.): Carl von Clausewitz. Hinterlassenes Werk Vom Kriege, 19. Aufl., Bonn 1980.
Ders.: Die Heeresreform der Oranier. Das Kriegsbuch des Grafen Johann von Nassau-Siegen, Wiesbaden 1973.
Hamburger, W.: Eine österreichische Befestigungslinie im Entstehen, in: Der Schweizer Soldat, Nr. 2 (1961), S. 25–26.
von Harnier, Wilhelm: Artillerie im Küstenkampf, München o. J.
Hart, Franz: Architektur und Ingenieurbau, München/Düsseldorf 1961 (= Deutsches Museum. Abhandlungen und Berichte, 29. Jg. 1961, Heft 3).
Hartmann, Kristiana: Sozialer Anspruch, politische Vision und ästhetische Lebenspraxis. Zu den Idealstadtkonzepten der Renaissance, in: Stadtbauwelt, Jg. 65 (1980), S. 434–442.
Haselberger, Herta: Steirische Schloßbauten des 16. und des frühen 17. Jahrhunderts. Bauanalysen (u. a. Schloß Neudorf bei Wildon, Schloß Neuberg bei Hartberg), in: Mitteilungen des Steirischen Burgenvereins, Bd. XI, Graz 1962, S. 47–62.
Hauptner, Rudolf: Die Betondecken im historischen österreichisch-ungarischen Festungsbau in Tirol, in: Deutsche Gesellschaft für Festungsforschung, Bd. 6, 1986, S. 139–149.
Heckmann, Hermann: Bauten für militärische Anlagen (in Dresden und Königstein), in: Matthäus Daniel Pöppelmann. Leben und Werk, München/Berlin 1972, S. 224–236.
Heine, Hans-Wilhelm: Studien zu Wehranlagen zwischen junger Donau und westlichem Bodensee, Stuttgart 1978.
Heinisch, Reinhard R.: Die Stadt als Festung im 17. Jahrhundert, in: Wilhelm Rausch (Hrsg.): Die Städte Mitteleuropas im 17. und 18. Jahrhundert, Linz 1981, S. 283–310.
Heinrich, Gerd: Festung, Flüchtlingsstadt und Fürstenresidenz. Zur Entwicklung und Raumfunktion brandenburgisch-preußischer Neustädte im 17. und 18. Jahrhundert, in: Abhandlungen aus der Pädagogischen Hochschule Berlin, Bd. I, Berlin 1974, S. 136–177.

Hepp, Leo: Die Festungstelegraphie in Preußen und im Deutschen Reich im 19. Jahrhundert, In: Deutsche Gesellschaft für Festungsforschung, Bd. 6 (1986), S. 195–203.

Herkenrath, Dorothea: Maximilian Pasqualini und seine Familie (1534–1572), in: Rheinische Lebensbilder, Bd. 2, Köln 1966, S. 109–124.

Herrmann, Hans-Walter: Stadtrechtsgeschichtliche Aspekte einiger unter König Ludwig XIV. von Frankreich gegründeten Festungsstädte, in: Beiträge zur Geschichte der frühneuzeitlichen Garnisons- und Festungsstadt. Referate eines Kolloquiums Saarlouis 1980, zusammengestellt von Hans-Walter Herrmann und Franz Irsigler, Saarbrücken 1983, S. 90–123.

Ders.: Studienfahrt zu einigen ostfranzösischen Festungsstädten (Metz, Verdun, Montmédy, Longwy). Zusammenfassung der Ergebnisse, in: Beiträge zur Geschichte der frühneuzeitlichen Garnisons- und Festungsstadt. Referate eines Kolloquiums in Saarlouis 1980, zusammengestellt von Hans-Walter Herrmann und Franz Irsigler, Saarbrücken 1983, S. 231–249.

Herzog August Bibliothek Wolfenbüttel: Architekt & Ingenieur. Baumeister in Krieg & Frieden. Ausstellungskatalog der Herzog August Bibliothek, Nr. 42 (1984), Architectura civilis, bearbeitet von Ulrich Schütte, Architectura militaris, bearbeitet von Hartwig Neumann.

Heydenreich, Ludwig H.; Dibner, Bern; Reti, Ladislao: Leonardo der Erfinder, 2. Aufl., Stuttgart/Zürich 1985.

Hofmann, Klaus Martin: Festungsstädte im Rahmen regional- und stadtgeschichtlicher Konzeptionen, in: Festung, Garnison, Bevölkerung. Deutsche Gesellschaft für Festungsforschung, Bd. 2, Wesel 1982, S. 31–44.

Hoffmann-Axthelm, Dieter: Krieg & Architektur, in: ARCH+. Zeitschrift für Architekten, Stadtplaner, Sozialarbeiter und kommunalpolitische Gruppen, Nr. 71 (1983), S. 14–19.

Hollenberg, Günter (Hrsg.): Kurhessisches Kriegsministerium und Vorbehörden 1813–1867 (mit Vorakten ab 1706), Repertorium des hessischen Staatsarchivs Marburg 1985 (Spangenberg, Hanau, Kassel, Rinteln, Ziegenhain, Artillerie, Militärbauwesen u. a.).

Homma, J. K.: Burgenlands Burgen und Schlösser, Wien 1961.

Hotz, Walter: Kleine Kunstgeschichte der deutschen Burg, Darmstadt 1979.

Hotzel, P.: Der Reißzeug- und Meßbesteckkoffer des Maximilian von Welsch, in: Mitteilungen der »Maximilian von Welsch«-Gesellschaft, Nr. 2 (1984), S. 10–13.

Huber, Rudolf und Rieth, Renate (Redaktion): Glossarium Artis. Wörterbuch zur Kunst (viersprachig), Bd. 1: Burgen und Feste Plätze. Der Wehrbau vor Einführung der Feuerwaffen. Anhang: Kriegsgeräte und schwere Waffen, 2. Aufl., Tübingen 1975; Bd. 2: Festungen. Der Wehrbau nach Einführung der Feuerwaffen. Anhang: Begriffe zur Poliorketik, Tübingen 1979.

Internationales Burgen-Institut: Itinerarium. XI. Kongreß des wissenschaftlichen Beirats in Bayern vom 27. September bis 2. Oktober 1971.

Jäger, Eckhard: Festungsbau und graphische Künste. Ein bibliographischer Exkurs über Festungs- und Belagerungsveduten in europäischen Topographien des 16. bis 18. Jahrhunderts, in: Festung, Garnison, Bevölkerung. Deutsche Gesellschaft für Festungsforschung, Bd. 2, Wesel 1982, S. 45–64.

Jordan, Klaus: Klassiker der festungskundlichen Literatur. Das 19. Jahrhundert, in: Zeitschrift für Festungsforschung, 1986, S. 55–57.

Ders.: Tartaglia, Marchi, Theti, Lorini, in: Zeitschrift für Festungsforschung, 1985, S. 40 f.

Ders.: Albrecht Dürer und die Festungsbaukunst, in: Zeitschrift für Festungsforschung, Nr. 1 (1984), S. 39 f.

JSN: Grundsätze für Sonderkonstruktionen der ständigen Bauweise (Atlantikwall/Westwall), in: IBA Informationen, Heft 2 (1983), S. 12–16.

Kafka, Karl: Die Bastionsbefestigung an Kirchhöfen, in: Unsere Heimat, Bd. 31, Wien 1960, S. 146–152.

Kali-Chemie Pharma GmbH Hannover (Hrsg.): Burgen und Schlösser in Deutschland, Faltblätter Nr. 1–46 in Kassette, Ostfildern 1982 (darin Zitadelle Spandau, Nr. 2; Festung Rosenberg, Nr. 13; Festung Marienberg, Nr. 23; Veste Coburg, Nr. 26; Plassenburg, Nr. 31).

Kemp, Anthony: Die Fortress Study Group, Grossbritannien, in: Eine Zukunft für unsere Vergangenheit. Deutsche Gesellschaft für Festungsforschung, Bd. 1, Wesel 1981, S. 64–77.

Ders.: Deutsche Einflüsse auf den britischen Festungsbau im 19. Jahrhundert, in: Festung, Garnison, Bevölkerung, Deutsche Gesellschaft für Festungsforschung, Bd. 2, Wesel 1982, S. 81–99.

Kirpicnikov, Anatolij: Steinfestungen Nordrusslands aus der Sicht der neueren bautechnisch-archäologischen Forschungen, in: Burgen und Schlösser, Heft II (1983), S. 66–78.

Kiss, István N.: Die ökonomische und soziale Basis der Verteidigung gegen die Türken in Ungarn, 16.–17. Jahrhundert, in: Beiträge zur Geschichte der frühneuzeitlichen Garnisons- und Festungsstadt. Referate eines Kolloquiums Saarlouis 1980, zusammengestellt von Hans-Walter Herrmann und Franz Irsigler, Saarbrücken 1983, S. 173–198.

Kittler, G. Adolf: Eine Denkschrift des Festungsbaumeisters Georg Rimpler über die Belagerung Philippsburgs 1676, in: Zeitschrift für die Geschichte des Oberrheins, 104, N. F., Bd. 65, Karlsruhe 1956, S. 258–272.

Ders.: Neue Beiträge zur Beurteilung Georg Rimplers, des Oberingenieurs bei der Belagerung Wiens 1683, in: Mitteilungen des Instituts für Österreichische Geschichtsforschung, Bd. LXIV (1956), S. 25–33.

Ders.: Georg Rimpler. Kaiserlicher Obristleutnant und Oberingenieur im Türkenkrieg 1683, in: Zeitschrift für die Geschichte des Oberrheins, hrsg. v. Badischen General-Landesarchiv, Bd. 99, Karlsruhe 1951, S. 139–239.

Klinge, Hugo: Festungsbau Frankreichs, Belgiens und Hollands zwischen den Weltkriegen, in: Dokufest, Nr. 1 (1984), S. 1–5, Nr. 2 (1984), S. 16–17.

Klose, Olaf und Martius, Lilli: Ortsansichten und Stadtpläne der Herzogtümer Schleswig, Holstein und Lauenburg, 2 Bde., Neumünster 1962.

Kluge, Alexander: »Bauen für den Krieg«, in: ARCH+. Zeitschrift für Architekten, Stadtplaner, Sozialarbeiter und kommunalpolitische Gruppen, Nr. 71 (1983), S. 50–58.

Kluwe, Martin: Der Zweck befestigter Grenzlinien in Vergangenheit und Gegenwart. Betrachtung und Vergleich an Beispielen wie: Chinesische Mauer, römischer Limes, Danewerk, Maginot Linie, Westwall und Befestigte innerdeutsche Grenze, Berliner Mauer, Grenzwall zwischen Nord- und Südkorea, Merl 1985.

Knobloch, Eberhard: Mariano di Jacopo detto Taccola's »De machinis«. Ein Werk der italienischen Frührenaissance, in: Technikgeschichte, Bd. 48 (1981), S. 1–27.

Knüppel, Günter: Das Heereswesen des Fürstentums Schleswig-Holstein-Gottorf 1600–1715. Ein Beitrag zur Verfassungs- und Sozialgeschichte territorialstaatlicher Verteidigungseinrichtungen, Neumünster 1973.

Korn, Ulf-Dietrich und Volkhardt, Hans-Georg: Johann Conrad Schlaun. Schlaunstudie III, Bielefeld 1976.

Kovács, Béla: Darstellungen ungarischer Festungen aus dem 17. Jahrhundert (Kodex Nr. 200 des Zisterzienserklosters von Rein bei Graz), in: Mitteilungen der Museen des Komitates Veszprém, 11 (1972), S. 339.

Kraft, J.: Für Dioramen-Bastler: Festungsanlagen richtig gebaut, in: Plastik-Modell, Nr. 1 (1974), S. 28.

Kraus, Jürgen: Die Entwicklung der preußischen Pioniertruppen bis zum 1. Weltkrieg, in: Ernst Aichner (Hrsg.): Sonderausstellung Pioniere. Ingenieurtruppen in vier Jahrhunderten, Bayerisches Armeemuseum, Ingolstadt 1981, S. 7–15.

Kronenberg, A.: Pioniere im Dreißigjährigen Kriege. Nach Kupferstichen von M. Merian, in: Pioniere, Bd. 2 (1963), S. 44–49.

Krüger, Kersten: Albrecht, Dürer, Daniel Specklin und die Anfänge frühmoderner Stadtplanung in Deutschland, in: Mitteilungen des Vereins für deutsche Geschichte Nürnbergs, Bd. 67 (1980), S. 79–97.

Kübler, Peter und Reider, Hugo: Der Kampf um die drei Zinnen, Bozen 1981.

Kugler, Rudolf: Beiträge zu Praxis und Theorie des Neueren Wehrbaus mit Beispielen aus Franken zu Beginn der Epoche, Dissertation München 1954 (maschinenschriftl.).

Kühn, Arthur: Vauban und die französische Raumordnung im 17. Jahrhundert, in: Historische Raumforschung, 1963, S. 31–48.

Kull, Walter: Matthias Weiß zum 350. Geburtstag. Erinnerungen an den Festungsbaumeister aus Kassel, in: Jahrbuch Landkreis Freudenstadt 1986, S. 93–97.

Was ist ein Kulturdenkmal? Arbeitsheft zur Denkmalpflege in Niedersachsen, hrsg. v. Niedersächsisches Verwaltungsamt-Institut für Denkmalpflege Hannover, Hannover 1982, S. 52–55: Wehrbauten, Befestigungen und militärische Anlagen.

Kurz, Hans Rudolf: Die Landesbefestigung, in: Schweizer Solodat, Nr. 6 (1981).

Kutschke, Eckart: Vauban und der Festungsbau seiner Zeit, in: Information für die Truppe, Nr. 10 (1976), S. 84–89.

Landeshauptstadt Düsseldorf (Hrsg.): Friedrich Tamms – Ein Baumeister und seine Stadt (Wiener Hochbunker), Düsseldorf 1969.

Landgraf, A.: Dürer'sche Rundbefestigungen in Österreich, in: Burgen und Schlösser, Heft I (1961), S. 7–10.

Langes, Gunther: Die Front in Fels und Eis, Bozen 1979.

Leerhoff, Heiko: Niedersachsen in alten Karten. Eine Auswahl von Karten des 16. bis 18. Jahrhunderts aus den niedersächsischen Staatsarchiven, Neumünster 1985 (S. 115 ff., darunter Nienburg a. d. Weser, Christiansburg bei Varel, Apen, Hannover, Wilhelmstein und Wilhelmsteiner Feld).

Leistikow, Dankwart: Militärhospitäler französischer Festungsstädte des 17. und 18. Jahrhunderts in Deutschland, in: a) Zusammenhang. Festschrift Marielene Putscher, hrs. v. Otto Baur und Otto Glandien, Köln 1984, S. 411–449; b) Festungsforschung heute. Deutsche Gesellschaft für Festungsforschung, Bd. 4, Wesel 1985, S. 105–126.

Leithner, Wilhelm: Erzherzog Johann, Generaldirektor des Genie- und Fortifikationswesen (1801–1849), Dissertation Graz 1949 (ungedruckt).

Liechem, Heinz von: Gebirgskrieg 1915–1918, 3 Bde., Bozen 1980/82.

Lindner, Klaus: Militärkarten und Festungspläne, in: Zwischen Oder und Riesengebirge. Schlesische Karten aus fünf Jahrhunderten. Ausstellungskatalog Staatsbibliothek Preuß. Kulturbesitz, Berlin 1987, S. 183–190 (u. a. Breslau, Brieg, Glogau, Neisse, Silberberg).

Lippmann, Harry: Regelbauten der Luftwaffe, in: IBA Informationen, Heft 4 (1984), S. 22–24.

Ders.: Sehrohre in deutschen Befestigungsanlagen, in: IBA Informationen, Nr. 10 (1987), S. 3–7.

Longo, Lucia: Antonio Petrini (um 1620/21–1701). Ein Barockarchitekt in Franken, München/Zürich 1985.

Lüdecke, Otto und Helmdach, Erich: Zur Geschichte der Festungspioniere, in: Feldgrau, Nr. 1–5 (1971).

Lüem, Walter: Probleme der schweizerischen Landesbefestigung von 1860 bis 1914, Dissertation Zürich 1950, Teildruck Zürich 1955.

Magenschab, Hans: Erzherzog Johann, Habsburgs grüner Rebell, Graz/Wien/Köln 1981.

Mann, Albrecht: Ringwälle, Atlantis und Utopien. Kreisförmige und andere zentrierte Siedlungs- oder Stadtstrukturen in den gesellschaftlichen Umbrüchen über Plato zur Neuzeit, Aachen 1983.

Mast, Heinrich: Die alten österreichischen Befestigungen in Südtirol und Kärnten. Ihre Entstehung und ihre Tätigkeit im Ersten Weltkrieg, in: Der Schlern, Heft 1/2, Bozen 1971, S. 55–67.

Maurer, Hans-Martin: Der Burgenbau als Gesinnungsausdruck und Herrschaftssymbol, in: Schwäbische Heimat, Nr. 23 (1972), S. 124–130.

Ders.: Die landesherrliche Burg in Wirtemberg im 15. und 16. Jahrhundert. Studien zu den landesherrlich-eigenen Burgen, Schlössern und Festungen, Dissertation Tübingen, Druck Stuttgart 1958.

Ders.: Die württembergischen Höhenfestungen nach der Schlacht bei Nördlingen, in: Zeitschrift für württembergische Landesgeschichte, Bd. 26 (1967), S. 264–315.

van der Meij, J. und van Eyk, J.: Systematisch-Alphabetischer Katalog der Bücherei des Heeresmuseums in Leiden, Bd. XI: Festungsbaukunst, Leiden 1970 (dreisprachig).

Meintzschel, Joachim: Studien zu Maximilian von Welsch, Würzburg 1963.

Meißner, Armin: L'Art de la Guerre. Kriegsführung und Kriegsbaukunst in der Kompetenz des Architekten, Dissertation Bonn (in Vorbereitung).

Melegari, Vezio: Sturm auf Bastionen. Große Belagerungen, Wien/Stuttgart/Esslingen 1970.

Melicher, Theophil: Die städtebauliche Entwicklung im Bereich der ehemaligen Befestigungsanlagen, gezeigt an den sechs größten österreichischen Städten: Graz, Klagenfurt, Salzburg, Wien, Innsbruck und Linz zwischen 1800 und 1900, Dissertation Wien 1965 (ungedruckt).

Menchén, Georg und Geißling, Wolfgang: Burgen zwischen Eisenach und Bautzen, Rheda-Wiedenbrück/Rudolstadt 1983 (darin Querfurth S. 16 ff., Heldrungen S. 212 ff., Königstein S. 223 ff., Stolpen S. 265 ff.).

Meurer, Peter H.: Das Festungsbuch des Nicolas Person. Wichtige Festungen Europas Ende des 17. Jahrhunderts, Bad Neustadt a. d. Saale 1984.
Ders.: Das Festungsbuch des Matthias Dögen (Amsterdam 1647), in: Speculum Orbis, Nr. 2 (1986), S. 103–116.
Ders.: Die befestigten Siedlungen des Herzogtums Jülich, Magisterarbeit an der RWTH Aachen 1977 (Manuskriptdruck).
Meyer, Otto: Leopold Westen und seine Ingenieur- und Zeichen-Akademie. Ein Kapitel Bamberger Technik- und Schulgeschichte des ausgehenden 18. Jh., in: Fränkische Blätter f. Geschichtsforschung u. Heimatpflege, Nr. 19 (1959), S. 73–76.
Meyer, Werner: Deutsche Burgen, Schlösser und Festungen, Frankfurt am Main 1979.
Ders.: Europas Wehrbau, Frankfurt am Main 1973.
Ders.: Bericht über den XII. Kongreß des Internationalen Burgeninstitutes in Warschau und Krakau 14.–21. September 1972 zum Thema: Typologie und Terminologie der bastionierten Festungen, in: Burgen und Schlösser, Heft I (1973), S. 54–57.
Ders.: Studienreise nach Apulien 4.–11. Oktober 1970, in: Bulletin des Internationalen Burgen-Institutes, Nr. 28 (1970), S. 87–96.
Ders.: Deutsche Schlösser und Festungen, Frankfurt am Main 1969.
Militärgeschichtliches Forschungsamt (Hrsg.): Handbuch zur deutschen Militärgeschichte 1648–1939, 6 Bde., München 1981 (Studienausgabe unter dem Titel: Deutsche Militärgeschichte in sechs Bänden 1648–1939, Herrsching 1983).
Milward, A. A.: Fritz Todt als Minister für Bewaffnung und Munition, in: Vierteljahreshefte für Zeitgeschichte, Nr. 14 (1966), S. 40–58.
Minott, Rodney G.: Top Secret. Hitlers Alpenfestung. Tatsachenberichte über einen Mythos, Hamburg 1967 (Rowohlts Taschenbuch 955).
Mohr, A. H.: Vestingbouwkundige Termen, hrsg. v. d. Stichting Menno van Coehoorn (viersprachig), Zutphen/s'-Gravenhage 1983.
Möller, Hans-H. (Hrsg.): Was ist ein Kulturdenkmal? Denkmalpflege in Niedersachsen, 2. Aufl., Hameln 1984.
von Moos, Stanislaus: Turm und Bollwerk. Beiträge zu einer politischen Ikonographie der italienischen Renaissancearchitektur, Zürich/Freiburg i. Br. 1974.
Ders.: Die Kastelltyp-Variationen des Filarete, Zürich 1971.
Mörz, Kurt: Die Gürtelforts des österreichisch-ungarischen Befestigungsbaues 1820–1914, in: Festung, Garnison, Bevölkerung. Deutsche Gesellschaft für Festungsforschung, Bd. 2, Wesel 1982, S. 101–117.
Ders.: Der Österreichisch-Ungarische Befestigungsbau 1866–1914, Dissertation Wien 1980 (ungedruckt).
Ders.: Befestigungen, in: Österreichische Militärische Zeitschrift, Nr. 2 (1981), S. 121–128.
Müller, Hans: Historische Festungsbauten (in der DDR), Reichenbach o. J.
Ders.: Ingenieure der Kriegskunst, in: Visier (DDR), Teil 1: Nr. 7 (1985), S. 28–30, Teil 2: Nr. 8 (1985), S. 26–28.
Müller, Heinz: Vom Ringwall zur Festung, Aus der Geschichte der Feudalburg, Leipzig/Jena/Berlin 1986.
Müller-Wiener, Wolfgang: Die Anfänge des Festungsbaues. Zur Entwicklung der Bastionärbefestigung während des 15. und 16. Jahrhunderts im östlichen Mittelmeergebiet, in: Burgen und Schlösser, Nr. 2 (1960), S. 1–6.
Ders.: Festung, in: Reallexikon zur deutschen Kunstgeschichte, Bd. VIII, Lieferung 87, München 1982, Spalten 304–348.

Münter, Georg: Idealstädte. Ihre Geschichte vom 15.–17. Jahrhundert, Berlin (Ost) 1957.
Musall, Hans und Scheurbrandt, Arnold: Siedlungszerstörungen und Festungswerke im späten 17. und frühen 18. Jahrhundert (1674–1714), in: Historischer Atlas von Baden-Württemberg, hrsg. Kommission für geschichtliche Landeskunde in Baden-Württemberg, Karte VI, 12 (1979), S. 1–21.
Museum für historische Wehrtechnik e. V.: Festungsvermittlung zu 100 Leitungen, in: derselbe: Mitteilungen, Nr. 3 (1984), S. 9–12.

Neidiger, Emil: Drei Festungen in Oberfranken (Veste Coburg, Plassenburg, Rosenberg), in: Fränkischer Heimatkalender, Coburg 1966 (Sonderdruck S. 1–13).
Neumann, Hartwig: Festungsbaukunst und Festungsbautechnik. Deutsche Wehrbauarchitektur im 15. bis 20. Jahrhundert, Koblenz 1987.
Ders.: Zeugnisse der Feindschaft. Festungsbauten der Neuzeit im Dreiländerland (Jülich, Aachen, Maastricht, Lüttich), in: Jutta vom Brahm und Norbert Wortmann: Dreiländerland Aachen-Lüttich-Maastricht, Aachen 1986, S. 108–117.
Ders.: Ingenieurmäßiges Zeichnen und Konstruktionsübungen, in: Architekt & Ingenieur. Baumeister in Krieg & Frieden. Ausstellungskatalog der Herzog August Bibliothek, Wolfenbüttel 1984, S. 112–117.
Ders.: Festungsbaukunst und Festungsbautechnik in Deutschland (16.–20. Jahrhundert). Eine Einführung, in: Eine Zukunft für unsere Vergangenheit. Deutsche Gesellschaft für Festungsforschung, Bd. 1, Wesel 1981, S. 33–63.
Ders.: Bemerkungen zur Notwendigkeit der Festungsforschung und Festungsnutzung in der Bundesrepublik Deutschland, in: Burgen und Schlösser Nr. 1 (1978) S. 63–70.
Ders.: Rochus Guerini Graf von Linar (1525–1596). Zivil- und Militäringenieur, Architekt und Offizier. Bemerkungen zum Forschungsstand, in: Historische Grundrisse, Pläne und Ansichten von Spandau, hrsg. v. Bürgerbeirat Zitadelle Spandau, Nr. 3 (1981), S. 104–113.
Ders.: Festungspläne in der Staatsbibliothek Bamberg. Hinweise für niederländische und belgische Festungsforscher, in: Jaarboek Stichting Menno van Coehoorn 1979/80, S. 77–80.
Ders.: Niederländische und belgische Festungspläne des sächsischen Ingenieuroffiziers J. G. M. von Fürstenhoff, 1. Hälfte 18. Jh., in: Jaarboek Stichting Menno van Coehoorn 1978, S. 29–33.
Ders.: Denkschrift über die Niederländische Landesbefestigung 1941, in: Jaarboek Stichting Menno van Coehoorn 1977, S. 31–37.
Ders.: Festungen des 16. und frühen 17. Jahrhunderts. Eine wenig beachtete Sammlung von Fortifikationszeichnungen in der Herzog August Bibliothek Wolfenbüttel, in: Burgen und Schlösser, Nr. 1 (1975), S. 10–20.
Ders.: Festungsgräben – Refugien für Flora, Fauna und Naherholungsgebiet oder Mülldeponien, Parkplätze und billiges Bauland?, in Vorbereitung.
Niedersächsisches Landesverwaltungsamt – Institut für Denkmalpflege (Hrsg.): Was ist ein Kulturdenkmal? Hannover 1982 (Befestigungen, Wehrbauten, militärische Anlagen: S. 16–19, 52–55).
N. N.: 38 cm Sprenggranate L/5,4 (1. Weltkrieg, Küstenbefestigung), in: Mitteilungsblatt Museum für Historische Wehrtechnik e. V., Nürnberg 1985, Nr. 5, S. 11–16, Nr. 6, S. 22–23.

N. N.: Atomwaffen im Kampf um Festungen, in: Allgemeine Schweizerische Militärzeitschrift, Nr. 7 (1964), S. 433–437.

Nohn, Ernst August: Waffen im Festungskampf, in: Wehrkunde, Nr. 4 (1960), S. 185–196.

Ders.: Festung und Schanze. Über den Verteidigungswert ständiger und feldmässiger Befestigungen, in: Wehrwissenschaftl. Rundschau, Nr. 8 (1957), S. 435–446.

Nowald, Inken: Stadt und Utopie – Beispiele aus der Vergangenheit, in: Stadt und Utopie. Modelle idealer Gemeinschaften, hrsg. v. Neuen Berliner Kunstverein, Berlin 1982, S. 15–48.

Obermann, Emil: Gesellschaft und Verteidigung. Ein Handbuch, Stuttgart 1971.

Ortenburg, Georg: Waffe und Waffengebrauch im Zeitalter der Landsknechte, Koblenz 1984 (= Heerwesen der Neuzeit, Bd. I 1).

Ders.: Waffe und Waffengebrauch im Zeitalter der Kabinettskriege, Koblenz 1985 (= Heerwesen der Neuzeit, Bd. II 1).

Ders.: Waffe und Waffengebrauch im Zeitalter der Revolutionskriege, Koblenz 1987 (= Heerwesen der Neuzeit, Bd. III 1).

Ders.: Waffe und Waffengebrauch im Zeitalter der Einigungskriege, in Vorbereitung (= Heerwesen der Neuzeit, Bd. IV 1).

Ders.: Waffe und Waffengebrauch im Zeitalter der Millionenheere, in Vorbereitung (= Heerwesen der Neuzeit, Bd. V 1).

Papke, Eva und Wetzig, Sonja: Bibliophile Werke zur Geschichte der Fortifikation vom Ende des 16. bis zum Anfang des 18. Jahrhunderts in den Beständen des Armeemuseums der DDR, in: Militärgeschichte, Nr. 1, Berlin (Ost) 1980, S. 97–102.

Pestalozzi, Anton: Auf den Spuren von General Johann Rudolf Werdmüller in der Ägäis 1664–1667, Zürich 1973.

Petersohn, Jürgen: Eine Bamberger Sammlung von Festungsplänen aus dem Spanischen Erbfolgekrieg, in: Berichte d. Hist. Vereins f. d. Pflege d. Gesch. d. ehem. Fürstbistums zu Bamberg, Bd. 97 (1959/60), S. 219–223.

Petry, Manfred: Die niederrheinische Stadt als Festung im Mittelalter, in: Rheinische Vierteljahresblätter, Bd. 45 (1981), S. 44–77.

Petter, Dietrich: Pioniere. Entwicklung einer deutschen Waffengattung, Darmstadt 1963.

Pflüger, Hellmut: Festungsarchitektur der Barockzeit in Baden-Württemberg, in: Barock in Baden-Württemberg. Vom Ende des Dreißigjährigen Krieges bis zur Französischen Revolution. Ausstellungskatalog des Bad. Landesmuseums Karlsruhe in Schloß Bruchsal, Karlsruhe 1981, Bd. 2, S. 131–143.

Piltz, Georg: Burgen und Festungen (in der DDR), 2. Aufl., Leipzig 1981.

Druckerei und Verlag Anton Plenk KG (Hrsg.): Der Obersalzberg im 3. Reich, Berchtesgaden 1985.

Ders.: Obersalzberg. Bilddokumentation, dreisprachig (deutsch, engl., frz.), Berchtesgaden 1985.

Preute, Michael: Vom Bunker der Bundesregierung, Köln 1984.

von Rabenau, Wittigo: Friderizianisches Festungswesen im preußischen Heerwesen seiner Zeit, in: Deutsche Gesellschaft für Festungsforschung, Bd. 5 (1985), S. 204–220.

Rapold, Hans: Strategische Probleme der schweizerischen Landesverteidigung im 19. Jahrhundert, Dissertation, Zürich 1951.

Rasch, Manfred: Zur Vorgeschichte der Johanniter-Festungen auf Malta, in: Zeitschrift für Festungsforschung, Nr. 1 (1982), S. 21–31.

Rauchensteiner, Manfred: Vom Limes zum »Ostwall«, Militärhistorische Schriftenreihe hrg. v. Heeresgeschichtl. Museum Wien, Heft 21, 2. Aufl., Wien 1978.

Rauda, Frank: Maximilian von Welsch. Leben und künstlerisches Schaffen des Architekten und Ingenieuroffiziers im Spiegelbild der deutschen Barockarchitektur, in: a) Mitteilungen der »Maximilian von Welsch«-Gesellschaft, Nr. 2 (1984), S. 6–9; b) Zeitschrift für Festungsforschung 1986, S. 51–53; c) Allgemeine Bauzeitung, Hannover, 21. 12. 1984.

Rebold, Julius: Baugeschichte der Eidgenössischen Befestigungswerke 1831–1860 und 1885–1921, 1922 verfaßt und 1926 überarbeitet im Auftrage des Eidgenössischen Militärdepartements, Lavey-Village 1982.

von Reitzenstein, Alexander: Die alte bairische Stadt in den Modellen des Drechslermeisters Jakob Sandter, 2. Aufl., München 1972.

Ders.: ETLICHE VNDERRICHT/ZU BEFESTIGUNG DER STETT/SCHLOSZ/VND FLECKEN. Albrecht Dürers Befestigungslehre, in: Albrecht Dürers Umwelt, Nürnberg 1971, S. 178–192 (Nürnberger Forschungen, Nr. 15).

Renner, Michael: Johann Roppelt, fürstlich-bambergischer Artillerie- und Ingenieurleutnant (1709–1750), in: Mainfränkisches Jahrbuch, Bd. 13 (1961), S. 147–157.

Reuther, Helmut: Die deutschen Festungen 1919–1934, in: Zeitschrift für Heereskunde, Nr. 323 (1986), S. 19–24, Nr. 324, S. 55.

Rhode, Pierre: Zum Thema »Koch-Bunker«, in: Dokufest, Nr. 2 (1984/85), S. 1–2, 4–5.

Riedel, Karl Veit: Festungsbauten im Oldenburger Land, in: Anton Günther Graf von Oldenburg 1583–1667. Aspekte zur Landespolitik und Kunst seiner Zeit, Ausstellungskatalog Landesmuseum Oldenburg 1983, S. 42–45.

Rigassi, C.: Festungskampf, in: Allgemeine Schweizerische Militärzeitschrift, Nr. 8 (1960), S. 638–649, Nr. 9, S. 781–796.

Römer, Christof: 500 Jahre Krieg und Frieden. Braunschweigische Militärgeschichte vom Fehdezeitalter bis zum Ende des Absolutismus, Ausstellungskatalog Nr. 33 des Braunschweigischen Landesmuseums, 1982.

Roos, Gerhard: Die Problematik ständiger Befestigungen im Lichte der Erfahrungen des Zweiten Weltkriegs, in: Wehrwissenschaftliche Rundschau, Nr. 10 (1953), S. 485.

Roth, Erwin: Das Fortifikationsbuch (von Tobias Mayer), in: Ausstellungskatalog des Stadtarchivs Esslingen, Tobias-Mayer-Museum-Verein Marbach a. N., Landesvermessungsamt Baden-Württemberg: Tobias Mayer 1723–1762, Vermesser des Meeres, der Erde und des Himmels. Esslingen in alten und neuen Karten, Esslingen 1985, S. 53–55, 121–124.

Ruckdeschel, Wilhelm: Frühe Maschinen auf Burgen und Schlössern, in: Burgen und Schlösser, Teil 1, Nr. 1 (1983), S. 48–54, Teil 2, Nr. 2 (1983), S. 93–104.

Rytschkow, Pjotr: Orenburgische Topographie oder ausführliche Beschreibung des Gouvernements Orenburg aus dem Jahre 1762, Leipzig/Weimar 1983.

Sauer, K. Th.: Grundriß der Waffenlehre, Berlin 1869, Teildruck des Kapitels: Die Lafetten, Bettungen und Rahmen, Fahr- und Hebzeuge der Belagerungs- und Festungs-Artillerie, in: Chronica, Folge 41, Nürnberg o. J.

Seidler, Franz: Die Organisation Todt im Zweiten Weltkrieg, in: Damals, Nr. 8 (1980), S. 647–660, 759–770.

Ders.: Die Organisation Todt. Bauen für Staat und Wehrmacht 1938–1945, Koblenz 1987.

Siegenthaler, Rolf: Zukunft der Festungen (in der Schweiz), in: Schweizer Soldat, Nr. 2 (1987), S. 6–9.

Slass, Adam: Pionierbibliographie, hrsg. v. d. Pionierschule München, Fachbibliothek, 1966 (hektrographiert).

Soenke, Jürgen: Johan van Rijswijck und Johan van Valckenburgh. Die Befestigung deutscher Städte und Residenzen durch holländische Ingenieuroffiziere 1600–1625, in: Mitteilungen des Mindener Geschichtsvereins, Jg. 46 (1974), S. 9–39 (Separatdruck).

Ders. und Kreft, Herbert: Die Weserrenaissance, 5. Aufl., Hameln 1980.

Spiegel, Hans: Schutzbauten und Wehrbauten. Einführung in die Baugeschichte der Herrensitze, der Burgen, der Schutzbauten und der Wehrbauten. Grundlagen einer Typologie, 2. Aufl. Nürnberg 1970.

Sporhan-Krempel, Lore: Wolf Jacob Stromer 1561–1614 Ratsbaumeister zu Nürnberg. Amt-Leben-Werk. Ein Beitrag zur Baugeschichte der Renaissance, in: Nürnberger Mitteilungen, Bd. 51 (1962), S. 273–310 + 10 Tafeln.

Stahlmann, Jürgen: Kampfanlagen der frz. Landesbefestigung, in: IBA Informationen, Nr. 10 (1987), S. 28–31.

Stankiewicz, Jerzy: Vorstufen und Etappen der Entwicklung des Festungs- und Stadtbildes. Die Perioden der permanenten Befestigung, in: Eine Zukunft für unsere Vergangenheit. Deutsche Gesellschaft für Festungsforschung, Bd. 1, Wesel 1981, S. 139–160.

Steckner, Carl Helmut: Vor 450 Jahren wurde Daniel Specklin geboren. Der Straßburger Baumeister setzt europäische Maßstäbe, in: Almanach 1986. Dernieres Nouvelles d'Alsace, deutsche Ausgabe, S. 93–104.

Stein, Günter: Festungen und befestigte Linien des 17. und 18. Jahrhunderts am Oberrhein, in: Barock am Oberrhein. Ausstellungskatalog, Karlsruhe 1985, S. 55–106.

Ders.: Festungen und befestigte Linien in der Pfalz und im nördlichen Baden, in: Pfälzer Heimat, Nr. 3 (1968) S. 91–96, Nr. 4 (1968) S. 127–133, Nr. 1 (1969) S. 8–13.

Ders.: Befestigungen des Mittelalters, Schlösser und Befestigungen der Neuzeit, in: Pfalzatlas, Textheft 9, hrsg. von Willi Alter, Speyer 1966, S. 313–356.

Stephan, Werner: Ausgewählte Quellen zum neuzeitlichen Festungsbau. Quellen in Bibliotheken, Quellenlage, Quellennutzung, in: Eine Zukunft für unsere Vergangenheit. Deutsche Gesellschaft für Festungsforschung, Bd. 1, Wesel 1981, S. 98–114.

Stiotta, Max: Befestigung. Geschichtliche Entwicklung, strategische, operative und taktische Probleme, technische Gestaltung, Sonderheft der Österr. Militärischen Zeitschrift, Wien 1967.

Stolberg, Friedrich: Befestigungsanlagen im und am Harz. Von der Frühgeschichte bis zur Neuzeit, Hildesheim 1968.

Stoob, Heinz (Hrsg.): Forschungen zum Städtewesen in Europa, Bd. 1, Köln/Wien 1970.

Stopfel, Wolfgang E.: Triumphbogen in der Architektur des Barock in Frankreich und Deutschland (darin auch Festungsportale), Dissertation, Freiburg i. Br. 1964.

von Stromer, Wolfgang: Ein Lehrwerk der Urbanistik der Spätrenaissance. Die Baumeisterbücher des Wolf-Jacob Stromer 1561–1614 Ratsbaumeister zu Nürnberg, in: Buck, August und Guthmüller, Bodo (Hrsg.): Die italienische Stadt der Renaissance im Spannungsfeld von Utopie und Wirklichkeit, Centro Tedesco di Studi Veneziani, Venezia 1984, S. 71–115.

Sünkel, Werner: Die 5 cm Schnellfeuer-Kanone von Gruson und ihre Munition (im deutschen Festungsbau nach 1885), in: Museum für historische Wehrtechnik e. V., Nürnberg, Heft 1 (1983).

Ders.: Die 5 cm Schnellfeuer-Kanone von Gruson und ihre Munition, in: Dokufest, Nr. 1 (1983), S. 1, 3–5, Nr. 2 (1983), S. 10–13, Nr. 1 (1984), S. 15–18.

Ders.: Die Franco-Linie, in: Dokufest, Nr. 1 (1981), S. 21–23, Nr. 2 (1982), S. 16–18.

Schahl, Adolf: Heinrich Schickhardt-Architekt und Ingenieur, in: Zeitschrift für Württembergische Landesgeschichte, 18. Jg., Stuttgart 1959, S. 15–26.

Schalich, Günter: Aus der Anfangszeit der Panzerkonstruktion, in: IBA Informationen, Teil 1, Heft 3 (1984), S. 3–22; Teil 2, Heft 5 (1985), S. 9–24; Teil 3, Heft 6 (1985), S. 34–48.

Schamfuß, A.: Die Festungsfernsprecher 35 und 38, in: Dokufest, Nr. 2 (1980), S. 6–8.

Schaumann, Walther: Schauplätze des Gebirgskrieges, Cortina d'Ampezzo, Bd. 1: Führer zu den Schauplätzen des Dolomitenkrieges, 2. Aufl., 1973, Bd. 2: Pellegrinopass-Pasubio, 1973, Bd. 3 a: Westl. Karnische Alpen v. Sexten bis zum Plöckenpaß, 1978, Bd. 3b: Östl. Karnische Alpen Kanaltal – Westl. Julische Alpen, 1978.

Scherrer, Paul: Die Mathematisch-Militärische Gesellschaft in Zürich und ihre Bibliothek, Teil II: Auswahl wertvoller Drucke des 16. und 17. Jahrhunderts aus der Bibliothek, Neujahrsblatt CXXXXVI der Feuerwerker-Gesellschaft, Zürich 1955.

Schmidt, Harry: Kunst- und kulturgeschichtliche Zeichnungen des Generalmajors Zararias Wolf, die für die Herzogtümer Schleswig und Holstein von Bedeutung sind, samt seinen Erläuterungen, in: Nordelbingien, Nr. 23 (1955), S. 97–114.

Ders.: Neues über den Baumeister Rudolf Matthias Dallin, in: Beiträge zur Schleswiger Stadtgeschichte, Nr. 2 (1957), S. 24–33.

Schmidtchen, Volker: Festungsforschung heute. Bestandsaufnahme und Perspektiven, in: Festungsforschung heute. Deutsche Gesellschaft für Festungsforschung, Bd. 4, Wesel 1985, S. 145–155.

Ders.: Das Kriegsbuch des Herzogs Philipp von Cleve. Eine Lehrschrift zur Theorie und Praxis des Kriegswesens im Übergang vom Mittelalter zur Neuzeit unter Einschluß des Krieges um Festungen und seiner Methoden, in: Festung, Garnison, Bevölkerung, Deutsche Gesellschaft für Festungsforschung, Bd. 2, Wesel 1982, S. 8–30.

Ders.: Von den Mauern Jerichos zur neuzeitlichen Festung. Befestigung als technische, ökonomische und soziale Reaktion auf militärische Bedrohung im Verlauf der Geschichte, in: Eine Zukunft für unsere Vergangenheit. Deutsche Gesellschaft für Festungsforschung, Bd. 1, Wesel 1981, S. 8–32.

Ders.: Waffentechnik und Festungsbau. Rolle und Bedeutung der Artillerie in Angriff und Verteidigung fester Plätze, in: Zeitschrift für Festungsforschung, Heft 1 (1982), S. 12–20.

Ders.: Das Befestigungswesen im Übergang vom Mittelalter zur Neuzeit, in: Burgen und Schlösser, Heft 1 (1979), S. 49–52.

Ders.: Bombarden, Befestigungen, Büchsenmeister. Von den ersten Mauerbrechern des Spätmittelalters zur Belagerungsartillerie der Renaissance. Eine Studie zur Entwicklung der Militärtechnik, Düsseldorf 1977.

Schneider, Ivo: Die mathematischen Praktiker im See-, Vermessungs- und Wehrwesen vom 15. bis zum 19. Jahrhundert, in: Technikgeschichte, Bd. 37 (1970), Nr. 3, S. 210–242.

Schnitter, Helmut: Daniel Specklin – Festungsbaumeister und Patriot, in: Militärgeschichte, Nr. 5 (1978), Berlin (Ost), S. 573–581.

Ders.: Zu einigen Aspekten der Kriegstechnik und der Kriegskunst in der Renaissance, in: Zeitschrift für Militärgeschichte, Heft 4 (1975), Berlin (Ost), S. 401–410.

Ders.: Soldatenbild und Kriegstechnik im Schaffen Albrecht Dürers, in: Zeitschrift für Militärgeschichte, Heft 4 (1971), Berlin (Ost), S. 445–453.

Schott, Rudolf: Modelle von Systemen und Manieren der Befestigungskunst im Wehrgeschichtlichen Museum in Rastatt, in: Deutsche Gesellschaft für Festungsforschung, Bd. 6, 1986, S. 221–225.

Ders.: Die Sammlungen des Wehrgeschichtlichen Museums im Schloß Rastatt, Bd. 4: Festungswesen, Teil I: Festungsmodelle nach Alexander von Zastrow, Freiburg im Breisgau 1984.

Ders.: Die Sammlungen des Wehrgeschichtlichen Museums im Schloß Rastatt, Bd. 4: Festungswesen, Teil II: Pläne von Festungen und befestigten Städten, Freiburg im Breisgau 1985.

Ders.: Alexander F. A. H. von Zastrow. 16 Modelle von Festungssystemen und -manieren 1827–1838 im Wehrgeschichtlichen Museum Rastatt. Einführung und Erläuerung, Rastatt/Wesel 1981.

Ders.: Die Modelle von Befestigungsanlagen im Wehrgeschichtlichen Museum Rastatt. Ein Nachtrag zum gleichlautenden Aufsatz in Heft 7, 4. Jg., 1980, S. 14 ff., in: Bote aus dem Wehrgeschichtlichen Museum Rastatt, Heft 10 (1982), S. 13.

Ders.: Die Modelle von Befestigungsanlagen im Wehrgeschichtlichen Museum Rastatt, in: Der Bote aus dem Wehrgeschichtlichen Museum Rastatt, Nr. 7 (1980), S. 14–20.

Schuhmann, Günther (u. a.): Gustav Adolf, Wallenstein und der Dreißigjährige Krieg in Franken. Ausstellungskatalog des Staatsarchivs Nürnberg zum Gedenkjahr (1632–1982), Neustadt an der Aisch 1982.

Schulz-Trieglaff, Jörg: Festungsbau und Festungskampf, in: Truppenpraxis, Nr. 8 (1973), S. 569–572.

Schütte, Ulrich: Bibliographische Berichte. Die deutschen Architekturtraktate des 18. Jahrhunderts, in: Das achtzehnte Jahrhundert. Mitteilungen der deutschen Gesellschaft für die Erforschung des achtzehnten Jahrhunderts, Heft 5 (1981), S. 52–65.

Schwalm, Hansjörg: Militärbauten. Von den Anfängen bis zur Infrastruktur der Bundeswehr, Heidelberg/Hamburg 1982.

Uhlhorn, Friedrich: Reinhard Graf zu Solms Herr zu Münzenberg, Marburg 1952.

Thies, Gunther: Territorialstaat und Landesverteidigung. Das Landesdefensionswerk in Hessen-Kassel unter Landgraf Moritz (1592–1627), Darmstadt/Marburg 1973.

Toussaert, Jacques: Vauban. »Ein Soldat, der nur seinen Degen kennt, ist zu nichts Großem fähig«, Saarlouis 1980.

Tretter, J.: Die gepanzerte (Kompanie-)Kampfgruppe als Gegenstoßreserve bei der Verteidigung einer befestigten Stellung (Bunkerlinie), in: Allgemeine Schweizerische Militärzeitschrift, Nr. 2 (1964), S. 77–80.

Treu, Hermann A.: Die Stichting Menno van Coehoorn, Niederlande, in: Eine Zukunft für unsere Vergangenheit. Deutsche Gesellschaft für Festungsforschung, Bd. 1, Wesel 1981, S. 78–97.

Villena, Leonardo: Der spanische Festungsbau im 16.–18. Jahrhundert als Fortsetzung des mittelalterlichen Wehrbaus, in: Burgen und Schlösser Nr. 2 (1973), S. 105–108.

Vital, Franz: Neuzeitliche Befestigungstechnik, in: Wehrwissenschaftliche Rundschau, Nr. 2 (1954), S. 91 f.

Voigtlaender-Tetzner, Gerhard: Die Geschütz-Panzertürme der deutschen Panzerfortifikation bis zum 1. Weltkrieg, in: Festung, Ruine, Baudenkmal. Deutsche Gesellschaft für Festungsforschung, Bd. 3, Wesel 1984, S. 95–114.

Vollmar, Bernd: Die deutsche Palladio-Ausgabe des Georg Andreas Böckler Nürnberg 1698. Ein Beitrag zur Architekturtheorie des 17. Jahrhunderts, Dissertation Erlangen-Nürnberg, Ansbach 1983.

Wagner, Eduard: Tracht, Wehr und Waffen im Dreißigjährigen Krieg, Prag/Hanau 1980 (Artillerie,f S. 1298169; Fortifikationen, S. 189–221; Feldbefestigungen, S. 222–230).

Walter, Jörg: Personengeschichtliche Quellen in den Militaria-Beständen des Niedersächsischen Hauptstaatsarchivs Hannover, Göttingen 1979.

Wasser, Bruno: Der Germanenwall – der Drang nach Osten, in: ARCH+. Zeitschrift für Architekten, Stadtplaner, Sozialarbeiter und kommunalpolitische Gruppen, Nr. 71 (1983), S. 58–62.

Wegener, Wolfgang: Befestigung und Stadt als Bodendenkmal. Ein Beitrag zum Stand der Erfassung, zur Typisierung und zum Erhaltungszustand von Dorf- und Stadtbefestigung im Rheinland, in: Dörfer und Städte. Ausgrabungen im Rheinland '85/86, Ausstellungskatalog, hrsg. v. Rhein. Amt f. Bodendenkmalpflege / Rhein. Landesmuseum, Köln/Bonn 1987, S. 65–76.

Weihsmann, Helmut: Utopische Architektur von Morus bis Haus-rucker & Co, Wien 1982.

Weiler, Hanno: Groningen-Münster-Köln. Die Medaillen und Gedenkmünzen auf den Französisch-Kölnisch-Münsterschen Feldzug gegen die Niederlande 1672/73. Nebst geschichtlichen Erläuterungen, Bergisch Gladbach 1972.

Weisz, Heinz L.: Aspekte des Festungskampfes, in: Allgemeine Schweizerische Militärzeitschrift, Jg. 128 (1962), Nr. 6, S. 306–311; Nr. 7, S. 367–370.

Ders.: Aspekte des Festungskampfes (Mannerheimlinie, Maginotlinie), in: Allgemeine Schweizerische Militärzeitschrift, Jg. 130 (1964), Nr. 6, S. 306–311, 367–370.

Werner, Johannes: Von Freudenstadt über Christianopolis nach Kopenhagen. Stadtplanung im 17. Jahrhundert, in: Zeitschrift für Kunstgeschichte, Bd. 39 (1976), Heft 4, S. 312 f.

Werner, Kurt: Die Anfänge der schweizerischen Landesbefestigung 1815–1860, Dissertation Zürich 1945, Teildruck 1946.

Wichmann, Siegfried: Carl Spitzweg 1808–1885. Vorposten des bewaffneten Friedens. Ein Beitrag zur Motivforschung, München 1982.

Wirth, Friedrich: Der Kampfstoffeinsatz gegen Befestigungsanlagen, Regensburg 1948.

Wischermann, Heinfried: Castrametatio und Städtebau im 16. Jahrhundert: Sebastian Serlio, in: Bonner Jahrbücher des Rheinischen Landesmuseums Bonn, Bd. 175 (1975), S. 171–186.

Wolf, Anita (Redaktion): Burgen und Schlösser in Deutschland, Ostfildern 1982 (darin u. a. Gottorf, Celle, Bentheim, Spandau, Detmold, Rheydt, Hohenzollern, Coburg, Rosenberg, Plassenburg, Marienberg).

Wolff-Metternich, Franz Graf: Alexander Pasqualini, ein Baumeister aus Bologna und die Anfänge der Renaissance am Niederrhein, in: Historisches Jahrbuch der Görresgesellschaft, Bd. 7, München/Freiburg i. B. 1953, S. 332–348.

Wörner, Friedrich J.: Burgen, Schlösser und Bauwerke der Hohenzollern in 900 Jahren. Geschichte und Baukultur einer Dynastie, Moers 1981.

Wüthrich, Lucas Heinrich: Register zu Merians »Topographia Germaniae«. Verzeichnis der abgebildeten Orte, der Ausgaben und der Künstler, Kassel/Basel 1967.

Zimmermann, Jürg: Die Befestigung nordschweizerischer Städte im 16. und 17. Jahrhundert, in: Zeitschrift für Stadtgeschichte, Stadtsoziologie und Denkmalpflege, Heft 2 (1975), S. 173–189.

Zopf, Hans: Führer zu Militaria- und Waffensammlungen. Bundesrepublik Deutschland, DDR, Republik Österreich, Schwäbisch Hall 1977.

Zweckbronner, Gerhard: Rechenmeister, Ingenieur und Bürger zu Ulm – Johann Faulhaber (1580–1635) in seiner Zeit, in: Technikgeschichte, Bd. 47, Nr. 2 (1980), S. 114–132.

1.1 Faksimileausgaben/Reprints/Neudrucke (verfasseralphabetisch)

Die Abwehrkraft unserer Befestigungen, Nachdruck aus: Die Wehrmacht, hrsg. v. OKW, 3. Jg. (1939), Nr. 11, in: Dokufest, Nr. 1 (1979), S. 1–2, Nr. 1 (1980), S. 1–3.

Anonym: TURPIN und LE FEBVRE Zum Taschenbuche. Worinnen die Zeichnungen und Anweisungen der Bewegungen eines Heeres oder Corps, in den meisten Fällen, imgleichen die Arbeiten bey Belagerungen und Vertheidigungen eines vesten Platzes deutlich und verständlich anzutreffen sind. Berlin/Leipzig o. J. (1762 oder 1772), Nachdruck Bad Honnef 1984.

Besson, Jacques: Theatrum Instrumentorum et Machinarum, Neudruck der Ausgabe Lyon 1582, Frankfurt am Main 1982.

Bonin, Udo von: Geschichte des Ingenieurkorps und der Pioniere in Preußen, 2 Bde., Berlin 1977/78, Neudruck Wiesbaden 1981.

Braun, Georg und Hogenberg, Frans: Beschreibung und Contrafactur der vornehmbsten Stät der Welt 1574–1618, 6 Bde., kommentiert von Max Schefold, Kassel 1965.

Dies: Civitates Orbis Terrarum. Liber 1–6, Köln 1572–1617, Faksimileausgaben, hrsg. v. R. A. Skelton und A. O. Vietor, Kassel/Basel 1965.

Delbrück, Hans: Geschichte der Kriegskunst, 4 Bde., Neudruck der Ausgabe 1920 Berlin 1962–66.

Dilich, Johann Wilhelm: PERIBOLOGIA oder Bericht WILHELMI Dilichy Hist: Von Vestungs gebewen Vieler orter vermehrett wie auch mit gebürenden grundt vnd auffrissen versehen…, Franckfurt am Mayn A. S. MDCXXXX, Nachdruck Unterschneidheim 1971.

Ders.: Krieges=Schule/…Franckfurt am Mayn…Anno 1685, 2 Bde., I: Kriegsbuch…darin die Alte und Newe Militia aller oerter vermehret, II: Von dem Congressu Praeli, Schlachten und Belagerunge… Faksimilenachdruck, 2 Bde., Magstadt 1967.

Dolleczek, Anton: Geschichte der Österreichischen Artillerie von den frühesten Zeiten bis zur Gegenwart, Wien 1887, Reprint Graz 1973.

Dürer, Albrecht: Etliche vnderricht/zu befestigung der Stett/Schlosz/vnd flecken, Reprint der Ausgabe Nürnberg 1527, 2. Aufl., Unterschneidheim 1985.

Ders.: Etliche Underricht zu Befestigung der Stett Schloss und Flecken, Faksimile-Ausgabe des 2. Druckes von 1527 mit einer Einführung von Martin Biddle, Richmond (USA) 1972.

Ders.: Etliche vnderricht/zu befestigung der Stett/Schlosz/vnd flekken, Nuerenberg Anno. M.CCCCC.XXVII. Faksimile, Übertragung in modernes Deutsch und Kommentar von Alvin E. Jaeggli, Zürich 1971.

Fäsch, Johann Rudolph: Kriegs- INGENIEVR- und ARTILLERIE-LEXICON. Die einem Ingenieur/Officir und Artilleristen/bey eines jedweden Profeßion vorkommende Woerter/ihrem eigentlichen Verstande nach/In Alphabetischer Ordnung/deutlich und mit hierzu noethigen Kupfern/erklaeret werden…, 2. Aufl., Nürnberg 1726, Nachdruck (Starnberg-Neufahrn) 1984.

Flavius Vegetius Renatus: Epitoma rei militaris, rec. Carolus Lang, 2. Aufl., Leipzig 1885, Nachdruck Stuttgart 1967.

Fleming, Hannss Friedrich von: Der Vollkommene Teutsche Soldat, welcher Die gantze Kriegs=Wissenschaft… In Sechs besonderen Theilen…die Besorgung einer Festung und Guarnison bey Friedens=Zeiten und die Beschützung wieder feindliche Gewalt in Kriegs=Zeiten…sowohl defensive als offensive lehret, Leipzig 1726. Nachdruck mit einer Einleitung von W. Hummelberger, Graz/Osnabrück 1967.

Fronsperger, Leonhard: Von Kayserlichem Kriegßrechten Malefiz vnd Schuldhaendlen/Ordnung vnd Regiment/sampt derselbigen vnd andern hoch oder niderigen Befelch/Bestallung/Staht vnd aempter/zu Rossz vn Fuß/an Geschuetz und Munition/in Zug vnd Schlachtordnung/ … in zehen Buecher abgetheilt/dergleichen nie ist gesehen worden…, Franckfurt am Mayn M.D.LXVI., Nachdruck Graz 1970.

Ders.: Von Wagenburgk umb die Feldleger, Frankfurt 1572, Nachdruck Stuttgart 1968.

Furttenbach, Joseph: Architectura martialis / Architectura navalis / Architectura universalis, 3 Teile in 1 Bd., Ulm/Augsburg 1625–35, Reprint Hildesheim 1975.

Als Einzelband erschien: Furttenbach, Joseph: Architectura Martialis: Das ist/Außfuehrliches Bedencken/vber das/zu dem Geschütz vnd Waffen gehoerige Gebaew: … Vlm 1630, Reprint Hildesheim 1975, mit Vorbemerkungen von H. Foramitti).

Gottfried, Johann Ludwig: Historische Chronick oder Beschreibung der merckwürdigsten Geschichten, 2 Bde., Nachdruck München 1979.

Hassenstein, Wilhelm: Das Feuerwerkbuch von 1420. 600 Jahre deutsche Pulverwaffen und Büchsenmeisterei. Neudruck der Ausgabe München 1941 enthaltend den Erstdruck aus dem Jahre 1529 mit Übertragung ins Hochdeutsche und Erläuterungen, Osnabrück 1987 (angekündigt).

Hogenberg, Frans und Hogenberg, Abraham: Geschichtsblätter. Faksimiledrucke aller seit etwa 1567 erschienenen Flugblätter, herausgegeben und eingeleitet von Fritz Hellwig, Nördlingen 1983.

Hoyer, Johann Gottfried von: Allgemeines Wörterbuch der Artillerie, Bd. 1–4, Tübingen 1804–1812 (Nachdruck in Vorbereitung).

Erst Oberstleutnant, dann Oberforst- und Wildmeister in Diensten Augusts II. von Sachsen-Polen wurde Hans Friedrich von Flem(m)ing (1670–1733) Militär- und Jagdschriftsteller ersten Ranges. Dieses 882 Seiten zählende und mit 63 Kupfertafeln illustrierte Werk ist auch und gerade heute ein Quellenwerk für die Festungsforschung. Ein Reprint erschien Osnabrück/Graz 1967. Hier die Titelseite des Originals der HAB: Ib 2°5.

Christoph Friedrichs von Geißler,
Sr. Königl. Maj. in Pohlen und Churfürstl. Durchl. zu Sachsen/
hochbestalten Obristens und Commendantens bey Dero Feld-Artillerie,

Neue/
Curieuse und vollkommene
ARTILLERIE,
Worinnen
Dasjenige/ so in 40. Jahren bey 25. Belagerungen/ 24. Eroberungen
und 3. Bataillen ausgeübet worden/
In Vier nachfolgenden Wissenschafften/
Als:

Büchsenmeisterey, Ernst-Feuer-Merckerey, Petarden und Miniren,
angewiesen wird.

Nebenst einem kleinen Anhang
von
Lust-Feuer-Mercken,
Wie auch
Schiff-Brücken,
Worüber 2. halbe Canonen / nebst einer Bataillon,
jedoch geschloßen/ zugleich passiren können.

Selbst inventiret und vor dem Feind practiciret, mit deutlichen Figuren gantz kurtz
doch alles aus dem Grunde aufgezeichnet und componiret.

DRESDEN,
Bey Johann Christoph Zimmermann/ Anno 1718.

Christian Friedrich von Geißler schrieb als Königl. Polnischer und Churfürstlich Sächsischer Obrister und Commendant der Feldartillerie dieses Standardwerk über die Artillerie als »eine der edelsten Wissenschaften unter der Sonne, worin man sich mehr durch wurckliche Übung als Beschreibung perfectionirt machet« während seiner schwedischen Gefangenschaft 1705. Erst seine Frau erreichte die Drucklegung posthum. Ein Reprint erschien Hildesheim/New York 1977. Hier die Titelseite des Originals der HAB: Ib 4°54.

Jähns, Max: Geschichte der Kriegswissenschaften, 3 Bände, München 1889–91, Nachdruck Hildesheim/New York 1966.

Ders.: Handbuch einer Geschichte des Kriegswesens von der Urzeit bis zur Renaissance. Neudruck der Ausgabe Leipzig 1878–1880, 2 Bde., Technischer Teil: Bewaffnung, Kampfweise, Befestigung, Belagerung und Seewesen; Atlas, Einleitung von U. von Gersdorff, Osnabrück 1979.

Kirchhof, Hans Wilhelm: Militaris Disciplina. Kritische Ausgabe, Frankfurt a. M. 1602, kommentierter Nachdruck hrsg. v. Bodo Gotzkowsky, Stuttgart 1976.

Kyeser, Conrad aus Eichstätt: Bellifortis, Umschrift und Übersetzung von Götz Quarg, 2 Bde., Düsseldorf 1967 (dazu: Heimpel, Herrmann: Rezension der Bellifortis-Edition, in: Göttingische Gelehrte Anzeigen, Nr. 223 (1971), S. 115–148).

Lavater, Hans Conrad: Kriegs-Buechlein: Das ist / Grundtliche Anleitung Zum Kriegswesen: Namlich Wie ein Vestung mit ihren Inner= und Ausserwercken angerichtet: ... Mit beygefueger Dolmetschung vnd Erklaerung der froembden Kriegischen / diser zeit ueblichen / Namen vnd Woerteren..., Zürich M DC XL IV, Faksimile mit einer Einleitung von Jürg Zimmermann, Graz 1973.

Meisner, Daniel und Kieser, Eberhard: Politisches Schatzkästlein, Neudruck der Ausgabe Frankfurt am Main 1625–1631, Einführung, quellenkritische Nachweise und Register von Klaus Eymann, 2 Bände, Nördlingen o. J.

Merian, Matthäus und Zeiller, Martin: TOPOGRAPHIA GERMANIAE (1642–1688). 30 Bände mit 2142 Ansichten und Vogelperspektiven und 92 Landkarten. Faksimileausgaben der 16 Bände, die das Gebiet des ehemaligen Heiligen Römischen Reiches Deutscher Nation umfassen, Kassel/Basel o. J.
Einzelbände: Bayern, Böhmen-Mähren-Schlesien, Brandenburg-Pommern, Braunschweig-Lüneburg, Burgund-Niederlande, Elsass, Franken, Hessen, Mainz-Trier-Köln, Niedersachsen, Obersachsen, Österreich, Rheinpfalz, Schwaben, Schweiz, Westfalen.

Pohler, Johann: Bibliotheca historico-militaris. Systematische Übersicht der Erscheinungen aller Sprachen auf dem Gebiete der Geschichte der Kriege und Kriegswissenschaft seit Erfindung der Buchdruckerkunst bis zum Schluß des Jahres 1880, 4 Bde., Cassel 1887–89, Nachdruck New York 1961.

Rivius, Gualtherus Hermenius (Walther Hermann Ryff): Der furnehmbsten notwendigsten der gantzen Architectur angehörigen Mathematischen und Mechanischen Künst eygentlicher Bericht und Unterrichtung, Nürnberg 1547, Reprint mit einem Vorwort von Dr. E. Forssman, Hildesheim 1980.

Rumpf, Heinrich Friedrich: Allgemeine Real-Enzyklopädie der gesamten Kriegskunst. Eine Handbibliothek für Offiziere aller Waffen, in alphabetischer Ordnung, 2 Bde., Berlin 1827, Nachdruck Bad Honnef 1984.

Specklin, Daniel: ARCHITECTVRA Von Vestungen. Wie die zu vnsern zeiten moegen erbawen werden/an Staetten Schloessern/vn Clussen/zu Wasser/Land/Berg vn Thal/mit iren Bollwercken/Caualiren/Streichen/Graeben vnd Leuffen ... Sampt den Grund Rissen/Visierungen/vnd Auffzeugen fuer Augen gestellt..., Straßburg Im Jar M.D.LXXXIX./Unterschneidheim 1971 und Portland Oregon 1972 (Printed Sources of Western Art, 5).

Stevin, Simon: The Principal Works of Simon Stevin, hrsg. von Ernst Crone, E. J. Dijksterhuis, E. J. Forbes, M. G. Minnaert, A. Pannekoek, 5 Bde., Amsterdam 1955–1966 (Reprints, Übersetzungen, Kommentare, darunter De Sterctenbowing, Legermeting Castrametatio, Vant belegheren der Steden en Sterckten, Van de Pyckschansen, Niewve Maniere van Sterctebov door Spilsluysen).

Taccola, Mariano: De Rebus Militaribus (De machinis 1449), vollständiges Faksimile der Pariser Handschrift, herausgegeben, übersetzt und kommentiert von Eberhard Knobloch, Baden-Baden 1984.

Valegio, Francesco und Rota, Martin: Raccolta di le piu illustri et famose Citta di tutto il Mondo. Einführung, Beschreibung der Originalzustände, Register und Quellenuntersuchungen von Traudl Seifert, Nördlingen 1978.

Wolff, Christian: Der Anfangs=Gruende Aller Mathematischen Wissenschaften Anderer Theil, Welcher Die Artillerie, Fortification, Mechanick, Hydrostatick, Aerometrie und Hydraulick in sich enthaelt, Und zu mehrerem Aufnehmen der Mathematick so wohl auf hohen, als niedrigen Schulen aufgesetzet worden. Neue, verbesserte und vermehrte Auflage Halle 1757. Reprint in der Reihe: Christian Wolff (1679–1754), Gesammelte Werke, hrsg. u. bearb. v. J. Ecole, J. E. Hofmann, M. Thomann, H. W. Arndt, I. Abt.: Deutsche Schriften, Bd. 15, 2, Hildesheim 1973.

Wolff, Felix: Elsässisches Burgen-Lexikon, Straßburg 1908, Nachdruck Frankfurt a. M. 1979.

von Zastrow, Alexander F. A. H.: Geschichte der beständigen Befestigung oder Handbuch der vorzüglichen Systeme und Manieren der Befestigungskunst, 3. Aufl., Leipzig 1854, Neudruck bearbeitet von Rudolf Schott, Osnabrück 1983.

Zedler, Johann Heinrich: Großes vollständiges Universal-Lexicon aller Wissenschaften und Künste, welche bishero..., Bd. 1–64, Supplementbände 1–4, Halle/Leipzig 1732–1754, Nachdruck Graz 1961–82.

1.2 Atlantikwall (verfasseralphabetisch)

Anthonisen, Bent Bagøe: Festung Hansthlom. Nordeuropas größte Befestigungsanlage des 2. Weltkrieges (deutsch-dänisch), 2. Aufl., Ringkøbing 1985.

Ders.: Der Atlantikwall bei Ringköbig, 5. Aufl, Ringköbing 1985.

Boussel, Patrice: Führer zu den Landungsstränden in der Normandie, Paris 1974.

Cranioclast: A Con Cristal. Notes from nowhere. News from the near future [Ikonographie der Bunker des WW II, Schallplatte mit avantgardistischer Musik und Begleitheft mit zahlreichen Fotos von Betonbauten], deutsch-englisch, Hagen 1987.

Engelmann, Joachim: Raketen die den Krieg entscheiden sollten. Taifun, Natter, Kirschkern (V1), Rheinbote (V3), Föhn (V4) u. a., Friedberg o. J.

Fahrmbacher, Wilhelm und Matthias, Walter: Lorient. Entstehung und Verteidigung des Marinestützpunktes 1940–1945, 2. Aufl., Weissenburg 1956.

Ginns, Michael: Die Batterie »Lothringen« (Jersey), in: IBA Informationen, Nr. 8 (1986), S. 19–27.

Grasser, Kurt: Die Batterie »Vogelnest« (in Dänemark), in: IBA Informationen, Nr. 8 (1986), S. 5–9.

Ders.: Die V-Waffenanlage »Equeurdreville«, in: Dokufest, Nr. 2 (1981), S. 13–15.

Ders. und Stahlmann, Jürgen: Stützpunktgruppe Lokken, IBA Sonderheft Nr. 12 (1987 angekündigt).

von Harnier, Wilhelm: Küstenartillerie und Atlantikwall, in: Marine-Rundschau, 1955, S. 91–101.

Kainrath, W.: Der Atlantikwall, in: Transparent (1971), S. 8–12.

Kraft, Jürgen: Atlantikwall. Panzerabwehrkanonenstand 653. Der Schartenstand für die 5 cm FEST PAK 39, in: Dokufest, Nr. 2 (1981), S. 1–4.

Lebram, Hans Heinrich: Kritische Analyse der Artillerie des Atlantikwalles, in: Marine-Rundschau, Jg. 52 (1955), Nr. 2, S. 29–38.

Lippmann, Harry: Die Festung »Gironde – Nord«, in: IBA Informationen, Teil 1, Heft 1 (1983), Teil 2, Heft 2 (1983), Teil 3, Heft 3 (1984).

Ders.: Regelbauten der Luftwaffe. Bauten für Funkmeßgeräte (FuMG), in: IBA Informationen, Nr. 6 (1985), S. 14–22, Nr. 7 (1986), S. 48.

Ders.: Die Regelbauten des Heeres im Atlantikwall, Köln 1986 (IBA Sonderheft, Nr. 10).

Ders.: Deutsche Panzersperren und andere Hindernisse, IBA Sonderheft, Nr. 13 (1987).

Mordal, Jacques: Die letzten Bastionen. Das Schicksal der deutschen Atlantikfestungen 1944/45, Oldenburg/Hamburg 1966.

Pohlman, Hartwig: Die Festung Gironde Nord (Royan) 1944/45, in: Feldgrau, Jg. 1959, S. 1–3, 9, 44–47, 68–70, 100–103, 129–132, Jg. 1960, S. 14–17, 39–42, 65–69, 104–108.

Ders.: Die Festungen an der Girondemündung 1944/45, in: Deutsches Soldatenjahrbuch 1979, München 1979, S. 214–226.

Rössler, Eberhard: Die deutschen U-Boote und ihre Werften, 2 Bde., München 1979/1980.

Roos, G.: Die deutschen Bautruppen im II. Weltkrieg, in: Wehrwissenschaftliche Rundschau, Nr. 12 (1954), S. 579–588.

Rolf, Rudi: Der Atlantikwall. Perlenschnur aus Stahlbeton, Beetsterzwaag 1983.

Schäfer, Karl: Die Batterie Todt, in: Schuß und Waffe, Nr. 1 (1984), S. 12–34.

Schramm, Percy Ernst: Die Invasion 1944. Aus dem Tagebuch des Oberkommandos der Wehrmacht, München 1963.

Stahlmann, Jürgen: Ständige Befestigungsanlagen im Atlantikwall (Stand 1. 3. 1944), in: IBA Informationen, Nr. 4 (1984), S. 35–38, Nr. 7 (1986), S. 49–51.

Ders.: Der Regelbau 611, in: IBA Informationen, Nr. 6 (1985), S. 29–33.

Wegmüller, Hans: Die Abwehr der Invasion. Die Konzeption des Oberbefehlshabers West 1940–1944, Freiburg i. Br. 1979.

Zimmermann, Heinz R.: Der Atlantikwall. Von Dünkirchen bis Cherbourg. Geschichte und Gegenwart mit Reisebeschreibung, 2. Aufl., München 1986.

2.0 Bundesrepublik Deutschland (ortsalphabetisch, verfasseralphabetisch)

Aachen
Bertram, Friedrich Wilhelm: Die Aachener Stadtbefestigung im Mittelalter. Ein Beitrag zur Baugeschichte der Stadt Aachen, Dissertation Aachen 1949 (ungedruckt, maschinenschriftl. Exemplar Universitätsbibliothek Aachen Sm 2388).

Apen
Zoller, Dieter: Burgen und Adelssitze im Ammerland, in: Ringwall und Burg in der Archäologie West-Niedersachsens, Cloppenburg 1971, S. 40–80.

Arenberg
Heinen, Ernst und Lückerath, Carl August: Rheinland-Reich-Westeuropa. Gesammelte Schriften von Heinrich Neu. Festschrift zum 70. Lebensjahr 1976, Bonn 1976, darin: Das Schloß und die Festung Arenberg. Eine Monographie über das Stammschloß der Herzöge von Arenberg, S. 180ff.

Neu, Heinrich: Das Schloß und die Festung Arenberg, Köln 1956.

Ders.: Das Herzogtum Arenberg, 3. Aufl., Euskirchen 1956.

Augsburg
Baer, Wolfram; Kruft, Hanno-Walter und Roeck, Bernd (Hrsg.): Elias Holl und das Augsburger Rathaus, Ausstellungskatalog Stadtarchiv Augsburg, Regensburg 1985.

Kraus, Jürgen: Das Militärwesen der Reichsstadt Augsburg 1548–1806, Augsburg 1980.

Ruckdeschel, Wilhelm: Der »Einlaß« zu Augsburg – das wohlgesicherte Nachttor der Reichsstadt, in: Technik-Geschichte, Bd. 44 (1977), S. 189–200.

Bad Harzburg
Stolberg, Friedrich: Der beabsichtigte Umbau der Großen Harzburg zu einer Renaissance-Festung, in: Harz-Zeitschrift, Nr. 14, Goslar 1962, S. 39–57.

Bad Pyrmont
Alfter, Dieter: Bad Pyrmont. Stadt- und Badgeschichte aus drei Jahrhunderten, Bad Pyrmont 1986.

Backes, Magnus: Julius Ludwig Rothweil. Ein rheinisch-hessischer

Barockarchitekt. Baden-Baden/Straßburg 1959 (= Studien zur Deutschen Kunstgeschichte, Bd. 317).

Bühring, Joachim: Festung und Schloß Pyrmont, Staatsbad Pyrmont 1978.

Ders. (Bearb.): Die Kunstdenkmäler des Landkreises Hameln-Pyrmont, Text- und Bildband, Hannover 1975.

Engel, Hermann: Festung Pyrmont Zentrum der Grafschaft in der frühen Neuzeit, in: Festung und Schloß Pyrmont. Beilage der Deister- und Weserzeitung zur Eröffnung am 27. Mai 1987.

Götte, R.: Zehn Monate widerstand die Besatzung, als das Pyrmonter Schloß belagert wurde (1629/30), in: Feierabend an der Weser. Beilage der Deister-Weser-Zeitung, Nr. 13 (1963).

Härtel, Hans: Schloß Pyrmont, 2. Aufl., München 1971.

Ders.: Das Schloß in Bad Pyrmont im Rahmen der Entwicklung der Stadt und der Kuranlagen, in: Die Bauverwaltung, Nr. 2 (1963), S. 66–70.

Kuratorium Schloß Pyrmont (Hrsg.): Festung und Schloß Pyrmont. Restaurierung und neue Nutzung, Bad Pyrmont 1987.

Neumann, Martin: Die restaurierte Einzeigeruhr im Kommandantenhaus des Schlosses in Bad Pyrmont, in: Berichte zur Denkmalpflege in Niedersachsen, Heft 3/4 (1981), S. 17–20.

Bellheim

Stein, Günter: Bellheim und die Queichlinien, in: 1200 Jahre Bellheim. Ein Heimatbuch, Landau 1964, S. 177–184.

Belum

Drägert, Erich, Das Gefecht bei der Belumer Schanze (1657) und ihre Schleifung (1687), in: Jahrbuch Männer vom Morgenstern, Bd. 50 (1969), S. 139–146.

Bentheim

Köckeritz, Wolfgang: Burg Bentheim, München/Berlin 1978 (= Große Baudenkmäler, 314).

Nöldeke, Arnold (Bearb.): Die Kunstdenkmäler der Kreise Lingen und Bentheim, Neudruck der Ausgabe 1919, Osnabrück 1978.

Berlin (West)

Hoffmann-Axthelm, Dieter und Scarpa, Ludovica: Berliner Mauern und Durchbrüche, Berlin 1987.

Schultze, Johannes: Der Ausbau Berlins zur Festung und die Aufnahme der ersten ständigen Garnison. 1658–1665, in: Jahrbuch des Vereins für die Geschichte Berlins, Bd. I, 1951, S. 140–162.

Bielefeld

Garten-, Forst und Friedhofsamt Bielefeld (Hrsg.): Kurze Geschichte und Baugeschichte der Sparrenburg über Bielefeld, Bielefeld (1952).

Stadt Bielefeld (Hrsg.): Kleiner Festungsführer (Sparrenberg), Bielefeld o. J.

Verkehrsverein Bielefeld e. V. (Hrsg.): Sparrenburg in Bielefeld, Bielefeld o. J.

Wurzler, H.: Die Sparrenburg bei Bielefeld, in: Burgen und Schlösser, Nr. 2 (1966), S. 37–43.

Bonn

Aders, Gebhard: Bonn als Festung. Ein Beitrag zur Topographie der Stadt und zur Geschichte ihrer Belagerungen, Bonn 1973.

Ders.: Johann Conrad Schlaun als Festungsbaumeister in Bonn 1725–26, in: Johann Conrad Schlaun. Schlaunstudie III, hrsg. v. Ulf-Dietrich Korn, Münster 1973, S. 237–242.

von der Dollen, Busso: 53-Bonn – Letzte Zeugen der Festung gefährdet, in: Festungsjournal, Nr. 1 (1982), S. 5–7.

Ennen, Edith: Geschichte der Stadt Bonn, Bd. II, Bonn 1962.

Flink, Klaus und Müller, Martin (Bearb.): Rheinischer Städteatlas, Nr. 6: Bonn, 2. Aufl., Bonn 1978.

Lautzas, Peter: Bonn oder Köln? Die strategische Bedeutung der beiden Festungen zur Zeit Napoleons I. (1801–1814), in: Bonner Geschichtsblätter, Bd. 25 (1973), S. 110–119.

Weiler, Hanno: Bonner Belagerungen im Spiegel der Medaillen, Bergisch Gladbach 1971.

Ders.: Bonner Belagerungen. Gedenkmünzen 1689, 1703, Bergisch Gladbach 1970.

Borkum

Wegmann, H. P.: Borkum. Schiffahrt und See, Bd. II: Seefestung Borkum 1902–1945, Borkum 1974, S. 74–91.

Braunschweig

Bornstedt, Wilhelm: Chronik des Pfahldorfes Rüningen. Siedlungsgeographie, Sozial-, Kultur- und Kriegsgeschichte eines braunschweigischen Dorfes, Braunschweig 1980.

Hodemacher, Jürgen: Festungswerke und Kasernen der Stadt Braunschweig, in: Georg Ortenburg: Braunschweigisches Militär, Cremlingen 1987, S. 101–109.

Moderhack, Richard: Braunschweig um 1671 im Stadtmodell, Braunschweig 1978.

Querfurth, Hans Jürgen: Die Unterwerfung der Stadt Braunschweig im Jahre 1671, Braunschweig 1953.

Spies, Gerd (Hrsg.): Braunschweig. Das Bild der Stadt in 900 Jahren. Geschichte und Ansichten, Bd. I: Braunschweigs Stadtgeschichte, Bd. II: Braunschweigs Stadtbild, Braunschweig 1985.

Ders. (Hrsg.): Brunswiek 1031 Braunschweig 1981. Die Stadt Heinrichs des Löwen von den Anfängen bis zur Gegenwart, Festschrift zur Ausstellung im Städtischen Museum Braunschweig 1981, Folgeband ebenda 1982.

Vermessungsamt Braunschweig (Hrsg.): Die Geschichte der Stadt Braunschweig in Karten, Plänen und Ansichten, Kassette mit 70 Tafeln, Textband: Die neuere Geschichte der Stadt Braunschweig in Karten, Plänen und Ansichten von Jürgen Mertens und mit einem Abriß der älteren Stadtgeschichte und einer Zeittafel von Richard Moderhack, Braunschweig 1981.

Breisach

Haselier, Günther: Geschichte der Stadt Breisach am Rhein, 2. Aufl., Breisach am Rhein 1985.

Hesselbacher, Martin: Der Mons Brisiacus (Münster-, Stadt- und Burgberg von Breisach) unter Denkmalschutz gestellt. in: Nachrichtenblatt der Denkmalpflege in Baden-Württemberg, Nr. 2 (1959), S. 29–43.

Kraus, Fr. X.: Die Kunstdenkmäler des Großherzogtums Baden, Kreis Freiburg-Land, Tübingen/Leipzig 1954.

Schlippe, Joseph: Das Rheintor zu Breisach, in: Nachrichtenblatt der Denkmalpflege in Baden-Württemberg (1960), S. 104–107.

Bremen

Ahlers, Erich: Parkanlagen, Bürgerpark, in: Bremen und seine Bauten 1900–1951, Bremen 1952, S. 450–458.

Ders.: Der Grünring um Bremen. Arbeiten des Gartenbauamts nach dem Kriege, in: Garten und Landschaft, Nr. 2, 61 (1951), S. 4–7.

Kloos, Werner; Berndt, Andreas; Mönch, Jochen: Parks und Gärten in der Freien Hansestadt Bremen, Bremen 1978, S. 17–19 (Die begrünten Wälle).

de Porre, Eugen: Quellen zur Militär- und Kriegsgeschichte im Staatsarchiv Bremen, in: Jahrbuch der Wittheit zu Bremen, Bd. XVI (1972), S. 227ff.

Lührs, Wilhelm: Die Anfänge der Bremer Neustadt, in: Jahrbuch der Wittheit zu Bremen, Bd. XVII (1973), S. 7–50.

Bremerhaven

Schwarzwälder, Herbert und Inge: Bremerhaven – Ansichten, Pläne, Landkarten, Bremerhaven 1977.

Bremervörde

Bachmann, Elfriede: Bremervörde als Garnisonstadt, in: Rotenburger Schriften, Heft 64/65 (1986), S. 181–196.

Bückeburg

Ochwadt, Curd: Ein zeitgenössisches Urteil über die Festung Bückeburg, in: Schaumburg-Lippische Heimat-Blätter, Nr. 4 (1976), S. 1–3.

Büdingen

Enders, Siegfried und Mohr, Christoph: Baudenkmale in Hessen. Wetteraukreis I, hrsg. v. Landesamt f. Denkmalpflege Hessen, Braunschweig/Wiesbaden 1982, darin: Büdingen, S. 56–129.

Buxtehude

Bärenfänger, Rolf und Ziermann, Diether: Der Linah-Zwinger in Buxtehude, in: Berichte zur Denkmalpflege in Niedersachsen, Nr. 2 (1986), S. 47–89.

Karpa, Oskar (Hrsg.): Kunstdenkmale des Landkreises Stade (mit Buxtehude), München 1965.

Calenberg

Historisches Museum Hannover (Hrsg.): Calenberg. Von der Burg zum Fürstentum. Herrschaft und Kultur in Zentralniedersachsen zwischen 1300 und 1700, 2. Aufl., Hannover 1983.

Kalthoff, Edgar: Die Geschichte der Burg Calenberg, in: Niedersächsisches Jahrbuch für Landesgeschichte, Bd. 50 (1978), S. 321–346.

Ders.: Die Burg und Feste Calenberg – Versuch einer Rekonstruktion, in: Burgen und Schlösser, Nr. 1 (1978), S. 2–11.

Carlsburg/Bremerhaven

Drögereit, Richard: An der Geestemündung zur Schwedenzeit, in: Niederdeutsches Heimatblatt, Nr. 160 (April 1963).

Eichberg, Henning: Schwedenfestung und Idealstadt Carlsburg an der Unterweser. Zur Frühgeschichte des neuzeitlichen Ingenieurs, in: Deutsches Schiffahrtsarchiv, Bd. 5 (1975), S. 25–46.

Schwarzwälder, Herbert: Die Carlsburg in Berichten von Zeitgenossen, in: Jahrbuch Männer vom Morgenstern, Nr. 61 (1982).

Celle

Busch, Siegfried: Hannover, Wolfenbüttel und Celle. Stadtgründungen und Stadterweiterungen in drei welfischen Residenzen vom 16. bis zum 18. Jahrhundert, Hildesheim 1969.

Siebern, H. und Lütgens, H. (Bearb.): Die Bau- und Kunstdenkmäler der Stadt Celle, Hannover 1937, Neudruck Osnabrück 1978.

Cham

Wolf, Herbert: Nachweis eines bastionierten Außenwerkes der Chamer Stadtbefestigung des 18. Jahrhunderts, in: Verhandlungen des Historischen Vereins für Oberpfalz und Regensburg, 118. Bd. (1978) S. 273–278.

Christianspries/Friedrichsort

Baasch, Hermann: Aus dem alten Kirchenbuch der Festungsgemeinde Friedrichsort 1666–1763, in: Jahrbuch der Heimatgemeinschaft des Kreises Eckernvörde, Bd. 31 (1973), S. 86–94.

Detlefsen, Nicolaus: Die Kieler Stadtteile nördlich des Kanals: Holtenau, Pries, Friedrichsort, Schilksee, Neumünster 1978, S. 51–54 (= Mitteilungen der Gesellschaft für Kieler Stadtgeschichte, Bd. 65).

Ders.: Geschichte der Festungs- und Garnisonkirchengemeinde Friedrichsort, in: Jahrbuch der Heimatgemeinde des Kreises Eckernvörde, Bd. 34 (1976), S. 133–149.

Ders.: Uwe Jens Lornsen als Festungsgefangener in Friedrichsort, in: Jahrbuch der Heimatgemeinschaft des Kreises Eckernvörde, Bd. 21 (1963), S. 82–103.

Ders.: Wo lag die Festung Christianspries?, in: Die Heimat, Nr. 4 (1951), S. 127–129.

Gesprächskries Pries-Friedrichsort (Hrsg.): Pries = Friedrichsort in alten Ansichten, Kiel 1982.

Kellenbenz, Hermann: Christianspries und die Anfänge von Friedrichsort, in: ZSHG 74/75 (1951), S. 276–295.

Wellmann, Eberhard: Bauliches von der Festung Friedrichsort, in: Die Heimat, 74. Jg. (1967), S. 269–275.

Coburg

Kruse, Joachim: »Droben, auf weitausschauender Veste...« Geschichte der Veste Coburg, in: Museum. Kunstsammlungen der Veste Coburg, Westermann, Braunschweig 1981, S. 10–19.

Maedebach, Heino: Veste Coburg. Geschichte, Baugeschichte, die heutige Anlage, Rundgang durch die Kunstsammlung und Fürstenbau, München 1967.

Ders.: Das Bild der Veste Coburg. Seine künstlerische Wiedergabe in Vergangenheit und Gegenwart, Ausstellungskatalog, Coburg 1961.

Maedebach, Minni: Die Veste Coburg in alten Ansichten, Leporello, Coburg 1981.

Pellender, Heinz: Chronik der Stadt und Veste Coburg, der Herren und Herrscher über Coburg und das Coburger Land, 3. Aufl., Coburg 1984.

Teufel, Richard: Die mittelalterlichen Bauten der Veste Coburg, in: Jahrbuch der Coburger Landesstiftung, 1956, S. 13–94.

Coesfeld

Frohne, Ludwig: Die Stadt Coesfeld in Bild und Plan von 1450 bis 1850, Coesfeld 1964.

Delmenhorst

Grundig, Edgar: Geschichte der Stadt Delmenhorst bis 1848. Die politische Entwicklung und Geschichte der Burg, Delmenhorst 1979.

von Lindern, Georg: Kleine Chronik der Stadt Delmenhorst, Oldenburg 1971.

Detmold

Armin Prinz zur Lippe: Schloß Detmold – Nachträge und Ergänzungen zum 48. Band der Bau- und Kunstdenkmäler von Westfalen, in: Westfalen, Bd. 53, München 1975.

Gaul, Otto (Bearb.): Die Bau- und Kunstdenkmäler von Westfalen, Bd. 48: Stadt Detmold, Münster 1968.

Peters, Gerhard: Fürstliches Residenzschloß Detmold, Detmold 1979.

Dillenburg

Bauer, W.: Freilegung auf dem Dillenburger Schloßberg sind beendet, in: Dillenburger Heimatblätter, Nr. 36, 1–2 (1983).

Ders.: Neue Freilegungen auf dem Dillenburger Schloßberg, in: Nass. Ann. 79 (1968), S. 149–156.

Ders.: Zur Baugeschichte der Dillenburg im Mittelalter und in der Neuzeit, in: Dillenburg 1568–1968, Dillenburg 1968.

Ders.: Plan des Dillenburger Schloßberges, in: Dillenburger Heimatblätter Nr. 54, 1 (Januar 1977), Längsschnitt durch die Anlagen des Schloßberges, in: ebenda (Februar 1977).

Ders.: Verteidigungsanlagen des Dillenburger Schloßberges und ihre Freilegung, in: Dillenburger Heimatblätter, Nr. 30, 4–10 (April-Oktober 1962).

Becker, Emil: Schloß und Stadt Dillenburg. Ein Gang durch ihre Geschichte in Mittelalter und Neuzeit, Dillenburg 1983.

Born, Martin: Zur Entwicklung der Städte des Dillgebietes, o. O. 1973.

Heiler, Carl: Der Untergang des Dillenburger Schlosses, 13. Juli 1760, 3. Aufl., Dillenburg 1966.

Düsseldorf

Gamer, Jörg: Matteo Alberti. Oberbaudirektor des Kurfürsten Johann Wilhelm von der Pfalz, Herzogs zu Jülich und Berg etc., Düsseldorf 1978.

Heppe, Karl Bernd: Das Düsseldorfer Stadtbild, I, 1585–1806, Düsseldorf 1983 (Bildhefte des Stadtmuseums Düsseldorf, Nr. 4).

Kaiser, Reinhold (Bearb.): Rheinischer Städteatlas Nr. 46: Kaiserswerth, Bonn 1985.

Presseamt Düsseldorf (Hrsg.): Die andere Altstadt – rund um die Zitadelle. Ein historischer Spaziergang, Düsseldorf 1980.

Rennefeld, Franz: Die Festung Düsseldorf, in: Heimatblätter »Jan Wellem«, Düsseldorf, Nr. 9 (1959), S. 131–134, Nr. 4 (1960), S. 34–56, Nr. 10 (1960), S. 152–153.

Rümmler, Else: Die Beuth'sche Bastion. Ein Beitrag zur Baugeschichte der Stadt Düsseldorf, in: Düsseldorfer Jahrbuch 56 (1978), S. 38–59.

Spohr, Edmund: Die Festung Düsseldorf, in: Land im Mittelpunkt der Mächte. Die Herzogtümer Jülich, Kleve, Berg, Ausstellungskatalog des Städt. Museums Haus Koekkoek Kleve und des Stadtmuseums Düsseldorf, 2. Aufl., Kleve 1984, S. 305–313.

Ders.: Düsseldorf Stadt und Festung, 2. Aufl., Düsseldorf 1979.

Ders.: Die Befestigungsanlage von Düsseldorf. Baugeschichtliche Entwicklung-städtebauliche Konsequenzen, Dissertation Aachen 1973 (Lichtdruck).

Eichstätt

Fischer, Manfred F.: Die Willibaldsburg in Eichstätt. Amtlicher Führer, München 1971.

Mager, Edwart: Beiträge zur Baugeschichte und Ikonographie der Willibaldsburg I, in: Sammelblatt des Historischen Vereins Eichstätt 60 (1962/64), S. 54–65.

Roeck, Bernd: Elias Holl – Architekt einer europäischen Stadt, Regensburg 1985.

Schlamp, Rudolf: Die Willibaldsburg bei Eichstätt, Mittelfränkische Heimatbogen, Nr. 60 (o. J.).

Eppinger Linien

Eppinger-Linien-Weg. Eine kulturhistorische Wanderung im Naturpark Stromberg-Heuchelberg, Faltblatt, hrs. v. Naturpark Stromberg-Heuchelberg e. V., Sternenfels o. J.

Weber, Gerhard: Die »Eppinger Linien«, in: Kraichgau. Heimatforschung im Landkreis Sinsheim, Folge 3 (1972), S. 179–187.

Ettlingen

Bayer, Adolf und Schott, Rudolf: Ausbauplanung von Ettlingen zur Festungs- und Residenzstadt für Markgraf Ludwig Wilhelm von Baden-Baden (Türkenlouis) um 1697, in: Badische Heimat, 62. Jg., Nr. 1 (1982), S. 1–10.

Ettlinger Linien

Lang, K.: Die Ettlinger Linien und ihre Geschichte, Neudruck der Auflage Karlsruhe 1907, in: Beiträge zur Geschichte der Stadt Ettlingen, Ettlingen 1965.

Forchheim

Breuer, Tilmann: Befestigungsanlagen, in: ders.: Stadt und Landkreis Forchheim, Bayer. Kurzinventar, München 1961, S. 27–32.

Frank, Alfred: Vor hundert Jahren: Todesurteil über die »Vestung Forchaim«, in: Frankenland, Nr. 6/7 (1976), S. 159–165.

Kaupert, Johann Max: Die fürstbischöfliche Festung, in: Forchheimer Heimat, Bamberg 1951, S. 50–53.

Kupfer, Konrad: Beiträge zur Geschichte des Forchheimer Festungsbaues 1518–1656, in: Erlanger Bausteine zur fränkischen Heimatforschung, Bd. 4 (1957), S. 13–19.

Fossa Eugeniana

Hendriks, W.: Die Fossa Eugeniana, Rhein-Maas-Verbindungen einst und heute, in: a) Heimatkalender Kreis Moers 1965, S. 88–98, b) Geldrischer Heimatkalender 1965, S. 124–134.

Pistor, Rolf-Günter: »Fossa Eugeniana«. Der spanische Kanalbauversuch zwischen Rhein und Maas, in: Heimatkalender Kreis Wesel 1981, S. 33–44 (auch in Holländisch in: Jaarboek 1985/86 Stichting Menno van Coehoorn, S. 83–96).

Ders. und Smeets, Henri: Die Fossa Eugeniana. Eine unvollendete Kanalverbindung zwischen Rhein und Maas 1626, Köln 1979.

Steinbring, Heinz: Die Fossa Eugeniana. Kanalbauversuch zwischen Niederrhein und Maas, in: Allgemeine Vermessungs-Nachrichten, Nr. 8/9 (1977), S. 307–315.

Frankenthal

Eckhardt, Anton (Bearb.): Stadt und Landkreis Frankenthal, 1939, Neudruck München 1982 (= Die Kunstdenkmäler der Pfalz, Bd. VIII).

Ehrend, H.: Die Frankenthaler Notmünzen im 30jährigen Kriege, Speyer 1972.

Frankfurt am Main
Joos, Rudolf: Innere und äußere Befestigungen Frankfurts im Wandel der Jahrhunderte, Frankfurt a. M. 1969 (= Beihefte zur Lichtbildreihe He6 abc und He6 f der Staatl. Landesbildstelle Hessen).
Pehl, Hans: Als die Frankfurter noch hinter der Mauer lebten. Die mittelalterliche Befestigung der Freien Reichsstadt, Frankfurt a. M. 1977.

Freiburg im Breisgau
Kopf, Hermann: Unter der Krone Frankreichs 1677–1697, in: Schau-ins-Land, Nr. 88 (1970).
Schaufler, Hans-Helmut: Die Schlacht bei Freiburg i. Br. 1644, Freiburg 1979.
Schlippe, Joseph: Wiederaufbau des Breisacher Tores zu Freiburg, in: Nachrichtenblatt der öffentlichen Kultur- und Heimatpflege im Regierungsbezirk Südbaden, Nr. 4 (1953).
Schwineköper, Berent: Historischer Plan der Stadt Freiburg i. Brsg., Veröffentlichung aus dem Archiv der Stadt Freiburg i. Brsg., Nr. 14 (1975).

Freudenberg
Steinmetz, Thomas: Zur Baugeschichte der Burg Freudenberg am Main unter besonderer Berücksichtigung des Bergfrieds, in: Burgen und Schlösser, Nr. 1 (1985), S. 13–24.

Freudenstadt
Hertel, Gerhard: Der Abbruch des Festungswallstücks im Kohlwald, in: Freudenstädter Heimatblätter, Bd. XV, Nr. 33 (1984).
Ders.: Freudenstadt – Stadt europäischer Geschichte, in: Freudenstätter Heimatblätter, Bd. XIII, Nr. 19 (1979).
Kull, Walter: Festung Freudenstadt. Ein Beitrag zur Heimatkunde der Stadt Freudenstadt und zur Geschichte des Festungsbaus, Freudenstadt 1985.
Ders.: Geschichte und Geschichtchen, Freudenstadt 1975.
Rommel, H.: Wie sich Schickhardt die Häuser der Stadt dachte, in: Freudenstädter Heimatblätter 5/7 (1951).
Ders.: Zur Gründung Freudenstadts, in: Freudenstädter Heimatblätter, 1/6 (1949).
Ders.: Schickhardt-Jubiläum, in: Freudenstädter Heimatblätter, 20/VIII (1958).
Ders.: Zur Gründung Freudenstadts, in: Freudenstädter Heimatblätter, 1/6 (1949).
Speidel, Manfred: Der Wiederaufbau von Freudenstadt 1949–54, in: ARCH+. Zeitschrift für Architekten, Stadtplaner, Sozialarbeiter und kommunalpolitische Gruppen, Nr. 72 (1983), S. 57–59.
Werner, Johannes: Von Freudenstadt über Christianopolis nach Kopenhagen. Stadtplanung im 17. Jh., Miszelle in: Zeitschrift für Kunstgeschichte, Bd. 39, Nr. 4 (1976), DS. 312 f.

Friedrichstadt
Schmidt, Harry, Festungen und Befestigungsanlagen Friedrichstadt und Tönning. Nach der Handschrift des Generalmajors Zacharias Wolf, in: Zeitschrift für schleswig-holsteinische Geschichte, Bd. 80 (1956), S. 229–248.

Geldern
Clemen, Paul (Hrsg.): Die Kunstdenkmäler des Kreises Geldern, Düsseldorf 1891, Nachdruck Moers 1979.

Ebe-Jahn, Elisabeth: Geldern eine niederrheinische Festung, Kevelaer 1966.
Meurer, Peter H.: Topographia Geldriae. Ein Katalog der historischen Pläne und Ansichten von Stadt und Festung Geldern, Geldern 1979.

Germersheim
Alter, Willi: Germersheim 1860. Zur Geschichte der Festung, in: Pfalzatlas, Textband 1, Speyer 1964, S. 367 ff.
Ball, Georg: Germersheim, die geschleifte Festung. Geschichte und Führer, Speyer 1930, Nachdruck Germersheim 1984.
Biller, Thomas: Die älteste Festungsplanung für Germersheim (1588). Ein Beitrag zur Rezeption des Bastionärsystems in Deutschland, in: Deutsche Gesellschaft für Festungsforschung, Bd. 5, 1986, S. 21–32.
Buschhausen, Kurt: Festungsring und Stadtentwicklung. Ein graphischer Vergleich aus stadtplanerischer Sicht am Beispiel Germersheim, in: Deutsche Gesellschaft für Festungsforschung, Bd. 6, 1986, S. 65–73.
Haller, Jürgen: Die Sanierung der Kaponniere in der Fronte Bekkers in Germersheim, in: Deutsche Gesellschaft für Festungsforschung, Bd. 6, 1986, S. 74–88.
Hans, Ludwig: Die sanitären Verhältnisse in der Festung Germersheim im 19. Jahrhundert, in: Deutsche Gesellschaft für Festungsforschung, Bd. 6, 1986, S. 53–63.
Klippel, Otto: Die militärgeschichtliche Abteilung des Heimatmuseums in Germersheim, in: Deutsche Gesellschaft für Festungsforschung, Bd. 6, 1986, S. 89–94.
Ders.: Festung Germersheim. Rundgang durch die ehemaligen Festungsanlagen, 2. Aufl., Germersheim 1980.
Klotz, Reinhold: Die Festung Germersheim am Rhein, in: Zeitschrift für Festungsforschung, 1985, S. 4–9.
Neumann, Hans-Rudolf: Die ehemalige Rheinbrücken-Wache in Germersheim, in: Deutsche Gesellschaft für Festungsforschung, Bd. 6, 1986, S. 33–51.
Polap, Eugen: Grundsteinlegung zur Festung Germersheim Anno 1834, in: Heimatbrief der Stadt Germersheim, Nr. 24 (1984), S. 53–62.
Probst, Joseph: Geschichte der Stadt und Festung Germersheim, Speyer 1898, Nachdruck Pirmasens 1974.
Raithel, Klaus: 150 Jahre Festung Germersheim. Ein Tag im Zeichen der Geschichte, in: Heimatbrief der Stadt Germersheim, Nr. 24 (1984), S. 50–52.
Reinert, Fritz: Streifzug durch die Geschichte der Rheinstadt Germersheim, Germersheim 1955.
Schmidtchen, Volker: Zwischen Rückblick und Perspektive. Historisches Bewußtsein als kulturelle Aufgabe in einer ehemaligen Festungsstadt, in: Deutsche Gesellschaft für Festungsforschung, Bd. 5, 1986, S. 9–19.
Schröder, Rainer: Festung Germersheim, in: Dokufest, Nr. 1 (1982), S. 11–16, Nr. 2 (1982), S. 10–15.
Sellinger, Josef: Die ehemalige Festung Germersheim, in: Standort Germersheim, 7. Aufl., Koblenz/Bonn 1986, S. 31–34.

Gifhorn
Brüggmann, F.: Gifhorn – die Geschichte einer Stadt, Gifhorn 1962.
Conrad, Jürgen: Schloß Gifhorn, Gifhorn 1983.

Masuch, Horst: Die Datierung der Dachkonstruktion im Torhaus von Schloß Gifhorn, in: Berichte zur Denkmalpflege in Niedersachsen, Heft 3 (1982), S. 77–78.

Masuch, Horst: Eine ungewöhnliche Dachkonstruktion im Torhaus von Schloß Gifhorn, in: Berichte zur Denkmalpflege in Niedersachsen, Heft 3/4 (1981), S. 20–25.

Schultz, Hans Adolf: Das Schloß Gifhorn, in: ders.: Burgen und Schlösser des Braunschweiger Landes, Braunschweig 1980, S. 9–11.

Glückstadt

Köhn, Gerhard: Die Entwicklung der Stadt Glückstadt von der Gründung 1616 bis 1645, aufgezeigt am Hausbestand in den einzelnen Straßen, in: Steinburger Jahrbuch 1975, S. 157–161.

Ders.: Zwei Grundrisse der Festung Glückstadt als Dokumente des Niederganges dieser Stadt nach 1645, in: Steinburger Jahrbuch 1972, S. 46–48.

Ders.: Die Bevölkerung der Residenz, Festung und Exulantenstadt Glückstadt von der Gründung 1616 bis zum Endausbau 1652. Methoden und Möglichkeiten einer historisch-demographischen Untersuchung mit Hilfe der elektronischen Datenverarbeitung, Neumünster 1974.

Ders.: Die Stärke der Glückstädter Garnison und der Kriegsflotte vor Glückstadt von 1620 bis 1652, in: Steinburger Jahrbuch 1976, S. 118–127.

Schmidt, Harry: Die Festung Glückstadt an der Elbe und Christiansburg an der Jade, in: Steinburger Jahrbuch 1958, S. 91–94.

Seebass, Friedrich: Christian IV., Festungs- und Städtebauer des dänischen Reiches, Gründer der Festung Glückstadt, in: Mare Balticum, Nr. 3 (1967), S. 10–20.

Stadtverwaltung Glückstadt (Hrsg.): Glückstadt im Wandel der Zeiten, 3 Bde., Glückstadt 1963–68, darin u. a.: Asmussen, Karl: Die politischen und militärischen Pläne Christians IV. als Anlaß zur Gründung Glückstadts; ders.: Die Gründung der Stadt und ihre Baugeschichte; Michaelsen, Fritz: Die Festung Glückstadt.

Goslar

Griep, Hans-Günther: Goslar um 1500, hrsg. v. Stadtplanungs- und Vermessungsamt, Goslar 1986.

Mevers, Rudolf und Lange, Horst-Günther: Burg im Zwinger (Goslar), Goslar 1986.

Wolf, Carl; von Behr, A.; Hölscher, U. (Bearb.): Die Kunstdenkmäler der Stadt Goslar, Neudruck der Ausgabe von 1901, Osnabrück 1978.

Göttingen

Lange, Dieter: Göttingen. Der Wall, in: Alte Stadt – Moderne Zeiten. Eine Fotodokumentation zum 19. und 20. Jahrhundert, Ausstellungskatalog Stadt im Wandel, Landesausstellung Niedersachsen, hrsg. v. Dieter Lange und Harold Hammer-Schenk, Braunschweig 1985, S. 117–137.

Möller, Hans-Herbert (Hrsg.): Denkmaltopographie Bundesrepublik Deutschland. Baudenkmale in Niedersachsen. Stadt Göttingen, bearbeitet von I. Ruettgerodt-Riechmann, Braunschweig 1982.

Grenzau

Spiegel, Hans: a) Chronik der Burg Grenzau, in: Burgen und Schlösser, Nr. 1 (1984), S. 22–31; b) Betrachtungen zur Baugeschichte der Burg Grenzau, in: ebenda, S. 32–48; c) Schrifttumsnachweis, in: ebenda, S. 49–52.

Hamburg

Bocklitz, Klaus: Hamburgische Festungsanlagen, in: ders. und Armin Clasen: Studien zur Topographie Hamburgs. Beiträge zur Geschichte Hamburgs, Bd. 14 (1979), S. 93–154.

Facklam, Ferdinand und Fleischhauer, Carl-Otto (Bearb.): Hamburg einst und jetzt. Das historische Kartenbild der Innenstadt maßstabsgerecht dargestellt auf dem Grundriß der Gegenwart, 2. Aufl., Vermessungsamt Hamburg 1973.

Huck, Jürgen: Das Ende der Franzosenzeit in Hamburg. Quellen und Studien zur Belagerung und Befreiung von Hamburg 1813–1814, in: Beiträge zur Geschichte Hamburgs, Bd. 24, Hamburg 1984.

Loose, Hans-Dieter: Die Bedeutung des Festungsbaus 1616–1620 für Hamburgs Stadt- und Hafenerweiterung im 17. Jahrhundert, in: Postel, Rainer und Ellermeyer, Jürgen: Stadt und Hafen. Arbeitshefte zur Denkmalpflege in Hamburg, Nr. 8 (1986), S. 54–57.

Hameln

von Reitzenstein (Bearb.): Sprenger's Geschichte der Stadt Hameln, 2. Aufl., Hameln 1861, Neudruck Hannover 1979.

Spanuth, H. u. a. (Hrsg.): Geschichte der Stadt Hameln, Friedrichshafen 1983.

Ulmenstein, Günther Freiherr von: Die Stadt- und Landesfestung Hameln, Göttingen 1955.

Hanau

Bott, Heinrich: Die Altstadt Hanau. Baugeschichte, Häuserverzeichnis, Bilder. Ein Gedenkbuch zur 650-Jahrfeier der Altstadt Hanau, Hanau 1953.

Ders.: Beiträge zur Baugeschichte des Schlosses in Hanau, in: Hanauer Geschichtsblätter, Bd. 17 (1960), S. 49–72.

Ders.: Der Hanauer Stadtplan des Christoph Metzger. Ein Vergleich der Ausgaben von 1684 und 1735, in: Hanauer Geschichtsblätter, Bd. 17 (1960), S. 115–130.

Ders.: Beiträge zur Gründungsgeschichte der Neustadt Hanau, in: Hanauer Geschichtsblätter, Bd. 18 (1962), S. 55–182, Taf. 1, 2.

Ders.: Stadt und Festung Hanau nach dem Stockholmer Plan des Joachim Rumpf vom 8. Januar 1632 und nach anderen Plänen und Ansichten des 17. und 18. Jahrhunderts, in: Hanauer Geschichtsblätter, Bd. 18 (1962), S. 183–222, Taf. 3, 4, 3 Beilagen.

Ders.: Gründung und Anfänge der Neustadt Hanau 1596–1620, in: Hanauer Geschichtsblätter, Teil 1, Bd. 22 (1970), Teil 2, Bd. 23 (1971).

Ders.: Stadt und Festung Hanau, in: Hanauer Geschichtsblätter, Teil 1, Bd. 18 (1962), S. 183–222; Teil 2, Bd. 20 (1965), S. 61–125, Taf. 5–7, Beilagen B, C; Teil 3, Bd. 24 (1973), S. 9–43.

Hanauer Geschichtsverein e. V. (Hrsg.): 675 Jahre Altstadt Hanau. Festschrift zum Stadtjubiläum und Katalog zur Ausstellung. Schriftleitung Eckard Meise, Hanau 1978, darin u. a.: Heinrich Bott und Karl Dielmann: Abriß der Baugeschichte Hanaus vom 12. bis zur Mitte des 17. Jahrhunderts, S. 15–19; Maul, Erich: Die Stadtpläne des Architekten Georg Heinrich Busch, S. 35–52.

Jüngling, Peter: Bericht über die Untersuchung zur Hanauer Stadtbefestigung östlich des Freiheitsplatzes, mit Katalog von Anton Merk, in: Hanauer Geschichtsblätter, Nr. 28 (1982), S. 73–92.

Kurz, Werner (Hrsg.): 350 Jahre Lamboyfest. Eine Festschrift mit Beiträgen von Rudolf Bernges, Eckhard Meise und Klaus Remer sowie einem Plan der Schlacht vom 13./14. Juni 1636, Hanau 1986.

Hannover

Busch, Siegfried: Hannover, Wolfenbüttel und Celle. Stadtgründungen und Stadterweiterungen in drei welfischen Residenzen vom 16. bis zum 18. Jahrhundert, Hildesheim 1969.

Möller, Hans-Herbert (Hrsg.): Denkmaltopographie Bundesrepublik Deutschland. Baudenkmale in Niedersachsen: Stadt Hannover, Teil 1, bearbeitet von Wolfgang Neß; Ilse Rüttgerodt-Riechmann; Gerd Weiß; Marianne Zehnpfennig, Braunschweig/Wiesbaden 1983.

Möldeke, A. (Bearb.): Die Bau- und Kunstdenkmäler der Stadt Hannover, 2 Bde., Hannover 1932, Osnabrück 1976.

Voigt, Wolfgang und Auffahrt, Sid: Wie man Kasernen vor der Menge schützt: Ein Plan aus dem Jahre 1858, in: ARCH+. Zeitschrift für Architekten, Stadtplaner, Sozialarbeiter und kommunalpolitische Gruppen, Nr. 71 (1983), S. 4.

Harburg

Helms-Museum (Hrsg.): 500 Jahre Harburg in Plänen und Bildern. Die räumliche Entwicklung der Stadt 1457–1957, Ausstellungskatalog, Hamburg-Harburg 1958.

Kausche, Dietrich: Die Hansestädte und der Bau der Festung Harburg (1644–1646), in: Niedersächsisches Jahrbuch, Bd. 54 (1982), S. 189–216.

Ders.: Das Renaissanceschloß in Harburg und sein Erbauer, in: Hamburgische Geschichtsblätter, Bd. 8, Nr. 1 (1966), S. 1–12.

Lucht, Robert: Die Festung Harburg im Befreiungskrieg 1813–1814, in: Harburger Jahrbuch, Bd. VI/1956, Hamburg-Harburg 1956, S. 50–72.

Ders.: Stadt und Festung Harburg im Erbregister von 1667, in: Harburger Jahrbuch, Bd. VII/1957, Hamburg-Harburg 1958, S. 5–30.

Richter, Klaus: Hamburg und der Südelberaum 1577. Kolorierte Handzeichnung von Daniel Frese, Hamburg 1978.

Ders. und Laux, Friedrich: Von der Burg zur Industriestadt. Die Entwicklung Harburgs bis zur Industrialisierung um die Mitte des 19. Jahrhunderts, in: Helms-Museum-Hamburgisches Museum für Vor- und Frühgeschichte, Informationsblatt, Nr. 47 (1980).

Hastenbeck

Bühring, Joachim (Bearb.): Festung »Wobersnow«, in: ders.: Die Kunstdenkmäler des Landkreises Hameln-Pyrmont im Regierungsbezirk Hannover, Hannover 1975, Textband S. 262f., Bildband, Tafel 312.

Heidelberg

Merz, Ludwig: Befestigungen um Heidelberg 1622, in: Mitteilungen der Vereinigung der Freunde der Studentenschaft der Universität Heidelberg, Bd. 20 (1956), S. 152–158.

Ders. und Walther, Gerhard: Der historische Pfad bei Heidelberg (Stadt- und Bergbefestigungen), Faltblatt, Heidelberg o. J.

Heidenheim

Akermann, Manfred: Schloß Hellenstein über Heidenheim an der Brenz, Heidenheim 1977.

Bittel, Kurt: Bemerkungen zu der von Heinrich Schickhardt geplanten und von Johannes Kretzmaier ausgeführten Wasserleitung von der Brunnenmühle zum Schloß Hellenstein, in: 75 Jahre Heimat- und Altertumsverein Heidenheim 1901–1976, Heidenheim 1976.

Walz, Wolfgang: Schloß Hellenstein in Geschichte und Kunst, in: Aquileja, Heidenheim, Dezember 1961.

Heinsberg

Corsten, Severin: Die Festung Heinsberg und ihre Baugeschichte im 16. Jahrhundert, in: Heimatkalender des Selfkantkreises, Nr. 6 (1956), S. 25–32.

Himmelpforte

Kühn, Arthur: Die Schwedenschanze im Himmelpfortener Holz, in: Mitteilungen des Stader Geschichts- und Heimatvereins, Bd. 38 (1963), S. 4–6.

Hochburg

Brinkmann, Rolf: Der Brand auf der Festung Hochburg 1684, Emmendingen 1985.

Ders.: Burgruine Hochburg, Emmendingen 1984.

Ders.: Dokumentation der Arbeiten der Schutzaktion Hochburg von 1971–1976, in: Burgen und Schlösser, Heft 1 (1978), S. 59–62.

Innenministerium Baden-Württemberg: Bürger helfen mit. Kommunale Bürgeraktionen 1977: Verein zur Erhaltung der Hochburg e. V., S. 48–51.

Schweikert, W.: Hochburg. Landeck. Tennenbach. Rund um Emmendingen, Emmendingen o. J.

Hohenasperg

Bolay, Theodor: Der Hohenasperg. Vergangenheit und Gegenwart, Bietigheim 1972.

Brandstätter, Horst: Asperg. Ein deutsches Gefägnis, Berlin 1978.

Uhland, Robert: Georg Wilhelm Kleinsträttl Hauptmann auf Hohenasperg Zeichner und Kartograph, in: Beiträge zur geschichtlichen Landeskunde. Geographie, Geschichte, Kartographie. Festgabe für Ruthard Oehme, Stuttgart 1968, S. 166–193.

Hohen-Neuffen

Lauer, Gerhard: Der Hohen-Neuffen. Rundgang durch die Ruine. Die Geschichte der Festung, 2. Aufl., Neuffen 1984.

Hohentwiel

Berner, Herbert: Kleiner Hohentwiel-Führer, Singen 1983.

Ders.: Singen und der Hohentwiel im Spiegel der Dichtung, in: Singener Kulturspiegel 1974/75, S. 7–19.

Ders.: Hohentwiel-Miniaturen, in: Beiträge zur Landeskunde, Nr. 6 (1970), S. 1–5.

Ders.: Inbesitznahme des Hohentwiels am 31. Dezember 1969, in: Singener Jahrbuch 1969, S. 8–9.

Ders.: Der Hohentwiel in alten Karten, Bildern, Urkunden, Büchern und Fotografien. Katalog der Sonderausstellung des Stadtarchivs Singen 1969 (masch. vervielfältigt).

Ders. (Hrsg.): Hohentwiel. Bilder aus der Geschichte des Berges, 2. Aufl., Konstanz 1957, darin u. a.: Motz, Paul: Hohentwieler Festungsbaugeschichte, S. 170–184, Berner, Herbert: Fall und Zerstörung der Festung Hohentwiel, S. 253–279.

Brunner, Else: Hohentwiel mit Singen. Reiseführer, 10. Aufl., Konstanz 1978.

Dies.: Rund um den Hohentwiel. Ein kleiner Führer durch die Burgruine des Hohentwiel und seine Umgebung, Singen 1946 (dreisprachig).

Krezdorn, Siegfried: Miszellen zur Geschichte des Hohentwiels, in: Hegau, Nr. 23 (1978), S. 247–250.

von Martens, Karl: Geschichte des Hohentwiel. Sonderdruck des Festungsführers aus: ders.: Geschichte von Hohentwiel, Stuttgart 1857, Hohentwiel o. J. (1968).

Miller, Max: Das Hohentwiel-Lagerbuch von 1562 und weiterer Quellen über die Grundherrschaft und das Dorf Singen. Nebst Katasterkarte der Festung Hohentwiel (1840), Stuttgart 1968.

Motz, Paul: Die Größe der Festung Hohentwiel, in: Hegau, Nr. 2 (1957).

Schadelbauer, Karl: Der Hohentwielische Receß von 1644, in: Hegau, Jg. 14 (1969), S. 269–273.

Ders.: Ein Streit um einen Fortificationsbau 1655/56, in: Hegau, Jg. 14 (1969), S. 273–277.

Hohenurach

Maurer, Hans-Martin: Hohenurach als Beispiel einer württembergischen Landesfestung. Aufbau, Organisation, Standrecht, Bewährung, in: Burgen und Schlösser, Nr. 1 (1975), S. 1–9.

Hohenzollern

Bothe, Rolf: Burg Hohenzollern. Von der mittelalterlichen Burg zum nationaldynastischen Denkmal im 19. Jahrhundert, Berlin 1979.

Braun, Gerd: Die Burg Hohenzollern als Denkmal des Historismus, in: Burgen und Schlösser, Nr. 1 (1974), S. 40–44.

Genzmer, Walther: Burg Hohenzollern, in: Burgen und Schlösser, Nr. 2 (1968), S. 43–45.

Gers, Herbert: Burg Hohenzollern, 3. Aufl., Hechingen 1978.

Hannmann, Eckart: Die Burg Hohenzollern als Denkmal des Historismus. Ein Rückblick auf die Bewertung ihrer architektonischen Qualität, in: Burgen und Schlösser, Nr. 1 (1974), S. 32–40.

Homburg

Biller, Thomas: Das »Bastionierte Schloß« als Bautypus des 16. Jahrhunderts. Zur Einordnung von Schloß und Festung Homburg, in: Festung, Ruine, Baudenkmal, Deutsche Gesellschaft für Festungsforschung, Bd. 3, Wesel 1984, S. 25–47.

Fischer, Karl: Burg, Schloß und Festung Homburg, in: Blätter zur Geschichte der Stadt Homburg-Saar, Homburg 1958.

Florange, J.: Die Festung Homburg (1679–1714), übersetzt aus dem Französischen von Paul Weber, Homburg 1972 (= Homburger Hefte).

Hoppstätter, Kurt: Burg und Festung Homburg, in: Rheinische Vierteljahresblätter, Heft 344 (1954).

Schmidtchen, Volker: Von der Ruine zur Touristenattraktion? Anmerkungen zu Ausgrabungs- und Restaurierungsproblemen bei den ehemaligen Befestigungsanlagen auf dem Schloßberg in Homburg, in: Festung, Ruine, Baudenkmal, Deutsche Gesellschaft für Festungsforschung, Bd. 3, Wesel 1984, S. 48–54.

Schöppner, Martine: Homburg in den militärischen Auseinandersetzungen zwischen 1650 und 1750, in: Festung, Ruine, Baudenkmal, Deutsche Gesellschaft für Festungsforschung, Bd. 3, Wesel 1984, S. 8–24.

Dies.: Zivilbevölkerung und Militär in Homburg während der beiden Perioden französischer Besetzung 1679 und 1715, in: Festung, Garnison, Bevölkerung, Deutsche Gesellschaft für Festungsforschung, Bd. 2, Wesel 1982, S. 133–150.

Stadtverwaltung Homburg (Hrsg.): 650 Jahre Stadt Homburg 1330–1980, Homburg 1980.

Ingolstadt

Aichner, Ernst: Alte Schanzen zwischen Hepberg und Wettstetten. Eine Entdeckung der bayerischen Ingenieuroffiziers Carl (Ritter von) Brug aus dem Jahre 1880, in: Sammelblatt des Historischen Vereins Ingolstadt, 87. Jg. (1978), S. 284–291, 409.

Ders.: Der Ausbau und die beginnende Auflassung der bayerischen Landesfestung Ingolstadt (1848–1918), Dissertation München 1974 (Druck in Vorbereitung).

Grieshammer, Paul: Die Königliche Festung Ingolstadt 1827–1937, in: Festschrift zum Standorttreffen Ingolstadt, Juni 1957.

Grießhammer, Paul F.: Festung und Garnison Ingolstadt 1827–1945, in: Beiträge zur Geschichte der Garnison Ingolstadt und des Bayerischen Armeemuseums, Bd. VI der Reihe Tradition und Fortschritt, Ingolstadt o. J.

Hofmann, Siegfried: Die Befestigung Ingolstadts bis 1800, in: 20 Jahre Pionierbataillon 100, Ingolstadt 1976.

Reiter, Aksel: Eine Festung wurde saniert. Die ehemalige Landesfestung Kavalier Elbracht Ingolstadt, in: Bauverwaltung, Nr. 2 (1984), S. 52–55.

von Reitzenstein, Alexander: Die Festung Ingolstadt der Herzöge und Kurfürsten, in: Müller, Theodor und Reissmüller, Wilhelm: Ingolstadt. Die Herzogstadt. Die Universitätsstadt. Die Festung, Bd. I, Ingolstadt 1974, S. 261–294.

Ders.: Die Festung Ingolstadt König Ludwigs I., in: Müller, Theodor und Reissmüller, Wilhelm: Ingolstadt. Die Herzogstadt. Die Universitätsstadt. Die Festung, Bd. II, Ingolstadt 1974, S. 359–395.

Schuster, E.: Das Burgschloß in der neuen Feste Ingolstadt, in: SHVI 68 (1959), S. 3–53.

Stadt Ingolstadt, Kulturreferat (Hrsg.): Stadtmuseum Ingolstadt im Kavalier Hepp. Eröffnung am 30. Januar 1981, Ingolstadt 1981.

Vogl, Waltraud: Die ehemaligen Festungsanlagen von Ingolstadt. Heutige Nutzung und Auswirkungen auf die Stadtentwicklung, Nürnberg 1978.

Istein

Kühn, Hans-Jürgen: Der Isteiner Klotz in der Konzeption des Westwalls, in: IBA Informationen, Nr.110 (1987), S. 32–46.

Schäfer, Hermann: Pflanzenwelt und Festungsbau, in: Der Isteiner Klotz. Zur Naturgeschichte einer Landschaft am Oberrhein, hrsg. von Hermann Schäfer und Otto Wittmann, Freiburg im Breisgau 1966, S. 246–248.

Schülin, Fritz und Schäfer, Hermann: Istein und der Isteiner Klotz, 2. Aufl., Freiburg i. Br. 1977.

Jülich

Atzpodien, Karl-Theodor: Staatlichs Gymnasium in der Zitadelle, in: Bauwelt, Nr. 42 (1973), S. 1821–1824.

Ders.: Der Ausbau der zerstörten Zitadelle von Jülich zum Gymnasium, in: Deutsche Kunst und Denkmalpflege, Nr. 2 (1972), S. 91–102.

Clemen, Paul (Hrsg.): Die Kunstdenkmäler der Rheinprovinz, Bd. 8, I: Die Kunstdenkmäler des Kreises Jülich, bearbeitet von K. Franck-Oberaspach und E. Renard, Düsseldorf 1902, Nachdruck Düsseldorf 1982.

Eberhardt, Jürgen: Die Zitadelle von Jülich. Das Idealschema bei Specklin als Schlüssel zur Grundrißgeometrie, in: Deutsche Gesellschaft für Festungsforschung, Bd. 6, 1986, S. 95–116.

Ders.: Jülich Idealstadtanlage der Renaissance. Die Planungen Alessandro Pasqualinis und ihre Verwirklichung, Bonn 1978.

Lehrstuhl für Stadtbereichsplanung und Werklehre der RWTH Aachen (Hrsg.): »Idealstadt Jülich«. Planungen für den Innenstadtbereich, Aachen 1984/85.

Neumann, Hartwig: Zitadelle Jülich. Großer Kunst- und Bauführer, Jülich 1986.

Ders.: Zitadelle Jülich. Kleiner Kunst- und Bauführer, Jülich 1987.

Ders.: Die Monogramme von Kurfürst Carl Theodor (1743–1799) CT und Kurfürstin Elisabeth Auguste (1743–1792) EA in der Supraporte der Schloßkapelle Zitadelle Jülich (1768), in: Zitadelle, Mitteilungsblatt des Gymnasiums Zitadelle Jülich, Nr. 15 (1986), S. 70–75.

Ders.: Die Landesfestung und Residenz Jülich – Eine Sizze, in: Land im Mittelpunkt der Mächte. Die Herzogtümer Jülich, Kleve, Berg. Ausstellungskatalog des Städt. Museums Haus Koekkoek Kleve und des Stadtmuseums Düsseldorf, 3. Aufl., Kleve 1985, S. 314–326.

Ders.: Eisenbahnkundliche Reminiszenzen im militärhistorischen Bereich A: Das Reichsbahn-Betriebsamt Jülich. Tagebuch von der Zerstörung Jülichs 1944/45, S. 56–72, B: Französische Eisenbahngeschütze in Jülich, S. 299–301, C: Splitterschutz für Reichsbahnpersonal, S. 317, in: Eisenbahn-Amateur-Klub Jülich e. V. (Hrsg.): Jülich alte Eisenbahnerstadt, Jülich 1986.

Ders.: Serlio und der Kamin von Schloß Jülich, in: Jahrbuch Düren 1984, S. 141–143.

Ders.: Der Geschützaufmarsch gegen die Zitadelle Jülich 1610. Ein handgezeichneter Plan englischer Provenienz kehrte nach 372 Jahren an den Ort des dargestellten Geschehens zurück, in: Jahrbuch Düren 1983, S. 76–80.

Ders.: 5170 Jülich. Die Festung Jülich 16.–20. Jh. Das moderne Luftbild in Zusammenschau mit ausgewählten historischen Grundrissen, in: Festungsjournal. Mitteilungsblatt Deutsche Gesellschaft für Festungsforschung, Nr. 1 (1982), S. 17, 18 und Falttafel.

Ders.: Jülich auf alten Fotografien 1860–1944, Jülich 1980.

Ders.: Der gußeiserne Preußenadler aus der Festung Jülich, in: Jahrbuch Düren 1980, S. 39–46.

Ders.: Das ursprüngliche Konzept von Schloß Jülich wurde nie realisiert. Ein Beitrag zur Baugeschichte, in: Beiträge zur Jülicher Geschichte, Nr. 41 (1974), S. 32–37.

Ders.: Die Jülicher Notklippen von 1543, 1610 und 1621/22. Ein Katalog, Jülich 1974.

Ders.: Erhält Jülich ein Museum auf der Zitadellenbastion St. Johannes?, in: Zitadelle, Nr. 8 (1974), S. 112–123.

Ders.: Der Brückenkopf Jülich. Ein napoleonisches Festungswerk an der Rur, Jülich 1973.

Ders.: Die Zitadelle Jülich. Ein neues Ausflugsziel im Kreise Düren, in: Jahrbuch Düren 1973, S. 45–50.

Ders.: La Citadele de Juliers. Ein 170 Jahre altes Holzmodell, in: Zitadelle, Nr. 6 (1972), S. 29–36.

Ders. und Wilfried Moll: Der Jülicher Brückenkopf. Zoo + Park + Festungsanlage, Jülich 1977.

Ders.: Ein unbekannter Stadt- und Festungsplan des XVI. Jahrhunderts von Jülich aus dem Germanischen Nationalmuseum Nürnberg, in: Zitadelle, Nr. 10 (1976), S. 60–64.

Ders.: Jülich und Düsseldorf. Zwei Stadtveduten auf einem vergessenen Votivbild von 1679 aus der Pfarrkirche zu Bittenbrunn, in: a) Jahrbuch Düren 1976, S. 123–134, b) Neuburger Kollektaneenblatt, 129/1976, S. 89–109.

Ders.: Jülich auf Kupferstichen. Textblatt zur Ausstellung »Stadt und Festung Jülich auf Kupferstichen 16.–18. Jh.« in der Dürener Bank Jülich 1975.

Ders. (mit Heribert E. Jacobs und Felix Sauer): Die Zitadelle Jülich als Naherholungsgebiet? Vorschläge zur zukünftigen Gestaltung einer Freizeitanlage mit biologischem Lehrpfad in den Festungsgräben der Zitadelle, in: Zitadelle, Nr. 8 (1974), S. 81–111, Nachbesinnung in Nr. 9 (1975), rote Seiten.

Ders.: La Prise de Juliers. Die Einnahme von Jülich 1610. Peter Paul Rubens pinxit, Jean-Marc Nattier delineavit, Louis Simonneau sculpsit, chez Gaspard Duchange à Paris 1709, Faksimiledruck zum Rubensjahr 1977 mit Kommentar, Jülich 1977.

Ders.: Die historische Begründung der merkwürdigen Grundstücksform »Gemeindezentrum Evgl. Kirche Jülich« und der angrenzenden gemeindeeigenen Flächen sowie ihre Bedeutung innerhalb der Stadt- und Festungsgeschichte, in: Festschrift Evgl. Kirchengemeinde Jülich, 1977, S. 54–63.

Ders.: Die Zitadelle Jülich, 2. Aufl., Jülich 1977.

Ders.: Vraye Pourtraicture de l'Assiegement de la Ville de Juliers 1610. Faksimile des seltensten Kupferstichs unserer Stadt von P. Cotin und Floris Balthasar, neuaufgelegt und kommentiert, Jülich 1977.

Ders.: Über die Beziehungen der Jülicher Freimaurer zur Zitadelle im XIX. Jahrhundert, in: Zitadelle, Nr. 11 (1977), S. 89–96.

Ders.: Die Hofkapelle von Schloß Jülich in der Zitadelle, Köln 1979 (= Rheinische Kunststätten, Nr. 225).

Ders.: Bemerkungen zur Geschichte der Hofkapelle in Schloß Jülich. Festvortrag anläßlich der Übergabe der Schloßkapelle in der Zitadelle Jülich an die Öffentlichkeit am 29. April 1979, In: Zitadelle, Nr. 12 (1979), S. 99–103.

Ders.: Das Reiterbildnis des Markgrafen Ernst von Brandenburg (1583–1613) mit der Belagerung der Festung Jülich von B. Halver und A. Hogenberg, Jülich 1978.

Ders.: Die kartografische Randlage von Barmen zur Festung Jülich, in: Festschrift 140 Jahre Pfarrkirchenchor Barmen-Merzenhausen, 1980, S. 35–44.

Ders.: Jülich auf alten Postkarten, Jülich 2. Aufl. 1987.

Ders.: Wilhelm Peter Zimmermann, Relatio 1610. Ein zeitgenössischer Kriegsbericht, Augsburg 1611/Jülich 1972.

Ders.: Die Belagerung der Festung Jülich 1621/22. Ein Gemälde des flämischen Künstlers Peeter van Snayers, in: Beiträge zur Jülicher Geschichte, Nr. 39 (1972), S. 7–9.

Ders.: Die Zitadelle Jülich. Ein Gang durch die Geschichte, Jülich 1971.

Ders.: Medaillen zur Belagerung der Festung Jülich 1610, Jülich 1971.

Ders.: Bemerkungen zur Dekorationskunst am Jülicher Schloß: Bukranion, Trophäe, Füllhorn, klassische Säulenordnung, in: Heimatkalender des Kreises Jülich 1971, S. 39–47.

Ders.: Schloß Jülich wird Gymnasium – Die Zitadelle ist bald ein lohnendes Ausflugsziel, in: Der Niederrhein, 38. Jg., Heft 4 (1971), S. 156–159.

Ders.: Das herzogliche Schloß in Jülich, in: Rheinische Heimatpflege, Heft 1 (1970), S. 24–31.

Ders.: Die Schleifung der Festung Jülich 1860 mit einigen waffentechnischen Anmerkungen, in: Heimatkalender Jülich 1970, S. 16–23.

Ders.: Das Ende einer Festung. Die Belagerungsübung, Schießversuche und erste Schleifungsmaßnahmen in Jülich im September 1860. Eine Text- und Bilddokumentation unter Berücksichtigung der heutigen baulichen Situation, Jülich 1987.

Ders.: Jülich – einst Festungsstadt. Aus der Geschichte von Jülich, in: Jülich. Stadtplan. Verlag Deutsche Stadtpläne GmbH 1987.

(Oberholz, Andreas): Das versteckte Denkmal, in: Der Steuerzahler. Monatszeitschrift des Bundes der Steuerzahler, Nr. 7 (1984), Beilage für NRW, S. 5.

Zedelius, Volker: Jülicher Klippen 1610. Ein Beitrag zur Geschichte und Problematik von Original und Fälschung, in: Bonner Jahrbücher, Nr. 184 (1984), S. 561–572.

Kalkar

Meurer, P. H.: Die Festung Kalkar auf einem Plan des Stockholmer Kriegsarchivs, in: Kalender für das Klever Land 1979, S. 119–122.

Taverne, Ed: Henrick Ruse und die »Verstärkte Festung« Kalkar, in: Soweit der Erdkreis reicht. Johann Moritz von Nassau-Siegen 1604–1679, Ausstellungskatalog, Kleve 1979, S. 151–158.

Kehl

Steckner, Carl Helmut: Die Festung Kehl, in: Burgen und Schlösser in Mittelbaden, hrsg. v. Hugo Schneider, Historischer Verein für Mittelbaden, Kehl 1984, S. 260–271.

Ders.: Die Kehler Festung von 1681. Ein Beitrag zu Vauban's Befestigungstechnik, in: Ortenau, Nr. 59 (1979), S. 256–261.

Kiel

Nitzschke, Albert: Der Kieler Hafen im Deutsch-Französischen Krieg 1870/71, in: Mitteilungen der Gesellschaft für Kieler Stadtgeschichte, Nr. 3/4 (1971), S. 227–246.

Ders.: Die Festungsanlagen um Heikendorf. Heikendorf und Umgebung gehörten 1880 zum Reichskriegshafen Kiel, in: Heikendorf – Chronik einer Gemeinde, hrsg. v. Herbert Sätje, Hamburg 1983, S. 367–374.

Ders.: Die Festungsanlagen des Reichskriegshafens Kiel in der Zeit von 1865 bis 1888, in: Mitteilungen der Gesellschaft für Kieler Stadtgeschichte, Nr. 3/4 (1972), S. 267–304.

Kirchheim

Fleischhauer, Werner: Die Befestigung der Stadt Kirchheim im 16. Jahrhundert, in: Schwäbische Heimat, Nr. 2 (1968), S. 139–148.

Kniphausen

Janßen, Wilhelm: Burg und Schloß Kniphausen. Ein Versuch zur Rekonstruktion der Entstehungs- und Baugeschichte nach Urkunden und Akten, Wilhelmshaven 1977.

Koblenz

Belinghausen, Hans (Hrsg.): 2000 Jahre Koblenz. Geschichte der Stadt an Rhein und Mosel, Boppard 1973.

Ders.: Festung Ehrenbreitstein, 15. Aufl., Koblenz 1969.

Bornheim gen. Schilling, Werner: Die Festung Ehrenbreitstein, München/Berlin 1953.

Dein Standort Koblenz/Lahnstein, Ausgabe 16–1987, Bonn/Koblenz 1987.

Dennert, Dorothee und Dietrich-Cziuda, Ricarda: Die Festung Ehrenbreitstein. Geschichte und Geschichten für Kinder und Jugendliche, Koblenz 1987.

Ditt, K.: Die Festung Ehrenbreitstein in Wort und Bild, englisch-deutsch, Ehrenbreitstein o. J.

von der Dollen, Busso: Die Festungen Ehrenbreitstein und Koblenz in kurfürstlicher Zeit und ihre funktionalen Zusammenhänge, in: Zeitschrift für Festungsforschung, Nr. 1 (1984), S. 5–8.

Ders.: Die Koblenzer Neustadt. Planung und Ausführung einer Stadterweiterung des 18. Jahrhunderts, Köln/Wien 1979.

Geißler, Veit: Die Erbgroßherzog-Friedrich-Kaserne in Koblenz, in: Denkmalpflege in Rheinland-Pfalz 1979–1981, hrsg. v. Landesamt für Denkmalpflege Mainz, Worms 1982, S. 73–78.

Geschichte einer Festung. Der Ehrenbreitstein in Vergangenheit und Gegenwart, in: Wehrausbildung in Wort und Bild, Nr. 3 (1968), S. 108–110.

Hess, Valentin: Fort Konstantin. Der Zerfall einer preußischen Sperrgürtelbefestigung in Koblenz, in: Rheinische Heimatpflege, Nr. 4 (1976), S. 275–280.

III. Korps des deutschen Heeres (Hrsg.): Die Festung, The Fortress, La Forteresse Ehrenbreitstein. Geschichtlicher Rückblick und Führer durch die Festungsanlagen, Koblenz 1977.

Landeshauptarchiv Koblenz (Hrsg.): Festung Ehrenbreitstein. Urkunden, Pläne und Ansichten zur Geschichte, Austellungskatalog, Koblenz 1978.

Landesmuseum Koblenz (Hrsg.): Festung Ehrenbreitstein und Landesmuseum Koblenz, Rheinische Kunststätten, Köln 1978.

Dass.: Festung Ehrenbreitstein. Reihe Westermann Museum, Braunschweig 1985.

Liessem, Udo: Zur ästhetischen Gestaltung von Festungswerken aus der ersten Hälfte des 19. Jahrhunderts, dargestellt am Beispiel des Forts Großfürst Constantin und des Löwentors in Koblenz, in: Zeitschrift für Festungsforschung, 1985, S. 10–13.

Ders.: Abriß der Befestigungsentwicklung der Stadt Koblenz, in: Bulletin des Internationalen Burgen-Instituts, Nr. 36 (1979), S. 66–77.

Ders. und Löber, Ulrich: Festung Ehrenbreitstein. Preußische Festung über mittelalterlicher Burganlage, in: dieselben: Ausgewählte Burgen an Rhein, Mosel und Lahn, 2. Aufl., Koblenz 1980, S. 38–45.

Michel, Fritz (Bearb.): Die Kunstdenkmäler der Stadt Koblenz. Die profanen Denkmäler und die Vororte, München/Berlin 1954, Reprint München 1986 (= Kunstdenkmäler von Rheinland-Pfalz, hrsg. v. W. Bornheim gen. Schilling, Bd. 1).

Neumann, Hans-Rudolf: Gutachtliche Stellungnahme zur Frage der Eignung des Kasemattengebäudes des Forts Großfürst Konstantin in Koblenz zum Zwecke gastronomischer Nutzung, Häusl. Prüfungsarbeit zur zweiten Staatsprüfung für die Höheren Technischen Verwaltungsbeamten, Gensingen/Koblenz/Berlin 1984 (unveröffentlicht).

Ders.: Miscellaneum Confluentium. Zur Restaurierungsproblematik der Klassizistischen Großfestung Koblenz, Mainz 1983 (Verlag d. Verf.).

Ders.: Fort Asterstein, in: Zeitschrift für Festungsforschung, Nr. 1 (1984), S. 14–15.

Ders.: Fort Asterstein. Serie in der Rhein-Zeitung, Koblenz, 12. 1. 84, 23. 1. 84, 9. 2. 84, 22. 2. 84, 8. 3. 84, 6. 4. 84, 18. 4. 84, 18. 6. 84, 27. 7. 84, 1. 8. 84. (Sonderdruck).

Ders.: Revitalisierung Fort Asterstein-Reduit, Teil A: Textband, Teil B: Entwurfs- und Bauaufnahmezeichnungen, Teil C: Modell M 1:200, Diplomarbeit der TU Berlin 1981.

Ders.: Restaurierungsbemühungen um die klassizistische Großfestung Koblenz, in: Festschrift Martin Graßnick, Universität Kaiserslautern 1987, S. 65–68.

Oster, Karl: Koblenz. Portrait der Stadt an Rhein und Mosel, Koblenz 1982.

Schilling, Marlies: Die Festung Ehrenbreitstein. Ihre Entwicklung von der mittelalterlichen Burg bis zu einer der größten Festungen Europas, in: Der Westerwald. Zeitschrift für Heimatpflege und Wandern, Nr. 1/2 (1986), S. 16–21, 79–88.

Urban, Hartmut G.: Die gegenwärtige und die in Zukunft denkbare Nutzung der Festungsanlagen in Koblenz, in: Zeitschrift für Festungsforschung, Nr. 1 (1984), S. 16–19.

Wischemann, Rüdiger: Die Gesamtfestung Koblenz-Ehrenbreitstein, in: Zeitschrift für Festungsforschung, Nr. 1 (1984), S. 9–13.

Ders.: Die Festung Koblenz. Vom römischen Kastell und Preußens stärkster Festung zur größten Garnison der Bundeswehr, Koblenz 1978 (Sonderausgabe, 2. Aufl., Koblenz 1981).

Wirz, Ferdinand und Liessem, Udo: Naturdenkmale, Geschützte Landschaftsbestandteile, Frühgeschichtliche Bodendenkmale und Kulturdenkmale im Stadtkreis Koblenz, hrsg. Stadt Koblenz, Koblenz 1980.

Köln

Bernhard, Harri u. a.: Geschichte der Stadt, Festung und Garnison Köln, Frankfurt am Main 1959 (= Deutsche Garnisonen, Bd. 5).

Greis, Engelbert: Die Festung Cöln. Geschichte und Geschichten rund um die Torburgen und Mauern der alten Stadt, Köln 1982.

Historisches Archiv Köln: Alte handgezeichnete Kölner Karten, Ausstellungskatalog 1977.

Keppler, Irmela: Moderne Monumente. Am Rhein verfallen die Zeugen preußischer Festungsbaukunst, in: Neues Rheinland, Nr. 4 (1972), S. 12f.

Kier, Hiltrud: Die Kölner Neustadt. Planung, Entstehung, Nutzung, Düsseldorf 1978.

Kölnisches Stadtmuseum: Das Erscheinungsbild der Stadt Köln, Ausstellungskatalog 1977.

Kreiten, Karl-Heinz: Die Festung Köln um 1861, in: Kölnische Technische Mitteilungen, Nr. 3 (1986), S. 3–6.

Kruppa, Hubert: Ein Kölner Vorort mit großer Geschichte: Deutz, Köln 1978 (darin u. a. Deutz als Festung und Garnison).

Lautzas, Peter: Bonn oder Köln? Die strategische Bedeutung der beiden Festungen zur Zeit Napoleons I. (1801–1814), in: Bonner Geschichtsblätter, Bd. 25 (1973), S. 110–119.

Meynen, Henriette: Festung-Umgestaltung-Denkmalpflege. Das Beispiel Köln, in: Eine Zukunft für unsere Vergangenheit, Deutsche Gesellschaft für Festungsforschung, Bd. 1, Wesel 1981, S. 192–209.

Dies.: Militärbauten, in: Kunst des 19. Jh. im Rheinland, Bd. Architektur II: Profane Bauten und Städtebau, Düsseldorf 1980, S. 107–117.

Schlegel, Klaus: Köln und seine preußischen Soldaten. Die Geschichte der Garnison und Festung Köln von 1814 bis 1914, Köln 1979.

Vogts, Hans (Bearb.): Die profanen Denkmäler der Stadt Köln, Reprint Düsseldorf 1980.

Voigtlaender-Tetzner, Gerhard und Aders, Gebhard: Die rechtsrheinischen Preußischen Befestigungen Kölns, in: Rechtsrheinisches Köln, Bd. 5 (1980), S. 109–178.

Königshofen

Rost, J. W.: Versuch einer histor-statistischen Beschreibung der Stadt und ehemaligen Festung Königshofen und des königlichen Landgerichts-Bezirks Königshofen, Neuauflage der Ausgabe Würzburg 1852, Königshofen 1967.

Sperl, Josef: Stadt und Festung Königshofen im Grabfeld, Königshofen 1974.

Ders.: Festungsausbau, in: Am Kornstein, Beilage zum Boten vom Grabfeld, Folge 18 (1973).

Ders.: Anfänge der Festung Königshofen, in: Am Kornstein, Beilage zum Boten vom Grabfeld, Folge 14 (1972).

Ders.: Gefahren der Festung, in: Am Kornstein, Beilage zum Boten vom Grabfeld, Folge 6 (1970).

Ders.: Königshofen in alten Stadtansichten, 3. Die Ansichten des jüngeren Festungsbaus, in: Am Kornstein, Beilage zum Boten vom Grabfeld, Folge 6 (1970).

Königstein im Taunus

Krönke, Rudolf: Die Festung Königstein im Taunus. Kurze Geschichte der Stadt und Burg Königstein und Beschreibung der Festungsruine, 7. Aufl., Königstein 1981.

Söhngen, Philipp: Die Festung Königstein im Taunus. Kurze Geschichte der Stadt und Burg Königstein, Königstein i. Ts. 1960.

Stöhlker, Friedel: Die kurmainzische Festungskommandantur auf Königstein im Taunus. Ein Beitrag zur Militärgeschichte des Kurfürstentums Mainz, in: Heimatblätter Königstein i. Ts., Nr. 1 (1952).

Weißbecker, Karl und Krönke, Rudolf: Die Festung Königstein im Taunus. Kurze Geschichte der Stadt und Burg Königstein und Beschreibung der Festungsruine, 6. Aufl., Königstein i. Ts. 1987.

Konstanz

Schnetztor-Initiative der Konstanzer Blätzlebuebe-Zunft e. V. (Hrsg.): Trutziges Costantz. Tore und Türme einer Freien Reichsstadt, Konstanz 1981.

Krempe

Hansen, Reimer: Die Festung Krempe unter Christian III. und Friedrich II. (1533–88), in: Nordelbingen. Beiträge zur Kunst- und Kulturgeschichte, Bd. 39 (1970), S. 35–53.

Kronach

Breuer, Tilmann: Festung Rosenberg über Kronach, München/Berlin 1984.

Ders.: Festung Rosenberg, in: ders.: Landkreis Kronach, Bayer. Kurzinventar, München 1964, S. 87–119.

Fehn, Georg: Kronach und Feste Rosenberg, Lichtenfels/Kronach 1952.

Ders.: Chronik von Kronach, 6 Bde., Kronach 1950ff.

Hotz, Joachim: Kronach in Kunst und Geschichte, 2. Aufl., Kronach 1967.

Kremer, Hans: Führer durch die Festung Rosenberg ob Kronach, 8. Aufl., Kronach 1973.

Schlesinger, Gerhard: Napoleon in Kronach. Versuch einer Dokumentation, Kulmbach 1979.

Zink, Fritz: Kronach um 1623/33, eine Federzeichnung, in: Jahrbuch für fränkische Landesforschung, Nr. 19 (1959), S. 481–484.

Kulmbach

Bachmann, Erich und Seelig, Lorenz: Plassenburg ob Kulmbach. Amtlicher Führer, 6. Aufl., München 1983.

Gebessler, August: Plassenburg, in: ders.: Stadt und Landkreis Kulmbach, Bayer. Kurzinventar, München 1958, S. 16–26.

Herrmann, Erwin: Zur Geschichte der Plassenburg (von den Anfängen um 900 bis 1700), in: Heimatbeilage zum Amtlichen Schulanzeiger des Regierungsbezirks Oberfranken, Nr. 4 (1982), S. 3–39.

Kunstmann, Hellmut: Burgen an Obermain unter besonderer Würdigung der Plassenburg, Kulmbach 1975.

Stierhof, Horst: Caspar Vischer und die Plassenburg ob Kulmbach, in: Zinnfiguren Almanach, Kulmbach 1975, S. 3–6.

Storch, Erich: Die Plassenburg in der fränkischen Baugeschichte, Kulmbach 1951.

Landau

Eckardt, Anton: Lage und Befestigung der Stadt (Landau), in: ders.: Die Kunstdenkmäler der Pfalz, II. Stadt und Bezirksamt Landau, München 1928, Nachdruck München/Berlin 1974, S. 62–70.

Ehrend, H.: Die vier Belagerungen von Landau auf Münzen und Medaillen, Speyer 1972.

Heß, Hans: Bau der Festung Landau, in: Landauer Monatshefte, Nr. 6/7 (1965).

Ders.: Bilder aus der Stadtgeschichte. Vor 100 Jahren begann die Demolierung der Festung, in: Landauer Monatshefte, Nr. 10 (1967), S. 26–32.

Ders.: Bilder aus der Stadtgeschichte. Das Fort im Luitpold-Park – ein Gang durch seine Geschichte, in: Landauer Monatshefte, Nr. 11 (1967), S. 10–19.

Ders.: Erklärung der Festung Landau zu einem sturmfreien Depotplatz 1867, in: Landauer Monatshefte, Nr. 10 (1967).

Ders.: Landau 1817 mit dem alten Festungskern 1688/91, in: Pfalzatlas I, Nr. 10, hrsg. v. Willi Alter, Speyer 1970, S. 364–367.

Ders.: Landau, wie Marschall Vauban es sah, in: Landauer Monatshefte, Nr. 8–12 (1959).

Hoffmann, Franz: Das Schleifen der Festung Landau und die Erweiterung der Stadt nach 1871. Schriftliche Hausarbeit an der Erziehungswissenschaftlichen Hochschule Landau, 1968.

Rigö: Landau. Notmünzen, die während der Belagerung 1702 und 1713 geschlagen wurden, Nürnberg o. J.

S. H.: Der Bau der Festung Landau, in: Landauer Monatshefte, Nr. 6/7 (1965).

Straub, J.: Die bauliche Entwicklung Landaus, Speyer 1981.

Übel, Rolf: Die Bundesfestung Landau-Struktur und Entwicklung einer Bundesfestung und ihre Beziehungen zu der Stadt, Manuskript der Magisterarbeit an der EWH-Abteilung Landau, 1986.

Wacker, Jakob: Das Fort von Landau, in: Pfälzer Heimat, Nr. 8 (1957), S. 138 f.

Wacker, Peter: Stadt und Festung Landau, in: Tradition, Mitteilungsblatt der Militärhistorischen Sammlung, Nr. 9 (1956) und Nr. 10 (1956).

Lemgo

Meier-Lemgo, Karl: Die Festung Lemgo, in: Mitteilungen der lippischen Geschichts- und Landeskunde, Bd. 24 (1955), S. 90–114.

Lichtenau

N. N.: Festung wird Staatsarchiv. Wiederherstellung der Festung Lichtenau, in: Bauverwaltung, Nr. 5 (1985), S. 186–190.

Kugler, Rudolf: Lichtenau, in: Mitteilungen der Altnürnberger Landschaft, 10. Jg. (1961), S. 3–16.

Landbauamt Ansbach (Hrsg.): Die Festung Lichtenau. Bauliche Wiederherstellung durch das Landbauamt Ansbach für Zwecke des Staatsarchivs Nürnberg (Außenstelle Lichtenau), Lichtdruck, Ansbach 1983.

Lidl, Josef und Mielke, Friedrich: Lichtenau, ehem. Festung, Doppelwendeltreppe, in: dieselben: Treppen zwischen Tauber, Rezat und Altmühl, Weissenburg 1985, S. 68 f.

Lübbeke, Hans Wolfram und Braasch, Otto: Lichtenau, in: dieselben: Denkmäler in Bayern, Bd. V: Mittelfranken. Ensembles-Baudenkmäler-Archäologische Geländedenkmäler, München 1986, S. 267 ff.

Mielke, Friedrich: Die Festung Lichtenau und ihre Doppelwendeltreppe, in: Festungsforschung heute, Deutsche Gesellschaft für Festungsforschung, Bd. 4, Wesel 1985, S. 127–135.

Schnelbögl, Fritz: Nürnbergs Bollwerk Lichtenau, Sonderheft der Mitteilungen der Altnürnberger Landschaft, 4. Jg. 1955.

Schwemmer, Wilhelm: Lichtenau. Aus der Geschichte der Ortschaft und der Festung, 2. Aufl., Nürnberg 1985.

Lichtenberg

Gutendorf, Bernd und Stucky, Reiner: Burg-Lichtenberg, Thallichtenberg 1975.

Haarbeck, Walther: Geschichte der veldenz-zweibrückischen Burg Lichtenberg, Birkenfeld 1964, Neuauflage Lichtenberg 1975.

Lindau

Götzger, Heinrich: Insel Lindau im Boodensee. Erschließen der Siedlungsentwicklung aus Grundstückslagen, Lindau 1967.

Ricklinger, W.: Lindau im Bodensee. Graphik aus vier Jahrhunderten, 4. Aufl., Lindau 1972.

Riedl, Eduard: Lindaus alte Schanzen, in: Lindauer Zeitung v. 27. 8./3. 9. und 10. 9. 1966.

Wiedermann, Fritz: Gar wohl gerüstet mit Türmen und Pasteyen. Lindau, Überlingen 1952.

Lingen

Ehbrecht, Wilfried (Hrsg.): Lingen 975–1975. Zur Genese eines Stadtprofils, Lingen 1975 (darin besonders W. Ehbrecht: Die Phasen des Ausbaues der Festung nach Altkarten und Ansichten aus dem 16. und 17. Jahrhundert, S. 96–100).

Nöldeke, Arnold (Bearb.): Die Kunstdenkmäler der Kreise Lingen und Bentheim, Neudruck der Ausgabe 1919, Osnabrück 1978.

Tenfelde, Walter: (Vier Zeichnungen der Festung Lingen aus der Herzog August Bibliothek Wolfenbüttel), in: Kivelingsfest, 1000-Jahr-Feier Lingen, 1975.

Ders.: Ambrosius Spinola und die spanische Zeit in Lingen 1605–1630, Lingen 1958.

Linn

Rotthoff, Guido (Bearb.): Rheinischer Städteatlas, Nr. 23: Linn, Bonn 1978.

Lippstadt

Hagemann, Gunter: Die Festung Lippstadt. Ihre Baugeschichte und ihr Einfluß auf die Stadtentwicklung, Bonn 1985.

Ders.: Die Festung Lippstadt ein historischer und städtebaulicher Abriß, in: Dein Standort Lippstadt, 3. Aufl., Koblenz/Bonn 1987, S. 17–24.

Schlieper, Edith: Soldaten aus Hessen-Kassel in Lippstadt 1644/45, in: Zeitschrift des Vereins für Hessische Geschichte und Landeskunde, Bd. 84 (1974), S. 183–190.

Lübeck
Geist, Jonas: Versuch, das Holstentor in Lübeck im Geiste etwas anzuheben, Berlin 1976.
Meyer, G. und Graßmann, A.: Lübeck-Schrifttum 1900–1975, München 1976.
Pieske, Christa: Die Gestaltung des Holstentorplatzes in Lübeck 1906–1926, in: Deutsche Kunst und Denkmalpflege 33 (1976), Heft 1/2, S. 73–90.
Schadendorf, Wulf: Das Holstentor zu Lübeck. Der Bau und seine Geschichte, in: Niederdeutscher Verband f. Volks- und Altertumskunde, Nr. 2 (1978).
Ders.: Das Holstentor. Symbol der Stadt, Gestalt, Geschichte und Herkunft des Lübecker Tores, Lübeck o. J.

Mainz
Balzer, Wolfgang: Mainzer Rad im Doppeladler, 1793–1797, 1814–1866. Post und Geschichte der österreichischen Besatzungstruppen der Bundesfestung Mainz, Mainz 1982.
Ders. und Himmel-Agisburg, Heinrich: K. K. Gouvernement Bundesfestung Mainz, Mainz 1977.
Bethke, Martin: Die Reichs- und Bundesfestung Mainz, in: Hessische Heimat. Aus Natur und Geschichte, Gießen 1976, S. 97–100.
Bundesfestung Mainz: K. K. österreichische Militärpost 1793–1797, 1814–1866, Mainz 1977.
Christ, Heinrich: Militärische Erinnerungen eines Gymnasiasten 1912–1920, in: Feldgrau, Nr. 4 (1960), S. 158–160, Nr. 6 (1960), S. 189–191.
Ders.: Festung Mainz, in: Feldgrau, Nr. 2 (1961).
Dambron, Rudolf: Mainz-Festung des »Deutschen Bundes« 1816–1866, in: Mainzer Almanach 1967, S. 119–126.
Daschmann, Claus: Die Bedeutung der Festung Gustavsburg im Mainzer Sicherheitssystem, in: Die Burg. Heimatblätter der Gustavsburg, Nr. 36 (1980), S. 1–2.
Fischer, Günther: Die Festung Mainz 1866–1921. Ein Beitrag zu ihrer Baugeschichte im Rahmen des deutschen Festungsbaus, Düsseldorf 1970 (Eigenverlag des Verfassers).
Kahlenberg, Friedrich P.: Kurmainzische Verteidigungseinrichtungen und Baugeschichte der Festung Mainz im 17. und 18. Jahrhundert, Dissertation Mainz 1962, Druck Mainz 1963.
Ders.: Die Festungskommandanten von Mainz im 17. Jahrhundert, in: Mitteilungsblatt zur rheinhessischen Landeskunde, Nr. 1 (1962), S. 4–10.
Ders.: Die Festung Mainz als Objekt mittelrheinischer Territorialpolitik, in: Mitteilungsblatt zur rheinhessischen Landeskunde 10 (1961), S. 309–312.
Lautzas, Peter: Die Festung Mainz im Zeitalter des Ancien Regime, der Französischen Revolution und des Empire (1736 bis 1814), Dissertation Mainz 1971, Druck Wiesbaden 1973.
Ders.: Die Akten der »Direction de Fortification de Mayence (1800–1814)« im Bundesarchiv/Abt. Frankfurt, in: Archivalische Zeitschrift, Bd. 69 (1973).
Neliba, Erich: Geschichte der Gustavsburg 1632–1648, in: Die Burg. Heimatblätter der Gustavsburg, Nr. 28/29 (1973).
Neumann, Hans-Rudolf: Militärbauverwaltung in Mainz – Ein geschichtlicher Rückblick, in: Vierteljahreshefte für Kultur-, Politik-, Wirtschaftsgeschichte Mainz, Nr. 1 (1987), S. 149–152.
Ders.: Mainz – »Teutschlands Bollwerk am Rhein«, in: Die Baubude. Zeitschrift der Firma Hoch-Tief, Nr. 123 (1986), S. 30 f.
Ders.: Die Bundesfestung Mainz 1814–1866. Entwicklung und Wandlung. Von der Blockhausfortifikation zum steinernen Bollwerk Deutschlands, Berlin/Mainz 1986/87.
Ders.: Einbindung historischer Festungsanlagen in einen Neubau-Komplex auf dem Kästrich in Mainz, in: Zeitschrift für Festungsforschung, Nr. 1 (1984), S. 25–30.
Ders.: Revitalisierungsentwurf zum Proviantmagazin Mainz, Studienentwurf an der TU Berlin, Berlin 1977 (mit Modell).
Rettinger, Elmar: Das Mainzer Militär- und Defensionswesen 1680–1700, in: Gaede, Christina u. a.: Bevölkerungsbewegung und soziale Strukturen in Mainz zur Zeit des Pfälzischen Krieges. 1680–1700, Wiesbaden 1978, S. 57–68.
Schumacher, Angela u. a. (Bearb.): Kulturdenkmäler in Rheinland-Pfalz, Bd. 2: Stadt Mainz, 1. Stadterweiterungen des 19. und 20. Jahrhunderts, Düsseldorf 1986.
Wasser, Paul: Mainz – für ewige Zeiten ein fester Platz, Teil 1 in: Mainz-Magazin, Juni 1976, S. 3–10, Gegen die Artillerie war keine Mauer gewachsen. Mainz setzt auf Bastionen, Teil 2 ebenda, Juli 1976, S. 3–10, 1900 war es endlich soweit – Der Kaiser verkaufte die Umwallung von Mainz, Teil 3 ebenda, August 1976, S. 9–11, 15–21.

Mannheim
Huth, Hans: Die Kunstdenkmäler des Stadtkreises Mannheim, Bd. I, München 1982 (darin u. a. Stadt und Festung im 17. Jh., S. 37 ff., Die Festung im 18. Jh. S. 97 ff.).
Ders.: Nicht ausgeführte Architektur im 17.–1. Hälfte 19. Jahrhundert in Mannheim, in: Badische Heimat, Nr. 1 (1978), S. 17–29.
Ders.: Eine Beschreibung der Festung Mannheim aus dem Jahre 1782, in: Mannheimer Hefte, Nr. 1 (1974), S. 17–30.
Press, Volker: Graf Otto von Solms-Hungen und die Gründung der Stadt Mannheim, in: Mannheimer Hefte, Nr. 1 (1975), S. 9–23.

Marburg
Brohl, Elmar: Ausgrabungen im Schloßpark geben Aufschluß über ehemalige Festungsanlagen, in: Marburg: Studier' mal Marburg, Nr. 6 (1981), S. 5 f.

Meppen
Geppert, A.: Meppen, Abriß einer Stadtgeschichte, Meppen 1951.
Herrmann, Michael: Meppener Fortifikation als Unterrichtsgegenstand an der fürstbischöflichen Universität Bamberg. Der Bamberger Plan der Festung Meppen, in: Meppen aus alter und neuer Zeit (834–1984), Meppen 1984, S. 45–55.
Kraneburg, H.: Meppen und seine Bürger in alter Zeit, 3. Aufl., Meppen 1978.
Pardev, Karl: Beiträge zur Geschichte der Festung Meppen, in: Jahrbuch des Emsländischen Heimatbundes, Bd. 30 (1984), S. 30–42.

Minden
Meinhardt, Volkmar Ulrich: Die Festung Minden. Gestalt, Struktur und Geschichte einer Stadtfestung, Dissertation Darmstadt, Druck Minden 1958.
Mielke, Heinz-Peter: Soziale Phänomene in einer Festungsstadt im 19. Jahrhundert (Minden), in: Festung, Garnison, Bevölkerung,

Deutsche Gesellschaft für Festungsforschung, Bd. 2, Wesel 1982, S. 185–197.

Nordsiek, Hans: Minden als Festungsstadt des 19. Jahrhunderts, in: Zeitschrift für Festungsforschung, Heft 1 (1982), S. 32–36.

Ders. (Hrsg.): Zwischen Dom und Rathaus. Beiträge zur Kunst- und Kulturgschichte der Stadt Minden, Minden 1977.

Schwarz, Friedrich: Von der Festungs- zur Industriestadt, aus: Minden, die Pforte Westfalens, Dortmund 1954.

Schreiner, Ludwig: Die Bautätigkeit in Minden zur Zeit des Klassizismus, in: Zwischen Dom und Rathaus. Beiträge zur Kunst- und Kulturgeschichte der Stadt Minden, hrsg. v. Hans Nordsiek, Minden 1977, S. 269–302.

Stadt Minden (Hrsg.): Minden. Zeugen und Zeugnisse seiner städtebaulichen Entwicklung, Minden 1979.

Stadtplanungs- und Vermessungsamt Minden und Landeskonservator von Westfalen-Lippe (Hrsg.): Stadt Minden 977–1977. Baudenkmale. Denkmalschutzzonen, Minden 1977.

Moers

Boschheidgen, Hermann: Die oranischen und vororanischen Befestigungen von Moers nebst ihren Beziehungen zum heutigen Stadtbilde, Nachdruck der Ausgabe von 1917, Moers 1979.

Clemen, Paul: Die Kunstdenkmäler des Kreises Moers, Düsseldorf 1892, Nachdruck Moers 1979.

Hirschberg, Karl: Historische Reise durch die Grafschaft Moers von der Römerzeit bis zur Jahrhundertwende, Moers 1975.

Kirmse, Rolf: Spanische Befestigungen in der Grafschaft Moers, in: Kreis Moers. Jahrbuch 1973, S. 13–35.

Mölln

Nissen, Nis Rudolf: Mölln. Festung an der Salzstraße, Ratzeburg 1961.

Mont-Royal

Castendyck, Giselher: Burgen, Festungen und Ruinen rund um Traben-Trarbach mit kleinem Stadtführer, 2. Aufl., Traben-Trarbach 1986.

Ders.: Mont-Royal – die vergessene Festung, in: Burgen und Schlösser, Heft II (1983), S. 110–114.

Spies, Ernst W.: Denkmal Mont-Royal, in: Mittelmoselbuch, 2. Aufl., 1973, S. 154–162.

Mülheim

Mühlberg, Fried: Die bastionären Befestigungen von Mülheim am Rhein und ihr Schicksal, in: Rechtsrheinisches Köln, Nr. 2 (1976), S. 56–68.

München

Betz, Walther: Die Wallbefestigung von München, München 1958.

Grobe, Peter: Die Entfestigung Münchens, 2. Aufl., München 1979.

Heckner, Erwin: München als feste Stadt und Garnison. Geschichte einer Garnisonstadt, München o. J.

Lehmbruch, Hans: Die Stadtentwicklung von München 1790–1850. Forschungen und Dokumente, Bd. 1: Von der befestigten zur offenen Stadt, München 1987.

Oestreich, Dieter: Die Entstehung und Entwicklung des Stadtgrundrisses von München, Dissertation München 1950.

Münster

Althaus, Gerhard; Dethlefs, Gerd und Zerbe, Roger D.: Die Belagerung von Münster 1759. Ausstellung von drei Dioramen und zahlreichen zeitgenössischen Objekten im Souterrain des Stadtmuseums an der Engelenschanze, Stadtmuseum Münster 1985 (Manuskriptdruck).

Dethlefs, Gerd: Soldaten und Bürger. Münster als Festung und Garnison. Dokumente – Fragen – Erläuterungen – Darstellung, Münster 1983.

Galen, Hans (Redaktion): Münster 800–1800. 1000 Jahre Geschichte der Stadt. Ausstellungskatalog Stadtmuseum Münster 1984/85, Münster 1984.

Kirchhoff, Karl-Heinz: Bodenfunde aus der Täuferzeit in den Festungswerken der Stadt Münster, in: Westfalen. Hefte für Geschichte, Kunst und Volkskunde, Nr. 61 (1983), S. 1–8.

Ders.: Zwinger und Neuwerk. Beiträge zur Geschichte der Befestigungen der Stadt Münster im ausgehenden Mittelalter, in: Quellen und Forschungen zur Geschichte der Stadt Münster, Bd. 5 (1970), S. 54–94.

Ders.: Zwei Quellen zur Geschichte der Stadtbefestigung Münsters 1531/1536, in: Westfalen. Hefte für Geschichte, Kunst und Volkskunde, Nr. 44 (1966), S. 218–224.

Ders.: Ein Festungswerk in bürgerlicher Hand, in: Auf Roter Erde, Nr. 69 (1964), S. 2.

Ders.: Die Belagerung und Eroberung Münsters 1534/35. Militärische Maßnahmen und politische Verhandlungen des Fürstbischofs Franz von Waldeck, in: Westfälische Zeitschrift, Nr. 112 (1962), S. 77–170.

Ders.: Datierung münsterischer Tor-Rundelle, in: Auf Roter Erde, Nr. 32 (1961), S. 3.

Korn, Ulf-Dietrich und Volkhardt, Hans Georg: Johann Conrad Schlaun 1695–1773. Schlaun als Soldat und Ingenieur, Münster 1976 (Schlaunstudie III).

Landschaftsverband Westfalen-Lippe und Westfälisches Landesmuseum für Kunst und Kultur (Hrsg.): Münster. Bilder aus fünf Jahrhunderten, 2. Aufl., Münster 1981.

Winkelmann, W.: Alte Wallbautechnik in den Befestigungswerken der Stadt Münster, in: Germania, 37. Jg. (1959).

Nassanger

Willax, Franz: Nassanger, in: Burgen und Schlösser, Heft 2 (1981), S. 112–116.

Neckar-Enz-Stellung

Schrode, Wilhelm: Die Neckar-Enz-Stellung. Eine Befestigungslinie aus der Reichswehrzeit als erster Versuch einer Westverteidigung des Deutschen Reiches 1935–1938, Ludwigsburg 1977.

Neustadt a. Rbge.

Beermann, Oskar: Das Grundbuch von Neustadt a. Rbge. 1610–1663, in: Zeitschrift für niedersächsische Familienkunde, 30. Jg. (1955), S. 149–159.

Kunze, Wolfgang: Neustadt am Rüebenberge 1573–1973. 400 Jahre Schloß Landestrost, Neustadt am Rübenberge. Beschreibung des Schlosses, der Festungsanlage und des neu gestalteten Amtsgartens, hrsg. v. d. Landkreis Neustadt a. Rbge., 1973.

Meier, Konrad: Landkreis Hannover. Kunst und Kultur beiderseits der Leine, München 1981.

Nöldeke, Arnold und Karpa, Oskar und Clasen, W. (Bearb.): Die

413

Kunstdenkmale des Kreises Neustadt a. Rbge., Text- und Bildband München/Berlin 1958, Neudruck Osnabrück 1978.
Reese, Hildegard: Neustadt am Rübenberge, Dissertation TH Hannover 1947 (Masch.schr.autogr.).
Rühling, Burkhard: Festung und Schloß Landestrost, eine »architectura militaris« und »civilis« der Renaissance zu Neustadt am Rübenberge, Dissertation (angekündigt Hannover 1987).
Winkel, Wilhelm: Geschichte der Stadt Neustadt a. Rbge., Neustadt a. Rbge. 1966.

Nienburg
Buschhausen, Kurt: Zur Baugeschichte der Stadt Nienburg, in: Zukunft für unsere Vergangenheit, hrsg. v. Nicolaus Heutger, Hildesheim 1975, S. 19–31.

Nollen
Litzenburger, Ludwig: Die Befestigung auf dem Nollen bei Neustadt und ihr Erbauer, in: Pfälzer Heimat, Speyer, Nr. 14 (1963), Heft 3, S. 103–105.

Nördlingen
Gröber, Karl und Horn, Adam (Bearb.): Die Kunstdenkmäler von Mittelfranken, Bd. 2: Stadt Nördlingen, Reprint der Ausgabe 1940, 2. Aufl., 1981.
Haak, Johann D. und Herrenschmid, Jakob: Die Belagerung und Übergabe der Freien Reichsstadt Nördlingen anno 1634. Augenzeugenbericht, Nördlingen 1984.
Kessler, Hermann: Die Stadtmauer der Freien Reichsstadt Nördlingen. Nördlingen 1982.
Schlierf, Karl: 650 Jahre Stadtmauer Nördlingen, Nördlingen 1972.
Voges, Dietmar-H.: Die Nördlinger Stadtmauer, in: Nordschwaben, Heft 1 (1978).
Weng, Johann Friedrich: Die Schlacht bei Nördlingen und die Belagerung dieser Stadt in den Monaten August und September 1634, 2. Aufl., Nördlingen 1984.

Nürnberg
Clauß, Harald: Die Nürnberger Stadtmauer im heutigen Großstadtverkehr, in: Burgen und Schlösser, Nr. 1 (1976), S. 4–9.
Gründl, Hans: Nürnberg. Stadtmauer und Stadtgraben. 30 Ansichten nach der Natur gezeichnet, Nürnberg 1981.
Hofmann, Hanns Hubert: Die Nürnberger Stadtmauer, Nürnberg 1967.
Lübbeke, Hans Wolfram und Braasch, Otto: Nürnberg, in: dieselben: Denkmäler in Bayern, Bd. V: Mittelfranken. Ensembles-Baudenkmäler-Archäologische Geländedenkmäler, München 1986, S. 86 ff.
Neubauer, Heinz-Joachim: Der Bau der großen Bastei hinter der Veste Nürnberg 1538–1545, in: Mitteilungen des Vereins für die Geschichte der Stadt Nürnberg, Nr. 69 (1982), S. 196–263.
Ders.: Der Bau der Großen Bastei hinter der Veste 1538–1545. Ein Beitrag zur Geschichte der Nürnberger Stadtbefestigung, Zulassungsarbeit beim Institut für Fränkische Landesgeschichte, 1971, maschinenschriftl. Manuskript (Stadtarchiv Nürnberg Av 3729/4°).
Schwemmer, Wilhelm: Die Stadtmauer von Nürnberg. Verluste und Erhaltung im 19./20. Jahrhundert, Nürnberg 1968.
Zink, Fritz: Die Nürnberger Burg von Norden im Jahre 1531, in: Germanisches Nationalmuseum Nürnberg, 96. Jahresbericht, 1951, S. 23–28.

Obersalzberg
Obersalzberg. Bilddokumentation, dt.-engl.-frz., Berchtesgaden 1978.

Ochtrup
Wegener, Anton: De nie Stadt Ochtorpe: Das Dorf wird befestigt, in: derselbe, Ochtrup. Ein Heimatbuch, Münster 1960, S. 55–82.

Oldenburg
Gilly de Montaut, Wilhelm: Festung und Garnison Oldenburg, Oldenburg 1980.

Orsoy
Hohmann, Karl-Heinz: Stadt Orsoy, Köln 1969 (= Rheinische Kunststätten, Nr. 9).
Kastner, Dieter: Bau und Entstehung der Festung Orsoy, in: Annalen des Historischen Vereins für den Niederrhein, Nr. 187 (1984), S. 103–143.
Ders. und Köhnen, Gerhard: Orsoy. Geschichte einer kleinen Stadt, Duisburg 1981.
Orsoy, Kreis Moers, in: Ensembles 1, hrsg. Landeskonservator Rheinland, Bonn 1972, S. 70–76.
Ottsen, O.: Alt-Orsoy. Beiträge zur Geschichte der Stadt und des Amtes, Orsoy 1934, Nachdruck 1979/80.

Ostereistedt
Gerken, Angelus: Die Schwedenschanze bei Ostereistedt, in: Stader Jahrbuch, NF, Bd. 57 (1967).

Passau
Hopfner, Ludwig: Als das Oberhaus noch Festung war, in: Der altbairische Volks- und Heimatkalender 1980, Passau 1980, S. 71–72.
Mader, Felix (Bearb.): Die Kunstdenkmäler von Niederbayern, Bd. III: Stadt Passau, München 1919, Nachdruck, 2. Aufl., München/Wien 1981 (darin Feste Oberhaus, S. 405–428, Feste Niederhaus, S. 428–432).
Moritz, Hans Karl: Die Veste Oberhaus, in: Festschrift der Vertreterversammlung des Bayerischen Lehrer- und Lehrerinnenvereins in Passau, Passau 1959, S. 12–14.
Ders.: Passau. Feste Oberhaus, 3. Aufl., München/Zürich 1968 (= Kleiner Kunstführer, Nr. 596).
Schäffer, Gottfried: Die Burg-Festung Oberhaus ob Passau, 4. Aufl., München/Zürich 1983.
Ders.: Die bauliche Entwicklung der Burg-Festung Oberhaus, in: Das Oberhausmuseum zu Passau. Führer durch die Sammlungen, Passau 1975, S. 9–16.
Werner, Günther: Burgen, Schlösser und Ruinen im Bayerischen Wald, Regensburg 1979 (Oberhaus, S. 48–53, Niederhaus, S. 53–55).

Peine
Groenendijk, Henry: Neuzeitliche Wallanlagen im Landkreis Peine, in: Berichte zur Denkmalpflege in Niedersachsen, Heft 3/4 (1981), S. 8–12.

Pfalzel
Wackenroder, Ernst und Neu, Heinrich (Bearb.): Die Kunstdenkmäler des Landkreises Trier (darin Pfalzel, S. 304 ff.), Neudruck der Ausgabe von 1936, Düsseldorf 1981.

Pforzheim

Becht, Hans-Peter und Fouquet, Gerhard: Pforzheim im Pfälzischen Krieg in den Jahren 1689 und 1690, in: Zeitschrift für Festungsforschung, Heft 1 (1982), S. 37–51.

Philippsburg

Brutsche, Helmut: Das Festungs- und Waffengeschichtliche Museum der Stadt Philippsburg, in: Deutsches Soldatenjahrbuch, Bd. 32 (1984), S. 253–256.

Ders.: Festungs- und Waffengeschichtliches Museum der Stadt Philippsburg, Faltblatt, o. J.

Jutz, Karl Heinz und Fieser, Josef M.: Philippsburg. Geschichte der Stadt und ehemaligen Reichsfestung, Philippsburg 1966.

Kittler, Adolf G.: Eine Denkschrift des Festungsbaumeisters Georg Rimpler über die Belagerung Philippsburgs 1676, in: Zeitschrift für die Geschichte des Oberrheins, NF, 65, 1956, S. 258–272.

Nopp, Hieronymus: Geschichte der Stadt und ehemaligen Reichsfestung Philippsburg, erweiterter Nachdruck der Auflage von 1881, Philippsburg 1980.

Schott, Rudolf: Die Reichsfestung Philippsburg um 1734 und der Stadtgrundriß der Gegenwart – Eine Rekonstruktion nach historischen Plänen, Philippsburg 1980.

Ders.: Die Kämpfe vor Freiburg i. Breisgau. Die Eroberung von Philippsburg und die Belagerung mehrerer Städte am Rhein im Jahre 1644, in: Militärgeschichtliche Mitteilungen, Nr. 2/1978.

Strobel, Engelbert: Die ehemalige Reichsfestung Philippsburg. Ein Streifzug durch ihre Geschichte, in: Badische Heimat, 52. Jg., Heft 3, Freiburg 1972, S. 219–225.

Burg Plesse bei Bovenden

Elerd, U. und Last, M.: Kleiner Plesseführer. Flecken Bovenden/Landkreis Göttingen, 4. Aufl., Bovenden 1979.

Helm, R.: Bauprojekte des Landgrafen Moritz (darunter die Fortifikationsprojekte von 1624), in: Zeitschrift des Vereins für hessische Geschichte, Nr. 75/76 (1964/65), S. 185–190.

Last, Martin: Die Burg Plesse, in: Plesse-Archiv, Nr. 10 (1975), S. 9–249, Separatdruck, 2. Aufl., 1979.

Oberdieck, Alfred und Maass, Erich: Geschichte und Sagen der Burg Plesse, Göttingen 1965.

Rastatt

Fiedler, Siegfried: Eine Erinnerung an die Österreicher in der Bundesfestung Rastatt, in: Der Bote aus dem Wehrgeschichtlichen Museum Rastatt, Nr. 2 (1978), S. 6–10.

Hildebrandt, Gunther: Rastatt 1849. Eine Festung der Revolution, Berlin (Ost) 1976 (= Illustrierte historische Hefte, Nr. 6).

Kaufmann, Rainer: Die Festung Rastatt. Eine Beschreibung der ehemaligen Bundesfestung anhand eines Rundganges durch die Stadt mittels beigefügter Faltkarte, hrsg. v. d. Großen Kreisstadt Rastatt, 1977.

Neininger, Albert: Rastatt als Residenz, Garnison und Festung, Rastatt 1961.

Rößler, Karl Josef: Kampf um den Bau und die Besatzung der Festung Rastatt, in: Ortenau, Nr. 42 (1962), S. 264–273.

Schindhelm, F. W.: Die Festung Rastatt, in: Um Rhein und Murg. Heimatbuch des Landkreises Rastatt 1962, Bd. 2, S. 85–113.

Schott, Rudolf: Eine Belagerung der Festung Rastatt (1867), in: a) Der Bote aus dem Wehrgeschichtlichen Museum Rastatt, Nr. 2 (1978), S. 10–16, b) Zeitschrift für Festungsforschung, 1985, S. 20–24.

Verein der Freunde des Wehrgeschichtlichen Museums Schloß Rastatt (Hrsg.): Unter dem Greifen. Altbadisches Militär von der Vereinigung der Markgrafschaften bis zur Reichsgründung 1771–1871, Rastatt 1984 (darin: Die Festung Rastatt, S. 117–120).

Ratzeburg

Kühl, J.: Archäologische Untersuchungen und Fundbergungen im Kreise Herzogtum Lauenburg 1979–1981, hier Ratzeburg LA3, in: Lauenburgische Heimat, Nr. 104 (1982), S. 6–9.

Rekum

Neitzel, Sönke und Koch, Thomas: Der U-Boot Bunker »Valentin« (bei Rekum), in: IBA Informationen, Nr. 8 (1986), S. 31–36.

Rendsburg

Schröder, Friedrich: Rendsburg als Festung. Nachdruck der Ausgabe Neumünster 1939, ebenda 1972.

Rheinberg

Andernach, Norbert (Bearb.): Rheinischer Städteatlas, Nr. 40: Rheinberg, Bonn 1982.

Kirmse, Rolf: Alt-Rheinberg in Abbildungen und Plänen, in: Kreis Moers Jahrbuch 1974, S. 7–27.

Küsters, Ludwig: Die Kurkölnische Festung Rheinberg ein Spielball fremder Nationen, 2. Aufl., Rheinberg 1967.

Schmidt, Ute: Die niederrheinische Festungsstadt Rheinberg (1550–1705). Rekonstruktion der Festungsanlage anhand von Aktenstücken und Bildmaterial (in Vorbereitung als Dissertation a. d. RWTH Aachen).

Rheinfels

Engel, R.: Burg Rheinfels St. Goar, St. Goar 1979.

Ensgraber, Leopold: Die Belagerung der Feste Rheinfels, in: Hansenblatt, Nr. 48 (1983), S. 87, 89–98.

Ders.: Die Erweiterung der Feste Rheinfels unter Landgraf Ernst von Hessen-Rheinfels 1626–1693, in: Hansenblatt, St. Goar, Nr. 30 (1977).

Grebel, Alexander: Das Schloß und die Festung Rheinfels, St. Goar 1844, Nachdruck Meisenheim/Glan 1974.

Helbach, Jürgen: St. Goar mit Burg Rheinfels in Geschichte und Kultur der Zeit, in: Hansenblatt, St. Goar, Nr. 7 (1966), S. 108–128.

Hungenberg, Willy: Die Belagerung von Rheinfels durch Ludwig XIV. im Jahre 1692, in: Hansenblatt, St. Goar, Nr. 21 (1972).

Liessem, Udo und Löber, Ulrich: Burg Rheinfels. St. Goar, Rhein-Hunsrück-Kreis. Höhenburg in Spornlage, im 16. und 17. Jh. zur Festung ausgebaut, in: dieselben: Ausgewählte Burgen an Rhein, Mosel und Lahn, 2. Aufl., Koblenz 1980, S. 16–21.

Müller, Klaus: St. Goar und Festung Rheinfels unter den Landgrafen von Hessen, in: Hansenblatt, St. Goar, Nr. 30 (1977).

Schürmann, W.: Führer durch die Burg Rheinfels, Bonn o. J. (1964).

Stadtverwaltung St. Goar: Führer durch die Burg Rheinfels, St. Goar 1975.

Rheydt

Brües, Eva: Schloß Rheydt in Mönchengladbach, 3. Aufl., Köln 1985.

415

Dies.: Führer durch die Sammlungen des Städtischen Museums Rheydt, 1973.
Herkenrath, Dorothea: Schloß Rheydt, Dissertation Bonn, Druck Rheydter Jahrbuch, Nr. 4, 1961.
Städtisches Museum Schloß Rheydt Mönchengladbach, Braunschweig 1980.
Wolff Metternich, Franz Graf: Schloß Rheydt und die Anfänge der Renaissance am Niederrhein. Ein Beitrag zur Geschichte der Baukunst des 16. Jahrhunderts, in: Rheydter Jahrbuch, Nr. 1 (1953), S. 1–29 und Tafeln.

Rinteln
Vogt, Karl: Stadt und Festung Rinteln. Die Geschichte der Rintelner Befestigungen, Rinteln 1964.

Rotenburg
Eichberg, Henning: Rotenburg an der Wümme als Schwedenfestung – Bestimmte allein militärische Zweckrationalität die Fortifikation des 17. Jahrhunderts?, in: Rotenburger Schriften, Nr. 40 (1974), S. 7–36.

Rothenberg
Heimatverein Schnaittach e. V. (Hrsg.): Bergfestung Rothenberg. Zeuge längst vergangener Zeit, Faltblatt o. J.
Ders.: Burg und Festung Rothenberg. Aufsätze, Abhandlungen und Geschichten, Schnaittach 1975.
Kaschel, Werner: Schauplatz wichtiger militärischer Sprengversuche. Auf der Festung Rothenberg wurden 1876 Dynamitsprengungen ausprobiert, in: Heimatbeilage zur Hersbrucker-Zeitung, 52. Jg., Nr. 2, April 1982, S. 8.
Ders.: Bewuchsentfernung auf der Festungsruine Rothenberg, in: Burgen und Schlösser, Nr. 1 (1980), S. 52 f.
Meyer, Werner: Die Festung Rothenberg bei Schnaittach, in: Burgen und Schlösser, Nr. 2 (1973), S. 97–100.
Ders. und Schwemmer, Wilhelm: Die Kunstdenkmäler von Mittelfranken, Bd. XI: Landkreis Laut an der Pegnitz, München 1966, S. 384 ff.
Schnelbögl, Fritz: Burg und Festung Rothenberg, Nürnberg 1972 (= Sonderheft Altnürnberger Landschaft).
Schütz, Martin: Rundgang durch die heutige Festungsruine Rothenberg, 2. Aufl., Hersbruck 1976.
Ders.: Bayerische Ing.-Offiziere als die Erbauer der Festung Rothenberg, in: Die Fundgrube, Beilage der Pegnitz-Zeitung, Nr. 3/4, 1952.
Schütz, Martin und Willax, Franz: Die Belagerung der Festung Rothenberg im Jahre 1744, Schnaittach 1975.
Willax, Franz: Die Zerstörung der Veste Rothenberg 1703 und die erhaltenen Bauteile, in: a) Altnürnberger Landschaft, Nr. 1/2 (1975), b) Festungsjournal, Nr. 5 (1985), S. 16–20.
Ders.: Die wiederentdeckten Schußkammern der 1703 zerstörten Burg Rothenberg, in: Mitteilungsblatt für die Marktgemeinde Schnaittach, Juli 1979.
Ders.: Der Bauhof zu Rollhofen und sein Besitzer Franz Graf von San Bonifacio, Kommandant und Verteidiger der Veste Rothenberg 1703, Schnaittach 1976.
Ders.: Die Belagerung der Festung Rothenberg 1703, in: Altnürnberger Landschaft, Nr. 2/3, 1972, S. 37–41.
Wörler, Aus.W.: Die bastionäre Festungsruine Rothenberg, in: Zeitschrift für Festungsforschung, 1985, S. 14–19.

Rothenburg ob der Tauber
Eichhorn, Ernst: Zur Baugeschichte der Befestigungsanlagen in der ehemaligen Reichsstadt Rothenburg ob der Tauber. Ein Beitrag zum fränkischen Wehrbau, seinen städtebaulichen und historischen Voraussetzungen, Dissertation Erlangen 1947 (ungedruckt, dreibändiges Manuskript i. d. Stadtbibliothek Nürnberg und im Stadtarchiv Rothenburg ob der Tauber).
Kootz, Wolfgang und Sauer, Willi: Rothenburg ob der Tauber. Stadtführer, 14. Aufl.. Heidelberg 1985.

Rüsselsheim
Haußmann, Hans: Zur Geschichte der Rüsselsheimer Festung, in: Rucillin. Berichte des Heimatvereins, Nr. 2 (1978), S. 4–6, Nr. 3 (1979), S. 17 f.
Maek-Gerard, Eva: Die Festung Rüsselsheim, in: Vom Mittelalter bis zur Industrialisierung, Katalog II, Museum der Stadt Rüsselsheim 1980, S. 20–34, 43.
Traiser, Friedrich P.: Die Festung Rüsselsheim, Teil 1: Die Baugeschichte des Schlosses zu Rüsselsheim, Rüsselsheim 1971 (Teil 2 nicht erschienen).

Saarbrücken
Herrmann, Hans-Walter: Saarbrücken – französische Festung? Urteile französischer Offiziere über den strategischen und fortifikatorischen Wert der Städte Saarbrücken und St. Johann, in: Zeitschrift für Geschichte der Saargegend, Nr. 19 (1971), S. 201–219.

Saarlouis
Baltzer, Georg: Historische Notizen über die Stadt Saarlouis und deren unmittelbare Umgebung, 2 Teile, Trier 1865, Nachdruck Dillingen 1979.
Balzer, Karl: Saarlouis. Ein Spaziergang durch die Stadt und ihre Geschichte, Faltblatt, hrsg. v. Schul- und Kulturamt, Saarlouis (1982).
Hellwig, Franz: Alte Pläne von Stadt und Festung Saarlouis, Saarbrücken 1980.
Huber, Traudel: Saarlouis. Beispiel einer barocken Festungsstadt im Vergleich mit Longwy, Landau und Neubreisach, Saarbrücken 1980.
Kretschmer, Rudolf: Einflüsse der Festungseigenschaft einer Stadt auf Wirtschaftsstruktur und Betriebsstandorte am Beispiel Saarlouis, in: Eine Zukunft für unsere Vergangenheit, Deutsche Gesellschaft für Festungsforschung, Bd. 1, Wesel 1981, S. 210–224.
Richter, Carl R. M.: Schicksalstage der Stadt Saarlouis 1680–1697, Saarbrücken 1954.
Schilly, Ernst: Nicolas François Curel und die Verteidigungsmaßnahmen 1792–1793 in der Festung Saarlouis, Saarlouis 1971.
Stadtverwaltung Saarlouis (Hrsg.): Saarlouis 1680–1980. Entstehung und Entwicklung einer Vauban'schen Festungsstadt. Ausstellungskatalog, Saarlouis 1980.
Volkelt, Peter: Stadt Saarlouis, Köln 1982.
Zimmermann, Walther (Bearb.): Die Kunstdenkmäler der Kreise Ottweiler und Saarlouis, Düsseldorf 1934, Nachdruck Saarbrücken 1976.

Soest
Jakob, Volker und Köhn, Gerhard: Wege zum Modell einer mittelalterlichen Stadt – sozialtopographische Ermittlungen am Beispiel Soest, in: a) Civitatum Communitas. Studien zum europä-

ischen Städtewesen. Festschrift Heinz Stoob, Köln/Wien 1984, S. 296–308, b) Separatdruck, Stadtarchiv Soest 1985.

Schwartz, Hubertus: Die Befestigungen einer alten Hansestadt (Soest), in: Städtewesen und Bürgertum als geschichtliche Kräfte, Lübeck 1953, S. 437–448.

Ders.: Soest in seinen Denkmälern, Bd. 1: Profane Denkmäler (Stadtbefestigung, S. 69–111), 2. Aufl., Soest 1977.

Spandau

Arndt, Hans-Joachim: Die Zitadelle Spandau. Ein kulturhistorisches Monument wird künstlerisches und museales Zentrum, in: Berliner Bauwochen, Sonderheft 1978, S. 10–16.

Baedeker, Karl (Hrsg.): Berlin-Spandau, textliche Bearbeitung Jürgen Grothe, Freiburg/Br. 1977.

Biller, Thomas: Sozialgeschichtliche Aspekte im Festungsbau am Beispiel Spandau, in: Eine Zukunft für unsere Vergangenheit, Deutsche Gesellschaft für Festungsforschung, Bd. 1, Wesel 1981, S. 115–138.

Ders.: Der »Lynarplan« und die Entstehung der Zitadelle Spandau im 16. Jahrhundert, in: Historische Grundrisse, Pläne und Ansichten von Spandau, Nr. 3, hrsg. v. Bürgerbeirat Zitadelle Spandau, Berlin 1981, S. 9–103.

Ders.: Die Entstehung der Stadt Spandau im hohen Mittelalter, Berlin 1980.

Dröscher, Günter: Die Zitadelle Spandau, München/Berlin 1986.

Fischer, Günther: Die neupreussische Festung Spandau, in: Historische Grundrisse, Pläne und Ansichten von Spandau, Nr. 6, hrsg. v. Bürgerbeirat Zitadelle Spandau, Berlin 1985, S. 9–22.

Gehrke, Wolfgang: Siedlung und Burg auf dem Gelände der Spandauer Zitadelle vor der Renaissancefestung. Auswertung bisheriger Grabungen, in: Ausgrabungen in Berlin. Forschungen und Funde zur Vor- u. Frühgeschichte, Nr. 5 (1978), S. 83–136.

Ders.: Von den Ursprüngen der Spandauer Zitadelle zu Andreas Schlüter, in: Bürger – Bauer – Edelmann. Berlin im Mittelalter. Ausstellungskatalog des Museums für Vor- und Frühgeschichte/Staatl. Museen Preuß. Kulturbesitz, Berlin 1987, S. 176–185.

Grothe, Jürgen: Festungs- und Garnisonstadt, in: Festschrift 750 Jahre Spandau, Berlin 1982, S. 47–56.

Ders.: Zitadelle Spandau, Berlin 1981.

Ders.: Bauliche Veränderungen an der Spandauer Zitadelle. Zur Zerstörung von Teilen der historischen Bausubstanz, in: Mitteilungen d. Vereins f. d. Gesch. Berlins, Nr. 1 (1978), S. 387–389.

Ders.: Spandau – Stadt an Spree und Havel. Aus der Chronik eines Berliner Bezirks, 2. Aufl., Berlin 1975.

Hengsbach, Arne: Die Schanzen von 1873 bis heute (in Spandau), in: Historische Grundrisse, Pläne und Ansichten von Spandau, Nr. 6, hrsg. v. Bürgerbeirat Zitadelle Spandau, Berlin 1985, S. 35–40.

Jahn, Gunther: Die Bauwerke und Kunstdenkmäler von Berlin. Stadt und Bezirk Spandau, Berlin 1971.

Kalesse, Andreas: Bemerkungen zu den Plänen von 1859 und 1867 (von Spandau), in: Historische Grundrisse, Pläne und Ansichten von Spandau, Nr. 6, hrsg. v. Bürgerbeirat Zitadelle Spandau, Berlin 1985, S. 23–30.

Ders.: Spandau – Das Nadelöhr des europäischen Schiffsverkehrs? Ein Beitrag zur Diskussion um den Neubau einer Schleuse neben der Zitadelle, in: Berliner Naturschutzblätter, Nr. 75 (1981), S. 726–729.

Ders. und Vogel, Kurt: Der »Plan der Stadt Spandau intra moenia« von 1728, in: Historische Grundrisse, Pläne und Ansichten von Spandau, Nr. 5, hrsg. v. Bürgerbeirat Zitadelle Spandau, Berlin 1984, S. 9–64.

Kloos, Rudolf: Neubau einer zweiten Kammer der Schleuse Spandau (im Zitadellenbereich), in: Die Verkehrswasserwirtschaft, hrsg. v. Senator f. Bau- und Wohnungswesen, Berlin März 1981, S. 26–34.

Kuntzemüller, Otto: Urkundliche Geschichte der Stadt und Festung Spandau, Nachdruck der Ausgabe Spandau 1928, Leipzig 1978.

Ludewig, Albert: Die Spandauer Zitadelle. Einst Berlins fester Stützpunkt, 2. Aufl., Spandau o. J.

Ders.: Die Baugeschichte der Citadelle Spandau im 16. Jahrhundert und das Wirken ihrer Baumeister, in: Der Burgwart, 1955, S. 2–17.

von Müller, Adriaan: Edelmann ... Bürger, Bauer, Bettelmann. Berlin im Mittelalter, Berlin 1979.

Müller, Johannes: Zitadelle Spandau, 8. Aufl., München/Berlin 1978.

Neumann, Hartwig: Rochus Guerini Graf von Linar (1525–1596). Zivil- und Militäringenieur, Architekt und Offizier. Bemerkungen zum Forschungsstand, in: Historische Grundrisse, Pläne und Ansichten von Spandau, Nr. 3, hrsg. v. Bürgerbeirat Zitadelle Spandau, Berlin 1981, S. 104–113.

Ders.: Die Zitadelle Spandau vorgestellt in Wort und Bild, empfohlen als Reiseziel und Studienobjekt, in: Zitadelle, Mitteilungsblatt des Gymnasiums Zitadelle der Stadt Jülich, Nr. 10 (1976), S. 67–84.

Ders. und Nowak, Barbara: »Statt, Schloss und Vöstung Spandaw 1604«. Eine Handzeichnung aus der Herzog August Bibliothek Wolfenbüttel, in: Historische Grundrisse, Pläne und Ansichten von Spandau, Nr. 4, hrsg. v. Bürgerbeirat Zitadelle Spandau, Berlin 1981.

Ders.: Spandow – Eine der vornehmsten Festungen der Christenheit aus der Architectura Militaris Moderna des Matthias Dögen, in: Historische Grundrisse, Pläne und Ansichten von Spandau, Nr. 1, hrsg. v. Bürgerbeirat Zitadelle Spandau, Berlin/Jülich 1979.

Opprower, Rolf: Sehenswürdigkeit, Nr. 1: Spandauer Zitadelle, in: Stadt und Wohnung, Zeitschrift d. Städt. Wohnungsbaugesellschaft Berlin, 15. Jg., Nr. 1 (1979), S. 4–8.

Orgel-Köhne, Armin und Liselotte und Grothe, Jürgen: Zitadelle Spandau, Berlin 1978.

Plöse, Wilhelm: Das Kurbrandenburgische Wappen mit der Königskrone an der Spandauer Zitadelle, Spandau 1954.

Pohl, Joachim: Die Topographie der Stadt Spandau im Mittelalter und in der frühen Neuzeit, in: Historische Grundrisse, Pläne und Ansichten von Spandau, Nr. 5, hrsg. v. Bürgerbeirat Zitadelle Spandau, Berlin 1984, S. 65–112.

Presseamt Berlin: Die Zitadelle Spandau, Berlin 1977 (Berliner Forum, 8).

Ribbe, Wolfgang (Hrsg.): Slawenburg Landesfestung Industriezentrum. Untersuchungen zur Geschichte von Stadt und Bezirk Spandau, Berlin 1983.

Ders.: Spandaus besonderer Weg. Strukturen einer Stadtgeschichte. Katalog der Historischen Ausstellung zur 750-Jahrfeier, Berlin 1983.

Runge, Marlies und Sukopp, Herbert: Arbeitsbericht über die abgeschlossenen und laufenden Tätigkeiten der Landesstelle für Naturschutz und Landschaftspflege in Berlin 1977/78 (Die Zitadelle Spandau), in: Natur und Landschaft, 54. Jg., Heft 4 (1979), S. 106f.

Scharfe, Wolfgang: Festungen in Brandenburg. Küstrin – Peitz – Spandau, Berlin/New York 1980.
Schmidt, Johanna: Berlin-Spandau. Zitadelle einst und jetzt, Spandau o. J. (nach 1958).
Senat von Berlin: Bericht über die Konzeption »Bewahrung und zukünftige Nutzung der Zitadelle Spandau«, Drucksache des Abgeordnetenhauses Nr. 7/1399 vom 8. 9. 1978.
Senator für Bau- und Wohnungswesen Berlin: Bericht über die Ergebnisse der vorbereitenden Untersuchungen gemäß § 4 St Bau FG Untersuchungsbereich Spandau-Altstadt, Berlin o. J. (1978).
Stein, Günter: Zur baugeschichtlichen Bedeutung der jüdischen Grabsteine auf der Spandauer Zitadelle, in: Jahrbuch für Brandenburgische Landesgeschichte, Nr. 23 (1972), S. 7–13.
Tidow, Klaus: Gewebefunde aus der Zitadelle in Berlin-Spandau, in: Ausgrabungen in Berlin. Forschungen und Funde zur Vor- und Frühgeschichte, Nr. 5 (1978), S. 137–139.
Zilling, Jürgen: Die wiederentdeckte Liebe zu den vier Bastionen und dem Ravelin Schweinekopf in Berlin-Spandau, in: Bauwelt, Nr. 27 (1976), S. 848–852 (vgl. auch Bauwelt, Nr. 38 [1976], S. 1187).

Spangenberg
Pfeiffer, Ludwig: Die Geschicht des Schlosses Spangenberg, Spangenberg 1987 (darin u. a. Fenner, Gerd: Zur Baugeschichte von Schloß [und Festung] Spangenberg, S. 15–29).

Speyer
Klotz, F.: Schanzen um Speyer, in: Stadtgeschichtliche Miszellen, Speyer 1967, S. 23 f.

Stade
Bohmbach, Jürgen: Der Wandel Stades unter schwedischer Herrschaft, in: derselbe (Bearb.): Die Bedeutung Norddeutschlands für die Großmacht Schweden im 17. Jahrhundert. Kolloquium Stade 1984, Stade 1986, S. 102–107.
Ders. und Rihsé, Viktor: Der Schwedenspeicher in Stade. Vom Provianthaus zum Museum, Stade 1978.
Clasen, Carl W. und Kiecker, Oskar (Bearb.): Die Kunstdenkmäler der Stadt Stade, Text- und Bildband, 2. Aufl., 1978.
Gossel, Wilhelm: Die für den Ausbau der Stader Festungsanlagen erfolgten Grundenteignungen in der Schwedenzeit 1646–1694, in: Stader Jahrbuch, Bd. 4 (1951), S. 43–80.
Münchenhagen, W.: Die Schweden kommen. Dreißigjähriger Krieg und Schwedenzeit in Stade. Begleitmaterial zur Ausstellung und Stadtbesichtigung, Schwedenspeicher-Museum, Stade 1983.
Schwedenspeicher-Museum (Hrsg.): Die Schweden in Stade in Krieg und Frieden. Der Dreißigjährige Krieg und die Folgezeit (1618–1712). Begleitheft zur Ausstellung im Schwedenspeicher-Museum, Stade 1984.
Stadt Stade/Neue Heimat Bremen (Hrsg.): Altstadt Sanierung Stade, Informationsschriften: Heft 1 (o. J.), Heft 2 (1974), Heft 3 (1976), Heft 4 (1977), Heft 5 (1979), Heft 6 (1981), Heft 7 (1984).
Wehmeier, Reinhard und Wilshusen, Frank: Stade: Erhaltung des historisch Gewachsenen und neuzeitliche Entwicklung, in: Monatshefte f. neuzeitlichen Wohnungs- u. Städtebau „Neue Heimat", Nr. 2 (1977), S. 22–32.
Wirtgen, Bernhard: Die Stader Straßen, Plätze, Brücken und Bastionen, ihre Namen und ihre Benennung, Stade 1959 (2. Aufl. 1971).

Ders.: Blick auf Stade. Ansichten und Pläne aus sieben Jahrhunderten. Aus dem Nachlaß bearbeitet von Jürgen Bohmbach, Stade 1974.
Ders.: Die Entwicklung der Stader Festung, in: Die Kunstdenkmale der Stadt Stade, bearbeitet von Carl-Wilhelm Clasen u. a., 2 Bde., Textband, München/Berlin 1960, S. 15–26.
Ders.: Deine Garnison Stade, Baden-Baden 1969.

Steinau
Einsingbach, Wolfgang: Steinau. Schloß, Faltblatt der Verwaltung der Staatl. Schlösser und Gärten Hessen, Bad Homburg vor der Höhe 1978.
Freund, Gerhard: Steinau an der Straße. Stadtführer, Steinau a. d. Straße 1985.

Steinbrück
Meyer-Roscher, Hans: Steinbrück in Geschichte und Gegenwart, 3. Aufl., Hildesheim 1981.
Reuther, Hans: Burgen und Schiösserforschung und -erhaltung in Niedersachsen, in: Burgen und Schlösser, Nr. 2 (1960), S. 23–26.
Schultz, Hans Adolf: Steinbrück, die Wasserburg im Fuhsetal, in: derselbe: Burgen und Schlösser des Braunschweiger Landes, Braunschweig 1980, S. 151–155.
Wangerin, Gerda: Steinbrück im Fuhsetal, eine Wasserburg der Hildesheimer Bischöfe, in: Burgen und Schlösser, Nr. 2 (1981), S. 79–91.

Schenkenschanz
De Werd, Guido; Flink, Klaus und Schminnes, Bernd: Schenkenschanz »de sleutel, van den hollandschen tuin«, Ausstellungskatalog Städt. Museum Haus Koekkoek, Kleve 1986.
Festausschuß (Hrsg.): 750/400 Jahre Schenkenschanz. 16. Mai 1986. Festschrift, Kleve 1986.
Kunze, Hermann: Schenkenschanz. Eine Festung am Eingang zum Rheindelta, in: Zeitschrift für Festungsforschung, Nr. 1 (1984), S. 20–24.
Leibold, G.: Schenkenschanz. Ein Zeitgemälde aus drei Jahrhunderten Reprint aus dem Clever Kreisblatt von 1906, hrsg. v. G. W. Bösmann, Kleve 1985.
Städt. Museum Haus Koekkoek (Hrsg.): Schenkenschanz 1586–1986, Mappe mit 6 Faksimiledrucken von Kupferstichen, Kleve 1986.

Schleswig
Habich, Johann: Schloß Gottorf Spurensicherung, hrsg. v. Landesamt für Denkmalpflege Schleswig-Holstein, Kiel o. J.
Prange, Wolfgang: Schloß Gottorfs Brücken und Dämme, in: Beiträge zur Schleswiger Stadtgeschichte, Nr. 19 (1974), S. 25–35.
Schlee, Ernst: Das Schloß Gottorf in Schleswig, 2. Aufl., Neumünster 1974.
Ders.: Die Stadt Schleswig in alten Ansichten, Schleswig 1960.
Ders.: Denkmalpflege auf Gottorf, in: Die Heimat, Nr. 59 (1952), S. 114–116.

Schorndorf
Rösler, Immanuel Carl: Schorndorfs Not im Jahre 1688. Barbara Künckelin und Günther Krumhaar vereiteln die Kapitulation der Festung, Sonderdruck aus: Heimatbuch Schorndorf 1964.
Ders.: Die Festungspläne Schorndorfs aus dem 17. Jahrhundert, in: Heimatbuch Schorndorf 1958, S. 33–49.

Ders.: Alte Ansichten von Schorndorf, Schorndorf o. J.
Sydow, Jürgen: Festung und Amtsstadt – Schorndorf im Laufe der Jahrhunderte, in: Heimatblätter. Jahrbuch für Schorndorf und Umgebung, Bd. 3 (1985), S. 12–28.
Zeyher, Reinhold: Die Wallbefestigung der Amtsstadt Schorndorf. Eine geschichtliche Betrachtung, in: Schorndorf. An Rems und Murr, Nr. 8 (1977), S. 30–38.
Ders.: Neue Erkenntnisse über die Festung Schorndorf, in: Festschrift Schorndorfer Woche, Juni 1976.

Tönning
Geerkens, August: Glück, Not und Ende der Festung Tönning, in: Jahrbuch des Nordfriesischen Instituts, Nr. 3 (1951/52), S. 5–41.
Schmidt, Harry: Festungen und Befestigungsanlagen Friedrichstadt und Tönning, in: Zeitschrift der Gesellschaft für Schleswig-Holsteinische Geschichte, Bd. 80 (1956), S. 229–248.

Trochtelfingen
Kleiner, Klaus-Peter: Stadtkernsanierung Trochtelfingen, Dokumentation III, Trochtelfingen o. J.

Troisdorf
Die Pfaffenmütze, in: Ennen, Edith: Geschichte der Stadt Bonn, Teil II, Bonn 1962, S. 168–174.
Schulte, Helmut: Stadt Troisdorf, Köln 1983 (= Rheinische Kunststätten, Nr. 273; S. 10–12: Festung Pfaffenmütz).

Ulm/Neu Ulm
Ausschuß Garnisontreffen Ulm 1954 (Hrsg.): Ulm. Garnison und Festung, 2. Aufl., Ulm 1954.
Buschhausen, Kurt: Ulm 1985 – Eine Festung im Visier. 4. Internationales Kolloquium zur Festungsforschung, in: Zeitschrift für Festungsforschung 1986, S. 48–50.
Habel, Heinrich: Festungsbauten, in: ders.: Stadt- und Landkreis Neu-Ulm, Bayer. Kurzinventar, München 1966, S. 23–25.
Heilbronner, Rudolf und Gröner, Gerhard: Untersuchung des Bestandes der im städtischem Besitz befindlichen Anlagen der Bundesfestung Ulm, hrsg. v. Hochbauamt der Stadt Ulm, Ulm 1978.
Lederer, Wilhelm: Die Militärgeschichte der Stadt und Festung Ulm bis zur 2. Hälfte des 19. Jahrhunderts, in: Garnison und Festung. Festschrift zum Garnisontreffen am 17. und 18. Juli 1954, Ulm 1954, S. 31–82.
Merkur-Verlag (Hrsg.): Deine Garnison Ulm, 3. Aufl., Baden-Baden 1972.
Pflüger, Hellmut: Denkmalschutz für die Ulmer Bundesfestung. Eine Zwischenbilanz, in: Denkmalpflege in Baden-Württemberg. Nachrichtenblatt des Landesdenkmalamtes, Heft April/Juni 1975, S. 57–59.
Ders.: Die Bundesfestung Ulm rechten Ufers, in: Das Obere Schwaben, Nr. 3 (1956), S. 149–196.
Ders.: Die Festung Ulm. Freilichtmuseum des Wehrbaus, in: Ulmer Forum Dezember 1971.
Schäfer, Becker, Guther-Arbeitsgruppe Stadtplanung Ulm: Ulm Obere Donaubastion. Gutachten zur Erhaltung des Reduits der Oberen Donaubastion in Ulm, Ulm 1973 (Lichtdruck).
Schäuffelen, Otmar: Die Bundesfestung Ulm – Bestand, Zustand, Nutzung, in: Festungsforschung heute, Deutsche Gesellschaft für Festungsforschung, Bd. 4, Wesel 1985, S. 17–43.
Ders.: Die Bundesfestung Ulm und ihre Geschichte. Europas größte Festungsanlage, 2. Aufl., Ulm 1982.

Schefold, Max und Pflüger, Hellmut: Ulm. Das Bild der Stadt in alten Ansichten, Weißenhorn 1967.
Specker, Hans Eugen: Die Ulmer und ihre Bundesfestung, in: a) Schwäbische Heimat, Nr. 34 (1983), S. 290–302, b) Festungsforschung heute. Deutsche Gesellschaft für Festungsforschung, Bd. 4, Wesel 1985, S. 45–58.
Ders.: Ulm an der Donau, München/Zürich 1985.

Vechta
Hellbernd, Franz: Festung und Stadt Vechta 1697. Faksimile des Plans deliniert von Ingenieur P. B. von Smidts mit Kommentar, Vechta 1980.
Vormoor: Vechta als Grafenburg und Festung. Beitrag zur Geschichte der Burg und der Zitadelle in Vechta, in: Heimatblätter Vechta, Nr. 1 (1963), S. 13 f.
Wöhrmann, August: Vechtas Übergang von der Burgstadt zur Festungsstadt. Eine Darstellung nach schwedischen Unterlagen, in: Heimatblätter Vechta, Nr. 4 (1964), S. 1–5.

Wachtendonk
Gemeindeverwaltung Wachtendonk (Hrsg.): Wachtendonk. Eine altgeldrische Stadt, Ausstellungskatalog, Geldern 1978.
Landeskonservator Rheinland (Hrsg.): Wachtendonk Kreis Geldern. Ensembles, Nr. 1, Bonn 1972, S. 84–92.

Weissenburg
Willax, Franz: Die Weißenburger Linie – 1704, 2 Teile, in: Villa nostra, Beiträge zur Weißenburger Stadtgeschichte, Nr. VIII, IX, 1977/78.

Wesel
Arand, Werner: Konzeptionelle Überlegungen für eine festungsgeschichtliche Abteilung des Städtischen Museums Wesel, in: Eine Zukunft für unsere Vergangenheit, Deutsche Gesellschaft für Festungsforschung, Bd. 1, Wesel 1981, S. 175–191.
Ders., Braun, Volkmar und Vogt, Josef: Die Festung Wesel. Darstellung ihrer Entwicklung anhand historischer Karten und Pläne, Köln 1981.
Bellebaum, Doris: Die Befestigung der Stadt Wesel in ihrer Entwicklung 1349–1552 dargestellt auf Grund der Stadtrechnungen, Dissertation Köln 1961 (Lichtdruck).
Braun, Volkmar: Die Festung Wesel. Quellen, Heft 2: Karten, Pläne, Zeichnungen 1582–1920, Wesel 1981.
Ders.: Die Festung Wesel. Einzelwerke, Heft 1: Die Gartenanlage Heuberg, Wesel 1979.
Ders.: Geschichtliches Wesel, Bd. 3: Stadtansichten auf Gemälden, Stichen und Zeichnungen, Köln 1979.
Ders.: Geschichtliches Wesel, Bd. 2: Postkarten als Dokumente einer zerstörten Stadt, Köln 1977.
Ders.: Geschichtliches Wesel, Bd. 1: Stiche zu Ereignissen im 16., 17. und 18. Jahrhundert, Köln 1976.
Buschhausen, Kurt: Grundriß und Struktur von Festungsstädten und die Konsequenzen für Stadtplanung und Stadtentwicklung im 20. Jahrhundert unter besonderer Berücksichtigung Wesels, in: Eine Zukunft für unsere Vergangenheit, Deutsche Gesellschaft für Festungsforschung, Bd. 1, Wesel 1981, S. 225–246.
Ders., Vogt, Josef und Braun, Volkmar: Die Festung Wesel – Einzelwerke, Heft 2 (1983): Die Gartenanlage vor Kurtine und Haupttor der Zitadelle, hrsg. v. d. Deutsche Gesellschaft für Festungsforschung e. V. Wesel, Wesel 1983.

Dorfs, Heinz Peter: Wesel. Eine stadtgeographische Monographie mit einem Vergleich zu anderen Festungsstädten, Bonn-Bad Godesberg 1972.

Kastner, Dieter: Johann Pasqualini und die Anfänge der Festung Wesel – Der Bau der Flesgentorbastion im Jahre 1568, in: a) Studien und Quellen zur Geschichte von Wesel, Bd. 7, Wesel 1985, S. 83–206, b) Zeitschrift für Festungsforschung, 1986, S. 5–24.

Kleinholz, Hermann und Knieriem, Michael: Militärpersonen in Stadt und Garnison Wesel 1578–1800, Bd. 1: A–H, Bd. 2: I–Z, Köln 1980/82.

Langhans, Adolf: Begründeter Anspruch der Stadt Wesel auf unentgeltliche Rückgabe des Festungsgeländes, Wesel 1948.

Stadt Wesel (Hrsg.): Umgestaltung der Freifläche vor dem Zitadellenhauptor Wesel, Einweihung 17. Juli 1987, Wesel 1987.

Vogt, Josef: Festungsstadt Wesel. Die Restaurierung der Zitadelle in den Jahren 1976–1985, in: Zeitschrift für Festungsforschung, 1986, S. 25–46.

Wilhelmstein

Geffken, Michael: Festung im Steinhuder Meer, in: Frankfurter Allgemeine Magazin, Nr. 297 (1985), S. 60–71, 88.

Heinz, W.: Die Feste Wilhelmstein. Pflanzstätte militärtechnischen Denkens, in: Soldat und Technik, Heft 9 (1965), S. 520–523.

Ochwadt, Curd (Hrsg.): Wilhelm Graf zu Schaumburg-Lippe. Militärische Schriften, Frankfurt am Main 1977.

Ders. (Hrsg.): Wilhelm Graf zu Schaumburg-Lippe. Philosophische und politische Schriften, Bd. 1, Frankfurt am Main 1977.

Ders.: Wilhelmstein und Wilhelmsteiner Feld. Vom Werk des Grafen Wilhelm zu Schaumburg-Lippe (1724–1777), Hannover o. J.

Ders.: Das Steinhuder Meer. Eine Sammlung von Nachrichten und Beschreibungen, Hannover 1967.

Wolfenbüttel

Bege, K.: Chronik der Stadt Wolfenbüttel und ihrer Vorstädte, Wolfenbüttel 1839, Nachdruck Hannover 1978.

Beuermann, Arnold: Die Grundrißentwicklung der Innenstadt von Wolfenbüttel, in: Beiträge zur Geschichte der Stadt Wolfenbüttel, hrsg. v. Joseph König, Wolfenbüttel 1970, S. 61–73.

Busch, Siegfried: Hannover, Wolfenbüttel und Celle. Stadtgründungen und Stadterweiterungen in drei welfischen Residenzen vom 16. bis zum 18. Jahrhundert, Hildesheim 1969.

Karpa, Oskar: Wolfenbüttel, bearbeitet v. Hans-Herbert Möller, Berlin/München 1965.

Kelsch, Wolfgang: Wolfenbüttel – von der Dammfestung zur Heinrichstadt, in: Sammler Fürst Gelehrter Herzog August zu Braunschweig und Lüneburg 1579–1666, Ausstellungskatalog der HAB, Nr. 27/1979, S. 389–402.

Ders.: Wolfenbüttel als alte Festungsstadt in zeitgenössischen Ansichten, Braunschweig 1984.

Ders. und Fürst, Reinmar: Wolfenbüttel. Bürger einer fürstlichen Residenz. 50 biographische Porträts, 2 Bde., Wolfenbüttel 1982/83.

Ders. und Lange, Wolfgang: Wolfenbüttel. Häuser und Portale einer fürstlichen Residenz, 2. Aufl., Wolfenbüttel 1981.

Der. und Lange Wolfgang: Schatzkammer Wolfenbüttel. Ein Führer, Wolfenbüttel 1982.

Keyer, Erich (Hrsg.): Deutsches Städtebuch, Bd. III: Niedersächsisches Städtebuch, Stuttgart 1952, S. 387–394.

Kronenberg, Axel: Dammbau – ein Mittel der Belagerungskunst. Die Festung Wolfenbüttel wird unter Wasser gesetzt, in: Pioniere, 3 (1964), S. 127–130.

Lange, Wolfgang: Wolfenbüttel in alten Ansichten, 2. Aufl., Zaltbommel 1979.

Meier, Paul Jonas und Steinacker, K. (Bearb.): Die Kunstdenkmale der Stadt Wolfenbüttel, Wolfenbüttel 1904, Neudruck Osnabrück 1978 (darin u. a. Festungswerke und Tore, S. 102–120).

Mennecke, Ute: Lukas Cranachs »Eroberung Wolfenbüttels«. Ein Holzschnitt im Dienste der Reformation, in: Blätter für deutsche Landesgeschichte, Nr. 118 (1982), S. 137–159.

Mohrmann, Wolf-Dieter: Wolfenbüttel. Ein stadtgeschichtlicher Abriß, Sonderdruck Braunschweigisches Jahrbuch 59/1978.

Ders.: Der »welsche pawmaister« Chiaramella in Wolfenbüttel, in: Braunschweigisches Jahrbuch, Bd. 57 (1976), S. 7–22.

Möller, Hans-Herbert (Hrsg.): Denkmaltopographie Bundesrepublik Deutschland. Baudenkmale in Niedersachsen. Stadt Wolfenbüttel, bearbeitet von Etta Pantel, Braunschweig/Wiesbaden 1983.

Ders.: Baudenkmal Wolfenbüttel, in: Beiträge zur Geschichte der Stadt Wolfenbüttel, Wolfenbüttel 1970, S. 160–178.

Ohnesorge, Klaus-Walther: Wolfenbüttel. Geographie einer ehemaligen Residenzstadt, Braunschweig 1974.

Pitz, Ernst: Landeskulturtechnik, Markscheide- und Vermessungswesen im Herzogtum Braunschweig bis zum Ende des 18. Jahrhunderts, Göttingen 1967.

Puhle, Matthias: Die Belagerung Wolfenbüttels im Jahr 1542, in: Städtisches Museum Braunschweig, Miszellen, Nr. 40 (1985).

Roloff, J. F.: Geschichte und Beschreibung, Wolfenbüttel 1851, Nachdruck Hannover 1974.

Seifert, Hermann: Vater und Sohn Lucas Cranach und die Belagerung von Wolfenbüttel im August 1542, in: Braunschweigisches Jahrbuch, Bd. 52 (1971), S. 221–225.

Tamme, Bernhard: Wolfenbüttel. Grünflächen einer Stadt, in: Heimatjahrbuch f. d. Landkreis Wolfenbüttel 1969, S. 26–31.

Thöne, Friedrich: Wilhelm de Raet. Baumeister und Ingenieur (ca. 1537–1583), in: Braunschweigisches Jahrbuch, Bd. 46 (1965), S. 147–150.

Ders.: Wolfenbüttels alte Festungstore, in: Adreßbuch der Stadt Wolfenbüttel 1963.

Ders.: Wolfenbüttel. Geist und Glanz einer alten Residenz, 2. Aufl., München 1968.

Ders.: Wolfenbüttel unter Herzog Julius (1568–1589). Topographie und Baugeschichte, in: Braunschweigisches Jahrbuch, Bd. 33 (1952), S. 1–74.

Ders.: Wolfenbüttel in der Spätrenaissance. Topographie und Baugeschichte unter den Herzögen Heinrich Julius und Friedrich Ulrich (1589–1634), in: Braunschweigisches Jahrbuch, Bd. 35 (1954), S. 1–116.

Wülzburg

Doederlein, Johann Alexander: Weißenburgische Chronik vom Jahr 790 bis zum Jahr 1700. Nebst einer kurzen Beschreibung der Belagerung derselben im Jahr 1647, in: Beytraege zu der Historie Frankenlands und der angraenzenden Gegenden, hrsg. v. Johann Paul Reinhard, Bayreuth 1762, Reprint Weißenburg 1986.

Joppien, Reiner: Die Wülzburg. Ein Problem der Konservierung und Restaurierung, in: Burgen und Schlösser, Nr. 2 (1973), S. 101–104.

Ders. und Mödl, Gustav: Neues Leben auf der Wülzburg läßt die Wiederherstellung folgen, in: Zeitschrift für Fränkische Landeskunde, Nr. 7/8 (1973), S. 193–197.

Lidl, Josef und Mielke, Friedrich: Weißenburg i. Bay., Wülzburg, Reit-Rampe, in: dieselben: Treppen zwischen Tauber, Rezat und Altmühl, Weißenburg 1985, S. 132f.

von Lossow, Jobst: Historischer Soldatenfriedhof auf der alten Wülzburg, in: Mitteilungen Volksbund Kriegsgräberfürsorge Landesverband Bayern, Nr. 1/1961.

Neumann, Hartwig: Die Festung Wülzburg. Streifzüge durch Vergangenheit und Gegenwart der ehemals ansbachischen Wehranlage, 3. Aufl., Weißenburg in Bayern 1987.

Ruckdeschel, Wilhelm: Aus der Technikgeschichte: Die Tretrad-Förderwinde auf der Wülzburg, in: a) Fördern und Heben VDI/AWF, Januarheft 1966, S. 3–5, b) Jahrbuch des historischen Vereins für Mittelfranken 1977/81, S. 101–105.

Schöler, Eugen: Weißenburg, die Wülzburg und der Wilde Markgraf, in: Villa nostra. Beiträge zur Weißenburger Geschichte, Nr. XVII (1982), S. 145–156.

Voltz, Georg: Chronik der Stadt Weißenburg im Nordgau und des Klosters Wülzburg, Weißenburg 1835, Reprint Weißenburg 1985 (Separatdruck der Lithografien ebenda).

Würzburg

Bauer, Christian: Der Würzburger Hofgarten, Würzburg 1961.

Böttger, Peter: Der Würzburger Ringpark. Zur Problematik der Erhaltung historischer Stadtparks, in: Deutsche Kunst- und Denkmalpflege, Jg. 33 (1975), S. 39–48.

von Freeden, Max: Die Burkarder Bastion und ihre Erbauer, in: Mainlande, Nr. 1 (1950).

Ders.: Festung Marienberg, Würzburg 1982.

Ders.: Festung Marienberg, München/Berlin 1973.

Ders.: Die Festung Marienberg zu Würzburg, Würzburg 1952.

Glück, Paul: Die Festung Marienberg ob Würzburg. Geschichtlicher Führer, 6. Aufl., 1951.

Herzig, Arno: Das Würzburger Glacis. Geschichte und Probleme eines wertvollen Kulturdenkmals, Würzburg 1964.

HB-Kunstführer Würzburg und Mainfranken, Hamburg 1983 (Autoren: Joachim Hotz, Tilman Kossatz, Rudolf E. Kuhn, Ursula Kuhn).

Kuhn, Rudolf Edwin: Festung Marienberg Würzburg, Würzburg 1978.

Mader, Felix (Bearb.): Die Kunstdenkmäler von Unterfranken und Aschaffenburg, Bd. XII: Stadt Würzburg, München 1915, 2. Faksimilenachdruck München/Wien, 2. Aufl., 1981.

Seberich, Franz: Die Stadtbefestigung Würzburgs, 2 Bände, Würzburg 1962/63 (= Mainfränkische Hefte, Nr. 39/40).

Sicken, Bernhard: Residenzstadt und Fortifikation. Politische, soziale und wirtschaftliche Probleme der barocken Neubefestigung Würzburgs, in: Beiträge zur Geschichte der frühneuzeitlichen Garnisons- und Festungsstadt. Referate eines Kolloquiums Saarlouis 1980, zusammengestellt von Hans-Walter Herrmann und Franz Irsigler, Saarbrücken 1983, S. 124–154.

Vollmer, Eva Christina: Maximilian von Welsch plant für die Festung Marienberg in Würzburg, in: Kunst und Kultur am Mittelrhein. Festschrift für Fritz Arens zum 70. Geburtstag, Worms 1982, S. 122–131.

Ziegenhain

Heußner, R.: Geschichte der Stadt und Festung Ziegenhain, Ziegenhain 1888, Faksimile Schwalmstadt-Treysa 1985.

Reuter, Heinz: Festungsbau im 16. Jahrhundert (Festung Ziegenhain), in: Schwälmer Jahrbuch 1984, S. 105–110.

Ders.: Die Zerstörung Ziegenhains vor 220 Jahren, in: Schwälmer Jahrbuch 1983, S. 13–19.

Ders.: Achthundert Jahre Garnison und Festung Ziegenhain, in: 255. Ziegenhainer Salatkirmes v. 3.–6. Juni 1983, Programmheft.

Ders.: Ziegenhain. Geschichte der Stadt 782–1973, 2. Aufl., Ziegenhain 1980.

Volze, Fritz: Im Jahre 1833 bemühte sich die ehemalige Festungsstadt Ziegenhain, noch einmal Garnisonstadt zu werden, in: Hessischer Gebirgsbote, Nr. 74 (1973), S. 10–12.

Warlich-Schenk, Brigitte und Böker, Josef: Ziegenhain Festung und Stadt, in: Denkmaltopographie Bundesrepublik Deutschland. Baudenkmale in Hessen: Schwalm-Eder-Kreis I, hrsg. v. Landesamt f. Denkmalpflege Hessen, Braunschweig/Wiesbaden 1985, S. 429–475.

Zirndorf

Mahr, Helmut: Wehrtechnische Bauten im Landkreis Fürth. Wallensteins Lager 1632, Fürth 1978.

Ders.: Wallenstein vor Nürnberg 1632. Sein Lager bei Zirndorf und die Schlacht an der Alten Veste, dargestellt durch den Plan der Gebrüder Trexel 1634, Anhang: Oberst Roberto Monro, Der Krieg in Franken und Bayern 1631/32, Neustadt an der Aisch 1982 (Farbfaksimile ebenda).

M(ahr), H(elmut): Wallensteins Lager und die Schlacht an der Alten Veste 1632, Faltblatt zum Rundwanderweg mit den Erinnerungstafeln, hrsg. v. Verein Naherholungsgebiet Lorenzer Reichswald, Landkreis Fürth u. a., o. J.

2.1 Westwall (verfasseralphabetisch)

Bettinger, Dieter: Westwallanlagen im Rödgestal, in: Spiesen-Elversberger Heimatkalender 1985, S. 39–43.

Ders.: Der Bau der Luftverteidigungszone West (LVZ), in: a) Saal im Ostertal in Vergangenheit und Gegenwart. Festschrift zur 525-Jahr-Feier, Saal 1983, S. 98–102, b) Westricher Heimatblätter, Jg. 15, Heft 1 (1984), S. 24–37.

Ders. und Büren, Martin: Der Westwall. Ein Beitrag zur Geschichte der deutschen Westbefestigungen, Bd. 1: Die Planungen des Westwalls 1936–1939, Bd. 2: Die technische Ausführung des Westwalls, Osnabrück 1987.

Braun, Alban: »Der Westwall« im Raum Namborn, in: Im St. Wendeler Land. Heimatkundl. Lesestoffe, hrsg. v. d. Kreissparkasse St. Wendel, 17. Ausgabe, 1977, S. 33–38.

Braun, Andreas: Ein Beitrag zur ökologischen Funktion der Westwall-Bunkerruinen, in: Mitteilungen des badischen Landesvereins Naturkunde und Naturschutz, N. F., Nr. 1 (1986), S. 207–209.

Breves, Burkhard: Die Feuerstellung Kenn auf dem Ackersberg (bei Trier), hrsg. v. d. Erprobungsstelle 41 der Bundeswehr, Trier 1985.

Ders.: Die Anlagen der »Luftverteidigungszone WEST« auf dem Grünberg (bei Trier), Trier 1985.

Delefosse, Yannick: Regelbauten der Luftwaffe – Die Bettung für leichte Flak, in: IBA Informationen, Nr. 9 (1987), S. 6–12.

Festungspioniere, in: Deutsche Pioniere 1939–1945. Eine Dokumentation in Bildern, 2. Aufl., Neckargemünd 1976, S. 164–177.

Groß, Manfred: Der Westwall zwischen Niederrhein und Schnee-Eifel, 2. Aufl., Köln 1984.
Ders.: Der Westwall im Kreise Viersen, in: Heimatbuch des Kreises Viersen 1981, S. 136–145.
Grasser, Kurt: Beleuchtung der Westwall-Limes Anlagen, in: IBA Informationen, Nr. 6 (1985), S. 26.
Ders.: Der Westwall, in: IBA Informationen, Heft 1 (1983).
Ders. (Hrsg.): Die Westwall Regelbaupläne. Das »Limesprogramm 1938«, Teil I, Nürnberg o. J. (IBA Sonderheft).
Ders. (Hrsg.): Gasschutz in Befestigungsanlagen. Westwall und Atlantikwall, Nürnberg o. J. (IBA Sonderheft).
Ders. (Hrsg.): Die ständigen Anlagen (Westwall), Nürnberg o. J. (IBA Sonderheft).
Ders. und Stahlmann, Jürgen: Westwall – Maginot-Linie – Atlantikwall. Bunker- und Festungsbau 1930–1945, Leoni 1983.

Harder, Joachim H.: Maginotlinie und Westwall. Politische, strategische und rüstungswirtschaftliche Voraussetzungen und Folgen, in: Pfälzer Heimat, Nr. 2 (1984).
Hohenstein, Adolf: Die alten Westbefestigungen (Westwall) von 1935 bis 1945 im Regierungsbezirk Köln. Geschichtliche Studie zur Frage der Denkmalpflege, in: Rheinische Heimatpflege, Nr. 4 (1982), S. 270–275.
Hügen, Ludwig: Die Siegfriedlinie – von Amern bis Hinsbeck, in: Heimatbuch Kempen-Krefeld, 1968, S. 59–66.
Ders.: Der Westwall im Landkreis Kempen-Krefeld, in: Die Heimat, 35 (1964), S. 124–130.

Jansen, Peter: Der Durchbruch durch den Westwall im Bereich von Übach-Palenberg, in: Selfkantheimat, Nr. 1 (1960), S. 75–78.
Ders.: Westwallbunker als Tropfsteinhöhlen, in: Selfkantheimat, 1958, S. 149–150.

Kraft, Jürgen: O. T. am Westwall. Der Einsatz der Organisation Todt beim Bau der Landesbefestigung im Westen, in: Dokufest, Nr. 1 (1981), S. 1–4.

Lauer, Helmut: Der geplante Ausbau der LVZ-West als Raketen-Luftverteidigungszone, in: IBA Informationen, Nr. 9 (1987), S. 13–19.
Ders.: Der Westwall, Zweibrücken 1979 (Eigenverlag).
Lippmann, Harry: Der Einbau von Sehrohren in deutsche Befestigungsanlagen, in: IBA Informationen, Nr. 9 (1987), S. 48–52.
Lorenz, Rudolf: Vor 30 Jahren: Großbaustelle Landkreis Aachen. Auch heute noch beeinträchtigt der Westwall Landschaft und Bodennutzung – 488 Bunker und 20 km Höckerlinie, in: Heimatblätter des Landkreises Aachen, Nr. 1 (1969), S. 16–18.

Neisser, Hans-Joachim: Bunker statt Autobahnen, in: Das Monschauer Land Jahrbuch 1979, S. 50–54 (wesentlich erweitert als Sendung des WDR III. Programm v. 22. 4. 1978).
Ders.: »Unbezwingbar« für sechs Jahre. Vor vierzig Jahren gab Hitler den Befehl zum Bau des Westwalls, in: Neues Rheinland, Nr. 6 (1978), S. 7–11.
N. N.: Die Wiedereröffnung des B-Werkes »Katzenkopf« bei Irrel, in: Dokufest, Nr. 1 (1979), S. 8–10.
N. N.: Westwall. Reptilien im Bunker, in: Der Spiegel, Nr. 32 (1984), (Nachdruck in: Festungsjournal der DGF, Nr. 4 (1984), S. 4 f.).
N. N.: Bericht eines Landsers über die Besetzung der Westwallbunker durch das Landesschützenbataillon II/6, in: Heimatblätter des Landkreises Aachen, 17. Jg., Heft 3 (1961), S. 54–58.
Nosbüsch, Johannes: Der Bau des Westwalls, in: Damit es nicht vergessen wird. Pfälzer Land im Zweiten Weltkrieg: Schauplatz Südpfalz, Landau 1982, S. 43–74.
Ders.: Der Bau des Westwalls, in: Bis zum bitteren Ende. Der Zweite Weltkrieg im Kreis Bitburg-Prüm, hrsg. v. d. Kreisverwaltung Bittburg-Prüm, 1978, S. 25–34.

Rhode, Pierre: Die B-Werke des Westwalls, in: Dokufest, Nr. 2 (1983), S. 1, 2–6, Nr. 1 (1984), S. 10–15, Nr. 2 (1984), S. 11–14.
Ders.: Panzerbauten, in: Dokufest, Nr. 2 (1982), S. 1, 3–4, Nr. 2 (1983), S. 28–29.
Rutschmann, Werner: Die deutsche Westbefestigung 1934–1940, in: Schweizer Soldat, Nr. 10 (1985), S. 14–18.

Seck, Doris: Unternehmen Westwall, 2. Aufl., Saarbrücken 1981.

Thoma, Hubert: Wehrmacht – Westwall – Wirtschaftslenkung, in: Kreis Trier-Saarburg 1970. Ein Jahrbuch zur Information, Belehrung und Unterhaltung, hrsg. v. d. Landkreisverwaltung, Trier 1970, S. 272–297.

Vischer/Schaufelberger/Schüpp/Peter/Ruenzi/Fruhstorfer: Bericht der Mission zur Besichtigung des Westwalls, Bern 1946.

Wagenbrenner, Leonhard: Der Westwall im Landkreis Rastatt, in: Um Rhein und Murg. Heimatbuch des Landkreises Rastatt, Bd. 9 (1969), S. 9–34.
Werhan, Walter: Westwall und Maginotlinie 1939, in: Pfalzatlas, Textband III, 32. und 33. Heft und Karten Nr. 94, 95 und 96, hrsg. v. d. Pfälzischen Gesellschaft zur Förderung der Wissenschaften, Speyer 1981/82.
Wilms, Rudolf: Rund um den Westwall, in: Heimatkalender für das Pirmasenser und Zweibrücker Land, Rengsdorf 1980, S. 212–220.

3.0 DDR (ortsalphabetisch, verfasseralphabetisch)

Berlin
Mauter, Horst: Neues über die Berliner Festungsanlage des 17. Jahrhunderts, in: Ausgrabungen und Funde, Nr. 19 (1974), Berlin (Ost), S. 168–172.
Reinbacher, Erwin: Die Mohren-Brücke und der ehemalige Festungsgraben von Berlin, in: Ausgrabung und Funde, Nr. 4 (1956), S. 190 ff.
Schulz, Günther: Die ältesten Stadtpläne Berlins, Weinheim 1986.

Dömitz
Heimatmuseum Dömitz (Hrsg.): Festung Dömitz. Ein Führer durch das Heimatmuseum, Dömitz o. J.
400 Jahre Festung Dömitz. Festschrift, hrs. v. Rat der Stadt und dem Heimatmuseum, Dömitz 1965.
Deutscher Kulturbund, Kreisleitung Ludwigslust (Hrsg.): Dömitz, Sonderheft Land und Leute, Ludwigslust o. J. (1960).

Dresden
Löffler, Fritz: Dresden im 18. Jahrhundert – Bernardo Bellotto, genannt Canaletto (1721–1780), Würzburg/Leipzig 1985.
Ders.: Das alte Dresden. Geschichte seiner Bauten, 7. Aufl., Leipzig 1984.
Pampel, W.: Die städtebauliche Entwicklung Dresdens von 1830 bis zur Ortsbauordnung 1905, ein Beitrag zur Geschichte der Stadtgestaltung im 19. Jahrhunderts in Deutschland, Dissertation, Dresden 1965 (Maschinenschr.).
Volk, Waltraud: Historische Straßen und Plätze heute, Dresden, 4. Aufl., Berlin (Ost) 1984.

Erfurt
Gutsche, Willibald: Zur Geschichte der Cyriaksburg, in: Aus der Vergangenheit der Stadt Erfurt, Bd. 3 (1961), S. 89–95.
Ders.: Der Kulturpark Cyriaksburg in Erfurt und seine Geschichte, in: Aus der Vergangenheit der Stadt Erfurt, Sonderheft 1956.
Ders.: Die Geschichte der Cyriaksburg, in: Aus der Vergangenheit der Stadt Erfurt, Bd. 1 (1955), S. 51–62.
Orth, Siegfried: Das Peterstor, in: Kulturspiegel Erfurt 1956, S. 3 f.

Halle-Moritzburg
Hüneke, Andreas: Die Moritzburg zu Halle, Leipzig 1978.
Mrusek, Hans-Joachim: Halle/Saale, 3. Aufl., Leipzig 1976.
Wäscher, Hermann: Die Baugeschichte der Moritzburg in Halle, Halle 1955.

Heldrungen
Fricke, R.: Neues über den Pulverturm, in: Kultur und Heimat. Jenaer Monatszeitschrift für Stadt und Land, Nr. 6 (1960), S. 261 ff.
Klatt, Artur und Trinks, Gerhard: Aus der Geschichte der Wasserburg Heldrungen, Heldrungen 1975.
Roch, Irene: Schloß Allstedt und Festung Heldrungen als Gedenkstätten des deutschen Bauernkrieges in Thüringen, in: Architektur in Thüringen, hrsg. v. Hans-Joachim Mrusek, Winckelmann-Gesellschaft, Stendal 1982, S. 110–119.
Dies.: Schloß Heldrungen, Leipzig 1980.

Jena
Mühlmann, Ottogerd: Der Jenaer Pulverturm, in: Burgen und Schlösser, Nr. 1 (1976), S. 30–33.
Platen, Michael und Bauer, Joachim: Die mittelalterliche Stadtbefestigung Jenas und die Ergebnisse neuerer Untersuchungen, in: Wissenschaftliche Zeitschrift der Friedrich-Schiller-Universität Jena, Nr. 5/6 (1985), S. 582–591 (auch in: Heimatgeschichtlicher Kalender des Bezirkes Gera 1984, S. 54 ff.).

Kirchdorf/Insel Poel
Institut für Städtebau und Architektur (Hrsg.): Architekturführer DDR. Bezirk Rostock, Berlin (Ost) 1978, S. 67.

Königstein
Beckert, Siegfried: Fritz Heckert und Kampfgefährten im Staatsgefängnis Festung Königstein, Königstein 1984.
Hilbert, Klaus: Sächsisches Depressionsgeschütz aus dem 19. Jahrhundert (von der Festung Königstein), in: Militärgeschichte, Berlin (Ost), Nr. 2 (1987), S. 180–182.
Lachmann, M. und Springer, M.: Das Geschützwesen im Kurfürstentum Sachsen. Ständige Ausstellung des Armeemuseums der DDR im Alten Zeughaus der Festung Königstein, Berlin 1979.
N. N.: Museum aktuell. Der Königstein. Von der Landesfestung zum Baudenkmal und Waffenmuseum, in: Deutsches Waffen-Journal, Nr. 6 (1986), S. 616–621.
Thiede, G.: Ausstellung des Deutschen Armeemuseums auf der Festung Königstein, in: Zeitschrift für Militärgeschichte, 4. Jg. (1965), S. 598–602.
Vogel, Richard: Königstein – Die Festung, in: ders.: Gebiet Königstein Sächsische Schweiz. Ergebnisse der heimatkundlichen Bestandsaufnahme, Berlin (Ost) 1957, S. 163–179.
Weber, Dieter: Festung Königstein, 27. Aufl., Berlin/Leipzig 1987.

Leipzig
Czok, Karl: Das alte Leipzig, Leipzig 1978 und Würzburg 1985.
Kunz, Peter, Grote, Christiane und Börner, Christine: Moritzbastei. FDJ-Jugend- und Studentenzentrum, Leipzig 1985.
Lauenroth, Bernd und Plewe, Reinhard: Die Rekonstruktion der Moritzbastei zur Nutzung als Studentenklub der Karl-Marx-Universität Leipzig, in: Architektur der DDR, Nr. 31 (1982), S. 735–737.
Ders. und Plewe, Reinhard: Zur Gestaltung von Studentenklubs in historischen Wehranlagen in Halle und Leipzig, in: Mrusek, Hans-Joachim (Hrsg.): Zu Wirkungsaspekten bei der kulturellen Nutzung historischer Bauten und bei der Kunstrezeption in der entwickelten sozialistischen Gesellschaft, Halle 1981, S. 91–100.
Rudloff-Hille, Gertrud: Das Theater auf der Ranstädter Bastei Leipzig 1766, Leipzig 1969.

Leuchtenburg über Kahla
Haufschild, Kurt: Leuchtenburg. 1227 Luchtinberge, 1333 Luchtinbg, 1503 Luchtenburgk, Seitenroda 1983.

Magdeburg
Bardéy, Gunther: Magdeburg 1631. Seine Belagerung und Zerstörung vor 350 Jahren, in: Deutsches Soldatenjahrbuch 1981, München 1980, S. 415–424.
Eiz, Günter: Magdeburg als preußische Festung um 1750. Ein Führer durch das Modell der Festung, hrsg. v. Kulturhistorischen Museum Magdeburg, Magdeburg o. J. (mehrere Auflagen).

Papke, Eva und Quaiser, Rudolf: Zur fortifikatorischen Entwicklung bis zur Mitte des 18. Jahrhunderts am Beispiel der Stadt Magdeburg, in: Militärgeschichte, Heft 1 (1979), Berlin (Ost), S. 59–73.

Priegnitz, Werner: Magdeburg um 1600. Ein Führer zum Stadtmodell, hrsg. v. Kulturhistorischen Museum Magdeburg, Magdeburg o. J.

Mansfeld
Roch, Irene: Schloß Mansfeld, Leipzig 1972.
Dies.: Baugeschichte und Rekonstruktion der Festung Mansfeld, in: Aspekte zur Kunstgeschichte. Festschrift K. H. Clasen, Weimar 1972, S. 265–288.
Dies.: Die Baugeschichte der Mansfelder Schlösser mit ihren Befestigungsanlagen und die Stellung der Schloßbauten in der mitteldeutschen Renaissance, in: Burgen und Schlösser, Nr. 2 (1967), S. 45–50.
Dies.: Die Baugeschichte der Mansfelder Schlösser mit ihren Befestigungsanlagen und die Stellung der Schloßbauten in der mitteldeutschen Renainssance, Dissertation, Halle 1966 (Maschinenschr.).
Dies.: Zur Renaissanceplastik in Schloß Mansfeld und Eisleben, in: Wissenschaftliche Zeitschrift der Universität Halle, Ges.-Sprachwissenschaften XII, Nr. 9/10 (1963), S. 765–784.

Peitz
Scharfe, Wolfgang: Festungen in Brandenburg. Küstrin-Peitz-Spandau, Berlin/New York 1980.

Querfurth
Glatzel, Kristine: Burg Querfurth, 2. Aufl., Leipzig 1983.
Mrusek, Hans-Joachim: Ergebnisse, Methoden und Probleme bei der Erschließung und kulturellen Nutzung historischer Bauwerke (mit einer Nutzungsstudie Burg Querfurth), in: Mrusek, Hans-Joachim (Hrsg.): Zu Wirkungsaspekten bei der kulturellen Nutzung historischer Bauten und bei der Kunstrezeption in der entwickelten sozialistischen Gesellschaft, Halle 1981, S. 7–32.
Wäscher, Hermann: Die Baugeschichte der Burg Querfurth, Halle 1956.

Regenstein bei Blankenburg
Bauerfeind, Hans: Kleiner Burgführer Burgruine Regenstein, 2. Aufl., Blankenburg 1984.
Wedler, Heinz und Dülsner, Erich: Die Burgruine Regenstein, 6. Aufl., Leipzig/Jena/Berlin 1963.

Senftenberg
Senftenberg, in: Handbuch der Historischen Stätten Deutschlands (Berlin-Brandenburg), 1973, S. 357.

Stolpen
Barth, Erich: Die Wasserkunst der Burg Stolpen, Stolpen 1963.
Kappler, W. und Barth, E.: Burg Stolpen. Ein heimatkundliches Heft zum Besuch der Burg Stolpen, Stolpen 1981.
Klemmt, Walter, Schönfelder, Josef und Barth, Erich: Ein Buch zum Besuch der Burg Stolpen, 9. Aufl., Stolpen o. J.
Ders. und Schönfelder, Josef: Burg Stolpen, Stolpen 1972.

Stralsund
Ewe, Herbert: Geschichte der Stadt Stralsund, Weimar 1984.
Papke, Eva und Quaiser, Rudolf: Die Fortifikation der Hansestädte, dargestellt am Beispiel von Stralsund und Wismar, in: Militärgeschichte, Bd. 5 (1982), S. 582–594.
Petersohn, Jürgen: Stralsund als schwedische Festung, in: Baltische Studien, NF, Bd. 45 (1958), S. 95–124.

Weimar
Timpel, W. und Grimm, P.: Die ur- und frühgeschichtlichen Bodendenkmäler des Kreises Weimar, Weimar 1975 (Schanzen von Großobringen und Burghügel mit Erdbastion von Mellingen).

Wismar
Papke, Eva und Quaiser, Rudolf: Die Fortifikation der Hansestädte, dargestellt am Beispiel von Stralsund und Wismar, in: Militärgeschichte, Nr. 5 (1982), Berlin (Ost), S. 582–594.

3.1 »Antifaschistischer Schutzwall«: Berliner Mauer und innerdeutsche Grenzbefestigungen (verfasseralphabetisch)

Arbeitsgemeinschaft 13. August e. V. (Hrsg.): Es geschah an der Mauer. Eine Bilddokumentation des Sperrgürtels um Berlin (West), seine Entwicklung von »13. August« 1961 bis heute mit den wichtigsten Geschehnissen, fünfsprachig, 15. ergänzte Aufl., Berlin 1985.

Dies.: Pressekonferenzen im Haus Am Checkpoint Charly: Grenzen durch Berlin und durch Deutschland, 12. August 1985, Berlin 1985 (masch. schriftl. vervielfältigt).

Dies. (Hrsg.): Ich war Grenzaufklärer. Eine Dokumentation der Arbeitsgemeinschaft 13. August e. V., 2. Aufl., Berlin o. J.

Dies. (Hrsg.): Maler interpretierten die Mauer. Zugleich Katalog der Kunstausstellung mit Arbeiten von Kokaschka bis Bill, Grützke, Heiliger, Hannah Höch, Kolar, Tapies, Vostell, Berlin 1985.

Dies. (Hrsg.): Geteilte Interpretationen – Maler sehen DIE MAUER, Ausstellungskatalog Haus am Checkpoint Charly, Berlin 1975.

Dies. (Hrsg.): Es geschah an der Mauer, fünfsprachige Dokumentation, 10. Aufl., Berlin 1980.

Armeemuseum der DDR (Hrsg.): 40 Jahre Grenztruppen der DDR. Zeittafel, Dokumente, Fotos, Dresden 1986.

Bayerische Staatskanzlei (Hrsg.): Informationen über Bayerns Landesgrenze zur DDR, München 1986.

Bayerischer Staatsminister für Bundesangelegenheiten: Information über Bayerns Landesgrenze zur DDR, Coburg o. J.

Biewer, Gisela (Bearbeiterin): 12. August bis 31. Dezember 1961, 2 Halbbände, Bd. 7 der Reihe Dokumente zur Deutschland-Politik, hrsg. v. Bundesminister für innerdeutsche Beziehungen, Frankfurt a. M. 1976.

Bundesanstalt für gesamtdeutsche Aufgaben: 13. August 1961. Seminarmaterial, Bonn (1981).

Bundesminister des Innern: Der Bundesgrenzschutz – die Polizei des Bundes, Bonn 1984.

Ders.: Tätigkeitsbericht des Bundesgrenzschutzes (BGS), Bonn 1982ff. (jährlich).

Ders.: Tätigkeitsbericht des Bundesgrenzschutzes (BGS) 1986, in: a) Pressemitteilung des Bundesministeriums des Innern vom 15. Januar 1987, b) BGS. Zeitschrift des Bundesgrenzschutzes, Nr. 2 (1987), S. 3–25.

Bundesministerium für Gesamtdeutsche Fragen: Die Flucht aus der Sowjetzone und die Sperrmaßnahmen des Kommunistischen Regims vom 13. August 1961 in Berlin, 3. Aufl., Bonn/Berlin 1965.

Bundesminister für innerdeutsche Beziehungen: Die Grenzkommission. Eine Dokumentation über Grundlagen und Tätigkeiten, 4. Aufl., Bonn 1982 (5. erg. Aufl. 1986).

CDU-CSU-Fraktion des Deutschen Bundestages: Weißbuch über die menschenrechtliche Lage in Deutschland und der Deutschen in Osteuropa, Bonn 1977.

Gesamtdeutsches Institut: Militär in der DDR. Seminarmaterial zur Deutschen Frage, Bonn o. J.

Dass. (Hrsg.): Städte und Landschaften an der innerdeutschen Grenze, kommentierter Bildkalender 1984, Bonn 1983.

Greese, Karl und Hanisch, Wilfried: Der 13. August 1961. Eine Tat für die Sicherung des Friedens, in: Militärgeschichte, Nr. 4 (1986), Berlin (Ost), S. 301–305.

Dies.: Der 13. August 1961. Eine Tat für die Sicherung des Friedens, in: Militärgeschichte, Nr. 4 (1986), Berlin (Ost), S. 301–305.

Haupt, Michael: Die Berliner Mauer. Vorgeschichte, Bau, Folgen. Literaturbericht und Bibliographie zum 20. Jahrestag des 13. August 1961, München 1981.

Hildebrandt, Rainer: Die Mauer spricht. The Wall speaks, 4. Aufl., Berlin 1985.

Lapp, Peter Joachim: Frontdienst im Frieden – Die Grenztruppen der DDR. Entwicklung – Struktur – Aufgaben, 2., überarb. u. aktual. Aufl., Koblenz 1987.

Ludz, Peter Christian und Kuppe, Johannes: DDR Handbuch, hrsg. v. Bundesministerium für innerdeutsche Beziehungen, 2. Aufl., Köln 1979.

Mehls, Hartmut und Mehls, Ellen: 13. August, hrsg. v. Zentralinstitut f. Geschichte der Akademie der Wissenschaften der DDR, 3. Aufl., Berlin 1979.

Der Niedersächsische Minister für Bundesangelegenheiten (Hrsg.): Deutschland diesseits und jenseits der Grenze Niedersachsen, Hannover 1982.

N. N.: Mitten in Deutschland. Die Sperrmaßnahmen der DDR und ihre Auswirkungen, Bamberg 1971.

Petschull, Jürgen: Die Mauer August 1961. Zwölf Tage zwischen Krieg und Frieden, Hamburg 1981.

Rühle, Jürgen und Holzweißig, Gunter: 13. August 1961. Die Mauer von Berlin, Köln 1981 (Edition Deutschland Archiv).

Rühmland, Ullrich: NVA. Nationale Volksarmee der DDR in Stichworten, 7. Aufl., Bonn/Essen i. O., 1985.

Schumacher, Emil: Veranstaltungen und Publikationen zum 40. Jahrestag der Grenztruppen der DDR, in: Militärgeschichte, Berlin (Ost), Nr. 2 (1987), S. 182–184.

Konjew ließ aufmarschieren. SPIEGEL-Report: Von der Geheimkonferenz in Moskau bis zum Bau der Mauer, in: Der Spiegel, Nr. 34 (1966), S. 22–52, Nr. 35 (1966), S. 42–50, Nr. 36 (1966), S. 52–58.

Woywod, Georg und Heumeyer, Eckhard: Die Grenzsperranlagen der DDR, in: dieselben: Menschenrechte in der DDR und Ost-Berlin, Internationale Gesellschaft für Menschenrechte, Frankfurt am Main 1986, S. 30–63.

4.0 Ehemalige preußische Provinzen außerhalb des Gebietes der Bundesrepublik Deutschland und der DDR, Danzig (ortsalphabetisch, verfasseralphabetisch)

Boyen
Ehrhardt, Traugott: Die Feste Boyen, 2 Teile, in: Deutsches Soldatenjahrbuch 1970, München 1969, S. 209–221, 1971, München 1970, S. 190–195.

Breslau
Gieraths, Günther: Breslau als Garnison und Festung 1241–1941, Hamburg 1961.
Jonca, Karol und Konieczny, Alfred: »Festung Breslau«. Documenta Obsidionis 16. II.–6. V. 1945. Warszawa/Worclaw 1962 (viersprachig).
Peikert, Paul: »Festung Breslau« in den Berichten eines Pfarrers 22. Januar bis 6. Mai 1945, Berlin (Ost) o. J. (nach 1962).

Courbière
Weinert, Erhardt: Die Feste Courbière, Archiv Informationsdienst des Göttinger Arbeitskreises, 18 (1964), Nr. 19.
Meyer, Hans Bernhard: Die Feste Courbière in Graudenz und ihr Verteidiger, in: Ostdeutsche Monatshefte, Bd. 24 (1957).

Danzig
Bahr, Ernst (Hrsg.): Aegidius Dickmann und das Danziger Stadtbild um 1617, Lüneburg 1979 (Nordostdeutsches Kulturwerk).
Ders. (Hrsg.): Matthäus Deisch »Fünfzig Prospekte von Danzig«. Lüneburg 1976 (Nordostdeutsches Kulturwerk).
Drost, Willi: Bau- und Kunstdenkmäler des deutschen Ostens. Die Kunstdenkmäler der Stadt Danzig, 5 Bde., Stuttgart 1957–63.

Drzycimski, Andrzej und Górnikiewicz, Stanislawa: Der Zweite Weltkrieg begann auf der Westerplatte, Gdansk 1980.
Ehrhardt, Traugott: Die preußische Festung Danzig, in: Westpreußen, Jahrbuch 17/1967. S. 71–76.
Hahlweg, Werner: Das Kriegswesen der Stadt Danzig. Bd. I: Die Grundzüge der Danziger Wehrverfassung 1454–1793, Berlin 1937, Neudruck Osnabrück 1982.
Ders.: Die Festung Danzig und ihr Militärwesen während der ersten Restauration der Freien Stadt Danzig 1807–1814, in: Festung, Garnison, Bevölkerung, Deutsche Gesellschaft für Festungsforschung, Bd. 2, Wesel 1982, S. 118–132.
Hoburg, Karl: Geschichte der Festungswerke Danzigs, Danzig 1852, Reprint Osnabrück 1986.
Keyser, Erich: Die Baugeschichte der Stadt Danzig, Reprint Wien 1972.
Mosler, Walter: Die Danziger Seilbahn des Adam Wiebe (1644), in: Nordost-Archiv, Nr. 61/62 (1981), S. 1–12.
Stjernfelt, Bertil und Böhme, Klaus-Richard: Westerplatte 1939, Freiburg im Breisgau 1979.
Wenig, Hans: Danzig-Gdansk. Betrachtungen der Stadt in vier Jahrhunderten, Hamburg 1980.

Elbing
Hanke, Karl: Die Bedeutung der Befestigung in der Geschichte der Stadt Elbing, in: Studien zur Geschichte des Preußenlandes, Marburg 1963.

Glatz
Köhl, Eduard: Glatzer Festungs-Geschichten, Leinen 1973.
Ders.: Die Geschichte der Festung Glatz, Würzburg 1972.
Schindler, Karl: Österreichisches Barock und preußische Festung, in: Schlesisches Panorama, hrsg. v. Herbert Hupka, München 1966.

Graudenz
Diest-Koerber, Nordewin von, Meißner, G. und Schuch, H.-J.: Die Stadt und der Landkreis Graudenz, Münster 1976.
Ehrhardt, Traugott: Graudenz. Geschichtsbilder aus dem preußischen Weichselland 1235–1945, in: Beiträge zur Geschichte Westpreußens, Nr. 1, Münster 1967, S. 65–107.
Jäger, Eckhard: Probleme der Festungskartographie in Graudenz 1807. Hessische Belagerer, Preussische Verteidiger und ihre Vermessung, in: Deutsche Gesellschaft für Festungsforschung, Bd. 6, 1986, S. 117–138.
Meinhardt, Günther: Zur Baugeschichte der Festung Graudenz, in: Beiträge zur Geschichte Westpreußens, Bd. 1, Münster 1967, S. 108–111.

Kolberg
Großer Generalstab: Kolberg 1806/07, Berlin 1911, Neudruck Bad Honnef 1983.
Studanski, Rudolf: Die Verteidigung Kolbergs unter Leitung Gneisenaus, in: Militärgeschichte, Berlin (Ost), Nr. 1 (1987), S. 49–57.

Königsberg
Ehrhardt, Traugott: Die Geschichte der Festung Königsberg/Pr. 1257–1945, Würzburg/Frankfurt 1960.
Grosse, Walther: Garnisons- und Festungsbauten im Stadtbild, in: Königsberger Bürgerbrief, Nr. 3, hrsg. v. d. Stadtgemeinde Königsberg, Nachdruck Leer 1963, S. 13 f.

Küstrin
Biskup, Krzysztof: Die Festung Küstrin im 16. Jahrhundert, in: Festungsforschung heute, Deutsche Gesellschaft für Festungsforschung Bd. 4, Wesel 1985, S. 91–103.
Scharfe, Wolfgang: Festungen in Brandenburg. Küstrin-Peitz-Spandau, Berlin/New York 1980.

Lötzen
Biskup, Krzystof: Der Bau der Festung Lötzen, in: Deutsche Gesellschaft für Festungsforschung, Bd. 6, 1986, S. 167–179.

Marienburg
Chodynski, Antoni Romuald: Das Marienburger Schloß in der Kartographie, in: Burgen und Schlösser, Nr. 2 (1985), S. 74–76.
Salewski, Wilhelm (Hrsg.): Schloß Marienburg in Preußen. Das Ansichtenwerk von Friedrich Gilly und Friedrich Frick. In Lieferungen erschienen von 1799 bis 1803, Düsseldorf 1965.
Zacharias, Rainer: Marienburgs Befestigungsanlagen. Vom Ende der Ordenszeit bis zum Beginn des 19. Jahrhunderts, in: Westpreußen-Jahrbuch, Bd. 30 (1980), S. 55–66.

Neisse
Klose, Arwed: Festung Neisse, Hagen-Hohenlimburg 1980.

Ostwall
Fischer, Günther: Ostwall. Festungsfront Oder-Warthe-Bogen, in: Dokufest, Nr. 1 (1982), S. 25–26, Nr. 1 (1983), S. 26–27, Nr. 2 (1983), S. 26–28, Nr. 1 (1984), S. 28–30, Nr. 2 (1984), S. 25–28.

Pillau
Kaffke, E. F.: Plan von der Festung Pillau mit der umliegenden Gegend, in: Ostpreußenblatt, Nr. 15 (1964), F. 20.
N.N.: Pillau – rote Seefestung Ostpreußens, in: Ostpreußen-Warte, Bd. 9 (1958), Nr. 1.

Posen
Ehrhardt, Traugott: Festung Posen, in: Deutsches Soldatenjahrbuch 1972, München 1971, S. 210–225, 1973, München 1972, S. 214–226.

Silberberg
Bleyl, Wolfgang: Silberberg. Die Paßfestung Schlesiens. Darstellung einer frederizianischen Festungsanlage auf Grund örtlicher und aktenmäßiger Bauforschungen, Dissertation, Berlin 1937, Druck Breslau 1938, Nachdruck o. O. 1977.

Stettin
Liske, Kurt-Dieter: Stadt und Festung Stettin, in: Pioniere, Nr. 4 (1968), S. 148–152.

Thorn
Ehrhardt, Traugott: Thorn. Der Feste Platz an der Weichsel (1231–1945), in: Deutsches Soldatenjahrbuch 1965, München 1964, S. 118–127, 1966, München 1965, S. 121–136, 1967, München 1966, S. 118–131.
Ders.: Der Feste Platz Thorn 1945, in: Westpreußen-Jahrbuch, Bd. 22 (1972).
Ders.: Die Brückenkopfbefestigungen der Weichsellinie, in: Westpreußen-Jahrbuch, Bd. 19 (1969), S. 71–73.
Weinert, Erhardt: Thorn, Festungsstadt an der Weichsel, in: Der Westpreuße, Bd. 21 (1969), Nr. 11–12.

5.0 Länder in Europa (allgemeine Literatur, ortsalphabetisch, verfasseralphabetisch)

5.1 Albanien

Karaiskaj, Gjerak: Butrinti dhe fortifikimet e tij, Tirana 1984, S. 141–178: Butrint (Buthrotos) und seine Befestigungen.

5.2 Belgien

Antwerpen
de Hasque, Joseph: Die befestigte Stellung Antwerpen (PFA) 1939 und 1940, in: IBA Informationen, Heft 4 (1984), S. 5–19.
Neumann, Hartwig: Die Festungswerke von Antwerpen im 16. Jahrhundert auf bildlichen Darstellungen von Daniel Specklin und Hinweise auf den Festungsbaumeister als Sukzesseur von Francesco de Marchi, in: Jaarboek Stichting Menno van Coehoorn, Zutphen 1985, S. 61–70.
Schalich, Günter: Der Besichtigungsvorschlag. Das Fort Bredendonk (Antwerpen), in: IBA Informationen, Nr. 9 (1987), S. 3–5.

Eben-Emael
von Dach, Hans: Luftlandeangriff auf einen befestigten Flußabschnitt, in: Der Schweizer Soldat. Wehrzeitung, Zürich, 28. Februar 1969, S. 35–70.
Kleemann, W.: Die Eroberung des Forts Eben Emael in Belgien, in: Mitteilungsblatt des Verbandes 23. Panzer-Division 10 (1963), 2, S. 41–44.
Klicker, Jochen R.: »Die Deutschen sind da« – Oh, mon Dieu! Wie 85 Mann mit 11 Seglern und 53 Hohlladungen das »uneinnehmbare« Fort Eben-Emael knackten, in: Das III. Reich, II. Weltkrieg. Sammeldokumentation, Nr. 20 (1974), S. 268–279.
Melzer, Walter: Albert-Kanal und Eben-Emael, Heidelberg 1957.
Mrazek, James E.: Lastensegler auf Eben Emael. Vorspiel zu Dünkirchen 1940, Stuttgart 1980.
Pissin, Werner: Die Einnahme der Festung Eben-Emael am 10.–11. Mai 1940, in: Allgemeine Schweizerische Militärzeitschrift, Nr. 125 (1959), S. 579–599.
Schacht, Gerhard: Eben-Emael – 10. Mai 1940, in: Wehrwissenschaftliche Rundschau, Nr. 5 (1954), S. 217–229.
Schalich, Günter: Fort Eben-Emael und die PFL, in: IBA Informationen, Heft 4 (1984), S. 25–34.
Ders.: Eben-Emael, Sonderhefte 7 und 8 der IBA Informationen, 1984 und 1985.
Witzig, Rudolf: Die Einnahme von Eben-Emael, in: Pioniere, Nr. 2 (1965), S. 50–58.
Ders.: Die Einnahme von Eben-Emael, in: Wehrkunde, Nr. 3 (1954), S. 153–158.

Lüttich
Hildebrandt, Karl-Heinz: Das Fort Battice bei Lüttich, in: Wehrausbildung, 29, Nr. 2 (1986), S. 123–127.
Neumann, Hartwig: Zeugnisse der Feindschaft. Festungsbauten der Neuzeit im Dreiländerland (Aachen, Jülich, Lüttich, Maastricht), in: Dreiländerland Aachen Lüttich Maastricht, hrsg. v. Jutta im Brahm und Norbert Wortmann, Aachen 1986, S. 108–117.
Schalich, Günter: Die Forts Neufchâteau und Battice im Mai 1940, in: IBA Informationen, Nr. 7 (1986), S. 3–23, Nr. 8 (1986), S. 38–60.

Lüttich-Loncin
Schalich, Günter: Das Fort Loncin als Beispiel für Brialmonts Gürtelfestung Lüttich, in: IBA Informationen, Teil 1, Heft 1 (1983), Teil 2, Heft 2 (1983).

Leugenboom
Museum für historische Wehrtechnik e. V.: Interessante Neuerwerbungen. 38 cm Sprenggranate 1/5, 4 Batterien Pommern und Deutschland in Leugenboom und Breedene, in: derselbe: Mitteilungen, Nr. 5 (1985), S. 11–16.

5.3 Bulgarien

Silistra
Kiel, Michael: Kaponnieren an der unteren Donau. Ein neupreussisches Fort der ehemaligen türkischen Donaulinie bei Silistra (NO-Bulgarien), in: Festung, Garnison, Bevölkerung, Deutsche Gesellschaft für Festungsforschung, Bd. 2, Wesel 1982, S. 151–166.

5.4 Dänemark

Kronborg
Langberg, Harald: Kronborg. Herning 1979.
Leth, André: Kronborg. Das Schloß und die Königlichen Säle (viersprachig), 4. Aufl., Kopenhagen 1972.
Ders.: Kronborg. Das Schloß und die königlichen Säle, o. O. 1978.

5.5 Frankreich

Reitel, François: Einige Aspekte zur Entwicklung des Festungswesens in Frankreich zwischen 1815 und 1930, in: Festungsforschung heute, Deutsche Gesellschaft für Festungsforschung, Bd. 4, Wesel 1985, S. 59–75.

Belfort
Monnier, André: Belfort. Sein Schloß. Sein historisches Museum. Sein Löwe, Besançon o. J.

Bitsch-Bitche
Cohn, Ernst M.: Die Belagerungspost von Bitsch im Krieg 1870/1871, in: Archiv für deutsche Postgeschichte, Nr. 2 (1979), S. 117–127.
Wantzenriether, Pierre: Bitche. Festung von Vauban, Bitche 1979.

Cherbourg

Opitz, Ursula: Kriegsarsenal statt Hafenstadt. Das Beispiel Cherbourg, in: Daedalus. Berlin Architectural Journal, Nr. 20 (1986), S. 76–84.

Lichtenberg/Elsaß

Biller, Thomas: Zwei Zeichnungen Daniel Specklins für die Festung Lichtenberg im Unterelsaß, in: Burgen und Schlösser, II/1978, S. 96–102.

Eyer, Fritz: Lichtenberg in Sage und Geschichte, 3. Aufl., Wissembourg 1978.

Wolff, Felix: Elsässisches Burgen-Lexikon, Straßburg 1908, Reprint Frankfurt a. M. 1979 (darin Festung Lichtenberg, S. 209–212).

Maginot-Linie

Bangerter, A.: Angriff auf ein permanentes Festungswerk in der Maginotlinie, in: Schweizer Artillerist, Nr. 8/9 (1953), S. 172–174.

Deutsche kaufen die Maginot-Linie, Magazinbeilage, Die Zeit, Nr. 5, Februar 1972.

Egger, Martin: C(hemischer Kampfmittel) – Schutz der M(aginot)-L(inie), in: IBA Informationen, Heft 2 (1983), S. 3–16.

Gamelin, Paul: Die Maginot-Linie. Besichtigung der Werke im Bezirk von Thionville (Hackenberg, Immerhof, Zeiterholz), Nantes 1976.

Grasser, Kurt: Abschrift eines Originalberichts über die Werkgruppe »Schönenburg« der Maginot-Linie, in: IBA Informationen, Heft O (1982).

Ders. und Stahlmann, Jürgen: Westwall-Maginot-Linie-Atlantikwall. Bunker- und Festungsbau 1930–1945, Leoni 1983.

JSN: Die Entstehung der Maginot-Linie, in: IBA Informationen, Heft 1 (1983).

Kemp, Anthony: Die Maginot-Linie, Realität und Fiktion, in: Festung, Ruine, Baudenkmal, Deutsche Gesellschaft für Festungsforschung, Bd. 3, Wesel 1984, S. 69–82.

Kraft, Jürgen: Betonschartenstand für 47 mm Marinepak (Maginotlinie), in: Dokufest, Nr. 1 (1980), S. 8–12.

Krumsiek: Angriff der 71. Infanterie-Division über die Chiers und Durchbruch durch die Maginot-Linie (Einnahme des Panzerwerkes 505) vom 15. 5.–20. 5. 1940, in: Pioniere, Nr. 1 (1959), S. 17–25.

Maginot-Panzerwerk 35–3 Marckolsheim (Bas-Rhin), Faltblatt, Colmar 1983.

Mühlschlegel, Peter: Die Maginot-Linie im Nordelsaß. Artilleriewerk Schoenenbourg, Reichshoffen 1985.

N. N.: 21. Sept. 1985. Militärhistorische Exkursion zur Maginot-Linie. Besuch des Festungswerkes »Four a Chaux«, in: Armee-Motor 39, Nr. 12 (1985), S. 354–360.

N. N.: Das Festungsgebiet der Lauter. Der Festungsabschnitt Hagenau, in: ALMA-Rundschreiben, Nr. 3 (1984).

Rhode, Pierre: Panzerbauteile der Maginotlinie, in: Museum für Historische Wehrkunde e. V., Mitteilungen, Nr. 10 (1986), S. 13–19.

Rodolphe, René: Kämpfe in der Maginot-Linie, Saint-Maurice 1981 (Zusammenfassung in Deutsch von R. Rodolphe: Combats dans la Ligne Maginot, Vevey 1975).

Schankliss, Horst: Die Maginot-Linie. On ne passe pas, in: Deutsches Waffenjournal, Teil 1, Nr. 5 (1977), S. 560–563, Teil 2, Nr. 6 (1977), S. 702–705, Teil 3, Nr. 8 (1977), S. 1031–1035, Teil 4, Nr. 9 (1977), S. 1136–1139, Teil 5, Nr. 11 (1977), S. 1422–1425, Teil 6, Nr. 1 (1978), S. 24–27.

Schmidtchen, Volker: Simserhof – Ein Hauptwerk der Maginot-Linie, in: Festung, Ruine, Baudenkmal, Deutsche Gesellschaft für Festungsforschung, Bd. 3, Wesel 1984, S. 83–94.

Stahlmann, Jürgen: Kampfanlagen der französischen Landesbefestigung, in: IBA Informationen, Nr. 6 (1985), S. 23–25, Nr. 8 (1986), S. 10–13.

Ders.: Erkundung der Maginot-Linie im Oberelsaß für deutsche Nutzung, in: IBA Informationen, Heft 5 (1985), S. 35–44.

Weiß, Carl: Von der Maginot-Linie zum Westwall. Die letzten Burgen. Fernsehfilm des WDR, Kamera: Klaus Tesch, II. Programm, 15. Okt. 1985 (Manuskript).

Metz

Rhode, Pierre: Infanteriewerk Marival. Das Felsennest von Metz, in: Dokufest, Nr. 2 (1980), S. 11–13, Nr. 1 (1981), S. 16–20, Nr. 2 (1981), S. 19–21.

Montreuil-sur-Mer

Syndicat d'Initiative de Montreuil-sur-Mer: Visite de la Citadelle, Textes en Francais, Anglais et Allemand, Montreuil-sur-Mer, o. J.

Mulhouse

Museum für historische Wehrtechnik e. V.: Anregung für den Urlaub. 38 cm Feuerstellung bei Mulhouse, in: derselbe: Mitteilungen, Nr. 6 (1985), S. 22–23.

Mutzig

Bour, Bernard: Die Feste Kaiser Wilhelm II. in Mutzig von 1893 bis heute, in: Deutsche Gesellschaft für Festungsforschung, Bd. 6, 1986, S. 151–166.

Fischer, Günther und Bour, Bernard: Die Feste Kaiser Wilhelm II. La position de Mutzig 1893–1918, Mutzig 1980.

Neubreisach

Mühleisen, Hans-Otto: Vauban und Neubreisach, in: Pioniere, Nr. 2 (1965), S. 59–63.

Richelieu

Wischermann, Heinfried: Ein unveröffentlichter Plan der Stadt Richelieu von 1633, in: Zeitschrift für Kunstgeschichte, Nr. 35 (1972), S. 302–305.

Salses

Truttmann, Philippe: Die Festung von Salses, Paris 1981.

Saint-Malo

Lailler, Dan: Saint-Malo, Rennes 1978.

Straßburg

Architekten- und Ingenieur-Verein für Elsaß-Lothringen (Hrsg.): Straßburg und seine Bauten, Straßburg 1894, Reprint Bruxelles 1981.

Hirzel, Werner: »Zu Straßburg auf der Schanz«. Straßburg und Zürich 1681, in: a) L'Annuaire des Amis du Vieux-Strasbourg 1976 (Sonderdruck), b) Badische Heimat, Juni 1977.

Vauquois
Buchner, Adolf: Der Minenkrieg auf Vauquois, Karlsfeld 1982.

Verdun
Edition Frémont: Das Fort Douaumont und seine Rolle in der Schlacht von Verdun, Verdun o. J.
Edition Frémont: Geschichte der Kampfereignisse über das Fort Vaux während des Kriegs 1914–1918, Verdun o. J.
Edition Frémont: Verdun. Geschichtlicher illustrierter Führer durch die Schlachtfelder 1914–1918, Verdun o. J.
Egger, Martin: Die Stollenbauten in den Forts von Verdun während der Schlacht, in: IBA Informationen, Nr. 9 (1987), S. 30–47.
Ettighoffer, Paul C.: Verdun. Das Große Gesicht, 5. Aufl., Wiesbaden/München 1985.
Herrmann, Christian: Pioniere bei der Verteidigung des Fort Douaumont, in: Pioniere, Nr. 4 (1968), S. 148–152.
Salewski, Michael: Verdun und die Folgen. Eine Militär- und geistesgeschichtliche Betrachtung, in: Wehrwissenschaftliche Rundschau, Nr. 3 (1976), S. 89–96.
Werth, German: Verdun. Die Schlacht und der Mythos, Bergisch Gladbach 1979.

Villey-le-Sec
Egger, Martin: Villey-le-Sec. Eine Festung Séré de Rivières ist zu besichtigen, in: IBA Informationen, Heft 5 (1985), S. 3–5.

5.6 Griechenland

Candia = Heraklion auf Kreta
Kohlhaas, Wilhelm: Candia 1645–1669. Die Tragödie einer abendländischen Verteidigung mit dem Nachspiel Athen 1687, Osnabrück 1978.
Straub, Hanns: Der Krieg von Kandia, in: Merian, Heft Venedig, 1974, S. 90–92.

Istibei
Dach, Hans von: Angriff auf ein Festungswerk im Gebirge Festung Istibei in der Metaxaslinie, in: Schweizer Soldat, Nr. 3 (1969), S. 39–63.

Rhodos
Voigtlaender-Tetzner, G.: Die Festung Rhodos, in: Zeitschrift für Festungsforschung, 1985, S. 38–39.

5.7 Großbritannien

Clark, George: 39 Jahre lang unberührt – Churchills Führungsbunker aus dem Weltkrieg, in: Schweizer Soldat, Nr. 5 (1985), S. 17–18.
Hughes, Quentin: Die Sicherung des britischen Seeweges nach Indien, in: Deutsche Gesellschaft für Festungsforschung, Bd. 6, 1986, S. 226–244.
Ders.: Die »Dutch Connection«. Niederländische Einflüsse auf den britischen Festungsbau vom 16. bis ins frühe 19. Jahrhundert, in: Festungsforschung heute, Deutsche Gesellschaft für Festungsforschung, Bd. 4, Wesel 1985, S. 137–143.
Peschken, Dirk: Festungsbau in Südengland im 19. und 20. Jahrhundert, in: Dokufest, Nr. 1 (1983), S. 16–18, Nr. 2 (1983), S. 14–19.

Dover
Her Majesty's Stationery Office: Die Burg von Dover, London 1968.

Norman Cross
Howe, Martin D.: Das Lager für napoleonische Kriegsgefangene in Norman Cross, Huntingdonshire 1796–1816, in: Festung, Garnison, Bevölkerung, Deutsche Gesellschaft für Festungsforschung, Bd. 2, Wesel 1982, S. 167–184.

Giraltar
Die deutsche Planung zum beabsichtigten Angriff auf Gibraltar, in: ASMZ, Nr. 6 (1960), S. 483–501.

5.8 Italien

Brixen-Franzensfeste
Hackelsberger, Christoph: Die k. k. Franzenfeste. Ein Monumentalwerk der Befestigungskunst des 19. Jahrhunderts, München/Berlin 1986.
Kramer, Hans: Beiträge zu einer Chronik der Franzenfeste, in: Schlern, 1957, S. 152–165.

L'Aquila
Eberhardt, Jürgen: Das Kastell von L'Aquila degli Abruzzi und sein Architekt Pyrrhus Aloisius Scrivà, Dissertation, Aachen 1972, Druck: Römisches Jahrbuch für Kunstgeschichte, Bd. 14, Tübingen 1973, S. 140–246.
PRM: Die Mussolini-Stellung, in: Dokufest, Nr. 1 (1983), S. 11–16.

Mitterberg ob Sexten
Fiala, Kurt Alexander: Werk Mitterberg im Sextental – seine Revitalisierung und Umwandlung in ein Museum, ein Projekt der »Dolomitenfreunde«, in: Steine sprechen. Zeitschrift der Österreichischen Gesellschaft für Denkmal- und Ortsbildpflege, Juli 1979, S. 10–13.
Ders.: Das Werk Mitterberg der Sperre Sexten, in: Der Schlern, 52. Jg. (1978), Nr. 6, S. 309–322.
Ortner, Albert: Das Museum Mitterberg ob Sexten – neue Ideen und Zielvorstellungen, in: Der Schlern, Bozen, 52. Jg. (1978), Nr. 6, S. 323–329.
Ders.: Der Revitalisierungsplan für Werk Mitterberg, in: Steine sprechen. Zeitschrift der Österreichischen Gesellschaft für Denkmal- und Ortsbildpflege, Juli 1979, S. 13f.

Toblach
Dolomitenfreunde (Hrsg.): Übersichtsplan Freilichtmuseum Mte. Piano (bei Toblach) 1915–1917, Wien 1980.

Triest
Schäfer, W. und Kunze, H.: Die Befestigung zum Schutz des Hafens Triest im Zweiten Weltkrieg, in: Zeitschrift für Festungsforschung, 1985, S. 30–36.

Rocca Alta
Trenker, Louis: Sperrfort Rocca Alta. Meine Zeit 1914–1918, München 1977.

Rom
von Moos, Stanislaus: Der Palast als Festung: Rom und Bologna unter Papst Julius II., in: Warnke, Martin (Hrsg.): Politische Architektur in Europa vom Mittelalter bis heute – Repräsentation und Gemeinschaft, Köln 1984, S. 106–156.
d'Orsi, Mario: Castel Sant'Angelo. Das Grabmal Hadrians, Rom 1969.
Santini, Loretta: Die Engelsburg, Narni-Terni 1982.

Sabbioneta
Confurius, Gerrit: Sabbioneta – oder die schöne Kunst der Stadtgründung, München/Wien 1984.

Verona, Peschiera, Mantua, Legnago
Hackelsberger, Christoph: Das k. k. österreichische Festungsviereck Lombardo-Venetien. Ein Beitrag zur Wiederentdeckung der Zweckarchitektur des 19. Jahrhunderts, München 1980.

5.9 Jugoslawien

Dubrovnik
Beritić, Dubravka: Dubrovnik, Ljubljana 1981.
Beritić, Lukša: Die Stadtmauern von Dubrovnik, 4. Aufl., Dubrovnik 1976.

Senj
Glavicic, Anté: Führer durch Senj und Umgebung Festung Nehaj, Senj 1974.

5.10 Luxemburg

Les Amis de l'Histoire Luxembourg und Jeunes et Patrimoine Luxembourg: Chateaux-Forts, Ville et Forteresse, französische und deutsche Aufsätze, Luxembourg 1986.
Bischoff, Paul: Die preußische Besatzung der Festung Luxemburg, in: Hemecht. Zeitschrift für Luxemburger Geschichte, Nr. 1 (1964), S. 51 f., Nr. 3 (1964), S. 225–250, Nr. 1 (1965), S. 57–78.
Engel, Michael: Bilder aus der ehemaligen Bundesfestung Luxemburg. Images de Luxembourg. Ancienne forteresse de la Confédération germanique, Luxemburg 1887, Faksimile-Ausgabe Luxembourg 1979.
Engelhardt, Friedrich Wilhelm: Geschichte der Stadt und Festung Luxemburg, seit ihrer ersten Entstehung bis auf unsere Tage. Mit besonderer Rücksicht auf die kriegsgeschichtlichen Ereignisse, Luxemburg 1850, Neuauflage Luxembourg 1979.
Koltz, Jean Pierre: Baugeschichte der Stadt und Festung Luxemburg, Bd. I: Von den Uranfängen bis 1867, Luxemburg 1944, Neuauflage unter dem Titel: Baugeschichte der Stadt und Festung Luxemburg mit besonderer Berücksichtigung der kriegsgeschichtlichen Ereignisse, 2. Aufl., Luxemburg 1970, Bd. II: Beschreibung und Schleifung der Werke, Luxemburg 1946, Bd. III: 1867–1920. Das Entstehen von Groß-Luxemburg, Luxemburg 1951.
Ders.: Geschichtlicher Überblick der Stadt und Festung Luxemburg, in: Reisespiegel-Journal, Serie IV (1964/65), Baden-Baden 1964, S. 2–4.
Ders.: Das geschichtsgegebene Denkmal auf dem Bockfelsen, in: Luxemburger Wort, Bd. 116 (1963), Nr. 87.
Ders.: Die Unterstadt Clausen. Ihre Entstehung, ihre Befestigungen, in: Clausen (Société de Gymnastique, 75e Anniversaire 1959), S. 32–41.
Ders.: Das Alte Stadttor in der Heilig-Geist-Zitadelle, in: De Letzeburger Ex-Militär, Nr. 1 (1952), S. 19–21.
Rousseau, Paul: Luxembourg. La Forteresse. Die Festungsstadt. The Fortress. De Vesting, Luxembourg o. J. (1985).
van der Vekene, Emil: Neüwe Zeytung desz Kriegs und Zugs/zwischen Römischer Kayserlicher Mayestat/und dem Künig zu Franckreych/von Kamerbrey ausz/mit Herr Jörg von Regenspurgs Regiment/auff das Land Lutzelburg/Luttringen und Franckreich/im M.D.XLIIII., Luxemburg 1967.

5.11 Malta

Bradford, Ernle: Bastion im Mittelmeer. Die Belagerung Maltas 1940–1943, München 1986.
Ders.: Der Schild Europas. Der Kampf der Malteserritter gegen die Türken 1565, München 1979.
Hughes, Quentin: Malta, 2. Aufl., München 1979.
Kruft, Hanno-Walter: Reflexe auf die Türkenbelagerung Maltas (1565) in der Festungsliteratur des 16. Jahrhunderts, in: architectura, Heft 12 (1982), S. 34–40.
Museum für historische Wehrtechnik e. V.: Anregung für den Urlaub. Englische Bunker in Malta, in: dass., Mitteilungen, Nr. 11 (1986), S. 21–24.
Rasch, Manfred: Zur Vorgeschichte der Johanniter-Festungen auf Malta, in: Zeitschrift für Festungsforschung, Heft 1 (1982), S. 21–31.
Tetzlaff, Ingeborg: Malta und Gozo. Die goldenen Felseninseln – Urzeittempel und Malteserburgen, 4. Aufl., Köln 1985.

5.12 Niederlande

Akademie der Architektenkammer NRW und Deutsche UNESCO-Kommission (Hrsg.): Fallstudien Dokkum, Leiden und s'Hertogenbosch, in: Erhaltung, Erneuerung und Wiederbelebung alter Stadtgebiete in Europa, Bd. 13, Bonn 1981 S. 263–274.

Breda
Schott, Rudolf: Die Belagerung von Breda. Radierung von Jacques Callot im Wehrgeschichtlichen Museum Rastatt, in: Der Bote aus dem Wehrgeschichtlichen Museum (Rastatt), Nr. 1 (1977), S. 3–5.

Velazquez, Diego: Die Übergabe von Breda, Einführung von Werner Hagen, Stuttgart 1956 (= Werkmonographien zur Bildenden Kunst, Nr. 12).

Groningen
Weiler, Hanno: Groningen-Münster-Köln. Die Belagerung Groningens durch Kölnische Truppen, 2. Aufl., Bergisch Gladbach 1972 (Manuskriptdruck).

Maastricht
Neumann, Hartwig: Zeugnisse der Feindschaft. Festungsbauten der Neuzeit im Dreiländerland (Aachen, Jülich, Lüttich, Maastricht), in: Dreiländerland Aachen Lüttich Maastricht, hrsg. v. Jutta im Brahm und Norbert Wortmann, Aachen 1986, S. 108–117.
Stichting Maastricht Vestingstad (Hrsg.): Maastricht Vestungsstadt (dreisprachig), Maastricht 1984.
Wouters, H. H. E. und Morreau, L. J.: Vesting Maastricht/The fortress Maastricht/Festung Masstricht/Maastricht, place forte, Heerlen 1982.

Naarden
Schmidtchen, Volker: Die Festung Naarden und ihr Festungsmuseum, in: Zeitschrift für Festungsforschung, Nr. 1 (1984), S. 36–38.

Terschelling
Schulz, Daniel: Deutsche Festungsbauten auf der niederländischen Insel Terschelling aus der Zeit des Zweiten Weltkrieges, in: Dokufest, Nr. 2 (1983), S. 9.

Rammekens
Kiem, Karl: Die Baugeschichte der Festung Rammekens, Diplomarbeit, TU Berlin 1983 (hektografierte Vervielfältigung).

5.13 Österreich

Bernstein
Burg Bernstein im Burgenland, 2. Aufl., München/Zürich 1976.
Schmeller-Vitt, Adelheid u. a. (Bearb.): Burg Bernstein, in: dieselben: Die Kunstdenkmäler des politischen Bezirks Oberwart, Wien 1974, S. 100–129.

Braunau
Auffanger, Loys und Eitzlmayr, Max: Braunau einst und jetzt. Führer durch die Stadt, 4. Aufl., Linz 1979.
Hiereth, Sebastian: Geschichte der Stadt Braunau am Inn, 2 Teile, Braunau 1960/1973.
Martin, Franz: Die Kunstdenkmäler des politischen Bezirkes Braunau am Inn, Bd. XXX der österreichischen Kunsttopographie, Wien 1947.
Mayrhofer, Franz: Braunau – wehrhafte Stadt am Inn, Heimat am Inn, Jahrbuch, Bd. 2, 1973.
Waltl, Artur: Braunau – Ein Denkmal mittelalterlichen Städtebaues, Braunau 1948.

Forchtenstein
Burgverwaltung (Hrsg.): Forchtenstein, Wien 1974.

Gallitzinberg
Elmar, Albert: Der »Schirachbunker« im Gallitzinberg, in: Wiener Geschichtsblätter, 34. Jg. (1979), Heft 3.

Göttweig
Lechner, Gregor Martin (Schriftleitung): 900 Jahre Stift Göttweig 1083–1983. Ein Donaustift als Repräsentant Benediktinischer Kultur, Stift Göttweig, Jubiläumsausstellung, Katalog, 1983.
Ders.: Stift Göttweig und seine Kunstschätze, 2. Aufl., St. Pölten/Wien 1983.
Rizzi, Wolfgang Georg: Ergänzungen zur Baugeschichte des Stifts Göttweig, in: Wiener Jahrbuch für Kunstgeschichte, Bd. XXIX (1976).

Graz
Wiesflecker, H.: Graz als Residenz, Universitätsstadt und Festung, die hohe Zeit der Stadt vom 15. bis zum 18. Jahrhundert, in: Zeitschrift des Historischen Vereins Steiermark, 53/1 (1962), S. 185–202.

Hochosterwitz
Khevenhüller-Metsch, Georg: Burg Hochosterwitz. Geschichte und Beschreibung, Wien 1986.
Ders.: Die Burg Hochosterwitz in Kärnten und ihre Geschichte, Hochosterwitz o. J.
Kohla, Franz Xaver: Die Burg Hochosterwitz in Kärnten, in: Revue Internationale d'Histoire Militaire, Edition autrichienne, Bd. VI (1960), S. 28–35.

Klagenfurt
Kohla, Franz X.: Festungswerk Klagenfurt des 16. Jahrhunderts. Eine militärbaugeschichtliche Studie, in: Klagenfurt. Gestaltung und Kunst im 16. Jahrhundert, hrsg. v. G. Moro, Klagenfurt 1968 (= Carinthia, I 158/1968, S. 23 ff.), gekürzt in: Moro, Gotbert: Die Landeshauptstadt Klagenfurt. Aus ihrer Vergangenheit und Gegenwart, Bd. I, Klagenfurt 1970.

Kufstein
Bracharz, Elisabeth: Die Burgen im Unteren Inntal (Kufstein, S. 170–189), in: Schlernschriften, Nr. 239, Innsbruck 1966.
Erbauung des Kaiserturmes und der Festungsanlagen zu Kufstein 1525, in: Die Heimatglocke, Blatt 8/14. August 1953.
Hofbauer, Ekkehard: Die Beschießung der Festung Kufstein anno 1504, in: Tiroler Heimatblätter, Heft 10/12 (1969), S. 26–28.
Lippott, Eduard: Kleiner Führer Festung Kufstein, 14. Aufl., Kufstein 1981.
Stelzer, Winfried: Die Belagerung von Kufstein 1504, Wien 1969.

Langenzersdorf
Hillbrand, Erich: Die Befestigung des Bisamberges in den letzten 100 Jahren, 2 Teile, in: Heimatbuch rund um den Bisamberg, hrsg. v. Museumsverein Langenzersdorf, 2 Bde., Langenzersdorf 1961 und 1966.

Linz
Aspernig, Walter: Der Kürnberg als Festung, in: Festschrift zum 80. Stiftungsfest der Katholischen Österreichischen Studentenverbindung Kürnberg, Linz 1980, S. 58–61.

Commenda, Hans: Kaiser Franz I. besichtigt die Maximilians-Türme in Linz (19. bis 23. Juli 1832), in: Jahrbuch des Museums-Vereins Linz 1959, S. 125–134.

Constantini, Otto: Linz als Festungsstadt, in: Das große Plus, Nr. 12 (1961).

Ders.: Linz als Donaufestung, Linz 1962.

Einwagner, Hans: Der Naben der »Neuen Welt«. Eine Erinnerung an die Linzer Lagerbefestigung, in: Antonius-Ruf. Pfarrbrief, Linz, Nr. 27 (1974).

Hillbrand, Erich: Die Türme von Linz. Erzherzog Maximilians Festungssystem für die Monarchie, in: a) Historisches Jahrbuch der Stadt Linz 1984, S. 11–213, b) Separatdruck Linz 1985.

Ders.: Die Maximilianische Befestigung von Linz, in: a) Historisches Jahrbuch der Stadt Linz 1957, S. 408–411, b) Anzeiger d. phil.-hist. Klasse der Österreichischen Akademie der Wissenschaften, Wien, Nr. 24 (1957), S. 405–420.

Ders.: Die Einschließung von Linz 1741/42, Wien 1970.

Ders.: Das Werden der Maximilianischen Befestigung von Linz, Staatsprüfungsarbeit, Wien 1968 (ungedruckt).

Katzinger Willibald: Die Maximilianische Befestigung. Ausstellung des Stadtarchivs Nr. 7, Linz 1981.

Kiszling, Rudolf: Das Verschanzte Lager von Linz und seine Türme. Die Urform der Gürtelfestungen. Idee und Erprobungen, in: Österreich in Geschichte und Literatur, Nr. 6 (1962), S. 455–461.

Leisner, Otto: Der Turm und die Türme. Unser Freinberger Turm im Rahmen der Linzer Befestigungsanlage Erzherzog Maximilians von Österreich-Este, in: Freinberger Stimmen, Linz, Nr. 1/2 (1961), S. 8–18.

Lettmayr, A.: Die Linzer Lagerfestung, Linz 1958 (ungedruckt, Manuskript im Stadtarchiv Linz).

Marks, Alfred: Bilddokumente zur Geschichte der Maximilianischen Befestigung von Linz, in: Heimatland 1959, S. 20–22.

Melicher, Theophil: Die städtebauliche Entwicklung von Linz im 19. Jahrhundert, in: a) Kunstjahrbuch der Stadt Linz 1968, S. 5–44, b) Wien 1968.

Pinsker, Anton: Der Freinberger Turm in den Stürmen der Zeiten, in: Freinberger Stimmen, Linz, Nr. 2 (1960), S. 1–5.

Seelinger, Franz: Linz. Seine städtebauliche Entwicklung vom frühen Mittelalter bis zur Mitte des 19. Jahrhunderts, Linz 1950.

Sperner, Wolfgang: Das Bollwerk, das den Krieg verschlief. Eine Artikelserie über die Linzer Befestigungstürme, in: Linzer Volksblatt, 1961, Nr. 280, 287, 294; 1962, Nr. 4, 9.

Wagner-Rieger, Renate: Die Maximilianeischen Türme von Linz als Architekturdenkmal, in: Kunstjahrbuch der Stadt Linz 1963, S. 69–83.

Weiss, Helmut und Türk, Heinz-Peter: Turmlinie Leonding. Schutzzone im Bereich des Regionalen Grünzuges, Linz 1976.

Wied, Alexander, Thaler, Herfried und Steiner, Ulrike (Bearb.): Die profanen Bau- und Kunstdenkmäler der Stadt Linz, Teil 1, Wien 1977, Teil 2, Wien 1986.

Michelstetten

Rieger, Renate: Das Schloß Michelstetten in Niederösterreich, in: Unsere Heimat. Mitteilungsblatt d. Ver. f. Landeskunde von Niederösterreich und Wien, Jg. 26 (1955), Nr. 5/6, S. 83–93.

Radkersburg

Kodolitsch, Georg: Radkersburg. Kunstgeschichtlicher Führer, Graz 1974.

Riegersburg

Gordon, Emmerich: Die Riegersburg in Geschichte, Kunstgeschichte und Sage, 9. Aufl., Graz/Wien 1975.

Salzburg

Gassner, Josef (Redaktion): Burgen in Salzburg. 77. Sonderausstellung anläßlich des 900-Jahr-Jubiläums der Festung Hohensalzburg, Salzburg 1977.

Grantner, Karl: Farb-Bildführer der Festung Hohensalzburg, Salzburg 1983.

Landgraf, August: Der romanische Palast der Hohensalzburg, in: Burgen und Schlösser, Nr. 2 (1971), S. 67–71.

Rainerbund Salzburg (Hrsg.): Rainer-Museum auf der Festung Hohensalzburg, Museumsführer, Salzburg 1982.

Schlegel, Richard: Veste Hohensalzburg, Salzburg 1952.

Ders.: Festung Salzburg. Ein Führer durch Bauwerk, Geschichte und Kunst, Salzburg 1983.

Zwink, Eberhard (Hrsg.): 900 Jahre Festung Hohensalzburg, Festschrift, Salzburg 1977.

Wien

Ackerl, Isabella: Von Türken belagert – von Christen entsetzt. Das belagerte Wien 1683, Wien 1983.

Allmayer-Beck, Johann Chr. und Kaindl, Fritz: Bedrohung und Befreiung Wiens 1683, Wien 1983.

Bardéy, Gunther: Das Türkenjahr 1683, in: Deutsches Soldatenjahrbuch, Bd. 31 (1983), S. 417–424.

Broucek, Peter, Hillbrand, Erich und Vesely, Fritz: Historischer Atlas zur zweiten Türkenbelagerung Wien 1683, Wien 1983.

Ders., Leitsch, Walter, Vocelka, Karl, Wimmer, Jan und Wójcik, Zbigniew: Der Sieg bei Wien 1683, Wien/Warschau 1983.

Düriegl, Günter (Redaktion): Wien 1529. Die erste Türkenbelagerung. 62. Sonderausstellung des Historischen Museums der Stadt Wien 1980, Wien/Köln/Graz 1979.

Frank, Karl A.: Krummschwert über Wien. Der Türkensturm vor 300 Jahren, Wien 1983 (Jugendbuch).

Galen, Hans (Redaktion): Münster, Wien und die Türken 1683–1983. Ausstellungskatalog zur 300jährigen Wiederkehr der Befreiung Wiens 1683, Stadtmuseum Münster 1983.

Gerhartl, Gertrud: Belagerung und Entsatz von Wien 1683, 2. Aufl., Wien 1983.

Hauptner, Rudolf: Ingenieure im Kriegsjahr 1683. Die Verteidigungsanlagen der Festung Wien und die Entwicklung eines Berufstandes, in: a) Österreichische Ingenieur- und Architekten-Zeitschrift, Nr. 8 (1983), b) Zeitschrift für Festungsforschung, 1986, S. 59–64.

Hillbrand, Erich: Ein Befestigungsprojekt für Wien aus dem Jahr 1858, in: Wiener Geschichtsblätter, Nr. 13 (1958), S. 80ff.

Hummelberger, Walter: Wiens erste Belagerung durch die Türken 1529, 3. Aufl., Wien 1983.

Ders.: Wien als Festung, in: Die Türken vor Wien, Wien 1982.

Ders. und Peball, Kurt: Die Befestigung Wiens, Wien/Hamburg 1974.

Kreutel, Richard F.: Kara Mustafa vor Wien. Das türkische Tagebuch der Belagerung Wiens 1683, verfaßt vom Zeremonienmeister der Hohen Pforte, 3. Aufl., Graz 1982.

Opll, F.: Wien im Bild historischer Karten. Die Entwicklung der Stadt bis in die Mitte des 19. Jahrhunderts, Köln/Wien 1983.

Pfandl, Helmuth: Die Berichterstattung über die erste Wiener Türkenbelagerung 1525, Dissertation, Wien 1957.

Schieri, Monika: Umwallung Wiens von 1529 bis 1683, Dissertation, Wien 1967 (masch. schriftl.).
Schmidt, Sepp und Könitz, Barbara: Die Abwehr der Türken bei Wien 1683, Kulturelle Arbeitshefte, Nr. 10, hrsg. v. Bund der Vertriebenen, Bonn 1983.
Sturminger, Walter: Die Türken vor Wien in Augenzeugenberichten, Düsseldorf 1968.
Ders.: Bibliographie und Ikonographie der Türkenbelagerungen Wiens 1529 und 1683, Wien 1955 (S. 60–333: Verzeichnis von 2548 Druckwerken, S. 350–408: Verzeichnis von 770 bildlichen Darstellungen).
Wagner-Rieger, Renate: Spuren der Türkenkriege in Architektur und Landschaft, in: Aus Österreichs Wissenschaft: Die Türken – und was von ihnen blieb, Wien 1978 (= Notring-Jahrbuch 1979).
Waissenberger, R. und Dürigel, G. (Hrsg.): Die Türken vor Wien. Europa und die Entscheidung an der Donau 1683, Ausstellungskatalog, 2. Aufl., Wien 1983.

Wiener Neustadt
Gerhartl, Gertrud: Wiener Neustadt – Festung, Residenz und Garnison, in: Ausstellungskatalog Wiener Neustadt, 1972, S. 23–81.
Wiener Neustadt. Festung, Residenz, Garnison, hrsg. v. Magistrat der Stadt Wiener Neustadt, Ausstellungskatalog, 1572.

Österreichische Militärgrenze
Heeresgeschichtl. Museum Wien (Hrsg.): Die K. K. Militärgrenze. Beiträge zu ihrer Geschichte, Wien 1973.
Jedlicka, Ludwig: Das Milizwesen in Österreich, in: Wehrwissenschaftliche Rundschau, 9. Jg. (1959), S. 378–390.
Kiszling, Rudolf: Die Kroaten, der Schicksalsweg eines Südslawenvolkes, Graz 1956.
Krajasich, Peter: Die Militärgrenze in Kroatien, Wien 1974.
Rothenberg, Günther E.: Die österreichische Militärgrenze in Kroatien 1522 bis 1881, Wien 1970.
Wagner, Walter: Die österreichische Militärgrenze 1535–1871. Katalog der Gedächtnisausstellung anläßlich des 100. Jahrestages ihrer Auflösung, Wien 1971.
Wessely, Kurt: Die österreichische Militärgrenze. Der deutsche Beitrag zur Verteidigung des Abendlandes gegen die Türken, Kitzingen 1954.
Zimmermann, Jürg: Die Militärgrenze, in: Handbuch zur deutschen Militärgeschichte 1648–1939, hrsg. v. Militärgeschichtlichen Forschungsamt, Bd. 1, Abschn. III: Militärverwaltung und Heeresaufbringung in Österreich bis 1806, Frankfurt a. M. 1965, S. 28–44 und 150/151.

5.14 Polen

Miniewicz, Janusz: Polnische Bergbefestigungen, 1939. Die Widerstandsgruppe Krzyzowa, in: Deutsche Gesellschaft für Festungsforschung, Bd. 6, 1986, S. 181–194.

Czenstochau
Weidhaas, Hermann: Czenstochau. Stadt, Kloster und Marienbild, Leipzig 1966.

Hela
Bachmann, Hans R.: Der Kampf um Hela, in: Wehrwissenschaftliche Rundschau, Nr. 5 (1970), S. 275–296.

Krakau
Bogdanowski, Janusz: Die Festung Krakow heute und die Probleme des Denkmalschutzes, in: Festung, Ruine, Baudenkmal, Deutsche Gesellschaft für Festungsforschung, Bd. 3, Wesel 1984, S. 55–68.
Majewski, Alfred: Der Wawel-Keim der Hauptstadt Polens – Krakow, in: Bulletin des Internationalen Burgen-Instituts, Nr. 36 (1979), S. 78–86.

Przemysl
Bogdanowski, Janusz: Die Festung Przemysl, in: Festungsforschung heute, Deutsche Gesellschaft für Festungsforschung, Bd. 4, Wesel 1985, S. 77–90.
Forstner, Franz: Przemysl. Österreichisch-Ungarns bedeutendste Festung, Wien 1987.

Zamość
Fallstudie Zamość, in: Erhaltung, Erneuerung und Wiederbelebung alter Stadtgebiete in Europa, hrsg. v. d. Akademie der Architektenkammer NRW und der Deutschen UNESCO-Kommission, Bd. 13, Bonn 1981, S. 275–286.

5.15 Rumänien

Temeschwar/Timisoara
Petri, Anton Peter: Die Festung Temeschwar im 18. Jahrhundert, München 1966.

5.16 Schweden

Landskrona
Fremdenverkehrsbüro Landskrona: Zitadelle Landskrona, Landskrona 1981.

Vaxholm
Vereinigung der Freunde der Festung Vaxholm: Von der Vasa-Festung zur heutigen Zitadelle von Vaxholm, Vaxholm o. J.

5.17 Schweiz

Allgemeine Weisungen für alle Schulen und Kurse der Festungstruppen, Bern 1978.
Biderbost, Nationalrat: Interpellation Biderbost: Festungswachtkorps. Verhandlung des Nationalrats v. 22. 3. 1979, in: Amtliches Bulletin der Bundesversammlung – Nationalrat, Nr. 1 (1979), S. 407–409.

Darbellay, Renschler, Nationalrat: Motion Darbellay – Interpellation Renschler. Festungswachtkorps sowie Festungswachtkorps und WK-Pflicht. Verhandlungen des Nationalrats v. 4. 6. 1981, in: Amtliches Bulletin der Bundesversammlung – Nationalrat, Nr. 7 (1981), S. 547–550.

Galmarini, C.: Genie: Oftmals bauen, häufig zerstören, immer dienen: 50 Jahre Gesellschaft für Militärische Bautechnik der Schweiz, Frauenfeld 1985.

Gigacher, Fridolin: Die Sperrtruppe im Bundesheer, in: Truppendienst, Nr. 1 (1984), S. 4–7.

Greindl, Günther: Feste Anlagen und Sperren, in: Truppendienst, Nr. 5 (1970), S. 11–14.

Grundmann, Rolf: Das Festungswachtkorps (FWK), in: Schweizer Soldat, 61, Nr. 6 (1986), S. 23 f.

Hauser, Hans: Geschichte der schweizerischen Genietruppen, in: Technische Mitteilungen für Sappeure, Pontoniere und Mineure, Nr. 2, 3 (1961).

Heeresministerium Bern: Kampf in Befestigungsanlagen und im bebauten Gelände. Heeresdienstvorschriften, Übersetzung aus dem Englischen, Bern 1964.

Hegi, Gerda: 25 Jahre Festungswachtkorps, Bern 1967.

Hoerl, L.: Angriff auf eine befestigte Linie, in: ASMZ, Nr. 1 (1963), S. 31–35.

Kreuzer, Konradin: Die Bunkerschweiz, in: ARCH+. Zeitschrift für Architekten, Stadtplaner, Sozialarbeiter und kommunalpolitische Gruppen, Nr. 71 (1983), S. 26–28.

Kurz, Hans-Rudolf: Die Landesbefestigung, in: Schweizer Soldat, Nr. 6 (1981), S. 6–9.

Ders.: Zur Festungsfrage, in: Der Fourier, Nr. 7 (1961), S. 245–250.

Ders.: Oberstkorpskommandant Theophil Sprecher von Bernegg. Persönlichkeit – Wirken – Gedanken, Wattwil 1961 (darin u. a. die Frage der Landesbefestigung der Schweiz).

Ders.: Die schweizerische Landesbefestigung von 1860 bis 1914, in: ASMZ, Nr. 3 (1956), S. 172–177.

Lüem, W.: Überlegungen zum Befestigungsbau im 19. Jahrhundert, in: Techn. Mitteilungen f. Sappeure, Pontoniere u. Mineure, Nr. 4 (1981), S. 99–105.

Lüönd, Karl: Wehrhafte Schweiz. Die Truppengattungen unserer Armee, Zürich/München o. J.

Moccetti, Roberto: Das Befestigungswesen, in: Techn. Mitteilungen f. Sappeure, Pontoniere u. Mineure, Nr. 3 (1985), S. 86–94.

Montet, Jean de: Die Bewaffnung der schweizerischen Festungsartillerie 1885–1939, St. Maurice 1984.

N. N.: II. Entwurf. Studie betr. die Beerdigung von Toten oder deren Aufbewahrung in Festungen während Kriegszeiten, Bern 1973.

N. N.: Die Reorganisation des Festungswachtkorps (FWK), in: Der Sektionschef, Nr. 9 (1982), S. 119 f.

Rapin, J.-J.: Die Befestigungen vom 16. Jahrhundert bis zum Waffenstillstand von 1940, in: Techn. Mitteilungen f. Sappeure, Pontoniere u. Mineure, Nr. 1 (1985), S. 2–9.

Rathgeb, Charles: Die Landesbefestigung – Rückhalt unserer Verteidigung, in: Kurz, H. R.: Die Schweiz im Zweiten Weltkrieg. Das große Erinnerungsbuch an die Aktivdienstzeit 1939–45, 5. Aufl., Thun 1971, S. 180–184.

Ders.: Die Landesbefestigung, in: Die Schweizerische Landesverteidigung, Redaktion Robert Frick, Fred Kuenziy, Ernst Uhlmann, Zürich 1953, S. 311–318.

Rebold, Julius: Baugeschichte der Eidgenössischen Befestigungswerke 1831–1860 und 1885–1921. 1922 verfaßt und 1926 überarbeitet im Auftrage des Eidgenössischen Militärdepartementes, Lavey 1982.

Rietzler, Siegbert: Das Schweizer Festungswesen, in: Österreichische Militärische Zeitschrift, Nr. 4 (1967), S. 336–338.

Ruefli: Die Entstehung der Fest Abt 17, in: Fuoco-Fest-Gazette, 1973, S. 63–65.

Ruesch, Hans: Gebirgs-Verteidigung. Ein Beitrag zum Studium der »Unite de Doctrine«, St. Gallen o. J.

Ruf, Nationalrat: Einfache Anfrage Ruf-Bern. Festungstruppen. Bundesamt. Verhandlungen des Nationalrates v. 5. 10. 1984, in: Amtliches Bulletin der Bundesversammlung – Nationalrat, Nr. 6 (1984).

Schaufelberger, Alfred: Die rechtliche Stellung des Festungswachtkorps und seiner Angehörigen, Dissertation, Zürich, Winterthur 1958.

Das schweizerische Festungswachtkorps. Kern der Festungstruppen, in: Soldat und Technik, Nr. 2 (1984), S. 90 f.

Seiler, Nationalrat: Einfache Anfrage Seiler. Festungswachtkorps. Aufgaben. Verhandlungen des Nationalrats v. 20. 6. 1985, in: Amtliches Bulletin der Bundesversammlung – Nationalrat, Nr. 4 (1985).

Stuessi, F.: Festungstruppen, in: ASMZ, Nr. 12 (1978), S. 639–642.

Unser Alpenkorps. Notre Corps Alpin. Il nostro corpo d'armata Alpino. Nies Corp Alpin, Zug 1983.

Weisz, Heinz L.: Festungen. Wir können heute noch von gestern lernen, in: Schweizer Soldat, Nr. 3 (1983), S. 9–10.

Ders.: Aspekte des Festungskrieges, in: ASMZ, Nr. 12 (1970), S. 885–891.

Ders.: 4 Prinzipien des Kampfes befestigter Räume, in: Schweizer Soldat, Nr. 6 (1974), S. 8–12.

Weisz, Heinz L.: Aspekte des Festungskampfes. Wo steht die Festungswaffe heute?, in: ASMZ, Nr. 5 (1968), S. 245–251.

Ders.: Vom Kampf um Festungswerke, 2 Teile, in: ASMZ, Nr. 6/7 (1964), S. 375–378/S. 437–441.

Zaugg, S.: Die Festungstruppen, in: Techn. Mitteilungen f. Sappeure, Pontoniere u. Mineure, Nr. 4 (1978), S. 131–133.

Aarburg

Kanton Aarburg: Kantonales Erziehungsheim Aarburg. Schaffung einer geschlossenen Anstalt für Nacherziehung gemäß Art. 93 ter StGB Um- und Ausbau der Festungsanlage Werkstattneubau. Projektgenehmigung und Kreditbewilligung, Aarau 1983.

Stettler, Michael: Schloß und Festung Aarburg, in: derselbe: Die Kunstdenkmäler des Kantons Aargau, Bd. 1, Basel 1984, Neudruck Bern 1982, S. 256–264.

Basel

Baer, C. H. und Schäfer: Die Befestigungen der Stadt Basel, in: Baer, C. H. (Hrsg.): Die Kunstdenkmäler des Kantons Basel-Stadt, Bd. 1, Basel 1932, 2. Nachdruck 1971, S. 143–298.

Ders. und Maurer, Francois (Bearb.): Die Kunstdenkmäler von Basel-Stadt, 2. Aufl., Zürich 1971.

Müller, Christian Adolf: Die Stadtbefestigung von Basel. Die Befestigungsanlagen in ihrer geschichtlichen Entwicklung, Basel 1955.

Bern

Hofer, Paul: Die Wehrbauten Berns. Burg Nydegg und Stadtbefestigung vom 12. bis zum 19. Jahrhundert, Bern 1953.

Ders. (Bearb.): Die Kunstdenkmäler des Kantons Bern, Bd. 1: Die Stadt Bern, Basel 1952 (darin: Die Wehrbauten, S. 62–162).

Gotthard
Delamuraz, Jean-Pascal: Die staatspolitische Bedeutung der Gotthard-Festung, in: Documenta, Nr. 4 (1985), S. 24–27.
Erlach, Hans Ueli von: Der Gotthard – Inbegriff zäher Verteidigung, in: Schweizer Familie, 30. 10. 1985.
Eigenmann, Paul: Die Geschichte der Gotthardmitrailleure. Zur 20. Tagung der Vereinigung ehemaliger Festungs- und Gebirgsmitrailleure St. Gotthardt, in: Die Ostschweiz, 18. 9. 1980.
Moccetti, R.: Die militärische Bedeutung des Gotthards im Wandel der Zeit. L'Importance militaire du Gothard au cours des siècles, in: Armee-Motor, 40, Nr. 1 (1986), S. 4–14.
Schweizerisches Landesmuseum Zürich (Hrsg.): Ausstellung 100 Jahre Gotthard-Festung v. 9. Nov. 1985 bis 28. Febr. 1986, Zürich 1985. Dazu die Geleitworte von Benno Baumann und Peter Zeigler der Festungsbrigade 23 (Manuskriptdruck).

Hauenstein
Merz, Adolf: Die Fortifikation Hauenstein zur Zeit des 1. Weltkrieges 1914/18, in: Baslerbieter Heimatblätter, Nr. 4 (1983).
Ders.: Die Fortifikation Hauenstein 1914–1918, in: Oltner Neujahrsblätter, 1965, S. 71–75.

Luzern
Reinle, Adolf (Bearb.): Die Kunstdenkmäler des Kantons Luzern, Bd. 2: Stadtentwicklung, Befestigungen, Brücken, Brunnen, Kirchen, Zürich 1953.

Schaffhausen
Frauenfelder, Reinhard: Der Munot, in: derselbe: Die Kunstdenkmäler des Kantons Schaffhausen, Bd. 1: Die Stadt, Basel 1951, S. 41–60.
Ders.: Der Munot von Schaffhausen. Baugeschichtlicher Führer, Schaffhausen 1947.
Hunkeler, Ernst: Der Munot ein Bildbericht, Schaffhausen 1972.
Zimmermann, Jürgen: Beiträge zur Militärgeschichte Schaffhausens bis zum Beginn des 19. Jahrhunderts, Dissertation Zürich, Druck Schaffhausen 1961.
Ders.: Das »Geheime Kriegsbuch« von Bürgermeister Heinrich Schwarz, in: Schaffhauser Beiträge zur vaterländischen Geschichte, hrsg. v. Historischen Verein des Kantons Schaffhausen, Thayngen, Heft 42–44 (1965–67).

Solothurn
Hochstrasser, Markus: Geschichtliche Notizen zum Bieltor und zur Entstehung des Amtshauses in Solothurn, in: Jurablätter, Nr. 12 (1983), S. 167–179.
Loertscher, Gottlieb: Altstadt Solothurn. 2. Aufl., Solothurn 1976.
Neumann, Hartwig, Noser, Othmar, Schubiger, Benno und Stampfli-Pettermand, Aimée: Chorographiae Fortificationis Tractatus. Handschrift von Michael Groß gen. Süß von 1626. Transkription-Analyse-Faksimile (in Vorbereitung).
Sigrist, Hans: 300 Jahre Solothurnische Schanzen. Zur Erinnerung an den Beginn des Schanzenbaus 15. Juli 1667, in: Jurablätter, Nr. 6 (1967), S. 73–88.
Studer, Charles: Solothurn und seine Schanzen, Solothurn 1978.
Vital, Nicolo und Weibel, Bendicht: Das Alte Zeughaus Solothurn (deutsch, frz., engl.), Solothurn 1980.

Zürich
Lüem, Walter: Die Vorschläge zu einer Neubefestigung Zürichs in der 2. Hälfte des 19. Jahrhunderts, in: Zürcher Taschenbuch auf das Jahr 1951, Zürich 1950, S. 132–159.

5.18 Sowjetunion

Cherson
Halm, Hans: Gründung und erstes Jahrzehnt von Festung und Stadt Cherson (1778–1788), Wiesbaden 1961.

Iwangorod
Miltschik, Michail und Gussewa, Olga: Die Gründung der Iwangoroder Festung und die Proportionsanalyse ihres Plans, in: Burgen und Schlösser, Nr. 1 (1987), S. 1–14.

Osowiec
Biskup, Krzysztof: Die Sperrfestung Osowiec, in: Festschrift Martin Graßnick, Universität Kaiserslautern, 1987, S. 65–68.

Sewastopol
Grasser, Kurt: Sewastopol. Die Küstenbatterie »Maxim Gorki 1«, in: IBA Informationen, Nr. 7 (1986), S. 25–34, Ergänzungen durch Martin Egger, ebenda, Nr. 8 (1986), S. 37.
Winkler, Walter: Kampf um Sewastopol, Berg am See 1984.

Tichin und Olonez
Zwei Holzfestungen aus dem 17. Jahrhundert im Norden Rußlands (Tichwin und Olonez), in: Burgen und Schlösser, Nr. 2 (1980), S. 129–141.

Wyborg
Tjulenew, Wjatscheslaw: Die Festung Wyborg im 13. bis 16. Jahrhundert, in: Burgen und Schlösser, Nr. 2 (1983), S. 79–86.

5.19 Spanien

Kanarische Inseln
Bussmeyer, Illo: Kleine Burgenfahrt auf den Kanarischen Inseln, in: Burgen und Schlösser, Heft II/1979, S. 105–110.

Mallorca
Grasser, Kurt: Befestigungsanlagen auf Mallorca, Teil I, in: IBA Informationen, Nr. 7 (1986), S. 38–47.
Sünkel, Werner: Die Franco-Linie, in: Dokufest, Nr. 1 (1981), S. 21–23, Nr. 2 (1981), S. 16–18, Nr. 1 (1982), S. 16–18, Nr. 2 (1982), S. 16–18, Nr. 1 (1983), S. 19–22, Nr. 2 (1983), S. 19–22, Nr. 1 (1984), S. 19–23.

5.20 Tschechoslowakei

Theresienstadt
Romanak, Andrej: Zur Geschichte des Festungsbaus in Böhmen am Beispiel der Festung Theresienstadt, in: Militärgeschichte, Berlin (Ost), Nr. 6 (1980), S. 710–725.

5.21 Türkei

Konstantinopel
Mordtmann, Andreas David: Belagerung und Eroberung Constantinopels durch die Türken im Jahre 1453, Stuttgart/Augsburg 1858, Neudruck Osnabrück 1986.
Runciman, Steven: Die Eroberung Konstantinopels 1453, München 1969.
Schnug, Ernst: Bemerkungen zur Landesbefestigung der Türkei, in: Dokufest, Nr. 2 (1981), S. 21–28, Nr. 1 (1982), S. 19–25, Nr. 2 (1982), S. 19–28, Nr. 1 (1983), S. 23–25, Nr. 2 (1983), S. 23–25, Nr. 1 (1984), S. 24–27. Nr. 2 (1984), S. 17–24.

5.22 Ungarn

Gerö, László: Ungarische Burgen (und Festungen), Gyomo 1969.
Szántó, Imre: Der Ausbau des Grenzfestungssystems in der Balaton-Gegend zwischen 1541 und 1566, in: Mitteilungen der Museen des Komitates Veszprém, Nr. 11 (1972), S. 327.

Budapest
Gerö, László: Die Burg Buda, Budapest 1979.
Lörinczy, György: Die Burg von Buda, Budapest 1967.
von Stromer, Wolfgang: Die Belagerung von Ofen und die Einnahme von Pest durch Erzherzog Matthias und Feldmarschall Rußwurm im Herbst 1602, in: Südost-Forschungen, Nr. 23, München 1964, S. 116–130.

Diosgyör
Czeglédy, Ilona: Die Burg von Diósgyör, Budapest 1971.

6.0 Außereuropäische Plätze: Afrika/Naher Osten, Amerika, Brasilien, China, Japan (länderalphabetisch, verfasseralphabetisch)

Afrika/Naher Osten
Kirkman, James: Fort Jesus, 9. Aufl., Mombasa 1978.
Kleiss, Wolfram: Die portugiesische Seefestung auf der Insel Hormoz am Persischen Golf, in: Architectura. Zeitschrift für die Geschichte Baukunst, Bd. 8 (1978), S. 166–183.
Leysen, Luc: Burgen unter Palmen (in Ghana), Westdeutsches Fernsehen, 8. 4. 1986, 20.15–20.45 Uhr, Manuskript des WDF.
Moderner Limes, in: Der Spiegel, Nr. 12 (1985), S. 161, 164.
Petsch, Kurt: Brandenburg-Preußens Marine und Kolonien 1650–1807, Osnabrück (in Vorbereitung; darin u. a. Festung Großfriedrichsburg, Festung Arguin, Schiffsartillerie).
Ders.: Seefahrt für Brandenburg-Preußen 1650–1815. Geschichte der Seegefechte, überseeische Niederlassungen und Staatlichen Handelskontore, Osnabrück 1986 (darin koloniale Forts, Groß-Friedrichsburg, Arguin).
Steltzer, Hans Georg: »Mit herrlichen Häfen versehen«. Brandenburgisch-preußische Seefahrt vor dreihundert Jahren (Großfriedrichsburg u. a. Forts), Frankfurt/Berlin/Wien 1981.

Amerika, Vereinigte Staaten von
Held, Robert: Das Ozean-Schloß. Entfaltung amerikanischer Macht im 19. Jahrhundert, Beilage zur Frankfurter Allgemeinen Zeitung, Nr. 24 (1977).
Reiss, Günther D.: Fort Casey auf Wibbey Island (USA), in: Zeitschrift für Festungsforschung, 1986, S. 53 f.

Brasilien
Palm, Erwin Walter: Überlegungen zur Mauritiopolis-Recife, in: Soweit der Erdkreis reicht. Johann Moritz von Nassau-Siegen 1604–1679, Ausstellungskatalog Städtisches Museum Haus Koekkoek, Kleve 1979, S. 25–32.

China
Artelt, Jork: Tsingtau. Deutsche Stadt und Festung in China 1897–1914, Düsseldorf 1984 (Dissertation Bonn 1983).
Fleming, Peter: Die Belagerung von Peking. Zur Geschichte des Boxeraufstandes, Stuttgart 1961.
Noecker, Wolfgang: Kampf um die Taku-Forts vor 70 Jahren, eine marine-historisch-politische Betrachtung, in: Marine-Rundschau, 67 (1970), Nr. 6, S. 349–361.
Peißker, Dieter: Belagerung und Fall der Festung Port Arthur, in: Arsenal. Ein Sammelband über Militärwesen und sozialistische Landesverteidigung für junge Leute, Bd. 6, Berlin (Ost) 1986, S. 267–282.
Zewen, Luo, Wenbao Dai, Wilson, Dick, Drège, Jean-Pierre und Delahaye, Hubert: Die Große Mauer. Geschichte, Kultur- und Sozialgeschichte Chinas, Frankfurt a. M. 1982.

Japan
Egger, Martin: (Japanische) Feldbefestigungen auf Betio (Tarawa-Atoll, Gilbert-Islands), in: IBA Informationen, Heft 4 (1984), S. 39–43.

B. Auswahl wichtiger in- und ausländischer Publikationen zur Büchsenmeisterei und zum Artilleriewesen aus neuerer Zeit (verfasseralphabetisch)

Adams, George: Geometrische und graphische Versuche oder Beschreibung der mathematischen Instrumente, deren man sich in der Geometrie, der Zivil- und Militär-Vermessung, beim Nivellieren und in der Perspektive bedient, nach der deutschen Ausgabe von 1795 bearbeitet von Peter Damerow und Wolfgang Lefèvre, Darmstadt 1985.

Albarda, J. und Kroesen, F. L.: Nederlands Geschut sinds 1677, Bussum 1978.

Allen, Kenneth: Big Guns of the twentieth century and their part in great battles, London 1976.

Aufheimer, Hans: Schiffsbewaffnung von den Anfängen bis zur Mitte des 19. Jahrhunderts, Rostock 1983.

Batchelor, John und Hogg, Ian: Die Geschichte der Artillerie, München 1977.

Boeheim, Wendelin: Handbuch der Waffenkunde. Das Waffenwesen in seiner historischen Entwicklung vom Beginn des Mittelalters bis zum Ende des 18. Jahrhunderts, Leipzig 1890, Reprint Leipzig 1982 und Graz 1966.

Cianchi, Marco: Die Maschinen Leonardo da Vincis, Florenz 1984.

C. v. H.: Schießpulver und Feuerwaffen, Leipzig 1866, Reprint Zürich 1975.

The Compleat Gunner in Three Parts, translated out of Casimir, Diego, Uffano, Hexam and other authors, London 1672, Reprint London 1971.

Decker, C. von: Geschichte des Geschützwesens und der Artillerie in Europa von ihrem Ursprunge bis auf die gegenwärtigen Zeiten, Berlin/Posen 1822, Reprint Zürich 1979.

Ders.: Versuch einer Geschichte des Geschützwesens und der Artillerie, Berlin 1819, Reprint Wiesbaden 1980.

Demmin, August: Die Kriegswaffen in ihren geschichtlichen Entwicklungen, 2 Bde., Leipzig 1883, Reprint Hildesheim 1964.

Dolleczek, A.: Geschichte der Österreichischen Artillerie von den frühesten Zeiten bis zur Gegenwart, Wien 1887, Reprint Graz 1973.

Dreier, Franz Adrian (Bearb.): Winkelmeßinstrumente. Vom 16. bis zum frühen 19. Jahrhundert. Ausstellungskatalog Kunstgewerbemuseum Berlin 1979/80, Berlin 1979.

Egg, E., Jobé, J., Lachouque, H., Cleator, Ph. E., Reichel, D.: Kanonen. Illustrierte Geschichte der Artillerie, Herrsching 1975.

Essenwein, A.: Quellen zur Geschichte der Feuerwaffen, 2 Bde., Leipzig 1877, Reprint Graz 1969.

Fähler, Eberhard: Feuerwerke des Barock. Studien zum öffentlichen Fest und seiner literarischen Bedeutung vom 16. bis 18. Jahrhundert, Stuttgart 1974.

Furttenbach, Joseph: Buechsenmeisterei=Schul/Darinnen die New angehende Buechsenmeister vnd Feurwercker/nicht weniger die Zeugwartten/in den Fundamenten vnd rechten grund...vnderwisen/vnd gelehret werden, Augspurg 1643, Reprint Hildesheim 1985.

Goetz, Dorothea: Die Anfänge der Artillerie, Berlin (Ost) 1985.

Gohlke, W.: Geschichte der gesamten Feuerwaffen, Berlin 1911, Neudruck Krefeld 1977.

Hassenstein, Wilhelm: Das Feuerwerkbuch von 1420. 600 Jahre deutsche Pulverwaffen und Büchsenmeisterei. Neudruck des Erstdruckes aus dem Jahre 1529 mit der Übertragung ins Hochdeutsche und Erläuterungen, München 1941, Reprint Osnabrück 1987 (angekündigt).

Hogg, Ian: A History of Artillery, London/New York/Sydney/Toronto 1974.

Hughes, B. P.: Feuerwaffen. Einsatz und Wirkung 1630–1850, Thun 1980.

Johnson, Curt: Artillery. The big guns go to war, London 1975.

Kosar, Franz: Artillerie des 20. Jahrhunderts. Schwere Geschütze und Eisenbahngeschütze, München 1978.

Kratzsch, Konrad: Kostbarkeiten aus den Beständen der Zentralbibliothek der deutschen Klassik. Folge 7: Von der Kunst der Büchsenmeisterei Artilleriebücher, in: Jahrbuch der nationalen Forschungs- und Gedenkstätten Weimar, Jg. 7 (1984), S. 331–345.

Ders.: Das Weimarische Ingenieurkunst- und Wunderbuch Codex Wimariensis Fol. 328, in: Studien zum Buch- und Bibliothekswesen, Bd. 1 (1981), S. 54–60.

Ders.: Das »Weimarische Ingenieurkunst- und Wunderbuch« und seine kulturgeschichtlichen Zeichnungen, in: Marginalien. Zeitschrift für Buchkunst und Bibliophilie, Nr. 73 (1979), S. 30–38.

Kunz, Manfred und Papke, Eva: Seltene Bücher zur frühen Geschichte der Artillerie im Armeemuseum der DDR, in: Militärgeschichte, Berlin (Ost), Nr. 2 (1984), S. 171–179.

Kurzmann, Gerhard: Kaiser Maximilian I. und das Kriegswesen der österreichischen Länder und des Reiches, Wien 1985.

Lenselink, J.: Vuurwapens van 1840 tot heden, Bussum 1966.

Lotz, Arthur: Das Feuerwerk. Seine Geschichte und Bibliographie, Leipzig 1941, Zürich 1978.

Malinowsky, Louis von und Bonin, Robert von: Geschichte der brandenburgisch-preußischen Artillerie, 3 Bände, Berlin 1840–42, Neudruck Wiesbaden 1981.

de Montet, Jean: Les bouches à feu de l'artillerie suisse 1819–1939, Lausanne 1980.

Meyer, Werner: Das Feuerwerkbuch, in: Burgen und Schlösser, Nr. 2 (1981), S. 74–78.

Möseneder, Karl: Feuerwerk, in: Reallexikon zur deutschen Kunstgeschichte, hrsg. v. Zentralinstitut für Kunstgeschichte München, Lieferung 89, Bd. VIII, München 1982, Spalten 530–607.

Müller, Heinrich: Deutsche Bronzegeschützrohre 1400–1750, Berlin (Ost) 1968.

Ders.: Alte Geschütze, Kostbare Stücke aus der Sammlung des Museums für deutsche Geschichte, 2. Aufl., Berlin (Ost), o. J.

Pope, Dudley: Feuerwaffen. Entwicklung und Geschichte, Wiesbaden 1971.

Prinzler, Heinz W.: Pyrobolia. Von griechischem Feuer, Schießpulver und Salpeter, Leipzig 1981.

Quarg, Götz: Conrad Kyeser aus Eichstätt: BELLIFORTIS. Kommentierter Faksimiledruck und Übertragung, Düsseldorf 1967. Dazu: a) Meyer, Werner: Bellifortis. Eine Bilderhandschrift der Kriegskunst von Conrad Kyeser 1402/05, in: Burgen und Schlösser, Nr. 1 (1976), S. 34–38, b) Heimpel, Hermann: Zur Kritik des Bellifortis von G. Quarg, in: Göttingische gelehrte Anzeigen, Jg. 223 (1971), S. 115–148.

Rathgen, B.: Das Geschütz im Mittelalter. Quellenkritische Untersuchungen, Berlin 1928, Reprint Hildesheim 1982.

Remy, S.: Mémoires d'Artillerie. Quil est Traité des Mortiers, Petards, Arquebuses à croc: Mousquets, Fusils, de ce qui peut servir à service de toutes ces armes: Des bombes, carcasses, grenades…, 2 Bde, Amsterdam 1702, Nachdruck Wiesbaden 1981.

Rieckenberg, Jürgen: Bertold, der Erfinder des Schießpulvers, in: Archiv für Kulturgeschichte, 1971, S. 316 ff.

Romocki, S. J. von: Geschichte der Explosivstoffe. Sprengstoffchemie, Sprengtechnik und Torpedowesen, Berlin 1895, 2. Nachdruck Hildesheim 1983.

Roosens, Bernard: De Keizerlijke Artillerie op het einde van de regering van Karel V, in: Belgisch Tijdschrift voor Militaire Geschiedenis, Bd. XXIII-2 (1979), S. 117–136.

Schalkhausser, Erwin: Bronzegeschütze des 16. Jahrhunderts im Bayerischen Armeemuseum, in: Waffen- und Kostümkunde, Nr. 1 (1977), S. 1–24.

Schmidtchen, Volker: Bombarden, Befestigungen, Büchsenmeister. Von den ersten Mauerbrechern des Mittelalters zur Belagerungsartillerie der Renaissance, Düsseldorf 1972.

Ders.: Mittelalterliche Kriegsmaschinen, Soest 1983.

Simms, D. L.: Research Notes. Archimedes and the invention of artillery and gunpowder, in: Technology and Culture. The International Quarterly of the Society of the History of Technology, Vol. 28, Nr. 1 (1987), S. 67–79.

Taccola, Mariano: De Rebus Militaribus (De machinis, 1449). Mit einem vollständigen Faksimile der Pariser Handschrift, herausgegeben, übersetzt und kommentiert von Eberhard Knobloch, Baden-Baden, 1984.

Ders.: De ingeneis. Liber primus leonis, liber secundus, Addenda. Taccola's introduction, drawings of engins and Latin Texts, Description of engines in Englisch translation…, Bd. 1: Texte, Bd. 2: Farbiges Faksimile des Codex Latinus Monacensis 197, hrsg. von Gustina Scaglia, Franz D. Prager und Ulrich Montag, Wiesbaden 1984.

Tittmann, Wilfried: Der Mythos vom »Schwarzen Berthold«, in: Waffen- und Kostümkunde, Nr. 1 (1983), S. 17–30.

Waldburg-Wolfegg, Johannes Graf: Das mittelalterliche Hausbuch. Betrachtungen vor einer Bilderhandschrift, München 1957.

Wilkenson-Latham, Robert: Napoleons Artillerie, Bonn 1980.

Witte, W.: Die gezogenen Feldgeschütze (C61, C64 und C64, 67) nach ihrer Einrichtung, Ausrüstung etc., 3. Aufl., Berlin 1867, Reprint Krefeld 1971.

Wunderlich, Herbert: Kursächsische Feldmeßkunst, artilleristische Richtverfahren und Ballistik im 16. und 17. Jahrhundert, Berlin (Ost) 1977.

Eine der wenigen authentischen Abbildungen eines Büchsenmeisters aus der Anfangszeit des Geschützwesens findet man an der Kirche St. Martin in Amberg. Es handelt sich um die Grabplatte des 1501 verstorbenen »buchssen meyster Martin Mercz«, den Verfasser eines wichtigen Büchsenmeisterbuches (Cgm 599). Mertz ist standesgemäß gekleidet. Er steht auf einem Geschützrohr, oben durch zwei Engel und unten durch zwei Wappenschilder flankiert. Die lateinisch-deutsche Inschrift in der Übertragung bringt A. Essenwein, Quellen zur Geschichte der Feuerwaffen, a. a. O., 1877/1969 Bd. 2 S. 57. Foto: Hartwig Neumann.

C. Auswahl wichtiger ausländischer Publikationen zum Atlantikwall (verfasseralphabetisch)

After the Battle, hrsg. v. Winston G. Ramsey: a) Cross-Channel Guns (no 29), b) Dieppe »Goebbels« Battery, »Hess« Battery, Puys, Pourville (no 5), c) The V-Weapons (no 6), d) U-Boat Basis [im AW] (no. 55).

Andersen, O.: Tyske Befaestningslaeg pa Bornholm, Kopenhagen 1978.

Caubergs, M.: Les abris allemand de Spa, in: Bulletin d'Information du Centre Liegeois d'Histoire et d'Archéologie militaires, Tome III, fascicule 2 (1986), S. 43–47 (auch in: Soberes, Bulletin d'Information, No 10 (1985), S. 1–7).

Chazette, Alain und Destouches, Alain: 1944. Le Mur de l'Atlantique en Normandie, Bayeux 1986.

Channel Island Occupation Review, hrsg. von The Channel Island Occupation Society Guernsey, Jersey, 1974 ff.

Ciuch, Myrone N.: Mission sans retour, »27 toût 1943«, Tourcoing 1979.

Dies.: Armes Secretes et ouvrages mysterieux de Dunkerque à Cherbourg, Tourcoing 1984.

Delefosse, Yannick und Delefosse, Chantal: La Batterie Todt. Construction et Historique. Le Musée du Mur de l'Atlantique, Boulonge 1986.

Desquesnes, Rémy: Le Mur de l'Atlantique en Normadie. Les Batteries d'Artillerie cotière allemandes, Bayeux 1976.

Ders.: Le Mur de l'Atlantique, in: Monuments Historiques. Vauban et l'Architecture militaire, Nr. 126 (1983), S. 65–70.

Fjørthoft, Jan Egli: Tyske Kystfort i Norge, Arendal 1982.

Gamelin, Paul: Le Mur de l'Atlantique. Les Blockhaus de l'Illusoire, Paris 1974.

Ders.: La Forteresse Saint Nazaires, Nantes 1975.

Ders.: Objectif Douvres, Nantes 1976.

Ders.: Les Bases sous-marins allemandes de l'Atlantique et leur défenses 1940–1945, La Baule 1981.

Gander, Terry: Military Archeology. A collector's guide to 20th Century war relics, Cambridge 1979.

Gautrand, Jean-Claude: Forteresses du dérisoire, Paris 1977.

Ginns, Michael und Bryans, Peter: German Fortifications in Jersey, 2. Aufl., Jersey 1978.

Grall, Jeanne: 1940–1944. Le Mur de l'Atlantique en images, Bruxelles 1978.

Dies.: De Atlantische Muur, Brussel 1978.

Guy Le Hallé: Précis de la fortification, Paris 1983.

Harvengt, A.: L'Organisation Todt, in: Bulletin d'Information du Centre Liegeois d'Histoire et d'Archéologie militaires, Tome III, fascicule 12 (1985), S. 5–20.

Hautefeuille, Roland: Constructions Speciales. Histoire de la construction par l' »organisation Todt«, dans Le Pas de Calais et le Cotentin, des neufs Grandes sites protégés pour le tir des V1, V2, V3 et la production d'oxygène liquide (1943–1944), Paris 1985.

Hendriksen, Knut: Vaben i klitterne: Noter om det tyske invasionsforsvar i Danmark 1940–1945, Vestjysk, 2. Aufl., Vinderup 1985.

Henshall, Philip: Hitler's Rocket Sites, New York 1985.

Heyl, John D.: The Construction of the Westwall, 1938: An Exemplar for National Socialist Policymaking, in: Central European History, Nr. 1, Atlanta (Georgia, 1982), S. 63–78.

Ingouf, P.: La Bataille de Cherbourg, Bayeux 1979.

Lippe, Théo: La Bosse de Béton, Bruxelles 1973.

Littel, Ad: Opruiming van de Bunkers bij Dishoek schadelijk en onnodig, in: Jaarboek Stichting Menno van Coehoorn 1985/86, S. 113–116.

Majdalany, F.: La Forteresse Europe, Paris 1971.

Mallory, Keith und Ottar, Arvid: Architecture of Aggression. A history of military architecture in North West Europe 1900–1945, London 1973. Zweite Auflage unter dem Titel: Walls of War, London 1979.

Mac Donald, Charles B.: The Siegfried Line Campaign, hrsg. v. Center of Military History US Army, 2. Aufl., Washington 1984.

Mordal, Jacques: Les poches de l'Atlantique, Paris 1965 (vgl. die deutsche Übersetzung).

Mullern: Det Tyska Kustartilleriförsvaret i Norge 1940–1945, in: Aktuelt och Historikaia 1967, S. 87–180.

N. N.: Blockhaus van Eperlecques. Gids bij het bezoek, o. O. o. J.

Pantcheff, T. X. H.: Alderney Fortress Island, London 1981.

Partridge, Colin: Hitler's Atlantic Wall, Guernsey 1976.

Ders. und John Wallbridge: »Mirus«. The making of a battery, Alderney 1983.

Ramsey, Winston G.: Batterij Austrat (Trondheim Fjord), in: Toen & Nu, Nr. 44, o. J., S. 36 f.

Renn, Walter F.: Hitler's Westwall: Strategy in Concrete and Steel 1938–1945, Dissertation Florida State University 1970.

Rold, Rudi: Bunkers in Nederland, Den Helder 1982.

Ders.: De twintigste eeuw: bouwen in beton, in: Vesting. Vier eeuw vesting bouw in Nederland, hrsg. v. Stichting Menno van Coehoorn, 's-Gravenhage 1982, S. 127–149.

Ders.: Het Duitse Fortificatie-ontwerp 1935–1945, Beetsterzwaag 1985.

Ders. und Saal, Peter: Vestingwerken in West-Europa (Atlantikwall, Westwall, Stellung Antwerpen/Amsterdam...), Weesp 1986.

Stjernfeldt, Bert: Alerte sur le Mur de l'Atlantique, Paris 1961.

Virilio, Paul: Bunker Archéologie, Paris 1975.

Wilt, Alan: The Atlantic Wall. German defences in West, Michigan 1969.

Wirtz, Alexander: Témoins du Mur de l'Atlantique. Getuigen van de Atlantik-Wall, Bayeux 1983.

Young, Richard Anthony: The Flying Bomb, New York 1978.

Hartwig Neumann, geboren 1942 in Brandenburg, aufgewachsen in Jena und Celle, erste Berufstätigkeit als Chemotechniker in Braunschweig und Jülich. Dann Studium der Erziehungswissenschaften in Bonn, heute Hauptschullehrer in Jülich. Der Autor studiert an der RWTH Aachen Bau- und Kunstgeschichte sowie Germanistik und arbeitet an einer Dissertation zur Bau- und Kunstgeschichte des deutschen Zeughauses. Seit 1970 ist Hartwig Neumann Festungsforscher aus Passion.

Als Kenner einiger hundert Festungen in Europa sind seine besonderen Anliegen: Baugeschichte der Erzeugnisse der Militärarchitektur, Denkmalpflege der Festungsrelikte und ihre Berücksichtigung in der modernen Stadtplanung, Festungsflora und -fauna, Festungsnutzung.

Der Verfasser hat zahlreiche Veröffentlichungen besonders zur Geschichte der Renaissancefestungen Jülich, Spandau und Wülzburg vorgelegt. An der Ausarbeitung eines festungskundlichen Museumsprojektes für Jülich mit dem Rheinischen Museumsamt war er als Initiator maßgeblich beteiligt.

Hartwig Neumann organisiert für Geschichtsvereine, Volkshochschulen, Studentengruppen und Soldaten Exkursionen zu Festungen im In- und Ausland. Er stellte Ausstellungen zum Doppeljubiläum »400 Jahre Zitadelle und Gymnasium Jülich 1572–1972« und »Stadt und Festung Jülich auf Kupferstichen« 1975 zusammen. Zuletzt bearbeitete er in Ausstellung und Katalog den Teil der Architectura Militaris der Ausstellung »Architekt & Ingenieur. Baumeister in Krieg/Frieden« der Herzog August Bibliothek Wolfenbüttel 1984. Er führte einen Kreis interessierter Festungsforscher aller Provenienzen zusammen und regte die Gründung der Deutschen Gesellschaft für Festungsforschung an. Als erstem Deutschen wurden ihm die Mitgliedschaften in der Stichting Menno van Coehoorn (Holland) und der Fortress Study Group (England) angetragen.

Der Autor ist Herausgeber der mit diesem Band begonnenen Reihe ARCHITECTURA MILITARIS im Bernard & Graefe Verlag.